Karl Th. Rückert

Reise durch Palästina und über den Libanon

Verlag
der
Wissenschaften

Karl Th. Rückert

Reise durch Palästina und über den Libanon

ISBN/EAN: 9783957003263

Auflage: 1

Erscheinungsjahr: 2015

Erscheinungsort: Norderstedt, Deutschland

Hergestellt in Europa, USA, Kanada, Australien, Japan
Verlag der Wissenschaften in Hansebooks GmbH, Norderstedt

Reise

durch

Palästina und über den Libanon.

Geschildert

von

Dr. K. Th. Rückert,

Mit vier Karten und zwei Plänen.

Mainz,

Druck und Verlag von Florian Kupferberg.

1881.

Sr. Hochwürden

Herrn Dr. Adalbert Maier

Geistlichem Rathe und o. ö. Professor der neutestamentlichen Exegese
an der Universität Freiburg i. B.

verehrungsvoll

gewidmet.

Vorwort.

Der Verfasser hatte kaum gehofft, Jerusalem zu erreichen, und hat nun doch das heilige Land von Hebron bis Cäsarea Philippi, von Joppe bis Jericho, von Akko bis Tiberias durchzogen, den großen Hermon und beide Libanon überschritten, die Damascener Ebene und Cölesyrien durchstreift.

Was denselben zur Veröffentlichung seiner Reiseeindrücke ermuthigt, ist vor allem das nie ersterbende Interesse für Palästina. Wie „der Himmel Gottes Thron", so war das heilige Land Jahrtausende recht eigentlich „seiner Füße Schemel". Dort wurde das göttliche Werk der Offenbarung vorbereitet und zu Ende geführt, dort das Christenthum in seiner Idealität erfaßt und in seiner Vollkommenheit dargestellt. Von dort stammt das unschätzbarste Kleinod der Völker Europas und insbesondere unseres Vaterlandes — das himmlische Geschenk der Religion.

Dieses allgemeine Interesse wächst nothwendig durch die Erwägung zweier scheinbar sich ausschließenden Thatsachen, einerseits der dem Oriente eigenthümlichen Stabilität, anderseits der keinerlei Ausnahme duldenden Wandelbarkeit alles Irdischen.

Dort hat nämlich nicht blos Berg und Thal oder Hitze und Kälte oder Pflanze und Thier, sondern auch der anderorts so veränderliche Mensch den denkbar höchsten Grad von Gleichförmigkeit bewahrt. Es hieße aber den innern

Zusammenhang historischer Ereignisse und ihres Schauplatzes, ja den geschichtlichen Charakter der Offenbarung unterschätzen, wenn man dieser Thatsache keine besondere Bedeutung für das Verständniß der göttlichen Heilsökonomie beilegte. Unter Voraussetzung solchen Waltens des Beharrungsvermögens muß eine zutreffende Vorstellung der heiligen Orte nicht nur Leben, sondern auch Wahrheit in unsere religiösen Begriffe bringen. Ist doch die Offenbarung zum Glücke keine Philosophie, sondern ein System göttlicher Thaten, denen wir in der Chronologie und Geographie ihre Stelle anweisen können.

Trotz dieser Stabilität gibt es nach der ausdrücklichen Versicherung der heiligen Schrift anderseits doch nur Einen, welcher „stets derselbe“ ist. Ihm gegenüber „altern selbst die Himmel“. „Wie einen Mantel rollt er sie zusammen — und sie werden verwandelt.“ Um so weniger wird sich der Orient jeglicher Veränderung erwehren wollen. In der That hat auch das heilige Land in den letzten fünfzig Jahren größere Wandlungen durchgemacht als zuvor in einem halben Jahrtausend. Mögen diese sich zum Theil ausnehmen wie ein neuer Fleck auf altem Kleide, so bestehen sie und finden mit Recht Beachtung.

Weiter genügt dem Bücherkundigen die Behauptung, daß nicht nur die englische und französische Sprache an Palästinafahrten reicher ist als die deutsche, sondern daß in dieser auch mehr protestantische Reiseschilderungen vom heiligen Lande erscheinen als katholische, was bei der dem Oriente eigenen Schroffheit der religiösen Gegensätze, ganz abgesehen von der subjectiven Färbung, schließlich auch sachliche Lücken im Gefolge haben muß.

Vorliegende „Reise durch Palästina und über den Libanon“ behandelt endlich mit besonderer Absichtlichkeit den Norben, für den in anderen Büchern ähnlichen Umfangs meist nur wenige Blätter entfallen. Einmal steht dieser an Großartigkeit weit über dem Süden und an historischer Bedeutung nicht viel unter demselben. Sodann geht nach heutigen Begriffen die „vollständige Reise" nicht mehr blos bis Nazareth, sondern sie erstreckt sich bis Damaskus, Baalbek und Bêrût.

Der Hauptzweck des Buches ist, die biblischen Orte in ein helles Licht zu setzen und in diesem Sinne für Kleriker und Laien einen bescheidenen Beitrag zum Verständniß der heiligen Geschichte zu liefern. Ließe sich nebenbei jemand durch diese Lektüre noch zur Ausführung derselben oder einer ähnlichen Pilgerfahrt bestimmen, so wäre auch ein wohlberechtigter Nebenzweck dieser „Reise durch Palästina" erreicht. Ueberall hört man nämlich, daß die Frequenz der deutschen Pilger derjenigen anderer Nationen nachsteht. Die sprachlichen Schwierigkeiten entschuldigen nur den gemeinen Mann. Die Gefahren, von denen man gern redet, bestehen meistens in der Einbildung. Jedenfalls sollten die deutschen Geistlichen nicht länger hinter ihren nach Jerusalem pilgernden Amtsbrüdern französischer und italienischer Zunge zurückbleiben wollen, die doch unstreitig finanziell viel weniger günstig gestellt sind.

Jenem Haupt- und diesem Nebenzwecke dienen außer dem Register, welches dem Ganzen angehängt ist, die vier Karten und zwei Pläne, welche den wichtigeren Theilen des Buches vorangehen. Dieselben sind „von Professor Dr. H. Kiepert" gezeichnet und unstreitig bis zur Stunde unübertroffen. Darum wurden sie im Einvernehmen mit Herrn K. Bädeker ohne jede Veränderung aus dessen vorzüglichem Reisehandbuch für „Palästina und Syrien" genommen.

Bädekers „Palästina und Syrien" und Frère Liévins

„Guide-Indicateur de la Terre-Sainte" waren die zwei Bücher, welche der Verfasser auf seinen Touren stets in Händen hatte. Zur Vorbereitung hatte er selbstverständlich vorher manches größere und kleinere Buch studirt. Wo er sich des Reflexes eines solchen noch klar bewußt war, hat er den Autor genannt. Sonst ist diese Reiseschilderung die Ausarbeitung eines Tagebuches, dessen Aufzeichnungen an Ort und Stelle geschahen.

In Betreff Judäas ist er den Herren Liévin und Fahrngruber für ihre mündlichen Aufschlüsse zu besonderem Danke verpflichtet. Sehr viel zur Klärung seiner Ansichten trug auch Fahrngrubers nachträglich erst bei Leo Wörl erschienener Führer „Nach Jerusalem" bei, der in Hinsicht auf Judäa unübertroffen und in Betreff der Sanctuarien für den katholischen Pilger unentbehrlich ist.

Bei der Korrektur der Druckbogen war der Unterzeichnete freundlichst von einem seiner Herren Kollegen unterstützt.

Auf Seite 247 Zeile 7 wolle der nachsichtige Leser vorerst „am 10. Mai" in „am 18. Mai" korrigiren.

Freiburg i. B., am Pfingstfeste 1881.

Dr. K. Th. Rückert.

I.

Nach dem Oriente.

So alt und weitverbreitet der Zug nach dem Morgenlande, so allgemein die Erfahrung, daß man ihm nur schwer und ausnahmsweise folgt. Wem die Ausführung diesbezüglicher Absichten gelang, der hat mehr als einen Anlauf genommen; so auch ich. Als endlich alle Schwierigkeiten gehoben, auch die berechtigten Bedenken wegen der heißen Jahreszeit überwunden waren, schien es in der letzten Nacht noch, als ob die Auspicien es nicht litten.

Gerade zwei Tage hatte man der frohen Hoffnung gelebt, nach monatelangem Regen sei einmal der Sommer gekommen, da entlud sich über den Häuptern der kaum entschlummerten Stadt eine ganze Serie von Gewittern, die blitzten, donnerten und krachten, als ob man jeden Augenblick den Hülferuf der Sturmglocke zu gewärtigen habe. An den erquickenden Schlaf war dabei nicht zu denken, desto lebhaftere Träume stellten sich ein. Ein stummer Zeuge der traurigen Heimkehr des Prinzen Napoleon stand ich zu Woolwich und Chislehurst und vor dem vergoldeten Gartenthore des Camden House, wie ich zu Lebzeiten der kaiserlichen Familie einmal davorgestanden; später war zufällig das Bild des gefallenen englischen Officiers noch die erste Photographie, die ich mir erwarb. Als es endlich beim Grauen des Tages die Abfahrt galt, hatte der Schnellzug in kaum erhörter Weise volle $^3/_4$ Stunden Verspätung.

Ich gestehe, daß mir die Sache zu denken machte. Nunmehr aber ohne alles Leid von der Reise zurückgekehrt, wiederhole ich mit dem Nachdruck gemachter Erfahrung, was ich der erregten Phantasie öfters vorgehalten: Der Mensch hat nicht auf Zeichen zu gehen, sondern nur mit dem Verstande zu rechnen. »Mente servio legi Dei,« sagt der Apostel *).

Schwarze Gewitterwolken hingen noch über Freiburg und überreicher Nachregen ergoß sich über den Breisgau, als der Zug den Bahnhof verließ. Es war am 25. Juli früh 5 Uhr 1879. Würdig und gemessen trat die Stadt zur Linken, um gleich darauf hinter den Bergen zu verschwinden. Bald bemerkte das Auge mit Behagen, wie rechts und links vom Waggon die Dörfer dahinflogen, ein sehr begreifliches Gefühl, gilt es weite Distanzen. Blos vom spitzen Kirchthum zu Krozingen und dem steilen Zinnendache dahinter schied es ungern. Es fesselten dasselbe innige Bande der Freundschaft und Gedanken an ein nicht eingelöstes Versprechen.

Bald kam Basel, dann Freiburg in der Schweiz, auch Lausanne und Genf. Gerade einen Tag nach der Abfahrt erging ich mich in Uebungen der Geduld auf dem Perron von Culoz. Der Himmel zeigte das heiterste Antlitz und die Berge des romantischen Thalkessels bereits einen Anflug der charakteristischen Kahlheit der südlichen Höhen. Zu Culoz stand ich am Scheidewege. Es handelte sich, wie einst für Abraham und Lot, entweder zur Rechten oder zur Linken, d. h. durch Frankreich oder Italien, zu ziehen; ich wählte das erstere. In wenigen Stunden lag der Jura mit seinen wilden Thalfurchen und schroffen Bergwänden im Rücken, und das burgundische Flachland mit seinem reichen Segen erschloß sich, wie es, von üppigen Wassern durchströmt, sich vom Doubs bis zur Vereinigung von Saône und Rhone hinabzieht. Noch am Vormittag des 28. Juli fuhr ich durch die Straßen von Lyon.

Im städtereichen Frankreich kommt Lyon in Bezug auf Umfang, Bevölkerung, Reichthum und Pracht gleich nach Paris. Nicht blos eine, sondern zwei Seinen durchströmen es, und machen daraus eine Insel, wie der East- und Westriver aus New-York; die Sevennen fügen zu dem Häusermeer in der Ebene noch die Reize einer Gebirgsgegend. Ein Ausläufer von jenen, der über 300′ (badisch) über der Saône sich erhebende Hügel Fourvières, bildete von jeher einen wichtigen Bestandtheil. Hier wohnten die ersten, unter Mark Aurel und Septimius Severus von kleinasiatischen Missionären ge-

---

*) Röm. 7, 25.

wonnenen Christen, deren nicht weniger als 19000 den Martyrertod erlitten haben sollen. Hier fanden die Bischöfe Pothinus und Irenäus, zwei um Galliens Kirche hochverdiente Schüler des heil. Polykarp von Smyrna, nebst der Martyrpalme ihre irdische Ruhestätte. Da stand und steht noch das altehrwürdige Kirchlein St. Irénée über einer merkwürdigen, reliquienreichen Krypta. Von dort winkt die stattliche Wallfahrtskirche Notre=Dame de Fourvières mit wunderthätigem Muttergottesbild, von jedem Fremden besucht, wäre es auch nur, um der herrlichen Aussicht zu genießen.

In der Ebene verdient die Kirche des heil. Bonaventura die erste Erwähnung; denn Lyon ist die Stadt des Kirchenvaters Irenäus und des heil. Kirchenlehrers Bonaventura. Die Gebeine des großen mittelalterlichen Theologen wurden 1562 von fanatischen Bilderstür= mern verbrannt und in's Wasser geworfen, so daß seine Kirche nur ein leeres Ehrenmonument ziert. Zu seiner Statue, überragt von einem reichvergoldeten Baldachin, bemerkt eine Inschrift an der Wand, der große Cardinal und Patron der Stadt Lyon sei dargestellt, wie er 1274 auf dem Concil ein Kind vom Tode erweckte. Die Abtei= kirche d'Ainay ist wegen des Platzes, auf welchem sie steht, be= rühmt. Hier am ehemaligen Zusammenfluß von Rhone und Saône stand der Tempel des Augustus, den 60 gallische Völkerschaften die= sem Kaiser errichteten, — nachmals eine der ersten christlichen Kirchen. In der Nähe des Hauptbahnhofes gedenkt eine Straße und Kirche der heil. Blandina, die mit dem Bischof Pothinus den Martyrtod erlitt und, schon an den Pfahl gebunden, um von wilden Thieren zerrissen zu werden, Andere noch zur Standhaftigkeit ermunterte. Die Kathedrale zum heil. Johannes ist ein unvollendeter unschöner Bau von gothischer Anlage, dem es übrigens nicht an hübschem Detail fehlt. Als sich der Tag schon geneigt, sah ich im Spital Hôtel=Dieu, das mit dem noch größeren Wohlthätigkeits= Institut Charité den Rhonequai beherrscht, auf 1500 Krankenbetten zum Schluße noch des Menschen namenlose Hinfälligkeit, aber auch den einzigen Trost, welchen der Geist christlicher Liebe den Elenden und Beladenen bringt.

Die Distanz zwischen Lyon und Marseille kommt ungefähr der Länge des badischen Landes gleich. Die 50 Meilen Weges ließen sich demnach in einem Zuge machen. Da ich aber noch drei Tage vor mir hatte, hielt ich verschiedenen Ortes an, und zwar zunächst in Avignon. Ueber dessen prächtig erhaltene, mit Rundthürmen garnirte Mauern erhob sich der gewaltige Palast der Päpste, eine der größten Sehenswürdigkeiten aus dem Mittelalter. Der französische Adler über der Thüre, die Schildwache am Eingang, die Kleidungsstücke vor den Fenstern, der Lärm aus dem Hof — verriethen schon von Ferne, daß der Besucher es dermalen mit einer Kaserne der Republik zu thun habe. Ein Civilist und ein Soldat geleiteten mich in den Consistoriumssaal, in die Galerie des Conclave, in die vielen dermaligen Theile der oberen Hälfte des riesigen Rathsaales, wie sie durch einen geschmacklosen Einbau der haushälterischen Militärverwaltung entstanden sind, in die Kapelle der Päpste, einst mit höchst werthvollen Fresken (angeblich) von Giotto di Bordone geschmückt, in den unheimlichen Estrapadothurm, von dem man nicht weiß, wozu er diente, und deshalb, seinem absonderlichen Innern entsprechend, das Ungeheuerlichste fabelt. Er gilt allgemein für das päpstliche Inquisitions=Lokal. Sicherer ist, daß in neuerer Zeit das kalte schlotähnliche Thurmzimmer dem Revolutionshelden Jourdan als Mordgewölbe diente, als er im October 1791 Namens der Freiheit mit den bessern Bürgern Avignons aufräumte. Die Revolutionsgeschichte kennt dieses sein Arbeitszimmer unter dem Namen la Glacière oder Eiskeller. Im freien „Platze des Palastes" steht auf einer Anzahl Stufen die Kathedrale Notre=Dame des Doms (Herren), angeblich aus dem Material eines Herkulestempel erbaut. Darin sieht man unter Anderm die Bildnisse der Avignoner Päpste und das graziöse Marmor=Mausoleum gothischen Stils von Papst Johannes XXII. Auf der höchsten Felsspitze der Schloßberganlagen copirte ich die Inschrift des Ehrenmonumentes von Jean Althen. Dieser hat im 17. Jahrhundert den Farbstoff der rothen Hosen, die Krappcultur, in der Provence eingeführt. Dieselbe ist jedoch, wie mir ein Bauer sagte, dermalen aufgegeben, weil sie die Concurrenz mit den chemischen Fabriken nicht besteht.

An demselben Tage, Dienstag den 29. Juli, fuhr ich über Tarascon nach Nîmes. In Erwartung des Zuges der Nîmer Zweigbahn wurde ich Zeuge der Festfeier der heil. Martha, Schwester des Lazarus. Nach der Legende hauste beim heutigen Tarascon der scheußliche Drache Tarasque, bis die heil. Martha ihn erlegte und das überglückliche Volk sich ihrer Predigt zuwandte. Heute war ihr Tag. Da hatte sich die Gemeinde im schönsten, reichsten Putze um den kostbaren Schrein der Heiligen geschart. Das Schiff der Kirche prangte von den herrlichen Oelgemälden Vien's, des Lehrers von David, welche den Lebenslauf und Tod der heil. Martha darstellten. Nach dem Gottesdienste küßte man in der engen unterirdischen Kapelle deren marmornes Ebenbild, von echter Künstlerhand gefertigt. Nicht gar weit östlich von Tarascon verehren die Provençalen ihre Geschwister Maria und Lazarus. Alle drei sollen nach der Himmelfahrt des Herrn westwärts gesteuert und in Marseille gelandet sein.

Nîmes besitzt schöne Kirchen. In derjenigen der Heiligen Perpetua und Felicitas steht ein Nebenaltar in besondern Ehren, vor dem in der großen Revolution eine Anzahl Kapuziner niedergehauen wurde; desgleichen ein Kreuz, das 1830 unter den Schlägen böswilliger Hände in Stücke ging. In der erst 1877 eingeweihten Baudiliuskirche sah ich zum erstenmal das Bild der heil. Philomena, ein kaum den Kinderjahren entwachsenes, liegendes Mädchen. Eine bekümmerte Mutter kniete einsam vor dem goldenen Schreine und schüttete ihr Herz aus. Ich habe auf der ganzen Reise nichts Rührenderes gesehen. Der massive protestantische Tempel charakterisirte sich auf den ersten Blick als solchen. Er trug auf der Façade die monumentale Darstellung und Aufschrift der „Sainte Bible".

Berühmt ist indeß Nîmes mehr wegen seiner vorzüglich erhaltenen, altrömischen Monumente. Obenan steht die s. g. Maison Carrée, ein Votivtempel zu Ehren des Gajus und Lucius, der Adoptivsöhne des Kaisers Augustus. Ein edleres Baudenkmal des classischen Alterthums kann nicht auf uns gekommen sein. Das Innere dient als städtische Kunstsammlung. An Großartigkeit gebührt der erste Rang der riesigen Ellipse des Amphitheaters. Es ist nach dem Amphitheater zu Verona am vollständigsten erhalten und kommt an Umfang und Höhe nach den gleichartigen Bauten zu Rom, Capua und Verona. Die Erbauer waren Hadrian und Antoninus Pius, von denen letzterer selbst von Nîmes stammte. Im schattigen Garten der einzigen höchst merkwürdigen Quelle (am Fuße eines grottenreichen Hügels) steht unten in der Ebene der s. g. Tempel der Diana, wahrscheinlicher ein Heroum für Plottna, die Gattin Trajans, oben auf einem steilen Hügel das colossale Grabmonu-

ment Tourmagne, das an die Engelsburg zu Rom erinnert.

Der Vormittag des 30. Juli galt Arles, unter Constantin
die Hauptstadt Galliens, im 9. Jahrhundert die Residenz der Könige
von Arles. Ampitheater und Theater, die einst weit und
breit ihres Gleichen suchten, sind höchst mangelhaft erhalten. Un-
gleich bedeutender sind die christlichen Alterthümer, einzig schön
die vier Säulenhallen, welche den Klosterhof der Abtei St. Tro-
phimus umgeben. Sie bilden eines der werthvollsten Monumente
romanischen Stils und verdienen wegen ihres unübertrefflichen Details
für alle Zeiten Bewunderung.

Nachmittags fuhr ich an Marseille und Toulon vorüber nach
dem hauptsächlich im Winter besuchten Curort Hyères. Daselbst
verbrachte ich die Nacht im Kreise werther Freunde. An die herrliche Gegend erinnerte mich später wieder Berût, an das dortige
eigenthümliche Buschwerk die Sendiane Abrahams zu Hebron. Schön
war es zum Hüttenbauen, gleichwohl riß ich mich am 31. Juli mit
dem frühesten Morgen los, um die Seereise rechtzeitig einzuleiten
und Marseille noch kennen zu lernen. Dies ist die Fürstin der
Seestädte, das erste Emporium Frankreichs, ist der wichtigste Stapelplatz des europäischen Continentes und dabei so alt als die Geschichte.

Was der Fourvièreshügel für Lyon, ist Notre-Dame de
la Garde für Marseille. Ueber 500' erhebt sich der steile Kalk-
steinfels aus dem Häusermeer, das sich in malerischem Halbkreis an
das sanftansteigende Küstenland anlehnt. Oben ist er bekrönt von
einer glänzend ausgestatteten Kapelle, zu deren Fußboden und Wand-
bekleidung, Pfeilern und Wölbungsbogen nicht blos die nahen Alpen-
und Felswände Carraras, sondern auch die Steinbrüche Afrikas
den kostbarsten Tribut leisteten. Wie von der Festung zu Würzburg blinkt das Silbergewand der Gottesmutter vom Gipfel des
Thurmes in weiteste Ferne und leistet den ankommenden Schiffen
bei Tag, was der große Pharus zur Nachtzeit. Die Tausende von
Votivtafeln in der Kirche beweisen, daß der mit dem Sturme ringende
Seemann nach „Unserer Frau auf der Warte" ausschaut, die über
Marseille und dessen fernsten Kindern wacht. Dem Fremden begegnet
derselbe mit Frau und Kind, um sich seines Gelübdes zu entledigen.

Auf dieser Höhe sah ich, wie bei völlig heiterm Himmel sich

auf einmal dichte Nebel aus dem Meere erhoben und in kürzester Zeit das blaue Firmament den Blicken entzogen. Ein weicher Südwind trug sie als schwarze Wolken gegen Norden. Ob diese der nach Sonnenschein verlangenden heimathlichen Erde nach den ersten schönen Tagen neuen Regen bringen sollten?

Später verfolgte ich auf eine Strecke die breiten Quais des alten Hafens, eines fast 80 Morgen großen, gegen den Mistral geschützten Seebeckens. Hier herrscht jahrein jahraus ein Drängen und Treiben, das nur an den Londoner Docks seines Gleichen findet. Der neue Hafen ist viermal größer. Von den verschiedenen Becken, in welche er zerfällt, heißt das erste und vorzüglichste la Joliette, eines der westlichsten englischer Hafen. In letzterem besah ich mir meinen Dampfer. Vom hohen Steindamme der Joliette genoß ich die herrliche Aussicht über das Meer. Diese Hafenbauten sind mit Recht der größte Stolz der Stadt. Darnach pocht sie auf die Paläste der Rue Cannebière; Paris hat keine schönere Straße. In nördlicher Verlängerung führt sie zum neuen äußerst großartigen Palais de Longchamp. Auf beiden Flügeln ist der gewaltige Bau städtische Sammlung, im halbbogenförmigen, von luftigen Arkaden überragten Centrum ein ganz unvergleichliches Château d'eau. Im zoologischen Garten dahinter ritt man um's Geld auf Kameelen und Elephanten.

Freitag den 1. August früh 9 Uhr verließ die städtische Polizei- und Sanitätsbehörde das segelfertige Schiff; und nachdem sie aus ihrer Schaluppe das letzte bon voyage hinaufgerufen, begann die Schiffsmannschaft zu manövriren. Bald war der schwerfällige Schraubendampfer flott. Er hatte es über sich genommen — wie man jetzt sah —, außer einer Anzahl Levantinern eine Menge Güter an Aegyptens Küste zu setzen. Deutsch redete, abgesehen von mir, noch eine Judenfamilie von London, die sich in Jerusalem anzusiedeln gedachte. Wir brauchten bis zum Ziele 8 Tage. Die Schiffe anderer Compagnien fahren schneller, sind aber auch theurer. Bei Fraissinet u. Comp. — von dieser Gesellschaft war unser Dampfer — bezahlte man 1. und 2. Classe (mit Verpflegung) 250 und 175, 3. Classe (ohne solche) 60 Franken. Heute genossen wir bis gegen 5 Uhr Abends die schönste Aussicht auf die Riviera; dann verschwand sie hinter dichtem Nebel.

Samstag den 2. August fuhren wir die buchtenreiche Westküste Corsikas entlang, wandten uns der Meerenge von Sardinien und Corsika zu und suchten unsern Weg mitten durch das Labyrinth der dortigen Inseln, d. h. wir wählten von den zwei Wasserstraßen die schmälere und schwierigere, aber auch kürzere, was nur bei gutem Wetter möglich ist. Dabei kamen wir sehr nahe an der Beste Maddalena und der Insel Caprera vorüber. Man sah ganz deutlich Garibaldi's einstöckiges Haus auf grüner Felsterrasse. Nachdem wir lange das Land aus dem Auge verloren, kam Sonntag den 3. um die Mittagszeit Siciliens Westküste in Sicht und der Dampfer durchfurchte die Wasser von Maritimo und Favignana, das berühmte Schlachtfeld von 242 v. Chr., wo unter dem Consul Lutatius Catulus der erste punische Krieg und damit die Weltherrschaft Roms entschieden wurde.

Montag den 4. früh 7 Uhr lief das Schiff in den großen Hafen von Lavalette ein. Hier war unsere erste und letzte Haltstelle unterwegs. Da ich früher 8 Tage auf Malta zugebracht, bedauerte ich die Kürze des Aufenthaltes weniger. Die freie Zeit verwendete ich zu einem Besuche des schönen Johanniterdomes und erfuhr schließlich nur zufällig ohne meinen Schaden, daß die Uhr von Lavalette bereits eine Stunde gegen die von Marseille vorgehe. Bei der Rückkehr zum Schiffe traf ich ein gutes Stück von dessen Vordertheil in einen Harem umgewandelt. Zwei Moslim hatten dort ihre Familien gebettet. Zu jeder gehörte ein schwarzer Eunuche und eine Negerin, deren Obliegenheit die Bedienung von je zwei Frauen und drei bis vier Kindern war. Letztere — fast lauter Mädchen — waren unverschleiert. Die Frauen gebärdeten sich so energie- und willenlos wie Sachen, aßen und schliefen, schliefen und aßen und überließen Andern selbst die Pflege ihres persönlichen Aeußeren. Angesichts solchen gelungenen Niederhaltens fast jeder actuellen Persönlichkeit strichen sich die aufmerksamen Ehemänner wohlgefällig die Bärte.

Den 5., 6. und 7. August zeigte sich nach keiner Seite hin Land. Es wehte beständig ein starker Nordostwind, die See war bewegt, und die Mehrzahl der Passagiere seekrank. Die deutschredende Jüdin mußte den französischen Schiffsarzt rufen lassen, und dieser bat mich, den Dolmetscher zu machen. Am 8. August kurz vor Tagesanbruch verkündete das Lichtspiel eines hohen Pharus kurz vor Tagesanbruch die Nähe der Weltstadt Alexander des Großen. Sein helles Licht drehte sich im Kreise, wurde klein wie ein Stern und dann wieder groß wie der Mond. Doch hütete man sich, sofort seiner freundlichen Einladung zu folgen. Weil die europäischen Dampfer auf sehr schmaler, sonderbar gewundener Fahrstraße in den großen Westhafen einlaufen müssen, war zuerst der helle Tag und ein arabischer Lotse abzuwarten. Der Leuchtthurm war längst erloschen, die Windmühlen und Forts der flachen Seestadt, ihre Palastbauten, Minarete und Kobben, die weite, ebene Küste des Delta lag bereits vor Aller Augen ausgebreitet, da suchte unser Schiff nach arabischem Commando seinen Weg durch die sandige Nehrung und den Eunostos der Alten zum Seebecken am Quai der Dogana. Einmal im Zollgebäude angekommen, dankte ich Gott für die Rettung nicht blos aus dem offenen Meer, sondern auch aus dem sicheren Hafen, sofern es eine reiche Gabe Zähigkeit bewies, hier unter dem Wettstreit hilfebereiter Hände nicht in Stücke gegangen zu sein.

Zu Alexandrien blieb ich zwei volle Tage. Am ersten sah ich in Begleitung einiger lokalkundigen Schiffsbekannten die beiden berühmten Wahrzeichen der alten Stadt, welche zugleich auch fast alle ihre antiken Sehenswürdigkeiten ausmachen, nämlich die Nadel der Kleopatra und die Pompejussäule. Nach und neben ihnen verdienen nur die Katakomben noch Erwähnung, die aber, als Steinbrüche benutzt, unaufhaltsam ihrem Ruin entgegengehen. Die Nadel der Kleopatra ist ein vierseitiger Spitzstein von 70' Höhe und dem 10. Theil Breite (unten an der Seite gemessen), der aus einem Stück besteht und aus weiter Ferne den Nil herabkam. Da man ihm der imponirenden Nachbarschaft wegen ebensowenig seine Höhe, als der Unverwüstlichkeit des Materials wegen sein Alter ansieht, so findet sich der schaubegierige Fremde enttäuscht. Dagegen übertrifft die auf sandiger Anhöhe stehende Pompejussäule durch die Großartigkeit der Anlage und Zierlichkeit der Ausführung die kühnste Erwartung. Ihr korinthisches Kapitäl ragt bei zwölffacher Höhe des Durchmessers über 100' in die reine Luft. Auffällig ist, daß keine von beiden Säulen mit der Person etwas zu schaffen hat, deren Name mit ihr verknüpft ist; noch auffälliger, daß jede einen Namen verherrlicht, den die Heilsgeschichte uns als grausamen Bedrücker

anführt. Die Nadel der Kleopatra verkündigt in schwerverständ-
licher Bilderschrift das Lob von Ramses II., dem harten Ver-
folger der Kinder Israels; die s. g. Pompejussäule die momentanen
Verdienste Diocletian's um die hungernde Stadt, nach dem bekanntlich die blutigste Christenverfolgung benannt ist. Räumlich nur wenig
geschieden, liegen beide Monumente der Zeit nach fast 2000 Jahre auseinander und stehen von der Gegenwart nicht weniger beträchtlich ab.

Am zweiten Tage begab ich mich über das Heptastadium nach
der ehemaligen Insel Pharos, jetzt fast ausschließlich Türkenquartier.
Die Stelle des berühmtesten aller Leuchtthürme nimmt gegenwärtig ein
massives Fort ein, dessen Besatzung schon von weitem zu verstehen
gab, daß die beabsichtigte Aussicht von dessen Zinnen eine Illusion
sei. Dafür bekam ich ein unvergeßliches Bild vom „Großen
Hafen" des Alterthums, dessen ganzen Westrand ich umlief. Er
ist jetzt zum „kleinen Hafen" geworden, in den nur noch Fischerbarken einlaufen. Einst hing die Existenz der Weltstadt daran.
Von den architektonischen Prachtwerken, die sich darin spiegelten,
ist nur ein Ornament, die Nadel der Kleopatra, stehen geblieben. Weiterhin zeigt man deren wieder aufgedeckte Fundamente. Eine Lokal-
bahn entführte mich von hier nach Ramle. Der Zug glitt über
die Stelle des alten Nikopolis, der Siegesstadt Octavian's im Kriege
mit Antonius, und fing nach ungefähr einer halben Stunde an
zu halten. Er hält in Ramle fünfmal, ein so ausgedehnter Villen-
bezirk hat diesen Namen. Eine eigene Wasserleitung ermöglicht die
Anlage von üppigen Gärten und äußerst rentablen Palmen. Hier
ist der Hauptvergnügungsort des modernen Alexandrien.

Nach meiner Rückkehr besuchte ich einige christliche Institute
und Kirchen. Im Hause der Schulbrüder führte mich ein geborener Limburger herum. Sie halten eine Armenschule, die von
700 Kindern besucht ist, und haben daneben eine Lateinschule von
300 Schülern, die zum Theil von Syrien herüberkommen. Von
40 Lehrern werden 10 Sprachen gelehrt, Französisch und Latein
obenan. Den 5. August hatten die Ferien begonnen, um mit Anfang October zu schließen. Die Taxen für Interné sind 80 und
100 Franken den Monat. Im schattigen Hofe sah ich den ersten
Sykomorenbaum mit reifen Früchten, im Garten umgehauene Bananen, die das erste und einzigemal getragen hatten.

In der äußerst geschmackvollen Kirche der unirten Griechen erklärte mir der Pope den Gottesdienst, führte mich hinter die Chorwand zu den drei Altären und zeigte im Tabernakel des mittleren den Kelch und das Tauföl, aber keine Monstranz. Das Meßbuch war auf einer Seite griechisch, auf der andern arabisch; letztere Sprache wird fast ausschließlich beim Gottesdienste gebraucht. Die Frauen erscheinen nur auf der sorgfältig vergitterten Empore. Die Männer hatten längs der Wände Ehrensitze; sonst fehlten alle Stühle.

Hierher und zu den Lazaristen begleitete mich der Franciscaner Pater Lukas aus Tyrol. Die Lazaristenkirche fanden wir nach außen geschlossen, weil vor drei Jahren ein Ciborium gestohlen wurde. Die Hauptkirche Alexandriens ist der Diva Catharina Virgo Martyr gewidmet. Sie wurde 1850 gebaut und 1868 renovirt. Das Altarbild stellt den Triumph der gotterleuchteten Katharina über die heidnischen Philosophen dar. Ihre Bedeutung erhellt daraus, daß einer der schönsten Plätze der Stadt nach ihr benannt ist.

Den Abend beschloß ich mit einem Besuche des Fort Napoleon, das mitten in der Stadt über alle Häuser sich erhebt und bei seinem ruinenhaften Zustande auf allen Flanken die unbehindertste Ausschau bietet. Nach drei, ja vier Seiten zeigte sich von hier aus nichts als bitteres Wasser, das von Norden und Westen her jeden Augenblick seine von Natur und Kunst gezogenen Grenzen zu durchbrechen drohte. Der Stadtplan und zwei nach Osten und Westen fortlaufende Sandstreifen bildeten darin eine förmliche Insel, deren einstige Bedeutung man nur auf Treue und Glauben hinnehmen konnte. Daß einmal der Glanzpunkt des Griechen- und Römerthums, der Wissenschaft und Kunst, der Philosophie und Religion, heidnischen, jüdischen und christlichen Glaubens, hier lag, gestand ich nur deshalb zu, weil die Geschichte es betheuert und die Viertelmillion Menschen der Gegenwart es nicht unmöglich erscheinen läßt. In dem Zauber, welchen die auf- und niedergehende Sonne im Oriente auszugießen pflegt, sah ich Alexander und Cäsar heraufziehen, aber auch Heldengestalten anderer Art erstehen, sah einen Origenes und Clemens Alexandrinus, einen Athanasius und Cyrill, den Märtyrer Leonidas und die heil. Katharina. Aus der Kirche der letzteren begab ich mich Sonntag den 10. August in der Frühe nach der Porte Moharrem Bey zum Bahnhof von Kairo.

II.

Durch Unterägypten.

Dies bedeutete nicht den geraden Weg nach dem heiligen Lande. Allein der Auszug Israels und die Flucht der heiligen Familie drängen bei der Leichtigkeit der Verkehrsmittel unwiderstehlich zu diesem Abstecher. Man besucht nämlich jetzt fast alle mit der Bibel in Beziehung stehende Orte mit der Schnelligkeit der Dampfkraft.

Von Morgens 8 Uhr bis Nachmittags 2 Uhr legten wir den Weg durch das Delta zurück. Die Bahn führte Anfangs zwischen dem Mariût= und Abukîrsee hin, hatte dann den Edkûsee links und setzte nach einstündiger Fahrt einen guten Theil der Passagiere zu Damanhûr ab, woselbst Markt war. Bei den Dörfern, welche wir passirten, herrschte das regste Leben, in dem sich die in grauer Vorzeit auf Stein gemeißelten Scenen des Landbaues abspiegelten. Der Nil hatte nämlich schon eine erfreuliche Höhe erreicht und versprach bei weiterem Steigen den reichsten Segen über das Land zu ergießen. Jetzt leitete man bereits das befruchtende Wasser durch Tausende von Kanälen in die Felder oder pumpte und trug es durch helfende Hände bis zu den unzugänglichsten Stellen. Nach einer zweiten Stunde ging es über die lange Eisenbrücke des Nilarmes von Rosette zur Haltstelle von Kefr ez=Zaijât, einem der bedeutendsten Handelsplätze des Delta. Zu Tanta, mitten zwischen beiden Nilarmen (jetzt sind es deren nur noch zwei), erinnerten noch Plakate und Buden an die erst seit 8 Tagen beschlossene große Messe, welche von einer halben Million Menschen besucht zu werden pflegt. Unmittelbar vor Benha el Asal setzten wir über den Nilarm von Damiette. Von der Station Tûch an, d. i. fast 10 Wegstunden vor Kairo, zeigten sich die Pyramiden von Gîze, die libysche Bergkette und der Mokattam, an dessen Füßen Kairo liegt, reichere Vegetation, bald auch Villen, Gärten, Alleen und zuletzt die prächtige Residenz des Chedive selber. Am Bahnhof empfing mich einer der Bekannten vom Schiffe her.

Mit diesem begab ich mich gegen Abend auf die Citadelle,

um von deren berühmtem Aussichtspunkte eine Uebersicht der Stadt, ihrer zahllosen Minarete und Kuppeln, Paläste, Schlösser und Gärten, des weiten Nilthales und seiner einzigartigen Begrenzung zu bekommen. Sie steht auf einem Vorsprung des Mokattam und wird von diesem Gebirgsstocke beherrscht. Saladin baute sie aus Steinen der kleinen Pyramiden zu Gize. Aus einem uralten versandeten Schacht machte er den heutigen Josephsbrunnen, dessen Wasser in halber Höhe durch eine von Ochsen bewegte Schöpfmaschine gehoben wurde. Die Thiere stiegen durch einen Seitenschacht in die Tiefe hinab; jetzt wird der Citadelle Nilwasser zugeführt. Josephsbrunnen heißt er von diesem Sultan, die Dragomane aber geben ihn für das Gefängniß des Patriarchen aus. Außer zwei alten Moscheen umschließt die Citadelle die Alabaster-Moschee, deren Bau erst 1857 nach dem Plane der Sophienkirche zu Constantinopel vollendet wurde. Der Glanz der inneren Ausstattung blendet das Auge. Die dünnen Minarete, welche wie Raketen in die Höhe schießen, bilden das Wahrzeichen von Kairo. Erst nachdem ich Zeuge des Sonnenunterganges gewesen, kehrte ich nach meiner Wohnung zurück.

Montag den 11. August besuchte ich mit meinem Freunde die ältesten Baudenkmale der Menschheit, die Pyramidengruppe von Gize. Wir erreichten das Pyramidenfeld in $2^1/_2$ Stunde (zum Gehen 4 Stb.). Die Ersteigung der höchsten (Cheops) Pyramide erforderte 20 Minuten, der Besuch des Inneren die gleiche Zeit. Die Ermüdung war außerordentlich und doch der Mühe werth. Von der Höhe sah man westwärts das eigenthümlich gewellte, gelblichbraune Sandmeer der libyschen Wüste, südwärts auf nackter Felsplatte die Pyramidengruppen von Abusir, Sakkâra und Dahschûr, ostwärts den herrlichen Strom und zu dessen beiden Seiten den schroffsten Gegensatz zur todten heißen Wüste, das reichste regste Leben in allen Reichen der Natur, weiterhin das öde Mokattam-Gebirge mit der Citadelle und ihren schlanken Minareten. Welch ein Anblick — Leben und Tod in solcher Nähe! Welch ein Bild — die größte Fruchtbarkeit im knappen Rahmen absoluter Dürre! Abwärts sah man weithinein in's Delta.

Die Erschöpfung in Folge dieser Tour nöthigte mich auf weitergehende Pläne zu verzichten und die disponible Zeit bis Donnerstag ben 14. auf die Stadt und ihre nächste Umgebung zu verwenden. Dieselbe bot auch des Interessanten genug. Káiro ist im Gegensatz zu Konstantinopel von Haus aus eine mohammedanische Stadt. Es ist ebenso durch Ansiedlung um eine Moschee entstanden, wie die meisten Christenstädte durch Ansiedlung um eine Kirche. Zugleich gebührt ihm in Afrika die Stelle, welche in Asien Peking, in Europa London einnimmt, d. h. es ist bei weitem die größte Stadt dieses Erdtheiles. Es ist die glänzendste des Islam und eine der schönsten des Erdballs. Der Araber nennt sie die edelste Perle im Griff des grünen Deltafächers und mit etwas orientalischer Ueberschwenglichkeit die Mutter der Welt. Von ihren berühmten Prachtmoscheen, die um Geld jetzt alle zugänglich sind, habe ich die wichtigsten von innen und außen angesehen. Auch sollte ich den Zauber des Straßenlebens, wo sich das Gegensätzlichste, das die Welt kennt, zu einem Knäuel ballt, im Vollmaß genießen; war ich doch am Tage der Inthronisation des Chedive zweimal Zeuge des Festzugs, der sich nach der Citadelle und von dort zurückbewegte. In Bûlâk traf ich leider das berühmte Museum gründlicher Reparaturen wegen geschlossen. Der uralte Nilmesser auf der Südspitze der Insel Rôda stack eben ganz unter dem gelben Wasser des angeschwollenen Stromes. Vom Besuche der Mamelukengräber südlich von der Stadt stand ich der gefährlichen Hitze wegen halbwegs ab, dagegen betrat ich zu günstigerer Tageszeit bei den s. g. Chalifengräbern jede Moschee.

Was mir in der Umgebung der Stadt besonders anlag, war das Dorf Matarije, durch heidnische, jüdische und christliche Erinnerungen berühmt. Es ist das ehemalige On, auch Bethsémes und Heliopolis genannt, und die heilige Familie soll dabei gerastet haben. Ich fuhr an einem Abend dahin. Der Prophet Jeremias hatte prophezeit: „Die Bildsäulen in Bethsemes sollen zerbrochen werden." Wirklich ist von der ganzen heidnischen Herrlichkeit nur noch eine Spitzsäule erhalten, ein der Nadel der Kleopatra ähnlicher Obelisk. Es ist der letzte versteinerte Rest des Sonnengottes, den man hier Jahrtausende verehrte, einer der vielen Strahlen der vergötterten Tagessonne, die jetzt die öffentlichen Plätze ferner Städte zieren. Vielleicht hafteten schon die Augen des ägyptischen Joseph an diesem Steine; wenigstens stammte seine Gemahlin Asneth von On.

Nur hier kann geschehen sein, was die Apostelgeschichte von Moses berichtet, nämlich daß er in aller Weisheit der Aegypter unterrichtet wurde*).

Wenige Minuten vom Obelisk zeigte man mir den **Marienbrunnen** und **Marienbaum**. Hier fand nach der Legende die flüchtige Gottesmutter mit dem Christuskinde Erquickung nach langer beschwerlicher Reise. Die Quelle ist so stark, daß ihr Wasser durch eine doppelte Schöpfvorrichtung weithin in die umliegenden Beete geleitet wird, der Baum so groß, daß er einen beträchtlichen Theil der Gartenanlagen beschattet, die ihm zu Ehren vom Chedive unterhalten werden. Derselbe hat die Blätter des Maulbeerbaumes und die Früchte der Feige, d. h. es ist eine Sykomore. Ich nahm ein Blatt und zwei Feigen mit. Der ständige Aufenthalt der heiligen Familie in Aegypten wurde mir drei Stunden von hier im alten **Babylon** unter einer koptischen Kirche gezeigt, welche **Abu Serge** (heil. Sergius) heißt. Sie soll schon aus dem 6. Jahrhundert stammen und ist für die Geschichte des Kirchenbaues von hohem Interesse.

Donnerstag den 14. August hatte ich noch Zeit, der Feierlichkeit der Ueberbringung des großherrlichen Bestätigungsfirmans des neuen Chedive anzuwohnen, dann ging ich nach dem Bahnhofe der Schubra-Allee. Da war ein ungeheures Gedränge von Mekkapilgern. Am Schalter fanden heftige Kämpfe statt. In den Wartsälen saß man friedlich am Boden und auf den Bänken herum. Noch nie gesehene Trachten und Manieren beschäftigten das Auge, bis der Zug abging, was um 11 $\frac{1}{2}$ Uhr geschah. Das Thermometer stand auf 28° R. im Schatten. Zunächst ging es denselben Weg zurück, den ich gekommen war. Vier Stunden unter Káiro bogen wir rechts ab. Dort liegt Kaljûb auf gleicher Breite mit der Spaltung des Nil in seine zwei Hauptarme. Weitere 4 Wegstunden nordöstlich sah man vor der Station Schibîn el Kanâtir das Tell el Jehudîje, d. i. den Judenhügel. Seit 1871 hat man hier die Ruinenstätte des Tempels gefunden, welchen der Hohepriester Onia mit Hülfe des Ptolemäus Philometor gründete und mit Verweisung auf Jesaias 19, 18 rechtfertigte. Er stak fortan wie ein Keil im einheitlichen Stamme des ägyptischen und syrischen Judenthums. Von hier bis On mögen es 6 Wegstunden (rein südlich) sein. Zu Belbês nahm der Zug eine nördliche Richtung an und be-

---

*) Apostelg. 7, 22.

hielt sie bis Zakazîk bei, wo es einen langen Aufenthalt gab. Letzteres ist die blühende Hauptstadt der s. g. Ostprovinz „esch Scherkîje", in welcher das biblische Gosen aufgeht. Zakazîk liegt am rechten Ufer des einstigen tanitischen Nilarmes, heute in seinem Oberlauf Bahr Mutz, in seinem Unterlauf Bahr San (Zoan) genannt. Darin war Moses im Binsenkörblein ausgesetzt, daraus ward das Knäblein von der Tochter des Pharao adoptirt, daran stand Zoan, die Residenz des harten Königs, nur ziemlich weiter unten am Südrande des heutigen Menzalesees, — von hier ging und geht der Süßwasserkanal zum Krokodilsee im Osten, um seinen Segen über Gosen zu verbreiten. Der Prophet Ezechiel nennt den Ort Pibéseth*), Herodot Bubastis. Zu den Festen der katzen= köpfigen Göttin der Schönheit, die hier verehrt wurde, wallfahrteten jährlich mehr Männer, als jetzt zur Moschee des Sidi el Bedawi in Tanta (drei große Märkte). Bei der Ausfahrt aus Zakazîk sah ich auf Tell Basta, die Ruinen von Bubastis. Sie sahen aus wie eingefallene Schwalbennester unter denkbar stärkster Vergrößerung.

Der Zug folgte dem Süßwasserkanal und damit zugleich der Südgrenze Gosens. Beim Beginn des schmalen Wâdi Tûmilât, welchen der Kanal befruchtet, sucht man Pithom, theils zu Tell Abu Sulêmân, theils bei der Eisenbahnstation Tell el Kebîr. Es wird in der Bibel**) neben Ramses als Frohnveste genannt, welche die Kinder Israels bauen mußten. Die vorletzte Haltstelle der Ostbahn hieß Ramses, wohl deswegen, weil man seit Lepsius in dem nahen Tell el Maschûta das biblische Ramses wieder gefunden hat. Um 5 Uhr hielten wir vor Jsmai= lîja am Timsah= d. i. Krokodilsee, dem Mittelpunkte des Suêz= kanals. Viele Moslim verrichteten jetzt ihre Gebete, auch eine Frau, was mir sonst nicht mehr vorgekommen ist.

Nach kurzem Aufenthalte ging es in südlicher Richtung durch die arabische Wüste dem rothen Meere zu. Die Bahn folgte dem Süßwasserkanal und endete gleich diesem zu Suêz. Es war derselbe Weg, den das Volk Gottes einschlug, als es mit Genehmig= ung des Pharao zu Ramses versammelt, den Auszug antrat. Die natürliche Beschaffenheit des Landes ließ nämlich keine andere Wahl. Nur eine kurze Strecke ging es durch welliges Flachland, dann zwischen

*) Ez. 30, 17. **) II Mos. 1, 11.

dem Gebirge Geneffe und den Bitterseen hin, weiter durch die beträchtliche Einsenkung zwischen sandiger Hochebene und dem stolzen Atâkagebirge. Wer sich einmal für diesen Weg entschlossen, sah sich unabweislich nach dem heutigen Suêz hingedrängt. Wir brauchten für die gleiche Strecke halb so viele Stunden, als die Juden Tage. Bei unserer Ankunft hielten uns die Hausknechte aller Gasthäuser auf brennenden Laternen deren Namen entgegen. Ich folgte dem des Hôtel d' Orient.

Denselben Abend traf ich noch die nöthigen Vorkehrungen zu einem Ausflug nach Ain Mûsa (Mosesquelle), der mir wichtiger schien, als der Besuch von Suêz. Dabei fährt man nämlich über die Stelle des Schilfmeeres, welche dereinst die Kinder Israels passirten, und reitet dann noch ein gutes Stück in die sinaitische Wüste hinein. Ain Mûsa aber ist ohne Zweifel der Ort, an welchem das Volk nach dem wunderbaren Uebergang das erste mal rastete und Moses Angesichts des Gottesgerichtes, welches über den wortbrüchigen Pharao erging, Jehova als den mächtigsten Kriegsherrn besang. Die Tour dahin erforderte zuerst eine zweistündige Fahrt im Nachen und dann einen anderthalbstündigen Ritt zu Esel. Beim Sonnenaufgang brach ich mit meinem Muker auf, Nachmittags 2 Uhr waren wir zurück. Ain Mûsa erwies sich als ein grüner Fleck in der gelben Wüste, wo das mehr oder minder säuerliche Wasser wohl aus 20 Stellen quillt oder auch nur sickert und die Anlage dreier Gärten ermöglicht, in denen hohe Tamarisken, Akazien, Datteln, Granaten das Auge erfreuen. In dem schönsten derselben ward ich von dem feiernden Besitzer, einem früheren Mekkapilger, empfangen, mit Granaten, Jasmin und Henna beschenkt, mit Kaffee und Wasser bewirthet, eine Ehre, wofür er 2 Franken und sein Neger ein Trinkgeld erwartete. Die Quellen bilden meist — eine merkwürdige geologische Eigenheit — isolirte, 3—4' hohe Rasenkegel. Das Wasser kam mir um so saurer vor, je höher diese Hügel waren.

Auf dem Heimwege ward der Geist unwillkürlich drei Jahrtausende rückwärts versetzt und schaute die Millionen von Israeliten drüben am Fuße des Atâka in Verzweiflung, hüben bei Ain Mûsa im Vollmaße des Glückes und der Freude über die wunderbare Rettung.

Gegen Abend traf ich am Quai einen bosnischen Franciskanerpater Namens Johann. Er führte mich in sein Hospiz, das im untern Stock zugleich Kapelle ist. Seit 15 Jahren hat sich die katholische Gemeinde von 3 auf 500 Seelen vermehrt, wofür die dermaligen Räumlichkeiten zu klein sind. Die Mission erfreut sich des österreichischen Protektorates. Zum Schluß versprach man mir viel Erbauliches von der Pilgerfahrt in's heilige Land und bestellte Grüße an den Vorstand des österreichischen Pilgerhauses in Jerusalem.

Nachts war Illumination, Feuerwerk, Musik und Knabenumzug zu Ehren des Chedive. Letztere wurden von Burschen mit Rohrstäben angeführt, sie marschirten im Schritt, schlugen in die Hände und sangen im Takte: ́   ́   ⏑   ́   ́. Diese Freudenäußerungen sollten sich an drei Abenden wiederholen. Heute war der zweite.

Samstag den 16. August in frühster Morgenstunde machte ich einen Spaziergang nach Port Jbrâhîm. Dies ist der Gesammtname der großartigen Hafenbauten von Suêz mit Docks, Magazinen, Werkstellen und Arsenal weit im rothen Meere draußen. Ein ungeheurer Damm von 3000 m. Länge führt dahin. Eben war rechts und links vom Damm weithin alles trocken, so daß sich die eigenthümliche Sandbank, welche diesen Anlagen zum Fundamente dient, ringsum genau verfolgen ließ. Am Ende desselben lag das ägyptische Becken Jbrâhîm, welches, durch Mauerung in zwei Theile zerlegt, 500 Kriegs= und Handelsschiffe faßt, oftwärts gekehrt das kleinere Bassin der Kanal=Compagnie, dahinter wogte die stahlblaue Masse des biblischen Schilfmeeres zwischen der gelben Küstenfläche der sinaitischen Halbinsel und der röthlichen Steinwand des Atâka= Gebirgsstockes. Letzterer erinnerte an einen erst aufgegebenen Steinbruch. Es schien, als ob sich gestern noch Millionen Riesenhände abgemüht, von demselben Blöcke wegzusprengen. Im Süden fiel er steil in's Meer ab. Je näher bei Suêz, ein desto größerer Landstreifen blieb zwischen dem Berg und den Fluten. Ich hätte mir getraut, das ganze Volk Israel vor seinem Uebergang dort aufzustellen. Vor dem maritimen Kanal lagen einige Indienfahrer, die ein englisches Leben nach Port Jbrâhîm und Suêz brachten, an dem sich die vergangene Nacht schon die nüchternen Araber skandalisirt hatten.

Um ¹/₂ 8 Uhr schied ich von meinem freundlichen Wirthe. Mein Zimmer bezog ein türkischer Pascha, dessen Sohn und zahlreiches Gesinde bereits gestern gekommen war. Der Sohn war geisteskrank,

und der Vater suchte Hülfe beim Propheten in Mekka. Vom Eisen=
bahnwagen aus hatte ich den ungehindertsten Blick über die sinai=
tische Halbinsel. Das flache Küstenland verglich ich einem Wiesen=
grunde zur Zeit der Heuernte, wann das Futter auf Haufen sitzt;
nur ist alles Grüne dabei wegzudenken. Das nächste Hinterland war
in Dunst gehüllt, die kuppenreiche Gebirgsmasse des Sinai dagegen
glänzte im zartesten Roth der Morgensonne. Gerne wäre ich dem Volke
Gottes in diese Alpengegend gefolgt, aber die Reise erfordert wenigstens
9 Tage und gilt in den Hundstagen für besonders bedenklich.

So ließ ich mich um 8 Uhr mit der Schnelligkeit des Dampfes
nordwärts führen. Es waren dieses mal nur zwei Passagiere. Auf
dem maritimen Kanal zur Rechten ging äußerst träg alle 100 Acker=
längen ein Dampfer. Der Atâka zur Linken schien von Suêz ab drei
Viertelstunden lang immer aufzuhören, bis sich endlich der Dschebel
Geneffe dagegen erhob. Diesem gegenüber liegt das kleine und große
Bassin der alten Bitterseen. Jetzt bilden sie zusammen ein gewaltiges
Wasserbecken, das man einem Binnenmeere vergleichen möchte. Die
Wüste, welche der Zug durcheilte, hatte überall aromatische Kräuter,
welche große isolirte Büsche bildeten. Dies war auch die Beschaffen=
heit der Wüste von Ain Mûsa gewesen. Im Gegensatz dazu läßt der
Sand bei den Pyramiden keinen grünen Halm aufkommen. Gegen
Mittag hielten wir in Ismailîja, und mein Reisegefährte schied, nach=
dem er mir für Port Said das Hôtel d'Europe empfohlen hatte.

Ismailîja mit seinen herrlichen Bäumen, Blumen, Gärten
und Villen, seinem lieblichen See innerhalb steiler, von Flugsand
überwehter Ufer kam mir vor, wie ein der Welt entrücktes kleines
Paradies, dessen Bewohner eben ausgewiesen wurden. Auf allen
Anlagen und Straßen herrschte Todesstille. Nur in den Kaffees
traf man niederes, müßiges Volk. Die Reichen hatte — scheint es
— die Fieberluft vertrieben. Bei der Abfahrt um 5 1/2 sah ich zwei
bessere Familien, die sich mit Fischfang unterhielten, ein Geschäft, welches
den Kanal hinab auch Fellachen mit Erfolg trieben; doch trugen diese
nur kleine Fische nach Hause. Ich wollte Aegypten auf dem Suêz=
kanal verlassen, und hatte mich zu diesem Zwecke gleich bei der An=
kunft des Zuges für den winzigen Postdampfer des Chedive ein=
geschrieben. Den Weg von Ismailîja nach Port Said pflegt er in
6 Stunden zurückzulegen.

2*

Wir steuerten zuerst dem Tiefgang des Bitterwassers zu, wie er durch Pfähle bezeichnet war, ließen in der Nordostecke des Sees das Châlet des Vicekönigs zur Linken und rauschten gleich darauf munter durch die hohen Wände des Gisr, d. i. der Schwelle. So heißt eine westöstliche Bodenerhebung von 50' über dem Meer, welche seiner Zeit dem Kanalbau die größten Hindernisse in den Weg legte. Links auf der Höhe sah man das fast verlassene Dorf el Gisr mit Kapelle und Moschee, die künstlichen Dämme waren durch tiefe Sand= dünen verdeckt. Weder hier noch bei el Ferdân, wo die Ufer niedrig wurden, eröffnete sich ein Blick in das freie Wüstenfeld. Um 7 Uhr liefen wir in die abgedämmten Wasser des Balachsees ein. Die weitere Fahrt an el Kántara und dem Menzalesee vorüber fiel in die Nacht. Wiederholt passirten wir riesige Bagger= maschinen. Auch kamen wir an mehr als einer lustigen Gare, d. h. Ausweichstelle, vorüber, wo die Schiffsmannschaft eines übernachten= den Dampfers ausgestiegen war und sich bei Wein und Punsch ver= gnügte. Auffällig war mir, daß der Ufersaum durchweg eine üppige Vegetation zeigte. Gegen 12 Uhr stieg ich zu Port Said an's Land. Hier herrschte noch das heiterste Leben; denn es war der dritte Tag der Festlichkeiten des Chedive.

Sonntag den 17. August erwachte ich in einem deutschen Bierhaus statt im Hôtel d'Europe. Ein Spanier, der sich auf dem Schiff als lokalkundiger Freund gerirte, hatte mich angeführt. Im Verlauf des Tages erfuhr ich den Unterschied. Weil es Sonntag war, besuchte ich den griechischen und lateinischen Gottesdienst. Ein Bruder dieses Ritus sagte mir, daß es 2500 Lateiner habe, dar= unter keine Deutschen, aber viele Böhmen, welchen letzteren es an einem Beichtvater fehle. Im Hofe des Hospizes bezeichnete eine lateinische Gedenktafel die Gräfin Maria von Dietrichstein als Gründerin (1869). Auf einem Spaziergang in's arabische Viertel sah ich eine gräßliche Scene zwischen Mutter und Kind. Beide saßen am Menzalesee. Jene hatte die Haare ihres etwa zwölfjährigen Mädchens um die linke Hand gewickelt und schlug mit der Rechten in raffinirtester Grausamkeit zu. Das geschah periodisch bis zur Ermüdung. Endlich schritten die Moslim ein. Das Mädchen hatte einen Topf zerbrochen. Im isolirten Dorfe schaute ich in einen mohammedanischen Betsaal und in eine Schule. In beiden

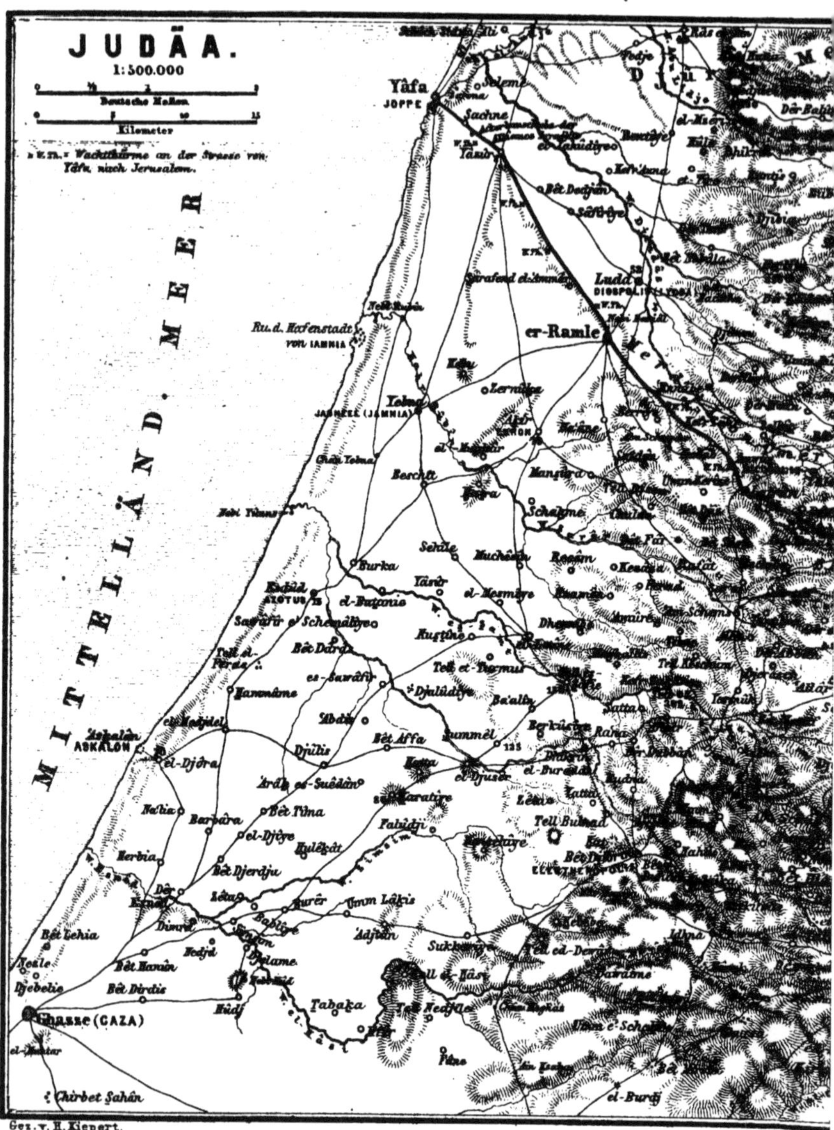

JUDÄA.
1:500.000
Deutsche Meilen
Kilometer
Wachtthürme an der Strasse von
Yâfa nach Jerusalem.
MITTELLÄND. MEER
Yâfa
JOPPE
Sachne
Ru. d. Hafenstadt
von IAMNIA
er-Ramle
Ludd
DIOSPOLIS
Jebna
JABNEEL (JAMNIA)
Ghân Jebna
Nebi Yûnus
Burka
Yâsûr
Esdûd
ASOTUS
el-Batanie
el-Mesmîye
Sawâfir el-Schemâlîye
Kustîne
Bêt Dârû
Tell el-
Perâta
es-Sawâfir
Tell et-Turmus
Hanenâme
Djulûdîye
Ba'alîn
'Abdîs
el-Medjdel
Bêt Affa
Djummel
ASKALON
Djûlis
Hatta
el-Djuser
Na'lia
'Arâk es-Suêdân
el-Burêdj
Barbâra
Bêt Tîma
el-Djôye
Tell Bulêad
Hulêkât
Herbîa
Bêt Djerdju
Dêr
Lêtah
Umm Lâkis
Dimra
Bâbîye
'Adjûn
Sukhurîye
Bêt Lehia
Nodjd
Dêlame
Nealie
Bêt Hanûn
Djebelie
Bêt Dirdis
Hûdj
Tabaka
Ghasse (GAZA)
el-Muntar
Chirbet Sahân
el-Burdj
Gez. v. H. Kiepert.

Geograph. Anst. von Wagner & Debes, Leipzig

ging es unruhig zu, wie bei den Juden. In einigen Häusern gab es Musik, wohl noch von gestern her.

Um 3 Uhr ließ ich mir von der Hafenpolizei den Paß visiren. Ohne diese Förmlichkeit hätte mich keiner der vielen Barkenführer zum Bourdonnais (Pilger) hinübergebracht. Letzteres war der Name meines Schiffes, eines der elegantesten der Gesellschaft Messageries Maritimes. Wir stießen um $\frac{1}{2}$5 Uhr vom Lande und sollten am folgenden Morgen Jafa sehen.

III.

In Judäa.

Fahrt über die Ebene Saron und das Gebirg Juda.

Montag den 18. August war beim Grauen des Tages wirklich das heilige Land in Sicht. Aus endloser Küstenebene erhob sich der kuppelreiche Häuserknäuel des altehrwürdigen Joppe. In einen festen steinernen Gürtel gezwängt, schoben sich die Gebäude terrassenförmig hinter einander empor. Trotz der frostigen Abwehr, welche sich in der Stadtmauer und den massiven Strebepfeilern der Häuserreihen aussprach, winkten die vom Morgenwind umfächelten Häupter vereinzelter Palmen den Ankömmlingen aus dem Westen freundlichen Empfang zu; und ehe man sich's versah, kamen auch schon die städtischen Emissäre in Form von piratenmäßigen Barkenführern dahergerudert, um den Gästen die Hand zu reichen.

Wie dem unter die Dornen gerathenen Samen, so erging es den beseligenden Gefühlen, welche Angesichts Jafa's, des Seethores von Jerusalem und uralten Einganges von Palästina, erwachten. Sie hatten sich kaum der Wirklichkeit erschlossen, als sie durch das Geschrei der das Schiff belagernden Barbaren im Unkraut leiblicher und finanzieller Selbsterhaltungssorgen erstickten. Nachdem die Planke aufgegangen und die Schiffsstiege hinabgelassen war, tanzte ich vor allen andern in einem der schaukelnden Nachen herum; es fiele mir

schwer zu sagen, wie es zuging. Viel besser könnte ich erzählen, wie
sich die Barke allmälig bis zum Versinken anfüllte, ehe sie die Fahrt
nach dem Hafen antrat. Dieser ist durch einen förmlichen Klippen-
zaun von der gewöhnlichen Haltstelle der Dampfer getrennt und gestattet nur an einer durchbrochenen Stelle von der Breite eines
mäßigen Flusses couragirten Barken den Zutritt. Dort ging es im
Wettlauf hindurch, und bald kletterten wir vor dem Seethor an der
Mauer des Quai hinauf. Erst im gastlichen Franciskanerkloster
fand man Zeit, sich zu sammeln und zu bedenken, was bisher ge-
glückt und mit göttlichem Schutze noch glücken sollte.

Jafa ist gleich einer der denkwürdigsten Orte der heiligen Geschichte. Das Altarbild der Klosterkirche führt das wichtigste der
dortigen Ereignisse, nämlich die himmlische Aufforderung zur apostolischen Predigt auch unter den Heiden vor. Petrus betet auf dem
Dache Simons des Gerbers und wird wunderbar belehrt, daß
er keinen Anstand nehmen solle, den Leuten des heidnischen Hauptmanns Kornelius, welcher die Taufe verlangte, zu folgen. Den
Schlüssel zu dem Orte, auf welchem Simons Haus gestanden sein
soll, verwahrt ein Moslim. Der gleiche Petrus hat, von Lybba her
zu Hülfe gerufen, die fromme und wohlthätige Tabitha hier von
den Todten erweckt*). Im alten Bunde hat sich der ungehorsame
Jonas in Joppe zu seiner Tarsisfahrt eingeschifft**), und an dieser
Küste wurde der vom Fische Verschlungene nach drei Tagen wieder an's
Land gespieen. Der Andromedafels, den man noch zu Hieronymus Zeit hier zeigte, und die lokalen Sagen vom Drachentödter Georg
erscheinen als Nachklang des biblischen Berichtes. Im Hafen von Joppe
landeten die Cedern für den ersten und zweiten Tempel. Die Wechselfälle der Stadt, welche man zu den ältesten der Welt rechnet, verzeichnet
die Profangeschichte. Jetzt hat sie gegen 9000 Einwohner (worunter
ein Fünftel Nicht-Mohammedaner) und ist in stetigem Aufblühen begriffen. Die 400 Lateiner werden von 6—8 spanischen Mönchen
pastorirt. Ihre Schule, die ich besuchte, wurde von einem verhei-
ratheten Laien gehalten. Derselbe hat die Kinder den ganzen Tag
um sich. Auf Verlangen lasen sie mir arabisch vor und zeigten ihre
Geschicklichkeit im Schreiben auf den Knieen.

Mit mir waren zwei Franzosen, die zu Zakâzît im Delta ihren

*) Apostelg. 9.   **) Jon. 1, 3.

Wohnsitz hatten, ausgestiegen. Da sich's bald zeigte, daß sie dasselbe Ziel verfolgten, so schlossen wir uns aneinander an. Bei einem
späteren Gange durch die unebene Stadt sahen wir das Leben auf dem Bazar, den Brunnen Abu-Nabût, die Säulenhallen
der Mahmudîje-Moschee und die schöne St. Georgskirche der Griechen.
Durch eine Bresche der Stadtmauer gelangten wir zum häuserfreien
Gipfel des Hügels und genossen die erste größere Fernsicht in Paläftina. Gar lieblich erschien das Weichbild Jafa's mit seinen Reben,
Feigen, Granaten, Orangen, Citronen, Opuntiakaktus, Sykomoren
und Dattelbäumen. Das war und ist noch „gelobtes Land". Die
deutschen Häuschen der Templerkolonie im Nordosten heimelten
mich an. Im Südwesten sahen wir auf einige höchst primitive Ger-
bereien hinab; Neger trieben das unsaubere Geschäft. Kein Wunder, daß dieses Gewerbe bei den Juden nicht in besonderen Ehren
stand. Wir verließen Jafa noch am ersten Tage.

Nachmittags kurz nach 4 Uhr fuhren wir zu sechs (drei Frauen)
auf einer Art Berner Wägelchen durch die von Staub fast erdrück-
ten Gärten der Ebene Saron. Es ging troß der drei Pferde,
die wir hatten, auf der großen Pilgerstraße nur langsam. Unser
Fuhrmann entpuppte sich durch ein Lied, das er pfiff und sang,
als Deutscher. Er war, wie sich auf meine Fragen ergab, von
Odessa, seinem Geburtsort, nach Jafa übergesiedelt und nährte sich
als Lohnkutscher. Diese Nacht waren drei seiner Fuhrwerke unterwegs, ein Beweis, daß es ihm nicht schlecht ging. Nach 1/4 Stunde
fuhren wir am Wohlthätigkeitsbrunnen (Sebîl) des ehemaligen Pascha
Abu-Nabût vorbei, und bald darauf hörten die üppigen Baumgärten auf. Die Berge von Juda und Ephraim stiegen hinter der
Ebene empor. Es ging durch ödes Ackerfeld, das im Frühjahr in
schönem Grüne prangt. Hinter dem Dorfe Jasûr ließen wir den
schmäleren Weg nach Lydda links. Auf der gleichen Seite blieben
in einiger Ferne auch die Dörfer Sâkia und Bêt Dedschân
liegen, näher rechts passirten wir einige besetzte Wachtthürme und
das Dorf Sarfend. Die Straße ging öfters bergan und bergab,
obwohl es die Ebene Saron war. Große Kameelzüge kamen uns
entgegen. Sperlinge und Lerchen zeigten sich in Menge. Magere
Rinder fanden dürre Gräser, wo wir keine sahen. Bei Einbruch
der Nacht lagen die hohen Minarete und Palmen von Ramle

vor uns. Ehe wir ganz in die Stadt kamen, bogen wir rechts von der Straße ab, fuhren mühsam auffällig hohen Kaktushecken entlang und hielten kurz darauf vor dem einsamen, festungsartigen Bau des Franciskanerhospizes.

Ramle ist urkundlich nicht älter als die mohammedanische Aera. Gleichwohl besteht seit dem 13. Jahrhundert der Glaube, es sei das neutestamentliche Arimathäa. Convent und Kapellen der spanischen Mönche sollen über der Stelle der beiden Häuser des Joseph von Arimathäa und Nikodemus stehen. Während das Nachtessen gerichtet wurde, besuchten wir beide Gartenhöfe mit hübschen Lauben, einer Dattelpalme und riesigen Spalierrebe. Dann führte man uns in die große Hauskapelle „des Josephus, welcher den Herrn begrub“. Eine sehenswerthe Kreuzabnahme verherrlicht den Liebesdienst des muthigen Bekenners Christi. Ein zweites, scheinbar ganz neu eingerichtetes Oratorium ist dem Synedriumsmitglied Nikodemus gewidmet. An beiden heiligen Stätten ist das Gebet des Pilgers mit einem Ablaß bedacht, ohne daß der wissenschaftlichen Topographie, die noch lange Arimathäa suchen wird, dadurch im Geringsten vorgegriffen sein soll. In Ermanglung einer sicherern Oertlichkeit werden die zwei hochgestellten Jünger Jesu vorerst noch in Ramle verehrt. Durch die kirchliche Indulgenz will zunächst nur zu deren Verehrung ermuntert werden.

Wäre es Tag gewesen, hätte ich mir die Johanneskirche der Kreuzfahrer, die jetzige Hauptmoschee, angesehen. Der Langraum ist durch zwei westöstliche Pfeilerreihen in drei Schiffe getheilt und hat schmale Spitzbogenfenster. Um ein Trinkgeld ist das altehrwürdige Baudenkmal zugänglich. So begann ich zu bereuen, nicht nach Jerusalem geritten zu sein. Dies brachte mich auch um das nahe Lydda und seine vielgerühmte St. Georgskirche, deren ursprüngliche Anlage zumeist der Johanneskirche zu Sebastije gleichen soll. Moslim und schismatische Griechen haben auf ihre Fundamente gebaut, und noch liegt ein gutes Stück des alten Grundrisses brach. Vor Ramle hatten wir die dortigen Olivenhaine und Palmen bewundert, und Kuppeln und Thürme luden zum Besuche ein, um so mehr, da Petrus bei „den Heiligen zu Lydda“ gewesen und den „gichtbrüchigen Aeneas“ geheilt hat*).

---

*) Apostelg. 9.

Bei der Wegfahrt nach anderthalbstündiger Rast starrte der imposante Thurm der vierzig Ritter am andern Ende des Städtchens vereinsamt in die sternenhelle Nacht hinaus. Nach christlicher Ueberlieferung ruhten hier die „vierzig Märtyrer", nach moslimischer „vierzig Gefährten" des Propheten. In der Landessprache heißt das Monument Dschämi' el abjad, d. h. die weiße Moschee, weil eine solche daneben in Trümmern liegt.

Von Jafa bis Ramle rechnet man 3 Stunden, von da bis Jerusalem 8. Unterwegs kam nach weiterer zweistündiger Fahrt das Dorf Kubâb, auf einer Anhöhe gelegen, die bei Tag eine herrliche Umschau in der Ebene Saron und im schwach gewellten Philisterland ermöglichen mußte. Noch eine Stunde, und wir ließen eine lebhafte Kaffeeschenke und das erst 1878 eröffnete „Hôtel der Makkabäer" zur Seite. Auf der Höhe lagen die Ruinen der alten Veste und das heutige Dorf Latrûn, wo man schon die Heimath des begnadigten Schächers Dismas und das Stammschloß der Makkabäer gefunden haben wollte. Vielleicht ist der Name Latrûn eine Corruption aus Toron Militum, einem Kastell der Templer, welches hier lag. Jetzt ging es bergab und thaleinwärts, bis nach einer guten halben Stunde eine zweite Kaffeeschenke Bab el Wad, d. i. Thalthor, kam. Dieses mal stiegen wir ab und kehrten ein. Die Pferde wurden gefüttert und sollten für die kommenden bösen Steigen zwei volle Stunden ruhen. An Kurzweile fehlte es nicht. In den Hundstagen beschränkt sich der Handelsverkehr hier zu Land fast ganz auf die Nacht, und zu Bab el Wad hält jedes orientalische oder occidentalische Vehikel, athmet Kameel und Esel, eine halbe Stunde seiner Bürde ledig, frisch auf. Das Kaffee gehört einem Juden, wird aber nicht von ihm, sondern von einem Pächter betrieben, der dem Fremden eine fast ungemüthliche Aufmerksamkeit schenkt.

Das Bab el Wad führt zum engen Wâdi Ali. Nach ¹/₂ Stunde hatten wir rechts die Baumgruppe, Quelle und den Betplatz Jrâm Ali. Die Olivenpflanzungen des Bergdorfes Sâris diesseits und die Kaffeeschenke bei Kariet Ênab oder Abu Gôsch jenseits der Wasserscheide sah ich nur mit den Augen eines Schlaftrunkenen. Gegen Morgen half jedoch die bittere Kälte von aller Schläfrigkeit. Da zogen die beiden Bergvesten Sôba und Kâstul die Aufmerksamkeit auf sich, von denen erstere bis in die neuere Zeit als das alte Modin der Makkabäer galt. Jetzt soll el Medîje nordöstlich von Lydda über dem Wâdi Budrus identisch mit Modin sein. Sôba's Lage ist bezaubernd schön; noch imposanter aber wäre die von Kâstul (weiter östlich), wenn es wie Sôba einer festen Stadt gliche. Es ist nur eine Burgruine, in der eine arabische Familie wohnt. Der Name kennzeichnet es als ehemaliges römisches Kastell; dasselbe bekrönte eine der höchsten Bergspitzen Judäas.

Als eben die Morgenröthe am Himmel aufgezogen, fuhren wir die Steige des Dorfes Kulônie hinab und hielten tief unten im gleichnamigen Wâdi vor einem griechischen Kaffeehaus; die Pferde bedurften einer letzten Stärkung. Das Dorf Kulônie links über uns am Berge wäre nach Sepps ausführlichen Erörterungen das neutestament= liche Emmaus gewesen. Als solches betrachtete ich es jetzt und sog, als es wieder bergan ging, gierig die Züge des landschaftlichen Bildes ein. Der Wâdi Kulônie heißt auch Terebinthenthal. Darin hat nach alter, freilich nicht unbestrittener Annahme, der Hirtenknabe David den Riesen Goliath getödtet. In den Wintermonaten fließt hier ein Bach. Dessen trockenes Bett überschritten wir auf einer Brücke. Viele Pilger lesen hier Kieselsteine auf, weil David daraus seine Wurf= geschosse geholt haben soll. Die Winterfeuchtigkeit scheint hier inso= fern etwas nachzuhalten, als dieser Wâdi die schönsten Oelpflanzungen auf dem ganzen Wege zeigt. Im Hintergrunde rechts schauten die christlichen Institute von Ain Kârim oder St..Johann im Ge= birge hervor, nämlich das großartigste aller syrischen Franciskaner= hospize und Père Ratisbonne's Kloster der Töchter Sions.

Es war noch $1\frac{1}{2}$ Stunden bis Jerusalem, dem Ziele der Reise; wir brauchten aber länger, trotzdem die Spannung, ja Sehn= sucht gerne abgekürzt hätte. Es ging zunächst eine sanfte Thalung hinan, dann galt es den „Jerusalemer Berg", wie mein Deutsch= Russe sich ausdrückte, mühsam zu erklimmen. Die breite, steinige Straße schlängelte sich im Zickzack empor. Um die Pferde zu schonen, ging man streckenweise zu Fuß. Es war ein Leichtes, auf dem kürzeren, alten Wege dem Wagen voran zu sein. Zur Abwechslung ließ unten am Anfang der Steige ein leichtbeladenes Kameel die ganze Stärke seiner üblen Laune aus. Es wandte sich rechts und links, kehrte um, drehte sich im Kreise, warf sich auf den Boden, sprang dann unter den Prügeln des Arabers wieder auf und er=

füllte dabei das gespannte Thal mit dem Gebrülle eines Löwen. Oben an der Steige hatte ein B u r s ch e im Turban nach kurzer Rast sein Kameele wieder flott gemacht, aber die Steine, welche er behufs des Aufladens herbeigeschleppt, mitten in der Straße liegen lassen. Unser Kutscher lehrte ihn zuerst mit arabischen Schimpf= wörtern, dann mit Peitschenhieben Raison. Die W a ch t t h ü r m e, welchen wir vor und nach Ramle je vier mal begegnet waren, kamen nach längerer Pause wieder. Vom ersten — nach $^3/_4$ Stunden — genoß man schon eine freiere Aussicht. Ein malerisches Dörfchen links auf dem Berge nannte der Fuhrmann B ê t J k f a; ich sah es näher, als ich später gegen el Kubêbe ritt. Ein zweites in der gleichen Richtung, aber tief unten an einer Thalwand, war wohl das bib= lische Nephtôa*) an der Grenze von Juda und Benjamin. Sein jetziger Name ist L i f t a. Hier hat es einen Brunnen und deswegen frische Gärten, während im Uebrigen der Gesammteindruck der Gegend der einer unfruchtbaren Steinwüste ist.

Der zweite und letzte Wachtthurm, gleich dem vorigen ohne Wachtposten, stand als weithin sichtbare Landmarke auf dem Gipfel des „Jerusalemer Berges". Die höchsten Spitzen von Judäa, Nebi Samwîl und Ramállah im Norden, der Dschebel Ferdîs oder Franken= berg im Süden, der Oelberg im Osten, selbst das Felsplateau des fernen Ostjordanlandes begrüßte jetzt die Fremden, während die hei= lige Stadt nur mittelbar, d. i. durch alte und neue Bauten in ihrem Weichbilde, ihre Nähe meldete. Man sah das Eliaskloster auf dem Wege nach Bethlehem, näherher das griechische Kreuzkloster in grü= ner Thalsenkung, geradeaus die moderne Vorstadt mit dem groß= artigen Russenbau, rechts die hohen griechischen Windmühlen und Père Ratisbonne's Arbeiterschule St. Peter. Bald zeigten sich diesseits der Kapellen des Oelbergs auch die Minarete Jerusalems, der s. g. Davidsthurm, die Kuppeln der Grabkirche und Omarmoschee, endlich die staubigen Mauern der Stadt.

Mit deutschem Knallen rasselte das Berner Wägelchen die schwach geneigte Straße hinab. Es rüttelte und schüttelte seine Passagiere, wie der Drescher das Korn im Siebe, und ließ ihnen keine Muße, nach Karawanen Art etwa die heilige Erde knieend zu begrüßen, ein „Großer Gott" anzustimmen oder einen Psalm (gewöhnlich 121)

---

*) Jof. 15, 9.

zu beten. Solches mußte bis zur Ankunft verschoben werden. So
eilten wir an europäischen Consulaten (österreichisch und russisch), Hos-
pizen (russisch), Missionshäusern (englisch-deutsch) und Landhäusern
vorbei — der Nordwestecke der Stadt und dem Jafathor zu. Da
und dort standen deutsche Namen angeschrieben, wie Bankier Frutiger, an den ich eine Adresse hatte, und Hôtel Feil, dessen Besitzer unsern Fuhrmann anrief, aber den Bescheid erhielt, die Passagiere gehen in die Casa nuova. Eine Ackerlänge vor dem Jafathor
wurde Halt gemacht, weil es wegen dessen hoher Steinschwelle nicht
möglich ist hindurchzufahren. Wir stiegen ab und bezahlten (die
Person 6 Franken), worauf sich der Kutscher dankend zur Rückfahrt
empfahl.

***

Ankunft zu Jerusalem und in der Casa nuova. Allgemeines Bild der Stadt in engerem und weiterem Rahmen. Quartiere. Bevölkerung.

Dienstag, den 19. August, früh um 7 Uhr zogen wir in die heilige
Stadt ein. Vor dem Bab el Chalîl oder Hebronsthor (aus-
schließlicher Name des Jafathores bei den Eingeborenen) lagerten
rechts auf dem Schutte eben die Kameele vieler Handelskarawanen,
links herrschte reges Leben in simplen Garküchen, allerlei primitiven
Verkaufsbuden, auch bessern Holzschnitzer-Werkstätten, welche sich von
außen an die nördliche Hälfte der Westmauer Jerusalems anlehnen.
Die Soldaten im kühlen, rechtwinkeligen Thorbau schauten uns blos
an und ließen uns ziehen. Aus diesem herausgetreten, waren wir
gleich auf dem schönsten und größten Platz Jerusalems, den ich
aber einstweilen für einen entlegenen Winkel der Stadt hielt. Nach
zwei Minuten waren wir am andern Ende dieses Platzes und folgten sodann den Windungen der zweiten Seitengasse links; gerade aus
waren wir zum Mediterranean-Hôtel gekommen, außer dem es auch
noch ein Damaskus-Hôtel gibt, aber fern beim gleichnamigen Thore.
Die Casa nuova, arabisch Dêr Dschedîd, d. i. neues Kloster, liegt
gegen die Nordwestecke im höchsten und gesundesten Theile der Stadt.
Anstatt im österreichischen Pilgerhause, wie ich ursprünglich vorgehabt,

1. Aksa-Moschee . . . . G.5.
2. St. Annenkirche . . . . G.2.
3. Arab.-prot. Kirche . . . . B.1.

Bazare:
  4. Sûk el-'Attârîn . . . . E.4.
  5. . . el-Chawadjât . . . . E.4.
  6. . . el-Lahamîn . . . . E.4.
  7. . . es-Sabaghîn (el-Chosûr) . . E.4.
  8. . . esch-Schawahim . . . . . . E.4.
  9. . . es-Semâni (Chân es-Zêt) . . E.3.
10. Casernen (Cavallerie) . . . . . . F.3.
11. . . (Infanterie) . . F.2.3. & C. D.5.
12. Chanka (Saladin's Hospiz) . . . . D.3.
13. Coenaculum . . . . B.6.

Consulate:
14. Amerikanisches . . . . D.4.
15. Deutsches . . . . E.3.
16. Englisches . . . . E.2.
17. Französisches . . . . E.3.
18. Italienisches . . . . D.3.
19. Österreichisches (an der Yâfa-Strasse)
20. Russisches . . . . B.2.
21. David's Grab . . . . B.C.6.
22. Deutsche Kirche }
23. . . Hospiz } im Bau D.2.4.
24. . . Schule u. Pfarrhaus }
25. Englische Kirche . . . . D.5.
26. . . Bischofsresidenz . . . . . D.4.5.
27. . . Hospital . . . . C.5. & D.5.
28. . . Pfarrhaus . . . . D.5.
29. . . Schule . . . . B.6.
30. Felsendom (K. es-Sachrâ) . . . . G.4.
31. Geisselungskapelle . . . . F.2.
32. Goliathsburg . . . . B.3.
33. Grabeskirche . . . . D.3.
34. Hammâm el-Batrâk (Patriarchenteich) D.4.
35. . . esch-Schifâ (Heilbad) . . . . F.4.

Haramthore:
36. Bâb el-Asbât . . . . G.2.
37. . . Hitta . . . . G.2.
38. . . el-Atem . . . . G.2.3.
39. . . el-Ghawânime . . . . F.3.
40. . . es-Serâi . . . . F.3.
41. . . en-Nâzir . . . . F.3.
42. . . el-Hadîd . . . . F.3.
43. . . el-Katlanîn . . . . F.4.
44. . . el-Matara . . . . F.4.
45. . . es-Silsele . . . . F.4.
46. . . el-Maghâribe . . . . F.5.
47. Hospital, griech. . . . . C.4.
48. . . Rothschild's . . . . F.5.6.
49. Jakobskirche, alte . . . . D.5.
50. Kettendom . . . . G.4.
51. Klageplatz der Juden . . . . . . F.4.

Klöster:
52. Abessinisches . . . . D.3.
53. Armenisches (grosses) . . . . D.5.6.
54. Armen. Nonnenkloster Dêr ez-Zêtûni
    (Haus des Hanna) . . . . . . D.6.
55. . . Zionsbergkloster (Haus des Kaiphas) B.C.5.

Klöster:
56. Armenisch-katholisches . . . . . E.3.
57. Griechisches (grosses) . . . . D.3.4.
58. . . (neues) . . . . D.2.
59. . . Abraham . . . . D.3.4.
60. . . S. Basilios . . . . C.3.
61. . . S. Charalambos . . . . . . D.2.
62. . . S. Dimitrios . . . . C.4.
63. . . S. Georgios (I) . . . . . . C.3.
64. . . . (II) . . . . D.6.
65. . . Gethsemane . . . . D.4.
66. . . S. Joh. Euthymios . . . . . D.3.
67. . . S. Joh. d. Täufer . . . . . D.4.
68. . . S. Katharina . . . . D.3.
69. . . S. Michael . . . . C.3.
70. . . S. Nikolaos . . . . C.3.
71. . . Panagia . . . . D.3.
72. . . Panagia Melaena . . . . . . D.4.
73. . . S. Theodor . . . . C.3.
74. Griechisch-katholisches (Melchiten) C.4.
75. Josephsschwestern . . . . C.3.
76. Koptisches S. Georg . . . . . . C.4.
77. Latein. Salvator . . . . C.3.
78. . . S. Ludovicus . . . . D.4.
79. Muslim Derwisch- . . . . F.3.
80. . . der Maulawîye-Derwische . E.1.2.
81. Syrisches . . . . D.5.
82. Zionsschwestern . . . . F.2.
83. el-Ma'munîye, Ruine (ehem. Kl. S. Maria Magd.) F.1.
84. Mehkeme (Gerichtshof) . . . . . F.4.

Moscheen:
85. Djâmi'el-'Omari . . . . D.4.
86. Mesdjid el-Kurâmi . . . . E.4.
87. . . el-Madjâhidîn . . . . G.2.
88. . . el-Maghâribe . . . . F.5.
89. Patriarchat, armen. . . . . . . D.6.
90. . . griech. . . . . D.3.
91. . . latein. . . . . B.C.4.
92. Post, franz. . . . . D.4.
93. . . österr. . . . . D.5.
94. . . türk. . . . . D.3.
95. Serai, altes (Staatsgefängniss) . F.3.
96. . . jetziges (Wohnung des Pascha) E.3.

Gasthöfe und Hospize:
a. Mediterranean Hotel . . . . . . D.4.
b. Damaskus Hotel . . . . D.E.3.
c. Casa Nova der Franciscaner . . . C.3.
d. Johanniter Hospiz (preuss.) . . . E.3.
e. Hospiz, österreichisches . . . . E.2.
f. . . jüdisches (Montefiore) . . . A.6.
g. . . jüd.-deutsches . . . . E.6.
h. . . jüd.-spanisches . . . . . . E.6.
i. . . armenisches . . . . B.5.
k. Koptischer Chân . . . . D.4.

Banquiers:
l. Frutiger & Co (Banque Ottomane) . C.4.
m. Bergheim . . . . D.4.
n. Valero . . . . D.4.
S. Synagogen (im Judenquartier) D.E.5.6.

chte ich der Gesellschaft zu Liebe in der Casa nuova Aufnahme
und ward nach genauer Prüfung der Papiere zugelassen. Später
fuhr ich, daß eben im großen österreichischen Hospiz kein einziger
Fremder sei. Auch bei den Franciskanern waren wir blos zu dritt.
Erst auf den Anfang des Monats September war diesen eine
französische Karawane von 24 Köpfen angesagt.

Soweit der erste Anblick Jerusalems hinter meinen nicht allzu-
hoch gespannten Erwartungen zurückgeblieben, so angenehm sah ich
mich durch die Einrichtung der Casa nuova überrascht. Die Gänge
dieses Hospizes waren so luftig, die Zellen so reinlich, die Säle so
kunstreich und sinnig gemalt, zugleich die Diener so zuvorkommend,
die Mahlzeiten so gut, wie ich mir solches kaum hätte träumen
lassen. Da sich keiner der Väter hier blicken ließ (das Kloster ist
etwa 100 Schritte entfernt), kam ich mir vor wie in einem Hôtel,
nur daß hier zum Schlusse der Gast und nicht der Wirth die Zeche
macht, d. h. nach Vermögen für die erwachsenen Ausgaben Ersatz
leistet. Jeder Pilger, gleichviel welches Glaubens, findet bis zu 14
Tagen Aufnahme. Ich genoß die Gastfreundschaft vom 19 bis
zum 30. August, die mehrtägigen Ausflüge abgerechnet, für welche
ich überdies die Unkosten nur einmal hatte, während sie vom Hôtel
aus in der Regel zweimal zu bestreiten sind. Im Oriente erklären
nämlich die Wirthe von vornherein, daß sie Ausflüge wie Tage der
Anwesenheit zählen und keinerlei Abzug gestatten.

Nach dem Frühstück zog ich mich in die kühle Stille meines
Zimmers zurück; Geist und Leib bedurften gleich sehr der Erholung.
Es brauchte einige Zeit, um aus einem Zustande der Betäubung
in Folge der neuen Eindrücke in den bewußten Empfindens über-
zugehen. Es schien mir fast unglaublich, daß sich ein kühner
Jugendtraum erfüllt, und ich wirklich in der Stadt Davids, in der
Residenz des alt- und neutestamentlichen Melchisedech, am hochhei-
ligen Orte der Erniedrigung und Erhöhung des Weltheilandes sei.
Wie zur Bekräftigung dessen zog es mich nach San Salvatore,
der Kloster- und Pfarrkirche, wo der Hochaltar an die Sendung des
heiligen Geistes, der rechte Nebenaltar an die Einsetzung der heiligen Eucharistie, der linke an die handgreifliche Belehrung des
zweifelnden Thomas erinnerte. Hier ließ ich mir die reichen
kirchlichen Gnaden angelegen sein, welche dem Pilger gleich an der

Schwelle des heiligen Landes zugedacht sind, so daß er bei der geringsten Opferwilligkeit schon an der ersten besten Eintrittsstation (z. B. Jafa) derselben theilhaftig wird; es ist nicht mehr als ein andächtiges Vater unser und Ave Maria gefordert. Am Abend dieses Tages ließ ich noch Pater Ratisbonne um meine Anwesenheit wissen, weil ich hoffen konnte, daß meiner ein Pariser Creditbrief bei ihm harre. Wirklich wurde mir sogleich das Schriftstück übermittelt, nach welchem ich seiner Zeit zu Freiburg und Hyères öfters vergebens ausgeschaut hatte.

Die Dämmerungsstunde verbringt man im Oriente gerne auf dem Dache. Dort athmet man die frische Luft unserer öffentlichen Plätze, Spaziergänge und Gärten; zu diesem Zwecke sind denn auch die Dächer eigens eingerichtet, flach, cementirt oder geplattet und mit steinernen Brustwehren versehen. Vom hohen Pilgerhaus der Franciskaner genoß man nebenbei die herrlichste Rundsicht, und wir nutzten sie gleich am ersten Abend. Nachdem wir einen ganzen Tag in Jerusalem gewesen und davon noch nichts als das schlechte Pflaster, die Windungen und Ecken einer engen, stellenweise überbauten Gasse und die kahlen, einförmigen Wände hoher Häuser des lateinischen Patriarchates gesehen, wären wir dem Drange, endlich die ersehnte Stadt zu überschauen, nicht länger widerstanden.

In Folge der 35 bis 40′ hohen, zinnenbekrönten Umfassungsmauern, die von 34 viereckigen Thürmen flankirt sind, hoben sich die allgemeinen Umrisse des interessanten Gesammtbildes auf das schärfste ab. El Kuds, d. i. das moderne Jerusalem, bildet ein verschobenes Viereck, dessen mehr oder minder regelmäßige Seiten so ziemlich den vier Himmelsgegenden zugekehrt sind. Um sie in einem male abzuschreiten, braucht es 1 — 1¼ Stunde.

Geht man vom bekannten Jafathor aus und der südlichen Hälfte der Westmauer (andere sagen Südwestmauer) entlang, so tritt einem zunächst die s. g. Davidsburg etwas in den Weg. Ihre massiven viereckigen Thürme geben diesem Theile der alten Festung, die sonst wenig mehr bedeutet, immer noch das Gepräge unüberwindlicher Stärke. Soll doch des Josephus Schilderung vom Hippikusthurme auf das genaueste zu ihrer Lage passen, während die Ueberlieferung die stolze Jebusitervefte hier sucht, welche David den übermüthigen Kanaanitern abnahm. Am Ende der Burg bildet die Mauer einen einwärtsgekehrten rechten Winkel, bevor sie ihren Lauf nach Süden fortsetzt. Innerhalb begleiten sie fortan die großen Gärten des armenischen Klosters, außerhalb wird der Wâdi er= Rabâbi, in welchen man gleich vom Jafathor hinabsteigt, zu einer immer tieferen Schlucht. Dies ist nach altherkömmlicher Annahme das jetzt noch gegen 100' tiefe Gihonthal oder auch Hinnomthal im weiteren Sinne.

Am Ende des südlichen Mauerlaufes schaut man in den s. g. untern Gihonteich, jetzt Birket es=Sultan, hinab. Ihm entsprach ein oberer Gihonteich, den man vor dem Anfang des heutigen Wâdi er=Rabâbi in dem kleineren trockenen Birket Mamilla wieder erkannt haben will.

Die beschriebene Hälfte der Westmauer bricht vor der Zeit ab und wendet sich zuerst rein östlich, dann, in rechten Winkeln wieder- holt abspringend, nordöstlich. Dadurch wird fast die Hälfte der ehemaligen Oberstadt aus el Kuds ausgeschlossen, und dieser Aus- schluß datirt von Hadrian's Gründung der römischen Colonie Aelia Capitolina (um 135 n. Ch.).

Theilt man das ausgeschlossene Stadtgebiet, wie die örtliche Beschaffenheit will, in eine höhere westliche und niedere östliche Hälfte — der Unterschied soll über 100' betragen —, so steht auf ersterer ein kleiner Ort mit dem Grab des Königs David, daher Nebi Daûd genannt. Der übrige Raum derselben Hälfte dient meist als christlicher Friedhof. Das Terrain der zweiten Hälfte ist theils be- baut, theils wilde Trümmerstätte, hat sporadische Oelbäume und magere Gartengewächse, als Melonen, Gurken und im Sommer mit dem Tode ringenden Blumenkohl. Einige seichte Furchen mit schlech- ten Pfaden laufen darüber südwärts hinab in's Thal, das noch Wâdi er=Rabâbi heißt, sich aber mit dem eigentlichen Hinnomthal deckt. Die tiefste Senkung, welche das ausgeschlossene Stadtgebiet scheidet und sich rückwärts weit in die heutige Stadt bemerklich macht, ist das s. g. Käsemacherthal. Welches wohl die biblischen Namen der hiedurch angezeigten Hälften gewesen sein werden? Die ausge- dehntere westliche gehörte offenbar zum Sion, die östliche hieß nach den einen Ophel, nach den andern (mit dem heutigen Judenquar- tier) Ophel und Akra. Von den zwei Thoren der in Rede stehenden südlichen Stadtmauer heißt das eine Bâb en-Nebi Daûd, da es zur heutigen Grabmoschee „des Propheten David" führt, auch Sionsthor, weil dies die frühere Sionskirche ist. Das andere nennen die Eingebornen Bâb el Moghâribe oder Thor der moslimischen Abenbländer, die Franken Mistthor; es führt und führte zum Teiche Siloah hinab. Beide Thore sind übrigens nur elende Thüren, wie denn der ganze Platz vor der Südmauer am unsaubersten und ödesten ist.

Das östliche Stück der Südmauer ist genau gesehen keine Stadt-, sondern eine Tempelmauer. Zwei volle Drittel der Südmauer des heutigen Harâm esch-Scherîf und ehemaligen Tempelplatzes dienen diesem Doppelzwecke. Das Gleiche gilt von der langen Ostseite dieses enormen, mit moslimischen Heiligthümern besetzten Platzes. Sie macht über die Hälfte der östlichen Umfassungsmauer aus und ist durch die Riesenquader in den untern Lagen, sowie durch die „goldene Pforte" berühmt. Letztere ist ein wohlvermauertes Doppeltthor, das vom Kidron zum Harâm führen würde. Zur Zeit des lateinischen Königthumes wurde es jährlich am Feste der Kreuzerhöhung und am Palmsonntage geöffnet. Die Moslim halten es stets geschlossen, weil die Sage geht, ein christlicher Eroberer werde an einem Freitage dadurch einziehen. In seiner äußeren Verkleidung gleicht es einem zinnenbekrönten Thurme, der auf der Vorderseite einige Ornamente, zwei Thürmchen und darüber je einen byzantinischen Rundbogen zeigt. Erst im 5. oder 6. Jahrhundert n. Ch. kann der heutige Bau ausgeführt worden sein. Indeß führte in der hebräischen Zeit wohl die Tempelpforte „Susan" hier hinein. Die „schöne Pforte" der Apostelgeschichte (Cp. 3, 2) kann es nicht gewesen sein, weil diese innerhalb der Umfassungsmauer des Tempels gesucht werden muß. Indeß ist der Name von letzterer entstanden, indem das griechische horaea durch Corruption in aurea, d. i. „schön" in „golden", verwandelt wurde. Die Moslim nennen es Bâb ed-Daherîje, d. i. das ewige Thor.

In den oberen Lagen der Ostmauer sieht man häufig antike Bautrümmer, Säulenschäfte, Inschriftentafeln und monumentale Bruchstücke verwendet. Unten im Schuttraine, der sich im Verlauf der Jahrtausende angesetzt hat, befinden sich die Gräber der reicheren Moslim; denn gleich Christen und Juden erwarten auch die Mo-

hammedaner hier die Versammlung der Völker zum jüngsten Gericht. Es ist das Thal Josaphat, das biblische Kidronthal.
So beträchtlich auch seine Tiefe jetzt noch ist, so liegt nach Warrens
Ausgrabungen doch eine Schuttmasse von 35—40′ über seiner
ursprünglichen Thalsohle.

Geht man auf dem Saume der westlichen Thalwandung fort
bis zum Nordende des Harâm esch-Scherîf, so kommt man zum
einzigen offenen Thor der östlichen Stadtmauer, arabisch gewöhnlich
Bâb Sitti Mariam genannt, bei den Kreuzfahrern das Josaphats-,
bei den heutigen Abendländern das Stephansthor, weil nach un-
richtiger Annahme der erste Blutzeuge durch dasselbe geführt und
halbwegs nach dem Kidron gesteinigt wurde. Bâb el Hotta heißt
es mitunter nach dem anstoßenden gleichnamigen mohammedanischen
Viertel, und Bâb Asbât von dem nächsten nördlichen Harâmthor.
Gleich dem Jafa- und Damaskusthor im rechten Winkel gebaut,
ist es in seiner jetzigen Gestalt nicht älter als die Herrschaft der
Türken (16. Jahrh.). Weiter nördlich führt der Pfad zu einem
kaum nennenswerthen Marienteiche, der nur in den Regenmonaten etwas Wasser hat. Von da bis zur Nordostecke und dann
noch eine Strecke westwärts hat es die stärksten Thürme. Die Nordostecke selbst ist ein so massives Werk, auf dem Fels des Stadthügels
Bezetha erbaut, daß sie der Araber als „Burg“, und zwar „Storchenburg“, bezeichnet. Eben war der gräberreiche Rain längs der
ganzen Ostmauer von den hohen Blüthenstengeln zahlloser Meer-
zwiebeln wie übersäet. Ohne ein grünes Blatt und doch voller
Blüthchen standen dieselben gleich Kerzen um und über den moslimischen Gräbern. Es besteht nämlich der Aberglaube, sie wehren
dem Unfug böser Geister. Aber auch ohne diesen Wahn waren jetzt
die Wüsten Judäas voll davon.

Die Nordmauer, im Spitzenwinkel an die Ostmauer gelehnt,
wird von keinem Thal begleitet und war daher von jeher der leicht
verwundbare Fleck der heiligen Stadt. Alle ihre Dränger, Assyrier,
Babylonier, Römer, Araber, Kreuzfahrer, Türken pflanzten hier ihr
grobes Geschütz auf, und von hier wurde sie in der Regel genommen. Darum werden zu Titus Zeit auf dieser Seite auch drei
Mauern erwähnt. Gerade in der Mitte der Nordmauer ist das
Damaskusthor. Von den schlanken Säulen, welche dessen

innere Façade zieren, hat es den arabischen Namen Bâb el Amûd, d. i. Säulenthor; es ist von allen das stattlichste. Ein sehr bescheidenes zweites, etwas östlicher gelegenes Nordthor heißt Bâb es-Sâhire und Herodesthor. Dasselbe führt durch einen alten Festungsthurm und ist meist geschlossen.

Die Nordmauer steigt merklich in ihrem Laufe gegen Westen. Dies beweist auch der Weg, welcher sie begleitet; denn er fällt gegen Osten. Der Unterschied der beiden Mauerenden beträgt volle 125'. Um das ist die Nordwestecke der Stadt höher als deren Nordostecke. Da bekanntlich ein ähnliches Verhältniß auch zwischen der Südost- und Südwestecke besteht, so erklärt es sich, warum der Pilger, welcher von Jafa heraufkommt, von Jerusalem wenig mehr als seine moderne Vorstadt zu Gesicht bekommt. Die heilige Stadt liegt nämlich hinter ihrer hohen Westmauer nicht eben, sondern senkt sich in der Richtung von Westen nach Osten und zwar um mehr als 100'. Da aber ihre niedere Ostseite immerhin noch um 2500' das Meer überragt, so erklärt sich anderseits wieder ihre imposante Lage, wenn jemand von Sichem oder Bethlehem oder dem Jordan heraufzieht. Da herrscht die Tochter Sions wie eine Königin vom Throne herab weithin über das Land.

In der Nordwestecke — heute der höchste Punkt der Stadt — lagen bis vor wenigen Jahren die Werkstücke der s. g. Goliathsburg, auch Tankredsthurm genannt. Tankred soll nämlich 1099 hier an der festesten Stelle die Stadtmauer gepackt und durchbrochen haben. Jetzt sieht man die Substructionen dieses Thurmes in den Kellern des neuen großartigen Gebäudes der Schulbrüder. Die Riesenquader daselbst gelten übrigens bald allgemein für Bestandtheile des alten Thurmes Psephinus, der eine Ecke jener dritten Mauer bildete, die Herodes Agrippa I. († 44 n. Ch.) zum Schutze der nördlichen Vorstadt aufführen ließ.

Biegt man um die Nordwestecke herum, so kommt man auf die Jafastraße. In Folge mächtiger Schuttablagerung läuft diese jetzt fast eben zum Jafathor hin. Dieses Mauerstück hat starke Thürme. Dahinter liegt das lateinische Patriarchat mit Kathedrale, Patriarchenpalast und Schulen, das Franziskanerkloster mit der Casa nuova, der Melchitenconvent und ein griechisches Hospital. Das Jafathor selbst tritt etwas aus dem Mauerlauf heraus.

Es wird nicht, wie man erwarten sollte, von Westen, sondern von Norden betreten und dann in östlicher Richtung verlassen. Mit seiner Rückseite scheint es sich an die Citadelle zu lehnen.

Faßt man den Rahmen der Stadt etwas weiter, so ist sie vom Jafathor ab zuerst südlich und dann westöstlich vom Wâdi er-Rabâbi oder Gihon-Hinnomthal begrenzt. Ihre Oftgrenze bildet der Wâdi Sitti Mariam (Thal Josaphat, Kidron) ihre Nord- und ein Stück der Westgrenze welliges Land, in dem Schutt- und Aschenhaufen, Oelbaumgruppen, Missionshäuser, Gärten und Villen wirr unter einander liegen. Rückt man den Rahmen eine halbe Stunde und noch mehr hinaus, dann sind nach den Worten des Psalmisten (124, 2) „Berge rings um Sion her." Aehnlich wollte „der Herr um sein Volk sein von nun an bis in Ewigkeit." Am imposantesten ist ostwärts der Oelberg mit seinen 3 Kuppen, die in nordsüdlicher Abfolge Viri Galilaei, Auffahrtskirche und Berg des Aergernisses heißen. Eine stolze Höhe im Süden bildet auch der s. g. Berg des bösen Rathes. Der Windmühlen- hügel beherrscht die Stadt im Westen, das Hochplateau des Skopus im Norden; letzteres aber sind selbst wieder nur Vorberge bedeutender Höhenzüge. Im streng geographischen Sinn hat indeß das ganze Gebirge Juda kaum die eine oder andere Erhebung, deren relative Höhe den Namen Berg verdient.

Die Stadt selbst zerfällt in Quartiere, die nach der herrschenden Nationalität und Religion ihrer Bewohner benannt sind. Der Westmauer entlang wohnen — nördlich vom Jafathor die Griechen und Lateiner, südlich die Armenier. Die Oftgrenze beider Viertel wird durch eine vom Damaskusthor unter verschiedenen Benennungen rein südlich führende Serie von Straßen gebildet. Die Juden wohnen zwischen den Armeniern und der Westmauer des Harâm esch-Scherîf. Die Davidsstraße, eine vom Jafathor rein östlich bis zum Kettenthor (Bâb es-Silsele) des Harâm führende Verkehrsader der Stadt, trennt sie von den Moslim. Das große Quartier der Mohammedaner liegt also östlich vom griechisch- lateinischen und um den größten Theil des Harâm herum. Bei dem Stück Harâmmauer, welches sich ins Judenquartier erstreckt, geben (insbesondere) die zugewanderten Söhne Israels ihren Klagen über den Fall des Tempels Ausdruck.

3 *

Frère Liévin gibt die Gesammtzahl der Bevölkerung Jerusalems auf 25 000 an. Darunter ist die Hälfte Juden, und doch ihr Quartier kaum größer als das der Armenier, deren Zahl gegen 500 beträgt. Mohammedaner sind es 7500, Griechen 2800, Lateiner 1600, Protestanten 350, um von kleinen Genossenschaften zu schweigen. Der confessionelle Gegensatz ist scharf ausgeprägt, doch im geschäftlichen Verkehr nicht bemerkbar. Auf den Verkaufsstraßen sind die nationalen Schranken gebrochen. Die 160 Gassen und Gäßchen, in denen sich diese Menschen bewegen, sind äußerst schlecht gepflastert, winkelig, eng. Käme ein Fuhrwerk ohne Radbruch über die hohen Schwellen der drei Hauptthore im Westen, Norden, Osten, so bliebe es in den Gassen Jerusalems stecken. Es geht bergauf und bergab und oft unter Gewölben, Häusern, Bögen, Schutzdächern hin. Meist ist es schmutzig, düster, dumpf, zumal im engen Viertel der Juden. „Ist das die Stadt" — sagt man sich beim Durchwandern — „von vollendeter Schönheit, die Freude des Erdkreises*)?" Sie hat die Zeit ihrer Heimsuchung verkannt.

Aus der Höhe gesehen, merkt man von Gassen und freien Plätzen (außer dem Harâm esch-Scherif) fast nichts, und schwer hält es, die Umrisse eines Quartiers zu verfolgen. Am deutlichsten ist die Senkung der platten Häusermasse gegen Osten. Aber auch eine zweite Senkung, nämlich in der Richtung von Nord nach Süd, ist unverkennbar. Vom Damaskus- nach dem Mistthor geht überdies eine Thalung, — in ihrer südlichen Hälfte das alte s. g. Thyropôon. Sie scheidet das moderne Kuds in eine (westliche) Ober- und (östliche) Unterstadt. Der Tempelberg ist jetzt der niedrigste Theil von Jerusalem. Von der ursprünglichen Hügelstadt ist kaum mehr etwas zu erkennen, der scheinbar ruinöse Häuserknäuel steht vielmehr auf einem unebenen Plateau. Alles ist von thurmartiger Anlage mit wenigen und kleinen Fenstern, dicht vergitterten Erkern (für die Frauen), theils langweilig flachen, theils anziehenden Kuppeldächern, die mit Brustwehren verwahrt und zum Sammeln des Regenwassers angelegt sind; Jerusalem hat keine Brunnen. Ueber diese orientalischen Häuser ragen vor allem die Omarmoschee, die heilige Grabkirche und el Aksa hervor. Mit deren imposanten Kuppeln wetteifern verschiedene

---

*) Jerem. Thren. 2, 15.

kühne Minarete, die massiven Thürme der düstern Davidsburg, der
Thurm der lateinischen Patriarchalkirche, auch Synagogen und euro-
päische Institute. Da und dort zwängt sich ein grüner Wedel durch
die starren Mauern, der dünne Gipfel irgend einer melancholischen
Cypresse. Der düstere Ton, den dieser Baum namentlich auf dem
Harâm esch-Scherîf anschlägt, kehrt verstärkt aus der gedrückten
Stadt und dem öden Lande zurück und findet im Belfern wilder
Hunde und im Heulen scheuer Schakale entsprechenden Nachhall.

Ecce-Homo und die neue Kathedrale.

Mittwoch den 20. August begab ich mich in früher Stunde nach
Ecce-Homo. So heißt eine der verdienstlichen Schöpfungen
des Pater Ratisbonne an der Stelle, wo einst Jesus mit der Dornenkrone und im Purpurkleid vor das Volk trat und Pilatus diesem
zurief: „Seht, welch' ein Mensch!" Seit elf Jahren steht dort eine
der größten und schönsten Kirchen Jerusalems, und daran schließt
sich das geräumige Mutterkloster der Frauen vom Berge Sion. Nachdem ich hier celebrirt, ließ ich mir die Sehenswürdigkeiten zeigen.
Der Hochaltar im Presbyterium, zu dem mehrere Stufen hinauf-
führen, ist, wie mein Cicerone sagte, aus Steinen des echten Leidens-
weges ausgeführt. Hinter demselben erhebt sich ein verwitterter
schmuckloser Mauerbogen, und in dem lichten Raume, welcher zwischen
seiner Oberfläche und dem Chorgewölbe bleibt, steht ein Ecce-Homo
von echter Künstlerhand; ein polnischer Graf hat das Bild gefertigt,
und Pius IX. es geweiht. Jener römische Rundbogen, in dessen
rechtem Fuße eine leere Nische mit unleserlicher Inschrift, ist von
hohem Interesse. Es ist nämlich der nördliche Bestandtheil eines
dreifachen Thorweges, dessen wohlerhaltene, mittlere Wölbung als
Ecce-Homobogen verehrt wird. Letzterer steht mit seinem linken Fuße
in der Kirchenwand, mit seinem rechten auf der anderen Seite einer
vorüberziehenden Straße, der Via dolorosa, und überragt den nördlichen Nebenbogen um ein Beträchtliches. Den noch vermißten südlichen Nebenbogen hofft man seiner Zeit im mohammedanischen Viertel
zu finden. Der Ecce-Homobogen selbst ist in moslimischen Händen.
Darauf ist ein Stübchen gebaut, und hinter seinen vergitterten

Fenstern haust, den Propheten Isa (Jesus) zu ehren, ein indischer Derwisch.

Nördlich vom Hochaltar ist der Chor der Nonnen Unserer Lieben Frau vom Berge Sion, die Sakristei und eine Thüre zum Kloster. Hier kann man die bekannten Blumenbilder und andere Pilgerandenken kaufen; der Erlös ist zum Besten der Armen bestimmt. Die Schwestern haben in ihren Mauern eine Waisenanstalt von 80 bis 100 Mädchen, dazu eine Schule für alle Confessionen und eine Armenapotheke. In letzterer hörte ich auffallend viel deutsch. Es waren arme, hülfesuchende Jüdinnen. In einer der unterirdischen Vorrathskammern des Klosters sah ich einige Meter unter dem jetzigen Pflaster der Via dolorosa die sorgfältig gelegten Steinplatten einer antiken Straße oder auch eines öffentlichen Platzes. Der glückliche Entdecker ist geneigt, sie für Theile des Richtplatzes des Pilatus zu halten. Eine Seitenthüre führte auf uralter Treppe zu höchstmerkwürdigen Gewölben mit säuerlicher Quelle. Daran stieß ein in den Felsen gehauener Gang, den die Mohammedaner neuerlich vermauerten, weil er unter den Häusern hinweg zum Tempelberg führt, wo sich ihre größten Heiligthümer befinden.

Im Schiffe der Kirche — wohin ich schließlich zurückkam — steht ein Seitenaltar des heiligen Antlitzes. Der Boden, von einer hohen Laternenkuppel beleuchtet, ist mit Steinen des Lithostroton gepflastert. Eine 33' lange und 11' hohe Felspartie in der nördlichen Kirchenwand harrt noch der Deutung. Säulen mit vergoldeten Bronzekapitälen trugen eine Gallerie, von deren Höhe ich später bei einer Abendandacht deutsche Weisen singen hörte. In der Vorhalle bewunderte ich eine Pietà von Münchener Künstlerhand auf dem Gestelle eines seltsamen antiken Steines. Die Rabbinen deuten denselben als Bühne für Redner und Ausrufer. Zu Ecce-Homo ist man geneigt ihn für „den Stein des Todesurtheils" zu halten. Er wurde mit einem Kameraden unter Trümmern gefunden und ist sorgfältig vergittert.

Nirgends im katholischen Jerusalem ist das Deutschthum mehr vertreten als beim Pater Ratisbonne. Deutsche Priester und eine Anzahl deutscher Schwestern unterstützen ihn bei seinen großen Unternehmungen. Durch Dr. St. Braun dahin empfohlen, fühlte ich mich von der ersten Stunde an heimisch und kehrte öfters dahin zurück. Gleich heute war ich einer Einladung gefolgt.

Dem innersten Drange meines Herzens nach wäre ich von Ecce-Homo direct zur Grabkirche gegangen, aber sie ist regelmäßig nur in den frühen Morgen- und späten Nachmittagsstunden offen. Weil heute der Besuch dieses ehrwürdigsten Heiligthums vor Abend nicht mehr möglich war, kehrte ich vorerst zur Casa nuova zurück. Da galt es einige bringende Visiten zu machen und die Anstalten zu einem Ausfluge nach Hebron zu treffen; auch mußte jetzt schon die Anmeldung zum Besuche der Moscheen auf dem Harâm esch-Scherîf geschehen. In letzterer Absicht ging ich denn mit meinen zwei Reisegefährten auf das französische Consulat, wenig abwärts vom Franciskanerkloster in der Straße Dêr el Frendsch gelegen. Dann stellten wir uns dem hochwürdigsten Custoden, d. i. dem Obersten der Franciskaner im heiligen Lande, vor. Zuletzt machten wir dem kirchlich noch höher stehenden lateinischen Patriarchen unsere Aufwartung. Er heißt Cyrillus und ist der Nachfolger Joseph Valerga's († 1872), dessen letzter Vorgänger 1291 auf der Flucht im Hafen von Akka ertrank.

Das neue Patriarchat ist ein gewaltiges, zweistöckiges Viereck, unter dessen Dach außer dem Patriarchen die Domherren, Professoren und Seminaristen (im Winter), die ab- und zugehenden Missionsgeistlichen wohnen. Auch ein großer Garten gehört dazu. Auf der Vorderseite des Hauses baut sich der Giebel des Mittelschiffes der Kirche auf. Das Fenster der Front und zwei Thürmchen rechts und links vom Spitzdach verrathen gleich den italienisch-gothischen Stil, in dem die ganze Kathedrale ausgeführt ist. Sie hat die Kreuzesform, der Langraum ist dreischiffig, der Boden marmorn mit schwarzer Einlage von Mosesstein, das Gewölbe hoch und luftig. Wie es im Thurme Glocken hat (sie stammen von Genua), so in der Kirche Bänke, — beides gleich selten im Oriente. Der reich vergoldete Bronzealtar des Mittelschiffes ist ein Geschenk des Kaisers Franz Joseph I. Eine hübsche Madonna im rechten Seitenschiffe stiftete Napoleon III. An den Wänden und auf der Decke hat sich ein römischer Freskenmaler verewigt. Dort sieht man auf Goldgrunde und hier auf blauem Grunde die lokalen Heiligen, als Jerusalemer Bischöfe, Lehrer, Bekenner und Märtyrer bis zu Jakobus dem Aelteren († 44) hinauf. Der Patriarch Valerga hat das schöne Gotteshaus in seinem Todesjahre noch eingeweiht. Die

weit zerstreuten **Missionsstationen** des lateinischen Patriarchats
sind für fränkische Paläſtinareisende ebenſo viele Zufluchtsſtätten.
Wir ſuchten und fanden Unterkommen bei denen zu Râmállah und
Nablus, lernten die wackern Geiſtlichen der Stationen Jafa (bei
Nazareth) und er-Rêne kennen und hörten gelegentlich von der Er-
leichterung einer etwaigen Oſtjordantour in Folge der Miſſionshäuſer
zu Ermenîn, el Fuhês und Kerak.

Die heilige Grabkirche.

Um 4 Uhr fanden wir uns zum erſtenmal in der Grabkirche ein.
Wer der Anſicht huldigt — und ſie beſteht, dieſelbe ſei nicht
über der wirklichen Schädelſtätte erbaut, kann dem viel umſtreiten
Gotteshaus, abgeſehen von ſeiner langen Geſchichte, keinen außergewöhnlichen Werth beilegen. Von außen ſieht er nichts von
ihm als eine alterthümliche Façade; alles Uebrige, zum Theil auch
das Dach, iſt verbaut und von Häuſern eingeſchloſſen. Im Innern
trifft er einen hohen unſymmetriſchen Raum, unſchön abgetheilt, ja
abgeſperrt, werthlos bemalt, geſchmacklos vergoldet oder verſilbert,
mit ſteifen byzantiniſchen Oelbildern behängt, durch den Rauch un-
gezählter Lichter und Lampen gebräunt, dumpf, düſter und dunkel,
zumal in den vielen Kapellen. Bringt er die Andacht nicht in die
Kirche mit, ſo wird er ſie dort auch nicht finden. An keinem Orte
der Erde herrſcht ſo viele Eigenart der Gottesverehrung, wie hier.
Für den Philoſophen würde dies vielleicht bedeutſam ſein, für den
Betenden iſt es ſtörend. Noch mehr gilt letzteres von dem unfrom-
men Getriebe dienſtthuender Soldaten, Prieſter und Laien, ohne daß
es gerade unfromm gemeint iſt.

Gegen die Echtheit wird im Grunde immer nur ein Bedenken
erhoben. Das heutige Jeruſalem mit ſeinen wenigen Einwohnern,
ſagt man, iſt ohne die Grabkirche und das griechiſch-lateiniſche
Viertel nicht denkbar, geſchweige denn die viel volkreichere Stadt des
erſchienenen Meſſias ohne den gleichen Bezirk. Allein es iſt Thatſache, daß die alte Stadt ebenſo den Zug der Erweiterung nordwärts, alſo vom heutigen Frankenviertel hinweg, hatte, als die neue
weſtwärts, d. i. über daſſelbe hinaus. Sodann konnte, ja mußte

zu Christi Zeit das heutige Frankenquartier vorstädtische Bewohner haben. Dies beweist die nöthige dritte Mauer, welche nur wenige Jahre nach Christi Tod König Agrippa zog. Endlich ist die Bevölkerung Jerusalems um die Zeit der babylonischen Wegführung (588) kaum größer gewesen als heute; und daß sie zur Zeit der Zerstörung durch Titus viel größer war, ist weder erwiesen noch wahrscheinlich. Den Zahlenangaben des Josephus Flavius schenkt man mit Grund geringen Glauben. Soll ferner urkundlich nichts erweisbar sein, als daß Kaiser Konstantin auf Anregung seiner Mutter hier eine heilige Grabkirche baute, so ist daneben doch auch ein Anderes unleugbar, nämlich daß er sicherlich Gründe hatte, anzunehmen, daß er nicht gerade neben Golgatha baue. Sein Hauptgrund aber ist weit mehr werth als die gelegentliche Notiz irgend eines Kirchenhistorikers: es war ein heidnischer Tempel, den Kaiser Hadrian über dem Grabe Jesu aufgeführt hatte, um die Christen davon fern zu halten. Mag es nun ein Venus- oder Jupitertempel gewesen sein, die erste Grab=kirche erstand über dessen Trümmern. Von Hadrian aber bis auf den jüdischen Krieg und darüber hinaus hatte Jerusalem einheimische Bischöfe, deren Namen wir kennen. Da müßte es nun niemals einen Heiligen- und Reliquienkult im Christenthum gegeben haben, wenn diesen und ihren Diöcesanen die Leidensstätte des Erlösers gleichgültig sein konnte. Ruft man mit richtigem Takte letztlich die Wissenschaft der biblischen Topographie an, so spricht sie trotz ihrer geringen Resultate nicht gegen, sondern für die Echtheit der Ueber=lieferung. Alles kommt nämlich hier auf die Stelle an, wo die zweite Mauer an die erste ansetzte. Die erste lief offenbar im Norden ungefähr vom heutigen Jafathor nach dem Bâb es-Silsele des Harâm esch-Scherîf. Setzte die zweite in ihrem nördlichen Laufe gleich nach der Davidsburg oder erst etwa halbwegs zum Harâm — beim jetzigen Fleischbazar — an? Ist letzteres der Fall, so fällt die heutige Grabkirche außer die Westmauer der alten Stadt, und die Ueberlieferung über das heilige Grab wird unterstützt, so=fern die Schädelstätte biblisch ebenso entschieden außerhalb*) als nahe bei der Stadt**) lag. Nun hat Pierotti schon 1860 ein Mauerstück blos gelegt, dessen riesige fugengeränderte Werkstücke für

---

*) Joh. 19, 17.   **) l. c. 20.

das höchste Alterthum sprechen, und diese werden gerade am Nord=
ende des Fleischbazars gezeigt. Ich selbst trat gelegentlich in den
wüsten Hof mit „der alten Mauer", den ein Neger im Namen seines
mohammedanischen Herrn gegen ein Trinkgeld aufschloß; und Herr
Fahrngruber, der lokalkundigste von P. Ratisbonne's Hilfspriestern,
war so gefällig, dort meinen Cicerone zu machen. Die Linie, welche
hieburch angebeutet wird, läßt die Grabkirche und die Ruinen ihres
ehemaligen Konstantinischen Atriums zur Linken (westlich).

Bleibt sonach der Glaube an die Echtheit der Grabkirche unum=
stößlich bestehen, dann kann sich kein Ort der Welt an Ehrwürdig=
keit und Heiligkeit mit diesem messen. Der Fremde kommt, so oft
es ihm möglich ist, und scheidet jedesmal mit besonderer innerer Be=
friedigung. Unter einem einzigen Dache findet er die Stelle der
Kreuzigung, Grablegung und Auferstehung. Die thatsächliche
Lokalisirung einzelner Umstände der Leidensgeschichte ist nur für die
täglichen Andachten und macht auf Wissenschaftlichkeit keinen Anspruch.
Manche unbeglaubigte, überschwengliche, ja naive Dinge, wie der
Mittelpunkt der Welt, wollen auch nur so genommen sein, und wer=
den selbst vom russischen Volke kaum anders verstanden.

Der Eingang zur Grabkirche ist nicht wie bei normal ge=
bauten Kirchen im Westen, sondern auf der Seite im Süden.
Mehrere Tritte führen dort zu einem von Klöstern und Kapellen
umgebenen Vorplatz hinab. Er bildet fast ein Quadrat. Auf dem
geplatteten Boden haben Kleinhändler ihre Waaren ausgebreitet. Am
Sockel der massiven Kapellenwände rechts und links sitzen müßige
Popen, dienstbeflissene Führer, müde oder auch nur der Möglichkeit
des Eintritts harrende Pilger. Links stehen in nördlicher Abfolge
die zwei griechischen Kapellen des heil. Jakobus und Johannes sammt
jener der heil. Magdalena, ferner der griechische Glockenthurm der Kreuz=
fahrer, rechts gleichfalls der Kirche zu das griechische Kloster vom
heil. Abraham, dann — in letzteres eingebaut — die armenische
Johannes= und die koptische Michaelskapelle. An die Westseite der
letzteren und zugleich an die Südwand der Grabkirche gelehnt, steht
hoch oben das lateinische Kapellchen „der sieben Schmerzen",
gewöhnlich Frankenkapelle genannt. Viele Treppen führen hinauf.
Einst war hier die Staffel zum Kalvarienberge. Von der damaligen
Thüre in der Kirchenwand ist noch eine Fensteröffnung übrig, durch

welche innen die Schädelstätte sichtbar ist. Von hier soll die schmerz-
hafte Mutter ihren Sohn am Kreuze gesehen haben. Die Franciskaner lesen täglich mehrere heilige Messen darin. Auch ich celebrirte
öfters in dem schmucken Kapellchen.

In der freien Kirchenwand des Grabdomes sind unten her
zwei Thore und diesen entsprechend in der obern Abtheilung zwei Fen-
sterbogen; darüber schaut die kleinere (östliche) Kuppel von der Höhe
ihrer Trommel herab. Jene zeigen in ihrer Rundung einen Anflug
des Gothischen, wenn es keine Reminiscenz des Saracenischen ist,
und haben eine feine, sinnige Säulen-, Bilder- und Blätterornamentik.
Das Thor zur Rechten ist ganz ausgemauert. Das Thor zur Linken
hat eine Doppelthüre mit Felderschmuck. Die rechte Thüre wird zu
bestimmter Stunde mit höchst alterthümlichem Schlüssel auf einer
Leiter geöffnet, die in der Regel schon lange vorher bereit steht. Die
linke hat runde und viereckige Löcher, durch welche man den Tag
über mit den dienstthuenden Priestern verkehrt, auch kleinere Gegenstände, wie zu weihende Devotionalien, unerläßliche Lebensbedürfnisse
hineingeben kann. Bis auf Ibrahim Pascha († 1848) wurde hier die
lästige Kopfsteuer entrichtet, die unter Umständen arme Pilger nöthigte
ihre Andacht vor der Kirchenthüre zu verrichten; jetzt tritt jedermann
unentgeldlich ein. Das Thor geht regelmäßig etwas vor 4 Uhr Nachmittags, nicht so regelmäßig und nur kurz in der Frühe zwischen
5 und 9 Uhr auf. Um Geld kann der Kustode der Franciskaner,
sowie der griechische und armenische Patriarch auch zu anderer Stunde
die Oeffnung der Grabkirche erwirken. Schlüsselbewahrer sind die
Türken.

Türken sind auch das erste, was man beim Eintritt in den
Grabdom sieht. Dieselben campiren gleich hinter dem Thore links
in einer thürähnlichen Vertiefung der Mauer auf erhabenem, mit
bunten Teppichen belegtem Divan. Sie spielen die Rolle der Un-
parteiischen, falls es zwischen Griechen, Lateinern, Armeniern, Abessy-
niern, Kopten, die sich alle in den Besitz des Grabdomes theilen,
zum Streite kommt. Da es aber in der Regel friedlich hergeht, scheinen sie die Opfer grenzenloser Langweile. Ihnen gegenüber (rechts
vom Thore) führt eine erste und zweite ziemlich unbequeme Treppe
von 18 Tritten zum Kalvarienberg hinauf. Dieser ist in seiner
jetzigen Gestalt eine Art Mauerwürfel, 15' über dem Boden, 50'

in der Länge und Breite, und nimmt ungefähr den Platz ein, welcher sich in unsern Kirchen rechts vom südlichen Portal bis zum südlichen Nebenaltar erstreckt. Drei Viertel dieses scheinbar massiven Marmorwürfels in der Südostecke der Grabkirche sind künstlich über Gewölben und Pfeilern aufgeführt; darin ist die griechische Adamskapelle nebst einem anstoßenden Zimmer. Erst das letzte Viertel desselben, ungefähr die auf unsere Hochaltäre hinweisende Ecke, ist der mit Marmor umkleidete hochwichtige Rest des Felsens von Golgatha. Die spiegelglatte Oberfläche dieses Vierecks des Golgathaheiligthums, unrichtig auch Golgathakirche genannt, zerfällt in zwei durch ebenso viele niedere Pfeiler geschiedene gewölbte Kapellen, deren Endpunkte gleich denen unserer Nebenschiffe gegen Osten hin liegen. An deren gemeinsamer Ostwand stehen der griechische Kreuzaltar (nördlich), der lateinische Stabat Mater- (mitten) und der gleichfalls lateinische Kreuzannagelungs-Altar (südlich), alle drei also in gleicher Flucht längs des Ostrandes des Würfels.

Am wichtigsten ist der griechische Kreuzaltar in der nördlichen Golgathakapelle. Hier sieht man hinter dem Altartisch ein großes Kreuz, zu beiden Seiten die lebensgroßen Silberfiguren Mariens und Johannis, unter denselben aber in silberner Verschalung das Loch, in welchem das Kreuz des Erlösers stak. Auch der Ort der Schächerkreuze wird in der Nähe gezeigt. Fünf Fuß südlich vom Kreuz Christi ist als Wahrzeichen der Wunder beim Tode Jesu eine mit der Hand erreichbare Felsenspalte zu sehen; eine leicht verschiebbare Metallleiste deckt sie. Sie geht im Zickzack eine halbe Ruthe weit und ist stellenweise gegen $1/2'$ breit. In der darunter liegenden Adamskapelle wird sie bemerkt. Durch sie drang der Legende zufolge das Blut Christi zu Adams Schädel hinab und brachte dem Stammvater der sündigen Menschheit die Erlösung. Der Todtenkopf unter unsern Krucifixen datirt daher. In der südlichen, den Lateinern zugehörenden Golgathakapelle ist vor dem Kreuzannagelungs-Altar ein Mosaikquadrat, bei welchem die 11. Station — Jesus wird an's Kreuz genagelt — gehalten wird. Bei einem ähnlichen Zeichen im Boden wenig rückwärts (westlich) betet man die 10. Station — Jesus wird seiner Kleider beraubt. Die 12. Station — Jesus stirbt am Kreuze — fällt mit dem griechischen Kreuzaltar zusammen. Die 13. Station — Jesus wird vom Kreuze abgenommen — betet

man meist am Stabat Mater-Altar, so daß vier Stationen des Kreuz=
wegs — wie wir heute selber erfuhren, denn jeden Abend um
4 Uhr ist Procession in der Grabkirche — auf der Platform des
Golgathawürfels gehalten werden.

Westwärts oder nach der türkischen Wache hin hat der Kal=
varienberg nicht eine Wand, sondern ein marmornes Schutzgeländer,
und von hier aus muß man wieder zu den Türken zurück, will man
seinen Rundgang durch die Basilika fortsetzen.

Schaut man, unten angekommen, vorerst gerade aus, so sieht
man keinen weiten lichten Raum, sondern eine unschöne Wand.
Die Stelle der vordern Hälfte unserer Mittelgänge, Querschiffe und
Chöre ist für den Augenschein durch einen geschmacklosen Einbau
ausgefüllt, in dem als ihrem Chore die Griechen gesonderten Gottes=
dienst halten und zugleich ihren Mittelpunkt der Welt hüten.
Die gegen 120′ lange und verschieden breite Kapelle heißt Katholikon
und ist von den Kreuzfahrern (ursprünglich von der Grabkirche ge=
trennt) aufgeführt worden. Wenige Schritte von ihrer Südwand
brennen Tag und Nacht 8 Lampen zu Ehren der Salbung und
Einbalsamirung Christi nach der Kreuzabnahme. Ein Stein
erhebt sich einen Fuß über dem Boden und legt sich dem Eintreten=
den quer über den Weg; seine Dimensionen sind 9′ auf 4′. Es
ist der moderne Deckstein eines Stückes des natürlichen Felsens. Bei
den täglichen Processionen bildet dieser „Salbungsstein“ eine
Station, und die Vorübergehenden küssen ihn in Erinnerung an den
einstigen hochernsten Vorgang. Ehemals und noch jetzt lassen sich die
Pilger das Sterbekleid daran abmessen und die Leinwand dazu stempeln.

Da östlich oder (nach unserer Sprachweise) in der Richtung des
Chores nur nackte Wände zu finden sind, so wendet man sich vom
Salbungssteine gleich westlich, nämlich nach dem hintern Theile
des Schiffes zu. Auf dem Wege dahin bezeichnet links ein kleiner run=
der Stein mit unscheinbarem eisernem Gehäuse die Stelle, wo
die drei Marien Zeugen der Kreuzigung und Einbalsamirung
waren. Die Armenier unterhalten da einige Lampen.

Die westliche Partie der Grabkirche darf man sich nicht viereckig
denken; vielmehr stellt ihr Grundriß gegen zwei Drittel eines Rades
vor, an dessen Rande 16 massive Pfeiler gleich ebenso vielen Speichen=
resten aus den Felsen hervortreten und unten, in der Mitte und

oben zur Bildung von Kammern Raum lassen, wovon die Griechen den Löwenantheil haben. Weil sich der Grabdom auch im Osten hinter dem Katholikon abrundet, so kann man seinen Gesammt= grundriß fast eine Ellipse nennen; doch sind dann deren beide Kreise nicht mit gleicher Cirkelweite beschrieben, vielmehr ist der östliche Halbkreis enger als der westliche. Letzteren betritt man dem armen= nischen Marienstein gegenüber durch die drei Zwischenräume zweier viereckigen Pfeiler. Er ist gedeckt und erhellt durch eine kühne kunst= reiche Kuppel mit gläsernem Scheitel, die im Innern durch ihre zierliche Wölbung, von außen durch ihre mächtige Anlage und Er= hebung das Auge fesselt; sie heißt die Grabrotunde. In ihrer Mitte steht das heilige Grab des Weltheilandes, das sich seiner Bedeutung nach gerade so zum Kalvarienberg verhält, wie die Auf= erstehung Jesu zum Tode oder wie die Osterfreude zur Trauer des Charfreitags. „Ist Christus nicht auferstanden,“ schreibt der Apostel, „so ist grundlos unsere Predigt und grundlos auch euer Glaube.“ Das Grab Christi war daher von jeher das Haupt=, wenn nicht das einzige Ziel der Pilger, und wird an Ehrwürdigkeit selbst nicht vom Kalvarienberg, geschweige denn von einem andern heiligen Orte er= reicht.

Das heilige Grab selber ist ein russisch=byzantinisches Kapellchen nach unsern Vorstellungen nicht im Chor, sondern im Schiff der Kirche. Es erhebt sich im Mittelpunkt der beschriebenen Rotunde auf anderthalb Fuß hoher Unterlage. Nach allen Seiten freistehend, mißt es in die Länge fast 28′, in die Breite und Höhe wenig mehr als 18′. Der Eingang ist im Osten, das Grab selbst längs der nördlichen Wandung. Vom Felsen ist seiner Freunde wegen weder außen noch innen etwas sichtbar. Auch dürfte er in Folge seiner Erlebnisse (614 und besonders 1010) den Boden nur wenig überragen. Die Verkleidung, theils aus feinerem Kalkstein, theils aus Marmor, ist plump und geschmacklos wie das Volk und die Zeit, von welchem und aus welcher sie stammt (1808). In Folge der endlosen Napoleonischen Kriege gelang es nach dem großen Brande von 1808 den Russen und den Griechen, hier ihre verzopf= ten Kunstideen zu verwerthen. Innen über dem Eingang steht: „Herr, gedenke deines Dieners Kalfa Komnenos, des kaiserlichen Bau= meisters von Mitylene, 1810.“ Jede Längenseite hat drei, die

Façade zwei hohe Nischen, nur für Hängelampen bestimmt; an der Rückseite hängt ein koptisches Miniaturkapellchen. Ueber den Nischen sieht man einen Fries, noch höher ein furchenreiches Gesims, darauf eine Gallerie und auf der Decke ein verschnörkeltes Moskowiterthürmchen, um nicht von weiteren Einzelheiten zu reden.

Der Innenraum zerfällt in zwei Theile, eine Vorkammer und das eigentliche Grab. Jene mißt 11' in die Länge und 9' in die Breite, dieses 9' nach beiden Richtungen. In jener liegt auf einem Untersatz ein in Marmor gehülltes Stück von dem Steine, auf welchem der Engel den heiligen Frauen die Auferstehung meldete, als sie kamen Jesum einzubalsamiren; daher heißt sie die Engelskapelle. Sie ist ringsum mit Säulchen und Marmorsculpturen ausgeschmückt. Von der Wölbung hängen 15 brennende Lampen herab, von Lateinern, Griechen und Armeniern unterhalten. In der Nord- und Südwand sind die Rundlöcher, aus welchen am Charsamstag das bekannte heilige Feuer der Griechen hervorblitzt.

In der Westwand der Engelskapelle ist ein so niederer Durchgang, daß man ihn ohne Gefahr für den Kopf nur auf den Knieen sicher passirt. Durch denselben gelangt man in das hochheilige Grab des Weltheilandes. Da das Haupt Jesu gegen Abend, seine Füße gegen Morgen gelegen sein sollen, ist von vornherein klar, daß die Vertiefung, welche den heiligen Leib aufnahm, eben so wenig in der westlichen als in der östlichen Breitenseite der Gruft zu suchen sei; vielmehr ist sie in der nördlichen Längenseite (rechts vom Eingang) angebracht. Sie hat zur Voraussetzung, daß Joseph von Arimathäa nach altjüdischer Sitte ein s. g. Trog-Grab ausmeißeln ließ, wobei aus dem lebendigen Felsen zunächst eine Bank und darüber eine Nische in Rundbogenform (Arcosolium) gehauen, und darauf die Bank insoweit ausgehölt wurde, daß sie gerade einen menschlichen Leichnam ohne Sarg faßte. Das heutige Grab ist 2' über dem Fußboden erhaben, über 6' lang, die Hälfte so breit und mit einer schadhaften Marmorplatte bedeckt. In Beibehaltung der letzteren soll eine Absicht im Spiele sein, nämlich die Habsucht der Türken nicht zu reizen. Vom Marmorgewölbe hängen mehrere Dutzend Lampen herab, welche die drei Hauptbekenntnisse speisen; der Rauch entweicht durch eine Oeffnung in der Decke. In der Grabnische ist in Oel (von den Griechen) und Silberrelief (von den Lateinern) sehr sinnig die glorreiche Auferstehung, nicht die Grabesruhe des Erlösers dargestellt. Etwas über dem Marmorgrab läuft eine Kranz=leiste herum, auf der in den frühesten Morgenstunden eine Altar=platte zur Feier des heiligen Meßopfers liegt. Den übrigen Theil des Tages ist das Grab der Privatandacht vorbehalten.

Geht man von der Anástasis (Auferstehung), wie die Griechen das heilige Grab nennen, nördlich und tritt durch die Intercolum=nien zweier Pfeiler aus der Rotunde, wie man auf der entgegen=gesetzten Seite durch solche eintrat, so ist man in einem düstern Raum, in welchem links (westlich) oben eine Orgel, rechts unten ein Altar steht. Auf dem Boden erinnert ein Kreis an die Erscheinung des Auferstandenen als Gärtner, ein anderer weiter nördlich an Magdalena, welcher Jesus erschien. Davon heißt dieser offene Raum Magdalenenkapelle. Die tägliche Procession der Franciskaner macht hier Station.

Am Ende dieses Raumes überschreitet man den Rayon des Grabdomes, kommt aber nicht wie durch das Nordportal unserer Kirchen in's Freie, sondern in die Kapelle eines Klosters, welches der Nordwand der Grabkirche angehängt ist. Hier haben die wirk=lichen „Wächter des heiligen Grabes", die dienstthuenden Francis=kaner, ihre Zellen; ich brachte nachmals auch eine Nacht darin zu. Die Kapelle hat an der Ostwand drei Altäre. Im mittleren ist das Sanctissimum aufbewahrt, im nördlichen war einstens (bis 1557) eine große Kreuzpartikel zu sehen, auf dem südlichen wird ein Stück der Geißelungssäule aus dem Hof des Pilatus ver=ehrt. Trotzdem heißt sie Erscheinungskapelle, weil die Legende weiß, daß sich hier Jesus nach der Auferstehung seiner Mutter zeigte. Die porphyrne Geißelungssäule steht in doppelter Vergitterung. In der Charwoche wird sie öffentlich ausgestellt. Das Jahr hindurch kann sie der Andächtige mittelst eines Stabes berühren, um dann diesen zu küssen. Sie ist nur noch 2' hoch. Aus dem Hofe des Pilatus soll das ganze Leidenswerkzeug nach dem Sion gewandert sein. Dort stand es zuletzt unter der Obhut der Franciskaner. Im Jahre 1551, als diese die Sionskirche räumen mußten, wurde die Säule von den Moslim zerschlagen. Das größte Stück davon nahmen die Väter mit. Im Gegensatz zu dieser eigentlichen Geißelungssäule

wird die zu Rom in der Praxédiskirche verehrte als eine Säule
aus dem Hofe des Kaiphas bezeichnet, an welcher Jesus in der
Leidensnacht den Morgen erwartete. Davon ist noch eine dritte
Säule zu unterscheiden, welche eine Station der täglichen Abend=
procession in der Grabkirche bildet. Sie heißt „Verspottungs=
säule“, angeblich weil der Ecce=Homo darauf saß, während er als
Judenkönig verhöhnt wurde*). Demnach also stammte sie gleich der
Geißelungssäule aus dem römischen Gerichtshause, beziehungsweise
dem Hofe des Pilatus.

Setzt man, in die Ellipse des Grabdomes zurückgekehrt, seinen
Rundgang gegen Osten fort, so kommt man dort, wo der nördliche
Nebenaltar unserer Kirchen zu stehen pflegt, zum s. g. „Kerker
Christi,“ einem dunklen Kapellchen der Griechen, in welchem die
Procession der Gefangenschaft Christi überhaupt gedenkt. Jesus
wurde angeblich hier festgehalten, als man auf Golgatha die Zu=
rüstungen zur Kreuzigung traf. Unter dem Altare küßt man einen
durchlöcherten Stein, an dem die heiligen Füße angebunden waren.

Weiter denke man sich einen Umgang hinter dem Hochaltar
unserer Kirchen. Ein solcher läuft im Osten der Grabkirche um
das Katholikon herum — nur wenig schöner, lichter und breiter. Hier
trifft man auf der nördlichen Seite in einer Vertiefung der Mauer
die griechische Longinuskapelle und die alte Domherren=
pforte, im Mittelpunkt die armenische Kleidervertheilungs=
kapelle, auf der südlichen Seite des Halbkreises den Mauer=
durchbruch, welcher zu den heiligen Stellen der Kreuzauffindung
führt, ferner die Kapelle der Verspottungssäule und
die alte nördliche Treppe zum Kalvarienberge. Damit ist der
Rundgang vollendet. Longinus ist der Soldat, welcher die Seite
Christi durchstach und durch die Wunderkraft des ausgeflossenen
Blutes bekehrt wurde. Die Kleidervertheilung nach Jo=
hannes 19, 23 bildet eines der Momente der täglichen Leidens=
erinnerungen der Procession.

Die Legende berichtet, wie die Kaiserin Helena die drei Kreuze
entdeckte und der heil. Makarius durch Versuche an einer Kranken
das wahre Kreuz von den andern schied. Zur Erinnerung daran

---

*) Matth. 27, 29.

gibt es unter dem östlichen Vorplatz der Grabkirche zwei unterirdische Kapellen, Kapelle der heil. Helena und der Kreuzauf= findung genannt. Erstere gehört den Abessiniern (ja lehnweise den Kopten), letztere den Lateinern. Zu jener steigt man vom genannten Mauerdurchbruch auf 28 Stufen hinab. Sie wird schon im Alterthum als gesonderte „Basilika" genannt. Die orien= tirte verhältnißmäßig sehe geräumige Krypta zeigt ein byzanti= nisches Gepräge, wie sie auch ihr Licht durch eine spätbyzantinische Trommelkuppel bekommt. Sie hat eine nördliche und mittlere Apsis mit je einem Altar. Da, wo die Symmetrie eine dritte Apsis wollte, schaut man rechts (südlich) durch eine Maueröff= nung in die kleine Kreuzauffindungskapelle hinab. Hier soll schon Helena hinabgeschaut und gebetet haben, als man drunten nach den Kreuzen grub.

Die Kreuzauffindungskapelle kennzeichnet sich jetzt noch als ehemalige Cisterne. Es geht von der Helenenkapelle noch auf 13 Felsenstufen hinab. Um gesetzliche Verunreinigung zu verhüten, wurden nach der Kreuzabnahme die verwendeten Geräthe sammt den drei Kreuzen da hinabgeworfen. Dreihundert Jahre lag das hei= lige Kreuz, die drei Nägel und die Aufschrift hier verborgen. Jetzt ehrt ein Altar, von Kaiser Maximilian (von Mexiko) gestiftet, diesen Ort. Wenn irgendwo in der Welt, dann ist hier das Fest „der Kreuzauffindung" an seinem Platze.

Wir hatten gelegentlich einen Theil der Procession mitgemacht, wobei alle Theilnehmer Kerzen tragen, deren Reste die Pilger als Sterbkerze mit nach Hause nehmen dürfen. Diese beginnt in der Erscheinungskapelle mit der Adoration des Allerheiligsten. Der Zug bewegt sich der Reihe nach zur Geißelungssäule, zum Kerker Christi, zu den Kapellen der Kleidervertheilung, Kreuzauffindung, Helena's und der Verspottungssäule; dann steigt man zu den Altären des Kalvarienberges hinauf. Unten bilden der Salbungsstein, das hei= lige Grab und die Magdalenenkapelle die letzten Stationen. An jeder wird geräuchert, gesungen und gebetet.

Nächste Umgebung der Grabkirche.

Der Zusammenhang will, daß sich Einiges unmittelbar anreihe, was ich nicht heute, sondern an andern Tagen sah; es ist die nächste Umgebung der Grabkirche. Dieselbe erzählt ein Stück von der reichen Geschichte dieses hehren Heiligthumes.

Die Grabkirche und alle Gebäude, zwischen welchen sie steckt, gehörten einmal zusammen. Was nicht Gotteshaus oder Bestandtheil eines solchen war, diente als Priesterwohnung und Hospiz. Nimmt man den ganzen kirchlichen Häusercomplex, wie er sich vor der Eroberung Jerusalems durch Saladin (1187) gebildet hatte, so macht er ein enormes Rechteck aus, das im Westen von der breiten offenen Christenstraße, im Osten von viel tiefer gelegenen finsteren Bazaren, auf der nördlichen Schmalseite von der Straße Dêr el Frendsch, auf der südlichen von der Davidsstraße begrenzt ist. Dieses Rechteck wird durch die westöstliche Palmzweighändler- oder Grabkirchengasse fast in ein nördliches und südliches Quadrat getheilt. Als im Oktober 1187 der Islam siegestrunken in die heilige Stadt zurückkehrte, um fortan daselbst zu herrschen, mußten die Christen froh sein, daß ihnen von alle dem noch die Grabkirche blieb; die brutalen Sieger hielten es für eine Ehrensache, die christlichen Priesterwohnungen und Stifte ihren Zwecken zu entziehen.

So machte man Saladin gleich bei seinem Einzug auf den Patriarchenpalast aufmerksam, und er wohnte nicht nur darin, sondern verwandelte ihn in ein moslimisches Institut, in dem die Wissenschaft und der Glaube des Islam einen Hort finden sollte. Es hieß Chánke, d. i. Hospiz, und besteht noch — nördlich von der Grabkirche in der Ecke, welche die Christenstraße und die Hâret Dêr el Frendsch bilden. Das Besitzthum dieses Chánke geht bis auf das platte Dach des Grabdomes. Mehr östlich ist das enge Kloster der Wächter des heiligen Grabes zwischen hinein gezwängt. Mit der Zeit mußten die Ulama (Gelehrten), wie eine Hauskapelle, so ein hohes Minaret haben, damit dieses dem gedemüthigten Frankendome stets Unterwürfigkeit predige. Doch ist es dermalen mit dieser Herrschaft aus, da griechische (im Kreuzfahrerthurme) und lateinische (über dem Kloster) Glocken den Gebetsrufer der Chánke-Moschee weit übertönen.

4*

An den ehemaligen Patriarchenpalast erinnert kaum noch der Name eines vermauerten Thores zu Anfang der Christenstraße.

Die schon erwähnte Domherrenpforte im östlichen Halbkreis der Grabkirche hat ein Domkapitel und ein Domherren-Stift zur Voraussetzung. Dieses bestand seit Gottfried von Bouillon wirklich, hatte 20 Mitglieder und an seiner Spitze einen Prior. Es stieß östlich an den Patriarchenpalast und südlich (gleich diesem) an die Grabkirche. Noch zeigt man Trümmer davon. Das griechische Charalamboskloster, welches ostwärts auf die Chánke-Moschee folgt, und ein koptisches Kloster dahinter soll auf der ehemaligen Chorherrenwohnung stehen.

Es muß auffallen, daß der Grabdom nur einen Nebeneingang hat. So war es wohl schon zur Zeit der Kreuzfahrer, aber bei der ersten Anlage unter Konstantin nicht. Damals gab es ein Hauptportal, und zwar gegen die sonstige Art von Osten, d. i. von der heutigen Bazarstraße, her. Graue, vom Schutt gehaltene, kapitällose Säulenstrünke sind beredte Zeugen desselben. Zwischen denselben klettert man auf schlechtem Pfade hinauf zum östlichen fast ganz verbauten Vorplatz der Grabkirche; oben wird die 9. Station (3. Fall unter dem Kreuze) gehalten. Rechts steht das neue Koptenkloster, links die Hütten der Abessinier und inmitten der letzteren die über den Boden hervortretende Laternenkuppel der Helenakrypta nebst dem Oelbaum, in dem sich der Widder Abrahams verfing. Nach dem Urtheil der Sachkenner gehörten jene noch stehenden Granitsäulen zu dem Arkadenbau, welcher den viereckigen Vorplatz umschloß, und den man von der Marktstraße her durch ein dreifaches Thor betrat. Auch in die Konstantinische Basilika führte von diesem Atrium aus ein dreifaches Portal. Die Perser haben 614 diesen Prachtbau zerstört. Ebenso thaten 1010 die Aegypter mit den darauf erfolgten Bauten und Umbauten. Die Kirche, welche 50 Jahre später schon wieder stand, bauten die Kreuzfahrer um. Ihr Werk haben wir trotz aller Veränderung im Detail im Großen und Ganzen noch vor uns.

Rechts und links von der Palmzweighändlergasse, d. i. südlich vom Grabdom bis zur Davidsstraße waren gegen Ende der fränkischen Periode nichts als Wohlthätigkeitsanstalten, Hospize und Spitäler, die offenbar ihre bescheidenen, viel früheren Anfänge bereits fränkischem Impulse verdankten. Schon der Umstand, daß in der Grabkirche der griechische Ritus älter ist als der lateinische, macht es mehr als wahrscheinlich, daß nicht erst seit Karl dem Großen irgendwie für die Lateiner gesorgt war, da es zuvor an abendländischen Pilgern nie fehlte. Das Bedürfniß dieser war aber von vornherein ein doppeltes, nämlich nicht nur den heimathlichen Gottesdienst, sondern auch ein heimisches Absteigequartier vorzufinden. Karl der Große hat erwiesener Maßen für beides gesorgt und die Benedictiner an die Spitze einer Stiftung gesetzt, laut welcher jeder Franke im Kloster aufgenommen werden und Gelegenheit haben sollte, dem lateinischen Gottesdienste beizuwohnen. In dem so schwierigen 11. Jahrhundert, das mit dem Anfang der Kreuzzüge schließt, nahmen sich durch ägyptische Fermane privilegirte Kaufleute aus Amalfi des alten Hospizes an und erweiterten es (1048). Hatte es bis dahin zur Kirche Maria latina nur ein Monasterium de latina gegeben, so entstand um diese Zeit daneben noch ein Nonnenkloster mit der Kirche Maria minor, das ausschließlich als Absteigequartier für fränkische Frauen diente. Geht man von den Säulenstrünken des konstantinischen Atriums in der Bazarstraße südlich bis zur Palmzweighändler-Gasse, dann diese westlich hinauf bis zum Vorplatz des Grabkirchen-Portals, so hat man die Ecke beschrieben, auf welcher die Trümmer beider Hospize und ihrer Kirchen zu suchen sind. Hier am jetzigen Vorplatze stand Maria latina; das griechische Abrahamskloster ist auf seinen Fundamenten aufgeführt, und dessen Kirche in einen Rest desselben eingebaut. Maria minor stieß sicherlich östlich daran, ihre Spuren werden aber vorerst noch blos vermuthet.

Als dann am Ende des 11. Jahrhunderts die Zahl der fränkischen Pilger und damit das Bedürfniß, aber auch die Opferwilligkeit sich steigerte, fing man an die bisherigen Institute nach einem ganz neuen Systeme zu vergrößern. Man setzte über die Palmzweighändler-Gasse und baute dort längs derselben Filialanstalten. Von Maria latina ging St. Johann aus. Das neue Hospiz stand theils dem Vorplatze der Grabkirche gegenüber, theils weiter aufwärts der Christenstraße zu. Sein Patron war Johannes der Almosengeber, nicht der Täufer. Oestlich davon, und zwar durch ein Gäßchen geschieden, bauten die Nonnen von Maria der Kleinen eine Zweiganstalt. Sie hieß, mit dem Mutterhause verglichen, Maria die Große und machte Front gegen Maria der Lateiner und Maria die Kleine zusammen. Die Zeitverhältnisse geboten endlich (um 1100) der freieren Gestaltung wegen die Lostrennung beider Filialen. Jede Filiale nahm eine eigene Regel an — St. Johann die des heil. Augustinus samt dem schwarzen Mantel und weißen Kreuze der Augustiner. Von da an gab es beim heil. Grab außer den Benediktinern auch Jünger des heil. Johannes Eleémon und in diesem Sinne die ersten Johanniter. Doch blieb es keine zwei Decennien so. In den Jahren 1120 bis 1130 schuf der Klostervorsteher Raimund von Puy aus dem Johanneskloster den zeitgemäßeren Johanniterorden mit dem vierten Gelübde des Kampfes gegen die Ungläubigen und dem feuereifrigen Johannes dem Täufer als Patron. Bis zum Jahre 1187 wohnten die Ritter dem Grabkirchenportal gegenüber und dehnten in dieser kurzen Zeit ihre wohlthätigen Institute bis zur Davidsstraße aus. Da unter ihnen auch die Nonnen von Maria der Großen (nun Johanniterinnen genannt) standen, hieß mit Recht der ganze große Häusercomplex das Hospital der Johanniter, wie denn auch der heutige persisch=arabische Name Mûristân nichts bedeutet als Krankenhaus.

Die Ränder des großen Quadrates sind jetzt meist von Buden, Verkaufsgewölben, Garküchen, Moscheen, Klöstern und Privathäusern besetzt. Der Innenraum bildet ein ungeheures Ruinenfeld. Soweit mußte das Hospital zerfallen, bis es der todten Hand, welche seit 1187 darauf liegt, wieder entreißbar wurde. Es ist wohl nur Sage, daß Saladin vom Patriarchenpalast auf kurze Zeit hierher übersiedelte; Thatsache ist, daß die Omar=Moschee, auch Moschee Abd es=Sâmit genannt, bis 1869 Eigenthümerin war. Da erwarb der Sultan das Trümmerfeld für eine hohe Summe, um damit dem deutschen Kronprinzen gelegentlich seines Besuches zu Konstantinopel ein Geschenk zu machen. Kommt man die Palmzweighändler=Gasse herauf, so bezeichnet dem Abrahamskloster südlich gegenüber ein altehrwürdiges, mit schadhaften Sculpturen geschmücktes, theils vermauertes, theils mit Brettern verschlagenes Rundbogenthor den ehemaligen Haupteingang des Hospitals und ein angenagelter dreifarbiger Adler das Besitzrecht der deutschen Kaiserkrone. Inwendig zog einst westöstlich, also der Grabkirche parallel, die Kirche Maria die Große (major). Nur die drei Apsiden im Osten sind theilweise noch erhalten, die drei Schiffe aber bis zu den Fundamenten in Ruinen. Aufwärts (westlich) stößt das griechische Gethsemaniklofter daran. Die Ecke der Palmzweighändler- und Christengasse aber nimmt die Omar-Moschee samt Schule ein. Beide antipode Nachbarinstitute stehen an der Stelle der Großmeisterwohnung, die selbst wieder auf den Fundamenten von St. Johann Eleémon aufgeführt war. Südlich von Maria major kommt ein früher von Arkaden umgebener Hof mit Cisterne, darauf das noch ordentlich erhaltene Hospitalnonnenklofter, bis in die neuere Zeit als Chan benützt, seit neuestem Datum aber (im oberen Stock) als deutsch-evangelische Kapelle eingerichtet. Das Hospital der Johanniter im engeren Sinne ist durch gewaltige Stein- und Schuttmassen bezeichnet, welche sich im Süden und Westen fortsetzen. Die vereinsamt hervorragenden Pfeiler bestätigen, was wir von anderer Seite her wissen, nämlich daß das Johanniterhospiz nach Art eines Chans angelegt war, bei dem 124 Säulen und 54 Pfeiler verwendet waren. In der Davidsstraße sind noch einige Spitzbogen-Arkaden zu sehen. Nachdem mehrere 100,000 Esellasten Schutt vor das Jafathor gebracht wurden, scheint nun bald der Platz gewonnen, um das evangelische Pfarrhaus, die Schule und das deutsche Consulat (jetzt unfern nordöstlich gelegen) auf deutschem Boden aufzuführen.

Ueber Bethlehem nach Hebron.

Jerusalem und Bethlehem verhalten sich sozusagen wie Ostern und Weihnachten. Der mystische Unterschied entzieht sich am besten der Schilderung. Wer von Kalvaria kommt, gedenkt mit gleicher Spannung nur noch der Krippe. Seit „den Hirten auf dem Felde" sagt sich der Pilger, welcher dort dem glorreich Auferstandenen seine Huldigung dargebracht hat: „Auf nach Bethlehem, zu sehen, was sich zugetragen hat *)."

---

*) Luc. 2, 15.

Nach der Abendprocession in der Grabkirche machten wir uns auf den Weg. Die Geburtsstätte des Christuskindes ist dazu angethan, ein Meer kindlicher Weihnachtsfreuden zu erwecken, und wer wollte beim ersten Gange dorthin dem hochgehenden Andrang dieser wehren! Der zweistündige Ritt nach der Stadt Davids gehört zu meinen beglückendsten Erinnerungen. Die Hitze des Tages hatte sich gelegt, das grelle Licht war gemäßigt, kühlende Lüfte umfächelten Gesicht und Nacken, Menschen und Thiere athmeten leichter, selbst die unter dem schweren Joche des Tagesgestirnes seufzende Natur schien sich wieder zu erholen. Die weite wellige Landschaft strahlte im lieblichsten Roth der abendlichen Sonne.

Vom Jafathor aus führte uns der Muker auf steilem Fußwege den dortigen Schuttrain hinab ins Hinnomthal. Fuhrwerke — es ist möglich, bis Bethlehem zu fahren — bedienen sich einer bessern Straße, nämlich am Mamillateich hin. In der Gegend des Birket es = Sultân setzten wir über das Gerölle der Thalsohle und stiegen neben der Wasserleitung die westliche Thalwand empor. Dabei streiften wir die ganze Länge des weithin gezogenen jüdischen Armenhauses, welches der englische Millionär Montefiori erst neuestens gestiftet hat. Kein europäisches Institut dürfte dieses an Länge übertreffen, doch fehlt ihm die Tiefe, und es ist nur einstöckig. Auf der Höhe schieden sich die Wege. Rechts ging es zur deutschen Templercolonie und einer griechischen Niederlassung, links quer über das Feld zum „Dschebel Abu Tôr", dem fränkischen „Berge des bösen Rathes" (2800' über Meer), der wegen des freien Blickes auf die heilige Stadt berühmt ist. Nach der Legende stand ein Landhaus des Kaiphas darauf, und in diesem wurde Rath gehalten, wie man Jesum tödten könne. Weil es auf seinem nördlichen Fuße im Hinnomthal nebst dem Blutacker alte Felsgräber gibt, wird er auch Gräberberg und Berg des Blutackers genannt. Wir zogen gerade aus (südlich) und durchschritten das s. g. Thal der Rephaim. Ist die Annahme richtig, so haben David und seine Helden[*] hier auf Kosten der Philister herrliche Lorbeeren geerntet. Heute ist der Name der schwach ge-

[*] 3 Kön. 5 und 23.

wellten Hochebene (kein Thal) Bekâa, d. h. Thal schlechtweg. Ganz Cölesyrien führt den gleichen Namen und zwar mit anderer Be=
rechtigung. Die Rephaim, welche einmal hier hausten, waren ein Bruchtheil des großen ostjordanischen Urvolkes der Rephaiten, der in seiner Isolirung sich an die stammverwandten Philister anlehnte und so sich gegen die Juden bis in die Zeiten Davids behauptete*).

Gleich am Anfang des „Thales Rephaim" erschien rechts auf der Höhe das Dorf Máliha. Viel näher am Wege lag Bet Sufâfa und wenig westlicher Scherafât. In diesem Felde wird, und zwar mehrmals, die Lage eines Landhauses des greisen Simeon**), sowie die Stelle der längst verschwundenen Terebinthe gezeigt, unter welcher die heilige Familie auf dem Wege zur Darstellung Jesu im Tempel rastete. Nach einer Stunde war der Höhepunkt der Ebene erreicht. Die fromme Sage verweist kurz vor demselben auf die Cisterne der Magier, bei welcher die drei Könige den verlorenen Stern wieder sahen. Der Gipfel der Schwellung ist vom grie= chischen Kloster Mar Elias bekrönt. Hier soll der große Prophet auf der Flucht vor Jezabel ausgeruht haben; noch glaubt man den Felseindruck seines Fußes oder Leibes zu bemerken. In Wirk= lichkeit stammt der Name von einem Bischofe Elias. Von der Höhe Mar Elias aus sieht man Jerusalem zum letzten mal, zugleich nimmt es sich von hier mit am schönsten aus. Dahinter zeigt sich fast in dem Momente, wo Jerusalem und das höhere Nebi Samwîl aus dem Gesichtskreise verschwindet, der liebliche Bergrücken, in dessen Einsattelung Bethlehem liegt.

Wir bogen jenseits des Klosters zuerst um eine tiefe Mulde, die als Wadi dem todten Meer zuläuft. Ein sorgfältig bebauter Hügel trägt ein Spital der Malteser Ritter oder katholischen Jo= hanniter, das erst in neuester Zeit eröffnet worden ist. Die Anlage samt dem grünen Hügel heißt Tantûr. Früher redete man von einem Hause Jakobs auf dieser lieblichen Höhe. Der zeltende Patriarch soll um die Zeit, als er die Rachel verlor, hier Station gemacht haben. Unten lesen die Pilger oft versteinerte Erbsen auf. Als Jesus dort im Vorbeigehen einst einen Bauer fragte, was er säe, und dieser trotzig antwortete, Steine, sollen die Erbsen, welche er

---

*) 3 Kön. 21.   **) Luc. 2.

säte, sofort zu Steinchen geworden sein. Halbwegs von Mar Elias und der Geburtsstadt des Erlösers trennen sich die Straßen von Bethlehem und Hebron. Gerade am Scheidewege steht das altberühmte Kubbet Rahil oder Grabmal der Rachel. Die Frau, um welche Jakob 14 Jahre gedient hat, gebar hier den Benjamin und — starb. Der Patriarch begrub sie und errichtete ihr ein Denkmal. Das jetzige Grab ist ein unansehnlicher, mit Kalk beworfener Kuppelbau 'nach Art moslimischer Welis, dessen Schlüssel die Kinder Israels erst seit 40 Jahren bewahren. Vorher war ein Derwisch dessen Hüter gewesen. Moslimische Gräber liegen jetzt noch um das jüdische Monument herum. Von Westen schaute Bet Dschâla herüber, ein großes Dorf mit reichen Olivenpflanzungen. Hier hat das lateinische Patriarchat nicht nur eine Missionsstation, sondern auch den größten Theil des Jahres seine Seminarschule.

Nachdem eine letzte wellige Anhöhe erreicht war, lag endlich die Bergstadt Bethlehem vor uns. Sie folgt dem Sattel ihres westöstlich ziehenden Bergrückens und ist vorn und hinten (b. i. westlich und östlich) von einer aufsteigenden Kuppe überragt. Nicht wenige Gebäude stehen, wie wir später sahen, auf der Südseite des Sattels, die große Masse jedoch steigt in Terrassen die Nordwand hinab. Schöne Oel- und Feigenpflanzungen bilden deren Fortsetzung bis in den Thalgrund. Weil diese ummauerten Vier- und Vielecke auch nach anderen Flanken hin das Weichbild der Stadt einnehmen, so erscheint die blendend weiße Häusermasse nicht nur in einem hübschen grünen Rahmen, sondern wie in einem förmlichen Haine von jungen Bachweiden, und der Berg hebt sich gegen die südliche und östliche Wüste wie eine überraschend fruchtbare Oase ab. So ist Bethlehem bis zur Stunde das alte Ephrata (b. h. das fruchtbare) des ersten Buches Mosis (Cap. 35), wie des ersten Evangelisten. Die kleinste unter Judas Fürstenstädten wäre es schon als Stadt Davids und des göttlichen Davididen längst nicht mehr*), ist es aber jetzt auch des stattlichen Umfanges und der starken Bevölkerung (über 5500) wegen nicht. In Betreff der Fruchtbarkeit ist zur Ehre der Bethlehemiten (und anderweitigen Christen Palästinas) zu bemerken, daß unter mos-

---

*) Micha 5, 1.

limiſchen Händen der waſſerloſe Berg ſo gewiß nur ein dornichter Viehtrieb wäre, als thatſächlich alles Land ſüdwärts bis Hebron und (erſt recht) oſtwärts gegen den Jordan nichts Beſſeres iſt.

Die Straße war die letzte Viertelſtunde ziemlich belebt. Die Leute kamen eben vom Felde. Langohrige Ziegen und Schafe mit Fettſchwänzen wurden eingetrieben. Vor den erſten Häuſern ſchob ſich eine ſolche Heerde zwiſchen unſere kleine Karawane und trennte ſie. Zu zweit hielten wir hinter derſelben, während der Muker vornen tapfer fürbaß ritt und auch glücklich zur Kloſterpforte der Franciskaner kam. Ich hatte mir inzwiſchen die Frage vorgelegt, ob wohl die Hirten auf dem Felde, welche der Verfaſſer des „Heliand“ Roſſe weiden läßt, und noch früher David und ſeine Anherren die gleichen Heerden durch die engen Gaſſen Bethlehems trieben. Allmälig wurden wir inne, daß wir gerade vor einem Scheideweg und bei hereinbrechender Nacht ohne Führer ſeien. Weil die Leute auf unſer Fragen nach den Vorreitern keinen Beſcheid wußten, ritten wir auf’s Gerathewohl bergan; hatten wir doch die von drei Klöſtern umlagerte Geburtskirche des Erlöſers feſtungsartig auf einer Terraſſe liegen ſehen. Bald ging es auf ſchmalem Felſenpfade in die Höhe, endlich auch auf Staffeln irgend wohin bergab; — es war in kaum einer Viertelſtunde finſtere Nacht geworden. Jetzt riefen wir nothgedrungen fremde Hülfe an; denn mein Pferd fing an zu ſchlagen und wollte weder vorwärts noch rückwärts gehen. Ein Bethlehemite übernahm die Pferde und führte zugleich uns durch halsbrecheriſche Gäßchen hinab zum offenen Vorplatz der Geburtsſtätte des Heilandes, vor das niedere Pförtchen des lateiniſchen Kloſters. Hier gaben wir ziemlich unſchädlich zu viert in drei Sprachen unſerem Unmuth Ausdruck; dann folgten wir einem deutſchen Diener in die gaſtlichen Fremdenzimmer der Franciskaner.

Bis das Nachteſſen zubereitet war, hatten wir Zeit, mit dem Fremdenbruder zum erſten mal das hehre Sanctuarium Bethlehems zu beſuchen, nämlich die unterirdiſche Kapelle mit dem Silberſtern, deſſen Inſchrift lautet: „Hier wurde aus Maria der Jungfrau Jeſus Chriſtus geboren.“ Nachdem ſie ihren erſtgeborenen Sohn geboren, „wickelte ſie ihn in Windeln und legte ihn in eine Krippe, weil in der Herberge kein Platz für ſie war*)“: — die Stelle

---

*) Luc. 2.

dieser **Krippe** ist von jener der **Geburt** nur durch einen schmalen Gang getrennt. Nach Tisch saßen wir noch ein Stündchen auf der Steinbank vor dem eisernen Pförtchen, dann zogen wir uns mit Rücksicht auf die morgige Tour zeitig zurück in unsere Gemächer.

Donnerstag, den 21., waren wir 10 Stunden zu Pferde. Einmal saß ich auch daneben, indem mein Pferd auf glattem Felsen ausglitt und fiel. Wir hatten beschlossen, am gleichen Tage von Bethlehem nach Hebron und zurück zu reisen — etwas zu viel, und ritten deswegen beim Grauen des Tages bereits den Südabhang' der Stadt hinunter. Kurze Zeit ging es durch ange-baute Felder, die vor Wochen Frucht getragen hatten und jetzt noch eine schöne Traubenernte versprachen. Die Leute waren schon an der Arbeit; denn um diese Zeit übernachtet man in und auf im-provisirten Steinhütten von meist sich verjüngender Rundform, oft mit-telst primitiver Wendeltreppe von außen ersteigbar, gern mit einer dürren Reisigzelle bekrönt. Eine Bethlehemitin am Wege schnitt uns um wenige Piaster eine Menge der köstlichsten goldgelben Trauben. Bald hörte jedoch die Cultur auf, und nun ging es fünf Stunden lang auf schmalem, steinigem Pfade durch gewelltes, ödes Land. Endlos stieg und fiel dabei der Weg. Nach einem mühsam überwundenen Hügel lag immer wieder ein anderer in der Quere. Bis zur Lang-weile, ja bis zur Ermattung und Erschöpfung trieben Berg und Thal dieses Spiel. Kein Dorf, kein Haus bot ein Obdach oder eine Erquickung. Kein grüner Fleck erfreute das mit dunklen Gläsern gegen das grelle Tageslicht gewappnete Auge. Kein Baum, kein Busch, ja kaum eine Steinwand oder Felsenhöhle wehrte der drückenden Gluth der Sonne.

Bevor diese sich noch in ihrer Allgewalt zeigen konnte, hatten wir es bis zu den **Teichen Salomon's** gebracht, gegen eine Stunde von Bethlehem, $2\frac{1}{2}$ bis 3 Stunden von Jerusalem. Sie liegen in einem öden Kessel, dessen östliche Wandung man sich aus-gebrochen denken mag. Gerade an dieser Oeffnung sind sie thal-wärts in den Felsen gehauen, so daß einer immer bei 20′ tiefer zu liegen kommt als der andere. Es sind im Ganzen drei solche (viereckige) Wasserbecken, arabisch el Borâk genannt. Von diesen ist das unterste zugleich das größte. Seine westliche Länge wird auf nahezu 600′, seine Breite auf 160′ angegeben. Vom untern bis zum mittleren, faſt um ein Drittel kürzeren Teiche mögen es 60 Schritte ſein. Ebenſo viele ſind es vom mittleren bis zu dem nur wenig kleineren oberen. Die öſtliche Wandung von allen dreien iſt eine ſtarke Mauer; auch zu beiden Seiten iſt, je weiter thal=abwärts, ein deſto größeres Stück gemauert. Wir hielten uns an das o b e r e Becken.

Es war gut drei Klafter tief — leer und trocken. Das Merkwürdigſte ſchienen die von innen gegen die Seitenwände aufgeführten Strebepfeiler. In der Nordweſtecke führte eine ſteile Staffel hinab; die beiden andern Teiche haben je zwei ſolche Treppen. Geſpeiſt wurden und werden die Teiche (theilweiſe noch) vom Regenwaſſer, für das man beſondere Einflüſſe angebracht ſieht. Es gab jedoch Zeiten, in welchen hier vorzugsweiſe nähere und ent=ferntere Quellen mündeten. Das Waſſer wurde damals nach Je=ruſalem weiter geleitet, ſo gewiß als das lautere Regenwaſſer in andern Jahrhunderten nur zur Bewäſſerung des unten gelegenen fruchtbaren Thales diente, in welchem man „den v e r ſ c h l o ſ ſ e n e n G a r t e n“ der Braut im hohen Liede nicht nur ſucht (4, 12), ſon=dern durch deutſchen Fleiß auch wieder aus dem Boden zaubern zu kön=nen hofft. Die Grundbedingung iſt geſetzt; dies iſt die ergiebige Quelle Urtâs, $\frac{1}{4}$ Stunde unter den ſalomoniſchen Teichen. Urtâs heißt ſie vom nahen Dorfe Urtâs, woſelbſt es neben den Moslim auch deutſche Coloniſten gibt. Im alten Teſtamente hießen Quelle, Thal und Umgebung Etâm, von einer ($\frac{1}{4}$ Stunde) ſüdlich von den Teichen gelegenen feſten*) Stadt Etâm, deren Reſte noch auf dem nahen ſüdöſtlichen Hügel liegen.

An der Nordweſtecke des oberen Teiches ſteht ein ſchmächtiges Brunnenthürmchen, in dem wir auf der Hin= und Rückreiſe aus Metertiefe erquickendes Waſſer heraufzogen. Letzteres quillt eine gute Ackerlänge oberhalb im Felde. Die Quelle ſelbſt iſt nur mittelſt eines Schlüſſels zugänglich, weil eine Brunnenſtube darüber erbaut iſt, in welcher ſich das Waſſer ſammelt, bevor es unter=irdiſch weiter geleitet wird. Von beſagtem Thürmchen fließt es neben zwei Teichen unſichtbar bis zum Dritten und geht dann mit Benützung eines uralten Aquäductes nach Jeruſalem. Das ge=

---

*) 2 Chron. 11, 6.

schießt nach unvordenklicher Unterbrechung erst seit 1879 wieder. Die so gefaßte Quelle heißt arabisch Ain Sâlih, bei den Franken dagegen „versiegelter Brunnen *)."

Die erste Versorgung Jerusalems mit Quellwasser soll von Salomon stammen. Weil die Teiche dazu gehört haben müssen, so sollte er eigentlich auch der Erbauer derselben sein. Einen biblischen Halt hiefür hat man in den Worten: „Ich baute Teiche, den Wald der sprossenden Bäume zu bewässern **)" finden wollen. Thatsache ist nur, daß der fränkische (nicht arabische) Name hievon kommt. Günstig für die Annahme der salomonischen Anlage ist indeß die damalige Glanzperiode des Judenvolkes. Gemeinnützige Unternehmungen, wie die große Wasserleitung, — Spuren will man bis in die Nähe von Hebron gefunden haben — sind in der Blüthezeit einer Nation zu suchen.

Nördlich vom obern Teiche steht ein altes viereckiges Kastell von großen Dimensionen, ursprünglich gegen die Beduinen gebaut und noch jetzt von wenigen Soldaten besetzt, deren Aufgabe die Obhut der Wasserleitung zu sein scheint. Wir genossen hier im Schatten hoher Mauern einen Theil unserer Vorräthe und zogen dann weiter.

Gleich von der nächsten Höhe aus sahen wir rechts in der Ferne das Dorf el Chidr (Georg) mit griechischer Georgskirche und Georgskette. Viele Wallfahrer erhoffen hier Heilung, nachdem sie sich mit der heiligen Kette umwunden haben. Darauf ritten wir längere Zeit in dem cisternenreichen Wâdi Biâr hin und sahen von Ferne die Ruinen von Bet Zakâria, dem biblischen Beth Zacharia ***), bei welchem Judas der Makkabäer mit den Syrern zusammenstieß. Es kamen 2 bis 3 rauchende Kalköfen, welche der Ruin des spärlichen Buschwerks der Gegend sind; große Haufen davon lagen herum. Zahlreiche Bautrümmer tauchten weiterhin rechts und links aus der Einöde auf, als sollten sie die Erinnerung an vergangene bessere Zeiten unterhalten. Der bedeutsamste Name war Bet Sûr, zwei Stunden vor Hebron. So heißt eine auffällige Ruinengruppe auf einem mit Gestrüpp bewachsenen Hügel rechts vom Wege über einem Thälchen. Es gilt für identisch mit

*) Hohes Lied 4, 12.   **) Pred. 2, 6.   ***) I Makk. 6, 32.

dem oft genannten Beth zûr im Gebirge Juda, das, schon von dem König Rehabeam befestigt *), in den Kämpfen der Makkabäer noch eine so hervorragende Rolle spielt. Dazu gehörte wohl einst die schöne Quelle Ain Dirwe, die in Stein gefaßt aus der linken Straßenböschung hervorsprudelt. · Hier trafen wir munteres Leben. Männer und Weiber kämpften um das köstliche Naß. Daneben blökten die dürstenden Schafe und schrieen die ungeduldigen Rinder zusammen. Wir machten Station, bis Reiter und Pferd seinen Durst gestillt hatte. Auf dem grünen Hügel der Ain Dirwe schaute der freundliche Ort Halhûl herab, der schon bei Josua (15, 58) erwähnt wird. Die Juden glauben, der Prophet Gad sei dort begraben, die Mohammedaner der Prophet Jonas. Letzterem gilt das sehr gefällige Grabheiligthum Nebi Jûnas.

Halbwegs zwischen Ain Dirwe und Hebron kam links im Felde die Ruinenstätte Harâm Râmeth el Chalîl, d. i. Heiligthum der Höhe Abrahams. Sie bezeugt die ehemalige Existenz eines großartigen Gebäudes, dessen Bestimmung noch gänzlich unbekannt ist. Eine jüdische Tradition verlegt die Erscheinung der drei Engel hierher. Davon heißt die seichte Thalmulde Terebinthenthal, wie auch der Wâdi Kulônie an der Jafastraße. Die Terebinthen Abrahams standen aber offenbar näher bei Hebron. Einige Weiber trugen Wasser fort. Ihre Wohnungen waren nirgends zu entdecken. Auch konnte ich nicht ermitteln, ob sie es aus der sagenreichen Cisterne in den Ruinen oder aus einer dazugehörigen dürftigen Quelle holten; mir schien das letztere der Fall zu sein. Von der (höheren) Straße gesehen, war die Ruine fast dem Boden gleich, mehr Steinschichten zeigten sich von der Seite. Das umliegende Land hatte ein freundliches Aussehen und mochte früher im Jahr mit reichen Saaten geschmückt sein. Es bildete so im Einklang mit seinem Namen ein leises Vorspiel zur nahen gesegneten Abrahamsstadt; el Chalîl, der ausschließliche einheimische Name für Hebron, bedeutet nämlich zunächst den (Gottes) Freund Abraham. Chalîl, d. i. Abraham, hieß auch einer unserer nachmaligen Muker von Nazareth; er war auf diesen Namen getauft.

Gegen 20 Minuten nach Râmeth el Chalîl öffnete sich die

---

*) II Chron. 11, 7.

Thalung von Hebron, ohne daß dieses sich zeigte. Es lag links hinter dem Berge, fast noch eine Stunde entfernt. Obstbäume und Reben mit herrlichen Trauben bedeckten die Abhänge und die flache Niederung. Zwei Wege führten hinab, einer links am Fuße des Berges hin, der andere inmitten der Thalsohle des Wâdi Sibte. Jenes war die alte gepflasterte Römerstraße von Hebron, dieses ein ausgewaschener Feldweg, auf dem man direct zum Haine Mamre's kommt. Da wir schon der Pferde wegen zuerst nach el Chalîl mußten — auf dem Suk kaufte der Muker erst seine Gerste —, so folgten wir der breiten, halsbrecherischen Römerstraße; so erwies sie sich nämlich nach kurzem Ritte. Das Pflaster war nur stückweise erhalten, und zwar in schauderhaftem Zustande. Glatte Felsplatten und Haufen angeschwemmten Gerölles wechselten mit demselben ab. Die Pferde suchten ihren Pfad am Raine, wurden aber durch Mauern oder die Steilheit der Böschung meist daran gehindert. Wir selber hatten eben die ärgste Sonne im Gesicht; denn es war zwischen 10 und 11 Uhr. Reben, Feigen und Oliven gaben und geben keinen Schatten, wie denn überhaupt nach orientalischen Begriffen der Schatten in das Paradies gehört.

Allmälig kamen wir in den Wâdi el Chalîl hinab, d. i. in die olivenreiche Thalfurche, bis zu welcher die isolirten Quartiere Hebrons von 2 bis 3 Hügelabhängen aus sich erstrecken. Das erste abgetrennte Viertel, das s. g. Hâret esch-Schêch, ließen wir, ohne ein Haus zu berühren, zur Linken. Es war ganz von Oelbäumen eingefaßt und vom schönen sechseckigen Minaret der Moschee Schêch Ali Baka überragt. Einige Minuten später hielten wir durch das Nordthor des Hâret el Harâm, d. i. der eigentlichen Stadt Abrahams, unsern Einzug. Nachdem wir darin kurze Zeit dem gedeckten Suk gefolgt, bogen wir links nach dem öffentlichen Chan aus. In dessen dunklen, aber kühlen Räumen bequemten wir uns vorerst bei unsern Pferden. Als diese theilweise besorgt waren, führte uns der Muker in's Freie. Weil er ein geborener Hebronite war und seine jüngern Brüder einen Theil seiner Geschäfte besorgten, kannte er sich nicht nur vorzüglich aus, sondern konnte uns auch die erübrigte Zeit widmen. Zugleich hob sich unter den hiesigen unheimlichen Moslim das Gefühl der Sicherheit.

Zu el Chalîl ist nicht besonders viel zu sehen, zumal die

größte Merkwürdigkeit, nämlich die Patriarchenmoschee oder das Harâm Christen und Juden verschlossen bleibt. Im Jahre 1862 betrat sie der Prinz von Wales mit Gefolge, im Jahre 1869 der deutsche Kronprinz, aber nur mittelst großherrlichen Fermans. Wer nicht der Art gegen die moslimische Brutalität gefeit ist, muß sich mit dem Anblick des Aeußern begnügen. Dies lohnt sich schon der Mühe und wird auch von keinem Fremden verabsäumt. Man sieht nicht nur dessen altehrwürdige Umfassungsmauern, sondern gewinnt von der Bergseite — das Harâm steht nämlich am Berge — auch eine Ueberſicht und kann ohne Scheu selbst einen Theil des Dachwerkes besteigen. So ließen wir uns denn dorthin führen. Den Weg nahmen wir über den Obstmarkt; denn wir hatten vor, hinter dem Harâm Mittag zu halten, und wollten es nicht ohne Trauben aus dem Wâdi Sibte, dem traditionellen Eschkol (Traubenthal); von diesem Thale brachten bekanntlich die Kundschafter Mosis die berühmte Riesentraube nebst Granaten und Feigen zum Zeichen der Fruchtbarkeit*). Oder hätte man vielleicht in neuerer Zeit das berühmte Traubenthal richtiger bei Beerséba, eine Tagereise südlicher, gesucht?

Wir kramten so billig ein, als diesen Morgen bei Bethlehem; auch war es die gleiche gelbe Traubensorte. Nebstdem gab es auf dem Markte dunkelrothe Granaten, blaue und gelbe Feigen, Mandeln, Datteln, Melonen, Gurken. Uralt ist Hebrons Glasfabrikation, aber heruntergekommen wie das Land. Die werthlosen gläsernen Schmucksachen sahen wir jetzt und später bei unserm Gange durch den Sûk, der sich mit der Hauptstraße deckt. Hier waren auch die Lederschläuche für Wasser und Oel ausgelegt, die im Oriente wirklich gesucht sind. Unbedeutender schienen die Fabrikate der hiesigen Baumwollenweber und Färber. Die vielen finstern Gesichter, welchen wir überall begegneten, erklärte ich mir vom Ramadhan, welcher den Tag über absolutes Fasten auferlegt und eben besonders durch das Verbot des Wassers empfindlich sein mußte. Da el Chalîl eigentlich eine quellenreiche Oase und Tagereisen weit von Wildniß oder Wüste umgeben ist, so sind innerhalb seiner Mauern die Beduinen nicht selten, und diese staunenden Wüstensöhne gehörten zum Interessantesten auf dem Bazar. Eine Anzahl Buben folgte uns

---

*) 4. Moſ. 13.

bis zum Harâm und zu unserer Lagerstätte auf dessen Ost- oder Bergseite. Keiner griff zu, als wir ihnen von unsern Speisen anboten. Erst als diese sich verlaufen hatten, aß der Muker Trauben. Ein alter Moslim, der sich zu uns gesetzt hatte, sah es gleichgültig mit san, als rechtfertige er diese Illegalität durch die Strapazen der Reise.

Der Augenschein zeigte, daß der von zwei Gebetsthürmen überragte Prachtbau des Harâm aus einem Innern und Aeußern, genauer aus einer Doppelmoschee und deren festungsartiger Umfassungsmauer besteht. Dies ist das Castellum Abrahami der Kreuzfahrer, an das südlich eine theilweise noch erhaltene Burg stieß. Die Umfassungsmauer ist bis auf 50' Höhe ein dem grauen Alterthum entstammender Bau. Die aus enormen, fugengeränderten, glatt gehauenen Werkstücken gebildeten Quaderschichten erinnern an die Erbauer der Fundamente des Tempels zu Jerusalem. Darauf haben dann die Mohammedaner einen abschließenden zinnenbekrönten Aufsatz gemauert. In ihrer Gesammtheit bildet die Umfassungsmauer ein großes Rechteck, dessen Längenseite der Länge der Stadt und dem Wâdi el Chalil folgt; ihre enormen Wandflächen sind in den alterthümlichen Bestandtheilen durch heraustretende, viereckige Pfeiler belebt. Wir sahen inmitten des Dachwerkes die Umrisse jener christlichen Basilika, welche schon die Kreuzfahrer renovirten und die nun in eine Moschee umgewandelt ist; nach authentischen Schilderungen war deren Langraum durch Pfeiler in drei Schiffe getheilt. Das von Juden, Christen und Mohammedanern gleich sehr umfreite Heiligthum steht über der Höhle Machpéla, welche Abraham vom Hethiter Ephron kaufte, und worin Sara, Rebekka und Lea, Abraham, Isaak und Jakob beigesetzt wurden. Deren heilige Gräber werden überirdisch und unterirdisch verehrt, oben in den Räumen der Moschee in Forn von Kenotaphien, in einer Krypta darunter in Form von ernst gemeinten Särgen.

Nach der Patriarchenmoschee gab es nichts Interessanteres als das Panorama vom (südöstlichen) Hügel Râs Islim; man sieht nämlich von dort in der Ferne den Berg Hôr in der Arâba, auf welchem Aaron begraben wurde und jetzt ein Weli Nebi Harûn steht, in der Nähe die Ruinen verschiedener biblischer Orte, wie Ziph und Karmel, und die schauerig öde Umgebung der Oase Hebron.

Allein für Râs Islîm reichte weder Zeit noch Kraft, wie wir aus gleichem Grunde uns auch um andere Dinge, welche der Fremde sich meist zeigen läßt, als die Davidsburg, das Grabmal Abners, Isbóseths und Isais — nichts kümmerten. Dagegen hatten wir den Abstecher nach der Abrahamseiche, „der größten im gelobten Lande und dem merkwürdigsten Baume der Erde" (Sepp), schon in Jerusalem ausbedungen. Sie gilt, wenn auch nur in entfernter Abstammung, für einen Rest des Haines des Amoriters Mamre, in welchem einst Abraham zeltete und dem Herrn einen Altar baute, auch, von den drei Engeln heimgesucht, die Verheißung eines Sohnes aus der Sara erhielt. Unter ihrem Schatten sollten wir Siesta halten.

So verließen wir denn, sobald als thunlich, das von Mauern umschlossene Hauptquartier el Chalîls, das Hâret el Harâm. Außerhalb des Westthores passirten wir den großen Davidsteich, an welchem angeblich die Mörder Isbóseths, des Sohnes Sauls, auf Befehl Davids erhängt wurden. Er liegt frei und offen inmitten der Thalsohle. Als wir in wenigen Schritten von da aus den Fuß der westlichen Bergwand erreicht hatten, lag der dritte isolirte Bestandtheil el Chalîls, das Hâret el Muschárike, zu unserer Linken (südlich). Weiter streiften wir auf unserem nördlichen Marsche den mohammedanischen Friedhof, kamen an sporadischen Judenhäusern vorbei und durch dünngesäte Oelbäume voll unsichtbarer, aber lauter Heuschrecken. Nach $\frac{1}{2}$ Stunde ging es westlich in ein anmuthiges Thälchen, eine Ausweitung des nordsüdlichen Wâdi Sibte, hinein. Wir folgten darin noch eine Viertelstunde einem gepflasterten Wege zwischen Weingärten und klopften dann rechter Hand an einem hohen Gartenthor. Dies war der Eingang zur Moskowîje oder zur ausgedehnten russischen Besitzung mit der Abrahamseiche und einem Hospize. Nur der Zar hat der Art für seine Landsleute gesorgt, freilich wallfahrten auch blos die Moskowiter in größeren Zügen zu Abraham. Die Wirthschafterin des geräumigen Russenbaues ist die einzige Christin zu el Chalîl, und Franken, welche ein nächtliches Unterkommen suchen, wenden sich jetzt am besten an sie. Bis in die neueste Zeit waren die europäischen Reisenden auf hiesige Juden angewiesen, deren es den großen Erzvätern zu Liebe keine geringe Zahl gibt. Die Kinder Israels werden nämlich auf 600 geschätzt, die Zahl ihrer moslimischen Dränger auf 8000 bis 10,000.

Die Abrahamseiche steht einige hundert Schritte weit in den russischen Rebanlagen, und so bereits am Anfang der Steigung der andern Thalseite. Geht man von ihr noch 5 Minuten bergauf, so ist man beim Hospize angekommen; wir scheuten die Mühe. Man soll von dessen Dache das Mittelmeer sehen und aus dessen Fenstern die Patriarchenmoschee. Letztere und überhaupt das ganze Chalil ist von der Abrahamseiche aus nicht sichtbar. Man hat daraus gewiß mit Unrecht die Unvereinbarkeit beider Oertlichkeiten folgern wollen. Wenn nach I. Mos. 23, 17 die Doppelhöhle und der Hain einander gegenüber liegen müssen, so unterliegt es anderseits keinem Zweifel, daß der Hain Mamre's sich ehemals weiter den Berg hinaufschob und also doch Machpéla gegenüber lag. Der riesige Baum erschien mir so alt-ehrwürdig wie der Patriarch, der in seiner Nähe wohnte. Sein Stamm ist 5—6 Klafter dick. Er geht erst bei 20' Höhe in eine majestätische Krone aus einander, und die 4 bis 5 Hauptäste könnten selbst wieder kräftige Stämme abgeben. Die Zweige haben gleich den Cedern aus der Ferne etwas Wolkenähnliches. In der Nähe wird man — vom dunklen Stamme abgesehen — an Birkenreis erinnert. Die Blätter gleichen eher den Blättern der Granaten als denen unserer Eichen. Die kleinen Eicheln sind breiter als hoch, und stecken bis zur Spitze in schuppigen Schüsselchen. Fälschlich wird der Baum oft Terebinthe genannt; denn als solche müßte er unsern Eschen gleichen und arabisch Butm statt Sendiane heißen. Der Botaniker nennt ihn Quercus ilex pseudococcifera. Als niedern Busch hatte ich diese Eiche schon an den Waldwegen zu Hyères getroffen; als bloßer Busch erscheint sie ohne speciellen Schutz gegen die Herden auch über ganz Palästina hin. Bei der Abreise brach ich vom Pferde aus ein Zweiglein mit Blättern und Früchten, das seinen Weg glücklich bis nach der Heimath fand.

Wir mußten beim Aufbruch zuerst den vorigen Seitenweg zurück gehen. Dann folgten wir dem Thalweg des Wâdi Sibte bis zur großen Hebronstraße, die wir in einer halben Stunde erreichten. Von der Höhe schauten wir ein letztesmal über die liebliche Oase hin, um die sich der Reihe nach Enakiter, Hethiter, Israeliten, Idumäer, Griechen, Römer, Araber, Franken und Türken schlugen.

In ihrem gar nicht weiten Rahmen lag, gleichviel wo, einst Kirjath Arbe und dessen Nachfolgerin Hebron, letzteres noch sieben Jahre älter als Zoan in Aegypten*). Hatte der Stammvater des Verheißungsvolkes anders in Kanaan ein Heim, so war es zu Hebron, in der heutigen Abrahamsstadt. Diese war aber so gut als Jerusalem auch die Stadt des Königs David, und zwar sieben und ein halbes Jahr. Gerade hier ist ja der gotterkorene Hirtenjüngling zum Könige gesalbt worden; hier und in den Wäldern, Wüsten, Höhlen der Umgegend bestand er seine schwere Probe; von hier ging er aus und gründete sein glänzendes Reich. Wenn schließlich der König der Könige „Sohn Davids", „Sohn Abrahams" heißt, so entfällt doch wohl von dessen Glorie auch etwas auf el Chalil?

Die Weiterreise nach Bethlehem erfolgte auf alten bekannten Pfaden. Zu Ain Dirwe tränkten wir unsere Pferde und ritten in Folge dessen einige Ackerlängen hinter einander. Da kamen unvermuthet wilde Jungen vom linken Bergabhange, schrien ungestüm nach Bachschisch und warfen sofort mit Steinen; einer traf mich auf den Rücken. Das gleiche Manöver wiederholten sie bei meinem Hintermann; den dritten Gefährten betitelten sie mit „Christenhund". Endlich fielen sie unserm Muker in die Hände, und dieser bearbeitete einen derselben so, daß er das ganze Thal voll schrie. Gegen Abend trafen wir ein verirrtes Schaf. Der Muker führte es einige Zeit neben sich her, dann stellte er es bei einem Fellachen ein. Trotzdem die Pferde auf dem ganzen Heimwege sich tummelten, war es bei unserer Ankunft in Bethlehem längst finstere Nacht. Vor der Klosterpforte entließen wir unsern Muker samt den Reitthieren, und dieser fuhr den gleichen Abend noch nach Jerusalem.

***

Bethlehem.

Freitag, den 22. August, sah ich die Geburtsstadt des Erlösers endlich auch bei Tage. Mit den ersten Spuren der Morgenröthe stand ich am Fenster und schaute einer Gruppe Klageweiber zu. Auf dem großen freien Platze, welcher die traditionelle Ge-

***

*) 4. Mos. 12, 23.

burtsstätte Christi von Bethlehem trennt, saßen und kauerten sie
um ein neues Grab herum. Ich zählte deren elf. Einige hatten
ihre Kinder dabei. Die jüngsten schliefen, die älteren kletterten
an ihren Müttern herum, langweilten sich oder schlugen nach den an=
dern, und spielten dann auch wohl einmal Fangens. Die Weiber
gaben bald thränenreiche Solopartien zum Besten, bald jammerten
sie im Chore. Auch gab es Sprechpartien, wobei eine die Vorzüge
des Verstorbenen aufzählte, und die andern, wie beim Beten einer
Litanei, gemeinsam ihre Bestätigung gaben. Alle waren mit ganzer
Seele dabei, aber einige brachten es crescendo bis zum Raufen
der Haare und Zerschlagen der Brust. Ihre langen, verbrämten
Schleier und Oberkleider hatten sie abgelegt. Gebetbücher oder
die Rosenkränze der Katholiken sah man nicht; es waren Griechinnen.
Ihnen scheint überhaupt das Gebet der Klage ferngelegen zu
haben, da während der ganzen Ceremonie Niemand das lange
griechische Kreuz schlug. Als gegen 7 Uhr die Sonne zu brennen
anfing, ordneten sie ihre Kleider und entfernten sich. Ich ging
später zum Grab. Es war weder durch ein Kreuz, noch durch eine
Steinplatte, noch durch eine Inschrift ausgezeichnet; auch sonst war
eine beschriebene Platte alles, was die christlichen Gräber vom pro=
fanen Boden unterschied.

In der Zwischenzeit hatte ich mich — was gar nicht so leicht
ist — in der festungsartigen Baugruppe zurecht zu finden gesucht,
welche jetzt über der Krippe des Heilandes steht. Deren Mittelpunkt
bildet die altehrwürdige Kirche. Dieselbe wurde von Kaiser Kon=
stantin auf Anregung seiner Mutter (326) gebaut und heißt Ma=
rienkirche zur Krippe. Sie ist genau orientirt. An ihre
Südseite (aufwärts) lehnt sich das Griechenkloster, an dieses wieder
(der Stadt zu) das der Armenier, an ihre Nordseite (abwärts) der
Convent der Franciskaner. Die Griechen und Lateiner betreten die
Basilika je durch einen Eingang in den Apsiden des nordsüdlichen
Querschiffes, sowie durch je eine Pforte in den Langseiten des west=
östlichen Hauptschiffes. Die Armenier können aus ihrem Kloster in
die finstere Vorhalle der Kirche kommen. Schon diese Zugänge be=
weisen, daß drei Bekenntnisse ein Anrecht auf die alte Marienkirche
behaupten. Durch Gewalt und List besitzen die Griechen den größten
Antheil. Längst den Lateinern gehörige Sanctuarien haben sie

durch Erwirkung neuer Fermane an sich gebracht, und bei der Feil-
heit der türkischen Gewalthaber dauern diese Manöver bis zur
Stunde. Bekannt ist auch der Skandal vom Jahre 1873, wo der
griechische Bischof sich nicht entblödete, behufs der Erweiterung seiner
Domäne an der Spitze einer fanatisirten Bande in den lateinischen
Kapellen Bilder und heilige Geräthe zusammenzuschlagen, Tapeten
abzureißen und den Marmor aufzubrechen. Aus dieser gefährlichen
Rivalie erklärt es sich, daß die Basilika Konstantins eigentlich gar
nicht dem Kulte dient, daß Lateiner, Armenier und Griechen
ihren Gemeindegottesdienst in separaten Klosterkapellen halten, daß
der fünfschiffige Langraum der Basilika dermalen nur eine unordent-
liche türkische Wachtstube ist, und daß ein moslimischer Posten selbst
in der unterirdischen Krypta oder dem „Stalle zu Bethlehem" steht.
Die Lateiner haben nicht e i n e n Altar in der eigentlichen Marienkirche, die Armenier zwei in der nördlichen Hälfte des Querschiffes,
die Griechen einen in der südlichen Hälfte des Querschiffes. Außerdem haben diese noch den hochgelegenen Chor samt der Mittel-
apsis für sich abgesperrt und in eine besondere Kapelle mit Kanzel
und Bischofsstuhl verwandelt. Am Altar prunken sie nicht nur
mit byzantinischem Tand, sondern auch mit Nürnberger Messing-
leuchtern von Werth.

Aller Gottesdienst wurde eben u n t e r i r d i s ch gehalten. In der
K r y p t a sind die Sanctuarien, obenan die G e b u r t s k a p e l l e unsers
Herrn und Heilandes, — gerade unter dem hohen Griechenchor gelegen.
Gegen das letzte Drittel dieses Chorbaues führen halbgewundene Stiegen
von 16 und 13 Tritten in die Tiefe. Am Ende dieser Tritte steht
man vor der Geburtsnische des Erlösers. Diese ist eine halbkreisförmige Vertiefung in der Ostwand des „Bethlehemischen Stalles." Letzterer zieht sich 41' westwärts, hat eine nordsüdliche Breite
von 13' und eine Höhe von 10'. In seiner Nordwestecke thut sich
ein Felsengang auf. Dringt man in diesen ein und folgt ihm
direct nördlich, so kommt man in die Katharinenkirche des Francis-
kanerklosters. Der Geburtsnische ist nur die K r i p p e n n i s ch e ebenbürtig. Ihre Rundung liegt ebenso gegen Westen, wie die der
Geburtsnische gegen Osten, und beide sind blos durch den südlichen
Stiegengang getrennt. Kommt man diesen herab, so hat man die
Krippennische zur Linken und die Geburtsnische zur Rechten. In

jener stand die heilige Krippe, in welche „Maria ihren Erst-
geborenen legte, weil in der Herberge kein Platz für sie war*),“
während man unter dem Altartisch der Geburtsnische auf silbernem
Sterne die Worte liest: „Hier wurde Jesus Christus von Maria
der Jungfrau geboren.“   Heute wird jene Krippe in einer der
Kirchen Roms gezeigt, in der Krippennische verehrt man blos die
geheiligte Stelle, an welcher sie stand.   Auch die Felsenwände des
Stalles sind verschwunden. Allwärts glänzt dem Besucher Marmor
entgegen und zwar vom Boden in Platten, von den Wänden in
Quaderschichten.   Die frühere Dunkelheit ist dem Lichte gewichen.
Ueber dreißig werthvolle Lampen, von Griechen, Lateinern und
Armeniern unterhalten, erhellen den engen Raum; fünfzehn davon
brennen allein um die Geburtsnische.   Gleich dieser hat auch die
Krippennische einen Altar.   Dieser steht jedoch nicht auf oder über
der Stelle der Krippe, sondern einige Fuß westlich, und zwar dort,
wo die heiligen drei Könige dem göttlichen Kinde Gold, Weihrauch
und Myrrhen opferten **), — und heißt darum Drei-Königs-Altar.
Die ehrwürdige Stelle der Krippe ist ganz mit Marmor überkleidet,
nieder, vertieft, leer, und die heilige Messe wird nicht darüber
gelesen.

„Friede den Menschen auf Erden“ — sollte man meinen —
läge hier in der Luft. Dem ist aber nicht so. Gerade hier unten
hat 1873 der griechische Hirtenstab gewüthet. Man zeigte mir noch
Spuren dieses hochwürdigen Vandalismus. Es handelte sich um
die Eroberung der Krippennische, welche den Lateinern noch
gehört. Diesen sollte die Lust am Drei-Königs-Altar verdorben
werden, damit sie ferner ebensowenig in der Krypta als in der Basilika Messe lesen möchten. Auf ähnliche ungerechte Weise sind die
Lateiner 1757 um den Besitz der Geburtsnische gekommen.
Den dortigen Altar dürfen sie seither nicht mehr mitbenutzen und
ihr Hic de virgine Maria Jesus Christus natus est gilt für
griechisch. Ihre tägliche Procession geht jedoch von dem vielsagen-
den Silberstern aus. Dieselbe macht in der Krippennische an der
Stätte der Krippe die zweite und eben darin auf dem Drei-Königs-
Altar die dritte Station. Dann bewegt sie sich nach der Nordwest-

---

ecke der Geburtskapelle zum erwähnten Felsengang. In diesem Gange kommt sie zuerst zum Josephsaltar, welcher der himmlischen Mahnung Josephs zur Flucht nach Aegypten gedenkt. Einige Stufen tiefer steht der Altar der unschuldigen Kinder. Hier wurden angeblich die Kinder einiger flüchtigen Mütter ermordet. Am Feste „der unschuldigen Kinder“ wird dahinter ein Gewölbe geöffnet, welches man „das Grab der unschuldigen Kinder“ nennt. Nach diesem Altar kommt ein Nebengang, der westwärts führt. In einer viereckigen Vertiefung seiner Nordwand ist das Grab des heil. Eusebius von Cremona († 422), dort auch das Grab der heil. Paula († 404) und der heil. Eustochium († 419). Am Ende desselben Nebenganges liegt die Grabkapelle des heil. Hieronymus († 420). Geht man in dieser Kapelle nördlich, so gelangt man in das letzte und größte aller dieser unterirdischen Sanctuarien, nämlich in die Kapelle der Gebetszelle dieses lateinischen Kirchenvaters. Die Reliquien desselben verehrt man indeß in der Kirche Maria Maggiore zu Rom. Es ist bekannt, daß der heil. Hieronymus nicht nur selbst in der Nähe der Geburtsstätte Jesu lebte, lehrte, schrieb und starb, sondern auch geistesverwandte Frauen und Männer, wie die erwähnten Heiligen — Paula, Eustochium und Eusebius, nach sich zog.

Kehren wir zur Basilika zurück. Läge sie in Trümmern, so verdiente sie noch unsere volle Beachtung; denn sie war ein Meisterwerk des altehrwürdigen Kirchenstils der Konstantinischen Zeit. Nun aber hat sie alle Stürme überdauert, welche im Verlauf von anderthalb Jahrtausenden über das heilige Land hinbrausten, ist 614 dem Vandalismus der Perser, 1010 den Verheeruugen des Sultan Hâkem, 1244 den Rohheiten der Charesmier entgangen. Feuerflammen schlugen aus dem Boden, und Donnerkeile fuhren durch die Lüfte, um die gottlosen Heiden zu schrecken. Sie ist nicht nnr vollständig erhalten, sondern hat auch niemals dem moslimischen Kulte gedient. Es ist selbstverständlich, daß mit der Zeit das ursprüngliche Cedernbach erneuert werden mußte, die reiche Vergoldung berging, die herrlichen Mosaiken abfielen, der Marmor auf dem Fußboden und an den Wänden der Habsucht der Moslim zum Opfer fiel, wie denn im 17. Jahrhundert noch das Blei, welches König Eduard IV. von England für das Dach gestiftet hatte, in die türkische Kugelgießerei wanderte. Ich durch-

maß den herrlichen Langraum in die Breite und Länge, zählte
Pfeiler und Säulen, entzifferte Inschriften und fragmentarische
Mosaikbilder, trat durch das alte hölzerne Portal der westlichen
Schmalseite in die finstere Halle und durch ein niederes, aus
Furcht vor den Türken verrammeltes Eisenthürchen aus dieser in's Freie.

Im gepflasterten Vorplatz hat es noch Cisternen; diese
lagen einst innerhalb eines großen viereckigen Hofes, der von
Säulengängen umschlossen war und in der Kunstsprache Atrium
heißt. Jenes Cisternenwasser diente den Christen zu rituellen Waschungen. Ein dreifaches Thor führte aus diesem Atrium in
den eigentlichen Kirchenraum, aber nicht sofort in das Schiff, sondern in ein schmales Vestibulum von der Breite und Höhe der
Kirche. Dieses glich so einem Gang, der sich quer vor den lichten
Langraum legte. Jetzt ist er durch Zwischenwände in kleine Räume
getheilt und in Folge der Vermauerung der drei Thore bis auf
ein 4—5′ hohes Pförtchen ungemüthlich dunkel. Um so über-
raschender ist der Eindruck, wenn man nach lästigem Bücken und
Tasten auf einmal in dem Säulenwald der Basilika auftaucht.

Die einzelnen Säulen sind lauter Monolithe aus einem einheimischen röthlichen Kalkstein, der weiße Adern zeigt. Sie haben eine
viereckige Platte zur Basis, prächtiges korinthisches Kapitäl und messen
mit diesen beiden Zugaben 20′. Dieselben bilden vier Reihen, und
in jeder Reihe stehen jetzt noch 10 Säulen frei, während die 11.
von den Griechen ummauert ist. Vier weitere Säulen stehen im
Querschiff, so daß die Gesammtzahl der Säulen 48 beträgt. In
der Kreuzung stehen auch große Pilaster mit Halbsäulen, deren
Wirkung jedoch durch den abgesperrten Griechenchor neutralisirt
wird. Alle vier Säulenreihen tragen Bindebalken. Während aber auf
denen der beiden äußeren Reihen gleich das Holzgebälk der Nebenschiffe ruht, stehen auf denen der beiden innern Reihen über
30′ hohe Obermauern, die, von Fenstern durchbrochen, die sichtbaren Deckbalken des Spitzdaches tragen.

Diese Oberwände waren ein erstes- und zweitesmal mit feinen
Mosaiken bedeckt, zuerst unter Konstantin, sodann, weil es wieder
nothwendig geworden, zur Zeit der Kreuzfahrer. Von den jüngeren
Darstellungen sind noch Reste vorhanden. Aus diesen ersieht man,
daß zu unterst eine Reihe Halbfiguren an den Wänden hinlief,

welche nach dem Geschlechtsregister die Vorväter Jesu vorführten. So liest man vorn an der Südwand noch die Namen Azor, Sadoch, Achim, Eleazar, Mathan. Darüber waren zwischen Bögen und Blätterwerk Concilsbeschlüsse in Bild und Wort dargestellt; ein Auszug des ersten Constantinopolitanum hat sich erhalten. Ein Fries aus Laubwerk schloß aufwärts die einheitliche Wand ab. Auf den höheren Zwischenwänden der Fenster sah man Engelgestalten, und oben über all dem einen zweiten und letzten Laubkranz. Jetzt ist fast alles weiß getüncht. Goldmosaiken bedeckten früher auch die Wände des Querschiffes, und zwar waren dort Scenen aus dem Leben Jesu dargestellt, von denen der Einzug in Jerusalem, der ungläubige Thomas, die Himmelfahrt — noch erkennbar sind. Denkt man sich schließlich das sichtbare Dachgebälke wie ehemals reich vergoldet, so mag man von der Herrlichkeit der Basilika, zumal des Mittel- und Querschiffes, eine leise Ahnung bekommen. Besonders schön müssen sich dabei auch die reichgeschmückte Mittel-, sowie die nördliche und südliche Seitenapsis ausgenommen haben.

Das Mittelschiff mißt vom Portal bis zur Apsis 190', hat die vierfache Breite eines Nebenschiffes und die halbe Breite des ganzen 66' breiten Langraums. Es steht nichts darin als das Taufbecken der Griechen. In dem Nebenschiff, welches der Südmauer folgt, liegen die Britschen der türkischen Soldaten. Ich erschrack nicht wenig, als in der Dunkelheit meine Füße mit den ihrigen die erste Bekanntschaft machten. Beim armenischen Gottesdienst in der Geburtskapelle saß ein Soldat auf der einen Staffel, die hinabführt, ich auf der andern. Als ich schließlich meinte, man könne um's gleiche Geld auch näher bei der heiligen Handlung, nämlich in der Krypta selber sein, bedeutete er mir, daß dies nicht angehe.

Die Echtheit der Geburtsstätte Jesu wird ähnlich wie die Echtheit des heiligen Grabes bewiesen. Die heilige Schrift überläßt es dem Leser, die Krippe sich in einem Freibau nach Art der orientalischen Chane oder in einer der Grotten zu denken, an welchen das Land so reich ist. Da kommt die Tradition und verweist auf eine Höhle. Dieselbe wird schon im 2. Jahrhundert von Justin dem Märtyrer genannt. Kaiser Hadrian hat *) den Christen die heilige

*) Hieronym. ep. 49 ad Paul.

Stätte durch einen Venustempel mit Adonishain zu verleiden gesucht. Diesen räumte erst Konstantin der Große hinweg und
baute die Basilika.

Diese steht der Art über „dem bethlehemitischen Stalle", daß
die südliche Hälfte ihres Chores und dieses unterirdische Heiligthum
genau zusammen anheben. Bevor man jedoch im Chore die Stufen
des Hochaltares hinaufsteigt, hat letzterer bereits sein Ostende erreicht.
Zieht man weiter eine Linie, welche die ganze Basilika in eine
nördliche und südliche Hälfte theilt, so fällt der Silberstern gerade
darunter. Die übrigen unterirdischen Sanctuarien ziehen nach der
Nordostecke des Langraumes hin und endigen unter dem lateinischen
Kloster. Ich celebrirte gleich die erste Nacht in der Krypta, und
zwar unter dem ganzen Eindruck des Glaubens an die Echtheit „des
bethlehemitischen Stalles."

Ein deutscher Klosterdiener führte mich auf das Dach, von dem
man eine berühmte Rundschau genießt. Hier suchte das Auge zunächst aus der großen Baugruppe das Spitzdach der Basilika. Dieses
bildete ein großes Kreuz, und war selbst wieder von 2 bis 3 Kreuzen
überragt. Die ebenen Klosterdächer, zumal der griechischen Abtheilung, hatten Söller, Thürmchen und auch keinerlei Aufbau. Im
fernen Osten sieht man, bevor die Sonne brennt, ein Stück des
todten Meeres. Nur vom Dache der Armenier ist südwärts auch
das hohe Thekôa des Propheten Amos sichtbar. Weil Hieronymus
erklärter Maßen dieses täglich vor Augen hatte, wollen die Armenier noch seine „Schule" besitzen. Gegen Nordwesten begrenzt
die Schwellung von Mar Eliâs den Blick. Rein nördlich geht es
über massive Mauern steil in den Wâdi el Charrûbe hinab. Ostwärts liegt auf der Höhe das Dorf Bet Sahûr. Ein gut bebauter
Thalgrund an deren Fuße heißt Feld des Boas und ein ummauer-
ter Oelgarten daselbst das Hirtenkloster, die Hirtengrotte, auch das
Hirtenfeld. Westwärts überschaut man die heutige Stadt Bet
Lachm (Fleischhausen), einst Beth Léchem (Brodhausen). In der
Kurve ihrer Häusermasse spiegelt sich die Einsattelung des Berges.
Ihre schwerfälligen Steinbauten bilden platte Rechtecke mit nur
wenigen Fenstern. Von den zwei auffälligsten Häusern wurde mir
das eine als Kloster der Josephschwestern mit Schule, das andere
als des Canonicus Don Belloni „Waisenhaus zur heiligen Fa-

milie" bezeichnet. Was das Bekenntniß der Bevölkerung betrifft, so sollen von den 5500 Bewohnern Bethlehems 3000 Katholiken, 1700 nicht-unirte Griechen, 600 nicht-unirte Armenier, etwa 100 Moslim und 60 Protestanten sein.

Nach „St. Maria zur Krippe" liegt dem Fremden besonders das Hirtenfeld an. Es ist die fruchtbarste, ja einzige Flur Bethlehems; und alle Hirten von David bis zu den „Hirten auf dem Felde" haben ihre Schafe dort geweidet. Einer der Bethlehemiten, welche mit allerlei Devotionalien unsere Märkte beziehen und vieler Menschen Sprachen reden, erbot sich uns als Führer. Es war eine halbe Stunde hinunter und drei Viertelstunden herauf. Unser Hinweg führte über Bet Sahûr, das man in $^1/_4$ Stunde erreicht. Weil so nahe bei Bethlehem gelegen, gilt es für den Wohnort der Hirten, welchen das erste „Gloria" vorgesungen wurde. Hier wohnen 600 orthodoxe Griechen und 150—200 Lateiner; bei jenen holten wir den Schlüssel. Eine Cisterne im Dorfe ist als Marienbrunnen besonders geschätzt. Ihr Wasser soll einst zur dürstenden Gottes-Mutter heraufgestiegen und, nachdem diese getrunken, wieder in die Tiefe zurückgesunken sein.

Nach kurzem Abstieg waren wir auf dem Acker des Boas. Die Ernte war längst vorbei. Da es auch keine Bäume hat, so herrschte hier eben trockene Oede. Desto klarer sah der Geist, in verflossene Jahrtausende entrückt, den Boas hier Garben binden und die Ruth Aehren lesen. Dieser „Boas aber zeugte den Obed aus der Ruth, Obed den Jesse, und Jesse David den König." Der Ort, wo die Hirten auf der Wache standen, als ihnen die Geburt des Erlösers gemeldet wurde, erwies sich als ein schlecht umfriedigter Raum, als ein mit Oel- und Johannisbrodbäumen dünn bestandener Garten, ganz mit den Ruinen einer ehemaligen Kirche übersät. Mit dem Schlüssel der Griechen suchten wir lange vergebens das verlotterte Schloß einer tiefen Grotte im Hintergrund dieses Gartens zu öffnen. Drinnen sollten einige decorative Spuren besserer Zeiten, ein moderner griechischer Altar und einige werthlose byzantinische Bilder zu sehen sein. Bei uns zu Lande hat jeder Futterkeller einen besseren Eingang; darum hielten wir es letztlich für keinen besondern Verlust, daß sich uns die griechische Hirtengrotte nicht erschloß. Die senkrechten Mauerreste eines Gottes-

Hauses, das sich früher darüber erhob, durchmaßen wir nach allen Seiten. In Ermanglung eines Beffern brachen wir uns am Ende Oel- und Johannisbrodzweige zum Andenken. Zu anderer Jahreszeit findet man Blumen, Gräfer und Halme. Daraus werden die bekannten Blumenbildchen der bethlemitischen Hirtenflur gefertigt, wie die gleiche Pietät auch aus dem Waizen des Ackers Boas Hostienmehl bereitet und mit deffen Stroh die Weihnachtskrippchen füllt.

Auf dem Rückweg nach Bethlehem standen wir bereits große Hitze aus. Weil uns griechische Knaben von Bet Sahûr nachgelaufen waren, beforgten diese den Schlüffel zurück, und wir klommen auf einem neuen Pfade empor; unfer Führer wollte uns zur Milchgrotte bringen. Wir kamen durch die beftbeftellten Oelgärten, fahen aber außer diesen immergrünen Bäumen darin nur wenig Grünes. Etwa 10 Minuten vom Ziele zeigte man uns die fpärlichen Ruinen eines Haufes Josephs; darin foll der Nährvater Jefu in feiner Jugend gewohnt haben. Die Milchgrotte hat ihren Namen von der Annahme, daß die heilige Familie hier verborgen lebte, bevor sich Herodes zum Kindermord entschloß. Hiebei wurden einige Tropfen Muttermilch vergoffen, und diese gaben dem Fels nicht nur seine blendend weiße Farbe, sondern auch eine den Müttern vortheilhafte Kraft. Christliche und moslimische Frauen opfern Oel, nehmen abgeschlagene Felsftückchen mit und trinken vertrauensvoll von dem' Waffer, welches sie zu Haufe darüber gießen. Sonft ift die Milchgrotte eine hübsche, reichausgeftattete Kapelle der Lateiner in einer natürlichen Höhle des weichen Kalkfteines. Ich hob im Hintergrunde derselben einige der geschätzten Steinfplitter auf. Die Franciskaner lefen täglich die heilige Meffe darin. Frommes Gebet ift mit einem Ablaß bedacht.

Von der Milchgrotte nordwärts kommt man in fünf Minuten zum Klofter; wir aber folgten zuerft unferm Führer in feinen Laden. Da fahen wir prächtige Perlmutterarbeiten, Becher und Schalen aus Mofes- oder Stinkftein von der Gegend des todten Meeres, allerlei Olivenholzfabrikate, Rofenkränze aus Holz, Früchten (Makka) und Kernen (der Oliven), große Mengen Jerichorofen, welche die Beduinen hierher verkaufen, — und gar Manches blieb an uns hängen. Damit gingen wir in die Krypta und legten es auf den Silberftern und in die Krippe. Gleich darnach

schieden wir, wie von diesen heiligen Stätten, so von dem gast=
lichen Kloster.

Für die Rückreise nach Jerusalem hatten wir uns Esel miethen
lassen. Zu spät fanden wir, daß deren Sattelzeug nicht im Stande
war. Wenigstens hingen meine Steigbügel an morschen Seilern,
und als ich das erste mal die Füße streckte, riß der eine ab. Der
Treiber, ein unerfahrener Knabe, machte darauf verschiedene Knoten,
wodurch der eine Steigbügel nothwendig kürzer wurde als der andere,
und trieb meinen Esel an. Der Sattel selbst glich nebenbei dem
Rücken einer Schildkröte, so daß der Reiter nur wenig Halt hatte. Da
beständig Trab geritten werden mußte, bekam ich eine schwierige
Aufgabe, um bei der Ungleichheit meiner Steigbügel immer noch
ein Stück des breiten Sattels zwischen den Füßen zu erhalten.
Zuerst setzte ich kleinlaut meine Hoffnung auf Mar Eliâs; es war
halbwegs, und schon mancher ist von dort nach Jerusalem gelaufen.
Als aber dann „Sion, die Stadt Davids,“ mit nie gesehenen
Reizen herüberwinkte, kam der Muth auch für den zweiten Theil
des Rittes. In anderthalb Stunden hielten wir vor der Casa
nuova. Für den Esel zahlte ich $1^1/_2$ Franken.

Gegen Abend machte ich mit Frère Liévin einen Ausflug in

Das Hinnomthal.

Nach der heiligen Schrift bildete diese Schlucht einst die Grenzmarke
zwischen Benjamin und Juda*). Sie heißt nicht nur „Thal
Hinnom“, sondern auch „Thal der Söhne Hinnom“. Ob Hin=
nom ein Mann war, oder ob das Wort „Gestöhn“ heißt? Im
Hinnomthal lag die berüchtigte Stelle „Topheth“**), d. i. „Ab=
scheu,“ „Gräuel.“ Wir stiegen vom Jafathor aus hinab.

Auf der Schuttmasse, welche das Thal stätig gegen Süden schiebt,
trat mir zum ersten mal die Plage des Aussatzes entgegen. Ich er=
schrack, als sich auf einmal drei bis vier fingerlose Handflächen vor
meinen Augen höhlten, damit ich Münzen darauf lege. Widerliche
Stimmen begleiteten diese Zeichensprache. Aus den matten Augen

*) Josua 18, 16.   **) 4. Kön. 23, 10.

trof das Waffer. Rothe Narben bedeckten Gesicht und Hals. Un-
förmliche Knollen lagen da und dort auf der schrundigen Haut.
Aus offenen Beulen kam der Eiter. Es waren zwei Weiber in
den besten Jahren, und sie bettelten mit gebieterischer Zudringlichkeit. Später erfuhr ich, daß sie sich ausreichend nährten,
und darum die Ungebundenheit der Ordnung in dem jedermann
sich erschließenden Leprosenhaus beim Mamillateiche vorzögen.
Trotzdem gehörten sie zu den bejammernswerthesten Geschöpfen, da
sie ohne einen Hoffnungsstrahl der Genesung zehn und zwanzig
Jahre der Zersetzung ihrer irdischen Hülle zusehen; besondere
Schmerzen jedoch litten sie augenscheinlich nicht. Sie schoben sich
beliebig durch die Menge und waren also auch nicht gemieden, noch
galten sie für ansteckend. Die Krankheit wird geerbt, und zwar
mitunter sprungweise erst von den Großeltern, weswegen nur
Siechenhäuser der Fortdauer des Aussatzes ein Ziel zu setzen vermögen. Sein tieferes Wesen ist wie bei den syphilitischen Krankheiten verdorbenes Blut. Von dem schrecklichen Elephantiasis, welche
den Dulder Job heimsuchte *), ist er eine milde Abart und scheint
fortzuexistiren, damit auch wir das ärgste Elend vor Augen haben,
das einst vor dem göttlichen Machtworte Jesu wich.

In 5 Minuten geht man vom Jafathor bis zum Birket
es-Sultân. Auf der kulturfähigen Thalsohle und längs des
Westabhanges hat es Bäume, während die Stadtseite des Wadi
kahl ist. Auf letzterer zieht sich der Kameelweg hinab, welcher
zwischen der Wasserleitung und dem Birket es-Sultân rechts nach
Bethlehem oder Hebron abzweigt, gerade aus aber in's Kidronthal
führt. Am dürren Straßenraine und auf dem Grunde des großen
Wasserbehälters knieten Männer und Frauen und klopften Scherben.
Das so gewonnene Ziegelmehl wird zu porösen Trinkkrügen verarbeitet
oder auch mit Kalk vermischt als Cisternenkitt gebraucht. Vor
einigen Wochen hatte der Teich noch als Tenne gedient, woraus
erhellt, daß er im Sommer keinen Tropfen Wasser hat; in nassen
Wintern soll er sich jedoch theilweise füllen. Die alte salomonische
Wasserleitung scheint ihn einmal gespeist zu haben, die neue bringt
nicht Wasser genug in die Stadt zum Harâm esch-Scherif. Die

---

*) Job 18.

Maße des Teiches sind nicht ganz 600′ auf 200′; die Tiefe beträgt über drei Klafter, wo er nicht mit Schutt angefüllt ist. Die starke Südmauer stämmt sich geradezu der Thalsohle entgegen. Letztere, gegen 600′ aufwärts bis zum Felsen bloßgelegt und mit seitlichen Schutzmauern versehen, gab den Teich ab, an dem Israeliten und Idumäer, Franken und Türken gearbeitet haben.

In weiteren 5 Minuten gelangt man zur Stelle, wo das Hinnomthal seine südliche Richtung mit der rein östlichen vertauscht. Von hier an bilden der Stadtabhang und die Nordseite des Dschebel Abu Tôr oder Berges des bösen Rathes seine beiden Wände. Da setzten wir über die Thalsohle, kletterten auf einem kaum erkennbaren Pfade zum Fuße des Berges empor (stellenweise fällt er ein und zwei Stockwerke jäh ab) und standen auf einer uralten Nekropole Jerusalems. Die Gräber sind sämmtlich in den Fels gehauen, selbstverständlich längst geleert und mit einer Ausnahme für Jedermann offen. Wir drangen in einige derselben ein. Niedere Thüren führten in Kammern, zum Theil auch Vorkammern und Kammern, selbst obere und untere Stockwerke und in diesen zu 3—12 Schiebgräbern oder Troggräbern. Vorkammer, Kammer und in dieser ein Troggrab unter einem Arkosolium — waren aber die Bestandtheile des heiligen Grabes. Den üblichsten Verschluß nicht nur der Kammern, sondern auch der Vorkammern bildete ein viereckiger Stein, bei rundbogiger Oeffnung ein runder. Die Vorderseite der Grabkammern, die wir sahen, zeigte durchgängig noch die Fugen, in welche die Steinthüren gepaßt und festgekittet waren. Aehnlich muß beim Grab Christi die Kammer verschlossen gewesen sein, nicht aber die Vorkammer, weil die heilige Schrift nur von einem Steine redet.

Der Innenraum einiger Gräber war stellenweise mit Ruß geschwärzt. Nachdem verschiedene Male die Todten da Ein- und Auszug gehalten, haben später die Lebenden deren Kammern bezogen. Nachweisbar wohnten von Konstantin bis in's Mittelalter Einsiedler darin, und bis zur Stunde kommt es vor, daß vorübergehend Hirten hier ihr Vieh einstellen. Das bekannteste Grab ist die s. g. Apostelhöhle. Die Sage berichtet, daß die Apostel während des Leidens Christi darin verborgen waren. Sie bildet eine kleine Gruppe von Kammern. Die erste davon diente längere Zeit als Kapelle, was die Spuren von Malereien an der Decke und den Wänden ausweisen, die zweite vermuthungsweise als Anachoretenwohnung; die dritte hat noch Schiebgräber. Es war nicht möglich hineinzukommen, und Frère Liévin schien nicht wenig erstaunt, sie abgeschlossen zu finden. Die Griechen feiern jährlich das Onophriusfest hier und verwahren erst seit neuester Zeit den Schlüssel. Aehnlich wie zu Petra in Arabien oder zu Myra in Lykien haben einige Grabeingänge Giebel und Leistenschmuck, Friese, christliche Symbole, lateinische Kreuze und griechische Inschriften; letztere in der Regel des Inhaltes: „der Kirche Sion gehörig,“ was nebenbei zu einem Schluß auf das Alter und Ansehen dieser Kirche berechtigt.

Nichts widersprach so meinen Vorstellungen als Hakeldama oder der von den Silberlingen des Verräthers erworbene Blutacker. Es war der Acker eines Töpfers gewesen, und er sollte fortan als Leichenhof für die Fremden dienen. Die heilige Schrift sagt nicht, wo er lag, und die Ueberlieferung schwankt. Die letzten Jahrhunderte versteht man darunter das ausgedehnteste Grabkammersystem dieser Nekropole. Unterscheidet man dem westöstlichen Hinnomthal entlang eine erste (westlich), etwas höher gelegene und eine zweite (östlich), wenig tiefer gelegene Gräberreihe, so eröffnet Hakeldama die zweite. Aeußerlich ist es zugleich durch den einzigen Freibau des ganzen Todtenfeldes ausgezeichnet. Dieser bildet ein dem Zuge des Hinnomthales folgendes Rechteck mit plattem Dache, ist 30′ lang, 20′ breit und von beträchtlicher Höhe. Wir schauten an der durchbrochenen Westseite in die Tiefe. Da sah man einen einzigen viereckigen Raum. Auf dem Boden lag Erde, mit wenigen Knochenresten vermengt. Die kahlen Innenwände waren unten herauf Fels, oben Quadersteine. Die Decke hatte Oeffnungen, durch welche einst die Leichen hinabgelassen wurden. Jetzt könnte dies bequemer durch die Breschen beider Schmalseiten geschehen. Ursprünglich war dieses Leichenhaus nur der Vorbau weitverzweigter Grabkammern. Besonders tief liefen diese in den Berg des bösen Rathes hinein (südlich), aber auch weit nach dem Thale Josaphat zu (östlich). Jetzt sind deren Zugänge verschüttet. Wir sahen keinen davon. Mit Staunen vernahm ich zum Schluß, daß Hakeldama ein Wallfahrtsort sei. Frère Liévin mahnte zum Gebet. Ein Vater unser und Ave Maria hier verrichtet, sei mit einem partiellen Ablaß bedacht. Von den ältesten Zeiten an und erst recht während der Kreuzzüge fanden nämlich Hunderte von frommen Pilgern hier ihre irdische Ruhestätte. Mit deren Asche sollen die seetüchtigen Pisaner einst ihren berühmten Campo Santo überführt haben.

Die Griechen haben einen Pfad zu ihrer Apostelhöhle angelegt. Diesen stiegen wir hinab in's steinige Thal Hinnom, und zwar mit der festen Absicht nächstens wieder zu kommen, woraus jedoch nichts wurde. Vom Fuße des Dschebel Abu Tôr sah man (gegenüber) besonders deutlich die zurückgebliebene Furche des ehemaligen Käsemacherthales. Sie kam den wüsten südlichen Stadtabhang herunter und mündete in das Thal Josaphat. Ursprünglich lief die Stadtmauer weit oben quer über diese Schlucht hin zum Tempelberg, später war das „Thyropöon" in seiner ganzen Länge in den Festungskreis gezogen. Einige Schritte südlicher ging das Thal Hinnom in das Thal Josaphat über. Die Gegend hatte hier ein weniger rauhes Aussehen, und da es in besseren Zeiten ausreichend Wasser für einen Hain des syrischen Gottes gegeben haben mag, sucht man wohl das Topheth am richtigsten hier am Ausgang des Hinnomthales. Tophet war der Tempelbezirk des Moloch, über dessen glühende Arme wimmernde Kinder in einen Feuerherd hinabrollten — zum Wohlgeruch für diesen schändlichen Götzen. Die Könige Ahas und Manasse gingen mit dem Opfer ihrer eigenen Söhne voran*). Der Prophet Jeremias kämpfte mannhaft gegen diese grauenhafte Verirrung. Der König Josias stellte endlich den reinen Jehovadienst wieder her und brandmarkte das Tophet für alle Zeiten**). Das Thal Hinnom ward allmälig zum neutestamentlichen Geénna (Hölle).

So wenig die Natur bei der Grenze der Thäler Hinnom und Josaphat eine Scheidewand zieht oder auch nur irgend welches Auffällige thut, bleibt der Wanderer hier stehen. Wir traten in die hübsche Ebene, welche sich durch die Vereinigung beider Thäler bildet, wandten uns aber nicht sofort nördlich, wie es eigentlich unsere Absicht auf das Stephansthor verlangte, sondern südlich dem Feuerthal zu. Auf der Straße nach Mar Saba schritten wir so einige hundert Schritte vorwärts und hielten dann links vom Wege (östlich) am s. g. Hiobsbrunnen. So heißt ein über 125'

---

*) 4. Kön. 21, 6.　　**) 4. Kön. 23, 10.

tiefer Schacht, in dem sich das Quellwasser je nach der Jahreszeit und ergiebigem Regen reichlicher sammelt. Eben stand es viele Klafter tief und mußte mit Eimern heraufgeholt werden. Im Winter steigt es bis zum Brunnenrande und fließt mitunter über; dies bedeutet dann, wie ein bestimmter Grad des Nilmessers zu Kairo, ein besonders gesegnetes Jahr und ein heiteres Volksfest für Jerusalem. Strömt es gar wie ein Bach das Feuerthal hinunter, so freut sich Jung und Alt des seltenen Schauspieles und lauscht Tag und Nacht dem lieblichen Murmeln. In den siebziger Jahren gab es zwei oder drei solche wasserreiche Winter. Die Araber glauben, durch das Wasser dieses Brunnens sei ihr frommer Landsmann Job vom Aussatz geheilt worden. Darum sieht man neben dem Hiobsbrunnen eine (sehr) bescheidene Moschee. Für die Hirten der Umgegend sind Tränktröge da. Die Franken wollten lange den „Brunnen des Nehemia“ hier gefunden haben, aus welchem das verborgene heilige Tempelfeuer nach dem siebzigjährigen Exil wieder zum Vorschein kam. Thatsache ist, daß er sich mit „der Quelle des Spähers“ oder Ain Rogél deckt, von welcher aus die Grenze zwischen Benjamin und Juda das Hinnomthal hinauf lief*), und an welcher in den schwersten Tagen Davids eine Magd und ein Knabe eine geschichtliche Rolle spielen**). Wenig aufwärts am Stein Zohéleth gab Adonia, Salomons Bruder und Mitbewerber um den Thron, dem Volk ein großes Opfermahl von Rindern, Schafen und Mastvieh. Zu gleicher Zeit wurde im obern Hinnomthal beim heutigen Mamillateiche (? oberer Gihon) Salomon zum König gesalbt.

Wie einen obern und untern Gihon, so gibt es einen o b e r n und u n t e r n S i l o a. Indem wir uns vom Hiobsbrunnen einige Minuten nordwärts wandten, kamen wir zu letzterem. An seiner Südostecke steht der unscheinbare M a u l b e e r b a u m, bei welchem angeblich der Prophet Jesaias zersägt wurde. Er ist von einem schützenden Steinhaufen umgeben und besonders den Arabern heilig. Der u n t e r e S i l o a t e i c h hat große Dimensionen, ist aber fast mit Erde gefüllt und ohne Regenwasser immer trocken. Der Ueberschuß der höher gelegenen s. g. Quelle Siloa sickert längst ohne

---

*) Jos. 15, 7.   **) 2. Kön. 17, 17.

deſſen Vermittelung in' den Thalgrund. In der Geſchichte hat er keinerlei Bedeutung. Die Araber nennen ihn r o t h e n T e i c h, wohl von ſeinem wüſten Ausſehen.

Ganz anders ſteht es mit dem obern T e i c h e S i l o a und der hart daneben ſprudelnden ſ. g. Quelle Siloa, von welcher in früherer Zeit der Ober= und Unterteich Siloa geſpeiſt wurde. Jener liegt mehrere 100 Schritte weſtwärts den Nordhügel hinan. Weil dort der Blindgeborene *) ſein volles Augenlicht wieder erhielt, ſtand Jahrhunderte lang eine chriſtliche Kirche darüber. Die Juden aber wiſſen anderſeits recht wohl, daß zur Zeit der Laubhütten das Waſſer zum Morgenopfer aus dem Bächlein geholt wurde, und halten darum noch große Dinge auf dieſes Waſſer. Ich ſollte dieſen Ort bei einer andern Gelegenheit ſehen; für heute war es zu ſpät.

Rechts unten überſchauten wir die K ö n i g s g ä r t e n, die ihren viel gerühmten Segen den Waſſern Siloa's verdanken. Sie nehmen den unterſten und weiteſten Theil der Thalſohle Joſaphat weg. Nach unſern Begriffen ſind es kieſige, magere Gärten mit Feigen=, Oel= und Granatbäumen. Auch ſah ich Beete mit Kohl, der jetzt finger= lang war — Frère Liévin ſagte, daß es Blumenkohl ſei, und daß er in den Regenmonaten „wundervoll" groß werde — ferner Me= lonen, Gurken und ſonſtige Küchengewächſe, alles vor Hitze am Verſchmachten. Zur Zeit der Hebräer mögen hier die ſchönſten Anlagen Jeruſalems geweſen ſein, die beim Abfall von Jehova vorübergehend ebenſo der Aſtarte zugeſprochen wurden, wie daneben Berg und Thal dem Kamos oder Moloch.

Gegen Oſten begleitete uns beſtändig der ſ. g. B e r g d e s A e r g e r n i ſ ſ e s, die Südkuppe des Oelbergs, wo Salomon in ſeiner zweiten Periode den Götzen Moabs und Ammons Tempel aufgeführt haben ſoll **). An deſſen weſtlicher Felswand iſt eine Nekropole, ähnlich der am Fuße des Berges des böſen Rathes. Die Kammern der Todten ſind bis zur Stunde von Lebenden bewohnt, und dieſe Troglodyten machen das lang geſtreckte Dorf Siluân aus. Die Waſſer im Thale ſind beſtändig von ihnen um= lagert. Da ſie nicht für beſonders zuverläſſig gelten, ließen wir auch die wichtigſte, ja einzige Quelle Jeruſalems, den ſ. g. M a r i e n -

---

*) Joh. 9.   **) 3. Kön. 11, 7.

brunnen, für heute links zur Seite. Er liegt 8 Minuten thalaufwärts, von der s. g. Quelle Siloa ab.

Von da an ward das Thal auffällig eng und die Wände steil. Der Weg folgte bis Gethsemane dem Fuße des Oelberges. Bald kamen die vielen theils alten, theils neuen Gräber zu beiden Seiten des Kidron. Im trockenen Grunde sah man wenige Oelbäume. Links drüben herrschte die stolze Ostmauer des Harâm esch-Scherif. Im Schutte zu deren Füßen werden oft Münzen gefunden. Aus den dortigen Scherben rieb man zu anderer Tageszeit das bewußte Ziegelmehl, el Hamra genannt. Weit rechts hinauf war der Oelberg mit Judengräbern besetzt, während die Moslim, wie bekannt, unten am Harâm und überhaupt der östlichen Stadtmauer entlang des Tages der Auferstehung harren. Die Deckplatten der Gräber, welche wir passirten, hatten hebräische Aufschriften, an deren Entzifferung wir uns vergebens versuchten. Inmitten der vielen höchst einfachen jüdischen Grabzeichen (oft nur rohe Steine) stehen indeß vier eigentliche Monumente.

Kommt man von Süden, so ist das erste die Pyramide des Zacharias, — richtiger Tempelchen mit pyramidalem Dache. Es hat 17' in's Geviert und ist aus einem Steine gehauen. Aus dem jonischen Gepräge der Halb- und Viertelssäulchen (auf den Seiten) sowie der Kapitäle der Eckpfeiler erhellt, daß wohl die Augen Christi und der Apostel darauf verweilt haben könnten, aber das hebräische Alterthum nichts damit gemein hat. Die jüdischen Gräber drängen sich besonders nahe an dasselbe heran, weil Zacharias, der Sohn des Jojada, welchen König Joas zwischen Tempel und Altar steinigen ließ*), darunter ruhen soll. Auf drei Seiten stehen noch die Wände des lebendigen Felsens, aus welchem das Monument ausgespart ist. Wenige Schritte thalaufwärts machen sich die drei Thüren der Grabhöhle des heil. Jakobus bemerklich. Die Façade hat dorischen Schmuck. Der Innenraum soll nach den einen während des Leidens Christi das Versteck Jakobus des Jüngern, nach den andern dessen selbsterbautes Grab gewesen sein. Hirten beziehen es jetzt mitunter. Den orientalischen Christen ist es heilig.

Das dritte und schönste Monument ist das Grab Absa-

---

*) 2. Chron. 24. Matth. 23, 35.

loms, bei den Arabern „Pharaos Horn" genannt. Auch es ist, wenigstens seinem viereckigen Untersatze nach, aus dem lebendigen Fels gehauen. Sein thurmartiger Aufbau — zu hoch, als daß er dem benachbarten Felsen abgewonnen werden konnte — ist künstlich aufgesetzt. Er besteht aus Trommel und Kegel; letzterer scheint von einer sich erschließenden Blume bekrönt. Die Gesammthöhe des Denkmals beträgt gegen 50'. Die jonisch-dorischen Ornamente rücken es in eine spätere Zeit, als sein Name voraussetzt. Dieser stammt von dem biblischen Berichte*), daß „Absalom sich im Königsthal eine Säule errichtete, Säule Absaloms genannt bis auf den heutigen Tag." Bis zur Stunde soll es vorkommen, daß Väter ihre Söhne Steine gegen das Monument werfen lassen, um ihnen die Schändlichkeit der Auflehnung gegen die Eltern begreiflich zu machen.

Eine Grabhöhle in derselben Felswand, welche Absaloms Grab umgibt, heißt Grabhöhle Josaphats. Aeußerlich ist sie an einem Giebelornament erkennbar, innen hat sie verschiedene Kammern, von denen eine früher als Kapelle diente. König Josaphat, der von 914—889 v. Chr. im Sinn und Geiste des Gottesstaates regierte, ist nicht hier, sondern auf Sion begraben worden. Trotzdem stammt der Name des Monumentes und Thales von diesem Glauben.

Absaloms Grab gegenüber ist die untere Brücke des Kidron. Ein Weg führt über sie nach der Südostecke des Harâm, und diesen soll Jesus nach seiner Gefangennahme in Gethsemane geführt worden sein.

Die Zeit drängte; darum beschleunigten wir unsern Marsch und verschoben den Besuch vom nahen Gethsemane und anderen Sanctuarien des Thales auf eine günstigere Gelegenheit. Spät genug kamen wir durch das Stephansthor in die heilige Stadt und zu unserer Herberge zurück.

---

*) 2. Kön. 18, 18.

Der Leidensweg.

Samstag, den 23. August, in früher Stunde ging ich in kleiner Gesellschaft den traditionellen Kreuzweg. Eine französische Schwester machte die Führerin. In ihrer Sehnsucht, das heilige Land zu sehen, war sie vor Monaten zu Fuß durch halb Frankreich und Oberitalien gepilgert, hatte sich von Genua nach Alexandrien und von da nach Jafa übersetzen lassen. Seitdem hatte sie ganz allein Palästina durchwandert und die wichtigeren Sanctuarien ein Dutzend mal besucht. Wir hatten in der Grabkirche ihre Bekanntschaft gemacht und schon dort ihre Dienste in Anspruch genommen, sie dort auch gebeten, uns heute den Kreuzweg zu führen. Es ist im Ganzen der Weg von den Franciskanern nach Ecce-Homo.

Diesen hatte ich schon wiederholt gemacht, die einzelnen Stationen sind aber ohne Führer kaum zu erkennen. Sie vertheilen sich auf 3 einander schneidende Straßen, welche Tarîk Bab Sitti Mariam (Stephansthor = Straße), Hôsch Achia Beg (die vom Damaskusthor kommt) und Tarîk es = Serai (unterer Theil der langen Straße Dêr el Frendsch) heißen. Verbindet man die 3 Striche eines Vierers so, daß sie sich an ihren Endpunkten (blos) berühren (nicht schneiden), so gibt derselbe ein Bild von deren gegenseitiger Richtung und Länge. Die dem ersten Strich entsprechende Straße senkt sich, die zweite scheint eben, die dritte steigt. Die erste und dritte ziehen von Osten nach Westen, die zweite geht von Norden nach Süden. Diese ist kurz, die beiden andern sind lang. Denkt man sich dann die drei Striche des Vierers wieder, so fallen zwei Stationen in den Anfang des ersten Striches, die dritte an dessen Begegnung mit dem Querstrich, die vierte in das erste Drittel dieses letztern, die vier folgenden in den Anfang, die Mitte und gegen das Ende des dritten Striches. Diese 8 Stationen machen die heutige Via dolorosa aus.

Die sechs folgenden Stationen liegen, wie gelegentlich bemerkt, an keiner Straße, sondern die neunte unter Häusern im ehemaligen Atrium, die fünf letzten unter dem Dache der Grabkirche. Ursprünglich gab es nämlich außer den drei genannten noch einen vierten, jetzt verbauten Weg. Dieser ging vom jetzigen Charalambos-Kloster an den östlichen Fuß des niedern Golgathahügels. Seine Richtung und Größe macht etwa die Wiederholung des Querstriches von obigem Vierer am Ende des dritten Viererstriches vorstellbar.

Dieser traditionelle Leidensweg nun ist bis zur Stunde unzählige mal gemessen worden. Pilger, welche ihn maßen, thaten es, um in der Heimath einen möglichst zutreffenden Kalvarienberg anzulegen. Die Distanzen der Stationen gibt man in Schritten oder Metern an, und die Zahl dieser Schritte oder Meter ist zugleich deren sicherstes Merkzeichen.

An Stelle des heutigen Harâm eschScherîf stand bekanntlich der jüdische Tempel samt der Burg Antonia. Letztere lag an dessen Nordwestecke, und die Nordostecke war von einem ungeheueren Teich, dem jetzigen Birket Israîn, eingenommen. Dort irgendwo lief damals wie jetzt eine Straße ostwärts. Die Stationsandacht nimmt an, daß sich jene alte mit der neuen decke, und also mit der StephansthorStraße identisch sei.

An Stelle der berühmten, längst zerstörten Burg Antonia liegt (außer andern Gebäuden) gegenwärtig eine InfanterieKaserne, die ihren Ausgang nach der StephansthorStraße hat. Hier liefen wir eine schiefe Ebene und noch einige Tritte hinauf und baten dann eine türkische Schildwache um Einlaß in den Kasernenhof. Diese rapportirte an den dienstthuenden Offizier und erhielt die Meldung. daß wir als Deutsche und Franzosen nicht nur den Hof, sondern auch die Kaserne bis zum platten Dache (man hat nämlich von dort einen herrlichen Blick auf das Harâm) besichtigen könnten; als Moskowiter wären wir vermuthlich abgewiesen worden. Wir begnügten uns aber mit dem Hof; denn hier wurde nach dem Glauben der Lateiner, Griechen, Armenier und Kopten Jesus unschuldig zum Tode verurtheilt; hier hatte Pilatus seine Residenz, wenigstens in der damaligen kritischen Festwoche; hier stand jenes biblische Prätorium, in welchem der schwache römische Richter nach einigen Rettungsversuchen Jesum der Wuth seiner Feinde überließ. Hier unter türkischen Soldaten sucht man die erste Station des Kreuzweges.

Wer sich freilich an die Thatsache hält. daß der Procurator in seiner Eigenschaft als Prätor öffentlich außerhalb des Gerichtshauses den Stab über den Gottessohn brach, verrichtet die Gebete der ersten Station mindestens ebenso zutreffend auf der

Straße, und das ist es, was bei der Schwierigkeit, welche die Kaserne bietet, die große Mehrzahl der Pilger vorzieht. Die einen gehen dann in die nahe Geißelungskapelle, die andern zur Stelle der heil. Stiege. Uns öffnete ein Soldat ein kleines Kuppelgebäude, innerhalb dessen kahlen Wänden wir uns vergebens nach etwas Besonderem umsahen, allmälig aber das unansehnliche Grab eines Schêch, Namens Derbas, entdeckten und dann erfuhren, daß dies der Ort der Dornenkrönung sei. Hier hielten wir in Ermangelung eines Bessern die erste Station.

Wäre der Hof des römischen Prätoriums nicht größer gewesen als derjenige der türkischen Kaserne, so müßte auch hier die Verspottung und Geißelung Jesu stattgefunden haben, allein der fromme Glaube erweitert jenen beträchtlich über die Stephansthor-Straße hinüber. Geht man darum auf dieser eine Strecke dem Stephansthor zu, etwa bis zur halben Schmalseite des Harâm esch-Scherîf, so öffnet sich links (nördlich) ein kleines Eisenpförtchen. Dieses führt zunächst in einen blumenreichen Hof, weiter geradeaus in eine Expositur der P. P. Franciskaner, links aber in die schöne geräumige Geißelungskapelle. Darin hat es fünf marmorne Altäre, und unter dem Hochaltar bezeichnen brennende Lampen die Stelle der später nach Sion und der Grabkirche (stückweise) übertragenen Geißelungssäule.

Nach der Straße zurückgekehrt, wandten wir uns zunächst ostwärts, aber nicht bis zur genannten Geißelungskapelle, sondern (nach Frère Liévin) nur 15 Meter weit. Da bezeichneten eingemauerte Thorreste die Stelle der heil. Stiege. Diese wird bekanntlich noch jetzt zu Rom neben dem Lateran verehrt; auf ihr soll Christus in das Richthaus gegangen sein. Vor der Stelle, welche diese einst in der Nordwand der Infanteriekaserne einnahm, hält man die zweite Station: Jesus nimmt das Kreuz auf seine Schultern. Andere verrichten die einschlägigen Gebete ungestörter und insofern geziemender in der Ecce-Homo-Kirche. Ging die Burg Antonia bis in jene Gegend*), so thun sie auch richtiger; denn die Kreuzaufnahme geschah gleich der Auslieferung Jesu an die Juden vor der Burg auf dem freien Platze Lithostroton. In den Vorrathskammern des Ecce-Homo-Klosters will man bekanntlich noch Platten und Pflastersteine davon haben.

*) Vergl. Fahrngruber: Nach Jerusalem S. 116 ff.

Von der heiligen Stiege gingen wir westwärts unter dem Ecce-Homo-Bogen hindurch und kamen 233 Meter weiter unten zur dritten Station: Jesus fällt das erstemal ·unter dem Kreuze. Sie ist durch ein an der Mauer liegendes Säulenfragment bezeichnet. Daselbst mündet die Stephansthor-Straße (Via dolorosa im engern Sinn) in die vom Damaskusthor kommende Hôsch Achia Beg. Die Mauer gehört zu einer Kapelle der unirten Armenier, und diese bildet die linke Ecke beider Straßen. Rechter Hand (nördlich) ist der Eingang zum großartigen österreichischen Pilgerhaus.

Mit ihm verglichen sind die andern Häuser der Nachbarschaft elende Hütten oder wirkliche Ruinen, wie die noch nicht lange erworbenen Annexe der armenischen Kapelle. Es ist seit 1863 eröffnet und hat Raum für 60 Personen. Der gegenwärtige Vorstand ist ein österreichischer Pfarrer zu Venedig, welcher Absenz hat und in nicht gar ferner Zeit wieder auf seinen Posten zurückkehrt. Bei einer nachmaligen Visite sah ich die hohen, luftigen Fremdenzimmer, auch die Säle, in welchen Kaiser Franz Joseph I. (1869) und Kaiser Pedro II. von Brasilien (1876) wohnten, ferner die Kapelle, und in dieser einige schöne Bilder und marmorne Altäre.

Ungefähr zwei Häuser, genauer 37 Meter, in der eben betretenen zweiten Straße südwärts kommt ein Gäßchen von Osten her, parallel mit der Stephansthor-Straße. Aus diesem soll Maria in dem Momente herausgetreten sein, als Jesus (nach seinem ersten Fall) unter dem Kreuze daher kam. Einst stand hier eine Kirche zu „Mariens Ohnmacht". Noch gilt deren Stelle als die vierte Station: Jesus begegnet seiner Mutter.

Nach 35 Schritten (23 Metern) verläßt man diese zweite Straße wieder; sie scheint ohnedies durch einen Ueberbau fast abgesperrt. Dieser Ueberbau soll, nebenbei bemerkt, auf dem Grunde des Hauses des reichen Prassers stehen. Das erste Haus links in der dritten Straße hat unten in der ·Mauer eine kleine Vertiefung und daneben einen röthlichen Stein, der mit dem bluttriefenden Heiland in Verbindung gebracht wird. Hier ist die fünfte Station: Simon von Cyrene hilft Jesu das Kreuz tragen.

Von da geht man 115 Schritte (86 Meter) weiter (westlich), dann bezeichnet ein in's Pflaster eingegrabener Säulenrest die Stelle des Hauses der heil. Veronika. Dasselbe stand links von der Straße und ist die sechste Station: Veronika reicht Jesu das Schweißtuch. Letzteres selbst wird in der Peterskirche zu Rom verehrt.

Nach weiteren 90 Schritten (60 Metern) ist das Stück Hâret Dêr el Frendsch, welches Tarik es-Serai heißt, zu Ende. Dabei ging es die letzten Schritte durch ein Gewölbe und Gemäuer von alterthümlichem Gepräge. Den eigentlichen Schluß bildete die s. g. Porta iudiciaria oder das Gerichtsthor. So heißt der westliche Ausgang dieses Gewölbes seit dem 13. Jahrhundert. Zur Zeit Christi führte hier eines der Stadtthore in's Freie; man denkt an das schwer bestimmbare Thor Ephraim. Vor diesem wurde (nach der Legende) das Todesurtheil ein zweitesmal verkündigt. Eine Säule, an welcher es überdies angeschlagen ward, ist (laut Inschrift vom Jahre 1875) Eigenthum der Franciskaner. Dazu haben diese eine ansehnliche Baustelle erworben, auf welcher außer einer Schule eine Kapelle erstand. Darin wird neuestens in der Regel die siebente Station gehalten: Jesus fällt das zweitemal unter dem Kreuze.

Wir hielten sie nach alter Weise an der linken Straßenecke. Heute ist man da nicht im Freien, sondern im lebendigsten Theile der Stadt. Die lange Hâret Dêr el Frendsch wird hier vom Tarik Bâb el Amûd oder dem eigentlichen Damaskusthor-Wege durchschnitten, einer der Hauptverkehrsadern der Stadt. Schon am Damaskusthor ein Sûk, ist er es nördlich und südlich vom Gerichtsthor wieder und wird weiterhin längs der Ostseite des Muristân (Johanniter-Hospital) zum gedeckten Fleischbazar, der auf die Davidsstraße mündet. Wir mußten zwischen Melonen und andern Gartengewächsen förmlich ein Plätzchen erobern, und uns nebenbei den Lärm der arabischen Marktschreier gefallen lassen.

Vom Gerichtsthor gingen die drei Kreuzträger noch 50 Schritte (35 Meter) geradeaus (westwärts); der Golgathahügel lag ihnen dabei zur Linken (südlich). Auf dieser Straße standen die weinenden Frauen, und Jesus sagte zu ihnen: „Töchter Jerusalems, weinet nicht über mich, sondern über euch selbst und über eure Kinder." Dies ist die achte Station, welche jetzt an der Mauer des griechischen Charalambos-Klosters gehalten wird. Links vom Weg sucht man das Merkzeichen; es ist ein handgroßes Loch in der Wand. Hier ist der Leidensweg unterbrochen. Im Charalambos-Kloster sieht man noch eine Säule des konstantinischen Atriums.

Einen Ausgang nach der Grabkirche aber gibt es nicht, trotzdem der Leidenszug (südlich) da hinüberging. Auf diesem außerstädtischen Feldwege fiel Christus zum drittenmal unter dem Kreuze. Ob Jesus solches Simon von Cyrene wieder abgenommen hatte? oder ob dieser von Anfang an nur tragen half? Um zur traditionellen Stelle zu kommen, muß man obige 35 Meter wieder zurückkehren und beim Gerichtsthore 80 Meter weit gegen den Fleischbazar gehen, aber, bevor derselbe anhebt, rechts bei den konstantinischen Säulenstrünken zum ehemaligen Vorplatz der Grabkirche emporsteigen. Dort liegt neben dem Eingang zu den Abessiniern als Merkmal ein Säulenstück.

Von hier ging es einst westlich weiter den Golgatha hinan, und dort wurde Jesus seiner Kleider beraubt (zehnte Station), an's Kreuz genagelt (elfte Station) und starb der Sünder Tod am Leidensholze (zwölfte Station). Der darauffolgenden Kreuzabnahme (dreizehnte Station) gedenkt man nicht nur am Stabat-Mater-Altar des Kalvaria, sondern auch am Salbungssteine unten in der Grabkirche. Die vierzehnte Station, Jesus wird in's Grab gelegt, hält man selbstverständlich in der Grabkapelle. Jetzt führt der Weg (bez. Umweg) durch die Palmhändlergasse dahin.

Der vielfältigen, unabsichtlichen Störung wegen wird dieser öffentliche Kreuzweg nur ausnahmsweise und von kleineren Pilgergruppen gegangen. Zahlreicher sollen diese am Charfreitag zu sehen sein. Wenn der Franciskaner-Convent in Prozession der Leiden des Erlösers gedenkt, bleibt er unter dem Dache des Grabdomes.

Wir begaben uns diesen Morgen noch zum

Harâm esch-Scherîf.

Die Grabkirche und das Harâm sind die beiden Pole, um welche sich die ganze heilige Geschichte dreht: was jenes Sanctuarium im neuen Bunde ist, war dieser herrliche Platz im alten. Um von anderm zu schweigen, war er in den Augen jedes Theokraten „der Ort, wo Gottes Ehre wohnt". „Groß", hieß es, „ist der Herr und gar lobwürdig in der Stadt auf dem heil. Berge;" da thronte nämlich seine Güte „inmitten seines Tempels". Den heutigen Juden zu Jerusalem und in der Diaspora ist er so heilig, daß sie sich für unwürdig halten, ihn zu betreten. Sie begnügen sich mit der Klagemauer, auch seit ihnen das Harâm gegen eine Bagatelle zugänglich ist. Draußen vor der Westmauer besteht wenigstens keine Gefahr, die Stelle des Heiligen oder Allerheiligsten mit den Füßen zu verunehren. Die Moslim, welche als die Stärkeren seit einem Jahrtausend die Hand darauf haben, bestraften bis zum neuerlichen Krimkriege den Eigenthümer jedes nicht-moslimischen Fußes, der das Harâm betrat, unnachsichtig mit dem Tode. Die Christen schauten bis dahin sehnsüchtig von den Dächern der Nachbarschaft hinüber. Jetzt ergreifen sie eifrig die ihnen gebotene Gelegenheit, allein oder in Gesellschaft und unter consularischer Deckung die alte Tempel-Area zu betreten.

Trotzdem es Ramadhan war — der heil. Fastenmonat der Mohammedaner — hatte das französische Consulat die Möglichkeit des Besuches auf Samstag früh $^{1}/_{2}$ 10 Uhr erwirkt. Den zwei französischen Freunden und mir schloß sich ein unbemittelter maronitischer Geistlicher an. Ein reichgeschmückter Kawasse, d. i. ein eingeborener Consulatsdiener, geleitete uns aus den Räumen des Consulats zum Thore des Harâm. Erst auf dem Wege erfuhr ich, daß man — abweichend von der sonstigen Art — dort keine Ueberschuhe bekomme. Da auch in den Verkaufsstraßen, welche wir passirten, nichts dergleichen zu sehen war, hegte ich, je näher am Ziele, desto ernstlichere Bedenken an dem Gelingen meines Besuches.

Das Harâm hat nur von der Stadt aus engere und weitere Eingänge, d. i. auf der nördlichen Schmal- und auf der westlichen Langseite. Dort sind es drei (el Atem, Hotta (Hitta) und el Asbât) und hier acht Thore (von der Nordwestecke ausgehend — el Ghawánime, es-Serai, en-Nâsir, el Hadîd, el Kattanîe, el Mátare, es-Silsele, el Mogháribe). Jene betritt man von der Stephansthor-Straße (Via dolorosa) aus, zu diesen gelangt man auf verschiedenen Wegen, theils im mohammedanischen, theils im jüdischen Quartiere. Drei von diesen gehen schon von der fernen Fleischbazar-Straße aus; die Thore, welche ihnen entsprechen, heißen Bab en-Nâsir, el Kattanîe und es-Silsele. Dieselben übertreffen alle andern an Bedeutung und Schönheit.

Unter ihnen ist das (südliche) Bab es-Silsele wieder das erste, bei dem die wichtige Davidsstraße mündet. Weil der Fremde in der Regel durch diese Straße nicht geführt wird, übernahm es bei einer anderen Gelegenheit J. Fahrngruber, mir nachträglich das Ketten=thor (Bab es = Silsele) zu zeigen. Die Kreuzfahrer haben es mit der „schönen Pforte" der Apostelgeschichte verwechselt. Schon daraus erhellt, daß es ein Prachtwerk war und ist. An dasselbe lehnt sich eine lange, hohe Vorhalle. Ehe man zum Ende dieser kommt, kann man rechts (südlich) durch ein Nebenportal mit Stalaktitenfront nach einer sehenswerthen Halle in Kreuzesform und im saraceni=schen Spitzbogenstil abbiegen, die sich jetzt noch als ursprüngliche Moschee verräth, aber Méhkeme, d. i. Gerichtshaus, heißt, weil einst der Kadhi unmittelbar daneben wohnte. Der Springbrunnen in dessen Mitte ist durch die erneuerte salomonische Wasser=leitung seit Kurzem wieder gespeist. Dieselbe geht von da unter=irdisch durch den Thorbau weiter zum Harâm und bedient dort noch den mitten zwischen beiden großen Moscheen gelegenen Brunnen el Kâs. Die Wasserregulirung befindet sich in einem cylindrischen Häuschen unter der in Rede stehenden Vorhalle.

Das eigentliche Thor an deren Ostende ist hoch und weit und in Nachahmung des Byzantinischen mit übereinanderstehenden Säulen und Säulchen geschmückt. Topographisch ist die Kettenthor=Anlage in neuerer Zeit noch durch die Entdeckung berühmt geworden, daß sie auf dem wohlerhaltenen s. g. „Wilsons=Bogen" — 22′ hoch und 50′ breit — steht, der mit einer Anzahl anderer Bogen einst über das tiefe Käsemacherthal zum hohen Sion hinüber führte. Dies war der obere Sion=Moria=Viaduct. Ihm entsprach ein unterer, dessen Ansatz, nach seinem Entdecker Robinsons=Bogen benannt, noch an der Südwestecke des Harâm zu sehen ist.

Wir betraten das Harâm, wie das sterotype Art ist, durch das Bab el Kattanîn oder Thor der Baumwollenhändler. So heißt es von dem nimmer enden wollenden, kühlen Gewölbegang, an dessen Ostende es liegt, und worin die Baumwollenhändler ihre Buden haben. In ganz Jerusalem gibt es kein so großartiges Ge=wölbe mehr. Doch ist es darin dunkel, staubig, schmutzig. Zu Anfang des letzten Drittels dieses Sûk geht es rechts zum warmen Bab Hammâm esch=Schîfa, dessen Wasser kalt aus dem Brunnen Ain ʾesch=Schîfa geschöpft wird. Der Schacht dazu ist gegen 65′ tief in den aufgeschütteten Boden getrieben. Weil zu Christi Zeit die einstige Thalsohle des hier gelegenen Thyropöon nur wenig höher als dieser Schacht gewesen zu sein scheint, so könnte Ain esch-Schîfa, wie man vielfach annimmt, der von Säulenhallen umgebene biblische Teich Bethesda gewesen sein, in dessen Wallungen die Kranken Heilung suchten*). Auch anderes spricht dafür. Heilkraft wird dem säuerlichen, durch den Boden sickernden und unten in einem Kanal beigeführten Regenwasser jetzt noch von den Türken zugeschrieben. Zudem soll es zur leichteren Erklärung der biblischen Wallungen intermittirend sein. Aber die Ueberlieferung haftet eher an jedem andern Wasserbehälter Jerusalems als hier. Abgesehen vom großen Birket Israïn vor der Nordostecke des Harâm, gewöhnlich Bethesda Teich genannt, ist dies namentlich beim westlichen Vorplatze der St. Annakirche (darüber später) der Fall.

Am Ende des Sûk el Kattanîn führten wenige Tritte zum „hehren Heiligthum". Das ist die Uebersetzung von Harâm esch-Scherîf — und nicht etwa blos von einer Moschee, sondern vom ganzen Rechteck zu verstehen, welches sich hier plötzlich vor einem erschließt. Es hat die enorme Ausdehnung von (ungenau) 1000'/1500' und fällt wie die Stadt etwas von Westen gegen Osten und überdies von Norden nach Süden, so daß dessen Nordostecke gleich derjenigen der Stadt die andern Ecken überragt. Auch sind die sich gegenüberliegenden Seiten sichtlich nicht gleich lang. Es ist im Süden am schmalsten und im Osten am kürzesten. Noch weniger bildet es eine vollständige Ebene, vielmehr ist die weite Fläche mitten etwa zum vierten Theile von einem 10' hohen viereckigen Felsenplateau überragt, das sich gleich dem weiten Hauptplatze von Norden gegen Süden etwas verjüngt und von allen Seiten auf Staffeln erstiegen wird. Darauf steht das herrliche Oktogon der Kubbet es-Sachra oder des Felsendomes.

Aehnlich sah es an dieser Stätte schon unter Salomon aus, und dann ein zweites- und drittesmal zur Zeit Serubabels und Herodes' des Großen. Auch war es von der Zeit des heidnischen Kaisers Hadrian ab wieder so; arabischen Berichten zu Folge jedoch nicht mehr zur Zeit des zweiten Chalifen Omar (634—644). Von

---

*) Joh. 5, 2.

Salomon ab existirte nämlich, wie heute, eine größere und darüber eine kleinere Hochfläche, und auf letzterer, die nochmals abgestuft war, prangte ein jüdischer und (später) heidnischer Prachttempel. Seit Konstantin dem Großen aber scheint ständig und planmäßig der Gräuel der Verwüstung an der Tempelstätte geherrscht zu haben; denn als der moslimische Eroberer Jerusalems (636) sich vom damaligen Patriarchen Sophronius auf den Tempelplatz führen ließ, fand er den Ort mit Unrath bedeckt. Eingedenk der Behauptung Mohammeds im Koran, daß er in nächtlicher Fahrt hier gewesen und die Umgebung des Tempels gesegnet habe, nahm Omar von dem Staube in sein Gewand und trug ihn zur Seite. Alsbald thaten so alle Araber, und der Ort wurde gesäubert. Dann erbaute er eine einfache quadratische Moschee darüber, ähnlich der Gâm'a Amr zu Altkairo. Fünfzig Jahre später ersetzte diese der prachtliebende Abd el Melik durch den jetzigen, in der Folge nur im Detail veränderten Kuppelbau.

Ein ganz anderes Bild bot sich noch dem König David, als er vom Sion herab den Jebusiter Aravna Frucht worfeln sah und dabei auf den Gedanken kam, da sei ein geeigneterer Ort für Gottes Wohnung unter den Menschen als zu Gibeon, wo eben die Bundeslade stand. Damals war hier ein rundlicher Hügel mit der kleinen Platform einer Tenne auf dem Gipfel. Die nachmaligen zwei Hochflächen mußten von Salomon an durch langjähriges Abtragen und gleichzeitiges Erweitern des Hügels nach Süd, Nord und Ost mit ungeheueren Opfern erst geschaffen werden. Und was war sein Name? „Berg Moria" hieß er, als Abraham von Hebron auszog, um seinen Sohn zu opfern*), „Berg Maria" auch später einmal zur Zeit Davids und Salomons**). Gewöhnlich aber führte er gleich dem nahen Burghügel den Namen „Sion", wie Ps. 48, 3: „Die schönste der Höhen, das Entzücken der Erde ist der Berg Sion;" oder Jef. 2, 3: „Von Sion wird das Gesetz ausgehen und seine Worte von Jerusalem." Nur unter dieser Voraussetzung hat es Sinn, wenn wir I. Makk. 4, 37 lesen, daß Judas auf den „Berg Sion" zog und „das Heiligthum" reinigte.

Das Baumwollenhändler-Thor führte uns genau in die Mitte

---

*) I. Mos. 22, 2.   **) 2. Chron. 3, 1.

des Harâm. Auf der unteren großen Platform oder dem eigentlichen Tempelplatz muthete man uns noch nicht zu, was Gott von Moses verlangte, als er sich dem brennenden Dornbusch nähern wollte; und doch war es heiliger Boden. Als diesen einst Käufer und Verkäufer verunehrten, nahm Jesus Stricke und trieb sie zu den (West-) Thoren hinaus. Gegen die Stadt zu (d. i. längs der Westseite) hat der Harâmplatz gegenwärtig allerlei kleine Bauten und Buden, als Gebetsnischen, Wohlthätigkeitsbrunnen und Lehrkanzeln, während die ganze östliche Hälfte desselben eben einem verwahrlosten Grasplatz mit leicht zählbaren Oelbäumen und wenigen Cypressen glich. Das Gras war mit Ausnahme einiger rauhen Kräutchen, die noch blühten, längst verdorrt. — Abgesehen von der Wildniß, sah es wohl im Alterthume ähnlich aus. Hier bei einer rabbinischen Lehrkanzel stellte der zwölfjährige Jesus seine Fragen und gab die überraschendsten Antworten. Mit „dem grünen Oelbaum im Hause Gottes" *) aber verglich sich der Psalmist; und „die Gerechten wuchsen in den Vorhöfen Gottes und sproßten bis in's Alter" **). Da war der Vorhof für die Masse der Festpilger, gewöhnlich Heidenvorhof genannt, weil man hier auch Nicht-Israeliten den Zutritt gestattete, was auf der zweiten Terasse nicht mehr geschah.

Dem Thale Josaphat entlang hat der Harâmplatz gegenwärtig eine zinnenbekrönte Mauerbrüstung von doppelter Manneshöhe. Dort liefen einst vier cederngedeckte Säulenreihen parallel von Nord nach Süd (andere suchen sie an der Südseite des Harâm), die bekannte „Halle Salomons", unter welcher Jesus am Laubhüttenfeste ***) lehrte und die größte Erbitterung der Schriftgelehrten gegen sich erweckte. Einfachere Säulengänge begrenzten die drei anderen Seiten des großen Vorhofs. Sie dienten wie zur Zierde, so zum Schutze gegen Sonne und Regen. Oeffentliche Lehrer fanden darunter immer wißbegierige Zuhörer, wie denn auch Jesus vorzugsweise unter diesen Arkaden das messianische Reich verkündigte und überhaupt nur in diesem Sinne zu Jerusalem im Tempel lehrte. Als der Löwe aus dem Stamme Juda durfte er das eigentliche Tempel-

---

*) Psalm 52, 10.   **) Psalm 92, 13 ff.   ***) Joh. 10.

gebäude, bestehend aus dem Heiligen und Allerheiligsten, nicht betreten. Dieses war das ausschließliche Recht Levis und insbesondere der Söhne Aarons*).

Das kleine Plateau liegt nur annähernd in der Mitte des großen; denn der Punkt, in welchem sich die Axen des kleineren Vierecks schneiden, fällt beträchtlich westlich vom Mittelpunkt des großen. Wir betraten die höhere Platform von Westen und trotzdem den Felsendom von Osten. Aehnlich thaten einst diejenigen, welchen das Tempelhaus zugänglich war. Dieselben kamen meist von Westen — weniger von Süden (jetzt dafür Norden) — aus der Stadt; das Tempelportal aber schaute ostwärts nach dem Oelberg und führte dann oftwestlich (also im Gegensatz zu unsern Kirchen) der Reihe nach in eine kurze Vorhalle, in das Heilige und Heiligste.

Bevor wir die mit hübschen Steinplatten belegte zweite Hochfläche betraten, mußten wir unsere Schuhe ausziehen. Eine Anzahl Knaben stand bereit, sie zu tragen. Wer keine Pantoffeln hatte — und dies war bei mir der Fall — ging nun strumpfig oder, wie die Mohammedaner, barfuß. Der Felsendom, dem man sich jetzt näherte, ist nämlich, ohne den entsprechenden Namen zu tragen, die im Koran erwähnte „Mesbschid el Aksa", das ehrwürdigste moslimische Heiligthum nach Mekka und Medina. „Lob sei Gott," denkt der Bekenner des Islam mit den Worten einer Sure, „welcher seinen Knecht des Nachts von der Kaaba zu Mekka hierher gebracht hat." Mohammed selbst hat seine hohe Achtung vor der alten Tempelstätte dadurch bezeugt, daß er Anfangs seine Gläubigen nach Jerusalem gewendet beten ließ. Im alten Bunde aber war ungefähr da, wo wir die Schuhe auszogen, der Unbeschnittene mit dem Tode bedroht; da war die strenge Scheidewand zwischen dem Vorhof der Heiden und dem Vorhof Israels. Eine der griechischen Warnungstafeln, welche den letzteren vor Entweihung schützen sollten, ist neuerdings durch Cl. Ganneau im nordöstlichen Stadtviertel el Hotta gefunden worden. Darnach ist der Fremdling selbst schuld an der über ihn verhängten Todesstrafe, falls er innerhalb der Mauerschranke des innern Hofes der Israeliten betroffen wird.

Wie jetzt, so hatte diese Platform auch damals aus jeder

---

*) Vergl. Hebr. 7, 13.

Himmelsgegend mindestens einen Aufgang, den schönsten aber von Osten her. An das Prachtportal, welches dort hinaufführte, ließ sich täglich jener Lahmgeborne setzen, welchem Petrus und Johannes Kraft des Namens Jesu die Gesundheit verliehen*). Unter dessen Thorbau wiederhallte wohl auch zum erstenmal das berühmte Gottbegeisterte: „Jetzt entlässest Du, Herr, Deinen Diener in Frieden.“ Als Maria nach Frauenart bei jenen Vorstufen des engeren Heiligthums das vorgeschriebene Reinigungsopfer bringen mußte, begrüßten, vom heil. Geist getrieben, Simeon und Anna in dem unscheinbaren Kinde den ersehnten Messias. Innerhalb der Schranken dieses Vorhofs Israels waren die Abtheilungen der Frauen, Männer und Priester unterschieden. Bei den Frauen sah Jesus das Schärflein der Wittwe, das vor Gott mehr galt, als alle Opfer des Ueberflusses; denn die Opferstöcke standen im Vorhofe der Frauen. Im Mittelpunkt der Priesterabtheilung stand der große Brandopferaltar. Wer aus dieser in’s Heilige und Heiligste gehen durfte, stieg erst noch auf einer Anzahl Stufen zum einzigen Portal des Tempelgebäudes empor, das auf der höchsten Erhebung der gesammten Tempelanlage stand. Ein Vorhang vertrat die Stelle der Thürflügel. Wie das alles auf der engeren Hochfläche des heutigen Felsendomes neben und übereinander vertheilt sein mochte, untersucht die biblische Archäologie. Nur die Maße dieses Plateaus seien hier angegeben. Es ist 170 m (566 2/3′) lang, auf der Nordseite 160 m (533 2/3′) und auf der Südseite 130 m (433 2/3′) breit, gegen Norden 2 m (6 2/3′), gegen Südosten 5 m (16 2/3′) hoch.

Vor dem Ostthor der Kubbet es-Sachra steht jetzt ein achteckiger, kuppelbekrönter Pavillon. Er wird Gerichtsplatz Davids, auch Kettenkuppel genannt; jenes, weil nach moslimischem Glauben König David und Salomon da Gericht hielten, dieses, weil eine Kette innen hängt, welche eines sonderbaren Gottesurtheils gedenkt. Angeklagte mußten nach einem der Kettengleiche langen. Meineidigen blieb es in der Hand. Dieser luftige Arkadenbau könnte an der Stelle des jüdischen Brandopferaltares stehen. Die Moschee selbst aber ist unstreitig über dem Heiligen und Allerheiligsten des Tempels aufgeführt. Welch’ eine verehrungswürdige Stätte, an welcher

---

*) Apostelg. 3.

Jehova so lange unter seinem Volke wohnte, die Söhne Israels von nah und fern Rinder, Schafe und Ziegen zum wohlriechenden Opfer zusammentrieben, Leviten sie vorschriftsmäßig ausweideten, Priester hochpoetische Hymnen sangen, der Hohepriester jährlich die Sühnung des ganzen jüdischen Volkes anstrebte und vom Allerheiligsten kommend Urbi et orbi den Segen gab! „Wie der Hirsch nach den Wasserbächen", so lechzte der gefangene Psalmensänger „nach den Zeiten, wo er in der Menge der Feiernden jauchzend und jubelnd zum Hause Gottes wallte."

Ist man in den Felsendom eingetreten, so wendet man — nach vorgängigem Staunen über solche Pracht — die Aufmerksamkeit gleich dessen Mittelpunkte zu. Die ganze architektonische Anlage sagt einem, daß dort die Hauptsache sei. Dieses ist aber nicht wie in einem christlichen Oktogon ein Altar — unter der Herrschaft der Kreuzfahrer war es ein solcher — sondern ein großer verhängter Fels, über den ein endloses Gewebe von Sagen, Hypothesen und Behauptungen besteht. Ausgemacht scheint nur das eine, daß er vom salomonischen Tempel umschlossen war; ob er auch den Boden des Allerheiligsten überragte und die Lade des Bundes trug? Ob vorher David darauf den Pestengel durch ein Brandopfer zu verscheuchen suchte? ob Jakob ihn salbte, und Abraham sich ihn zur Opferung seines Sohnes ersah? — Er ist fast 60' lang (nordsüdlich), 45' breit (westöstlich) und hat gegen 7' Höhe. Wäre seine östliche Seite nicht etwas gerundet, so könnte man ihn ein Viereck nennen. Die Juden haben ihn nach der Zerstörung Jerusalems*) noch viele Jahre am Tage der Wiederkehr des Tempelbrandes gesalbt und wissen bis zur Stunde, daß er beim Erstarren des tosenden Weltstoffes der erste feste Punkt war. Die Mohammedaner aber erzählen, daß er schon geflogen ist und noch schwebt, ja daß er einst geredet und geküßt hat. Ich selbst sah das Mal der Hand Gabriels, der ihn zurückwarf, als er voreilig mit dem Propheten den Flug nach dem Himmel versuchte, und nicht minder deutlich die Zunge, mit welcher er Mohammed und Omar begrüßte. Wichtiger ist, daß der Prophet des Islam einem Gebete bei diesem Stein den tausendfachen Werth jedes andern zugesprochen hat, selbst

---

*) 70 n. Chr.

hier gebetet haben will, und auf seinem Wunderpferde Borak von da gegen Himmel getragen wurde. Felseindrücke vom Kopf und Fuße Mohammeds, ein rundes Loch, das sein Leib gebohrt, und der Sattel (marmorne Gewölbsteine) Boraks bestätigen dieses bis zur Stunde. Andere Wunderdinge haben bei diesem Steine erst noch zu geschehen, als die Posaunenstöße zum jüngsten Gericht und die Aufrichtung des Thrones des Weltenrichters. An dessen Südostecke geht man auf 11 Stufen in eine Höhle unter der Sachra oder dem Wunderfelsen — was mit orientalischer Hyperbel heißt: er schwebt in der Luft. Drunten haben Abraham, David, Salomon und Elias gebetet. In einer noch tieferen Höhle, die jedoch nicht zugänglich ist, kommen die Seelen der Hingeschiedenen wöchentlich zweimal zum Gebet zusammen; darum wird sie der „Seelen=brunnen" genannt.

Um diesen hochwichtigen Fels nun läuft zunächst ein Holz=, dann ein Eisengitter, letzteres aus der Kreuzfahrerzeit und vermuth=lich französische Arbeit. Darauf folgt eine kreisrunde Säulenreihe (aber an den vier Ecken Pfeiler), welche die byzantinische Trommel und Kuppel tragen; diese bildet die Krone des Ganzen. Weiter rückwärts scheidet eine achteckige Säulenreihe (darunter acht Pfeiler) den eigentlichen Moscheeraum in eine innere und äußere Hälfte, in ein engeres und weiteres Schiff, in eine vollkommene Kreisfläche und ein mit dem ganzen Bau harmonirendes Achteck. Auf die innere Ausstattung der Kubbet es=Sachra, d. i. der eigent=lichen Kuppel des (heil.) Felsens, wurden erst 1830 und 1875 wieder Millionen verwendet. In früheren Jahrhunderten haben Fürsten, wie Saladin und Soliman, hier durch königliche Opfer=willigkeit sich ein Denkmal der Glaubensinnigkeit gesetzt. Die Säulen sind Marmormonolithe, vielleicht aus dem Jupitertempel Hadrians. Marmor ist auch bei Pilaster=, Wand= und Bodenbekleidung nicht gespart. Goldmosaik auf blauem Grunde, ringsum durch bunte, gestückelte Fenster in ein magisches Licht gesetzt, glänzt und flimmert überall aus der Höhe, am schönsten aus der Kuppel. Gegenstand dieser unübertrefflichen musivischen Arbeiten sind — bei der Scheu des Islam vor allem Lebendigen — blos Pflanzen und Blumen=gewinde nebst einer unendlichen Manigfaltigkeit linearer Verschling=ungen. Echt mohammedanisch ist das breite blaue Spruchband

mit ungeheuern kufischen Goldlettern, welche dem Moslim in Koran-
stellen den Irrthum der christlichen Grundbogmen darthun.

Von Gottfried von Bouillon an hielten **Augustiner Chorherren** hier Gottesdienst. Auf dem mit Marmor verkleideten Fels stand
von 1099 bis 1187 ein „**Altar des Herrn**“. Mit vielen Kameel-
ladungen Rosenwasser ließ 1187 Saladin diesen Hohn auf die
moslimische Sache von der Sachra (Fels) und den Moscheewänden
abwaschen. Zum guten Vorzeichen hielten darauf Lanze, Standarte
und zwei Barthaare Mohammeds mit der Fahne Omars im Felsendom
ihren Einzug. Auch Hamzas (des Onkels Omars) runder Eisen-
schild schmückt bis zur Stunde die Südwand der Moschee.

Der Chalife Omar erscheint als der große Heilige der Kubbet es-
Sachra. In diesem Sinne mag sie, wie man oft hört, auch Omarmoschee
genannt werden; nur darf dies nicht mit irrigen Gedanken an Omar
als den Erbauer geschehen. Um eine Vorstellung von ihren Dimensionen zu ermöglichen, finden ihre Maße hier eine Stelle.
Ihr Durchmesser beträgt fast 180′, die höchste Höhe 100′, die
Länge einer der acht Seiten 66′, auch der Diameter der bleigedeckten
Kuppel 66′. Auf letzterer stak während der 88 Jahre fränkischer
Herrschaft ein stattliches Kreuz — man sieht es noch im Wappen
der Templer; jetzt streckt, wie anfänglich, der silberne Halbmond wieder seine Hörner in die Luft. Jenes goldene Kreuz wurde im Oktober
1187 zu namenlosem Leide der Christen Tage lang in den Straßen
Jerusalems verhöhnt.

Wie man durch die östliche Pforte in die Kubbet es-Sachra
geführt zu werden pflegt, so verläßt man sie durch das Südportal
wieder. Dieses öffnet sich nämlich nach der zweiten großen Moschee
des Harâm, nach der **Mesdschid el Aksa**, welche an dessen Südrande liegt.

Während dieses schwere Südthor geschlossen wurde, fesselten
das Auge die blauen Fayenceplatten, womit die Seiten von oben
bis zum Sockel herab verkleidet sind, um weiter abwärts durch
Marmorplatten ersetzt zu werden. Hat man nur zwei dieser
Außenseiten gesehen, so hat man alle acht gesehen. Sofern das
Oktogon blos nach den vier Himmelsgegenden zu Thore hat, bleiben
die vier dazwischenliegenden Seiten ohne Thor. Jene orientirten Flächen sind überdies auf sieben Fenster angelegt, diese Zwischenseiten

blos auf sechs; aber an allen Wänden sind die beiden äußersten Fenster vermauert, so daß thatsächlich immer nur 5 und 4 Fenster abwechselnd auf einander kommen. Von den eigenen architektonischen Vorzügen des Ganzen kann hier nicht die Rede sein.

Auf der Platform des Felsendomes steht außer der erwähnten kleinen Kettenkuppel Davids noch ein zweites und drittes Miniatur=tempelchen, Himmelfahrts= (Mohammeds=) und Geisterkuppel genannt. Unter letzterer soll die einzige Stelle sein, an welcher der verkleidete Fels des höheren Plateau zu Tage tritt. Wir wurden nicht dahin geführt. Ehe ich mich dessen versah, war unser hurtiger Moscheeaufseher mit Alt und Jung bereits halbwegs zur Aksa, beziehungsweise beim Brunnen el Kâs, und dort waren auch meine Stiefel, so daß ich nothgedrungen strumpfig weiter bis zur Aksa wandern mußte. Das ging bis zum Brunnen auf heißen Platten, dann durch dürres Gras und magere Disteln, so daß ich die Füße gehörig voll Stacheln bekam. Schön nahmen sich die hohen Cypressen aus, welche in dieser Gegend unregelmäßig gepflanzt waren. Wasserträger beiderlei Geschlechtes konnten sich an uns unhei=ligen Franken nicht satt sehen; der Harâmplatz ist nämlich nebst dem genanntem, von der Wasserleitung gespeisten Brunnen auch reich an Cisternen voll Regenwasser, deren Vorrath zur Zeit der Wasserklemme dem dürftigen Moslim zur Verfügung steht.

El Aksa heißt die Aeußerste, Entfernteste — und gemeint ist die entfernteste Moschee von Mekka nordwärts; die Aussichten des Pro=pheten gingen aber damals noch nicht über Jerusalem hinaus. Weil die Omarmoschee offenbar nördlicher steht, so ist klar, daß der Name Mesdschid el Aksa richtiger auf jene übertragen wäre. Indeß bestand zur Zeit der arabischen Invasion jenes Heiligthum noch nicht. Statt dessen war eine von Justinian erbaute Kirche der Darstellung Mariens (als Kind von drei Jahren) mit Kloster, Spital und Herberge für Pilger in hohen Ehren. Omar betete darin und verwandelte sie in eine Moschee, auf die man gleich auch die Be=zeichnung aus dem Koran anwandte. Diese Kirche war eine Basilika mit Vorhalle und einem sehr breiten und hohen Mittelschiffe. In Folge wiederholter Erdbeben scheint davon nichts als der altkirchliche Stil auf die Gegenwart gekommen zu sein. Die jetzige Moschee el Aksa ist eine große Gebäudegruppe nordsüdlicher Richtung, aus welcher sich äußerlich und innerlich Vorhalle, Langraum und Querbau mit Kuppel als deren allgemeine Grundform deutlich genug abhebt. Auf den Fremden macht sie den Eindruck, als gelte es wirklich noch den Besuch einer altchristlichen Basilika. Zur Vorhalle führen sieben offene Thore, unter denen das mittlere sich durch seine Weite, Höhe und reiche Ornamentik als Hauptthor kennzeichnet. Die Spitzbogen und der zinnenartige Abschluß der Vorderseite erinnern unwillkürlich an den Dom zu Palermo. Den sieben offenen Zugängen der Vorhalle entsprechen sieben verschlossene Portale des Langraums, und diesen Portalen nicht weniger Schiffe. Drei zusammen genommen möchte man das Mittelschiff nennen, je zwei weitere das rechte und linke Nebenschiff; denn diese bleiben an Höhe, Breite und Eleganz der Ausführung weit hinter den mittleren zurück. Die Länge und Breite aller zusammen ist 273′ und 200′. Dieser gewaltige Raum mit seinen 6 Säulenreihen macht einen überraschenden und zugleich erhebenden Eindruck.

Die Kreuzfahrer nannten die zurückeroberte Basilika samt Annexen „Tempel Salomons". Die ersten fränkischen Herrscher nahmen in dem östlichen Anbau ihre Residenz. Doch traten sie bald einen Theil der Gebäulichkeiten den verdienten Rittern Hugos von Payens ab und gaben so den Anlaß, daß die Geschichte wie von den Großthaten, so von dem tragischen Ende der Templer eigentlich des Ritterordens vom fränkischen „Tempel Salomons", spricht. Als die christlichen Könige später lieber auf dem Sion wohnten, blieben die Templer im alleinigen Besitze der ganzen el Aksa; und während dort ihr Hospital im Osten der Basilika lag, hatten sie ihren Convent im Westen derselben theils über, theils unter der Südwestecke des jetzigen Harâm. Blos ihr Waffensaal scheint bis zur Stunde erhalten; das Querschiff der el Aksa hat nämlich einen westlichen Ansatz, der so lang als die ganze Moschee ist. Er heißt Moschee der Maghrebiner (Afrikaner), ist aber nichts als ein stattliches Doppelkorridor, das durch eine Mittelreihe von kräftigen Pfeilern der Länge nach geschieden und im Spitzbogenstil ausgeführt ist. Darüber herrscht kein Zweifel, daß es ein Werk der Templer ist, mag es nun als Waffensaal oder zu einem andern Zwecke gedient haben.

Das Querschiff (nicht die Kreuzung) ist gleich der Omarmoschee mit einer Kuppel bekrönt, welche in jeder Hinsicht eine Miniaturausgabe jener genannt werden kann. Unter dieſer Kuppel ſteht die Dikke, d. i. der erhöhte Pult, von welchem der Koranabſchnitt (nach erſter Leſung bei der zu entlegenen Kibla) für das Volk wiederholt wird. Die Stelle der ſüdlichen Schmalſeite, an welcher ſich in byzantiniſcher Zeit die Apſis des Mittelſchiffes ausweitete, hat jetzt einer glatten Wand mit der Mekka zugekehrten Gebetsniſche Platz gemacht. Eine äußerſt kunſtreiche Kanzel des 12. Jahr=hunderts ſteht in der Nähe. Dabei ſahen wir im Steine den an=geblichen Fußtritt Jeſu, der ſchon vor der arabiſchen Periode genannt wird.

Geht man von der Kuppel etwas öſtlich, ſo kann man durch ein knappes Säulenpaar ſchlüpfen und den Beweis liefern, daß man ehelicher Abkunft iſt (moslimiſche) und in den Himmel kommt (chriſtliche Deutung). Nach meiner Körperbeſchaffenheit mußte mir der Verſuch hier nicht minder gelingen als in der Gam'a Amr zu Altkairo, während einer meiner Gefährten zu großem Ergötzen der Jungen ſtecken blieb. Wie das Querſchiff einen weſtlichen Anbau (den Ritterſaal) hat, ſo hat es auch einen öſtlichen; nur iſt letzterer blos die Hälfte ſo breit und ein Drittel ſo lang. Dieſer dem Süd=rand des Harâm folgende Korridor heißt gleich dem Felſendom Omarmoſchee, weil der Chalif hier gebetet hat.

Unter der el Akſa ſind ungeheuere Gewölbe, in die man vor dem Mittelthor auf 18 Stufen eindringt. Bei meiner Be=gleitung fehlte alles Intereſſe dafür; darum mußte ich mich begnügen, von vorne einen flüchtigen Blick hineingeworfen zu haben, während gerade im (ſüdlichen) Hintergrunde das Wichtigere, nämlich die ſ. g. Huldapforte*) — ein vermauertes Doppelthor, durch welches vermuthlich Chriſtus öfters zog — zu ſehen war.

Nachdem wir hier unſere Schuhe angezogen hatten, gingen wir nach der Südoſtecke des Harâm. Dort gilt das Ende der öſtlichen Mauer=brüſtung als die Tempelzinne, von welcher ſich Jeſus auf Ein=gebung des Satan hinabſtürzen ſollte. Man hatte dort einen ſchönen, aber leider zu kurz ausfallenden Blick über das Kidronthal und auf den Oelberg; denn den Moſcheeaufſeher drängte es allmälig zu wiſſen, wie groß das Trinkgeld ausfalle. Eine lange Treppe führte

---

*) Nach der Prophetin Hulda? 4. König. 22, 14.

an gleicher Stelle westlich in ein unterirdisches Gemach hinab, in dem der greise Simeon gewohnt, und Maria nach der Darstellung Jesu im Tempel einige Tage verweilt haben soll. Jetzt ist es eine kleine Moschee mit einer marmornen Wiege Jesu. Durch eine Seitenthüre der Westwand und auf einer zweiten Treppe stieg ich allein in die s. g. „Ställe Salomons" hinab; meine Begleiter hatten blos den Kopf hinuntergestreckt. Ich durcheilte sie, während jene sich draußen unterhielten. Sie sind das Großartigste, was man noch an Alterthümlichem auf dem Harâm zu sehen bekommt. Die Geschichte berichtet, daß schon Salomon und noch mehr Herodes durch riesige Gewölbebauten den Tempelplatz südwärts erweiterten. Die s. g. Ställe Salomons nun sind derjenige Theil davon, welcher bis heute wieder zugänglich geworden ist. Zehn bis zwölf lange Pfeiler= reihen tragen eben so viele Gewölbe nordsüdlicher Richtung, dreißig und mehr Fuß hoch, aus riesigen Werkstücken so wundervoll gefügt, daß die Araber ein Werk der Teufel dahinter suchen. „Ställe" heißen sie insofern nicht mit Unrecht, als sie unter den Franken einmal zu Stallungen dienten. Rinken zum Anbinden der Pferde sind noch erhalten. Ich wandelte im Tageslicht unten, und dieses kam von der Bresche des vermauerten s. g. „dreifachen Thores", welches wie das „doppelte Hulda=Thor" der Aksa für ein althebräi= sches Tempelthor gilt.

Nach der Harâmfläche zurückgekehrt, mußte ich laufen, um den flinken Moscheeaufseher wieder einzuholen, welcher mit meinen Freun= den, nordwärts der Ostmauer folgend, in der Ferne eben bei einem Säulenstück hielt. Dasselbe stützte sich mit dem einen Ende auf den Boden und ragte mit dem andern über die Mauerbrüstung in's Thal Josaphat hinaus. Es hat bei den Moslim die merk= würdige Bedeutung, daß Mohammed einst von da — und Christus gleichzeitig vom Oelberg — die Welt richten soll. Eine kaum sichtbare Brücke geht alsdann von einem Weltrichter zum andern. Die Menschen werden genöthigt sie zu passiren und fallen rettungslos in die Grube, wenn sie kein guter Engel des Koran hält.

Auf gleicher Linie mit der Nordseite der kleineren Tempelterrasse betraten wir den Betort, in welchen die Halle des „goldenen Tho= res" jetzt verwandelt ist. Auch er hängt mit den moslimischen Ideen vom jüngsten Tage zusammen; da erschließt sich nämlich den Frommen das Gnadenthor himmlischen Erbarmens. Die christliche Tradition dagegen verlegt hierher den feierlichen Einzug am Palmsonntag. In Erinnerung daran kann hier oder im Kidronthal ein Ablaßgebet verrichtet werden. Von den zwei Thüren, welche einst vom Harâm in den Thorbau führten, ist die nördliche vermauert und durch die östliche ein Pförtchen gebrochen. Die vom Harâm aus sichtbare Façade ist mitten durch zwei Bögen, an den Ecken durch zwei korinthische Pfeilerkapitäle geziert. Aus dem flachen Dache treten zwei dicke Cylinder mit je einer Kuppel und Fensteröffnung heraus. Diese Kuppeln sind nach dem Thale zu von einer Zinnenbrüstung überragt, so daß sie nur vom Harâm aus sichtbar sind. Der Innenraum ist durch zwei riesige Säulenmonolithe in zwei westöstliche Kapellen getheilt, die ihr Licht von Kuppelfenstern erhalten.

Würde man der Ostmauer bis an ihr Nordende folgen, so fände man dort beim unansehnlichen Bâb el Asbât (Thor der Stämme Israels) einen Ausgang nach der Stephansthor-Straße. Das entsprechende Gäßchen führte dann an der östlichen Schmalseite des s. g. Bethesdateiches vorüber, welcher durch die Abdämmung eines verschwundenen westöstlichen Verbindungsthälchens der zwei parallelen Thäler der Käsemacher und des Kidron entstand. Er hat 966′ auf 133′ und war einmal 70′ tief, ist aber jetzt großentheils mit Schutt angefüllt und enthält das ganze Jahr kein Wasser. Wir wandten uns von der „goldenen Pforte“ dem Bâb en-Nâsir zu, welches das nördliche Viertel des Harâm ostwestlich durchbricht.

Auf dem Wege dahin kreuzten wir die beiden Pfade, welche von der Kubbet es-Sachra nördlich zum Bâb Hotta und Bâb el Atem führen; dieselben stachen vortheilhaft gegen die sonstige Wildniß ab. Während einer von der Gesellschaft um das Trinkgeld marktete (mich traf es später 3 Franken), beschaute ich die gewaltigen Quader und Felsen der Nordwestecke des Harâm. Dahinter steht die vom Leidensweg her bekannte Infanteriekaserne über den Fundamenten der Burg Antonia und unfern das freieste und schlankeste Minaret des ganzen Harâm. Einst liefen Arkaden westöstlich den Rand des Tempelplatzes entlang, aus denen man auf Staffeln zur Burg Antonia hinaufsteigen konnte. Diese Staffeln kamen damals die römischen Soldaten herunter, als

die erbitterten Gegner des Völkerapostels auf dem Punkte standen,
im großen Vorhof einen Mord zu begehen. Auf ihnen trug man
den Mißhandelten hinauf, von ihnen sprach er hebräisch herab.
Unten wurde jenen die Zeit lang, welche sich verschworen, nicht
zu essen und nicht zu trinken, bis sie mit dem Verwüster des Mosais-
mus aufgeräumt hätten. — Nur zu bald kehrten wir vom Bâb en-
Nâsir aus dem Harâm den Rücken. Von der Westmauer war
nichts zu sehen. Sie ist gleich der Nordmauer bis zu einer bestimmten Tiefe abgetragen und mit Hallen, Schulgebäuden und moslimischen Stiften besetzt.

Ueber den Bach Kidron nach dem Oelberg.

Gegen Abend ging Frère Liévin mit auf den Oelberg. Zu
diesem Behufe folgten wir dem Leidensweg bis über Ecce-Homo
hinaus, dessen östlichen Abschluß bekanntlich das Stephansthor bildet. In der Wachtstube der unter diesem Thorbau herumlungern-
den Soldaten probirten wir im Vorbeigehen unsere Füße in einer
angeblichen Fußtapfe Jesu. Dann traten wir hinaus in's Freie,
in das berühmte Kidronthal, welches in der heiligen Geschichte Jesu
und seines königlichen Ahnherrn David eine so bedeutsame Rolle spielt.
Die Myriaden stehender und liegender Grabsteine zu beiden
Seiten der tiefen Thalsohle verfehlen nicht, von vorn herein einen
düstteren Eindruck zu machen, der auch in der Folge durch nichts
gemildert wird. Am steilen, steinigen Weg liegen oder sitzen Lahme,
Blinde und allerlei Preßhafte. Unten im Thalgrund herrscht, von einigen Oelbäumen abgesehen, Oede und Dürre; denn der Kidron ist
ein Winterbach, der das Jahr über keinerlei Zufluß hat und selbst
in den Regenmonaten selten etwas Wasser führt. Eben hätte man
sagen mögen, es sei ein Jahrtausend kein Tropfen Wasser mehr
darin geflossen; nicht nur die Trockenheit, sondern auch die öko-
nomische Verwendung der Thalsohle schien diesen Fall ein für alle
Mal auszuschließen. Trotzdem soll es nicht unerhört sein, daß die
magern Felder und Pflanzungen im Bachbett durch Wasser ge-
schädigt werden. Dann mag der Kidron wieder der alte „Schwarz-
bach" sein — nach des Wortes primitiver Bedeutung. Schon vorchristlich

ist die Zusammenstellung des Kidron mit Joels (4, 2) „Thal Josaphat". Nach diesem Propheten wird nämlich der Herr die zum Gericht versammelten Völker „führen in das Thal Josaphat und daselbst mit ihnen rechten". Der herrschende arabische Name ist „Wâdi Sitti Mariam", d. i. Marienthal, von der MariengrabKirche in der Tiefe der Thalsohle.

Nachdem wir beim Abstieg den angeblichen „Steinigungsort des heil. Stephanus" zur Rechten gelassen, überschritten wir den Kidron auf der obern Brücke (von der untern war schon die Rede), d. i. da, wo ungefähr auch Jesus einst hinüberging, bevor er sein Leiden begann — und stiegen hier gleich links auf einem halben Hundert Treppen hinab zum Grabmal Mariens, zu den Gräbern Josephs, Joachims und der Mutter Anna, kurz zu der tief im Kidronbette verborgenen Mariengruft=Kirche. Dieselbe zieht von West nach Ost und wird von einem nordsüblichen Quergang gekreuzt. Ihre Länge beträgt 76', ihre Breite 20'. Durch ein Fensterchen am östlichen Ende der Grotte erhält sie etwas Licht aus der Höhe; sonst wird sie durch die vielen Lampen, welche Tag und Nacht brennen, erhellt. Die Griechen, Armenier und Abessinier haben Altäre, auch die Syrer und Kopten ihren Antheil, selbst die Moslim eine Gebetsnische; nur die Lateiner können darin keinen Gottesdienst halten, trotzdem die Franciskaner bis zum Jahre 1759 Eigenthümer waren, und eine fränkische Königstochter und Königin, nämlich die fromme Melisendis, die heutige vielumfreite Mariengruft=Kirche baute.

Doch finden sie sich zur Privatandacht ein, zumal am Feste Mariä Himmelfahrt. Dieses hat unten im Kidronthal eine Octave zur Vorfeier und Nachfeier und ist ein allgemeines Volksfest Jerusalems. Viele Einwohner campiren dann unter Zelten, um dem nächtlichen Gottesdienst anwohnen zu können. Kleinhändler sorgen für Obst, Bonbons, Kaffee, arabische und fränkische Brode. Raucher können sich eine Wasserpfeife miethen. Künstler bearbeiten das Tamburin und die Rohrpfeife. Nachts ist illuminirt; dem Pascha, sowie dem russischen und griechischen Consul zu Ehren spielt die türkische Militärmusik. In der Grabkirche duften die feinsten Wasser und kostbarsten Oele. Maria wird ebenso gut von den Mohammedanern als von den Christen geopfert; denn die Moslim halten große Dinge auf Isa (Jesus) und darum auch auf seine Mutter, arabisch Sitti

Mariam. Dies erklärt es, warum das Kidronthal bei allen Einge=
bornen Wadi Sitti Mariam heißt, und wie thalabwärts die einzige
Quelle, der Stadt zu das Stephansthor samt der anstoßenden
Straße gleichfalls nach Sitti Mariam benannt ist.

Die Hauptsache in der tiefen Gruft ist selbstverständlich das
Grabmal Mariens. Dieses befindet sich im langen Ost=
flügel und ist ein winziges isolirtes Kapellchen. Von West und
Nord kann man in dasselbe eindringen. Im Innern soll Mariens
heiliger Leib beigesetzt gewesen sein. Ihr Grab war ein Felstrog, der
später von seiner Umgebung losgetrennt und mit Marmor verkleidet
wurde. Die Griechen haben jetzt ihren Altar darüber, die Armenier
dahinter. Nördlich davon (in der Seitenwand der Gruftkirche) steht
der Altar der Syrer, südlich (Mekka zu) eine Kibla für die Mo=
hammedaner. Laut alten Nachrichten wäre freilich dieses so um=
worbene Felsengrab gegen das Jahr 450 auf Verlangen der Kaiserin
Pulcheria weggemeißelt und nach Konstantinopel verbracht worden.

Im kurzen Westflügel steht der Altar der Abessinier mit U.
L. F. Brunnen. Wir begaben uns vom Mariengrabe dort=
hin, um von dessen wunderthätigem Wasser schöpfen zu lassen.
Man öffnete einen runden Deckel im Boden und holte mit einem
Becher das erquickende Element aus unbedeutender Tiefe. Drunten
war, wie ich hörte, keine Quelle, sondern das Regenwasser einer
Cisterne. Ein Kanal führt zeitweilig den Ueberschuß unter der obern
Kidronbrücke in's Freie. Wir gingen südwärts endlich wieder die
Staffeln hinauf und hatten dabei rechts in einer Wandnische das
leere Grab Josephs, schief gegenüber links in der Mauer das
Grab der Eltern Mariens. Oben bildete den Eingang zum langen,
dumpfen Kellerhals, dem wir entstiegen, ein gothisches Thor.

Im Vorplatz von diesem wurden einst entschlafene frän=
kische Kämpen für den Glauben beigesetzt. Der Vorplatz
ist überbaut und bildet den platten gothischen Freibau der
Gruftkirche. Derselbe hat auf der Façade ein schönes, durch drei
Spitzbogen umrahmtes Portal. Die Geschichte berichtet, daß einmal
ein Rundbau darüber und eine von Gottfried von Bouillon ge=
stiftete Benediktinerabtei daneben stand, die seit 1187 spurlos
verschwand. Es war die Abtei der „Kirche zur heil. Maria im
Thale Josaphat."

Von der Mariengrab=Kirche führt ein gepflasterter Weg von wenigen Schritten zur eisernen Pforte der **Todesangstgrotte.** Mit einigen Tritten ist man in der natürlichen Kalksteinhöhle, in der Jesus zwei= und dreimal betete: „Vater, wenn du willst, nimm diesen Kelch von mir," — in der sein Schweiß wie Blutstropfen auf den Boden rann und ein Engel vom Himmel kam, ihn zu stärken. Ich celebrirte gelegentlich eines späteren Besuches hier; denn diese Grotte gehört ausschließlich den Lateinern. Das Licht dringt durch eine Oeffnung der Felsendecke ein, die theils auf ausgesparten, theils auf künstlichen Stützen ruht und alterthümliche Malereien zeigt. Von den drei Altären ist der **östlichste** — in einer viereckigen Wand= vertiefung — der wichtigste. Da brennen beständig Lampen und unter dem Altartische küßt man eine Stelle mit der lateinischen Inschrift*): „Hier wurde sein Schweiß wie Blutstropfen, die zur Erde rannen." Davon heißt das anmuthige Kapellchen auch „Blutschwitzungs= Grotte". Hier ist recht eigentlich der Ort zur Feier „des Gebetes des Herrn am Oelberg." Hierher verweist auch unser Todes= angstläuten am Donnerstag.

Man ist da mitten in Gethsemane. Nur „einen Steinwurf weit" können die drei Lieblingsjünger geruht haben: ob indeß südlich oder nördlich? Geht man ungefähr so weit südlich, so ist man bei einem Oel= und Blumengarten der Franciskaner, welcher speciell Gethsemane heißt. Die Griechen aber cultiviren einen ähnlichen Garten östlich und nördlich von der Mariagrab=Kirche. Weil das Gethsemane der heiligen Schrift als Landgut mit Baumpflanzung offenbar eine ziemliche Dehnung zuläßt, so könnten leicht beide Theile im Recht sein. Ehemals hatte auch das lateinische Gethsemane urkundlich einen größeren Umfang. Die exacten Grenzen des biblischen Meier= hofes aber wird Niemand mehr ziehen wollen. Es ist genug, daß über die allgemeine Lage des hochernsten Gartens Gethsemane am Fuße des Oelbergs keinerlei Zweifel bestehen.

Das Gethsemane der Franciskaner nun bildet nahezu ein Quadrat, das seit drei Decennien von hohen, weißen Mauern um= geben ist. Eine Seite ist gegen 70 Schritte lang. Der Eingang befindet sich am südlichen Ende eines Felsenganges längs der Berg-

---

*) Luc. 22, 44.

seite. Dieser Gartenthüre gegenüber schaut der traditionelle Fels aus dem Boden, auf welchem Petrus, Jakobus und Johannes, statt zu beten, schliefen. Geht man von hier noch zehn Schritte gerade aus, nämlich bis zum rundlichen Abschluß dieser nordsüdlichen Sackgasse, so ist man an der traditionellen Stelle des Judaskusses und der Gefangennehmung Jesu. Tritt man in den Garten selbst, so überrascht dessen paradiesisches Grün und balsamischer Duft inmitten der großen Dürre und steinigen Oede des Thales.

Die hohen Umfassungsmauern sind die Rücklehne von hübschen Stationen, die zur Kreuzwegandacht einladen. Damit der Andächtige die Runde machen kann, ist ein gepflasterter Pfad davor. Zwischen diesem und den herrlichen, von Rosmarin eingefaßten Beeten starrt erst noch ein eiserner Zaun empor, dessen Schlüssel ein Bruder verwahrt. Er öffnet gegen das Versprechen, daß man nichts eigenmächtig nehme. Die Plünderung der wenigen uralten Oelbäume, die fast Zeugen der Todesangst Jesu gewesen sein könnten, ist ohnedies mit dem Banne bedroht. War doch die Zudringlichkeit der Pilger die Ursache gewesen, daß deren ohnehin geringe Zahl sich stetig verminderte. Jetzt stehen noch 8 solche Bäume, von denen der größte einen Umfang von 26' hat. Sie sind vom Zahne der Zeit so zerrissen und zersetzt, daß man sie für völlig abgestorben erklärte, wenn nicht die immergrünen Blätter und Früchte laut dagegen protestirten. Ich bekam einiges von ihren Blättern und ihrem Holze, auch Olivenkörner und Olivenöl, ferner aus den Blumenbeeten Basilikum, Reseden, Pensées, Rosmarin, ein aromatisches Kräutchen, Namens Cinnamomum, und verschiedenes Gesäme, das sein Glück in germanischer Erde versuchen sollte.

In einer Viertelstunde ersteigt man vom Kidronthale aus den Oelberg. Im weitern Sinne ist dies ein rundlicher Bergrücken, der Jerusalem in seiner Länge von Norden nach Süden nicht blos begleitet, sondern nach beiden Richtungen hin überholt, wie auch seine Erhebung über die Thalsohle die der heiligen Stadt um mehr als die Hälfte übertrifft. Derselbe hat zwei seichte Einsattelungen, und diese scheiden ihn in eine nördliche, mittlere und südliche Kuppe, von denen immer die folgende niedriger ist als die vorhergehende. Die mittlere Höhe (Oelberg im engeren Sinne) wird als Stätte der Himmelfahrt Jesu von den Mohammedanern und Christen verehrt.

Die nördliche heißt Viri Galilaei — entweder von der bekannten Anrede: „Männer aus Galiläa, was steht ihr hier und blicket gegen Himmel?“, oder (nach andern) von einem Galiläerhospiz, das einmal darauf stand. Letztere Deutung stammt aus dem 16. Jahrhundert. So gefaßt, soll hier sogar jenes Galiläa sein, in welches der Auferstandene seinen Jüngern vorangehen wollte*). Die südliche Kuppe ist der anderorts berührte Berg des Aergernisses. Weil die Eingebornen den eigentlichen Oelberg Dschebel et-Tôr nennen, so führt auch das schmutzige Dorf (200 Seelen) auf seinem Gipfel den Namen Kefr et-Tôr. Dieser kleine arabische Häusercomplex nebst einigen fränkischen und russischen Instituten wird überragt von einem runden, oberhalb der Muezzin-Gallerie sehr verjüngten Moscheethürmchen — und bildet weit in die Ferne eine Landmarke und ein Wahrzeichen der Himmelfahrtshöhe.

Drei Wege führen von der Bergseite Gethsemanes hinauf. Der nördliche ist am nächsten und besten, führt aber am Schauplatz zu neuer und duftiger Legenden vorüber. Solche sind der Fels der Auffindung des Gürtels Mariens (nach ihrer Himmelfahrt) durch Thomas, Mariens Ruhe und die Verkündigung von Mariens Todesstunde durch Gabriel. Frère Liévin hatte sich mit Wachskerzchen vorgesehen und wollte uns zuerst in das s. g. kleine Labyrinth oder die Prophetengräber führen, welche am längsten südlichen Oelbergwege liegen. So wählten wir diesen zum Aufstieg und gingen den mittleren mit der berühmten Stelle Dominus flebit auf dem Rückwege. Rechts und links hatten wir dürre Felder, auf denen hier einige Feigenbüsche, dort zwei, drei knorrige Oelbäume oder ein fruchtbeladenes Weißdornstämmchen, hier ein blätterloser Mandelbaum, dort ein glänzendgrüner Johannisbrodbaum stand. Bei einer dichteren Baumgruppe fast auf der Höhe bogen wir rechts vom Wege ab und gingen zu den höchst alterthümlichen Prophetengräbern.

Auf allen Vieren schlüpften wir in eine künstliche Felsenhöhle, den Vorplatz der Grabanlage. Diese gilt ihrer Einfachheit wegen für uralt, und deren Schiebgräber, wofür die Juden immer eine große Vorliebe zeigten, kennzeichnen sich als nichthebräisch. Um vom ungefähren Grundriß der großen Gruft eine Vorstellung zu

---

*) Matth. 28, 16.

gewinnen, denke man sich ein Rotunde als Centrum zu zwei auf=
einanderfolgenden Halbkreisen und dazu zwei Gänge, welche, von
der Rotunde im rechten Winkel ausgehend, beide Halbkreise schneiden.
Die Todten wurden einst bis zum äußersten Halbkreise geschafft und
dort wie das Brod in den Backofen — daher auch die Benennung
„Backofengräber" — in horizontale Schachte geschoben. Mit unsern
Wachskerzen leuchteten wir in 8 bis 10 dieser Schiebgräber, welche
wohlerhalten in der Außenwand der entfernteren Felsengallerie lücken=
los und leer aufeinander kommen. Es sollen im Ganzen 36 sein.
Daß hier die verfolgten Propheten ihre Ruhestätte hatten, dafür
scheint außer der Verehrung der jetzigen Juden nichts zu sprechen
als die Worte Jesu: „Eure Väter haben sie getödtet, und ihr baut
ihnen Gräber."

Von hieraus gingen wir nördlich. Wir ließen vorerst die
Paternosterkirche rechts liegen und begaben uns zur Auf=
fahrtskapelle. Dieselbe gehört den Mohammedanern und beweist
deren ernstliche Verehrung für Jesus; denn sie haben jene aus dem
Material der konstantinischen Basilika, sowie des Achtecks der Kreuz=
fahrer erst in den dreißiger Jahren neu aufgeführt. Sie ist gleich
dem Neubau der Kreuzfahrer ein Achteck, aber von den bescheidensten
Dimensionen (nämlich nicht ganz vier Klafter im Durchmesser), hat
einen durchbrochenen cylindrischen Aufsatz und darüber ein einfaches
Kuppelgewölbe. Die acht Eckpfeiler tragen nach beiden Seiten hin
Spitzbögen und sind belebt durch je zwei eingegliederte korinthische
Marmorsäulchen. Im Innern herrscht profane Leere, zu welcher
die mit Namen verkritzelten Wände passen. Nur an der Südwand
erinnert eine Kibla an den mohammedanischen Betort. Auf dem
geplatteten Boden ist die einzige Sehenswürdigkeit, nämlich der in
Marmor gefaßte Kalkstein, in welchem man bis zum heil. Hie=
ronymus hinauf die Fußspur des gegen Himmel fahrenden Erlösers
erblickt. Sie gilt für einen Abdruck des linken Fußes; das Gepräge
ist aber so unbestimmt, daß wir die Frage, wo Ferse oder Zehen
zu suchen seien, nicht entscheiden konnten, trotzdem Frère Liévin
seinen nackten Fuß darein setzte.

Die Mohammedaner sind hier so tolerant, daß sie den ver=
schiedensten christlichen Bekenntnissen gegen ein Bachschisch die
Mitbenützung der Auffahrtskirche gestatten. Im Hofe haben die

8*

Armenier, Kopten, Syrer und Griechen sogar ständige Gebetsnischen. Die Franciskaner aber schmücken am Vorabend von Christi Himmelfahrt die Innenwände der Kirche mit Draperien, umstellen die Fußtapfen des Heilands mit Kerzen, streuen Blumen und bauen einen Altar. Die Gläubigen kommen aus weiter Ferne und campiren die Nacht über im Freien. Militär sorgt für Ordnung und Sicherheit. Der Gottesdienst beginnt mit der ersten Morgenstunde, zieht sich bis in den Tag hinein und endigt mit einer Procession nach Viri Galilaei. Darauf wird das moslimische Heiligthum wieder auf ein Jahr geräumt.

Vom Minaret nebenan hat man eine berühmte Fernsicht. Am überraschendsten ist der Blick gegen Osten. Bei der Klarheit der Luft und der intensiven Kraft des Lichtes scheinen die Jordanaue, das todte Meer und die Hochebene von Peräa nur einige Stunden entfernt. Gegen Süden kommt auf den Berg des Aergernisses etwas rechts das Thal Hinnom mit Hakeldama, auf der Höhe die Ebene („das Thal“) Rephaim oder das Riesenfeld, ferner Mar Eliâs und hinter dem unsichtbaren Bethlehem der Frankenberg, welcher das Gebirge Juda ungefähr so überragt, wie der Katzenbuckel den badischen Odenwald. Gegen Norden sieht man im Anschluß an Viri Galilaei — arabisch Karem es-Saijad (Weinberg des Jägers) — den durch Titus und seine Legionen berühmten Skopus. Aus Nordwesten winkt die stolze Bergveste Nebi Samwîl, von deren Gipfel herab ich acht Tage später die Wogen des mittelländischen Meeres unterschied, ein Beweis, wie schmal „das verheißene Land“ war. Gegen Westen überschaut man das Kidronthal samt seinem westöstlichen Oberlauf, dem Wâdi el Dschôz. Die heilige Stadt liegt wie auf einem Präsentirteller da. Der nahe Windmühlenhügel und die Höhe der Jafastraße dahinter schließen den Gesichtskreis nach dieser Himmelsgegend ab.

Geht man von der geschilderten Auffahrtsmoschee wenige Schritte südlich, so sieht man noch Reste der Augustinerabtei, welche zur Zeit der Kreuzfahrer daranstieß und jetzt das Asyl wahnwitziger Derwische ist. Eine geschlossene Thüre an der Südwestecke führt in die Kammer der heil. Pelagia, einer Büßerin aus dem fünften Jahrhundert, die vorher in Antiochia als Schauspielerin übel berühmt war. Den Juden ist diese Grotte heilig, weil sie das Grab der

Prophetin Hulda darin suchen. Die Mohammedaner haben einen Betort daraus gemacht und hüten diesen sorgfältiger als die Auffahrtskirche. Da nichts als ein leeres Felsengemach zu sehen ist, empfand Niemand einen besondern Drang hineinzukommen. Dafür traten wir eine kurze Strecke südlich von Kefr et-Tôr in den blühenden Garten des neuen Klosters der Karmeliterinnen, welchen die Obhut der erst seit vier Jahren dem Kult übergebenen Paternosterkirche anvertraut ist. Die Anlagen glichen einem kleinen Eden. Kirche und Kloster sind eine Schöpfung der Fürstin Aurelie Latour d'Auvergne, welche 1868 Grund und Boden ankaufte und den Bau begann, diesen an Ort und Stelle leitete und zu einem schönen Ende führte. Man zeigte uns das Marmordenkmal, in welchem die Stifterin einst zu ruhen hofft.

Die Paternosterkirche ist im italienisch-gothischen Stile gebaut. Sie hat ein hohes Mittelschiff nebst zwei niedern Seitenschiffen und überragt die ganze wohlummauerte Anlage durch ihre hübsche Kuppel. Der Platz ist durch eine alte Tradition geheiligt, in Folge welcher schon die Kreuzfahrer hier eine Kirche hatten. Nachdem nämlich Jesus in der Bergpredigt das Vater unser für alle gelehrt, soll er, von Bethanien kommend, es hier nochmals seinen Jüngern vorgetragen haben. Den biblischen Halt dafür entnimmt man der Combination des 10. und 11. Kapitels von Lucas. Dort war Jesus im Hause der Maria und Martha gewesen, hier lehrte er seine Jünger beten. Da nun jenes zu Bethanien geschah, folgert man, könne dieses nur auf dem Oelberg stattgefunden haben. Vor der Kirche ist ein geräumiges viereckiges Atrium mit prächtigen gothischen Arkaden. Die vier hiedurch geschützten Mauerwände sind in 32 reichverzierte Felder von der Größe einer Thüre abgetheilt, und darauf steht ebenso oft und in ebenso vielen Sprachen das Vater unser. Trotzdem soll es vorkommen, daß Pilger ihre Muttersprache vergebens suchen. Ich fand die meinige, und kein Vater unser gefiel mir besser. Aehnlich scheint es gleichzeitig einem Abbé der Bretagne ergangen zu sein, der vom bretonischen Vater unser nimmer loskam. Dies that der Zauber der lange verhaltenen Muttersprache; der Priester gehörte der afrikanischen Mission an. Wir schieden von der schönen Stiftung der französischen Fürstin nicht ohne einige der hübschen Blumenbildchen zu erwerben, welche aus den bunten Blättern des Klostergartens gemacht werden.

Vom Paternosterkloster hätten wir noch 10 Minuten bis Bethphage gehabt. Wir machten uns auch auf den Weg dahin, kamen aber ostwärts blos bis zum Ende des russischen Oelberg=Klosters, welches mit den Karmeliterinnen gute Nachbarschaft hält. Da fand nämlich meine Begleitung, die aus Bethphage nichts zu machen wußte, daß es hohe Zeit zur Heimkehr sei. Frère Liévin erzählte Angesichts dessen nur noch, wie die Franciskaner alljährlich am Schmerzensfreitag das Grab des Lazarus in Bethania besuchen und auf der Rückkehr zu Bethphage Station machen, und versprach für ein anderes mal seine Begleitung; es sollte sich jedoch keine Gelegenheit mehr bieten. So viel konnte ich für jetzt noch sehen, daß es auf der Ostseite des Oelberges nur eine kleine Strecke ab= wärts ging. Troß der kurzen Entfernung von 7—8 Minuten, wollte sich aber die ehrwürdige Stätte nicht zeigen, weil die Rückseite des Oelberges keine glatte Fläche bildete. Aus gleichem Grunde konnte sich auch das nahe Bethanien unsern Blicken ent= ziehen. Vor demselben kommt nämlich aus der Rückwand des Oelberges ein beträchtlicher Buckel, an dessen Ostrand sich das Dorf erst anschmiegt. In der nordwestlichen Mulde zwischen diesem Buckel und unserem Standorte lag das traditionelle Bethphage.

Zur Zeit der Kreuzfahrer war ein Kloster daselbst, von dem schon vor 500 Jahren keine greifbare Spur mehr bestand. Die Francis= kaner aber zeigten trotzdem Bethphage beharrlich an keinem andern Orte und fanden vor wenigen Jahren unerwartet eine sehr beachtens= werthe monumentale Handhabe. Da kamen nämlich die Fellachen der Nachbarschaft beim Graben zufällig auf Mauerreste, auf einen christ= lichen Altar mit lateinischen Inschriften und auf Malereien, welche das Ereigniß von Bethphage darstellten. Der in der Folge sehr be= schädigte Altar steckt wieder im Boden, weil er den Entdeckern, die zu viel dafür verlangten, blieb. Unter den fränkischen Königen ging gewöhnlich die Palmsonntag=Procession von diesem Altare aus. Was wir in der Bibel und dem Talmud über Bethphage lesen, ist dieser Stelle wenigstens nicht entgegen; denn nach letzterem lag es „im Angesicht der Mauern Jerusalems“ (d. i. östlich) noch im Weichbilde der heil. Stadt (d. i. innerhalb 2000 Ellen Entfernung), nach den Evangelien aber unweit Bethanien. Befand sich aber Bethphage in der Gegend des neuentdeckten Kreuzfahrer-Altars, dann war es offenbar die Vorgängerin des Dorfes Kefr et=Tôr, in dessen engem Banne es liegt. Vielleicht gehen wir auch nicht so fehl, wenn wir, um ein annäherndes Bild von Bethphage zu gewinnen, gerade an Kefer et=Tôr denken.

Der Rückweg führte zunächst am verehrten Orte Credo vorbei. Die Sage berichtet, daß hier das apostolische Glaubensbekenntniß entstand, und zwar so, daß jeder Apostel einen Artikel abfaßte. Wir sahen die Fundamente einer Kirche und einen einfachen ungedeckten Altar der unirten Griechen. Die Ruine gehört zu dem Grundstücke der Fürstin Latour d'Auvergne. Dann stiegen wir ein gutes Drittel des mittleren Oelbergwegs hinab und hielten bei Dominus flevit.

Dies ist eine mit einer Kirchenruine bezeichnete Stelle rechts vom Wege, gerade da, wo der Oelberg jäher zu fallen beginnt. Von hier soll Jesus über Jerusalem geweint haben. Hätte dieser Ort nicht schon dazu gemahnt, so hätte es die brillante Abendbeleuchtung gethan, nämlich Angesichts der heil. Stadt etwas zu verweilen. Frère Liévin entwickelte da seine Ansicht über Jerusalems ursprüngliche Berge und Thäler, über seine späteren Quartiere, festen Thürme und Mauerläufe. Ich suchte nebenbei ein unverwischbares Bild von el Kuds zu bekommen: sieht man ihm doch von keiner Stelle der Art in's Herz. Kein Wunder, daß seine Feinde womöglich vom Oelberg aus ihren Operationsplan machten. Der weiten Fläche des Harâm bemächtigte sich das Auge, als wollte es dieselbe nimmer loslassen. Dann sprang es zur Kuppel der Grabkirche über, zur Davidsburg, zu den jüdischen und christlichen Heiligthümern auf Sion, zum Glockenthurm des Patriarchats, zum Russenbau und einigen Minareten — und suchte endlich in der welligen Häuserfläche die ihm bekannten oder besonders ehrwürdigen Orte.

Trotzdem wir von Dominus flevit ab eilten, kehrte doch das geschäftige Auge wieder und wieder zum Oelberg zurück und durchstreifte ihn nach allen Richtungen. Die beiden Wege, welche wir betreten hatten, schienen der Art durch die Natur des Berges gegeben, daß sie gewiß so alt sind als die menschlichen Generationen, welche denselben zuerst erklommen. Auf einem von ihnen floß schon der König David*) verhüllten Hauptes vor seinem Sohne Absalom, und auf beiden wandelte Jesus, mochte er sich für eine Stunde oder eine ganze Nacht dem Getriebe der Stadt entziehen, um in der Einsamkeit zu beten oder zu lehren, zu prophezeien oder zu drohen. Ueberdieß wandelt der Pilger hier ausnahmsweise nicht über ellenhohem Schutte, sondern geht auf gleicher Ebene mit seinem Erlöser. Der Fuß dieses wundersamen Berges war ferner Zeuge des Anfangs, wie sein Gipfel Zeuge des Endes der Weltversöhnung. Da unten mußte der Messias leiden, um dort oben in seine Glorie einzugehen**).

Der Abhang des Oelbergs ist angebaut und gilt sogar für fruchtbar. Trotzdem konnte ich außer magern Oel- und Johannisbrodbäumen, leerem Feigengebüsch und fruchtbeladenen Weißdornstämmchen kaum ein anderes grünes Blatt entdecken. Ueberall zeigte sich mageres grauweißes Erdreich, untermengt mit schwärzlichem Kalk und röthlichen Feuersteinen nebst einer Menge von Bautrümmern aus der christlichen Anachoretenzeit. Am Saum des Weges kam hie und da einer der Dornbüsche, woraus man gegenwärtig die Kronen Christi flicht und in den Handel bringt. Deren Zweige haben die Form reifenden Kornes und gleichen keiner unserer Dornarten mehr als den Schlehen. Die einzelnen Büsche treiben verschiedene, bis 2′ hohe Stengel. Das Holz ist schwer biegsam, weil dick und plump, doch dabei zäh, wie alles, was unter Palästinas Sonne wächst.

Wir überschritten das Kidronbett bei der Mariengrab-Kirche, als ein Kanonenschuß von der Davidsburg her den Untergang der Sonne verkündete. Die gleiche Aufmerksamkeit hatte man diesen Morgen dem Aufgang der Sonne geschenkt; denn es war Ramadhan. Dieser Schuß bedeutete Freude für die gewissenhaften Söhne Israels. Sie hatten seit dem Erbleichen des Morgensternes keinen Bissen gegessen, keinen Tropfen getrunken und keinen Zug geraucht. Jetzt war jeder Genuß erlaubt.

Wir stiegen vollends zum Stephansthor empor. Als wir den Leidensweg erreicht hatten, saßen Väter und Söhne im Qualme eines Spanes oder der Oellampe schon über dampfendem Reise und thaten

---

*) 2. Kön. 15, 32.   **) Luc. 24, 26.

sich gütlich. Da seit dem Schusse kaum eine Viertelstunde vergangen war, beweisen die Lichter nebenbei die Kürze der Dämmerung in diesen Landen.

Nach Ain Kârim oder St. Johann im Gebirge.

Sonntag, den 24. August, vor Sonnenaufgang hielten wir wieder am Jafathor und erwarteten die Schwester, welche uns den Kreuzweg geführt hatte; sie wollte uns heute den Weg nach St. Johann im Gebirge zeigen. Wir waren dieses mal zu Fuß, weil die Entfernung von Jerusalem nur anderthalb Stunden beträgt, auch der Ausritt für den Tag des Herrn etwas zu geräuschvoll erschien. Doch sollten wir inne werden, daß Fußtouren im Oriente höchstens für den barfüßigen Araber passen, der zweimal über den Stein auf seinem Pfade setzt, bis der Europäer ihn einmal umgeht oder umreitet. Die Anstrengung und Zeit erlaubten uns solches später nicht mehr.

Unfern vom Jafathor gingen wir von der gleichnamigen Straße ab. Während diese vorerst mehr nordwärts zieht, wandten wir uns rein westlich der Windmühlenhöhe zu. Eine breite Straße führte über den fast ebenen Oberlauf des Wadi Rabâbi oder Hinnomthales. In 8 Minuten hatten wir zur Rechten den Teich Birket Mamilla. Von der Straße aus ist links nur sein ärmlicher Aquäduct sichtbar. Er selbst ist rechter Hand in den 10—15′ hohen Fels gehauen und liegt inmitten eines moslimischen Friedhofs. Er mißt 300 auf 200′ und füllt sich alle 10 Jahre einmal mit Regenwasser. Dann läuft sein Ueberschuß durch einen Kanal in die heil. Stadt und speist dort zu Badezwecken den um ein Drittel kleinern Teich auf der Westseite des Hospitals der Johanniter, welcher den Namen Birket Hammam el Batrâk oder Patriarchenteich, auch Hiskia- (vom Erbauer) und Amygdalonteich (nach Josephus Flavius) führt.

Birket Mamilla heißt der Teich von einer heil. Mamilla, die zur Zeit der großen Christenschlächterei der Perser (614) in dieser Gegend das letzte der leiblichen Werke der Barmherzigkeit nach des Tobias Vorbilde übte. Ihrem Andenken galt später eine noch nachweisbare Kirche westlich vom Teiche. Da der Mamillateich unverkennbare Spuren hohen Alterthums an sich trägt, hat man den „obern Gihon“ und zugleich des Josephus „Schlangenteich“ (bis zu welchem Titus den Belagerungswall vorschob) darin erblicken wollen. Wichtiger ist vielleicht die Thatsache, daß dermalen keine Quelle nahe und ferne ist, wie sie eigentlich der „Gihon“ voraus= setzt. Weil auf dem mohammedanischen Friedhof auch eine „Löwen= grotte“ gezeigt wird — in dieselbe trug 614 ein Löwe gegen 12,000 Christenleichen zusammen — und überdies „die Gräber der Herodianer“ in der Nähe gewesen sein sollen, verschoben wir die Besichtigung des interessanten Platzes auf ein anderes mal. Als ich aber später in dem Aussätzigenhause gegenüber einen Besuch abstattete, reichte leider für den Mamillateich und seine Umgebung die Zeit nicht mehr.

Auf dem Wege bergan hatten wir Gelegenheit, das Institut St. Peter zu bewundern. Es beherrscht gleich den griechischen Windmühlen die Westhöhe Jerusalems, liegt jedoch zehn Minuten nördlicher als diese. Trotzdem es theilweise bezogen ist und bereits eine Längenfront von 300' hat, wird noch daran gebaut. Wie durch seine kühne Höhe, so fesselt es das Auge durch seinen körnigen romanischen Stil. Die Bauleute waren Bethlehemiten, der Bauherr Pater Ratisbonne. Ich war eingeladen, den nächsten Sonntag Nachmittag dort zu verbringen, reiste aber auf das Drängen meiner Freunde den Tag zuvor ab. Der Zweck des Institutes ist die Wiedergeburt des gelobten Landes in national=ökonomischer Hinsicht. Hier sollen die Eingebornen wieder Sinn und Verständniß für die Landwirthschaft und den Gartenbau bekommen, aber auch Gelegen= heit haben, unsere Handwerke zu lernen. Gerade die Handwerker= schule wäre jetzt das Sehenswürdigste zu St. Peter gewesen.

Als wir auf der Höhe angekommen waren, standen rechts vom Wege auf konischen Untersätzen die bekannten zwei enormen griechi= schen Windmühlen. Eben waren deren Flügel in Ruhe; bei unserer Rückkehr arbeiteten sie. Der Müller kletterte hoch über dem Untersatz der einen umher.

Gleich hinter den Windmühlen zweigte unser Pfad ab. Dieser lief rein westlich nach unserm Ziele hin, während die bisherige Straße süd= westlich zum Kreuzkloster und über das Rosenthal Gaza zu führte. Das Kreuzkloster lag äußerst anmuthig unten in einem seichten, nord=

südlichen Wadi.   Dessen festungsartiger Bau erschloß sich bis in's
Innere vor unsern Blicken.   Ein Glockenthürmchen saß auf plattem
Dache.   Frische Gärten, Oel= und Rebpflanzungen rühmten den
Fleiß der Klosterbewohner.   Einst waren es asiatische Georgier, jetzt
sind es syrische Griechen, in nicht ferner Zukunft vielleicht Russen,
weil diese Georgien an sich brachten und damit ein Anrecht auf das
Kloster behaupten.   Dessen größte Merkwürdigkeit ist die Stelle, an
welcher der Stamm wuchs, aus welchem das Kreuz Christi gezimmert
wurde.   Man zeigt sie unter dem Hochaltar der Kirche.   Weil es
von Jerusalem zum Kreuzkloster ein angenehmer Spaziergang von
nur $\frac{1}{2}$ Stunde ist, hatte Bankier Frutiger versprochen mich eines
Tages dahin zu begleiten; ich reiste jedoch vor der Zeit ab.
Heute zogen wir zweimal wenige Minuten oberhalb (nördlich) vorbei.

Auf der östlichen Thalwand, an welcher auch das Kloster steht,
hatten wir zu beiden Seiten Reben.   Die zeitigen Trauben wurden
von zwei Männern mit langen Feuersteingewehren gehütet.   Im
Grunde standen Oel=, Feigen=, Johannisbrod= und Maulbeerbäume.
Drüben ging es durch abgeräumtes Ackerland bergauf.   Oben
sah man die Windmühlen so nahe, als lägen sie 10 Schritte
hinter einem.   Darauf kreuzten wir die Wadis Medîna, Bedawîje
und Diâb, alle drei dem Thale des Kreuzklosters parallel, aber
zum Unterschied davon öde und kahl, und einer steiniger als der an=
dere.   Auf den dazwischenliegenden Höhen sah man rückwärts immer
dasselbe Spiel der Windmühlen, während die Stadt sich dahinter
gänzlich verbarg.   Der letzte Berg hieß Dschebel Ali.   Von da
aus zeigt sich ostwärts die russische Vorstadt (Jerusalem sebbst nicht),
westwärts am Ende von vielen Schlangenwindungen einer Gebirgs=
furche das flache Küstenland von Askalon. Aufsteigende Dünste ver=
hinderten jedoch den Anblick des Mittelmeeres.

Ain Kârim entzog sich noch den Blicken, trotzdem es keine Vier=
telstunde abwärts lag. Der Pfad dahin wand sich um die Felsblöcke
und Steinplatten einer nicht zu schildernden Wüste, welche zugleich die
Thalsohle einer tiefen Schlucht war. Mohammedanische Weiber, Mäd=
chen und Eseltreiber, erstere in hochgeschürzten blauen Röcken, mit
nachlässig verschleierten Gesichtern, Töpfe und Körbe auf den Köpfen,
dabei redselig und munter, transportirten die Producte Ain Kârims
in die heilige Stadt. Hatten sie bisher auf unserm Wege kleine

Gruppen oder auch kurze Reihen gebildet, so drehte sich da herauf jedes anders um die ungefügen Schollen des Steinfeldes. Endlich kamen wir in das mohammedanische Dorf.

Die 600 moslimischen Bewohner sind vertriebene Spanier, die bis in die Jetztzeit eine gewisse Verbissenheit gegen alle Franken bewahrt haben. Die Christen aber strömen besonders an Johanni hierher zusammen, weil nach altem Glauben Johannes der Täufer zu Ain Kârim, dem Kârem Josuas (15, 60), geboren ist. Die Geschichte weiß von harten Verfolgungen, insbesondere der Franciskaner, zu erzählen. Ihre Kirche diente im 16. Jahrhundert als Stall; Mord und Raub war bis in die Mitte des 17. Jahrhunderts an der Tagesordnung. Zufällig sollten die Mönche nach altem Herkommen auch Spanier sein. Das Kloster, in dem wir einkehrten, hat noch das Gepräge der schweren Zeit der Defensive. Durch ein festes Eisenpförtchen betraten wir den massiven Bau.

Weil eben der Hauptgottesdienst gehalten wurde, begaben wir uns gleich in die Kirche. Wie zu Bethlehem und Jerusalem, steckt der Kuppelbau inmitten festungsartigen Gemäuers und entfaltet erst im Innern die ihm eigenthümliche Schönheit. Die hohe Kuppel ruht auf vier starken Pfeilern und ergießt die Fülle des Lichtes in die luftigen Gewölbe des dreischiffigen Langraumes. Die Wände erglänzen vom Blau kunstreicher Fayancebekleidung. Der Boden ist mit Marmor und Mosaik belegt. Hier saßen eben die wenigen Christen Ain Kârims (gegen 20 Familien) und lauschten der arabischen Predigt, welche vom Altar des Zacharias, d. i. vom Hochaltar aus, gehalten wurde. Es war die erste und letzte, die ich in Palästina hörte, die zweite in meinem Leben. Zwei werthvolle Bilder, angeblich Murillos, und fünf Marmorreliefs stellten die wichtigsten Momente aus dem Leben des Vorläufers dar. Die Gegenstände jener guten Oelgemälde waren: Johannes in der Wüste und Johannes wird enthauptet. Dies und einige hübsche Statuen des Hochaltars sagten einem sofort, daß man sich in einer Johanneskirche befand; die lebensgroßen Marmorstatuen des heil. Franciskus und der heil. Klara aber, daß sie den Franciskanern gehörte. Diese haben kein schöneres Gotteshaus im heiligen Lande. Es ist genau orientirt und hat neben dem Hochaltar zwei vertiefte Kapellen: auf der einen Seite die Geburtsgrotte des Täufers, auf der anderen die Kapelle der heil. Elisabeth. In jener erhellen Lampen das Dunkel, zu denen christliche Pilger und Moslim das Oel spenden. Unter dem Altartisch liest man die Worte: „Hier wurde der Vorläufer des Herrn geboren.“

Zehn Minuten südwärts, d. i. an der andern Thalwand, steht eine kleine Kirche der Heimsuchung. In deren Südwand sah ich später eine Art Narbe im Kalkstein. Diese soll aus der Zeit des bethlehemitischen Kindermords stammen. Elisabeth wohnte damals zu Karem in einem Landhaus und rief, als sie auch ihr Kind bedroht sah: „Ihr Berge, nehmet Mutter und Kind auf“ — da öffnete sich der Fels. Eine Stunde gegen Westen heißt ein idyllischer Ort mit reicher Quelle bei den Christen Johanneswüste, bei den Arabern Ain el Habis. Dort soll später der jugendliche Johannes vor seinem öffentlichen Auftreten in einer Grotte gewohnt, aus Ain el Habis seinen Trunk geschöpft und von einem Baume daneben Johannisbrod gegessen haben; die Pilger nehmen sich Andenken davon mit.

Mir erschien der hübsche Fleck Erde als Lokalisirung des anmuthigen Berichtes: „Maria aber machte sich in jenen Tagen auf und ging eilends auf das Gebirge in eine Stadt Judas*).“ Außer der berührten Kapelle der heil. Elisabeth deutet auch die Gruppirung der Marmorstatuen des Hochaltars darauf hin; da stehen nämlich Zacharias und Elisabeth, Joachim, Anna und Maria beisammen. Sähen manche Gelehrte — zumal diejenigen, welche Luc. 1, 39 nicht „Stadt Judas“, sondern „eine Stadt Namens Juda“ übersetzen — jene Scene der heiligen Geschichte lieber an die Stadt Hebron oder an das dortige Dorf Jata (die ehemalig Levitenstadt Juta) geknüpft, so ist dies eben einstweilen nicht der Fall, und Ain Kârim bleibt das anerkennenswerthe Verdienst, bis zur Stunde allein der beglückenden Begegnung der beiden begnadigtsten Mütter zu gedenken. Wort und Bild, Fels und Stein, Kirche und Kapelle und U. L. F. Brunn nöthigen den Pilger sich zu vergegenwärtigen, was einst zu seinem Heile im Gebirge Juda geschah. Da nämlich begrüßte Maria, von weiter Reise kommend, ihre Base Elisabeth. Diese aber pries Maria glücklich und sprach die Worte

---

*) Luc. 1, 29.

des nachmaligen Ave: „Du bist gebenedeit unter den Weibern und gebenedeit ist die Frucht deines Leibes." Jetzt erklang aus gottbegeistertem Munde zum ersten mal das christliche Lied der Lieder, das himmlische M a g n i f i c a t. Mir imponirte St. Johann im Gebirge zumeist als einziger palästinensischer Kultort dieses hehren Hymnus. Dem andächtigen Besucher legt man ihn vor und verheißt für dessen Recitation einen Ablaß.

Ein Klosterbruder machte den Cicerone. Derselbe führte uns aus der Kirche, in welcher ich inzwischen celebrirte, in das R e f e c t o r i u m, von da durch den C o n v e n t und in das neue P i l g e r h a u s, welches wir vom griechischen Kafé an der Jafastraße schon bewundert hatten. Weil noch auf einer kleinen Erhebung östlich vom Bergdorfe Kârim gelegen, hat der große Bau mit seinen zwei Fensterreihen von allen Seiten das stattlichste Aussehen. Dabei drängte die Umgegend gelegentlich manch' eine Frage auf, die von Seiten des Bruders keine sichere Lösung fand.

Zuletzt nahm er den Schlüssel zur fernen H e i m s u c h u n g s = k a p e l l e. Er führte uns außerhalb des Klosters zuerst östlich, dann südlich und hielt kurz vor dem Ziel bei der M a r i e n k a p e l l e, dem eigentlichen A i n K â r i m der Moslim. Wir fanden sie, wie alle Brunnen im Orient, von Waschweibern und Wasserträgern belagert. Sie floß aus der Felswand in einen Trog. Den Ueberschuß leiteten die Fellachen in ihre Gärten; und daraus kamen die schönen Gemüse und Früchte, welche die Dorfbewohner heute Morgen nach Jerusalem trug. Den ganzen Abhang hinab' hatte es einen üppigen Pflanzen=wuchs. Dies soll selbst in den Augen der Moslim der Segen Sitti Mariams sein. Ihr zu Ehren ist denn auch neben der Quelle ein öffentlicher Betplatz und eine Badekammer. Immerhin hängt das Entstehen und Bestehen des Dorfes an dem reichen, köstlichen Wasser.

Erst einige Minuten südlicher traten wir in die seit 1861 auf alten Fundamenten aufgeführte Kapelle der H e i m s u c h u n g. Darin war eine Quelle, von der die ältesten Pilgerbücher reden, die aber 1861 unter wirren Trümmern wieder neu entdeckt wurde. Wir kosteten auch dieses Wasser. Von den zwei Altären galt der eine M a r i ä H e i m s u c h u n g, der andere der Beschnei=

bung des Täufers. Demnach wäre eigentlich hier der Ort der Entstehung des Magnificat und Benedictus.

Zur Klosterpforte zurückgekehrt, verabschiedeten wir uns von dem Franciskaner, um noch bei den Sionsschwestern im äußersten Westen des Dorfes einen Besuch abzustatten; sie sind eine Filiale der Töchter Sions zu Jerusalem. Daselbst trafen wir innerhalb massiver Ringmauern einen großen, im französischen Stile angelegten Obst= und Gemüsegarten; doch klagte man über Wassermangel. Im Kloster präsentirten sich uns 30—40 Waisenkinder, die zum Theil französisch, noch geläufiger aber arabisch sprachen. Der deutsche Geistliche, welcher heute ausnahmsweise den Gottesdienst zu halten hatte, war leider schon unterwegs nach Jerusalem. So eilten auch wir, vor der größten Hitze noch in die Stadt zurückzukommen, was uns jedoch nicht besonders gelang.

Die späteren Nachmittagsstunden verwandten wir auf die nöthigen Vorkehrungen zum Uebernachten in der Grabkirche und für die noch dringenderen Vorbereitungen zu einem Ausflug an den Jordan, der auf den folgenden Morgen angesetzt war. Jenes ging nicht ohne schriftliche Genehmigung des Custoden. Zur Tour an den Jordan brauchten wir außer möglichst guten Pferden und einem erfahrenen Muker auch einen oder zwei Soldaten — und für letztere die wirksame Vermittlung der Consulate. Ferner sollten wir uns auf wenigstens zwei Tage verproviantiren. Wollten wir überdies auf dem Rückwege gleich andern zu Mar Sâba Einlaß finden, so mußte uns der griechische Patriarch dorthin empfohlen haben.

Ueber Bethanien nach Jericho.

Montag, den 25. August, früh halb 4 Uhr las ich über dem heiligen Grabe die Messe. Nur um diese Tageszeit läßt sich zwischen dem armenischen, griechischen und lateinischen Gottesdienste der nöthige Zeitraum für zwei bis drei Privatmessen gewinnen; dies hängt von der mehr oder minder ausgedehnten Feier des eucharistischen Opfers bei den Armeniern und Griechen ab. Für heute hatten drei Geistliche den Permesso des Custoden, aber nur zwei kamen an die Reihe. Ich schätzte mich glücklich, nicht der auf=

geschobene Dritte zu sein; denn ich fand die Exrubation so be-schwerlich als umständlich. Die gastlichen Hüter des heiligen Grabes geben den Eingeschlossenen wohl Tisch und Bett, diese müssen sich aber nicht blos mit Kapuzinerkost begnügen, sondern dürfen ihren wohlmeinenden Wirthen auch kein Verbrechen daraus machen, daß sie gleich ihnen in äußerst schwüler Luft kampiren und in einer Art Gang statt Zimmer vom bösen Volke des Beelzebub, d. i. des Fliegengottes, gepeinigt werden.

Ich war froh, das Thor heute schon um 5 Uhr geöffnet zu treffen; denn die Reise nach Jericho verlangte frühzeitigen Aufbruch. Wirklich harrte der Muker mit seinen vier Reitthieren bereits an der Pforte der Casa nuova. Die militärische Deckung sollte erst unterwegs dazustoßen. Als ich mich auf's Pferd schwang, fühlte ich die Folgen des Uebernachtens in der Grabkirche; denn ich hatte, anstatt zu schlafen, die ganze Nacht den Melodien der Mosquitos gelauscht, welchen gegenüber unsere gefeierten Rheinschnaken nur elende Stümper sind. Doch ritt ich gutes Muthes von dannen.

Der Weg ging durch das Stephansthor, d. h. man führte uns die uralte, aber in jüngster Zeit durch die Mildthätigkeit einer Russin für die slavischen und griechischen Jordanpilger verbesserte Straße über Bethanien nach Jericho. Da auch Mar Sâba zu unserem Programm gehörte, hatte Frère Liévin für den Hinweg das Hinnom- und Feuerthal vorgeschlagen. Seine Gründe waren die, daß man von Mar Sâba an auf luftiger Höhe hinzieht und meist eine herrliche Aussicht auf das todte Meer und einen Theil der Jordanaue hat.

Wir stiegen in's Kidronthal hinab, als eben Blinde, Lahme und Krüppel aller Art ihre Posten bezogen. Mancher dieser Aermsten mochte es seiner Verspätung zuschreiben, daß er von einer vielversprechenden Cavalcade blos das Nachsehen hatte. Am Fuße des Oelbergs hielt ein Soldat mit Spieß und Waffen, der mit der Erklärung, vom Dragoman der Casa nuova bestellt zu sein, sich an uns anschloß und sofort die Leitung des Zuges übernahm. Indem er sein Gewehr bald drohend in die Weiche stämmte, bald lässig über den Sattel legte, ritt er den südlichsten Oelbergweg hinauf, die zwei Franzosen, ich und der Muker hintendrein. Es war keiner der erwähnten drei Oelbergwege — an der Nordwestecke des Gartens Gethsemane zweigte er von diesen ab, — sondern ein schönerer vierter, welcher zwischen den Kuppen der Himmelfahrtskirche und des Berges des Aergernisses zur Höhe emporführte und zur Stätte der Auffahrt ein Umweg gewesen wäre, dagegen nach Bethanien die directe Straße war. Sie wandelte wohl schon Jesus bei seinen Besuchen in Bethanien, und auf keiner andern führte der Auferstandene seine Jünger „hinaus bis gegen Bethanien"*), als die Stunde der Rückkehr zum Vater gekommen war; denn auf den Oelberg gehen**), und dieses so, daß man „bis dahin kommt, wo es nach Bethanien geht," kann man nur auf der Felsenstraße, die wir eben ritten. Dies beweist die natürliche Ortsbeschaffenheit.

Weil die Rückseite des Oelberges im Gegensatz zur Vorderseite bekanntlich keine einheitliche Fläche bildet, sondern in hügeligen Stufen in die Tiefe steigt, sahen wir, auf dem Grate desselben angekommen, el Azarîje (d. i. den Ort des Lazarus) diesen Morgen so wenig als vorgestern Abend. Die Straße aber wandte sich jetzt gleich oftwärts um die von Kefr et=Tôr bekrönte Höhe, — und Jerusalem samt Kefr Silwân, welches das Auge bisher beherrschte, war mit einem Male verschwunden. Bei der stärksten Ausbiegung des Weges gegen Süden hätte ein Seitenpfad rechts zu einigen Cisternen geführt, die nebst spärlichen Mauerresten schon für die Ortslage von Bethphage erklärt worden sind. Keine 10 Minuten unter der Stelle, wo man den letzten Blick auf Jerusalem hat, zeigte sich endlich Bethanien hinter seiner jähen hügeligen Erhebung.

Weil noch Niemand aus der Gesellschaft hierhergekommen war, bogen wir links (nördlich) vom Wege und ritten über Felsenpfade und Staffeln zum auffälligen Wahrzeichen des Dorfes, dem noch gegen 40' hohen Thurm, welchen einst die fränkische Königin Melisendis zum Schutze eines von ihr gestifteten Benedictinerinnenklosters neben dem Lazarusgrabe erbaute. Er ist in sehr ruinösem Zustande, das Kloster eine wüste Stätte, und die Lazaruskirche mit dem Lazarusgrabe, welches die Benedictinerinnen zu hüten hatten, jetzt nur noch an Trümmern erkennbar. Auf einem Theil ihrer Fundamente erstand durch moslimische Hände ein plattes Steinhaus

---

*) Luc. 24, 50.

**) Apostelg. 1, 12 kommen die Jünger nach der Himmelfahrt von da zurück.

mit mansardenähnlichem Ueberbau. Dies ist die Moschee des unansehnlichen, selbst auch einer Ruinenstätte vergleichbaren Dorfes. Die hiesigen Moslim verehren in Rivalie mit den Christen darin den heil. Lazarus. Als so im 16. Jahrhundert die Azarije-Moschee den Christen den Zugang von Lazarus Grab zu erschweren begann, schufen sich die Franciskaner an dessen Nordwand einen seitlichen Eingang.

Um zu diesem zu gelangen, ritten wir auf dem einmal betretenen Felsenpfade (nordwärts) weiter und kamen bald in einen Parallelweg zu demjenigen, welchen wir vorhin verlassen. Hier gleich rechter Hand führten 26 Stufen in die ausgemauerte Vorkammer, von welcher aus Christus den Todten erweckte, 3 tiefere in das Grabgewölbe, in welchem Lazarus 4 Tage lag. Jede dieser Kammern hat eine Ruthe ins Gevierte. In keiner sieht man eine Spur von irgend einer Grabstelle.

Auf dem Wege quer durch das Dorf hatte uns der Mufer das Dach gezeigt, von welchem aus die Franciskaner zweimal im Jahre Christen und Moslim das Evangelium von der Auferweckung des Lazarus vorlesen. Es geschieht am Schmerzensfreitag und am St. Magdalenentage.

Einst gab es zu Bethanien nicht nur eine Lazarusgrab-Kirche, sondern auch eine Kirche über dem Hause der 3 Geschwister, bei denen Jesus so oft gastliche Aufnahme fand. und eine dritte Kirche über dem Hause Simeons des Aussätzigen. Durch eine Frau Nikolai ist 1868 ein Stück dieser altehrwürdigen Stätten käuflich erworben und den Franciskanern zum Geschenk gemacht worden. Wir sahen das fünffache Kreuz und Wappen der Franciskaner darüber, verschoben aber die Besichtigung auf eine günstigere Gelegenheit, die leider nicht mehr kam.

Um schließlich unsern Jerichoweg wieder zu erreichen, ritten wir auf der Nordseite des Dorfes hinab. Es besteht aus ungefähr 50 Häusern, eigentlich hohlen Steinhaufen von mehr oder minder regelmäßigem Aeußern. Die Männer lagen gruppenweise im Hofe und wärmten die nackten Füße an der Frühsonne. Die Weiber schleppten Wasser den Berg herauf, die Knaben schrien tapfer Bachschisch.

Außerhalb Bethanien stieg es einige Minuten gegen Nordosten. An der Stelle, welche den letzten und schönsten Blick auf

die freundliche Terrasse Bethaniens erlaubt, wird der Stein der
Rast, bei welchem die Unterredung zwischen Martha und Jesus
stattfand*), gezeigt. Daselbst ist auch eine Marthacisterne und
ein Marienschloß zu sehen. Letzteres bedeutet eine ehemalige
Magdalenenkapelle, aus deren Ruinen die Griechen neuerdings wieder
ein Kirchlein aufgeführt haben.

Gegenüber sah man Abu Dîs, das hier zu Land mit Bahu-
rîm**) zusammengestellt wird. Daraus wäre demnach jener Simei
hervorgekommen, welcher auf den vor Absalom fliehenden König
David schimpfte und Steine warf. Der schadenfrohe Mann aus
dem früheren Königshause erblickte hierin ein Gottesgericht für die
Entthronung Sauls und seiner Söhne. Die Oertlichkeit ist wirklich
für diese Scene wie geschaffen. Simei brauchte nur bis an den
jähen Bergesrand zu gehen, so verstanden David und seine Mannen
unten im Thale die Schimpfreden und waren durch seine Steine ernst-
lich gefährdet, während er selbst durch den steilen Abhang vor ihrer
Rache sicher war. Abu Dîs liegt nämlich auf dem hohen westlichen Ausgangspunkte des südlichen Randgebirges eines mehr denn
eine Stunde langen westöstlichen Wâdi, durch welchen die alte und
neue Jerichostraße führt. Wir hatten es vom olivenreichen Plateau
el Azarîjes aus hoch oben zur Rechten. In einer halben Stunde hätten
wir seine kahle Bergkuppe ersteigen können. Die Bewohner zählen
schon zu den Wüstenarabern. Ihr Schêch besorgt im Einvernehmen
mit der Regierung noch die Beduinenbegleitung für seltenere Jordan-
touren, nicht mehr für Jericho.

Fünf Minuten vom Steine der Rast verschwanden Abu Dîs
und el Azarîje aus dem Gesichtskreise. Wir ritten von da noch
20 Minuten auf jäher Felsenstraße im Zickzack bergab und hielten
dann in tiefer Schlucht vor Ain el Hod oder der Trogquelle,
bei den Christen Apostelquelle genannt; nach Frère Liévin
1 Stunde 20 Minuten von Jerusalem. Die Apostel haben so
sicher daraus getrunken, als Jedermann, der es von Jericho glücklich
bis hierher gebracht hat; denn auf dieser ganzen Strecke traf er kein
Trinkwasser. Im Buch Josua heißt sie Ain Schemesch (15, 7) und
ist eine Grenzmarke zwischen Benjamin und Juda. Wir tränkten

---

*) Joh. 11.   **) 2. Kön. 16, 5.

unsere Pferde am Trog, in welchen sie (aus einer Röhre) fließt, und versahen uns mit dem Wasserbedarf für den Tag. Die Fassung der Trogquelle bildet das Arcosolium einer ruinösen Mauerwand, die wohl einmal ein intregrirender Bestandtheil des Chans war, dessen Reste man noch nebenan sieht. Nach dem saracenischen Spitzbogen zu schließen, waren Türken, und nicht der byzantinische Kaiser Justinian (die Geschichte weiß von einem Brunnenhaus desselben) — die Erbauer. Der Ausfluß des Troges war einmal in die obere Ecke eines kleinen Teiches gerichtet, jetzt aber umging er denselben. Mit dem letzten Tropfen, welchen die glühende Erde einsaugte, hörte jede Vegetation auf, und eine unabsehbare Wüste begann. Rechts oben bezeichnete das Weichbild von Abu Dis die äußerste Grenze der Kultur, und doch war es in der Luftlinie keine Viertelstunde östlicher als die Terrasse von Bethanien.

Wir folgten dem Wâdi el Hôd oder dem Trogquellenthal. Es hat nicht das wilde Aussehen einer Steinwüste, sondern ist selbst an seinen jähen Abhängen mit weißlichem Erdreich bedeckt, das gleich nach den Winterregen mit grüner Weide überzogen sein muß. Den dürren Resten dieser liefen eben die Schafe und Ziegen von Abu Dis nach; auch sahen wir hier das einzige mal die flüchtige Gazelle. Große Geier schienen irgendwo etwas Gefallenes zu riechen; gebleichten Thierskeletten begegneten wir am Weg. Sechs Fuß lange Steinhäufchen bezeichneten auch menschliche Ruhestätten.

Aus dem Trogquellenthal bildete ein Hügel die Brücke zu einem andern Wâdi. Vorher war ein rauher Pfad rechts nach dem moslimischen Wallfahrtsort Nebi Mûsa abgegangen, das man auf dem Weg vom todten Meer nach Mar Saba lange zur Rechten hat. Dieser zweite Wâdi brachte nichts Neues. Die Aussicht war versperrt, Licht und Wärme gespannt, und jedem erfrischenden Luftzug der Zugang gewehrt wie vorher. Eine halbe Stunde später leitete eine sanfte Höhe in eine dritte Längenfurche über. Im trockenen Bachbett der zerrissenen Thalsohle stand zahlreicher als bisher der mannshohe Dornstrauch Sidr, dessen schlimme Eigenschaften ich erst im Jordanthal völlig kennen lernte. Nach ihm heißt dieses Thal Wâdi Sidr. Einstweilen erfreute er das Auge durch das Hellgrün seiner Blättchen und fiel nicht blos durch den Contrast mit seiner fahlen oder bräunlichen Umgebung auf, sondern auch durch den Farbencontrast in sich selber. Wie der weiße Stamm aus dem grünen Behäng der Birke hervorschimmert, so das blendend weiße Gehölz des Sidr aus dem frischen Grün seines Blattwerkes. Bei näherer Besichtigung entdeckte man die kurzen scharfen Krallen seiner Dornen, sowie auch die Menge schneeweißer schwammiger Aepfelchen. Ob er wohl identisch ist mit dem homerischen Lotos der Anwohner beider Syrten? Mehrmals versuchte ich vom Pferde aus ein Zweiglein zu brechen, begegnete aber einer Zähigkeit, die jeder Bemühung spottete. Bei Bânias trafen wir später die weißen Früchte des Sidr etwas vergilbt. Sie waren reif und schmeckten eher säuerlich als süß. Als kleinen Baum hatte ich die gleiche Rhamnus=art schon in einem Moscheehof zu Kairo gesehen. Dort hatte man sie als Spina Christi bezeichnet. Auch in Paläſtina besteht der Glaube, die Dornenkrone Jesu sei daraus gewunden gewesen, trotzdem die heutigen Dornenkronen bekanntlich nicht daraus gemacht werden.

Der Wâdi Sidr ist nur 10 Minuten lang, dann geht es wellenförmig zu dem Gebirgsjoch Chan el Hadrûr hinauf, un=gefähr halbwegs von Jerusalem nach Jericho. Es war 11 Uhr, als wir da ankamen. Seit den ältesten Zeiten befand sich eine Sicher=heits=Station hier, in den Tagen Hadrians eine schützende Cohorte. Links drüben auf dem Berge bezeugten dies die schwarzen Mauern einer verlassenen Veste, gerade vor uns die Ruinen eines befestigten Chanes und seiner Annexe. Der Name Mordthal, welcher der viele hundert Fuß tiefen Schlucht zwischen jener Veste und diesem Chane anhaftet, sowie die alljährliche Erfahrung, oftmalige Plünderung und Raubmord bei gänzlicher Verlassenheit des bedrohten Wanderers, beweisen zur Genüge, daß die militärische Besetzung dieses Passes nicht fehlen sollte und in einem wohlgeordneten Staate auch nie fehlte. Wir fanden den kurzen Schatten, welchen der südliche (rechte) Felseinschnitt über die Ruinen des Chans warf, von auf=wärts ziehenden Kaufleuten besetzt; darum stiegen wir Angesichts desselben von den Pferden und flüchteten vor der Sonnenglut in eine natürliche Höhle, welche sich rechts vom Wege aufthat. Während hier jeder in seiner Weise sich gütlich that, fand sich ein zweiter türkischer Soldat ein, der vorgab, vom deutschen Consulate aufge=boten zu sein. Das Aeußere dieses Cavaliers war der Art ab=stoßend, daß der Gedanke an seine Begleitung das Gefühl der

Sicherheit eher drückte als hob. Doch erwies er sich nachmals weit
nützlicher als sein Kamerad. Wir verweilten bis etwas nach
ein Uhr.

Es war hier der im Buche Josua (15, 7) als Stammesgrenze
genannte Punkt Maaleh Dummim, d. i. „Höhe der Röthe“, auch
„Blut-Höhe“, die durch Verwechslung von Dam (Blut) mit Adam
Anlaß zu allerlei Sagen über den Stammvater des Menschengeschlechtes geworden ist. Er soll namentlich in dieser Gegend seine Sünde
bereut haben. Der Verwundete in der Parabel vom barmherzigen
Samaritan aber wurde angeblich genau an der Stelle des Chans
untergebracht und auf Kosten des Irrgläubigen bis zu seiner Genesung verpflegt. Die schauerige Oede gäbe zur Parabel eine
Illustration, wie sie kein Rafael großartiger ausdenken könnte.
Wichtiger ist, daß sicherlich Jesus nicht nur da vorüberkam, sondern
gleich jedem Fremden, den sein Weg hier vorbeiführt, auch aus-
ruhte, insbesondere auf seinem letzten Gange nach Jerusalem. Was
mochten wohl damals seine Gedanken sein, hier dritthalb Stunden
von Bethanien und Bethphage, drei Stunden von Gethsemane
und Golgatha?

Vom Chan Hadrûr weg hielt sich die Straße etwas in der
Höhe und gestattete freie Blicke über die versengten Kuppen und
schrundigen Spalten unheimlicher Schluchten bis hinab in die Jordanaue und zum todten Meere. Man sah, daß der Jordan nicht mehr
fern war, und doch sollten wir so schnell nicht hinkommen. Frère
Liévin rechnet vom Chan noch $2^1/_4$ Stunde bis zur Elisäusquelle
— das war unser nächstes Ziel — wir aber brauchten vier, was
sich zum Theil aus der Jahres- und Tageszeit erklärt. Der Boden
zeigte neben der grauweißen Farbe des Kalksteines und Mergels
auch röthliche Erd- und Steinschichten; der Volksglaube findet darin
vergossenes Blut.

Nach fünf Viertelstunden ritten wir, bald dieser, bald jener
Himmelsgegend zugewendet, halsbrecherische Steigen hinab. Innerhalb
einer Stunde befanden wir uns, statt 400' über, 500' unter dem
Meere. Zuletzt folgten wir dem Wâdi Kelt. Derselbe erscheint
nicht blos deswegen so interessant, weil man seit Robinson „den
Bach Kerith“ darin sucht, „der vor dem Jordan ist“ *), und aus

*) 1. Kön. 17.

dem Elias, der Tischbite, trank, bis „er vertrocknete“; er ist als schauerig enge und tiefe Gebirgsspalte auch ganz einzig in seiner Art. Wie ehemals, so bewohnen neuerdings wieder g r i e c h i s c h e M ö n c h e ein an den Fels geklebtes Kloster tief im Hintergrunde des Wâdi; eine der Welt noch mehr entrückte Klause wäre fast undenkbar. In dessen Nordwand bezeugen Höhlenwohnungen die einstige Existenz einer Einsiedelei; der h e i l. C h a r i t o n mit seinen Gefährten soll nämlich hier gewohnt haben, bevor er seine Laura bei Thekôa gründete. Der Wâdi zeigte auf seinem meterbreiten Grunde stellenweise den Silberfaden eines winzigen Wässerchens — wohl der Rest eines Zuflusses vom Wâdi Ain Fâra im Westen. Zur Regenzeit ist er gewöhnlich von einem Bache durchtost, der bei seinem Eintritt in die Ebene den Besuchern der Elisäusquelle mitunter Sorgen bereitet; jetzt entsendete er keinen Tropfen Wasser in die Jordanaue.

Als die Berge allmälig zurückblieben, und die Aussicht sich zu entrollen begann, passirten wir die zwei Häuserruinen Bet Dschêber, welche man mit den von Strabo erwähnten Festungen Thrax und Tauros zusammenstellt. Zehn Minuten weiter lag rechts am Fuße eines Hügels die Ruine C h ö r b e t e l K a k û n. An eine oder auch an beide Ruinen versetzt die Tradition den Blinden Bartimäus. Da am Wege rief er, statt zu betteln: „Jesus, Sohn Davids, er= barme dich meiner!“ und vernahm das wunderkräftige Wort: „Dein Glaube hat dir geholfen.“ Außerhalb der Stadt sucht man den Schauplatz dieses Wunders, weil der Blinde Jesum anrief, als dieser „mit seinen Jüngern und einer großen Menschenmenge weg= ging von Jericho“ *).

Von der letzten Stufe der Berge Judas hatten wir eine höchst frappante Aussicht über das Ghôr — wie die Jordanaue bei den Arabern heißt — das todte Meer und die gewaltige Felsterrasse des Ostjordanlandes, die endlich sich etwas zu gliedern begann. Ueberall war nichts als einförmige trockene Wüste, nur am fernen Jordan stellenweise ein grüner Streifen und gegen Süden die träge stahlblaue Masse des Bahr Lût, d. i. des Meeres des Lot. Wohn= lich erschien die kleine Oase von er=Rîcha, dem heutigen Jericho.

---

*) Marc. 10.

Trotzdem verbargen sich dessen elende Hütten hinter dem Gestrüpp, und man entdeckte außer dem plumpen viereckigen Thurm eines alten, fast abgetragenen Kastelles fast nichts von dem ärmlichen arabischen Dorfe. Ueber gewaltige Massen Gerölles, das die Winterbäche von Jahrtausenden vor sich hergeschoben haben, traten wir in die Ebene ein. Schon wiederholt waren wir an Resten von Wasserleitungen vorüber= gekommen — ein Beweis, daß hier einmal höhere Kultur und ein gewisser Wasserreichthum herrschte — jetzt ließen wir einen solchen Aquäduct und den großen viereckigen Teich Birket Mûsa oder Mosesteich rechts im Felde und wandten uns, unbekümmert um das Dorf, links (nördlich) Ain es=Sultân und dem Fuße des Dschebel Karantel zu. Anders that unser bequemer Jerusalemer Soldat. Dieser begab sich ohne Weiteres nach dem 20 bis 25 Mi= nuten entfernten er Rîcha. Er hatte schon auf dem Weg für Aenderung unseres Reiseplanes plädirt und ohne Scheu erklärt, er habe Furcht. Ging es nach seinen Vorschlägen, so verzichteten wir morgen auch auf Mar Saba, begnügten uns mit einem Jordanbad und kehrten auf demselben Wege wieder zurück, auf dem wir gekommen waren. Um so kühner manöverirte der Soldat vom Chan Hadrûr um uns herum und sprengte voran nach dem Wâdi Kelt, der uns jetzt als tiefer Graben im Wege lag. Abwärts sahen wir die Bogen eines Aquäbuctes, der einmal darüber führte, nebst den Resten einer eingegangenen Brücke. Im Keltbette trafen wir den heil. Nacht= schatten, über und über mit goldgelben Früchten behängt. Ich hielt diese gleich andern Fremden für Sodomsäpfel, doch wollten sie nicht, wie sie eigentlich sollten, in Staub aufgehen.

Noch 25 Minuten ging es in nördlicher Richtung, und wir hielten am Elisäusbrunnen. Das ist der Name für Ain es= Sultân bei den Pilgern. Von dieser Quelle gelten nämlich die Worte*): „Siehe (Elisäus), die Wohnung dieser Stadt (Jericho) ist gut, aber ihr Wasser ist schlecht. Da sprach Elisäus: „Bringet (Bewohner von Jericho) eine neue Schale und thuet Salz hinein." Und sie brachten sie ihm. Da ging er hin, wo das Wasser heraus= kam; warf das Salz hinein und sprach: „So sagt Jehova: „„Ich heile dieses Wasser."" Da ward das Wasser geheilt bis auf den

---

*) 4. Kön. 2.

heutigen Tag." Ohne diese herrliche Quelle hätte es wohl zu Christi Zeiten so wenig ein Jericho gegeben als heute ein er-Richa. Sie zaubert, wenn auch in geringerem Maße, gleich dem Bárada bei Damaskus eine Oase in die Einöde. Nachgrabungen haben das Ergebniß geliefert, daß das alte Jericho fast ebenso am nördlichen Anfang, wie das heutige am südlichen Ende ihres Quellgebietes zu suchen ist. Ihr köstliches Wasser kommt aus vielen kleinen Oeffnungen des Bodens, sammelt sich in einem Becken und geht gleich als hübscher Bach weiter. Wir ritten in diesen hinein und glitten darin von den Pferden. Nie habe ich bei einer Quelle so hohes Glück empfunden, und so scheint es der ganzen Karawane, Mensch und Thier, zu Muthe gewesen zu sein. Obwohl uns das Wasser auf dem Wege nicht ausgegangen war, stand jeder da und trank wohl eine Viertelstunde. Voll Lust wieherten hinter uns die Pferde, und der Packesel mußte schließlich geprügelt werden, weil er im Sinne hatte, sich mit unsern Effecten in dem reizenden Elemente zu wälzen. Ueber das mit Quadern ausgemauerte, vier Ruthen lange und halb so breite Becken hing ein Sidrbaum. Als ich demselben zu nahe kam, verfing sich in dessen dichten Dornen zuerst die doppelte Hülle meines Hutes, dann die eine, dann die andere zur Hülfe ausgesandte Hand, schließlich noch die Haare und der Kopf. Am Ende zog ich blutig und zerzaust von dannen.

Das alte Jericho schloß die Elisäusquelle nicht ein, lag aber in nächster Nähe. Ich dachte mir dasselbe am jähen Abhang und auf dem Plateau des Hügels, aus dessen Fuß die reiche Quelle hervorströmt, aber auch auf dem gewellten Terrain nach dem Dschebel Karantel (westlich) und Wâdi Kelt (südlich) zu. Diesem städtischen Rahmen galten Mosis letzte Blicke vom Nebo*). Da begann Josua unter Wunder und Zeichen die Eroberung des verheißenen Landes. Die kanaanitische Stadt wurde dem Untergang geweiht und der Fluch über den ausgesprochen, welcher ihre Mauern wieder aufbaue**). Das hebräische Jericho scheint sich von selbst gemacht zu haben, da es trotz dem Fluch bestand und bis in die späteste Zeit blühte. Der Triumvir Antonius verehrte es seiner Freundin Kleopatra. Diese verkaufte es an Herodes, der sich hier

---

*) 5. Mof. 34, 3.   **) Jof. 6.

eine luxuriöse Winterresidenz baute, für Wasserleitungen, duf=
tende Gärten, Schlösser, Theater und Rennbahn sorgte, als blut=
gieriger Tyrann hier hauste und starb, um sich letztlich zu Hero=
dium am heutigen Frankenberge begraben zu lassen. Einige
Decennien später ging Jesus wiederholt hier durch, und nicht nur
Bartimäus verdankte einer solchen Durchreise sein Augenlicht*),
auch dem Hause des Zachäus ist bei diesem Anlaß Heil wider=
fahren**). Gleich den Pilgern aus Peräa trat Jesus zu Jericho
seine Reise zum letzten Osterfeste an***). Schwere Tage kamen
über dasselbe unter Titus und Trajan. Kaiser Hadrian half ihm
wieder auf. Von da an wurde es allmälig christlich. Auf dem
Concil von Nicäa (325) wird ein Bischof Januarius von Jericho
genannt. Ueber zwei Jahrhunderte weiß man die Namen seiner
Nachfolger. Kurz vor den Kreuzzügen ist es von der Erde ver=
schwunden. Er-Richa datirt aus der Zeit der Frankenherrschaft.

Wir kletterten westlich die Höhe der Elisäusquelle hinan,
um eine Aussicht zu gewinnen und zugleich die Schwierigkeit der
Ersteigung des Dschebel Karantel dahinter zu ermessen. Der
Quellbach lief, in verschiedene Rinnsale vertheilt, gegen $^3/_4$ Stunden
südöstlich in die Ebene hinaus. Die Oase schien den doppelten
Umfang ihres Durchmessers zu haben. Trotz der außerordentlichen
Triebkraft des Bodens waren keine Spuren von Kultur zu be=
merken; der ganze grüne Fleck schien ausschließlich von baumhohen
Dornen eingenommen. Doch sah ich später, daß diese verwildertes
Feld einschlossen, auf dem man neuerlich Durra einheimste und jetzt
noch einige Gartengewächse, Granaten, Feigen zog, da und dort
auch einen Rebstock seinem Schicksal überließ. Hinter dem schon
erwähnten Thurm stand ein verkrüppelter Dattelbaum, wie um das
jetzige verkommene Volk zu verklagen, daß die gepriesene Palmen=
stadt der mosaischen †) und Richterperiode ††) im Chor fehle. Von
der Maulbeerfeige aber war keine Spur zu entdecken, trotzdem zu
Christi Zeit die Wege damit bordirt waren, und dem kleinen Zachäus
eine solche Allee das erfolgreiche Auskunftsmittel †††) bot, als
er den daherziehenden Jesus von Nazareth ungeachtet der Volks=

----

*) Luc. 18. **) Luc. 19. ***) Luc. 19.
†) 5. Mos. 34, 3. ††) Richt. 1, 16. †††) Luc. 19, 4.

schaaren sehen zu müssen glaubte. Wenn jetzt selbst die der Seidenzucht wegen durch Syrien so verbreitete Maulbeere fehlt, wie darf man dann nach der unter Salomon aus Südarabien importirten Balsamstaude fragen, die so spät noch das Interesse der Kleopatra erregte? Gleich dem Balsam fehlt auch der Hennastrauch, woraus man im Oriente bis zur Stunde eine unentbehrliche rothe Frauenschminke bereitet. Der jetzige falsche Balsam oder das s. g. Zachäusöl wird von der magern olivenähnlichen Frucht eines Dornstrauchs gewonnen, welcher sich mit dem Sibr um die Herrschaft über die Oase streitet und arabisch Zakkûm, bei den Botanikern Balanites ägyptiaca heißt. Dem äußeren Anschein nach ein harmloser Citronenbaum, ist er wegen seiner langen Stacheln dem Passanten so gefährlich wie der Sibr. Sofern übrigens die Gesträucher er-Richas im Frühjahr äußerst wohlriechende Blüthen haben, ist von der Balsamduftenden — das heißt ursprünglich Jericho — wenigstens noch ein Schatten geblieben.

Weil meine Begleiter die Mühe eines flüchtigen Abstechers nach dem Dschebel Karantel scheuten, lasen wir wiederholt in Frère Liévins Guide-Indicateur die Distanzen. Da hieß es 1 Minute bis zur ersten Zuckermühle, 9 Minuten von dieser bis zur zweiten, 10 Minuten von der zweiten bis zur dritten und 23 Minuten bis zur heiligen Grotte. Die Ersteigung des Berggipfels wollte 44 Minuten weiter. Ich plädirte, trotz der vorgerückten Zeit, wenigstens für den Besuch der heiligen Grotte, d. i. der Höhle des vierzigtägigen Fastens — und siegte. Fort ging es über Stock und Stein zu den Mühlen und dem Fuße der Bergwand, der Soldat bald fünf und mehr Minuten voraus, die andern weniger, ich weiter hintendrein. Rechts vom Aufgang hatte es schwarze Beduinenzelte, und deren Bewohner schenkten mir aus den Lucken des Dorngestrüpps eine fast beunruhigende Aufmerksamkeit.

Die Russen haben bis zur halben Höhe der Grotte im Geröll einen Zickzackpfad für Fußgänger angelegt. Weil unser Führer auch diesen im Trabe hinaufsprengte, blieb nichts übrig als zu Pferde zu folgen. Hoch oben traf ich nur noch drei Pferde an. Sie standen innerhalb einer Mauerbrüstung auf knapper Platform. Gleich meinen Vorgängern legte ich einen schweren Stein auf den Zaum und setzte meinen Weg zu Fuß fort. Zuerst ging es über

viele gehauene Stufen, dann durch einen wagrechten nordsüdlichen
Gang im Innern der Felswand, dann auf einer neuen Flucht
Staffeln zu einer ersten, zu einer anstoßenden zweiten und besonders
geräumigen dritten Grotte. Hier traf ich die Gesellschaft bei einem
griechischen Anachoreten. Er offerirte seinen Gästen Wasser, Scherbet
und Kaffee, zeigte große Haufen Durra — von den Beduinen an-
vertrautes Gut — ging voran in die Grotte, welche nach alten
Malereien zu schließen den Einsiedlern von jeher als Kapelle
diente, und führte uns zur Treppe, auf welcher man von innen zu
einem f r e i e n P l ä z c h e n der senkrechten Felswand gelangt.

Dieses bildete erst das wichtigste Sanctuarium; denn hier „wurde
Jesus während vierzig Tagen vom Teufel versucht; und er aß nicht in
jenen Tagen" *). Obwohl dasselbe durch eine Brustwehr geschützt
war, mochte doch Niemand von dort aus etwas sehen. Zu letzterem
Zwecke setzten wir uns einige Minuten an die Fensteröffnungen der
ein Stockwerk niedereren Mönchswohnung. Tief unten lag das
Revier der Zuckermühlen, die gleich der ehemaligen Pflanzung des
Zuckerrohrs selbstverständlich längst zu Grunde gegangen sind. Der
Segen dieses Landstreifens datirte nicht von der zu tief gelegenen
Elisäusquelle, sondern von der $1/2$ Stunde nordwestlich hergeleiteten
Quelle A i n D û k, woselbst man jenes Kastell D o c h sucht, in wel-
chem Simon der Makkabäer von Ptolemäus, dem Sohne Abubs
und eigenen Tochtermanne, treulos ermordet wurde **). Das
Wasser wurde noch von den Franken durch Aquäducte zu den Zucker-
rohrplantagen geleitet. Die Beduinen, welche jetzt in dem Revier
hausen, pflanzen etwas Durra und Mais.

Der Schatten des Dschebel Karantel hatte auf die Wüsten-Söhne
eben die Wirkung, welche sonst die Sonne auf die Bienen hat: scheinbar ein Zwerggeschlecht, schwärmten sie um ihre theils runden, theils
länglichen Zelte. Die Alten arbeiteten, die Jungen spielten, die Weiber
putzten ihre Kleinen. Aus der öden Jordanebene drüben schimmerte thalaufwärts der weiße Spiegel des Flusses herüber, thalabwärts ein Stück
der stahlblauen Masse des todten Meeres. In der Höhe ging durch den
Zauber der abendlichen Beleuchtung das sonst so unbezwingliche Stein-
plateau des Ostjordanlandes wenigstens theilweise in die Brüche, und

---

*) Luc. 4, 2.   **) I. Makk. 16, 16.

mehr oder minder gräuliche Spalten, Schlünde und Gründe schoben sich zwischen die losen Stücke. Es war ein schauerigschöner Anblick.

Die Bedeutung des Dschebel Karantel (von Quarantana = 40-tägiges Fasten) culminirt wohl in der heiligen Grotte. Nachdem aber Jesus hier vierzig Tage gefastet hatte, trat der Versucher zu ihm und sprach: „Wenn du Gottes Sohn bist, so sprich, daß diese Steine Brod werden.“ Dann führte ihn der Teufel auf einen hohen Berg, zeigte ihm alle Reiche der Erde und sprach: „Dieses alles will ich dir geben, wenn du vor mir niederfällst und mich anbetest.“ Diese beiden Versuchungen verlegt die Tradition gleichfalls hierher. Für „den hohen Berg“ gilt die einst von Kirche und Kloster bekrönte Kuppe des Dschebel Karantel, die nur von der Westseite mühsam erstiegen wird. Ich sah sie vom Oelberg und den ihm parallelen Jerusalemer Bergen nordwärts Anâta zu. Auch fixirte ich sie in unserem Quartier zu er = Richa. Die Ersteigung des äußerst lohnenden Punktes aber war nicht in unsern Reiseplan aufgenommen.

Nachdem wir unsere Pferde bedächtig in die Tiefe gebracht, saßen wir mit dem Bewußtsein, unsere Aufgabe gelöst zu haben, auf und bemühten uns redlich, unseren hurtigen Vorreiter nicht ganz aus den Augen zu verlieren; denn wir kannten weder Weg noch Steg, hatten noch eine Stunde bis an's Ziel, und dabei ging es die letzte halbe Stunde durch die Wildniß der Oase. Unheimliche Gestalten huschten vor und hinter uns über den dornigen Pfad und verschwanden da oder dort in einem Zelte. Recht zur Unzeit nahm mir da ein Sidr den mit Wolle und Schleiern umwickelten Hut und trennte mich von der Gesellschaft. Als ich nach heillosem Kampf vom Rücken des ungeduldigen Pferdes zu meiner Sache gekommen war, hatte ich große Noth die Karawane wieder zu erreichen. Wir ritten zu dem ganz neuen russischen Hospiz, trotzdem es zu er=Richa auch eine Locanda gibt. Die hochbetagte Wirthschafterin bot alles auf, das Vertrauen, welches wir in sie setzten, zu rechtfertigen und uns den Abend so angenehm als möglich zu machen. Sie holte frisches Wasser, setzte Rumanen (Granaten) und (auffällig kleine) Feigen vor und traf Anstalten, Thee, Reis und Eier zu sieden. Inzwischen unterhielten wir uns im großen Garten, musterten die Gewächse und bewunderten des Nachbars Terebinthen.

Das Essen verdarben uns fast die Soldaten, die jetzt kamen und rundweg erklärten, daß sie uns nicht über Jericho hinaus begleiteten, die Gegend sei durch Beduinen unsicher. Sie bleiben einen Tag länger zu er-Richa und kehren dann auf dem alten Wege nach Jerusalem zurück. Weil man hier zu Lande die Ramadhan-Nächte wie bei uns den Carneval begeht, und weil nicht blos die Männer, sondern auch die Frauen von er-Richa in üblem Rufe stehen, schien uns diese Furcht ein leichtfertiges Vorgeben, und wir erklärten, im Nothfall auch ohne militärische Deckung über Mar Sâba zu reisen. Dieses aber kam ihnen ihrer selbst wegen bedenklich vor; denn sie waren von zwei mächtigen Consulaten aufgeboten. Darum brachten sie einen der vier Soldaten (richtiger Gensd'armen) des Dorfes, welcher uns bis Mar Sâba zu begleiten bereit war. Wir versprachen letzterem bis dahin 7 Franken, den beiden Aposteln aber die Bezahlung eines Tages zu Jerusalem. Auf 2 Uhr setzten wir die Abreise an, und der Baschibosuk erklärte, zur Zeit vor der Pforte zu halten.

Unsere Wirthin gab uns hohe, luftige Zimmer und reinliche Betten; trotzdem ließ mich die dumpfe Hitze und eine kleine Art giftiger Schnaken weder im Bett noch auf dem platten Boden zum Schlafe kommen. So blieb mir der ungeschmälerte Genuß der Cimbeln und Pauken, welche die Orgien des leichten Zigeunervolkes die Nacht hindurch begleiteten. Das Dorf hat etwa 50 Hütten und gegen 300 Bewohner.

Jordan, todtes Meer und Mar Saba.

Dienstag, den 26. August, früh zur anberaumten Stunde brachen wir auf. Der Baschibosuk war lange vorher auf dem Posten gewesen, hatte dem Muker satteln helfen und dann zum Fenster hereingeschaut. Es ging über Ain Hadschla, das antike Beth Hagla, zunächst nach dem Jordan.

Auf dem Wege deutete der Führer nordwärts gegen Tell Dschel-dschul, das er wirklich sah, ich vielleicht nur in der Einbildung. Dort will man Gilgal wiedergefunden haben, den Lagerplatz der Israeliten nach dem Jordanübergang. Es ist so benannt, weil Josua durch die Erneuerung der Beschneidung von den unbeschnitten Gebliebenen die Schande „abwälzte" *). Daselbst wurden die zwölf aus dem Jordan genommenen Steine zu einem Denkmal gefügt, das Kindern und Kindeskindern noch sagen sollte: „Israel ging im Trockenen durch diesen Jordan **)." Da hielten die Söhne Israels Pascha und „aßen den Tag nachher vom Getreide des Landes". „Auch das Manna hörte auf von dem Tage an, wo sie von dem Getreide aßen." Tell Dscheldschul ist eine unscheinbare Erderhöhung in der Ebene, 20 Minuten von er-Richa, einige hundert Schritte (nördlich) vom seichten Graben des Kelt, den wir hier überschritten. Es weist noch Reste einer früheren Kirche und Ortschaft auf.

Wir ritten, ohne ein Wort zu wechseln, hinter einander. In der feierlichen, sternenhellen Nacht widerstand der müde Geist dem Zauber des historischen Bodens nicht lange. Er sah Josua und Kaleb, Elias und Elisäus, Herodes, der das Maß seiner Sünden hier voll machte, Zachäus und Bartimäus, die den Weg zum Heile fanden, sah Jesus, der seine Schritte mit Werken der Barmherzigkeit bezeichnete. Dabei steuerte unser Vorreiter nach einer bestimmten Stelle des Scheria, d. i. der Tränke — so heißt der Jordan bei den Arabern — nämlich zur Badestelle der Lateiner, anderthalb Stunden ober der Jordanmündung und ebenso weit (osö.) von er-Richa.

Sie gilt für den Ort, wo Johannes taufte, wo „ganz Judäa" zu ihm kam, auch „Jesus von Nazareth in Galiläa"; „und er wurde von Johannes in den Jordan getaucht ***);" „und sofort, nachdem er vom Wasser heraufgekommen, sah man die Himmel sich öffnen und den Geist wie eine Taube auf ihn herabkommen;" eine Stimme vom Himmel aber rief: „du bist mein geliebter Sohn, an dir habe ich mein Wohlgefallen †)." Die fromme Sage weiß viel mehr. Hier führte Josua die Israeliten trockenen Fußes über den Fluß; hier schlugen Elias und Elisäus mit ihrem Mantel die Wasser, und sie standen still, bis sie hinüber und herüber waren ††); hier auch erwarb sich der heil. Christoph, der aus Nächstenliebe die Leute auf seinen

---

*) Jos. 5.   **) Jos. 5, 22.   ***) Marc. 1, 9.
†) Marc. 1, 11.   ††) 4. Kön. 2, 7.

Schultern überzusetzen pflegte, seinen Ehrennamen Christusträger. Als er nämlich eines Tages ein Kind trug, und dieses ihn an reißender Stelle durch sein Gewicht zu erdrücken drohte, bekannte es sich auf dessen Frage als den Träger der Welt. Thatsache bleibt, daß in den frühesten Zeiten christliche Einsiedler hier wohnten, und später vorübergehend Kirchen und Klöster dastanden. Die Taufstelle selber war an den Ufern mit Marmor belegt. In der Mitte des Flusses erhob sich ein Kreuz und auf Gewölbebogen, unter welchen das Wasser hinfloß, eine Taufkapelle. Weil der Fluß im Frühjahr sehr reißend ist, waren auch Vorkehrungen für die Sicherheit der badelustigen Pilger getroffen. An solchen aber fehlte es nie, weil man dem heiligen Strom, der zur Zeit des Elisäus vom Aussatz, zur Zeit des Täufers von der Sünde half, eine physische und moralische Heilkraft zuschrieb. Auf der östlichen Seite soll Maria von Aegypten 35 Jahre lang Buße gethan haben und nach ihrem Tode (430) vom heil. Zosimus, welcher im Ghôr seine Laura hatte, auf göttliche Weisung bestattet worden sein.

Anfangs hatten die Dornen, dann der von Nagethieren unter= wühlte Boden und querziehende Furchen zu langsamem Vorgehen gerathen. So mochten wir gegen zwei Stunden geritten sein, als wir endlich Angesichts des Jordan abstiegen. Da war es unser Erstes, daß wir aus dem geweihten Bette des Flusses tranken. Die Pferde liefen, bevor sie sollten, den sanften Rain hinab. Wir folgten mit Trinkgeschirren, um uns schließlich der hohlen Hand zu bedienen; des seichten Grundes wegen brachten wir nur trübes Wasser in unsere Gefäße. Der Durst sorgte, daß man das laue Wasser mit dem größten Appetite trank.

Das Jordanbad galt und gilt — zumal bei den Russen und Griechen — immer noch als sühnender Weiheakt; es ist aber das eine mal wegen der Kälte des Wassers, das andere mal wegen der Glut der Sonne ein gesundheitswidriges Risiko. Wir waren eben in der günstigsten Lage und konnten dem einladenden Plätschern des gekräuselten Wasserspiegels ohne Bedenken folgen. Als ich von den kalten Kieseln am Ufer in das Flußbett trat, glaubte ich zuerst auf lebendes Gethier zu gerathen; so warm fühlten sich die Steine. Das Wasser hatte im Vergleich mit der Nachtluft eine so hohe Temperatur, daß man sich förmlich in dasselbe flüchtete und möglichst damit deckte, was bei der Seichtigkeit des Flusses nicht recht gelingen wollte. Der Jordan war nämlich in seiner ganzen Breite so tief, daß der Kopf gerade über das Wasser ging, wenn sich die Hände an den Steinen fest klammerten, um der starken Strömung begegnen zu können. Letztlich kostete mich die Rückkehr an's Land einen ebenso kräftigen Entschluß, als sonst das Gehen vom Land in's kalte Wasser. Als ich darauf mein Thermometer zu Rathe zog, fand ich in der Luft 16°, im Wasser 24° R.

Wir blieben hier, bis es heller Tag geworden war, und die Eingeborenen mit ihren Heerden von dem West- nach dem Ostjordanland hinübersetzten — was keine sechs Schritte oberhalb unserer Badestelle geschah und doch von uns nicht beobachtet werden konnte; dies verhinderte das Gebüsch an beiden Ufern des Flusses, der wie überall auf seinem Laufe, so auch hier unvermuthet schnell zur Bildung einer seiner vielen Curven ausholte. Es war die Jordanfurth Mâktaa el Chênnu, der Wortbedeutung nach identisch mit dem johanneischen Bethabara *), bei welchem der Vorläufer taufte. Seit Robinson ist sie bekannter unter dem Namen Furth el Helu. Durch dieselbe setzt gegenwärtig jedermann über den Jordan, obwohl es 20 Minuten aufwärts eine obere Furth gibt und ebensoweit abwärts eine untere sein soll; bei der Furth el Helu ist nämlich der Zugang am leichtesten. Da hat es trockene und abgeflachte Ufer, während sonst dem Flusse Moräste, Büsche und Astwerk vorgelagert sind, oder der brödelige Mergelboden des Ghôr plötzlich senkrecht nach dem Wasserspiegel abfällt.

Höchst auffällig war mir die große Nähe von Peräa. Hart am östlichen Ufer erhoben sich die grauen Kalksteinmassen des öden Gebirges in kühnen Stufen — und der Blick folgte den grausen Felsspalten, durch welche der Beduine seinen Weg nach Hesbân sucht. So weit das Auge reichte, war der Jordan zugleich die Ostgrenze der Ebene. Letztere machte den Eindruck einer Wüste, wie sie etwa das Ausbleiben des Nil in Aegypten zur Folge haben müßte. Da lag das beste Gartenland, in Folge der Dürre nach allen Richtungen gesprungen und zerrissen. Nirgends stand ein grüner Halm, nur die niedern Büsche einer Zwergakazie

---

*) Joh. 1, 28.

bezeichneten stellenweise die Nähe des Jordanlaufes. An dessen Abhängen und im trockenen Theile des Flußbettes wuchsen Tamarisken, Weiden, Pappeln, Röhricht und andere Wasserpflanzen in dichter Verschlingung. Aber weite Strecken sah sich selbst die „Lippe des Flusses“ schwärzlich verbrannt an, und der Muker warnte vor allzugroßer Zutraulichkeit, weil die 5 bis 6′ hohen Mergelwände, vom Wasser unterwühlt, bei den vorhandenen Sprüngen leicht in die Tiefe sinken und Pferd und Mann begraben könnten. Wie viel anders muß es zur Zeit der Hebräer hier aus=gesehen haben, als der Jordan noch über seine Ufer ging, weithin Segen und Fruchtbarkeit verbreitend, Könige sich im Ghôr gefielen, die Vorzüglichkeit der Palmen, die Balsamstauden und Rosen der Jor=danaue sprichwörtlich waren!

Die heutige s. g. Rose von Jericho hat mit der Rose nichts gemein, gehört vielmehr zur Classe der Kreuzblüthler. Bei Jericho ist sie wohl nie gewachsen, vielmehr kam und kommt sie von der Westküste des todten Meeres und aus dem peträischen Arabien in den Handel. Dort erhebt sie ihre holzigen Zweiglein kaum einen oder zwei Zoll über den Wüstensand. Beim Abwelken zieht sie dieselben ein, wie wir die Finger unserer Hand; bezeichnend nennt sie darum der Araber Kaf Mariam, d. i. Hand Mariens. Steht sie 5—6 Stunden im Wasser, so geht sie jeder Zeit wieder auf und heißt davon auch die „Anastatika“ oder „Auferstehungsblume von Jericho.“

Fünfzehn bis zwanzig Minuten aufwärts zeigte sich unfern vom esch Scherîa das ruinöse Mauerviereck von Kasr Jehûd, auch Dêr Mâr Juhanna (Johanneskloster) genannt. Letzteres ist der wahre Name, und er wird schon in der byzantinischen Zeit erwähnt. Griechische Mönche haben sich neuerdings wieder eine Behausung darin zurechtge=macht. Fremde könnten selbst bei ihnen ein Obdach finden.

Als die Sonne allmälig über das schmachtende Ghôr herein=brach, gedachten wir Mar Sâbas und machten uns auf den Weg. Doch kehrte ich zuvor ein letztes mal zu den unvergeßlichen Fluthen des Jordan zurück und schied nicht, ohne eine Flasche seines jetzt fast klaren und hellen Wassers mitzunehmen; den größten Theil des Jahres sieht es lehmig aus. Die Flasche gelangte nach Europa, und deren Inhalt wurde hier schon wiederholt zur Materie des ersten und nothwendigsten Sakramentes.

Wir lenkten unsere Schritte dem todten Meere zu. Eine Strecke weit ritten wir blos eine Ackerlänge vom Jordan, der innerhalb seiner scharfen, kahlen Uferränder einem matten Auge mit wunden, wimpernlosen Lidern glich. Die letzten $2/3$ des Weges — er wird auf $5/4$ Stunden angegeben — hätten wir einen vielbefahrenen Pfad durch offenes ödes Gartenland. Der schwärzliche Boden war sanft und elastisch wie eine Reitschule. Kein Wunder, daß unser Baschibosuk der Versuchung, seine Pferde herumzutummeln, nicht länger widerstand — was für mich keine geringe Noth bedeutete. Er ritt nämlich eine magere, aber trefflich gebaute Stute, ich einen großen arabischen Hengst; beide hatten bei der Jordanfurth Bekanntschaft gemacht. Seitdem biß und schlug mein Braun nach seinen alten Kameraden und folgte dem Schimmel von er-Richa auf Schritt und Tritt. Das war mir später sehr bequem, jetzt aber mußte ich wohl oder übel alle Manöver mitmachen, welche der halbwilde Soldat der Gesellschaft zum Besten gab. Er hatte einen 20 bis 25′ langen Lanzenschaft. Diesen hielt er das eine mal senkrecht und sprengte so rechts in den Plan hinaus, das andere mal stemmte er ihn in die Hüfte und fingirte einen Angriff zur Linken. Dann drehte er sein unbeholfenes Geschoß im Kreise und stürmte von vorn oder hinten auf die Karawane ein. Mein Hengst war immer hinter der Stute her. Ich hielt in der Rechten den aufwärtsgekehrten Sonnenschirm und drückte damit zugleich den beflügelten Hut auf den Kopf. In der Linken führte ich die Zügel und preßte zugleich mit dem Oberarm das Futeral meines Revolvers, der sich der Hülle entwunden hatte und mir den Rücken gar unsanft bearbeitete. Zum Glück war er nicht geladen. Nach einstündigem Ritt war die flache Nordküste des todten Meeres erreicht.

Dessen Wasser übten keine geringere Anziehungskraft aus als die des Jordan. In den sanftesten Wellen bestrich es den ebenen Südrand des Ghôr und schien fast den befangenen Pilger zu gastlicher Einkehr nöthigen zu wollen. Trotzdem sollte es zu keinem Bad, ja nicht einmal zu einem Kosten oder Tasten der merkwürdigen Salzfluth kommen. Uebertriebene Aengstlichkeit der Gefährten gestattete nicht, daß ich vom Pferde stieg, während der Weg eine gute halbe Stunde hart am Wasser hinlief. Gegen Ende dieses Marsches zeigte sich es, daß unsere Jerusalemer Soldaten aus guten Gründen zurückblieben. Bei der Nordwestecke des Sees stießen wir nämlich wider Vermuthen auf etwa dreißig beschnittene Beduinen, die im Kleide Adams vor der Sünde sich mit Salzbereitung befaßten, d. h. von dem bittern Wasser in eigens gegrabene Becken leiteten, damit es verdunste und seinen überreichen Salzgehalt in Form einer weißen Kruste zurücklasse. Zu Bethlehem hatte uns der Frembenbruder erzählt, wie erst vor einigen Wochen ein österreichischer Geistlicher, ausgezogen bis auf's Hemd, vom Jordan heraufgekommen sei, zu welchem er blos in Begleitung eines christlichen Dragomans hinabgestiegen war; darum griffen wir unwillkürlich nach unsern ungeladenen Pistolen, jene aber waffneten sich mit Steinen und bauten auf ihren linken Armen ganze Mäuerchen auf. So standen sie vor ihrer Saline und hinter den wenigen Büschen eines nahen Säuerlings.

Im rechten Momente beendigte unser Soldat die ungemüthliche Situation. Es stellte sich heraus, daß gegenseitige Furcht zu dieser drohenden Haltung geführt hatte. Doch schien immerhin Beschleunigung der Reise das Klügste, wenigstens belehrte mich so unser Baschibosuk. Mit unseren Jerusalemer Soldaten wäre diese Begegnung vermuthlich weniger glimpflich abgelaufen. Die freien Wüstensöhne zeigen den Türken gerne, daß sie nichts nach ihnen fragen. Die berittene Polizei von er - Richa aber steckt mit ihnen unter gleicher Decke; wenigstens kannte unter Baschibosuk die Häuptlinge bei Namen. Als sich die Sache zur Zufriedenheit geklärt hatte, glitten die Steine nach und nach von den Armen auf den Boden. Es waren lauter äußerst ernste, souveräne Gestalten von schönem Körperbau und nicht allzu dunkler Farbe, die sich nach Hebung des Mißverständnisses sofort wieder an die Arbeit machten. Die einen gruben und vertieften, die andern mauerten, kochten ab oder schleppten vom Salzsee (aus dem Jordan) angeschwemmtes Gehölz herbei. Noch andere trieben einen Rudel magere Kameele in's offene Feld hinaus, damit sie selbst für sich sorgten. Keiner schaute uns nach. Hinter einer unregelmäßigen Strecke hohen Röhrichts hatten sie ihre Weiber, und diese waren schuld, daß mir die letzte Hoffnung schwand, mein Glas mit Bitterwasser gefüllt zu sehen.

Es mochte etwa 7 Uhr sein, als wir am Nordwestende des

Sees über das Geschiebe emporritten, welches die winterlichen Regengüsse seit Jahrtausenden aus dem Gebirge in das Jordanthal geführt haben. Schon ließ die Sonne ahnen, welche Gluthhitze sich in 3 bis 4 Stunden über dem tiefen Becken des todten Meeres lagern mußte. Vom Oelberg her kannte ich die Dunstwolken, welche den Tag über aus dem einzigartigen Thalkessel aufsteigen, der noch 1300' tiefer liegt als das mittelländische Meer, 20 Stunden lang und 4 Stunden breit ist, und einen Wasserstand von 1330' größter Tiefe hat. Die Productionskraft des großartigsten Dampfkessels von Menschenhand ließe sich nicht im Entferntesten damit in Vergleich ziehen. Jahraus jahrein gießt der Jordan seine Wasser in das Meer des Lot — ohne einen Abfluß, wie beim See Genesareth. Sein Weg daraus führt in Form von Dampf himmelwärts. Der bittere See ist so gut sein Grab, wie das jedes Fisches, den es bis zu seinem Nordrande treibt. So gibt es ein Auferstehen aus dem Grab sogar beim Jordan: wie paßt dies in das heilige Land!

Mit jedem Schritte aufwärts wurde es einem leichter um's Herz. Im Fächeln des Windes kam es uns vor, als ob sich die Luftsäule, deren Last wir letzte Nacht übel empfunden, stetig kürze. Als ich vor dem Eintritt in's Gebirge — bei ruhiger Ausschau von günstigem Standorte — für das eigenthümlichste aller landschaftlichen Bilder, welches mir zu Gesicht kam, nach einem Vergleich suchte, fiel mir nur Suez ein. Hier wie dort — starre, unerbittliche Wüste und inmitten eines unabsehbaren blendenden Hellgelb das dunkle Stahlblau eines fluthenden Elementes. Aehnlichkeit am flachen Nord- und steilen Westufer, Aehnlichkeit in der Richtung der Südgrenze, die sich den Blicken entzog, aber Verschiedenheit der Ostküsten — das todte Meer hat nicht ein, sondern zwei Atakagebirge, und diese sich gegenüber — und noch größere Verschiedenheit „des Gesanges der Geister über den Wassern": auf dem Meere Lots — eine „Todesstille fürchterlich", über dem nassen Grabe des Pharao — das bunte Leben der größten Völkerstraße!

Andere wurden Angesichts des todten Meeres schon an romantische europäische Seen erinnert. Diese Erfahrung ist so richtig als etwa die Erinnerungen eines Naturkenners, der in einem Herbarium blättert. Das längst getrocknete Veilchen ist immer noch ein Veilchen; nur ist das Leben und damit Farbe und Duft gewichen. Das „Meer der

Ebene" *) mit dem südlichen Thale Siddim und den steilen Bergen im Osten und Westen, aus denen jetzt noch Regenbäche in den See stürzen, mit „dem ganzen Gau, mit den Gewächsen des Bodens" **), mit den üppigen Städten Sodom und Gomorrha — war „gleich einem Garten Gottes", „gleich dem Lande Aegypten," bis „Jehova Schwefel regnen ließ", und „Feuer vom Himmel" die Bewohner und ihr Eden verheerte. Seitdem ist es mit den Reizen dieser Gegend wie mit der Schönheit eines Menschen, der vom Blitze getroffen oder vom Schlag gerührt wird. Eine Schönheit blieb, aber jene, welche nur der Anatomiker zu würdigen weiß, die Schönheit des Skelettes, des Schädels.

Großartigkeit kann indeß auch der Laie dem dermaligen Bilde nicht absprechen; machten sich's doch tiefere Denker des hebräischen und christlichen Alterthums zur Lebensaufgabe, dieselbe von den Bergspitzen und Felswänden und dem trägen Spiegel der Salzflut zu lösen und Tag und Nacht in Hymnen und Gebeten dem Schöpfer zurückzustellen. Man denke an Elias und Elisäus, an Johannes den Täufer, um von den Anachoreten späterer Jahrhunderte zu schweigen. Selbst für Christus war diese Gegend die Hochschule. Von dieser Wildniß — „er war unter den wilden Thieren" ***) — ging er nach vierzigtägigem Verkehr mit seinem Vater aus und „zog gegen Galiläa ein Herold der frohen Kunde vom Reiche Gottes" †).

Jedermann macht das todte Meer zu denken. Daß auch Ungeschicktes Angesichts desselben ausgeheckt werden kann, beweisen die vielen Fabeln, welche daran haften und in neuerer Zeit durch fleißige Forschungen, namentlich des Amerikaners Lynch, widerlegt worden sind. Daß dieser mit einer kleinen Expedition 22 Tage lang in 2 Metallbooten auf dem See herumfuhr, bestätigt einmal die Thatsache, daß es auf dem Teufelsmeer, wie der See im Mittelalter auch hieß, nicht spukt, aber auch die andere, daß es keine so mephitischen Dünste und Gase gibt, die den Vogel in der Luft tödten und Pflanze, Thier und Mensch von den Ufern vertreiben. Wir sahen selber einen Geier von West nach Ost streichen und drei kleine Vögel darüber schweben. Die Kameele der Beduinen aber mußten vom Nord-

---

*) 5. Mos. 3 u. 4.   **) 1. Mos. 19, 25.   ***) Marc. 1, 13.
†) Marc. 1, 14.

rand des Sees in das Ghôr hinaufgejagt werden. Wie ganze Familien Monate lang in dessen Nähe campiren, so wollen bald alle Pilger darin gebadet haben. Wirklicher Schaden kommt von der fürchterlichen Hitze, und zeitweiliger Schwefelgeruch von vulkanischen Revolutionen im Innern der Erde, an denen es in der Jordanaue nicht fehlt. Solchen Geruch will man schon bis Bethlehem empfunden haben.

Nach Mar Sâba rechnet man vom todten Meere sechs Stunden. Demnach mußten wir troß aller Beschleunigung des Marsches in die ärgste Hitze kommen, wenn wir nicht vorzogen, unterwegs über Mittag zu rasten. Dieses war unsere Absicht, aber wegen Mangels an Schatten unterblieb es. Wir ritten zuerst in gleicher Linie mit dem Nordufer des Sees den schmalen Wadi ed-Dabr, d. i. das Wespenthal, hinauf. In einer halben Stunde hatten wir auf dessen Südabhang einen herrlichen Aussichtspunkt über das todte Meer und Ghôr erklommen und nahmen ein zweites mal davon Abschied. Später wiesen Steinhaufen am Thalweg rechter Hand auf die Bergeshöhe Nebi Mûsa. Dort, und nicht auf dem Berg Nebo, wie die heilige Schrift will, wäre nach den Moslim Moses gestorben und begraben. Das Minaret und die Grabmoschee schaut in weite Ferne. Innen deckt ein schwarzes, goldverbrämtes Tuch den Sarg des Propheten. Fanatische Indier haben die Hut. Ursprünglich war ein Kloster des heil. Euthymius hier, und der vermeintliche Moses ist wahrscheinlich ein christlicher Mönch dieses Namens. Uns mahnte dieser Glaube der Moslim, auf dem nächsten freien Punkte nach dem Nebo auszuschauen. Da unsere Araber vom Dschebel Nebu nichts Sicheres zu wissen schienen, mußten wir uns an die Karte halten. Darnach war die höchste kahle Kuppe östlich vom Nordrand des todten Meeres der gesuchte heilige Berg.

Inzwischen ging es bei immer steigender Hitze in schauriger Wüste scheinbar planlos bergauf und bergab, bis Roß und Reiter auf den langen und kurzen Steigen die letzte Kraft eingesetzt hatten. Nirgends wollte ein Baum oder ein Busch oder eine Höhle kommen, die Schatten bot; nirgends eine Cisterne, die Wasser hatte, oder eine Quelle, aus der man trinken mochte, obwohl es zu anderer Jahreszeit an mehreren Stellen brakiges Wasser gibt. Nur einmal trafen wir einen Brunnen, dem zu Liebe die Wüstenaraber, wie wir selbst sahen, Stunden weit gegangen kamen. Dieselben hoben es mit großen Ledertaschen aus der Tiefe eines senkrechten Schachtes. Auch unser Muker füllte so seinen großen Krug, und ich versuchte daraus zu trinken; das Wasser war aber widerlich. Nebenan schaute man in eine große viereckige Felsengrube zum Auffangen des winterlichen Regenwassers. Diese war das Wahrzeichen, daß wir zu Birket Umm el Fûs hielten.

Von da an hatten wir nach Frère Liévin noch anderthalb Stunden bis Mar Sâba. Wieder wiesen Steinhaufen nach Nebi Mûsa. Im Frühjahr geht da die große Jerusalemer Procession nach Nebi Mûsa von der Jordanthalstraße ab. Der letzte Berg blieb mir am besten im Gedächtniß, sowohl wegen des schwierigen Aufstiegs, als wegen des halsbrecherischen Abstiegs und wegen der großartigen Aussicht vom Zickzackpfad seiner Ostwand. Von letzterem aus überschaute man nicht nur die vielen glücklich überwundenen Höhen und dahinter die Jordanfurche mit einem Stücke todten Meeres, sondern auch die weite, so wunderlich geformte und eben fast roth- und weißglühende Hochfläche des ganzen westlichen Felsendammes des todten Meeres. Dies war die im Leben der ersten christlichen Asketen viel genannte Wüste Ruban, in der vorher schon die jüdische Sekte der Essener unter den größten Entsagungen der Arbeit und dem Gebete gelebt hatte. Es ist unmöglich, sich eine ödere, von Gott und aller Welt mehr verlassene Wüstenei zu denken. Einige schwarze Zelte in unnahbarer Tiefe bezeichneten den bessern Strich el Bkêa, auf welchem es im Frühjahr grüne Weiden geben soll. Die Ruine Kal'at el Mirde auf einer der Kuppen dieses trostlosen Reviers erinnerte an den heil. Euthymius, der einige Zeit dort lebte und viele Jünger um sich versammelt hatte.

Das Flämmeln über der letzten Schlucht, welche vor uns klaffte, und in welche wir unsern Pferden voran ohne einen Luftzug und ohne eine Spur von Schatten hinabsteigen mußten, erfüllte Anfangs mit Bangen. Ich hängte mein Thermometer an die Stängchen meines Sonnenschirmes, fand aber, wie auch sonst auf dieser Tour, nur 29° R. Als wir in der Tiefe angekommen waren, hatten wir den mühsamen Uebergang vom Wadi ed-Dabr nach dem Wadi en-Nâr oder Feuerthal, d. i. dem einstigen Kidronthal, vollzogen.

Hier hatten wir links vorerst die Cisterne Bîr el Arab, dann fünf Minuten weiter einen Uebergang von der linken nach der rechten Felswand des Kidron. Wollten wir direct nach Jerusalem, so ging uns dieser nichts an. Um aber nach Mar Sâba zu gelangen, mußten wir das trockene Bachbett passiren; denn Mar Sâba hängt an dessen rechter Seite — noch 20 Minuten abwärts. Zugleich geht der Wâdi plötzlich von der östlichen in die südliche Richtung über und wird, nachdem er noch einige Minuten ein Bergthal genannt werden konnte, auf einmal ein enger, schaueriger Abgrund zwischen hohen Wänden. Deren viele natürlichen und künstlichen Höhlen oder Kämmerchen sind die alte Laura oder Mönchsansiedelung des heil. Sabas. Nur ein Stück davon ist heutzutage ummauert und bewohnt. Dieses bildet das festungsartige Kloster Mar Sâba.

Ein meist von der Natur geplatteter Weg führte dahin. Am oberen Thore stiegen wir ab. Auf gepflasterter Steige schwankten wir zur verriegelten Eingangspforte hinunter. Vom Thurmwart durch Schläge auf ein Holzbrett avisirt, erschien der Fremdenbruder auf der Höhe der Mauer und verlangte unser Empfehlungsschreiben. Nach langem Warten erhielten wir Zutritt. Nicht hastiger flüchtet man sich aus dem Platzregen unter ein Obdach, als wir aus der Sonne in die schattenreichen Mauern der klösterlichen Veste. Auf ungezählten Treppen ging es hinab in einen kleinen Hof, und von da wieder hinauf in den geräumigen Saal, wo wir vor Erschöpfung hinsanken auf die zerrissenen Polster.

Da wir keinerlei Vorräthe mitgebracht hatten, die man uns in der Klosterküche zubereiten konnte, sorgte der Bruder für Speise und Trank. Zuerst reichte er uns ein Glas Scherbet. Nach einer Pause ermunterte er zum Essen. Dieses bestand aus einem Teller voll geölten Reises und gequellten Bohnen, äußerst schwarzem Brod und einem Täßchen Kaffee. Die köstlichste aller Gaben aber war das Quellwasser des heil. Sabas, welches in zwei porösen Krügen in einer Nische stand. Flache Trinkschalen bildeten die Deckel. Man trank daraus vielmal und viel, doch hatte das Wasser einen erdartigen Beigeschmack. Mangel an asketischem Sinn war schuld, daß wir den ursprünglichen Plan, hier zu übernachten, bald aufgaben und unsere Weiterreise auf 4 Uhr ansetzten, nachdem wir erst um 1 Uhr unsern Einzug gehalten hatten.

Da meine Gefährten keinen andern Wunsch hegten, als den, hier gewesen zu sein, ließ ich allein trotz aller Ermüdung mir kurz vor dem Aufbruch die Sehenswürdigkeiten des Klosters zeigen. Ein griechischer Bruder, der nur arabisch sprach, führte mich aus dem Divan in den Hof, und hier zunächst in ein freistehendes, achteckiges Kuppelgebäude, das Grabkapellchen des heil. Sabas. Ich fand dessen Inneres reich geschmückt, das Grab des Heiligen aber leer. Dessen Reliquien verehrt man zu Venedig. Nordwestlich davon betraten wir die Grottenkapelle des heil. Nikolaus, in welcher St. Sabas die heilige Messe gefeiert haben soll. Sie gehört gewiß zu den ältesten Kultstätten des Christenthums. Hinter einem Gitter sah ich die Schädel vieler unter Chosroës (614) gefallenen Märtyrer. Ostwärts ging es dann in die geräumige Conventskirche. Ihre fünf Riesenpfeiler, die fünfstöckig auf gemauerter Unterlage aus der Schlucht emporstreben, und ihre Laternenkuppel bilden das Wahrzeichen des merkwürdigen Klosters. Durch jene Pfeiler ist der ansehnliche Innenraum von 40 Schritten im Quadrat gewonnen. In den vierziger Jahren geschah durch russisches Geld viel zur innern Ausschmückung. Weil eben feierlicher Gottesdienst war, konnten wir uns der besonders reich gezierten Altarwand nicht nähern. In der Sakristei hob der Bruder auf besondern Wunsch mit einem Eimer Wasser aus der Quelle, welche der heil. Sabas der Sage nach einst erbetete; die vielen Stufen bis zur Thalsohle zweimal zu machen konnte ich meinen Füßen nicht zumuthen. Als ich in die Tiefe hinabsah, trugen unten Beduinen Schläuche voll Wasser hinweg. Der Wâdi selbst war durch die Quelle nur ein paar hundert Schritte weit feucht.

In den Hof zurückgekehrt, stiegen wir theils auf Staffeln, Treppchen, Leitern, theils durch Felsengänge zu den Mönchszellen empor. Dies sind in der Regel zur Hälfte natürliche Grotten, zur Hälfte davor gehängte Bretterverschläge. In den obern Etagen liegt die Kapelle des heil. Johannes Damascenus, des letzten der Kirchenväter. Er war der Sohn vornehmer Eltern und wurde durch seinen ehemaligen Mitschüler Kosmas für das Anachoretenleben gewonnen. So kam er nach Mar Sâba, lebte, schrieb und starb hier nach 754. Man zeigt noch seine Grabstelle, weiß aber nicht, wo seine Gebeine sind. Wie man im Hofe zum Grab des heil. Sabas geführt wird, so in den obern Gallerien zur Grottenzelle, in welcher derselbe Heilige lebte. Sie heißt Löwengrotte, weil sich einst ein Löwe eindrängte und keine Ruhe gab, bis ihm Mar Sabas ein Plätzchen einräumte. Beide lebten dann viele Jahre friedlich zusammen. In einem der Gärtchen, welche die Mönche auf winzigen Terrassen pflegen, gilt eine an die Mauer gekettete Dattelpalme für eine Pflanzung des heil. Sabas. Aus ihren absterbenden Blättern werden gesuchte Pilgerandenken gefertigt. Zum Schluß fütterte der Bruder die längst auf einen Wink passenden wilden Vögel (blaue Tauben, schwarze Drosseln) aus der Hand. So zutraulich war und ist das Thier, sobald es weiß, daß der Mensch nicht sein Tyrann ist.

Mar Sâba ist eine Festung mit gewaltigen zinnenbekrönten Umfassungsmauern und zwei massiven Thürmen, von deren Höhe gehorsame Brüder Tag und Nacht sorgfältige Ausschau halten. Dazu stimmt die Regel, daß ohne Empfehlung des griechischen Patriarchen zu Jerusalem Niemand Zutritt findet, ja daß selbst unter Vorweisung einer solchen nach Sonnenuntergang Niemanden mehr geöffnet wird. Dieser Festungscharakter datirt wohl schon aus der Zeit des Kaisers Justinian, sicherlich der Anfänge der arabischen Völkerwanderung, war aber nicht immer im Stande, heidnische und moslimische Gewaltacte abzuwehren. Jedes Jahrhundert weiß von Plünderungen und Verheerungen. Die ärgsten geschahen unter Chosroës (614), Saladin (1187) und Selim II. (1517), die letzten erst in den Jahren 1832 und 1834. Von den zwei Thürmen heißt derjenige, welcher die obere Ecke der Umfassungsmauer bildet und letztere um das Doppelte überragt, Thurm der Kaiserin Eudoxia. Daran knüpft sich die Legende, daß ihn diese Kaiserin erbaute und längere Zeit bewohnte. Sie war als Monophysitin gekommen und zog, (durch Euthymius) zum orthodoxen Glauben bekehrt, in ihre Residenz am Bosporus zurück. Der zweite Thurm ist der Thurm der Hospitalität für die Frauen. Er steht isolirt jenseits einer Spalte der Thalwand südlich von der Mauer. Nur hier finden Frauen Schutz und Aufnahme, wenn sie die Pietät oder anderweitiges Interesse vor die Pforten des Klosters führt. Daher datirt sein Name.

Hinter demselben kehrt der Lauf des Kidronthales von seiner

südlichen Abschweifung wieder zu seiner herrschenden östlichen Richtung zurück. Hier hatten wohl ursprünglich die Einsiedeleien der großen Laura ein Ende, und die erste Ansiedlung war gegen 20 Minuten lang. Das enge Bett des Kidron ist gegen 600' tief und liegt so ziemlich auf gleicher Höhe mit dem Spiegel des Mittelmeeres. Zu den drei und vier Reihen ruinöser Felsenzellen in den Wänden führen noch gehauene Staffeln hinauf. Ein Schakal huschte drüben (auf der Ostseite) von einer Zelle zur andern. Diese scheuen Thiere sind jetzt die Herren der Laura, welche außerhalb der hohen Klostermauer liegt.

Der Abt Sabas, ein älterer Zeitgenosse des heil. Benedict von Nursia (480), ist 439 geboren, entsagte schon mit 8 Jahren der Welt, wurde mit 18 unter der Leitung des heil. Euthymius Anachoret, mit 44 Jahren Priester und Abt. Als solcher hat er das Verdienst, die zerstreuten Brüder des Kidronthales zu gleichgesinntem Vereine zusammengeführt zu haben. In der Kirchengeschichte wird er rühmlichst bei den monophysitischen Streitigkeiten erwähnt. Er starb in hohem Alter um 531 oder 532. Die nächsten hundert Jahre wird die Zahl der Sabaiten auf 1000, ja 10,000 angegeben; das ganze lange Kidronthal war damals voll von Mönchen. Jetzt leben hier 50—60 orthodoxe Griechen — gleich den ehemaligen Sabaiten — nach der Regel des heil. Basilius.

Als wir nach 4 Uhr die Weiterreise nach Jerusalem zu antraten, war unser Baschibosuk wohl schon er-Richa nahe. Das derbe Hunnengesicht hatte uns brav gedient, unermüdlich die Gegend recognoscirt, Muth und Humor gezeigt; auch war er befriedigt geschieden, was nicht von jedem Araber gesagt werden kann. Unser Weg lag fortan außer der Domäne der Beduinen, und so schien eine Gesellschaft von 4 Mann keiner weitern Deckung zu bedürfen.

Bis Jerusalem war es noch $3^1/_2$ Stunde. Am schwersten kam unsern Pferden gleich der Rückweg zur Jerusalemer Straße an. Auf den großen Platten glitten sie nach allen Richtungen aus, so daß sie vor Angst zitterten und schnaubten. Gleichwohl ist er erst seit einem halben Jahrhundert angelegt und mit steinerner Brüstung versehen.

Als wir endlich auf dem alten Jerusalemer Wege kaum 15 Minuten westwärts geritten waren, kam im Thalgrund rechts neben dem Saumpfad der Friedhof des Beduinenstammes Abdije, die interessanteste Stelle bis Jerusalem. Hier versammeln diese Wüstenaraber ihre Todten um das Grab des verehrten Derwisch Schêch Messief. Blos einige Fuß Erde und ein Steinhäufchen bedecken die Leichname. Zerrissene Zelttücher, Kameelsättel, alte Pflüge, zerbrochene Häfen, abgenützte Steine der Handmühle buhlten um die Gunst und wirksame Intercession des hochseligen Schêchs Messief für die Abgestorbenen.

Weitere 8 Minuten aufwärts ließen wir die offene Cisterne Bîr esch-Schems (Sonnenbrunnen) zur Linken; sie hatte Wasser. Dahinter bogen wir rechts in ein Parallelthal des Kidron ab. Letzterer heißt bis in die Nähe des Thales Hinnom vorherrschend Wâdi er-Râhib, d. i. Mönchsthal, eine Erinnerung an die Laura der Sabaiten. In einer Stunde war von dort aus die Höhe erstiegen, und man sah Jerusalem prachtvoll auf dem Berge thronen. Dann hatten wir lange die Kidronschlucht tief unten zur Linken. Zehn Minuten vor dem Hiobsbrunnen — der ehemaligen Quelle Rogel — stiegen wir in die Thalsohle hinab und ritten nun im eigentlichen Feuerthal — wohl vom Molochkult im nahen Hinnomthal so benannt — mühsam weiter.

Der Weg war furchtbar zerrissen, ja stellenweise abgegraben. Es hatte Oel- und Feigenpflanzungen, und die Eigenthümer campirten darin mit Weibern und Kindern. Letztere sahen mit großem Vergnügen, wie wir Franken uns gelegentlich verstiegen und unsere Pferde zurückführen mußten. Zuletzt erschloß sich vor uns die dreieckige Ebene, welche durch die Vereinigung der Wâdi Rabâbi und Sitti Mariam entsteht. — Es war längst 8 Uhr, als wir todtmüde das Hinnomthal hinaufritten und durch das Jafathor unsern Einzug hielten.

Zu St. Anna und auf dem Zion.

Mittwoch, der 27. August, galt als Ruhetag. Darum ging ich Morgens blos nach St. Anna, einem aus der Kreuzfahrerzeit stammenden, ziemlich unveränderten Gotteshause von den gefälligsten Proportionen, das an Größe gleich nach der Grabkirche kommt. Zwei Spitzbogenthore führen von Westen her zu drei Langschiffen, zwei kleinere Zugänge auf der Seite in's südliche Nebenschiff. Der Innenraum wird durch zwei Pfeilerreihen geschieden. Das Mittelschiff übertrifft die beiden Seitenschiffe an Länge und Höhe und endet gleich diesen in einer schönen Apsis. Es ist 120' lang. Fünf Stufen höher als der ganze, 63' breite Langraum liegt der Boden eines nordsüdlichen Querschiffes. Ueber der Kreuzung der gleich hohen Gewölbe des Quer- und Mittelschiffes erhebt sich eine Kuppel. Die kleinen gemalten Seitenfenster mäßigen das grelle Weiß der trefflichen Haussteine. Auf der Epistelseite geht man auf wenigen Staffeln hinab in eine Krypta, welche im frühen Alterthum schon als zeitweilige Wohnung der Mutter Anna und als Geburtsstätte der Mutter Gottes bezeichnet ward. Hier las ich heute die heilige Messe. Pilger, die ihr Gebet in der Kirche verrichten, gewinnen einen Ablaß. Der 8. September gilt als Titularfest. Ein Hauptfest ist auch der 26. Juli, d. i. St. Anna.

Vor der Kirche war ein gepflasterter Hofraum und in unmittelbarem Anschluß daran eine Reihe Blumenbeete. In einem provisorischen Gebäude daneben wohnten drei Mitglieder der „Missionspriester von Algier". Sie sind von der französischen Regierung mit der Obhut des kleinen Stückes Nationalgut betraut. In französischen Besitz kam es durch Napoleon III., der es am Ende des Krimkriegs vom Sultan geschenkt bekam. Vorher war da eine moslimische Schule gewesen, die nach Saladin, der sie dotirte, Salahije hieß, aber seit Jahrhunderten, abgesehen von der Kirche, eine Ruinenstätte bildete. An der Stelle eines eingefallenen St. Anna-Klosters aus der Kreuzfahrerzeit wurde eben ein Collegium für französische Priester aufgeführt, die hier eingehendere Sprach- und Bibelstudien treiben wollen. Die Aufgabe der drei nach Dominikanerart in gelbliches Weiß gekleideten Missionäre war, den Bau zu leiten; und sie ließen sich in der Ausführung ihres Bauplanes von ein paar Dutzend moslimischen Maurern, deren Fleiß und religiöser Pflichttreue (es war Ramadham) sie gleich hohes Lob spendeten — erfolgreich unterstützen.

Bei Lucas I, 26 lesen wir: „Der Engel Gabriel wurde von Gott in eine Stadt Galiläas geschickt, mit Namen Nazareth, zu einer Jungfrau, welche mit einem Manne Namens Joseph verlobt war." Darauf beruht der allgemeine Glaube, daß Maria eine

Galiläerin, und zwar eher von Nazareth als vom benach=
barten Sepphoris war. Das Sanctuarium zu St. Anna vertritt im
Widerspruch damit die auffällige, aber im Orient herrschende
Meinung, daß Maria eine geborene Jerusalemitin war. Für letztere
Ansicht plädiren denn auch die algerischen Missionäre, zumal ihr
Stifter, der Erzbischof von Algier, gelegentlich der Einweihung der
Kirche (26. Juli 1879) in einer besondern Schrift die lokale Tra=
dition zu stützen suchte.

Dies ist erst die eine Bedeutung, welche dem französischen
Besitzthum zugeschrieben wird. Einer der Väter öffnete mir etwa
hundert Schritte vom Westportal der Kirche einen zweiten, noch
wenig aufgeräumten Hof und wies auf einen tief eingesunkenen,
erst neuerlich durchwühlten Platz mit den augenfälligen Gewölberesten
eines gothischen Kirchenchores. Säulenfragmente und Spuren einer
großartigen Cisternenanlage, auf welche gelegentlich der Architekt
Mauß gerieth (ihm war die Restauration der Annenkirche übertragen),
seien einstweilen wieder verschüttet worden, weil die endgiltige For=
schung zu Collisionen mit der Nachbarschaft geführt hätte. Man
hoffe bald im Stande zu sein, den Rayon des französischen Grund=
stückes weiter zu ziehen und damit in den vollen Besitz des durch
die wunderbare Heilung des achtunddreißigjährigen Kranken berühm=
ten Teiches Bethesda zu gelangen*), von dem es heißt, daß er
„am Schafthor“ lag und „fünf Säulengänge“ hatte, unter denen
eine Menge Kranker sich aufhielt; ferner, daß „periodisch ein Engel
hinabstieg und das Wasser in Wallung brachte“, worauf der erste
beste Kranke, der hineingebracht wurde, Genesung fand.

Thatsache ist, daß man diesen „Gnadenort“ (dies bedeutet Bethesda)
zur Kreuzfahrerzeit westlich von St. Anna zeigte, und die Franken
ihn von Schutt reinigten, wie dies die Priester der afrikanischen
Mission nächstens wieder thun wollen; daß jenes Bethesda, welches
man fünfhundert Jahre früher, nämlich zur Zeit der arabischen
Invasion, als Heiligthum verehrte, ein fünffacher Säulenbau mit
einer eigenen Marienkirche war; und daß man dermalen nicht
nur letzteren Baulichkeiten wieder auf der Spur sein will, sondern
auch dem säuerlichen Wasser, von welchem die Chronisten des la=
teinischen Königreichs reden**). Sehr beachtenswerth für die Be=

___

*) Joh. 5.   **) Cf. Fahrngruber: Nach Jerusalem. S. 187.

thesdafrage bleibt auch die Lage des französischen Grundstückes. Dasselbe ist einmal vom **Birket Israîn**, an welchem heute der Name „Bethesda= teich" haftet, nur durch die Stephansthorstraße getrennt; sodann sind beide nur etwa hundert Schritte vom **Stephansthor** entfernt.

Verschütteten und verbauten nun die Moslim den Be= thesdateich des St. Annahofes, so erklärt sich nichts leichter als die Ausnahme von der Regel, daß wenigstens die Tradition darüber schweben blieb. Sie fand gleich über der Straße, kaum 20 Schritte südlicher, in dem enormen Birket Israîn einen zu bequemen Ruhe= punkt. An das Fehlen der Hauptsache, nämlich des Gesundbrunnens, dürfte man bereits gewohnt gewesen sein.

Wenn sich heute in einigen Cisternen dieses Reviers noch säuerliches Wasser sammelt, und nur eine kurze Strecke westlicher (noch der Nord= mauer des Harâm esch=Scherîf gegenüber) in den merkwürdigen, unter das Harâm führenden Kanälen des Ecce=Homo=Klosters bekanntlich eine säuerliche Quelle aus dem Felsensockel der uralten Gewölbe kommt, so konnte zu anderer Zeit das gleiche Wasser auch in einem Becken der St. Annaabtei zu Tage treten. Diesem Quellsystem, das möglicherweise durch Erderschütterungen in die Brüche ging, dürfte so wenig oder so viel **G e s u n d e n d e s** und **I n t e r m i t t i r e n d e s** eigen gewesen sein, als dem eingesickerten Wasser des Brunnenschachtes vor dem **Suk=el=Kattanin=Thor** des Harâm, welches die Türken Gesundquelle (Ain esch=Schifâ) nennen, vielleicht nur um das dazu= gehörige Bad zu empfehlen. Mit der Glaubenswilligkeit der Moslim für diese Oertlichkeit ist es von vornherein gut bestellt, weil Mo= hammed sein geflügeltes Pferd in der Nähe angebunden hatte.

Was noch das **I n t e r m i t t i r e n** jenes Quellsystems von St. Anna betrifft, so erklärt sich vielleicht durch die Voraussetzung desselben das Wunder, welches mir die Sionsschwestern von dem Bruchstück in ihren Kellern erzählten. Als vor ein paar Jahren in Folge eines trockenen Winters die Cisternen Jerusalems nicht bis zu den Regenmonaten reichen wollten, und in Folge dessen von der Stadtbehörde dem noch vorhandenen Trinkwasser nachgespürt wurde, kam man durch Denun= ciation auch auf die geheime Quelle der Schwestern und beschloß ohne Weiteres, sie dem Publikum zu übergeben. Es erschien eine Com= mission, aber die angeblich so reiche Quelle hatte gerade an diesem Tage kein Wasser. Es versteht sich von selbst, daß die Schwestern vorher angelegentlichst um einen guten Ausgang der Sache gebetet hatten.

Letztlich fällt bei der Bethesdafrage die Nähe des Stephansthores in die Wagschale. Daselbst suchte man nämlich, bis man mit dem Bethesdateich vor das Baumwollenhändler=Thor des Harâm zog, das Schaf= oder Heerdenthor, in dessen Nähe nach der recipirten Lesart der Stelle Johannes 5, 2*) der gesuchte „Gnadenort“ gelegen sein muß. Nun war gewiß nichts leichter, als daß man dieses längst nur historisch existirende Thor mit dem Teiche nach Südwesten wandern ließ. Allein nach der einzigen Stelle, welche einen Schluß auf die Lage des Schafthores erlaubt, war es ein Thor der äußeren Umfassungsmauer; denn von Nehemia, dem Mundschenk des Perserkönigs, ermuthigt, „bauten Eliasib, der Hohepriester, und seine Brüder, die Priester. Sie bauten das Schaf=thor und weihten es und setzten seine Thüren ein“ — und dies war der Anfang des Wiederaufbaus „der Mauern Jerusalems“ **). Rückt man nun das Schafthor in die Nähe der Quelle Ain Schifâ, so stand es mitten in der Stadt, was offenbar dem naturgemäßen Hergang des Wiederaufbaues einer ruinösen Veste — zu etwas Besserem hatte es die unter Esra heimgekehrte Colonie noch nicht gebracht — durchaus widerspricht. Auch sucht man die Thürme Meah und Hananeel, welche mit dem Schafthor in gleicher Flucht gestanden zu haben scheinen, nur außerhalb im Nordosten und nicht irgendwo innerhalb der Stadt ***).

Wie aber? Ist so nicht das Birket Israîn, welches heute bei den Franken Bethesdateich heißt, das den Juden und Christen früherer Jahrhunderte heilige „Gnadenbad“? Nein, denn Josephus nennt es Struthion, d. i. Sperlingsteich. Es war also vom Bethesdateich verschieden. Letzteren sucht man allen Anzeichen nach am richtigsten zu St. Anna. So sind auch die französischen Missionäre in ihren Vermuthungen ganz sicher. Nicht zufrieden mit der werthvollen Wohnung Joachims und Annas und der Geburtsgrotte der Mutter Gottes, sehen sie sich schon im Besitze eines zweiten höchst bedeutsamen Sanctuariums, der altehrwürdigen Säulenhallen von Bethesda.

Gegen Abend ging Frère Liévin mit auf den Berg Sion.

Einst der Grund trotzigen Uebermuthes der Jebusiter, wie des berechtigten Stolzes ihres Bezwingers David, ist er jetzt kein Berg und kein Hügel mehr, sondern in der Häusermasse Jerusalems eine unbedeutende Erhebung. Wir hielten von der Casa nuova bis zum äußersten Stadtrande eine rein südliche Richtung ein.

Kurz bevor wir so auf den Jasathor-Platz traten, hatten wir zur Rechten eine hohe Mauer. Drinnen lag ein mit Schutt ausgefüllter Teich und anderer Gräuel der Verwüstung. Daselbst soll das Haus jenes Urias gestanden sein, dessen Weib König David zum Falle gereichte*). Links waren zwei deutsche Handlungshäuser, ein Bankgeschäft und das Mediterranean-Hôtel. Dann kamen auf einander die englische Bischöfsresidenz, die Kirche, das Hospital, die Pfarrwohnung, auch das englische Consulat. Jenseits des freien Platzes beschauten wir die s. g. Davidsburg, auch Pisaner-Kastell genannt, arabisch Kalaa, d. i. Citadelle. Diese bildet und bildete von jeher das festeste Werk der Stadt und hat ständig eine kleine Besatzung. Weil wir die Förmlichkeiten nicht bedacht hatten, welche letzterer Umstand im Gefolge hat — es bedarf der Vermittlung der Consulate — mußten wir uns auf das Aeußere beschränken. Dieses ist indeß weitaus das Wichtigere.

Ueber die Brüstung des tiefen, mit Buschwerk bewachsenen Burggrabens hinab konnte man an den gigantischen Mauern, welche sich aufwärts zu viereckigen Thürmen verjüngen, die hebräische, fränkische und türkische Periode unterscheiden. Eine gedeckte Holz-, und (weiterhin) gewölbte Steinbrücke hilft jenen, die es zu einem Permesso brachten, in's Innere. Darin soll mit Ausnahme der Thürme alles in schrecklich ruinösem Zustande sein. Vieles ist schon zusammengefallen, anderes droht den Einsturz. Von außen konnte man nichts davon bemerken.

Rechts vom spitzen saracenischen Eingangsthor steht der Thurm Davids und beherrscht zugleich den Jasathor-Platz. Er gilt für jene Residenz, von deren Dach der König die Bathscheba im Bade sah, und in deren Gemächern er zuletzt das Miserere sang. In dem (offenbar) türkischen Aufsatze des Thurmes hielt man eine dermalige Rumpelkammer lange für Davids Oratorium. Von dem Dache weht gewöhnlich die türkische Fahne. Das dortige Pano-

*) 2. Kön. 11.

r a m a über die Stadt und ihre gebirgige Umgebung ist berühmt, soll aber von den Dächern des lateinischen Patriarchates aus noch übertroffen werden. Den alten Bestandtheil des Davidsthurmes — 40′ hoch, 66′ lang und 56′ breit — erklärte Frère Liévin für ein Werk der Jebusiter. Wirklich erinnerten die gewaltigen Quader und ihre einfache Fügung an die ältesten Bestandtheile der Stadtmauer.

Es unterliegt keinem Zweifel, daß wie im neuen, so im alten Jerusalem hier der wichtigste Punkt war. Von den drei Mauerläufen, welche zur Zeit des Kaisers Titus die heilige Stadt einschlossen, stießen die nordsüdliche und westöstliche Mauer der Oberstadt hier zusammen; und die Mauer des Agrippa, welche Golgatha und die Vorstadt Bezetha in den Rayon der alten Festung zog, nahm an deffen Westseite (beim Jafathor) ihren Ausgang, um zunächst nordwestlich bis zum Psephinusthurm, dann nordöstlich nach dem Kidronthal zu laufen. Der Thurm Davids stack also zwischen drei Mauern und bildete nicht blos das uneinnehmbare Bollwerk des ersten und wichtigsten Mauerlaufs um „Sion, die Stadt Davids,“ sondern auch eine Hauptwehr der dritten und jüngsten Festungsmauer Agrippas. Mit zwei andern Thürmen entging er im Jahre 70 der Zerstörung. Da er diese an Bedeutung weit hinter sich zurückließ, ist es nicht zu verwundern, daß die christliche Symbolik sich seiner bemächtigte und ihn als unbezwinglichen, jungfräulichen Thurm zunächst in die lauretanische Litanei, sodann mit andern auszeichnenden Namen Mariens daraus wieder in das Gebiet der Malerei übertrug.

Doch erscheint er der Symmetrie wegen im Bilde selten allein, sondern mit seinem gleichhohen, aber schmäleren südlichen N a c h b a r zusammen. Die zwei Thürme erinnern so an die herrlichen Pylonen zu beiden Seiten der Portale der ägyptischen Göttertempel. Der südliche, mit drei Erkern gezierte Thurm gleich links von der Zugangsbrücke soll auf der Stelle des T h u r m e s P h a s a e l stehen. Phasael war ein Bruder, wie Hippikus ein Freund des alten Herodes. Um sie und seine makkabäische Gattin Mariamne zu ehren, hatte der Tyrann die drei stärksten Thürme seiner befestigten Residenz mit ihren Namen belegt. Den T h u r m M a r i a m n e zeigt man am Südende der Burg. Er ist ein gutes Stück niederer als die beiden genannten. Hinter ihm steigt ein weißgetünchtes Minaret in die Höhe. Ein vierter Festungsthurm steht hinter dem Davidsthurm. Erst diesen hält Frère

Liévin für den Thurm Hippikus. Sonach ist die Davidsburg — imposant genug — von vier Thürmen und einem Minaret überragt.

Dem südlichen Theile der Davidsburg (östlich) gegenüber soll der König Herodes die Weisen aus dem Morgenlande empfangen haben; dort wäre also dessen königliches Schloß gestanden. Jetzt ist die ganze Gegend englischer Besitz.

Wir gingen von der Citadelle etwa 100 Schritte südlich. Da hatten wir rechts (westlich) die s. g. Sionskaserne. Gleich am Anfang derselben stand einmal eine Kapelle, welche der Erscheinung des Auferstandenen vor den drei Marien galt. Der Platz ist nach Frère Liévin noch mit einem Ablaß bedacht, sonst scheint jede Spur dieses Sanctuariums verschwunden. Vom Südende dieser türkischen Kaserne an bewegte man sich auf armenischem Boden.

Rechts beginnt die hohe Gartenmauer des armenischen Patriarchates und begleitet den Wanderer bis zur Südmauer von el Kuds. Dieser große Garten nimmt ein Viertel des ganzen innerhalb der heutigen Stadtmauer gelegenen Sion weg. Pinien schauten heraus und luden zum Besuche ein. Ich bedauere, daß es nicht dazu kam. Er erleichterte die Vorstellung von den ehemaligen Gärten der prachtliebenden Beherrscher Sions. Links traten wir in den Klosterhof und in die Kirche Jakobus des Aelteren. Das ganze armenische Viertel ist an Wohlthätigkeitsanstalten, klösterlichen Anlagen und Kirchen reich; aber die Jakobuskirche mit ihren reichdotirten Annexen übertrifft als Sanctuarium und Kathedrale bei weitem alles. Das armenische Patriarchat gilt für das glänzendste in Jerusalem; und die Gebäulichkeiten, Höfe und Gärten, welche es in sich begreift, bedecken eine zusammenhängende Fläche, wie sie keine christliche Genossenschaft mehr besitzt.

Die große Kirche soll genau über der Stelle erbaut sein, auf welcher Herodes Agrippa I. im Jahre 44 den Zebedäiden Jakobus enthaupten ließ, als er eben von einer apostolischen Reise nach Spanien zurückkam. Die Apostelgeschichte verbürgt nicht nur diesen Gewaltakt, sondern versichert auch, daß er bei den Juden großen Beifall fand*). Als Lieblingsjünger des Herrn und als erster Apostel, welchem die Palme des Märtyrerthums zufiel, stand er von Anfang

____
*) Kap. 12.

bei den Christen in hohen Ehren. Die Legende läßt mit Ja=
kobus seinen Verräther in den Tod gehen, nachdem derselbe dem Reuigen
verziehen hatte. Auch heilte der Apostel auf dem Leidenswege einen
Paralytischen. Daran erinnern die vielen Bilder, welche bis auf die
untern 6—7' alle Wände des Innenraums bedecken. Bis zu
dieser Höhe besteht nämlich die Verkleidung aus glasirten Thontafeln.

Viereckige Pfeiler scheiden den von einer Kuppel überragten
westöstlichen Kirchenraum in drei Schiffe, die in Apsiden aus=
laufen. Vor der Westmauer liegt eine Vorhalle, und vor dem
südlichen Nebenschiff eine Kapelle, die man von der Kirche und dem
südlich daranstoßenden Hof aus betritt. Durch die Nordmauer geht
man in ein knappes, mit alterthümlicher Mosaik geschmücktes, west=
östliches Heiligthum, und unter dem Tische des dortigen Altares be=
zeichnet eine Marmorplatte die Stelle, an welcher Jakobus ent=
hauptet wurde. Auf der Westseite dieses Kapellchens gilt eine
Mauernische für das Grab des heil. Makarius, jenes Jeru=
salemer Bischofs, der von der Auffindung des heiligen Kreuzes her
bekannt ist. Bis in die siebziger Jahre kamen die Franciskaner
am 24. Juli in Procession und brachten hier eine Nacht im Gebete
zu; der Unterschied des Julianischen und Gregorianischen Kalenders
verhütete Collisionen. Da wurden sie einmal vom armenischen Patriar=
chen unfreundlich ausgeschlossen. Seitdem ist jede öffentliche Feier der
Lateiner unterblieben. Privaten legte und legt man keinerlei
Schwierigkeiten in den Weg.

In der Südkapelle sahen wir drei zusammengeschmiedete
rohe Steine. Der oberste war vom Sinai, der mittlere vom
Tabor, der unterste aus dem Jordan. Mir gab diese eigen=
thümliche Idee viel Stoff zum Denken, und ich gestehe, daß ich
von diesem einfachen Monumente eigentlich am unliebsten schied.

In der Ecke des Hofes — gerade am Eingang zum Kloster und
zu den enormen Pilgerwohnungen (für 2000 Fremde) — gab es treff=
liches Cisternenwasser. Während man dort trank, besah ich mir die
armenischen Glocken — die alterthümlichsten, die man sich denken·
kann. Sie hingen auf keinem Thurm, sondern für jeden Eintretenden
erreichbar neben der Kirchenthüre. Dies waren zwei fingerdicke
Platten, je eine Spanne breit und ein Klafter lang. Die eine war
von Holz, die andere von Eisen (Hagiosideron). Parallel schwebten

sie an dünnen Schleifen, die von der Unterfläche einer Gallerie des Hofes herabkamen und sie vorn und hinten faßten. Als Schlägel diente ein Hammer, den der armenische Diakon vielleicht nicht so geschickt, aber würdiger behandelte, als der französische Küster thut, wenn er unser deutsches Zusammenläuten durch ein fieberhaftes Herumklopfen an Glocken und Schellen ersetzt. Wurden die beiden Bretter (denn auch der Eisenstreifen glich einem solchen) damit getroffen, so gaben sie einen höheren und niedereren Ton, der sich weder schwach noch unangenehm anhörte. Vom alterthümlichen Gottesdienste der Armenier versprach ich mir viel Instruktives — eine Idee davon hatte ich schon von Bethlehem her; aus meinem Vorhaben, nächsten Sonntag deren Amt anzuwohnen, sollte aber vorzeitiger Abreise wegen nichts werden.

Außer der Residenz des Patriarchen und den Wohnungen für die Bischöfe, Priester, Mönche, Seminaristen und Laien umschließt das armenische Besitzthum auch den traditionellen Platz vom Haus des Hohenpriesters Annas. Darauf steht gegenwärtig ein Nonnenkloster, und zwar nahe an der südlichen Stadtmauer. Hier setzten sich die Angaben des vierten Evangelisten (18, 13—24) über das Vorverhör Jesu fest. In dem Oratorium führt ein kleines Seitenkapellchen den Namen „Ort des Verhöres Jesu Christi". Anläßlich desselben erfuhr bekanntlich der Erlöser die erste rohe Mißhandlung: „Einer der Diener, welcher dabei stand, gab Jesu einen Backenstreich" *). Im Hof gelten einige Olivenschosse für die Abkömmlinge des Baumes, an dessen Stamm Jesus so lange gebunden war, bis es Annas gefiel, ihn zu Kaiphas zu schicken **). Davon heißt das jetzige Nonnenstift Oelbaumkloster. Beachtenswerth ist, daß die Armenier die Verläugnung Petri nicht hierher verlegen. Bei einem andern Gang sah ich die kleine Moschee, welche auf den Fundamenten vom Hause des heil. Thomas erbaut sein soll. Sie steht ungefähr der Nordwestecke des Jakobusklosters gegenüber.

Durch das Hauptportal zur Straße zurückgekehrt, hatten wir zunächst einen Ueberbau der armenischen Patriarchen-Residenz zu passiren. Dann ging es zwischen hohen Gartenmauern

---

*) V. 22.   **) V. 24.

der südlichen Stadtmauer zu. Vom Hauptportal des Klosters ist sie in 2, von der Davidsburg aus in 6 Minuten erreichbar. Dies ist die Länge des Sionsrückens innerhalb der heutigen Stadt. Da er außerhalb derselben auch noch 4 Minuten lang ist, so beträgt seine Gesammtlänge gegen 10 Minuten. Als wir an der Südmauer der Stadt angekommen waren, mußten wir 2 Minuten ostwärts gehen, bis wir schließlich durch einen Mauerthurm den Ausgang fanden. Dies war das bekannte Bâb en-Nebi Daûd oder Sionsthor. Gerade hinter der Mauer lag der umfriedigte katholische, der offene armenische und griechische, der ummauerte amerikanische und englische Gottesacker.

Als wir in's Freie traten, hatten wir diese christlichen Friedhöfe und Nebi Daûd zur Rechten (westlich). Zwischen drin lag leichtes, ausgetrocknetes Gartenland. Der Sion könnte jetzt in Wahrheit klagen, wie er beim Propheten Jesaias (49, 14) einst im Mißmuth fälschlich gethan: „Jehova hat mich verlassen, vergessen hat mich der Herr; ich liege verwüstet" (64, 10); „den Verstoßenen nennt man mich, nach dem Niemand fragt"*). Kaum daß sich noch das eine oder andere mal im Jahr erfüllt, was Jeremias (26, 18) und Micha (3, 12) wörtlich übereinstimmend androhten: „Gepflügt wird Sion werden wie ein Ackerfeld." Ja, „geeifert hat der Herr mit großem Eifer**)". „Er verabscheute Jakobs Hoffart und haßte seine Paläste"***). Die Todtenklage aus so vielen Friedhöfen erinnerte an das Wehe, welches Gott durch Amos über Sion ausrief†), und an das prophetische „Jammern mit ausgestreckten Armen"††).

Frère Liévin führte uns zunächst 100 Schritte geradeaus. Da stack im Boden ein Säulenstrunk, an dem die Legende vom feindlichen Ueberfall des Leichenzuges der seligsten Jungfrau haftet. Als ihr heiliger Leib, so heißt es, vom Sion nach dem Kibronthal übertragen wurde, vergriff sich hier eine durch einen Sohn Aarons fanatisirte Rotte an der Tragbahre; aber ihre Hände wurden gelähmt. Dadurch zum Glauben gebracht, suchten und fanden die Reumüthigen wunderbare Heilung. — Die Säule stammt aus der byzantinischen Zeit. Sie hat angeblich zu einem Oratorium gehört, welches die Perser 614 zerstörten.

---

*) Jer. 30, 17.   **) Zach. 1, 14.   ***) Amos 6, 8.
†) Amos 6, 1.   ††) Jer. 4, 31.

Von da wandten wir uns westlich zu einem einsamen armenischen Kloster. Ein eisernes Pförtchen führte in den Hof. Auf der Ostseite dieses soll die kleine Kirche mit ihrer Apsis und einzigen Altar auf der Stelle des Hauses des Hohenpriesters Kaiphas stehen. Ein halbkreisförmiger Kalkstein, der als Altarplatte dient, wird von den Pilgern als Verschluß des Grabes Christi verehrt. Ein winziges Kapellchen auf der Epistelseite der Apsis heißt Kerker Christi. Darin habe Jesus die letzte Nacht zugebracht. Schon zur Zeit der Kaiserin Helena soll man hier der endgültigen Verwerfung des Messias in einem besondern Gotteshause gedacht haben, das durch die Horden Chosroes' wieder zu Grunde ging. Im Hof verschwor Petrus seinen Herrn. Da hörte er den Hahnenschrei und begegnete den Blicken Jesu. Daselbst wurde der Erlöser nach Petri Weggang verhöhnt und geschlagen*). Die Franziskaner begehen in der Klosterkirche alljährlich den Pfingstmontag und verrichten im Kerker Christi besondere Gebete.

Wir stiegen westwärts einige Staffeln hinauf — und waren auf dem Plateau der christlichen Friedhöfe; von diesen aus griff Raimund von Toulouse einst die heilige Stadt an. Daselbst durchstreiften wir zunächst den Friedhof der Armenier. Herumstehende Mönche entzifferten uns eine moderne Grabschrift. Dann folgten wir im griechischen Gottesacker der Westmauer des amerikanischen Friedhofs bis zur Südwestecke. Hier (hart an der Westseite des Cönaculum) bezeichnete ein Mauerrest mit zwei bekreuzten Quadern die Wohnstätte der seligsten Jungfrau, seit Jesus vom Kreuze zu Johannes gesprochen hatte: „Siehe, deine Mutter" — und zu seiner Mutter: „Weib, siehe deinen Sohn" **). Einer dieser Steine soll sogar noch zum heiligen Hause gehört haben. Nach der Jerusalemer Tradition ist Maria, vom Engel Gabriel gemahnt, im Alter von 72 Jahren (anno 58) auch darin gestorben. Aus demselben sollte ihr heiliger Leib nach der Mariengrab-Kirche übertragen werden, als die Apostel, welche den heiligen Leichnam trugen, noch auf dem Sion von den Juden angegriffen wurden. Wie schon Johannes die heiligen Geheimnisse hier gefeiert hatte, so geschah es fortan, d. i. das heilige Haus blieb eine Kapelle, welche die Schicksale der andern Sanctuarien

---

*) Luc. 22, 63 ff.   **) Joh. 19, 27.

auf dem Sion theilte. Jetzt begehen die Griechen hier im Freien noch das Fest der Sendung des heiligen Geistes.

Nach der Himmelfahrt Jesu, so berichtet die Apostelgeschichte, begaben sich die Apostel vom Oelberg in die heilige Stadt. „Und als sie hineingekommen waren, stiegen sie zum O b e r s a a l (*coenaculum*) hinauf und beharrten mit den Frauen, mit Maria, der Mutter Jesu, und seinen Brüdern einmüthig im Gebete" *). Darin erwählten sie Matthias zum Apostel. Ebendarin „ließ es sich am Pfingstfeste auf jeden nieder wie Feuer, und alle wurden voll des heiligen Geistes" **). Vom Dach mit diesem Obergemache hielt Petrus seine erste Rede — und „es wurden zu den früheren 123 ***) hinzugefügt gegen 3000 Seelen" †). Das Haus mit dem C o e n a c u l u m ist somit die Wiege der christlichen Kirche. Der Sage nach gehörte es Joseph von Arimathäa, und dieser überließ es den Jerusalemer Christen für ihre Versammlungen. Darin leitete Jakobus der Jüngere viele Jahre die christliche Gemeinde. Der Apostel Paulus „sah" diesen Apostel hier „drei Jahre" nach seiner Bekehrung ††). „Vierzehn Jahre" darauf entwickelte er zu allgemeiner Befriedigung hier seine freie Lehre. Im Coenaculum verlosten die Apostel unter sich die Welt. Darin fanden sie sich ein, so oft sie von ihren Missionsreisen aus den heidnischen Ländern zurückkehrten. Nebenan residirten noch die späteren Bischöfe; nach dem Zeugniß des heil. Epiphanius hatte nämlich das Coenaculum ausnahmsweise das Glück, den Gräuel der Verwüstung unter Titus und Hadrian zu überdauern.

Dies alles ist indeß erst die eine Seite seiner Bedeutung. Es war der Saal, den Petrus und Johannes für das letzte Pascha zurichteten †††), in dem Jesus seine letzten Reden hielt und als Unterpfand seiner Liebe die heilige Eucharistie einsetzte; in dem der Auferstandene nachmals bei verschlossenen Thüren erschien, seine Hände und die Seitenwunde zeigte und die Gewalt zu binden und zu lösen verlieh; in dem der zweifelnde Thomas acht Tage später seine Hand in die Seite Jesu legte, „um fortan gläubig zu sein und nicht mehr ungläubig" ††††).

---

*) Apostelg. 1, 18 ff. **) Apostelg. 1, 26; 2, 3. ***) Apostelg. 1, 15.
†) Apostelg. 2, 41. ††) Gal. 11, ·9. †††) Luc. 22, 8 u. 13.
††††) Joh. 20.

Das Coenaculum, an welches sich alle diese Erinnerungen knüpfen, suchten wir jetzt inmitten des kuppelreichen Häusercomplexes der isolirten Vorstadt Nebi Daûd, und zwar im Bezirke eines unsaubern Derwischklosters mit einem hohen runden Minaret. Unter den zwei Zugängen im Norden und Westen wählten wir den letzteren. Es ging zuerst durch einen leeren Stall, dann über ein Höfchen zu einer an die Außenseite eines Gebäudes gelehnten Staffel, zuletzt von der Platform dieser Staffel seitwärts in den „heiligen Saal der Einsetzung der Eucharistie". Derselbe ist 50' lang und 30' breit und wird durch zwei Säulen, die auf correspondirenden Pfeilern des ersten Stockwerks (Parterre) ruhen, in ebenso viele Theile geschieden. Die Kapitäle der Säulen sind durch zwei Blattreihen geschmückt und vereinigen auf sich die Gewölberippen der beiden Theile des Saales; es ist die abendländische Gothik des 14. Jahrhunderts.

Gegen 1342 bauten ihn die Franciskaner. Robert von Anjou, König beider Sicilien und Neffe Ludwigs des Heiligen, erwarb ihnen obendrein das Besitzrecht vom ägyptischen Sultan. Als um's Jahr 1355 eine florentinische Dame noch das umliegende Feld aufkaufte und ein Hospiz für Pilger baute, dessen Leitung sie den Jüngern des seraphischen Vaters übertrug, war die nachmalige Stellung dieses Ordens zum heiligen Lande geschaffen. Er schützte fortan nach Vermögen die christlichen Sanctuarien und pflegte unter ständigen Gefahren die müden Pilger außerhalb der Mauern. Aber 200 Jahre später wurde er allem Rechte zum Hohn von fanatischen Derwischen schrittweise aus dem Coenaculum und vom Sion verdrängt. Seit 1559 bewohnt er das Salvatorkloster innerhalb der Nordwestecke der Stadt. Sein Custode führt noch den Titel „Guardian des heiligen Berges Sion", und zwar nicht blos in historischer Erinnerung, sondern auch in der Hoffnung, das Ordenseigenthum einmal zurückzuerobern. Hat doch Franz von Assisi selber den Sion bewohnt (1219) und damit seinen Söhnen den geziemendsten Ort ihrer Niederlassung gezeigt.

Früher traf man im Coenaculum, abgesehen von mehreren bedeutsamen Altären, die bekannte Geißelungssäule aus dem Hofe des Pilatus. Jetzt ist blos in der Südwand eine Gebetsnische für Moslim, die nie kommen. Wir begegneten an heiliger Stätte der abkühlendsten Profanation. Die Buben von Nebi Daûd waren

eben in lautem Wettlauf begriffen, und der Moscheehüter legte
dies getrost der Kühle des gewölbten Saales zur Last. Eine
Stelle in der Mitte ward als Standort des Abendmahl-Tisches
bezeichnet. In der Gegend der Südostecke führten einige Tritte zu
dem auf gleicher Etage gelegenen Saale des Kenotaphiums
Davids. Derselbe zerfällt wie das Coenaculum in zwei (durch
eine dünne Mauer geschiedene) Theile, von denen man den ersten ohne
Anstand betritt, um von hier das moderne, aus Marmor aufgebaute
und mit Teppichen verhüllte Ehrengrab durch ein Fenster zu
beschauen. Der Querschnitt des Kenotaphiums gleicht einem
kleinen Giebelhaus, dessen Dach längs dem First etwas einge=
drückt ist.

Im untern Stock (Parterre) wollen die Moslim den wirk=
lichen Sarg des königlichen Propheten verwahren. Da aber dieses
Grabgemach sich vorerst noch der Untersuchung entzieht, steht einst=
weilen blos fest, daß „David entschlief wie seine Väter und begra=
ben wurde in der Stadt Davids *)“, welche sich nicht mit Jerusalem
im Ganzen, sondern speciell mit dem Berge Sion deckt **). Auf ihm
fanden auch die nachmaligen Könige von Juda ihre irdische Ruhe=
stätte, ohne daß die Oertlichkeit bis jetzt genauer bezeichnet werden
könnte. Die Nähe des wirklichen oder vermeintlichen Davidsgrabes
aber kostete die Christen das Coenaculum; denn die Derwische hielten
sich nicht nur für dessen berufene Hüter, sondern ihnen galt die
große Nähe der Sionskirche auch für einen Gräuel vor dem Aller=
höchsten.

Das Coenaculum hat gleich dem Davidsgrab einen Untersaal;
der Fremde sieht die Staffel, welche hinabführt. Auch er wird
durch Pfeiler der Länge nach in zwei Theile geschieden; diese sind
aber seit langem von moslimischen Weibern besetzt. Bei den Christen
heißt er Saal der Fußwaschung, als ob dieser heilige Akt
anderswo als im Saale des letzten Abendmahles stattgefunden
hätte ***). Wir verließen die Moschee auf demselben Wege, auf
welchem wir gekommen waren. Bevor einst die Franciskaner
bauten, war ein glänzender Kreuzfahrerbau zusammengefallen,
der nach uraltem Vorbild schon aus einem Unter= und Ober=

---

*) 3. Kön. 2, 10. **) 2. Kön. 5, 7; 2. Chron. 5, 2. ***) Joh. 13.

saal bestand. In einen untern und obern Stock zerfiel nämlich bereits die s. g. Apostelkirche, welche zu Konstantins Zeit an Stelle des ursprünglichen Coenaculums trat; und dieses selbst war nur der Söller eines zweistöckigen Hauses.

Wegen der Nähe der christlichen Friedhöfe ist noch zu erwähnen, daß nach frommem Glauben die Hofreithe des Coenaculum der erste christliche Gottesacker war. Da wurden unter andern die irdischen Ueberreste des heil. Stephanus, Joseph von Arimathäa, Nikodemus, Gamaliel beigesetzt, wenn auch thatsächlich nur, um später in weite Fernen übertragen zu werden. So sind die Reliquien des heil. Stephanus im 5. Jahrhundert vor das Damaskusthor in eine dortige Kirche gewandert. Später wurden sie nach Konstantinopel und von da nach Rom verbracht. Darnach hätten die verstorbenen Christen, welche den Juden und Türken ruhig die Wände des Thales Josaphat überlassen, auf dem Sion noch lange nicht den schlimmsten Theil erwählt.

Von Nebi Daûd geht man in drei Minuten zum gleichnamigen Stadtthor zurück. So thaten wir. Dort aber wandten wir uns östlich, zogen zuerst der Mauer entlang und dann quer feldein, bis wir zum Rand des Sion und zu einer Oeffnung der unterirdischen salomonischen Wasserleitung kamen, welche den Berg Sion in südlichem Bogen umkreist und innerhalb der Stadtmauer nach dem Harâm zu über das Käsemacherthal setzt. Unfern von diesem Aquäduct hielten wir in bebautem Feld bei Mauerresten und vor einer ostwärts schauenden Grotte. Hier stand einst eine Kirche zum Hahnenschrei (in gallicantu) mit einer Grotte der Reue Petri. Vom Hofe des Kaiphas ging nämlich der reumüthige Apostelfürst hierher „und weinte bitterlich" *).

Unten am Fuße des Tempelberges bei der Mündung des Thropöon lag die Quelle Siloa; wir sollten aber heute nicht hinabkommen. Wir nahmen nämlich unsern Rückweg durch das Sionsthor. Gleich innerhalb desselben wohnt der Mauer entlang in den elendesten Hütten eine Colonie Aussätziger. Löcher von der Mauerseite her bilden die Zugänge. Hier ist der Herd dieser trostlosen Krankheit; darin pflanzt sie sich fort von Geschlecht zu Geschlecht. Die besseren Häuschen, welche ihnen vor wenigen Jahren ein Pascha unfern der Quelle

---

*) Matth. 26, 75.

Rogel im Feuerthal bauen ließ, beziehen sie so wenig als das pro=
testantische Leprosenhaus vor dem Jafathor.

Am Ende dieser Hütten that sich der Tarik (Weg) Hâret en=
Nebi Daûd auf, der rein nördlichen Laufes durch das enge Juden=
quartier und an einigen alten Synagogen vorüber nach der Davids=
straße führt. Diesem folgten wir bis zum vierten linken Seitenwege,
dann bogen wir von unserem Wege ab und suchten das Kloster der
syrischen Jakobiten. Es steht östlich von den schon genannten
englischen Instituten, deren Front westwärts nach der Davidsburg
schaut. Seine Bewohner sind Monophysiten, d. h. sie läugnen die
Richtigkeit der Beschlüsse des Concils von Chalcedon (451).

Wir betraten ihre bescheidene Kirche. Sie steht bei allen Be=
kenntnissen in hohen Ehren, weil man glaubt, sie nehme die Stelle
des Hauses Mariens, der Mutter des Evangelisten Johannes
Marcus, ein. Hierher wäre dann der vom Engel aus dem Kerker
befreite Petrus *) gekommen, als die Gläubigen versammelt
waren und für ihn beteten**). Hier hätte er nach langem
Klopfen endlich Einlaß gefunden und den Versammelten das Wunder
seiner Flucht erzählt. Von hier hätte er sich unter bestimmten Aufträgen
an Jakobus und die Brüder „an einen andern Ort“ auf Mission
begeben. In der Kirche zeigt man über dem einzigen Altar ein alt=
ehrwürdiges Gemälde, das schon der Evangelist Lukas gemalt
haben soll. Südlich von der Thür steht ein Taufstein mit Baldachin
angeblich genau an der Stelle, an welcher die Mutter Gottes getauft
worden ist; dies ist monophysitischer Glaube.

Von der Jakobitenkirche führte uns Frère Liévin durch kurze,
winkelige Gäßchen zur Stätte einer verschwundenen mittelalterlichen
„Kirche zum Gefängniß Petri“ ***) und von da weiter an
einem alten Rundbogen vorbei, der zum Thor Gennath (Garten=
thor) gehört haben könnte. Dieses ging durch die erste Mauer; und
wenig östlich setzte die zweite Mauer im rechten Winkel an. Zuletzt
kehrten wir über den Jafathor=Platz zur Casa nuova zurück.

---

*) Apostelg. 12, 9.   **) B. 13.   ***) Apostelg. 12.

Ueber den Bezethahügel nach Anathôth und dem Skopusgipfel Sôma.

Donnerstag, den 28. August, begab ich mich zuerst nach der Geißelungskapelle in der Via dolorosa. An einem weißen Kreuzchen auf dem schalterähnlichen Eingangspförtchen fand ich mich zurecht, während einer meiner Freunde, der nachkam, fehl ging und unverrichteter Sache nach Hause zurückkehrte. Die schönen Räume innerhalb der festen Mauer contrastirten auf das angenehmste mit dem so bescheidenen Eingange. Früher ein Pferdestall, ist der lange Zeit profanirte Ort vor etwa 50 Jahren durch Ibrahim Paschas Gnade Eigenthum der Franciskaner und seither durch die Munificenz des Herzogs Maximilian von Bayern ein würdiges Heiligthum geworden. Die Araber nennen es „Habs el Messiach", b. i. Kerker Christi, die Christen nach dem Loch der Geißelungssäule unter dem Hochaltar „Geißelungskapelle". Nachdem ich hier celebrirt, die Sehenswürdigkeiten beschaut und gefrühstückt hatte, kehrte ich zum Portal der Casa nuova zurück, wo meiner — nach gestern getroffenen Anstalten — Pferd, Esel und ein Muker harrte. Dieser sollte mich nach Anâta und Tulêl el Fûl (Bohnenhügel), schließlich auf der Nablusstraße wieder nach el Kuds führen; und dafür waren 6 Franken ausbedungen.

Unser Weg berührte die Nordostecke der Stadt. Um dahin zu gelangen, hätten wir nach der Karte ein Drittel des Marsches gespart, wenn wir direct nach dem Damaskusthor geritten wären. Gleichwohl ging der Muker ohne Weiteres dem Jafathor zu; denn der Weg dorthin sei zu schlecht — was mir vorerst nicht einleuchten wollte, aber bei der Rückkehr klar wurde. Bei der Nordwestecke der Stadt bogen wir um und ritten ostwärts, Anfangs mit dem Hospital und Consulat, dem Männer= und Weiberhospiz, der Kathedrale und den Gärten der russischen Ansiedlung, dann mit dem monumentalen Damaskusthor, den Olivengruppen der Nablusstraße, der s. g. Jeremias= und Baumwollengrotte beschäftigt. Zu Besuchen war jedoch jetzt keine Zeit.

Der Muker sprach zu meiner Verwunderung gebrochen deutsch. Als ich nach der Veranlassung fragte, deutete er nach Schneller's Knaben-Waisenhaus (nördlich) hinter dem Russenbau. Dort habe er zwei Jahre Unterkunft und Unterricht gehabt, als sein Vater nach Aegypten ging und ihn mit seiner Mutter im Elend zurückließ. Dem Bekenntniß nach hielt ich ihn für einen Moslim; denn er hatte nicht nur die Tracht und das nüchterne Aussehen dazu, sondern sprach auch mit gewisser Hochachtung vom Derwisch der Jeremiasgrotte und den dortigen moslimischen Heiligengräbern. Erst am andern Tage fand ich, daß er zu den nichtunirten Griechen gehörte.

Vom Damaskusthor an zog sich die Stadtmauer ein und zwei Stockwerke über dem Boden auf glattgehauener Felsenschichte hin, und eine fast doppelt so hohe Felspartie begleitete den Wanderer zur Linken bis zum Rande des Josaphatthales. Von da an ging es quer über den einst durch ein westöstliches Thälchen — Birket Israïn ist davon ausgespart — vom Tempelberg getrennten Stadthügel Bezetha, welcher sich wahrscheinlich mit dem Gib'at Gareb bei Jeremias deckt*). Er ist seit alter Zeit der Breite nach vom Weg und Wallgraben durchschnitten und so in eine Nord- und Südhälfte getheilt. Der von der Stadtmauer eingeschlossene südliche Theil ist jetzt von St. Anna, Ecce-Homo und überhaupt vom nordöstlichen Stadttheile el Hotta bedeckt. Vor dem babylonischen Exil war er durch Manasse das erste mal in den Festungsrayon gezogen worden, nach Christi Tod wieder durch Herodes Agrippa. Um diese Zeit erscheint sein Name geradezu identisch mit Neustadt**) und wird so auf den ganzen neuen Distrikt angewendet, welcher durch den dritten Mauerlauf zur Altstadt geschlagen wurde. Dazu gehörte auch der Golgathahügel, früher wohl Goath genannt***), und alle Häuser vom Psephinusthurm im Westen bis zum Monument des Walkers und „Eckthurm" über dem Kidronthal im Osten.

Unterirdisch ist dieser städtische Bezetha viele hundert Fuß weit von der s. g. Baumwollengrotte nach verschiedenen Richtungen hin durchzogen. Diese bildet ein unheimliches Labyrinth von Gängen und Höfen mit ausgesparten Felsenpfeilern, das sich deutlich genug als einstigen Steinbruch verräth. Der jetzige Unterschied der

---

*) Jerem. 31, 39.　　**) Flav. Joseph.　　***) Jerem. 31, 39.

Temperatur und die Unsicherheit der Decke ermunterten nicht gerade zu einem Besuch. Unfern vom Damaskusthor sieht man die niedere, finstere Oeffnung, durch welche man seit kurzer Zeit die Baumwollen=grotte wieder betritt.

Ihr gegenüber heißt ein ehemaliger Steinbruch des außerstädti=schen nördlichen Bezetha Jeremiasgrotte. Der Prophet soll darin seine Klagelieder gedichtet haben, in der Cisterne davor gefangen gewesen sein, auch nicht in Aegypten, sondern hier sein Grab ge=funden haben. Ich kam gegen Abend in Gesellschaft an diesem moslimischen Heiligthum vorüber, aber Niemand zeigte Verlangen, sich die verlotterte Gitterthüre öffnen zu lassen. Ueber der dürren Oberfläche hin sah man moslimische Gräber. Von diesen geht die Sage, daß sie beim einstigen Weltbrande unbeschädigt blei=ben und den Auferstandenen ein sicheres Ruheplätzchen bieten. Die Stelle heißt es=Sáhire, und darnach soll das verschlossene Herodes=thor (wenig südlich vom Eingang zur Baumwollengrotte) seinen arabischen Namen führen. Andere freilich deuten Bâb es=Sáhire als Blumen= oder Wächterinthor. Unter Herodes ist hier der Er=bauer der dritten Mauer (um 40) verstanden. Beim Herodesthor erstürmte einst Gottfried die Stadtmauern.

Wir folgten dieser bis zum östlichen Eckthurm. Dann schlugen wir eine nördliche Richtung ein. Der Weg führte auf der Kante des außerstädtischen Bezetha und des sich mehr und mehr verflachen=den Kibronthales hin. Da wo dieses seinen nördlichen Lauf (aufwärts) mit dem westlichen vertauscht — nach heutiger Bezeichnung zwischen dem Marien= (Sitti Mariam) und Nußthal (Wâdi el Dschôz) — stiegen wir in die Tiefe. Halbwegs zwischen hier und der Stadt hatte mich eine Steige beschäftigt, welche schnurgerade vom Kibronthal zur Ein=sattelung hinter Viri Galiläi hinaufführte. Ich war gewohnt, auf diesem Wege Jesum wandeln zu sehen — „bis hin, wo es nach Bethanien geht*)," hatte mir ihn aber als Thalweg gedacht. Jetzt fragte ich, ob er überhaupt auch nach Bethanien führe. Mein Muker bejahte dies und wollte mich nächstens auf diesem Umwege da=hinbringen.

Jenseits des Kibronbettes ritten wir den Skopus hinauf,

---

*) Luc. 24, 50.

d. i. zu den nördlichen und nordwestlichen Erhebungen desselben Bergrückens, dessen drei südliche Kuppen den Oelberg im weiteren Sinne ausmachen. Als wir in nordöstlicher Richtung die Höhe erreicht hatten, überraschte mich eine nicht geahnte, großartige Rundsicht, insbesondere auch über Jerusalem und den Oelberg. Da sich die heilige Stadt von der Nablusstraße, bis wohin der Skopus geht, nur halb so schön ausnimmt, als von diesem Punkte des Anâtaweges, dürfte die historisch berühmte Aussicht vom Skopus am richtigsten hier zu suchen sein.

Nur einige Minuten jenseits des Bergkammes lag das kleine Dorf el Isawîje, das ohne eine bestimmte Tradition ebenso nach Jesus oder Josua benannt ist, wie Azarîje nach Lazarus. Nach Raumers Vermuthung wäre es das alttestamentliche Nob oder Nobe, bei dem einst Jischbi, der Rephaite aus dem Philisterland, David zu schlagen gedachte, dafür aber mit Hülfe Abischai's, des Sohnes Zeruja's, seinen Untergang fand. Dann wäre es auch die Priesterstadt bei Anathôth *), in welcher der Priester Achimelech David Schaubrode gab und dafür samt seinem Hause (85 Mann, die das leinene Ephod trugen) und den Einwohnern auf Sauls Befehl von Doëg ermordet wurde **). Nach Hieronymus konnte man von Nob aus Jerusalem sehen. Von Isawîje selbst ist dieses nicht möglich, aber der schönste Aussichtspunkt liegt einen Büchsenschuß westwärts. Es verbreitet sich über den Anfang eines freundlichen Wâdi, der nach kurzem, westöstlichen Lauf in das Trogquellenthal ausläuft.

Wir hatten von Jerusalem bis Isawîje 3/4 Stunden nöthig gehabt, ließen aber das Dorf und seine Feigenanlagen zur Rechten und ritten nach eingeholten Erkundigungen in den parallelen Wâdi es-Sulêm hinab ($^1/_4$ Stunde) welcher nach der Jordanaue zu hinter Chan Hadrûr vom Jerichoweg gekreuzt wird. Von hier ging es über öde Wildniß noch eine halbe Stunde bergan. Da war endlich der langgezogene Rücken erreicht, auf dessen Nordostende eine kleine Erhebung die 20—25 Steinhütten Anâtas trägt.

Rechts vom Eingang des kleinen Dorfes sah ich die Fundamente eines früheren Jeremiaskirchleins mit bloßliegender musivischer Arbeit, Mosaik und Säulenresten. Es ist seit kürzerer Zeit russischer Besitz.

---

*) Neh. 11, 32. **) 1. Kön. 21 und 22.

Links bildete ein einzelner Baum nicht nur einen Contrast zu der sterilen Hochfläche, sondern weithin das Wahrzeichen des Dorfes. Wir stiegen inmitten der ruinösen Häuser ab. Hier im Lande Benjamin, und nicht im heutigen Dorfe Abu Gôsch, wie man vielfältig glaubt, hat der Sänger der Klagelieder und große Prophet der Leidensgeschichte das Licht der Welt erblickt, um dereinst nach den erschütterndsten Erlebnissen seine Tage in Aegypten zu beschließen *). Die Einwohner Anathôths aber sprachen nachmals zu ihrem Landsmanne: „Weissage nicht im Namen Jehovas, wenn du nicht unter unsern Händen sterben willst." Dafür ließ sie Jehova wissen, er werde sie strafen: „Die Jünglinge sollen durch's Schwert fallen, die Töchter durch Hunger umkommen, so daß nichts übrig bleiben wird von ihnen" **). Also geschah es, als im neunten Jahre Zedekias, des Königs von Juda, Nebukadnezar, der König von Babel, mit seinem ganzen Heere vor Jerusalem zog, es 6 Monate belagerte und einnahm ***). Aber auch die bessere Zeit kam, wo nach des Sehers Wort am verwüsteten Orte wieder Hirtenwohnungen sein, und Schafe an den Händen des Zählers vorübergehen sollten †): nach dem babylonischen Exil wurde Anathôth wieder besiedelt ††). Abieser, einer von Davids Helden, wird „der Anathôthiter" genannt. König Salomon sagte dem in Ungnade gefallenen Priester Abjathar: „Gehe nach Anathôth auf dein Feld; sonst bist du ein Mann des Todes" †††).

Weil die Aussicht im Dorfe beschränkt war, ritt ich zu einer freien Anhöhe hinter den Häusern. Männer von Anâta begleiteten mich. Vom äußersten Rand der Hochfläche aus antworteten sie im Concert auf die Fragen, welche ich aus meiner Karte las. Da lag unter mir der große Tummelplatz der feindlichen Schaaren Sanheribs, so wie ihn der Prophet Jesaias ††††) geschildert hat. Ein strafendes Werkzeug zieht Assyriens König vom Jordan gegen Jerusalem herauf. „Zu Michmâs hält er Musterung. Er bringt durch den Engpaß (von Michmâs) und macht des Nachts Halt zu Geba. Rama ist bestürzt, Gibeath Sauls ergreift die Flucht. Du, Toch-

---

*) Jer. 1, 1.   **) Jer. 11, 21.   ***) Jer. 39.
†) Jer. 33, 12, 13.   ††) Esr. 2, 23.   †††) 3. Kön. 2.
††††) Jes. 10, 28 ff.

ter Gallims, schreie laut! Laisa, merke auf, und Anathôth! Madmena wandert aus, Gebim's Bewohner fliehen. Noch einen Tag, so steht er bei Nob und streckt seinen Arm aus wider den Berg Sion, wider Jerusalem," wo endlich „der Weltenherrscher den Ast", der seine Bestimmung verkennt, „niederschlägt" *).

In gewaltiger Breite zog sich das wellige Land von der Nablus=straße zur Jordanfurche und dem Fuß des ostjordanischen Felsenplateau hinab. Im Westen schien es noch durch eine oder die andere Quelle be=feuchtet; je mehr gegen Osten, desto öder und dürrer sah es aus. Es war von der Sonne ganz braun gebrannt. Das westliche Randgebirge des Ghôr überragte der Dschebel Karantel. Vom todten Meer sah man ein ziemliches Stück. Auf gleicher Breite mit dem Berg des vierzig=tägigen Fastens schloß die kühne Hochfläche von Michmâs mit ihrer Thalenge die Aussicht gegen Norden ab. Eine Stunde herzu lag die Thurmruine und das Dorf Dschêba (Geba, Gabaa) malerisch auf einer Bergkuppe, und noch eine Stunde näher, blos durch den Wâdi Selâm (unten Kelt) von uns getrennt, ebenso das Dorf Hizme, Beth Asmáveth des Nehemias **). Zu Dschêba standen einige Männer im Schatten des Thurmes. Wir hatten wohl ³/₄ Stunden zu ihnen, und doch schien die Distanz kaum 20 Minuten zu betragen. Geba ist bekanntlich ein Unglücksname in der Geschichte der Philister. Saul und Jonathan lagerten einst zu Geba. Da ging Jonathan mit seinem Waffenträger gegen deren Vor=hut aus und fing an zu würgen; und die Unbeschnittenen wurden von Michmâs bis Ajalon geschlagen ***). Ebenso schlug sie später David „von Geba, bis du nach Gaser kommst" †). Gegen Nord=westen war er=Ram, das alte Rama Benjamin (vorübergehend ein Zankapfel zwischen den Reichen Israel und Juda), der höchste Ort. Es liegt noch diesseits der Nablusstraße, die mit allem, was jenseits (westlich) ist, von Anâta aus sich den Blicken entzog. Gar schön nahm sich der abgestufte Kegel Tulêl el Fûl aus, gleich=falls nordwestlich, aber näher als er=Ram gelegen, und zugleich mein ferneres Reiseziel.

Es führte kein directer Pfad dahin; darum ließ sich der Muker

---

*) Jes. Cp. 37.   **) Cp. 7, 28.   ***) 1. Kön. 13 und 14.
†) 2. Kön. 5, 25.

die Gegend des Aufgangs zeigen. Dann ritten wir nordwestlich in den Wadi Selâm hinab. Beim Abstieg sah ich den
richtigen Weg. Wir mußten auf halber Höhe links an den Hügeln hin-
reiten, um dann den Tulêl el Fûl von Südosten zu nehmen. Nur da
standen dem Reiter keine unersteiglichen Raine oder Stufen im
Wege; der Fußgänger kommt von allen Seiten bei. Allein mein
Muker ließ es sich nicht nehmen, daß der Weg von der Tiefe des
Thalkessels emporführe. Als wir da angekommen waren, umkreisten wir
wohl ein Drittel des Berges, fanden ihn aber nur immer stolzer und
unzugänglicher. Zuletzt blieb uns nichts übrig, als quer feldein der
hohen Nablusstraße zuzusteuern. Ein Ziegenhirt wies uns
zuletzt noch auf einen Pfad.

Auf der Straße hatte es viele Fußgänger, die theils vereinzelt,
theils in Gruppen dem noch unsichtbaren el Kuds zueilten. Auch Frauen-
füße mit auffällig hohen, kräftigen Reihen hielten Schritt und ließen uns
weit hinter sich zurück. Ob die jüdischen Festkarawanen Galiläas, welche
den Weg durch Samaria nicht gescheut hatten, ob die gottbegeisterten
Kreuzfahrer aus dem fernsten Westen — dieses Plateau des Skopus,
d. i. die letzten paar Ackerlängen bis zur freien Aussicht auf die heilige
Stadt, jemals anders als im Fluge zurücklegten? Ob das Aussehen der Festbesucher — Jesus und Maria mit einbegriffen — sich
je von dem der hochgeschürzten, barfüßigen Söhne und Töchter Ismaels, welche uns überholten, unterschied? Die conservative Weise
des Orientes spricht dagegen.

Wir hatten die Nablusstraße unfern ihrer Gabelung — einerseits
nach Nazareth, anderseits über Bethhorôn (j. Bet Ur el fôka) nach
Jafa — erreicht. Alles Land östlich (das merkwürdige Panorama von
Anâta) war hier wie weggezaubert, dafür ein von den sonderbarsten
Thalfurchen umflutetes Hügelmeer in den Gesichtskreis getreten.
Zunächst lag uns der durch Oelbaumgruppen belebte Wadi
Hanîna. Er begleitet die Straße etwas nordsüdlich und wendet
sich dann dem Mittelmeer zu; die Jafastraße kreuzt ihn unten an
Kulonîje. An dessen (nördlichem) Anfang sah man das Dorf Bir
Nebâla, näher her auf einem Vorsprung seiner östlichen Thal-
wand die Häuser von Bet Hanîna. Von den entferntesten
Höhen drüben schaute das Dorf Bet Iksa herüber. Am stattlichsten
nahm sich Nebi Samwîl auf seiner Bergspitze aus. Angesichts

dieser beschloß ich nicht von Jerusalem zu weichen, bis mir deren Ersteigung gelungen wäre.

Für jetzt galt mein Hauptaugenmerk noch dem Tulêl el Fûl. Er lag nur einige Minuten östlich von der Straße und schien auf der Hochebene schon zwei Drittel erstiegen. Allein gewaltige Steinblöcke an dessen Fuß verrammelten den Weg und drängten beständig südwärts, bis er uns auf einmal im Rücken stand und damit aufgegeben wurde. Vor uns winkte in kurzer Distanz ein mindestens ebenso schöner Kegel, der obendrein eine freiere Aussicht versprach; dieser sollte Ersatz leisten.

Wir mochten vom Bohnenhügel 12 Minuten geritten sein, als wir rechts (westlich) das kleine moslimische Schafât hatten. Es ist das eigentliche Skopusdorf, in dem offenbar „Saphá," der alte Name des Plateau, nachklingt. Die sowohl dem semitischen als griechischen Wortstamm zu Grunde liegende Bedeutung „Warte" paßt recht gut auf die konischen Erhebungen und auf den Südrand der Hochfläche, welcher die Bezeichnung Skopus (Saphá) anhaftet: ob auch der Art auf das Dorf, daß man dieses mit dem gleichbedeutenden Ortsnamen „Mizpa vor Jerusalem" *) zusammenstellen kann?

Schafât ist unbestreitbar ein antiker Ort; dies wollen die alten Cisternen und Felsengräber. Doch liegt und lag es wohl immer topfeben, und Jerusalem sieht man höchstens in dem Sinne, wie man es von Isawîje aus sieht, d. h. nachdem man zuvor noch eine Strecke gegangen ist; Mizpa aber wird bei Hoseas (5, 1) als Hochwarte mit dem Tabor zusammengestellt. Ferner hat Schafât auf seinem allwärts zugänglichen und von isolirten Kegeln dominirten Plateau nichts weniger als die Lage eines festen Platzes. Trotzdem hätte Assa, König von Juda, dieses Mizpa-Schafât nach den traurigen Erfahrungen zu Rama — es war vorübergehend eine Zwingburg seines nordischen Gegners Baesa gewesen — nebst Geba (Dschêba), mit dem es in keiner Weise einen Vergleich aushält, zur Grenzfestung gegen das Zehnstämme-Reich erkoren **)? Endlich kann Schafât mit seinen 20 bis 25 Hütten auch im Alterthum nicht über die Bedeutung eines Dorfes hinausgekommen sein; denn es unterliegt keinem Zweifel, daß 8 bis 15 Minuten entfernt, nämlich auf dem Tulêl el Fûl oder auf dem Tell es-Sôma, eine Stadt

____

*) 1. Makk. 3, 46.   **) 3. Kön. 15, 22.

lag, der gegenüber es am wahrscheinlichsten nur die Rolle eines abhängigen Weilers spielte. Dagegen wissen wir von Mizpa, daß es nicht die geringste der 26 Städte Benjamins war *), da Samuel dort richtete, und Saul zum König gemacht wurde, Gedalja, der chaldäische Statthalter, nach der Zerstörung Jerusalems dort residirte und eines gewaltsamen Todes starb **). Mit mehr Grund suchten darum andere schon Nob oder Nobe zu Schafât. Ob aber auch richtiger als zu Isawîje?

Ich gedachte heute nur der historischen Thatsache, daß alle Bedränger Jerusalems von David bis zum vorletzten Sultan hier Station machten, bevor sie dessen Mauern stürmten oder einen ersten und zweiten Wall zogen. Ausdrücklich wird dies versichert von dem Feldherrn Cestius Gallus, welcher berufen war „die große Trübsal“ einzuleiten, „dergleichen von Anfang der Welt nicht gewesen noch ferner sein wird ***).“ Er kam damals auf der alten Heerstraße von Gibeon (jetzt Dschîb) her — gegen 2 Stunden nördlich, verschieden von Geba (Dschêba) und Gibea — und schlug auf dem Skopus sein Lager. Ebenso ließ Titus, welcher das Drama zu Ende führte, zwei seiner Legionen sich hier verschanzen, nachdem Tags zuvor sein letztes Standquartier zu Gophna (jetzt Dschifna, $4\frac{1}{2}$ Stunde nördlich) gewesen war. Schafât selbst liegt vom Südrand des Skopus noch 20 Minuten entfernt von Jerusalem eine kleine Stunde, nach Frère Liévin genauer 52 Minuten.

Sucht man von den Dächern Jerusalems aus den Skopus, so bilden dessen Wahrzeichen zwei aufkeimende Hörner im Nordwesten. Zwischen beiden, sagte man mir, liege das Dorf Schafât. Jetzt hatte ich Noth, das westliche Horn wieder zu erkennen. Es besteht factisch nur im Profil und ist in der Nähe eine kaum merkliche Erhebung des Plateau. Anders verhält es sich mit dem östlichen Horn, das in jeder Hinsicht mit seinem (nördlichen) Nachbar, dem Tulêl el Fûl, rivalisirt. Dieses begannen wir zu ersteigen und brauchten von der Straße weg 5 Minuten (Schafât liegt ebenso weit westwärts von der Straße). Die Kuppe war leicht umzäunt und mit Ausnahme einer Stelle jeder Zugang durch Steine verlegt. Oben trafen wir einen Araber, der seine Feigenbüsche hütete; zu

---

*) Jos. 18, 26.   **) Jer. 40 und 41.   ***) Matth. 24, 21.

anderer Jahreszeit mochte noch etwas Gerste hier gewachsen sein. Auf der Nordseite war eine geräumige Cisterne. Zu dieser führte er uns und tränkte zuvorkommend unsere Thiere. Aus seinem Munde hörte ich zum ersten mal den Namen „Sôma“. Auf meiner Karte war der Tell nicht eingezeichnet, geschweige denn benannt. Zu Hause erfuhr ich, daß ihn Frère Liévin mit andern für Gabaath, d. i. Gibeath Benjamin *) auch „Gibeath Saul“ **) oder „Gibea“ schlechtweg ***) hält. Er soll reicher an Cisternen, Gräben und alten Bausteinen sein als die Höhe Tulêl el Fûl, die seit Robinson bei den Occidentalen mit diesem „Gibea“ zusammengestellt zu werden pflegt. Der sanftere Anstieg und überhaupt die mildere Form er= klärt ihn ohnedies für eine geeignetere Ortslage, als der in jähen Stufen abfallende Bohnenhügel ist. Sobiel scheint ausgemacht, daß die genannte Stadt Benjamins auf dem einen oder andern Hügel lag.

Dann aber war hier der Schauplatz der Schandthat am Weibe des durchreisenden Leviten †), welche den Unwillen und die gerechte Rache ganz Israels herausforderte. Nicht nur die Stadt Gibea mit ihren schuldbeladenen Bewohnern, sondern der ganze Stamm Benjamin mit Ausnahme von 600 Männern ging darüber zu Grunde. Um die Zeit der Könige waren diese Schäden wieder ge= heilt, und in der längst wieder erbauten Stadt stand das ländliche Haus des Sohnes Kis. „Er hieß Saul, war jung und schön, ja keiner von den Söhnen Israels schöner als er. Von seinen Schultern an aufwärts war er höher als das ganze Volk ††).“ Diesen gab Samuel nach Jehovas Weisung dem Volke zum Kö= nig †††). Als solcher blieb er der alten Einfachheit treu. Gibea war seine Residenz, die väterliche Hütte sein Palast. Hier saß er am Neumond im Kreise seiner Kriegshelden „auf seinem Platze an der Wand“ ††††) und kühlte im Schatten einer Tamariste „auf der Höhe, den Spieß in seiner Hand und alle Knechte um sich her,“ gelegentlich seinen Unmuth.

Trotzdem würde man auf dem Skopus vergebens nach seiner irdischen Hülle graben. Nach der Unglücksschlacht im Gebirge Gilboa deckte das

---

*) 1. Kön. 13, 2.   **) 1. Kön. 11, 4.   ***) Jos. 18, 26.
†) Richt. 19.   ††) 1. Kön. 9, 2.   †††) 1. Kön. 8, 22.
††††) l. c. 20, 25; 22, 6.

Gefilde Gilead seine müden Glieder; und doch war sein Loos und das seiner Söhne Jonathan, Abinadab und Malchischua (welche die gleiche Erde
aufnahm) noch beneidenswerth, wenn man es vergleicht mit demjenigen
von zwei andern Söhnen und fünf Enkeln. Um eine Blutschuld Sauls
an den Gibeoniten zu sühnen, mußte nämlich David die Nachkommen
Sauls der Rache derselben überliefern. Diese aber hängten die sieben zu
Gibeath Sauls oben „auf dem Berge vor Jehova" auf.
Daselbst waren die Leichname vom Anfang der Gerstenernte bis
zu den Herbstregen: „und Rizpa, die Mutter zweier Opfer, nahm
ein Tuch und breitete es über den Felsen und ließ nicht zu, daß
sich die Vögel des Himmels auf dieselben setzten bei Tage, noch
die Thiere des Feldes bei Nacht!" Als endlich „David von dem Kunde
erhielt, was Rizpa that", ließ er die Gebeine der gesammten Königsfamilie zu Sela im Lande Benjamin in der Gruft des Kis beisetzen *).

Die Aussicht vom Tell es = Sôma war großartig. Zunächst
zog der Bohnenhügel im Norden meine Aufmerksamkeit auf
sich. Er war so nahe, daß eine Stimme von dorther verstanden
werden mußte. Auf dem Gipfel sah man die untersten Steinschichten
eines eingegangenen Wartthurmes, sonst aber nirgends eine Spur
vom Schaffen der Menschenhand, keine Pflanze und kein Thier. Wie der
Tell es = Sôma, so erschienen der Tulêl el Fûl und die Höhe von
Rama (eine gute Stunde nördlicher) als kühne Erhebung am Ostrand einer größeren Hochfläche, welche schwach gegen Nordwesten
abfiel. Das höhere Plateau von el Bîre (Beeroth) schloß den
Blick nach Norden ab. Gegen Südosten ragten die Gebäude auf
dem Oelberg in die Luft, und man sah deutlicher als von jedem
andern Punkte, daß Skopus und Oelberg einer und derselbe Höhenzug
seien. Im fernen Osten bemerkt man das Qualmen des todten Meeres.

Von Jerusalem allein war ich enttäuscht. Nur die Häuser und Anlagen der nordwestlichen Vorstadt breiteten sich vor
einem aus. Die heilige Stadt selbst lag abseits und that, als
stecke sie nach Straußenart ihr hohes Haupt in den Sand, oder als
ducke sie sich unter die schützenden Fittige des Oelberges. Dagegen
war es interessant, das Profil der Terrasse zu verfolgen, welche
el Kuds und seinem Weichbilde von jeher zur Unterlage diente.

---

*) 2. Kön. 21.

Im fernsten Nordosten sah man jenseits von Anâta, Dschêba und einem guten Stück Wüste — das biblische **R i m m o n**, wohin der kleine Rest der Benjaminiten aus dem Blutbad von Gibea entrann*). Dort hielten sie sich 4 Monate auf dem Felsen, bis die reuigen Bruderstämme hinsandten und ihnen den Frieden verkündeten**). Heute heißt der Ort **R a m m û n** und bekrönt einen hohen Bergkegel.

Schöner nahm sich nur Nebi Samwil (im Nordwesten) aus, die Krone aller Benjaminitischen Bergvesten; sie schien kaum anderthalb Stunden entfernt. **E l D s ch î b**, das alte Gibeon, saß anscheinend auf deren nordöstlichem Vorsprung. Letzteren Ort sollte ich noch von allen Seiten zu sehen bekommen, und zwar betrachtete ich ihn mit immer gleichem Interesse. Lage, Thalung, hohe und niedere Umgebung und die Sicherheit seiner reichen Geschichte machten ihn stets zum Mittelpunkt leiblichen und geistigen Schauens.

Der Rückweg vom Tell es - Sôma führte zum Rande des Skopus und von da über schauderhaftes Geschiebe, feste und bewegliche Felsen zur seichten Furche des obern Kidronthales. In 40 Minuten hatten wir links das Mauerviereck, welches die Königsgräber umschließt; diese sah ich auf besonderem Gange heute Abend. Weiter ging es auf ordentlicher breiter Straße dem Bâb el Amûd zu, das man in 10—12 Minuten erreicht. Das Terrain war schwach gewellt und gerade vor der Stadt am stärksten aufgetragen. Vom Wâdi el Dschôz (ob. Kidron) an hatte es allwärts Oelbäume, und diese gaben dem Plateau ein frisches freundliches Aussehen. Man hätte von Oelgärten reden mögen wenn nur der Boden besser gehalten und gehörig ummauert gewesen wäre. Je größer allmälig die Hitze wurde — es war zwischen 10 und 11 Uhr — desto munterer waren die Heuschrecken auf den Oelbäumen. Das war ein Schaben in allen Tonarten! Einige konnten's wie die deutschen Frösche.

Mit Widerstreben ritt zuletzt der Muker durch das Damaskusthor. Gleich innerhalb desselben geriethen wir in einen dichtgedrängten Sûk. Darum bogen wir sofort wieder rechts aus und steuerten auf spitzigem Pflaster längs (oder auch nur nahe) der **N o r d m a u e r** dem latei-

---

*) Richt. 20, 45.   **) Richt. 20 und 21.

nischen Patriarchate zu. Dabei ging es eine Zeit lang mühsam bergan. Welcher außerstädtische oder städtische Hügel mag dieses einst gewesen sein? War es der Gareb oder der Goath? Ich dachte an ersteren.

Tankredhöhe, Aschenhügel und die Gräber der Könige.

Auf Nachmittags 4 Uhr war ein Spaziergang zu den Gräbern der Richter und Könige angesetzt gewesen. An Frère Liévin, welcher die Führung übernommen hatte, fehlte es nicht; aber die beiden französischen Freunde konnten mit ihrer Siesta nicht fertig werden. So war es schon zu spät, als wir endlich fortkamen.

Die Gräber der Richter liegen am südwestlichen Rande des Skopus gegen das Ende des Wâdi el Dschôz an der Straße von Nebi Samwîl. Der direkte Weg dahin führt vom Jafathor zur Nordwestecke der Stadt und zweigt dort von der Jafastraße ab, um zunächst die s. g. „Tankred-höhe" zu durchschneiden — wie seit neuerer Zeit die Landspitze heißt, welche dem nordwestlichen Stadtende gegenüberliegt. Rechter Hand baute man eben an einem Spital, dessen Leitung die Schwestern des heil. Joseph übernehmen sollten. Die Mittel kamen von einem französischen Grafen. Den Grundstein hatte einige Monate früher der lateinische Patriarch gelegt.

Links begleitete uns lange die Rückseite des großen Drei-ecks der russischen Besitzung. Am Ende derselben kam rechts die zierliche arabisch-protestantische Kirche mit einem Missionshaus in hübschen Gärten. Sie ist erst seit einem Jahre dem Kult übergeben; der Ritus ist anglikanisch, die Predigt arabisch. Die Mädchen des Waisenhauses Talitha kumi und die Knaben der Schnel-ler'schen Schule — beide nordwestlich — haben hier ihren Gottesdienst.

Kurz dahinter ging es abwärts einem enormen Aschen-hügel zu. Ein zweiter liegt unfern auf der Ostseite der Nablusstraße. Die Sage geht, sie stammen von den Brandopfern des salomonischen und Serubabel'schen Tempels. In Wirklichkeit aber sind sie auf frühere Seifenfabrikation zurückzuführen. Hier änderten wir unfern ursprünglichen Plan; nachdem wir schon ¼ Stunde gebraucht, wäre es bis zu den Gräbern der Richter noch ½ Stunde gewesen. Den Rückweg .und die Besichtigung dazugezählt, wäre offenbar die Zeit für heute zu kurz gewesen. Wir folgten deswegen einem Pfade, der ostwärts über einen Oelgarten führte, und waren in drei Minuten am „Grabmal der Könige".

Dasselbe ist seit neuester Zeit Besitzthum der französischen Israeliten. Der Pariser Banquier Péreire erwarb es von moslimischen Besitzern um 30,000 Franken, wobei die Jüdin Bertrand die Vermittlerin spielte. Ein Jerusalemer Rabbi hat die Oberaufsicht und ;leitet die Erdarbeiten. Ein Neger öffnet und führt die Fremden herum. Innerhalb der erst kürzlich aufgeführten Ringmauer stiegen wir über noch auszuhebenden Schutt hinab in einen vertieften viereckigen Raum, den ungefähr 80'/90' messenden Vorhof.

Hier hatten wir gegen Westen die schöne Felsenfaçade der bewundertsten aller Jerusalemer Grabanlagen vor Augen. Nach der Sage müßten die Könige Judas statt auf dem Sion in diesen unterirdischen Kammern beigesetzt worden sein. Allein schon die Ornamentik der Außenwand verweist in eine Zeit, zu welcher das Scepter von Juda genommen war. Diese besteht nämlich aus einem eigenen Gemisch von Jüdisch und Griechisch, wie es nur denkbar ist, als die Juden zum großen Theil Hellenisten geworden waren. Da sieht man zuerst ein reichgegliedertes Gesimse, dann einen geschmackvollen Fries mit dem paläftinenfischen Embleme der Traube und mit den liturgischen Palmen. Doch wird dieser durch dorische Triglyphen in Felder geschieden und zeigt außer heidnischen Symbolen auch profane Schilde und an Menschenlob erinnernde Kränze. Unter dem Fries zieht eine Laub= und Früchtenguirlande hin. Dann ist die Wand 20'/30' durchbrochen und horizontal 15' tief in das Felsplateau gemeißelt, so daß sich an den Vorhof eine hohe Vorhalle anschließt, deren Deckenrand einst von zwei ausge= sparten Eckpfeilern und von zwei Säulen gestützt war.

Erst von dieser Vorhalle aus schlüpft man durch viereckige Oeff= nungen in die Gänge, Höfe und Kammern zweiter und erster Etage mit Auflege= und Schiebgräbern. Wir leuchteten in einer Anzahl solcher herum und bewunderten deren äußerst sorgfältige Arbeit. Selbstverständlich war alles leer, und nur auf dem Boden der Vorhalle lagen Stücke

von Grabthüren und Särgen. Das zur Zeit des Titus erwähnte pyramidale Helena-Monument ist mit dieser Gruft identisch. Helena selbst war
eine königliche Proselytin von Adiabene am oberen Tigris, deren Leichnam nach Jerusalem verbracht wurde und in dieser Gegend des städtischen Gebietes eine Art Mausoleum erhielt. Sie war mit ihrem Sohne
in Adiabene zum Glauben an Jehova übergetreten und hatte als Jüdin
von 48 n. Chr. an einige Zeit zu Jerusalem gewohnt. In ihrem
großartigen Grabe sollte auch ihre Familie beigesetzt werden.
Dieses scheint der baldigen Zerstörung Jerusalems wegen nicht
in Erfüllung gegangen zu sein. Dagegen nahmen die Gewaltigen
der späteren Jahrhunderte keinen Anstand, die fertigen Felsengräber für ihre Todten zu verwenden, das fünfte und zehnte mal räumen zu lassen und neu zu beziehen.

Wir wandten uns nach der Besichtigung der s. g. Königsgräber,
wie ich schon diesen Morgen gethan hatte, auf der alten Römerstraße dem
„Säulenthor“ zu. Dieses mal geschah es in gemächlicher Ruhe bei der
Kühle des Abends. Links vom Wege hielten wir bei einer der vielen
Cisternen, welche über das Plateau zerstreut sind und Villen aus
fernen Jahrtausenden bedeuten. Einige Minuten vor dem Bâb el Amûd
sahen wir im Hofe eines Landhauses einen dicken Säulenrest und
riethen auf ein Bruchstück aus Herodes' Amphitheater, das
hier stand, oder aus der byzantinischen Stephanskirche, welche
erst die Franken beim Anrücken Saladins der Nähe der Stadt
wegen rasirten. Frère Liévin bezeichnete gleich darauf eine
geebnete Felsplatte rechts am Wege als das muthmaßliche Fundament des spurlos verschwundenen Gotteshauses, das einmal dem
nahen Thore seinen Namen gab. Etwas weiterhin (rechts) soll 1099
das Standquartier Roberts von Flandern gewesen sein.

Innerhalb des Thores, das unter Soliman (1534) aus altem
Material aufgeführt wurde, ist noch ein Rest des antiken Mauer-
werkes sichtbar, auf dessen Fundamenten es steht. Dieses mal
passirten wir ohne Anstand das Gedränge auf dem Sûk. Hunderte
erwarteten hier mit moslimischer Resignation bereits den abendlichen Schuß von der Citadelle. Ich aber eilte nach der Grabkirche,
um meine Devotionalien noch weihen zu lassen.

Ueber das Ophel zum Siloabächlein und der Klagemauer.

Freitag, den 29. August, vertändelte ich mit nachträglichen Einkäufen und Packen. Am meisten lag mir der Erwerb eines Silberlings an, den ich eines Tages mit Frère Liévin im Laden eines italienischen Antiquars angesehen hatte. Für ein falsches Exemplar hatte er 10, für das einzige echte dagegen 40 Franken verlangt. Letzteres brachte ich mit hierher. Ein gründlicher Münzkenner aber äußerte schon Bedenken.

Bei einem Gange nach der österreichischen Post ließ ich mich vollends durch das Sionsthor zum Siloabächlein hinabführen. Mein Weg ging dieses mal über die häuserleere Südspitze des Harâm. Einst hatten die Nethinim (Tempelsklaven) hier ihre Wohnungen. Deren Hütten gingen „bis an's Wasserthor im Osten und bis an den hervorragenden Thurm"*), sonst Migdal Eder Ophel genannt**). Ophel war der Name des Abhanges — dies bedeutet auch Ophel — und des Stadttheiles, welcher diesen Abhang einnahm. Durch Titus wurde letzterer dem Boden gleichgemacht und blieb ein mageres Ackerfeld bis zur Stunde. Drei oder vier Pfade laufen darüber hin und vermitteln die Verbindung zwischen dem Mistthor und Siloa.

Das Wort Siloa kommt von dem hebräischen schalach „entsenden", „leiten". An sich bedeutet es etwas „Hergeleitetes", hier aber einen Kanal oder Aquäduct. Darauf verweist selbst die heilige Schrift, nach welcher Jesus den Blindgebornen sich „im Teiche des Siloam", griechisch „ἀπεσταλμένος", d. i. des Entsendeten, der Wasserleitung, waschen läßt***). Dasselbe lehrt um so nachdrücklicher der Augenschein. Darnach ist „Ain Silwân" nicht, wie die arabische Bezeichnung will, eine Quelle, sondern etwas (1120′ weit) „Hergesendetes", nämlich der Ausfluß eines Kanals, durch den man schlüpfen kann und in letzter Zeit öfters geschlüpft ist. Das Wasser kommt von Norden und fließt innerhalb der östlichen Fels-

---

*) Nehem. 3, 26.   **) Mich. 4, 8.   ***) Joh. 9, 7.

wand des Ophel. Bis es sich im Zickzack durch den Berg ge=
arbeitet, hat es einen Weg von 1800′ (gegen 1120′ Luftlinie)
beschrieben. Während einer Belagerung mußte sich dieser Aquäduct
für Jerusalem ebenso nützlich als für seine Dränger nachtheilig er=
weisen, da er die einzige Quelle der Gegend innerhalb des
Mauerlaufs leitete. Im Innern ist der Weg zu einem darüber
gelegenen Gemache und zu Felsengängen des Berges entdeckt worden.
Hierher scheint sich im Jahre 70 n. Chr. unter andern der Em=
pörer Menahem geflüchtet zu haben, um dann samt seinen Beglei=
tern von den Römern elend niedergemacht zu werden.

Neben der Kanalmündung war wegen ihres spärlichen Aus=
flusses anfänglich ein Becken oder Teich. Dies will die Thatsache,
daß das Wasserwerk viel früher und öfters „Teich“ und „Teich zwischen
den zwei Mauern“ heißt als Aquäduct oder Siloa*). Auch der
Blindgeborne**) wäscht sich nicht am Ausfluß des Siloa, sondern
im Wasserbecken daneben. Wie nun dieses von frühester Zeit an
den Christen heilig war, so pflegt heute noch daneben das Ablaß=
gebet verrichtet zu werden. Wie in der byzantinischen Zeit eine Basilika
darüber stand, so gab es unter den Franken hier eine Kirche und ein
Kloster zu jenem „göttlichen Illuminator“, der ohne Anmaßung sagen
konnte: „So lange ich in der Welt bin, bin ich das Licht der
Welt***).“ Davon stehen im Teiche und nördlich daneben noch
Säulenstrünke. Während sodann der Teich früher als Heilbad benutzt
wurde, führt jetzt keine Staffel mehr hinein. Auch hält er das
Wasser so schlecht, daß er sich nur noch theilweise füllt. Er bildet
ein Rechteck von 18′ / 54′ mit einem Abzugskanal an der obern
Ecke der Thalseite. Bekanntlich füllte dieser früher den tiefer ge=
legenen Unterteich Siloa, arabisch Birket el Hamra. Ich trat zwar
auf die Stufen, auf welchen man zum Kanalende hinabsteigt,
blieb aber stehen, weil Wasserträger, Wäscherinnen und badende
Knaben sich unten um den Platz stritten. Es ist noch „das sanft=
rieselnde Wasser“, welches das Volk bei Jesaias (8, 6) verachtet,
und statt dessen es die Fluten des Euphrat, nämlich Assyriens
König und seine Streitmacht, haben soll. „Schöpfet mit Wonne

---

*) Letzteres blos zweimal im A. T.   **) Joh. 9.
***) Joh. 9, 5.

aus dem Quell des Heils," heißt es im prophetischen Danklied der aus dem Exil zurückgerufenen Kinder Israels*). Buchstäblich gefaßt, geschah dies alljährlich beim Laubhüttenfest. Da begrüßten die Posaunen der Leviten und der Volksjubel den goldenen Eimer voll Siloawasser, welcher die sieben Tage des Festes den Berg heraufkam und mit der Bitte um reichliche Regenspende in eines der silbernen Becken an der Südseite des Altares ausgegossen wurde. Jesus rief einst Angesichts dieser Wassersperre: „Wer Durst hat, komme zu mir und trinke**).

Ich begab mich auch zur eigentlichen Quelle des Siloabächleins, zum heutigen Marienbrunnen, der schon mit Nehemias' Drachenbrunnen***) und mit der Quelle Gihon zusammengestellt worden ist. Er liegt tief in der Ostwand des Tempelberges. Zuerst geht es 16, dann noch 14 Tritte eines Gewölbes hinunter. Unter dem letzten Tritte quillt das säuerliche Wasser hervor. Dahinter liegt ein Felsverließ von 5'/15', und darauf kommt der bekannte Siloakanal. Ich traf schon den Zugang und erst recht das Innere von (zum Theil nackten) Menschen vollgepfropft, die tranken, wuschen, badeten und Ziegenhäute füllten. Eine verpestete Luft trieb mich wieder von dannen, ehe ich das Wasser gekostet hatte. Aus meiner Absicht, nochmals zurückzukehren, sollte nichts werden.

Vor dem Eingang waren Tränkrinnen und ein moslimischer Betort. Die Juden halten das Wasser für die visionäre Quelle Ezechiels, welche „von der rechten Seite des Hauses, von der Mittagsseite des Altars" herabkommt und allem Leben gibt, wohin sie fließt†). Die Christen glauben, Maria habe von hier ihr Trinkwasser nach dem Tempelplatz getragen, wo sie mehrmals auf längere Zeit wohnte.

Das Merkwürdigste ist der intermittirende Charakter der Quelle. Je nach der Jahreszeit fließt sie und fließt wieder nicht, — ein- bis fünfmal im Tag. Dieses legt man sich nach den Gesetzen des Hebers zurecht.

Der Marienbrunnen ist der ganze Reichthum fließenden Wassers der Stadt. Da der Jerusalemite denselben für gewöhnlich den Höhlenbewohnern Kefer Silwans (östlich) überläßt, so

---

*) Jef. 12, 3.　　**) Joh. 7, 37.　　***) Nehem. 2, 13.
†) Ezech. 4, 7.

rechnet er eigentlich mit dem Vorrath seiner Regenwasserbehälter und erwartet so die wesentlichste Lebensbedingung unmittelbar vom Himmel. Wir tranken in Jerusalem nur Regenwasser vom letzten Winter. Nach der Großartigkeit und Vorzüglichkeit der hiefür berechneten Cisternenanlagen richtet sich der Werth der Häuser. Die größten und besten Cisternen sollen im Besitz der Franciskaner sein. Das köstliche Wasser, welches wir bekamen, stimmt vollkommen dazu.

Auf Nachmittags 4 Uhr war ich zu Pater Ratisbonne geladen, wo ich bei der Abendandacht zu besonderem Vergnügen deutsche Melodien zu hören bekam. Nachher führte mich Herr Fahrngruber am Harám hin zur Klagemauer der Juden, zum Robinsons-Bogen oder Bogenansatz der untern Brücke, welche Tempelberg und Sion verband, zum Mistthor, zu den unter der Obhut eines Negers stehenden Resten der zweiten Mauer beim Sûk el Lahamîn (b. i. der Metzger) — und gab mir gelegentlich unseres Streifzugs durch das moslimische und jüdische Quartier interessante Winke über die Sitten und Gebräuche der hiesigen Mohammedaner und Israeliten, über Devotionalien und Amulete; insbesondere über die Palliative gegen „das böse Auge" — Glasringe, ausgeblasene Eier, Knoblauch vor Fenstern und Thüren — über Turbane und Beschuhung, über nationale Typen und die ostensiblen Unterschiede der Stände, über Reichthum und Armuth, über die Politik der Zerlumptheit und über den Luxus. Auch schauten wir im Vorbeigehen in eine arabische Rasirstube, wo unter der Schärfe des Messers der ganze Haarschmuck des Moslim bis auf einen Wirbelzopf fällt, in ein türkisches Kaffee, in eine Opiumkneipe.

Das Sonderbarste aber waren die 200 Juden aus Spanien und Polen — letztere in mächtigen Pelzkappen — vor den Riesensteinen der westlichen Tempelmauer. Sie gaben ihrem Schmerz in den lebhaftesten Geberden Ausdruck. Weinen sah ich indeß nur Frauen. Das berühmte Mauerstück des Tempels mißt 60'/160'. Die 9 untern Steinlagen sind, angesehen die riesig großen, (meist) fugengeränderten Werkstücke, offenbar uralt; die 15 obern Schichten scheinen späteren Datums zu sein. Die unterste Steinlage reicht einem Manne bis an den Hals. Diese und ein Stück der zweiten ist durch die endlosen Betastungen und Umarmungen, durch das Küssen und Andrücken der Stirn von

Seiten sitzender, knieender, stehender, sich reckender und streckender
Juden trotz einer Antike Neapels oder Roms geglättet und fein,
während die höheren Quaderreihen durch ihre Schwärze, ihren Schmutz
und Staub zum nahen Mistthor und den Schutthaufen innerhalb
der Stadtmauer, zur dumpfen Mulde des Tyropöon und den
Hütten der ärmsten Söhne Israels stimmen. Aus vergilbten hebräischen Gebetbüchern lasen die Männer einzeln und im Chore:
„Wegen des Palastes, der wüste liegt", „wegen der Mauern, die
zerrissen sind", „wegen der kostbaren Steine, die verbrannt sind",
„wegen unserer Könige, die ihn verachtet haben", „wegen der
Priester, die gestrauchelt", „wegen unserer Majestät, die dahin ist —
sitzen wir einsam und weinen". Daran reihten sie die Bitte an
Jehova, daß Sions Erlöser eilen, Jesses Zweig zu Jerusalem auf-
sprossen, das Königreich wieder erscheinen, und damit Friede und
Wonne beim Volke einkehren möge.

Nach el Kubêbe und Nebi Samwîl. Richtergräber. Russenbau. Leprosenhaus. Psephinusthurm.

Samstag, den 30. August, unternahm ich morgens noch einen
sechsstündigen Ritt, trotzdem die Abreise nach Galiläa bereits
auf den Abend angesetzt war. Letzteres war so ohne mein Zuthun
gekommen: meine Gefährten hielten es zu Jerusalem nicht mehr
aus, und mein Interesse rieth, mich ihrem Drängen zu fügen. Ihr
Ideal war le voyage complet, im Sinne von „überall geschlafen
haben". Kein Wunder, daß der Wortführer nimmer müde wurde
zu repetiren: nous avons tout vu.

Vor Tagesanbruch war ich auf dem Weg nach el Kubêbe, dem
traditionellen Emmaus. Die Wissenschaft hat Gründe für das
nähere Kulônie und selbst für das doppelt so entfernte Amwâs an
der Jafastraße vorgebracht, doch wird bis zur Stunde des freuden-
reichen Gegenstandes vom Ostermontag nur zu el Kubêbe gedacht.
Mein Muker war wieder der deutschredende Zögling des Schnellerschen

Waiſenhauſes. Von den drei möglichen Wegen wählten wir den kürzeſten, nämlich über die Richtergräber und den Wadi Hanîna nach dem Dorf Bet Iſa — 1½ Stunde, weiter über das Dorf Biddu nach el Kubêbe — noch 1 Stunde, alſo im Ganzen ein dritt-halbſtündiger Marſch. Nach Lucas*) aber war Emmaus drei Stunden von Jeruſalem entfernt, nach einer abweichenden Leſart ſogar acht. Dieſer kürzeſte Weg nach el Kubêbe paßt demnach zur bibliſchen Diſtanz erſt, wenn deſſen thatſächliche Länge nach oben abgerundet wird; und doch paßt er immer noch beſſer als der nach Kulônie und Amwâs, die ſich mit el Kubêbe um die Ehre des neuteſtament-lichen Emmaus ſtreiten. Nach Kulônie ſind es ſtatt 3 Stunden 1½ (1 St. 18 M. bis zum griechiſchen Kaffee am Fuß des Abhanges und 12 M. bergauf), nach Amwâs (Emmaus-Nikopolis) am Oſt-ende der Ebene Saron ſtatt 8 Stunden 5⅓**).

Da es noch weitere Wege nach el Kubêbe gibt, bildet die bibliſche Diſtanz für daſſelbe eigentlich keine Schwierigkeit. Nach dem dermaligen Glauben der Chriſten gingen auch die zwei Jünger***) nicht auf unſerem heutigen Wege, ſondern folgten der alten Jafa-ſtraße bis in die Gegend des vierten Wachtthurms, ſtiegen bei Lifta in den Wadi Hanîna hinab und trafen hier bei der magern Quelle des ruinöſen Dorfes Bet Tulma (1¼ St. v. Jer.) wider Ver-muthen den auferſtandenen Erlöſer. In Geſprächen über die Vor-gänge der letzten Tage wandelten die drei über die Höhen von Bet Surik und Biddu (¼ Stunde vom Ziele): „Und ſie näherten ſich dem Flecken, wohin ſie gingen, und er ſtellte ſich, als wollte er weiter gehen. Sie aber nöthigten ihn zu bleiben, weil der Tag ſich ſchon geneigt hatte; und er ging mit ihnen hinein†).“ Dieſer zweite Weg nach el Kubêbe iſt jedenfalls länger als der erſte, nach den einen (Liévin) blos um einige Minuten, nach den andern (Schick) um die gewünſchte ½ Stunde. Der dritte führt über Nebi Samwil. Ich machte ihn bei der Rückkehr in 3 Stunden.

Weil ich unterlaſſen hatte, ein Empfehlungsſchreiben aus dem Sekretariat der Franciskaner mitzubringen, wurde ich in deren Filiale zu ῾el Kubêbe mit einigem Befremden aufgenommen, das

---

*) Cp. 24, 13.　　**) Cf. Liévin. III, 125.　　***) Luc. 24, 13.
†) Luc. 24, 28 und 29.

sich jedoch bald in Gemüthlichkeit auflöste. Die neue Kloster=
kapelle ist (auf Kosten der Tertiarierin P. von Nikolah) Ende
der sechziger Jahre aus altehrwürdigem Material aufgeführt worden.
Eine Marmortafel berichtet, daß sie 1872 zur Ehre des Allmäch=
tigen und seines Blutzeugen Kleophas geweiht und der öffentlichen
Andacht der Gläubigen überwiesen worden sei. Nach der Legende
war nämlich Emmaus der Heimathsort des Kleophas, und dieser
hatte hier ein Haus. Darin „setzte sich Jesus zu Tische, nahm das
Brod, segnete, brach und reichte es. Da öffneten sich ihre Augen,
und sie erkannten ihn, er aber verschwand vor ihren Augen*).“
Später fielen die Juden über den Jünger Jesu her und ermordeten
ihn in seinem eigenen Hause. In demselben fand er auch seine
irdische Ruhe. Eine andere Inschrift gedenkt der Asche der Mar=
chese Nikolah, die 1868 zu Jerusalem starb und 1872 nach Emmaus
übertragen wurde; ihr Wappen sieht man auch im Hof. Mächtig
fesselte mich die große lateinische Schrift rund um den Schwib=
bogen des hübsch verzierten Chores: „Herr, bleibe bei uns, denn
es will Abend werden!“ Ich celebrirte in Gedanken an die Reise
unter der Herrschaft dieses Wunsches der zwei Jünger.

Nach dem Frühstück ließ ich mich durch die Räume des Klosters
und in den Garten führen. Von dort zeigte mir der Pater el
Bireh und Râmállah unsere erste Etape auf dem Wege nach Gali=
läa. Hier bewies er aus den Ruinen einer Johanniterkirche, daß
der Auferstandene den beiden Jüngern blos auf dieser Terrasse das
Brod gebrochen haben könne. Diese Kirche bedeckte nach den An=
gaben des Architekten Guillemot eine Fläche von 740 □m. Das
Innere hatte drei Schiffe mit drei Absiden, das mittlere am brei=
testen und längsten und durch quadratische Pfeiler von den andern
geschieden. Die Absiden lagen in der Dicke der Ostmauer, welche
sich an den hier beträchtlich ansteigenden Bergrücken lehnte. Letzterer
Umstand erklärt es, daß gerade der Chor am besten erhalten ist.
Fels und Quaderschichten erreichen da noch eine Höhe von ungefähr zwei
Klaftern, während die Steinlagen gegen Westen bis zum geebneten
Felsplateau demolirt sind. In den Absiden stehen noch die
Altäre. Besonders merkwürdig ist die monolithe Tischplatte des

---

*) Luc. 24, 30 und 31.

Hochaltares. Aus Freskoresten einer Verkündigung Mariens auf der Epistelseite schließt man auf die einstige Existenz eines Muttergottes-Altars. Der Altar der andern Apsis soll aus Gründen der Analogie dem heil. Kleophas gewidmet gewesen sein. Vom Estrich eines räthselhaften Einbaues im hinteren Theile des nördlichen Nebenschiffes nahm ich gebrannte Steinchen mit. Er gilt für älter als die Kirche, ja den Mörtel, die Steine und ihre Fügung angesehen, für ein althebräisches Haus, dergleichen man unfern längs einer Römerstraße gefunden haben will. Man nennt ihn darum das Haus des Kleophas.

Ich fragte nach den Quellen el Kubêbes, weil Emmaus eigentlich Therme oder Warmbad heißt; bei Hammâm Tabarîje, dem nordischen Emmaus etwas unter Tiberias am See, trifft dies zu. El Kubêbe dagegen hat wie auch jenes Amwâs, bei dem Judas den Gorgias schlug*), nur eine kalte Quelle. Ob man trotzdem dieser im Alterthum Heilkräfte zuschrieb, wie jener viel reicheren zu Amwâs? Thatsache bleibt, daß Amwâs ohne Therme ein biblisches Emmaus ist**); el Kubêbe könnte dies also ohne solche auch sein. Seine Quelle fließt am Anfang eines seichten Wâdi zur Linken, der sich als weite, fruchtbare Mulde sehr vortheilhaft von einem wilden, steinigen Parallelthal zur Rechten abhebt. Beide ost=westliche Wâdis hilft der abgedachte Felsrücken el Kubêbes bilden. Er geht von der Wasserscheide im Osten aus und fällt stetig gegen Westen, um sich an seinem Endpunkte nochmals zu einer kleinen Kuppe zu erheben. Mir nahm diese die Fernsicht gegen Westen, während sie einem jeden, der auf zwei Viertelstunden nicht zu achten braucht, den Blick nach dem Mittelmeer und der ganzen Ebene bis zum Kap Karmel ermöglicht.

An der Nordwand des Berges von el Kubêbe zieht eine verwaiste Jerusalem-Straße hin, die abwärts direkt nach Bêt Nûba (Nobe?), Jâlo (Ajalon), Amwâs und Ramle führt. Erst im Mittelalter gaben die unbesonnenen Bewohner el Kubêbes durch Erhebung unmäßiger Zölle dem Karawanen= und Pilgerzug eine andere Richtung. Dies war der Hauptgrund, daß der frühere große Flecken — Ruinen und Cisternen über die ganze Höhe hin

____

*) 1. Makk. 3, 40.   **) 1. Makk. Cp. 8 und 9.

beweisen es — zu einem Weiler von ungefähr 20 Häusern herabsank.

Nach anderthalbstündigem Aufenthalte, den ich gerne noch ausgedehnt hätte, folgte ich dem berechtigten Drängen des Führers nach Nebi Samwîl. Beim Aufstieg ($^1/_4$ Stunde) zur Wasserscheide machte ich meine Betrachtungen über Kulônie- oder el Kubêbe-Emmaus und konnte mich des Eindrucks nicht erwehren, daß der modernen Schwärmerei für Kulônie-Emmaus (die ich bis jetzt auch getheilt) etwas Künstliches anhafte. Kulônie hat, genau gesehen, vor el Kubêbe nichts voraus als seinen Namen und eine Variante der Handschriften zu Josephus' jüdischem Kriege, steht diesem aber in einem viel wichtigeren Punkte, nämlich in Bezug auf die biblisch gesicherte Entfernung von 60 Stadien, entschieden nach. In allen andern Stücken halten sie sich das Gleichgewicht.

Was nun den Namen Kulônie betrifft, so erinnert er unschwer an das lateinische Wort Colonia, aber Frère Liévin meint, ein Kulon bei Josua *) schlage durch. Gesetzt aber, Kulônie sei wirklich eine römische Pflanz- und Soldatenstadt gewesen, so steht nirgends geschrieben, daß dieselbe auch das fragliche 60 Stadien entfernte Emmaus war. Die Jdentificirung beider ist blos das Resultat der Combination zweier Thatsachen, nämlich daß Quintilius Varus ein Emmaus verbrannte, und Vespasian in einem solchen 800 Veteranen ansiedelte. Davon konnte nun der neue Ort wohl den Namen Colonia bekommen, aber gewiß ebensogut auch nicht. Dabei ist sehr zu beachten, daß die besten Handschriften des Josephus gleich dem Evangelium diesem Soldatenflecken 60 Stadien Distanz von Jerusalem zuweisen, was auf el Kubêbe paßt, aber für Kulônie gerade um das Doppelte zu hoch gegriffen ist. Nun gibt es freilich eine Variante mit 30 Stadien statt 60, aber die Textkritik weist sie von der Hand. Damit argumentiren zu müssen ist also von vornherein precär.

Bis zum Dorfe Bibbu mußten wir den alten Weg zurück. Dabei trafen wir Feigenbäume, wie ich sie die nächsten Tage nur im Samaritanischen wieder sah. Die Landschaft gegen Norden bot einen freundlichen Anblick. Erst von Bibbu ging es links ab in eine Steinwüste, in welcher wir nach langem Fragen endlich den

---

*) Cp. 15, 60. LXX.

schlechten Pfad erkannten. Drei Minuten unterhalb Nebi Samwîl hatten wir links am Wege einen grünen Platz und eine Quelle mit wenig, aber gutem Wasser, das sich die Bewohner der wenigen Hütten auf der Bergeshöhe zu Nutze machten. Es kam aus einem Felsen und lud zu kurzer Ankehr ein. Auf einem so isolirten Bergkegel hätte ich mir keine Quelle träumen lassen; um so angenehmer war daher die Entdeckung. Nach einstündigem Ritte von el Kubêbe (Frère Liévin rechnet nur 47 Minuten) war die Höhe des paläſtinenſiſchen „Freudenberges" (Mons gaudii, Mons-Joie) erreicht.

Ich überließ mein Pferd dem Muker und folgte unverzüglich dem Moscheehüter, der, eines Bachschisch gewärtig, längſt auf der Warte ſtand. Er führte mich in einen augenſcheinlich frühgothiſchen Kirchenraum, der aber nach Moscheen=Art von Nord nach Süd lief und dort mit einer plumpen Gebetsniſche endete. Einige Stroh= decken lagen auf dem Boden herum, und dieſe bildeten buchſtäblich die ganze innere Ausſtattung des moslimiſchen Bethauſes. Auch durchmaß ich ohne Einsprache in Stiefeln den beſcheidenen Raum. Das Licht kam vom obern Theile eines mir unbegreiflichen Arko= ſolium in der Oſtmauer. Dasſelbe entpuppte ſich denn auch als ſchlechte Ausfüllung eines Schwibbogens, der in beſſern Zeiten zum öſtlichen Arm einer in Kreuzesform erbauten Kirche führte. Durch die heutige Weſtmauer betritt man die dunkle Grabkammer des Propheten Samuel. Allein ſie war und blieb mir verſchloſſen, weil mein Führer nicht über den Schlüſſel verfügte, und die Heraus= gabe desſelben von Seiten des Schêchs mit Umſtänden verbunden war. Schon zum bloßen Warten fehlte Zeit und Glaube, trotzdem Kaiſer Juſtinian († 565) bereits in einem Samuelkloſter, das wahrſcheinlich hier ſtand, einen Brunnen graben ließ.

Nach einer bei Mohammedanern, Juden und Chriſten ver= breiteten Meinung iſt Samuel hier geboren, geſtorben, begraben, und neben ihm ruhen ſeine Eltern. Dies hätte zur Vorausſetzung, daß wir uns hier zu Ramatha (Ramath, Armathá) im Lande Zuph (Zophim) auf dem Gebirge Ephraim (auch Israel) befinden; und doch zeigt der Augenſchein, daß Nebi Samwîl einſt ebenſowenig zu dem weiteren Begriffe des Gebirges, als zu dem engern des Ge= bietes Ephraim gehört haben kann. Es lag in Benjamin und ge= hörte ſamt dieſem phyſikaliſch und hiſtoriſch zum Gebirge Juda.

Die Kreuzfahrer gaben ihm den bezeichnenden Namen „Freuden=
berg". Sie kamen nämlich gewöhnlich von Bet Nûba und el Ku=
bêbe herauf, streiften wenigstens den Fuß des 600' über die
Hochfläche erhabenen Kegels, freuten sich des ersten Anblicks der
heiligen Stadt und zogen über Bêt Iksa oder Bêt Hanîna weiter.

In Bezug auf die lokale Tradition gingen die Franken An=
fangs ihre eigenen Wege, riethen auf Silo, Nobe, Arimathäa, traten
aber bald das byzantinische Erbe an. Von König Balduin II.
und dem heil. Bernhard ermuthigt, bekrönten die Prämonstratenser
um 1130 den Berg mit einer Abtei „zum heil. Samuel auf dem
Freudenberge". Nach fünfzigjährigem Bestand begannen die Plün=
dereien durch Saladins Schaaren, und einige Jahre später erfolgte
der Ruin des Klosters, sowie die Verwandlung der Prämonstratenser=
kirche in eine Moschee. Heute hüten die Mohammedaner in ihrer
Grabkapelle Samuels einen mit Tüchern verhängten hölzernen
Ehrensarkophag. In einer Felsengruft daneben soll der
Leib des Propheten einst geruht haben.

Ramatha (Ramathaim Zophim) und Arimathäa sind offenbar
identische Begriffe. Wäre hier die Heimath Samuels, so wäre hier
auch die des ursprünglichen Besitzers des heiligen Grabes. Meist und
am richtigsten denkt man jedoch hier an Mizpa Benjamin, wo die
elf Stämme in der Richterperiode den Rachekrieg wegen der Schand=
that zu Gibea beschlossen*), und wo Samuel später richtete, opferte
und nach Besiegung der Philister „den Stein der Hülfe" setzte.
Nach dem Exile neu besiedelt, war Mizpa noch in der Makkabäer=
zeit ein durch die Altvordern geheiligter Ort. Als da Jerusalem
einer Wüste glich, und die Freude aus ganz Jakob genommen war,
versammelten sich die Gesetzestreuen „auf Massepha (Mizpa) vor
Jerusalem — denn es war vormals ein Ort des Gebetes —
fasteten, streuten Asche auf ihre Häupter und schrieen zum Himmel."
Dann zogen sie mit Sang und Klang hinab nach Emmaus=Nikopolis,
griffen die Heiden muthig an, und diese flohen in die „Ebene" **).
Mizpa bedeutet „Warte", und da keine Oertlichkeit Paläftinas
diesen Namen mit mehr Recht verdient, war ich zu Nebi Samwîl
im Geiste nur auf dieser ruhmreichen Hochwarte Benjamins.

---

*) Richter 20 und 21.   **) 1. Makk. 3 und 4.

Wir stiegen zum flachen Dache der Moschee empor. Der Weg dahin führte durch eine Empore in deren Nordende, die als Magazin diente und eben ganz voll Somak (Pflanze, die rothe Farbe gibt) lag. Vom Moscheedache führte eine Wendeltreppe zur abgeplatteten Thurmspitze, gegen 50′ über dem Berggipfel, gegen dritthalbhundert Fuß über Jerusalem, gegen 3100′ über dem mittelländischen Meere. Eine schlechte Mauerbrüstung sollte vor Schwindel und dem Falle in die Tiefe schützen. Da pflanzte ich meinen Sonnenschirm auf und genoß nun eine Fernsicht, mit der sich in Anbetracht der historischen Reize kein Punkt der Welt messen kann. Die Karte in der Hand erhob ich theils aus der Erinnerung, theils mit Hilfe des Muezzin die Namen von einer Menge Ortschaften und denkwürdiger Plätze weithin nach allen Richtungen des Windes.

Vor allem zog es südöstlich nach der heiligen Stadt hin, von welcher aus ich Nebi Samwil zuerst gesehen hatte; sie war indeß nur theilweise sichtbar. Dahinter lag das Riesenfeld mit seinen Anstalten und Dörfern. Von Mar Eliâs führte die Straße gegen Bethlehem. Weiter weg starrte die cylindrische Platform des s. g. Frankenberges in die Höhe, jener kühnen isolirten Bergveste, welcher Herodes seinen unschädlichen Leichnam vermacht hatte. Ueber den Oelberg hinweg sah man das Felsenplateau vom ganzen Ostjordanland. Westwärts reichte der Blick über die Vorberge Judas bis Lydda und Ramle, über die Ebene Saron bis zu den Fluten des Meeres. So hatte Gott auch in Hinsicht des Schauplatzes in der Heilsgeschichte das Kleine gewählt, um Großes zu vollbringen. Das Auge beherrschte von hier fast die ganze südliche Reichshälfte des israelitischen Gottesstaates.

Am wenigsten erweiterte sich der Horizont gegen Norden. Das Gebirge Ephraim bildete da auf kaum zwei Stunden Entfernung die Grenze. Um so deutlicher sah man dafür Rafât, Bet Unia, Râmállah und el Bîre, lauter malerische Orte am Südabhang. Dasselbe gilt von dem davor hingebreiteten Hügelland mit den Dörfern Kalandia, Dschedîre, Bir Nebâla und vor allem von el Dschîb (Gibeon), dessen kanaanitische Bewohner beim Heranrücken Israels einst durch die bekannte List ihr Leben retteten*). Dafür von

---

*) Jos. 9, 6.

Adonizedek und andern Königen des kanaanitischen Südens bedrängt, fanden sie durch Josua Entsatz und Rettung. Als damals die Kanaaniter vor Israels Schwert und Jehovas Steinregen flohen, „redete Josua zu Jehova vor den Augen Israels: „Sonne zu Gibeon, — Mond im Thale Ajalon stehe still! Da stand die Sonne still, und der Mond hielt an, bis das Volk sich gerächt hatte an seinen Feinden"; das aber dauerte „beinahe einen vollen Tag, und es war kein Tag vorher und nachher wie dieser*)." Die hochinteressante Thalmulde, in welcher Josuas Schlacht so lange unentschieden hin= und herwogte, hatte ich von Biddu bis zum Fuße des Nebi Samwîl stets zur Linken gehabt. Jetzt überschaute ich sie, wie aus der Vogelperspective, und zwar bis zum „Abhange von Beth= horon" (j. Bet Ur el fôka), nach welcher Richtung hin die Kanaaniter vor Israel flohen. El Dschîb lag von hier gesehen auf einem isolirten Hügel. Es mochte 15—20 Häuser zählen, alle weiß beworfen, platt, nieder, klein. An der Nordwestecke stand ein anderthalbstöckiger Thurm. An den Abhängen des niederen Plateau hatte es zahlreiche Oelbäume. Am östlichen Fuße soll ein gutes Wasser quellen. Wie mag es zur Zeit Davids und Salomons da ausgesehen haben, als das heilige Gezelt auf der Höhe stand?

Wir stiegen zum Vorplatz der Moschee hinab. Von diesem führte mich der Muezzin noch zu einigen Resten des ehemaligen Samuelsklosters; dann aber galt es einen schleunigen Aufbruch. Vom Pferde sah ich leicht über die niedern Häuschen hinweg, welche den Rand der schönen Hochfläche umzäunen. Der Weiler schien mir keine 50 Einwohner zu haben.

Auf dem Heimwege ging es scheinbar planlos bergab und bergauf, bis wir endlich bei den Richtergräbern in das nördliche Weichbild Jerusalems einritten. Nach der ersten Viertelstunde hatten wir einen beachtenswerthen Teich zur Linken gelassen, nach der zweiten den Weg nach el Burdsch, einem Gebäude auf ruinenreichem Hügel, rechts, später Bet Hanîna links. Zuletzt hatten noch die Oelbäume im Grunde des Wâdi Lifta (Bet Hanîna) etwas Abwechslung in die monotone Einöde gebracht.

---

*) Jos. 10.

Bei den Richtergräbern, arabisch Kubûr el Kûdha, hielten wir nur einen Augenblick. Das Innere zu betreten wäre, abgesehen von der knappen Zeit, jetzt wegen des Temperaturunterschiedes nicht klug gewesen. Ich begnügte mich mit der Musterung des monumentalen Felseinganges und seines reichverzierten Giebelfeldes. Die schmale Vorhalle der großartigen Grabanlage dient jetzt gelegentlich als Schafhürde. Ein kleines Portal in deren Rückwand führt zu Kammern und Gängen mit Auflege= und Schiebgräbern. Richter waren sicherlich nie darin begraben. Diese von Gott erweckten Volksbefreier wurden in ihren beziehungsweisen Stammgebieten zur Erde bestattet; bei 9 von 15 gibt die heilige Schrift ausdrücklich den Ort an. Man räth darum auf einen gemeinsamen Begräbnißplatz der Mitglieder des hohen Rathes oder Synedriums. Allein die besser gestellten Synedristen hatten gewiß ihre Familiengrüfte, während es anderseits für die Annahme eines solchen Standesgrabes an jeder Analogie fehlt.

Beim Aschenhügel, über den wir diesen Morgen gekommen waren, schwenkten wir nach dem Russenbau ab. Es war mir weniger zu thun um die kasernenartigen Pilgerhäuser (für Männer und Weiber, Arm und Reich), um die Dienstwohnungen (für Kleriker und Laien), um das Spital und Missionshaus, als um den schönen Kuppelbau der Kirche. Wir ritten durch das Ostthor in den Complex der verschiedenen Gebäude zu den Pforten der glänzenden Kathedrale. Weil es Samstag war, fanden wir sie offen und den Küster mit Scheuern und Putzen beschäftigt. Ich bewunderte den Marmorreichthum auf dem Boden und an den Wänden, die schöne Bemalung, die guten Bilder, den stattlichen Kronenleuchter. Die fünf herrlichen Kuppeln machten den erhebendsten Eindruck.

Gleich dem ganzen Russenbau steht die aus dem edelsten Material aufgeführte byzantinische Kathedrale noch keine zwei Decennien. Sie ist orientirt und hat längs der Façade im Westen eine Gallerie, die uns momentan willkommenen Schatten bot. Dieser gegenüber zog ein ebenso schmales als langes Eisengitter meine Aufmerksamkeit auf sich. Dasselbe schützte eine Antiquität, welche bewies, daß hier einmal Steine gebrochen wurden. Es war ein unfertiger Säulenschaft von enormen Massen. Man mußte einem sagen, daß er noch am Boden hänge, sonst war man ver=

sucht ihm gleich in Herodes' Amphitheater, Theater oder Xystus einen Platz anzuweisen.

Den Rest des Rückweges machten wir auf der Jafastraße. Um halb elf Uhr hielten wir innerhalb des Bab el Chalîl im Schatten der Citadelle. Hier verabschiedete ich meinen Muker und trat in das nahe Bureau des Banquier Frutiger, an welchen ich wirksamst empfohlen war. Ich wollte noch das protestantische Aussätzigenhaus besuchen, das, wie bekannt, 10 Minuten vor dem Jafathor dem Mamillateich gegenüber liegt. Ich war bereits auf gestern angemeldet gewesen, aber durch ein Mißverständniß nicht dazu gekommen. Jetzt begleitete mich ein junger Mann aus dem Geschäfte dorthin. Gleich im Garten vor dem Haus sahen wir die ersten Kranken. Vom Hausgang aus erblickte man andere in den offenen Zimmern. Bald fand sich auch der Vorstand ein. Dieser zeigte uns in zuvorkommender Weise die Symptome des biblischen Siech- thums an Händen, Füßen, Gesicht und dem ganzen contracten Wesen der Aussätzigen. Seit dem russisch-türkischen Kriege habe das Haus keine Mohammedaner mehr. Sie besonders ziehen dem gesicherten Auskommen im Leprosenhaus den Bettel am Jafathor vor. Das rühre unter anderm auch von der neuerlichen Schärfung des religiösen Gegensatzes her. Der weiße Aussatz, welcher mich besonders interessirte, war eben nicht vertreten. Ich kehrte mit der Er- wägung zur Stadt zurück, daß derjenige, welcher von solchem Elend half, auch ohne Blasphemie sagen konnte: „Deine Sünden sind dir vergeben".

Nach Tisch begab ich mich rasch noch zu den Brüdern der christlichen Schule, weil ich erst seit gestern wußte, daß sie die bedeu- tenden Reste des festen Psephinusthurmes in ihren Kellern bewahren, der für die endgültige Fixirung des dritten Mauerlaufs einen der wichtigsten Anhaltspunkte abgibt. Ich hätte doppelt be- dauert, dieses Monument nicht gesehen zu haben, da ich schon ein- mal im Hause war. Der Thurm hat im Jahre 70 dem römischen Feldherrn Titus und im Jahre 1099 (wenn auch in neuer Auflage) dem gefeierten Kreuzfahrerhelden Tankred getrotzt. Nach der Schilderung des Josephus hatte der Thurm 80 Ellen (120 ') Höhe und gewährte bei günstiger Beleuchtung einen freien Blick über ganz Judäa — von Arabien bis zum Meer. Von dem ursprünglichen Achteck war bei oberflächlicher Betrachtung selbstverständlich nichts mehr zu entdecken.

Weil ich zwischenhinein noch dem Rektor der Casa nuova meine Abschiedsvisite gemacht, auch für Bestellung einiger Briefe auf dem Speditionswege — die Bureaux der österreichischen und französischen Post sind nur alle 8 Tage unmittelbar vor dem Abgang der Dampfer offen — noch einige Zeit gebraucht hatte, kam ich erst gegen 3 Uhr von den Schulbrüdern nach Hause zurück, um schon von weitem drei Pferde und einen Esel, in der Nähe die zwei Franzosen und einen Muker ungeduldig hin- und herstampfen zu hören. Alles, hieß es, sei bereit; — wie? zeigte sich später. Auch ich war jetzt zur Abreise fertig.

Es mochte halb vier Uhr sein, als wir der Casa nuova Lebewohl sagten und unter hundertmaligem Ausgleiten der Pferde über das feuersprühende Kieselpflaster hinweg dem Jafathor zusteuerten. Herr Frutiger und andere Deutsche, deren Büreaux wir passirten, bestellten noch Grüße nach der fernen Heimath.

<hr>

Abschied von Judäa.

Wir ließen auf der Jafastraße zunächst den Weg nach Ain Kârim, dann diese Straße selber zur Linken, und zogen hinter der russischen Ansiedlung hin, um beim westlichen Aschenhügel nach den Königgräbern abzubiegen und nach viertelstündigem Ritte die Nablusstraße zu erreichen. Bald kreuzten wir auch den Wâdi el Dschôz und klommen den bekannten Skopus hinan. Das ausgetrocknete Bett des wildesten Gießbaches sieht nicht schaueriger aus als der Abhang dieses Plateau. Vor Felsblöcken und Geröll wußten die Pferde nicht, wo den Fuß einsetzen, und kletterten am äußersten Saume der Steige empor. Auf der Höhe angekommen, schickte ich der heiligen Stadt meine letzten Grüße. Man begreift da den gedrückten Psalmisten, dem es fern von Sion nicht um's Singen ist, und der deswegen seine Harfe an die Weiden hängt, der seine Rechte verschwört, wenn er jemals Jerusalems vergißt, und

seine Zunge, wenn ihm einmal etwas Anderes zu größerem Ent=
zücken gereicht.

Weiterhin kamen rechts hintereinander der Tell es=Sôma und
Tulêl el Fûl, die zwei bewußten pittoresken Hügel, und links
das kleine Skopusdorf Schafât. Eine gute Stunde nördlich von
Tulêl el Fûl lag rechts hart am Wege er=Râm, das biblische
Rama in Benjamin. Seinem Namen „Hochheim" oder „Hohen=
heim" entsprechend, breitete es sich auf einer isolirten Erhebung der
südnörblichen Hügelwelle aus, welche uns hier begleitete und die
Aussicht nach Osten benahm. Es war nur drei bis vier Minuten
hinauf. Die Ersteigung war aber nicht in unsern Vertrag aufge=
nommen, darum sahen wir es blos von unten. So stellte es nicht
wenig vor, in Wirklichkeit kommt es jedoch nur einem Weiler gleich.

Einst gehörte es zum Reiche Juda und wurde nach dem
Exil wieder von Juden bevölkert. Von diesem Rama aus beweinte
Rachel (d. i. deren Kindes Kinder, die zurückgelassenen armen Ben=
jaminiten) ihre in's babylonische Exil abgeführten Kinder. Von hier
herab bestätigte sich, was Gott durch den Propheten Jeremias an=
drohte: „Man hört zu Rama ein Geschrei, Wehellagen, bitteres
Weinen; Rachel weint über ihre Kinder und will sich nicht trösten
lassen; denn sie sind nicht mehr *)." Ihre ganze Erfüllung
sollten diese Worte freilich erst in der, messianischen Zeit
durch den bethlehemitischen Kindermord finden. Damals klagte
die geliebte Stammesmutter des Volkes Israel nicht über Kin=
der, welche später wieder „heimkehrten zu ihrer Grenze **)",
sondern über Kinder, „welche ein= für allemal dahin waren ***)".
Bei diesem Rama sprach einst Nebusaradan, der Oberste der Leibwache,
zu Jeremias, der „mit Ketten beladen war mitten unter allen
Gefangenen Jerusalems und Judas, die nach Babel geführt wer=
den sollten": „„Siehe, ich löse dir heute die Fesseln, die um deine
Hände sind. Wenn es gut ist in deinen Augen, mit mir nach
Babel zu ziehen, so komme; ich sorge für dich. Ist es übel in
deinen Augen, so kannst du es unterlassen; das ganze Land hast
du vor dir"". Da ging Jeremias nach Mizpa zu Gedalja und

---

*) Jerem. 31, 15.   **) Jerem. 13, 17.   ***) Matth. 2, 18.

blieb bei ihm unter dem Volke, das im Lande zurückgelassen war *)".

Von er-Râm hatten wir noch anderthalb Stunden bis zu unserem heutigen Ziele, gleichviel, ob wir uns für die gewöhnliche Etape' el Bîre oder das links vom Wege abgelegene Râmállah entschieden. Zunächst hatten wir auf einige Zeit das malerisch gelegene Kalandia zur Linken. Nach 20 Minuten war der liebliche Hügel überholt, und nach abermals 20 Minuten standen wir am Scheideweg. Er ist bezeichnet durch die Ruinenstätte Chörbet Atâra auf mäßiger Hügelwelle. Nach dem Buche Josua **) bildete ein Ataroth „auf der Höhe" die Stammesgrenze zwischen Benjamin und Ephraim. Es hieß auch Ataroth-Addar und Archi-Ataroth. Mit diesem wird Chörbet Atâra aus guten Gründen zusammengestellt. Hier bogen wir links von der Nablusstraße ab und stiegen in nordwestlicher Richtung den Abhang des Gebirges Ephraim hinauf. In ³/₄ Stunden waren wir zu Râmállah. Weil wir keine Zelte mit uns führten, mußten wir unterwegs auf Gastfreundschaft rechnen.

Im Gegensatz zu dem moslimischen el Bîre ist Râmállah ausschließlich von Christen bewohnt, und zwar beläuft sich deren Zahl auf 2000. Es sind mit Ausnahme von etwa 250 Katholiken und einer noch kleineren Anzahl Anglikanern lauter nicht-unirte Griechen, deren neue schöne Kirche eine Zierde der ganzen Gegend ist. Das lateinische Patriarchat zu Jerusalem hat hier eine Station. Im Divan und in einigen Zimmern des Missionshauses ist Platz für eine kleine Anzahl Pilger. Bei dem hier residirenden lateinischen Pfarrherrn suchten und fanden wir gastliche Aufnahme. Es war gerade der Moment, wo die rothe Sonne im Westen versank und im Reflexe des Mittelmeeres sich spiegelte. Wir hatten noch Zeit die Mädchenschule der Schwestern des heil. Joseph zu besuchen, dann kehrten wir zum Divan im zweiten Stock des überall freistehenden Hauses zurück. Der Chûri — dies ist die arabische Form für Curat — leistete uns Gesellschaft, bis ihm ein Bursche im untern Stocke das Abendessen zubereitet hatte. Ich machte mich gleich mit der Karte an's Fenster.

*) Jerem. 40.   **) Cp. 16 und 18.

Hier übersah man den heiligsten Fleck Erde von N o r d e n, übersah halb Judäa vom Südabhang des Gebirges Ephraim aus. Da lag zu meinen Füßen die Thalsenkung, durch welche die uralte Jafastraße über beide Bethhoron (das obere und untere) an's Meer führte; und darin sah ich auf niederen Promontorien oder isolirten Hügeln die Dörfer Dschedïre, Kulandia und el Dschib, hinter letzterem besonders malerisch — Nebi Samwïl und links an diesem vorbei — nicht fern von der Grenze des Horizontes — die heilige Stadt in magischer Schönheit und Größe. Das herrlichste Abendroth vergoldete das landschaftliche Bild, bis die Nacht darüber kam und es unversehens und leider zu früh mit ihrem düsteren Schleier verhängte.

Aus der Dunkelheit tauchten dann nur noch die schrillen Laute übermüthiger oder gequälter wilder Hunde empor und das erschütternde Gestöhn überladener Kameele. Die Männer von Râmállah aber verkündeten durch die kleinen Feuer in nächster Umgebung, daß sie die thurm= artigen Wachtposten ihrer Weinberge nicht um zu schlafen bezogen hätten. Ermüdet wie selten suchte und fand ich zeitig die nöthige Ruhe unter den gastlichen Teppichen und Decken unseres Wirthes.

IV.

Durch Samaria.

Von Râmállah über Bethél nach Sichem.

Sonntag, den 31. August, war Nablus unser Ziel. Da galt es zeitigen Aufbruch, was unser Muker nicht nachdrücklich ge= nug empfehlen konnte. Wirklich drängte er zwei volle Stunden, bevor wir ihm zu folgen für gut fanden. Der Tag fing an zu grauen, als wir in westlicher Richtung über die Höhe von Râmállah dem Dorfe el Bîre zuritten.

Es ist jenes Beeroth oder „Brunnen", nach welchem im alten Bunde Jotham vor seinem Bruder Abimelech floh, und in welchem im neuen Maria und Joseph auf der Rückreise von Jerusalem die Abwesenheit des zwölfjährigen Jesus merk=

ten. Letztere Annahme ist urkundlich und monumental bis in die Zeit der Kreuzfahrer hinauf bezeugt. Auf dem höchsten Punkte des 800 Seelen starken Dorfes stehen noch die beträchtlichen Ruinen der riesigen Frankenkirche und eines Johanniter-Hospizes. Die Kirche war dreischiffig, was die erhaltenen Apsiden ausweisen, und soll nach genauern Erhebungen der St. Annakirche in Jerusalem geglichen haben. Von hier aus sieht man je nach dem Reiseziel die heilige Stadt zum letzten oder ersten mal. Sofern galiläische Festbesucher, welche die Berührung mit den Samaritanern nicht scheuten, hier an der Grenze Judäas angekommen waren, erscheint Beeroth zugleich als ein durch die Umstände gebotener Haltpunkt dieser Pilger aus dem Norden. Der Fromme, welcher nicht so zeitig von Jerusalem wegkam, daß er Abends noch Samaria hinter sich hatte, machte unabweislich hier am Ende des Landes der Rechtgläubigen seine erste Etape, und so that wohl auch der heil. Joseph und mit ihm die Karawane.

Hinter el Bîre ging es sanft bergab, wobei sich die alte Johanniterveste inmitten der Oelbäume des wasserreichen Ortes für das Auge immer schöner ausnahm. Nach 10 Minuten standen wir an einem Kreuzweg. Zwei Saumpfade führten zum gleichen Ziel der Ain el Haramîje oder Räuberquelle. Links ging es mit kleinem Umschweif über Dschifna (das alte Gofna), rechts über das feigenreiche Ain Jebrûd. Die Wahl that uns nicht weh; denn der weitere Weg war nicht ausbedungen und darum der kürzere für den Muker selbstverständlich. Dies war zugleich die alte Karawanenstraße. Sie führte in ³/₄ Stunden nach Betîn, dem berühmten Bethél.

Bei den Kanaanitern hieß es Lûs und wurde durch Ephraim zu einer Stadt Israels. Nachdem es bis in den Himmel erhoben war (das heilige Gezelt stand lange innerhalb seiner Mauern), sank es in unseliger Rivalie mit Jerusalem zu den Verirrungen des Apiscultes herab und ward zu einem Beth háven (d. h. Haus des Unraths) statt Bethél (d. h. Haus Gottes). Von den Patriarchen hat Abraham den Namen Gottes hier angerufen, Jakob die Himmelsleiter gesehen. Burdsch el Maûn, einige Schritte östwärts von Betin, soll die Stelle einnehmen, wo Abraham zeltete und dem wahren Gott einen Altar baute. Die Ruinen einer

Kirche über dem Dorfe erinnern an die christliche Verehrung der einst von Gottes Huld überschatteten Lagerstätte Jakobs. Das heutige armselige Dorf — der Prophet hatte geweissagt: „Suchet Bethél nicht, es ist vernichtet" — zog sich in westöstlicher Richtung den Berg hinab. Wir ritten oben an demselben hin, so daß wir den engen Thalkessel und die rings daraus aufsteigenden Höhen vollständig beherrschten. Nur 2—3 Einwohner hielten uns vom Dache ihrer Steinhütten aus der Beachtung werth. Die übrigen schienen sich für den Ausfall der Nacht (es war nach Ramadhan) durch Schlafen zu entschädigen, was der zudringlichen Bettelei wegen Niemand bedauerte. Der Jugend soll zudem noch etwas von der Ausgelassenheit jener 42 Knaben anhaften, welche einst auf des Propheten Elisäus Geheiß von zwei Bären zerrissen wurden[*]).

Von Betîn an ging es über ein welliges Hochland, das von Zeit zu Zeit einen interessanten Seitenblick, besonders nach dem hochgelegenen Tâjibe, ermöglichte. Ueberraschend war der Baumreichthum um Ain Jebrûd, von dessen Bewohnern wir um billiges Geld vorzügliche Feigen erwarben. Unverschleierte Frauen und Mädchen boten uns ganze Körbchen voll um einen oder zwei Piaster (1 türk. P. = 16 Pfennige) an. Das Merkwürdigste an ihrer Tracht waren die eingefädelten Münzen von der Größe eines Franken, welche in Rollen ähnlich unsern beinernen Knöpfen die Stirne umrahmten, beziehungsweise diademartig von der Höhe der Stirne nach den Schläfen hinliefen und dort unter malerischen Kopftüchern verschwanden. Einige nahmen die reifen Früchte von den Bäumen, andere trugen sie nach Haus, noch andere sahen wir auf den Dächern mit Dörren beschäftigt: es war eben die Feigenernte. Die Männer spielten daneben am liebsten die Rolle von Zuschauern. Ihr unbestreitbares Verdienst war die Hut während der Nacht, für welche in den Gärten eigene Wachtthürme standen. Dieselben verjüngten sich nach oben, waren rund, hatten ebener Erde ein kühles Gemach und auf dem Dache, welches man von außen durch eine Wendeltreppe erstieg, ein mit Reisern gedecktes Zelt. Wie den Feigen, so galt die Wacht auch den Trauben am Boden,

---

[*]) II. Kön. 4, 24.

während man wegen der reichbeladenen Oelbäume, auf die wir stießen, ziemlich unbesorgt schien.

In Vergleich mit Judäa machte Ephraim (Samaria) den Eindruck eines gesegneten Landes, so daß man unwillkürlich der Worte Israels gedachte: „Der Gott deines Vaters — er helfe dir, der Allmächtige — er segne dich mit Segnungen des Himmels von oben, mit Segnungen der Tiefe von unten." Daß Ephraim, den der sterbende Patriarch hier besonders im Auge hatte, etwa mit Regen mehr bedacht gewesen als die andern Söhne Jakobs, dürfte schwerlich Jemand im Ernste behaupten, aber an Quellen war und ist er reicher. Auch wollte es mir vorkommen, als ob der schlaue Idumäer Herodes nicht blos aus Politik, sondern auch der landschaftlichen Reize wegen seinen Hauptsitz einst in dieser Gegend (zu Samaria) — und nicht in Judäa hatte.

Indem wir am Westrand einer Hochebene hinritten, zeigte sich tief unten in lachendem Thale am Nordabhang eines Berges der freundliche Christenort Dschifna. Als Gophna hat dieses unter Vespasian und Titus und noch nach dem jüdischen Kriege eine Rolle gespielt. Heute besucht man dort den Baum der heiligen Jungfrau. Mit dem zwölfjährigen Jesus soll die Mutter Gottes zweimal darunter geruht haben. Einen Berg in der Nähe bezeichnete der Muker als Hahnenberg. Seinen Namen hat er von einer Sage, welche sich an das Wunder der Auferstehung knüpft. Eine Frau, welcher ihr Mann berichtete, was er alles in der heiligen Stadt über Jesus von Nazareth gehört habe, erklärte, dies sei so unmöglich, als daß der todte Hahn, den sie eben rupfe, wieder lebendig werde. Kaum gesagt, so entschlüpfte dieser ihrer Hand, und die Frau kam bis zur Spitze des jetzigen Dschebel ed-Dîk, ehe sie den Flüchtling wieder einholen konnte.

Auf halsbrecherischen Pfaden ging es nach einer halben Stunde in ein schmales Thal voll Oelgärten hinab, die offenbar zu Jebrûd (von Ain Jebrûd verschieden) gehörten, das wir links auf der Höhe gelassen hatten. Lange paßten wir auf Kasr Berduïl, ein Bergschloß, das vermuthlich von König Balduin I. stammt. Endlich winkten dessen schöne Ruinen von dem Gipfel eines Bergkegels, der wie geschaffen schien, die große Straße nach Galiläa zu decken. Nördlich davon ritten wir im Räuberthal bis

zur gleichnamigen Quelle Ain Haramîje in einsamer, aber baum=
reicher Gegend. Nachdem wir diese (sie lag einen Büchsenschuß ab)
gleich der Balduinsburg zur Linken gelassen hatten, stiegen wir zur
Höhe des Bergdorfes Sendschîl hinan. In dem Wâdi Sendschîl,
der sich zu Füßen des Dorfes zu einer schönen Ebene erweiterte, be=
gannen die Sorgen der Herren Franzosen.

Der Hunger regte sich und war nicht im Geringsten vorausge=
sehen: alle Vorkehrungen zur Reise hatten in der Anschaffung einer
Reitpeitsche bestanden. Die Nachtheile des Miethvertrags, der
leichthin mit dem Pferdebesitzer abgeschlossen worden war, sollten sich
hauptsächlich erst am folgenden Tage — doch auch schon in der Ebene
Sendschîl — zeigen. Nachdem jene — beim redlichsten Streben — die
Unmöglichkeit erfahren hatten, von dem Felsenneste etwas herabzube=
schwören, belehrte sie der derbe Muker obendrein, daß er das Recht
habe, sie überall den Kameelweg (als den kürzesten) zu führen;
war doch keiner der üblichen Umwege der Touristen ausbedungen
worden. Nicht blos Unvorsichtigkeit, sondern auch die Unkenntniß
der bedeutsamsten Orte war schuld daran gewesen.

Jetzt handelte es sich blos um den Umweg von einer halben
Stunde, und wir sahen die Ruinen von Selûn, dem berühmten
biblischen Schilo oder Silo. Doch davon hätte nicht erst hier,
sondern schon in Jerusalem die Rede sein müssen. Statt also
nach viertelstündigem Ritt in fruchtbarem Felde bei dem Dorfe
Turmus Aja ein wenig gegen Osten abzubiegen, um hierauf
in der Richtung der Hauptstraße die mäßige Höhe von Selûn zu
ersteigen, fand es der Muker kürzer, daselbst links zu schwenken und
den steilen Berg, welcher mit einem Weli Abu Auf bekrönt war,
zu erklimmen: — und er hatte von seinem Standpunkte Recht.
Dies war, genau gesehen, die Grundlinie, jenes die Summe beider
Seiten eines gleichseitigen Dreiecks. Der Punkt, an dem sich beide
Wege vereinigten, hieß Chan Lubban.

Auf dem Wege dahin konnte man hoffen, das tiefer gelegene
Selûn wenigstens zu erblicken, der Saumpfad führte aber nur gegen
Norden und nicht gegen Osten über die höchste Erhebung des über=
dies ziemlich bewaldeten Berges. Indem so das sinnliche Auge
vergebens im Bogen zu sehen sich bemühte, sah das geistige in die
freundliche Gegend, sah sie von den siegreichen Söhnen Israels

wimmeln, sah diese in Erwartung der Landestheile, welche ihnen
nach göttlichem Rathschluß zufallen sollten, sah Eleazar und Josua
neun und einen halben Gau für ebensoviele Stämme verlosen; sah
das heilige Gezelt und den Reigentanz der Mädchen Schilos am
jährlichen Jehovafeste samt dem alttestamentlichen Raub der Sa-
binerinnen durch die allzu gedemüthigten Benjaminiten; sah Hanna
und Elkana „zu Jehova, des Weltalls Gott, beten und ihm opfern";
sah neben dem gottesfürchtigen Knaben Samuel die nichtswürdigen
Söhne Helis, sowie die Schwäche und das schauerliche Ende des hoch-
priesterlichen Vaters; sah die Bundeslade aus der Stiftshütte und
aus Schilo in den Krieg gegen die Philister tragen, damit sie nie
wieder hierher zurückgebracht werde. Jehova war damit von Schilo
ausgezogen. Heute ist es ein ödes Trümmerfeld.

Am Nordrande des Bergrückens galt es einen so steilen Abstieg, daß wir ihn kaum zu Fuß machen konnten: und doch war es
die uralte Karawanenstraße. Welche Sicherheit im Tritt setzt dies
beim Kameel, diesem lebendigen Güterwagen des Orients, voraus!
Großartig war der Blick in die Tiefe. Aus der Bergwand, an der
sich unser Pfad hinabschlängelte, kam die Quelle, bei der, seit hier
Menschen verkehren, regelmäßig Halt gemacht wird. In besseren
Zeiten fand der Reisende ein Obdach, heute trifft er nur die ver-
fallenen Reste des früheren Chans. Unsere Pferde liefen, sowie sie
den Berg hinabgeführt waren, in das kleine Becken, welches den
ganzen Wasserreichthum aufnimmt. Handbreit floß das köstliche
Naß an der Nordostecke aus und rieselte der Thalsohle zu; gleichwohl trafen wir auf dem Gebirge Ephraim am Wege nach Nablus
keine ähnliche Quelle mehr.

Unser neuer Gefährte, der knurrige Hunger, zwang die Freunde
aus Wälschland zu Unterhandlungen mit den Arabern, welche hier mit
uns Wasser schöpften. Sie waren von einem Dorfe etwas links
auf derselben Höhe, die wir eben herabgekommen waren. Ich hielt
es der scheinbaren Nähe halber irrthümlich für das Dorf Lubban
und unterließ, nachmals eines Bessern belehrt, seinen wahren Namen
aufzuschreiben. Weil es in den arabischen Dörfern keine Bäckereien
gibt, wollte Niemand auf das Wort 'Esch (Brod) ziehen; mir war
es gleichgültig wie dem Muker, der den Tag über nichts essen
durfte. Wie ich von vornherein dachte, daß hier nichts zu machen

sei, also kam es. Es wurde nichts erzielt, trotzdem ein Araber den Berg hinauflief und einer der Franzosen ihm einige Minuten nachsprengte.

Nicht umsonst ist es geboten: „Wenn ihr fastet, so macht kein düsteres Gesicht." Die Gemüthlichkeit war einstweilen fort. Zehn Minuten mochten wir im Thale weitergereist sein, da kam zur Linken das wirkliche Dorf Lubban. Es stieg stufenweise den Abhang herab bis zur Thalsohle und deckt sich mit jenem Libna, das nach der Einnahme von Makkeda*) den Zorn der siegreichen Kinder Israels erfuhr. Seine Lage gerade in dem Knie, welches das gesegnete Thal macht, garantirt ihm eine uralte Existenz.

Nach $\frac{1}{2}$ Stunde, die wir im Wâdi von Lubban emporritten, erblickten wir links auf hohem Berge das Dorf Sawîje und eine gute Viertelstunde später rechts am Wege einen ruinösen Bau mit dem Namen Chan es-Sawîje. Hier bogen wir östlich von der Straße ab und erreichten nach drei Minuten den Schatten einer immergrünen Eiche, die in jeder Hinsicht an den stattlichen Baum Abrahams bei Hebron erinnerte. Es war gleich dieser eine altehrwürdige Sendiane mitten im angebauten Felde. Welchem Glauben sie ihr schönes Alter verdankt, konnte ich hier nicht erheben; später las ich, daß ein Derwisch darunter begraben sei. Wir stiegen von den Pferden, um während der ärgsten Hitze zu rasten. Es war fast Mittag, und Reiter und Pferd bis zur Erschöpfung müde. Der arabische Besitzer der umliegenden Felder hatte uns zum Baume begleitet und bot uns auf die Frage nach „'Esch" von der Fülle seiner reifen Feigen an. Dieselben mußten für Hunger und Durst dienen; denn Brod war nicht zu haben, und das Wasser rann zu entfernt. Die Quelle, auf die man bei jedem Chan rechnen darf, sahen wir, unter den Baum hingestreckt, hoch oben in den Steinblöcken der südöstlichen Thalwand. Hätten wir wirklich die Kraft gehabt, den kahlen Berg zu erklettern, so mußte die Gefahr des Sonnenstiches vor dem Unternehmen warnen. Keinen Tropfen sendete der selbstsüchtige Berg hernieder. Wie Kronos seine eigenen Kinder, so verschlang er seine Gabe wieder, wenn man sie ihm nicht vor dem Munde entriß. Dies thaten denn auch mit Erfolg die der Ge-

---

*) Josua 10, 29.

walt der Sonne trotzenden Söhne Jsmaels. Männer, Weiber, Kinder, Rinder-, Schaf- und Ziegenherden belagerten in einem Umkreis von zehn Minuten alle Wege, die zur Mündung der kühlen Quelle führten. Ein Leben war da, wie auf den goldenen Rebhügeln unserer Weinorte in den frohen Tagen der Weinlese. Da ich es nicht zum Schlafe brachte, hatte ich Muße, dem langsamen Tränken der schwarzen Rinder zuzusehen, bis die Einbildungskraft unvermerkt die Scene wechselte. An Stelle der Rinder setzte sie Eliesers Kameele. „Ein Mädchen, gar schön von Ansehen, stieg zur Quelle hinab und füllte seinen Eimer." Nachdem es zuerst dem Unbekannten zu trinken gegeben, goß es seinen Eimer so lange in die Trinkrinne aus, bis auch alle Kameele sich sattgetrunken hatten. Auf Befragen bekannte es sich als die Tochter Bethuels aus der Stadt Nahors. Zuletzt kam sein Bruder und holte den Fremden samt den Kameelen in die gastliche Behausung. Kurz, das Jdyll der Jdylle, die Brautwerbung Jsaaks*), spielte sich mit dem ganzen Reize der Wirklichkeit am Brunnen von Chan es-Sawije ab.

Schon vor ein Uhr mahnte der Mufer zum Aufbruch, es sei noch vier Stunden bis Nablus, ja bei der Ermüdung der Reitthiere sogar fünf; es wurde halbzwei Uhr, bis wir ihm folgten. Die Sonne brannte noch stark genug, um den paradiesischen Genuß des Schattens aus dem Gegentheile inne zu werden. Als wir wieder zur Nablusstraße hinabkamen, schwenkte eben eine große Karawane links ab; ob es wohl über Skâka und Selfit einen befahrenen Saumpfad nach Jafa gibt? Wir gingen geradeaus und kamen zuerst in den tiefen Wâdi Jetma. Als wir hinter demselben nochmals eine Höhe erreicht hatten, sahen wir zu unsern Füßen die weite Ebene Machna und das Ziel der heutigen, ja der ganzen Reise, nämlich den Garizim mit dem Ebal, jetzt Dschebel et-Tor und Dschebel Sulemije genannt, und wie eine Wolke am Firmament den großen Hermon im fernsten Norden.

Mehr als 20 Minuten ging es auf schlechtestem Wege bergab, dann befanden wir uns in der ebenso fruchtbaren als ausgedehnten Ebene Machna inmitten der höchsten Berge Samariens;

---

*) Gen. 24.

ihren Namen hat sie von einem verschwundenen Dorfe, an dessen Stelle heute ein Weli Abu Ismaîn steht. Darin ritten wir tapfer nordwärts, von dem hohen Westgebirge, an das sich der Pfad hielt, je später am Tage, desto wirksamer gegen die Unbilden der Sonne geschützt. Dieses Gebirge war der berühmte Garizim — kein einzelner Berg, wie man oft meint, sondern eine große Berggruppe viele Stunden im Umfang. Die eine Spitze dieses kuppenreichen Ovals liegt im Nordosten, die andere im Südwesten. Nur die erstere ist von Bedeutung, und zwar deren Nordostseite wieder mehr als die südöstliche. Auf sie steuerten wir zu, die Dörfer und Heiligengräber Kûza, Hawâra, Kullin mit Abu Ismaîn und Schech Selmân links, die Dörfer Beta, Awerta (mit den Gräbern Eliesers und Abischûas), Rudschib und Salim rechts lassend. Bei Letzterem endete die niedere Reihe der Vorberge des Gebirgsstockes el Betâwi, der uns ständig im Osten begleitet — und von da an war es heiliger Boden.

Jakob hatte zu Peniel überwunden und über dem Jabbok mit Esau in der Freude des Wiedersehens geweint; da trennten sich die versöhnten Brüder und zogen nach verschiedenen Richtungen. Der Erbe des messianischen Segens kam (nach dem Text der Vulgata) „in die Stadt der Sichemiter Salem und wohnte neben der Stadt". „Und er kaufte das Stück Feldes, worauf er sein Zelt aufgeschlagen hatte, von der Hand der Söhne Hemors, des Vaters Sichems, um hundert Kesita. Dann stellte er daselbst einen Altar auf und nannte ihn: „Gott ist der Gott Israels." Das kleine Dorf Salim bezeichnet die Ostgrenze dieses Feldes Jakobs. Mitten in demselben liegt der berühmte Jakobsbrunnen und das Grab des Patriarchen Joseph. Näher bei der Stadt Sichem, d. i. an der Westgrenze des Feldes, erschien Jehóva unter der Terebinthe More Abram und sprach: „Deinem Samen will ich dieses Land geben. Da baute er einen Altar zu Ehren Jehovas, der ihm erschienen war." Hier vereidigte später Josua das Volk auf die Verfassung des neubegründeten Gottesstaates. Dabei stand die Bundeslade mitten im Thal und der Stamm Levi um sie herum. Das Volk aber war zur Hälfte nördlich, zur Hälfte südlich am Gebirge hin gelagert. Ein Denkstein sollte den Vorgang verewigen.

In der Richterperiode hörten die spießbürgerlichen Sichemiten, die dem Sohne Jerub-Baals seine Brüder hatten morden helfen, die Berge von der strafenden Gleichnißrede des entronnenen Jotham wiederhallen. Daß die Verblendeten den Mörder noch zum Könige wählten, war ein Streich, wie ihn einstens die Bäume begingen, als sie nach langem vergeblichem Suchen eines Königs endlich zum Dornstrauch sprachen: „Gehe, sei du König unter uns." Kaum fühlte dieser sich in seiner hohen Stellung, so stellte er die Alternative: „Kommt und vertraut euch meinem Schatten, wo nicht, so gehe Feuer von mir aus und verzehre die Cedern des Libanon." Das Ende der Geschichte war, daß Abimelech einen ganzen Tag gegen die Stadt stritt, sie nahm und das Volk erwürgte. Dann riß er die Stadt nieder und streute Salz darauf. Später ward hier im Gegensatz zum Reich Juda das Reich Israel begründet, dem Salmanassar 722 den Untergang brachte.

Zu Christi Zeit war hier der Hauptsitz der irrgläubigen Samaritaner. Man bestellte eben die Aussaat, als der göttliche Erlöser eines Tages vor ihrer Stadt Sichem rastete*). „Sagt ihr nicht," sprach Jesus Angesichts dessen zu seinen Jüngern, „daß es noch vier Monate geht, und dann ist Ernte**)?" Er deutete dabei auf das umliegende Feld des Erzvaters Jakob, deutete östlich hinüber nach Salem, westlich hinauf gegen Sichem und verwies auf das besonders gesegnete Nordende der Ebene Machna. Dann aber schaute er in die nächste Zukunft und sah die wichtigere geistige Ernte, welche nach der Sendung des heiligen Geistes und erstmaligen blutigen Bezeugung seiner Messiaswürde die gewaltsam zerstreuten Jünger in Samaria haben sollten, und im Hinblick darauf that er den Ausspruch: „Erhebt eure Augen und schaut auf die Felder: weiß sind sie schon zur Ernte." Seine eigene Arbeit daneben gehalten, sollte sich an ihm die Wahrheit des Spruches erfüllen: „Der eine säet, der andere erntet."

In Gedanken an diese hochwichtigen Vorgänge waren wir bis zur Nordostecke des Garizim gekommen. Da bog der Weg links vom Plane ab, wie wenn man rheinaufwärts in eines der Schwarzwaldthäler abschwenkt. Doch ist zu beachten, daß unser Antlitz nach Norden und nicht wie rheinaufwärts gegen Süden ge-

---

*) Joh. 4.   **) Joh. 4, 35.

wendet war: das Seitenthal von Sichem zog westlich und nicht wie die berührten Oeffnungen des Schwarzwaldes östlich.

Es gibt wohl nicht leicht etwas Schöneres in der Bibel, als das vierte Kapitel bei Johannes. Aus den Kinderjahren höre ich noch dessen Nachhall von der Frohnleichnamsprocession her. Es enthält bekanntlich die Geschichte von Jesus am Jakobsbrunnen. Jetzt stand ich am Schauplatz dieses Vorgangs und hätte ihn doch fast nicht betreten. Unser launischer Muker glaubte nämlich seiner Pflicht genügt zu haben, wenn er aus der Ferne nach dem Jakobsbrunnen hindeutete. Sein Esel war müde und der richtige Seitenweg verpaßt; so zog er uns voran gegen Nablus. Wir aber setzten ohne ihn über den Rain hinab und ritten zum denkwürdigen Ort.

Doch fand ich mich in Palästina kaum einmal mehr enttäuscht. Um nämlich wirklich zum Jakobsbrunnen zu kommen, galt es erst die Ruinen einer alten Kirche zu ersteigen, deren Anlage bis auf die Kaiserin Helena zurückgeht. Die Griechen, welche im Besitz derselben sind, haben sie mit einer Schutzmauer umgeben. Durch deren Breschen kletterten wir mühsam ein volles Stockwerk in die Höhe. Verschiedenes bezeugte da die einstige Schönheit der Kirche, welche bis zum Ende des abendländischen Königthums dauerte; der Jakobsbrunnen aber wollte sich noch nicht zeigen. Wie er nämlich in einem ersten und zweiten Kirchenbau den Mittelpunkt gebildet hatte, so befand er sich in einem dritten und letzten offenbar in einem kleinen Gewölbe unter dem Chore. Um ihn da zu entdecken, riefen wir die Hülfe eines vorübergehenden Arabers an. Dieses Gewölbe nun hatte oben ein gewaltsam erbrochenes Loch von der doppelten Breite einer Tischplatte. Durch dieses half ich dem schlankeren meiner Gefährten hinunter. Vom Boden herauf konnte derselbe gerade noch meine Hand fassen.

Da war ebener Erde ein kreisförmiger Brunnenrand aus Hausteinen, dessen Durchmesser die Länge unserer Zieh- oder Pumpbrunnen hatte. Ueber der Oeffnung aber lag für jetzt ein großer Stein, der jeder Untersuchung getrotzt hätte. Er sollte zunächst die wasserlose Cisterne und — bei ihrer Lage unter freiem Himmel — wohl auch Thiere und Menschen vor Schaden bewahren. Die Samaritanerin hatte zu Jesu, der ihr ohne Schöpfgeschirr lebendiges Wasser reichen wollte, nicht ohne Grund gesagt: „Der Brunnen ist tief." Damals maß er noch über 100'. Jetzt ist er zum dritten

Theil mit Schutt ausgefüllt. Dies macht es begreiflich, warum er fast das ganze Jahr kein Wasser enthält; ich aber hatte mir ein grünes Plätzchen und einen erquickenden Trunk wie an der Elisäusquelle bei Jericho geträumt.

Der Jakobsbrunnen liegt nicht in der Tiefe, sondern am Rande des Kessels der s. g. Ebene el Machna und zugleich an der Südwestecke der noch höheren Thalfurche von Nablus, die den Garizim vom Ebal trennt. So gewährten die Ruinen von Bir Jakub (heutiger Name) leicht eine Uebersicht der nächsten Umgebung. Oestlich hatte man sich gegenüber die Dörfer Azmut und Salim, und zwar jenes wieder im Norden, dieses im Süden, beide am Fuße des Gebirges. Nordöstlich lag auf einer Vorstufe des Ebal das Dorf Asker mit gleichnamiger Quelle und Grabkapelle. Dieses ist deswegen wichtig, weil man, ausgehend von seinem Namen schon Sychar oder Sichar, die eigentliche Heimath der Samaritanerin, darin wiederfinden wollte. Frère Liévin dagegen versichert, die Ostspitze des Garizim heiße unfern vom Jakobsbrunnen bis zur Stunde Sichar. Wäre das Weib wirklich von hier gewesen, und nicht vom wasserreichen Sichem, so fielen auf die leichteste Art die Bedenken, welche man schon gegen die Echtheit des Jakobsbrunnens geltend gemacht hat. Im Nordwesten herrschte der Ebal über alle Berge der Umgegend. Gegen Südwesten wetteiferte der Garizim mit ihm und erreichte ihn bis auf einen kleinen Unterschied (166′).

Wie Bir Jakub und Ain Asker in den Ecken, so liegt Kabr Jusuf (Josephsgrab) in der Mitte des auslaufenden Hochthales von Sichem, eine gute Viertelstunde von beiden Dörfern. Man hat bekanntlich dem Patriarchen Joseph seinen Eidschwur gehalten und dessen einbalsamirten Leichnam nachmals mit aus Aegypten geführt. Nach Eroberung des Landes der Verheißung wurde er hier im Felde Jakobs beigesetzt. Die Mohammedaner rühmen sich des Besitzes der echten Grabstätte. Der äußere Bau ist offenbar ganz modern. Um eine Anzahl kuppelbekrönter Welis läuft eine mit Kalk beworfene, rechtwinkelige Mauer, deren Höhe kaum hinter der Länge etwas zurückbleibt. Das eigentliche Grabmonument besteht in einem einfachen „gemauerten Katafalk von 8 Spannen Länge und 7 Spannen Höhe mit weißer Tünche" (Sepp). Ein gepflasterter, geländerter Zugang und eine Baumgruppe sollen den verehrten Platz schon von Ferne über das Profane erheben.

Um zum Jakobsbrunnen zu kommen, hatten wir die Pferde unten an den Mauern zurücklassen müssen. Sie schienen so müde, als ob sie keiner besondern Hut bedürften. Doch besannen sie sich nicht lange und setzten die Reise fort. Als wir es merkten, hatten sie einen beträchtlichen Vorsprung. Wir mußten die 7 Minuten bis zum Dorfe Balâte nachlaufen. Dieses zählt ungefähr 20 Steinhütten und liegt schon im Nablusthal. Am Anfang desselben hielten sie und tranken aus der gleichnamigen Quelle. Solchen Reichthum und solche Güte des Wassers hatten wir seit der Elisäusquelle nicht mehr getroffen. Alles trank mit einem unbeschreiblichen Hochgenuß. Neben der Quelle Balâte vermuthet man den Ort der Terebinthe More, durch Abraham, Jakob*) und Josua**) geheiligt. Oelbäume, Feigen, Granaten, Kaktus bilden heute noch ein liebliches Wäldchen.

Einige Minuten aufwärts sah man über offenes Feld hinweg rechts die alten Felsengräber des Ebal, links die imposante Schönheit des Garizim. Dann kam uns die Quelle Ain Defna als Bächlein entgegen, über das wir auf einer Brücke setzten; ihren Ursprung nimmt sie am Garizim. Eben war sie von waschenden Soldaten der neuen Kaserne belagert, die wir nach einigen Schritten links ließen. Vor dieser tummelten unsinnige türkische Kavaliere ihre Maulthiere auf einem historisch merkwürdigen Platze, der sich, zum Theil mit Oelbäumen besetzt, noch 12 Minuten weit bis zum Thore von Nablus hinaufzog. Hinter der Kaserne ward das Thal auf kurze Zeit am breitesten, weil der Ebal und Garizim hier zwei correspondirende Spalten haben. An dieser Stelle soll dem versammelten Volke Gottes das Gesetz mit seinen ermunternden und abschreckenden Sanctionen vorgelesen worden sein ***). Von da waren es noch 9 Minuten bis Nablus; vom Jakobsbrunnen gerechnet — 25. Wir ritten ohne Weiteres nach dem Kuratiehaus, weil wir wußten, daß Pilger dort Betten und andere Bequemlichkeiten finden. Nachdem wir über 10 Stunden zu Pferde gewesen, waren wir solcher in hohem Grade benöthigt. Auch fanden wir gastliche Aufnahme.

*) Gen. 35, 4.   **) Abschied, 24.   ***) Jos. 8.

Zu Nablus.

Als wir uns in den weiten Räumen des Pfarrherrn installirt und im Eßzimmer einen Imbiß genommen hatten, mochte es noch eine Stunde dauern, bis die Sonne hinter den Bergen versank. Von den Sehenswürdigkeiten lag mir nichts mehr am Herzen als der geheiligte Ebal oder der Garizim. Da jedoch die Ersteigung eines dieser Berge angeblich eine gute Stunde erforderte, außer mir Niemand die gleiche Lust verspürte, eben auch kein Führer zu haben war, der für die Sicherheit des Weges und der Person bürgte, blieb mir nichts übrig als die beiden Berge thunlichst von unten anzusehen, was wenigstens bezüglich des südlich gelegenen Garizim vom zweiten Stocke des massiven Pfarrhauses aus besser geschah, als von jedem anderen Standorte des Thales. Noch liegt dieser mächtige Gebirgsstock mit seinen 5 oder 6 kräftigen Kalksteinkuppen der ganzen westöstlichen Breite nach vor meine Augen hingestreckt. Mehr als 700' erhebt er sich über das Thälchen. Während er selbst gleich dem gegenüberliegenden Ebal der Richtung von Osten nach Westen folgt, zieht sein oberstes, etwas zurückgeschobenes Plateau mit den theuersten Erinnerungen der Samaritaner von Norden nach Süden.

„Unsere Väter," sagte einst die Samaritanerin, „haben auf diesem Berge angebetet." Bis zur Stunde ist er das Mekka dieser Sekte. Noch betet das Häuflein ihrer Glaubensgenossen gegen den Garizim gewendet und bringt auf dessen Höhe blutige Opfer. Auf dem Gipfel zeigt man die Stelle, wo über 200 Jahre das Heiligthum stand, welches mit dem Serubabel'schen Tempel in Jerusalem rivalisirte. Die Samaritanerin und ihre Zeitgenossen beteten bereits nur noch über dessen Trümmern an, da ihn schon 129 v. Chr. Johannes Hyrkan zerstörte. Aus der Zeit des Kaisers Justinian (533) stehen auf der gleichen Platform die Mauerreste einer Marienkirche und Festung. Viel jünger ist die heutige moslimische Heiligenkapelle Schech Ghânim. Ich sah vom Fenster und am kommenden Morgen vom Ebal aus davon nichts als die dunklen Umrisse.

Während der Weg zum Garizim sich vollständig den

Blicken entzog — er führte hinter der Westmauer der Stadt in einer wasserreichen Felsspalte empor — lag der gewundene Pfad zum Gipfel des Ebal so klar vor aller Augen, daß ich mich einen Augenblick der Hoffnung hingab, ohne Führer einen Spaziergang bis zum Weli auf dessen Höhe ausführen zu können. Doch belehrte man mich, daß ich bis dahin 1 1/2 Stunde brauche. Auch sei dem Volke von Nablus nicht ganz zu trauen.

Der Ebal überragt die Stadt um 900', das mittelländische Meer um mehr als 3000'. Weil seine steilen Wände der Mittagssonne ebenso zugekehrt sind, als die des Garizim von ihr abgekehrt, macht er, zumal bei der starren Aufschichtung seiner Massen, durchweg den Eindruck eines ausgebrannten Felsens; trotzdem war er eben grüner als sein Rivale. Kaktus=Opuntia=Anlagen zogen sich ähnlich unsern Weinbergen in regelmäßigen Zeilen den Berg hinauf und bewirkten so eine blaßgrüne Färbung. Daß unter Josua hier die Drohungen des Gesetzes ausgesprochen wurden und gegenüber am Garizim die Segnungen, schien also die Natur beider Berge unberührt gelassen zu haben. In dem Stück steht der Ebal entschieden für immer über dem Garizim, daß Josua auf jenem und nicht, wie die Samaritaner behaupten, auf diesem „dem Gotte Israels einen Altar baute und Brand= und Dankopfer darbrachte"*). Die Ruinen einer Kirche hinter dem Weli beweisen denn auch, daß man sich in der christlichen Aera dieses Vorzugs wohl bewußt war.

Alles, was mir diesen Abend gelang, war eine flüchtige Besichtigung der Stadt und ein Besuch in der Synagoge der Samaritaner. Nablus ist eine wohlummauerte Stadt mit fünf Thoren, eines auf der östlichen und ein anderes auf der westlichen Schmalseite, zwei auf der südlichen und eines auf der nördlichen Längenseite. Die beiden ersteren übertreffen an Bedeutung die übrigen bei weitem; denn durch sie führt nicht blos die große Karawanenstraße aus dem Oriente (Bosra, Damaskus und Tadmor) nach dem Occidente, sondern auch der uralte Weg von Hebron nach Bânias. Wir hatten durch das Ostthor unsern Einzug gehalten und nur deswegen die Stadt durch das Nordthor wieder verlassen, weil das lateinische Kuratiehaus unmittelbar davor lag. Mit Zelten

---

*) Jos. 10.

vorgesehene Touristen campiren der Quelle Râs el Ain zu Liebe
gleich hinter dem Westthor, ähnlich wie einst Christus und die
Apostel des Jakobsbrunnens wegen im Osten der Stadt rasteten, um
bei ihrer Weiterreise Sichem erst zu passiren.

Der Umfang von Nablus dürfte $3/4$ Stunden betragen, die
Länge $1/4$ Stunde, die Breite die Hälfte davon; die Weite des
Thälchens zwei bis drei Minuten mehr. In seinen Straßen be-
wegten wir uns der Reisebedürfnisse wegen noch beim Pechpfannen-
und Oellampenschein. Die einzige Straße, welche vom Ostthor zum
Westthor führt, ist die letzten drei Viertel ihrer Länge zugleich Sûk.
Zwei parallele Straßen, welche sich davon abzweigen, führen auf der
Südseite bald in's Freie. In diese Hauptadern des Verkehrs mündet
dann eine Menge enger Gassen von Norden und Süden. Gegen
16,000 Einwohner sollen sich darin herumtreiben, alle fanatisch
mohammedanisch bis auf etwa 500 Griechen und 60 Katholiken.
Von den letztern war eben einer, der Bürgschaft geleistet hatte, in
die Hände der Behörde gerathen. Unser Churi hatte sich, von den
Angehörigen bestürmt, zu dessen Erlösung auf den Weg gemacht,
und war noch nicht zurück, als wir uns zur Ruhe begaben; ich
hätte ihn darum zur Stunde noch das erste mal zu sehen. Große
Aschenhaufen vor und hinter der Stadt verriethen, daß die Seifenfabrikation hier zu Hause sei. Lebhafter Handel wird mit Baum-
wolle und Wolle aus dem Ostjordanlande getrieben.

Unter den monumentalen Sehenswürdigkeiten interessirte mich
vor anderm die große, am Ostende der Marktstraße gelegene Hauptmoschee Dschâmi el Kebîr, eine unter Saladin den fränkischen
Christen abgenommene Johanneskirche, in der auf Pfingsten 474
die unduldsamen Samaritaner ihre byzantinischen Mitbürger über-
fielen und zum Theil niedermachten, zum Theil verstümmelten. So
wurden damals dem Bischof Terebinthus die Hände abgehackt. Daß
diese jetzt zur Strafe den Garizim verloren, führte ein halbes Jahrhundert später den Schlußakt der Tragödie dieses jüdisch-assyrischen
Mischvolkes herbei. Da eroberten sie, von einem Pseudomessias
(Julian) verleitet, den Garizim zurück, verbrannten die fünf Kirchen
der Stadt und verjagten unter blutigen Gräueln alle Christen aus
ihren Grenzen; aber Kaiser Justinian zeigte ihnen den Meister, und
20,000 Samaritaner erlagen dem Schwerte seiner siegreichen Sol-

daten. Seitdem spielten sie keine politische Rolle mehr. Ich sah durch das Ostthor Façade, Thor und Hof mit dem üblichen Wasserbecken und antiken Granitsäulen. Dabei ward ich an die reiche romanische Façade der heiligen Grabkirche erinnert. An ein Betreten der eigentlichen Moschee konnte ich nicht denken. Deren blendend weißer Anstrich und überhaupt die gedrückte, weitschichtige Anlage mit kurzen Säulen und dicken Pfeilern machte, abgesehen vom Reiz des Alterthümlichen, sonst keinen besondern Eindruck.

Nach dem Westende der Stadt zu kam Dschâmi en-Nisr oder die Adlermoschee, welche gleichfalls für eine ehemalige Kirche gilt. Dann zeigte sich rechts eine gewöhnliche Moschee, die an den Sûk, und links das Minaret einer andern, die an die Südmauer der Stadt stieß. Die schöne Sage, welche sich an eine s. g. el Chadra-Moschee vor der Südwestecke der Stadtmauer knüpft, erinnert an die Thatsache, daß einst die Brüder Josephs ungefähr in dieser Gegend ihre Herden weideten, als der Vater diesen vom fernen Hebron auf Kundschaft ausschickte und bald darauf die Schreckensnachricht erhielt, ein wildes Thier habe ihn zerrissen. Als nämlich Jakob, erzählt man, später hier seinen Lieblingssohn beweinte, geschah das Wunder, daß ein dürrer Baum plötzlich grünte. Kurz nachher sandte der für todt Gehaltene dem Vater sein buntes Kleid aus Aegypten. Die Moschee heißt davon eigentlich „Moschee des grünen Baumes".

In dieser Gegend befindet sich auch das Sehenswürdigste von allem, nämlich eine fünfhundertjährige Synagoge angeblich mit einem der ältesten geschriebenen Bücher der Welt inmitten eines im Aussterben begriffenen biblischen Volkes, des Restes der Samaritaner. Ungepflasterte, überwölbte Gassen, in denen am hellen Mittag Lichter brennen dürften, führten schließlich zu einem Thore und innerhalb desselben eine hohe Staffel hinauf. Oben ging man durch eine Thüre in einen mit Steinplatten belegten Gang, welcher zugleich als schmaler Vorplatz der Synagoge dient. Einige Tritte an dessen Langseite führten zur Oeffnung eines großen Rundbogens und gleicher Höhe damit zu dem mit Teppichen belegten Fußboden des nach Art der Moscheen heilig gehaltenen Betsaales; denn das Betreten desselben wurde erst nach Ablegen der Schuhe gestattet, und schien selbst dann ungern gesehen. Es war ein Gewölbe von der Größe und Gestalt eines Zimmers, das auf Bögen ruhte, die wieder von vier Eckpfeilern gestützt waren. Zu sehen gab es insofern darin nichts, als der verhängte Tabernakel nicht enthüllt und der berühmte Codex auf einer Art Notenpult an die Schwelle des Eingangs gestellt wurde. Sechs bis sieben Samaritaner umstanden ihn, und einer wies auf die Merkwürdigkeiten desselben hin. Dies waren selbstverständlich nur Aeußerlichkeiten, als der seidene Umschlag, die Messingkapsel mit ihren Grabstichel- und Einlege-Arbeiten, Anfang und Ende des Textes an oben und unten hervorstehenden Metallkugeln bemerkbar, die zwei Silberstäbe, an denen sich die Pergamentrolle gleichzeitig ab- und aufwickelte, die von unserm s. g. Hebräischen gewaltig abweichenden nicht-hebräischen Schriftzeichen. Nur letztere konnte ich bei der Kürze der Zeit so weit in's Auge fassen, um deren Gleichförmigkeit mit der Legende meines Silberlings zu bestätigen.

Alles redete arabisch. Auch der Kâhen, d. i. Priester, war trotz der vielen Besuche keiner europäischen Sprache mächtig. Als Kâhen bekannte sich nachträglich der Sprecher. Dieser gab auch die Zahl seiner Gläubigen auf 142 an. Es war ein Mann in den vierziger Jahren mit sanften, schwach colorirten Gesichtszügen, hoher Stirn und langem Kinn. Nach Pariser Mode gekleidet, hätte er sofort für einen echten Franken gelten können, wie denn auch die andern Samaritaner nichts vom semitischen Typus und Elemente an sich hatten. Keinem sah man Noth oder Entbehrung an; ihre Kleidung war sogar reich und zierlich. Doch baten alle um Bachschisch, was von der Verwöhnnng durch Engländer kommen soll.

Das Ende des unbedeutendsten Geschöpfes vermag im Menschen eine ernste Saite zu rühren, wäre es auch nur die der eigenen Hinfälligkeit. Hier aber war es ein Jahrtausende zählendes Volk, das wie kein anderes im Licht der Offenbarung gewandelt, auf den Messias gehofft, denselben in seiner Mitte gehabt, sich seiner gefreut*) und über ihn geärgert hat; man denke nur an die Chikanen gegen das Christenthum. Durch letztere ging es zu Grunde. So gebrechlich der samaritanische Codex bereits ist, so scheint er diejenigen, welche ihn berühren und küssen dürfen, doch zu überdauern. Lang-

---

*) Joh. 4.

sam, aber stetig schreitet die Abnahme der wenigen gegen Juden, Türken und Christen gleich exclusiven Familien vorwärts. Man wird Angesichts dessen an die Worte des Psalmisten erinnert: „Du zermalmst, wie Erschlagene, die Trotzigen", oder „Deine Feinde, Jehova, kommen um." Doch wenn irgend Jemand, dann glaubt der Samaritaner nicht an sein Aussterben. Er erträumt sich Brüder in Syrien und Aegypten, ja in Amerika, wohl nur in der dunklen Erinnerung, daß einst zu Damaskus, Kairo, Rom und anderwärts samaritanische Synagogen bestanden. In solchen Träumen erging sich auch der gute Kähen ohne den geringsten mündlichen oder schriftlichen Anhalt. Er hatte zwar einige Schreiben in der Hand, aber es waren für ihn unleserliche französische Anfragen über seine Gemeinde und deren Cult. Mir bleibt der Besuch bei den Samaritanern eine Illustration zu dem „Gebet eines Elenden, der verzagen wollte" *): Selbst die Himmel „werden vergehen, Du aber bleibst. Sie werden altern wie ein Gewand, Du aber bist derselbe, und deine Jahre nehmen nicht ab." Unter der Herrschaft solcher Gedanken ließ ich mich zum Sûk und zur Herberge zurückführen.

Der barmherzige Samaritan hat bei uns den besten Klang, im Munde der jüdischen Theokraten aber war Samaritan ein derber Schimpf. Dies erklärt uns die Entstehung des Volkes. Nach der heiligen Geschichte hat der König von Assyrien zur Zeit der ersten Wegführung Leute aus Babel, Kutha, Awa, Hamath und Sepharvaim geschickt und dieselben an Stelle der verbannten Söhne Israels in den Städten Samariens angesiedelt. Hier vermischten sie sich mit den zurückgelassenen ärmeren Juden. Hinsichtlich der Religion dienten sie ihren mitgebrachten Götzen, fürchteten aber, durch eine Landplage veranlaßt, daneben auch Jehova. Kein Wunder, daß man nach dem babylonischen Exil bei Erneuerung des israelitischen Volksthums auf der Grundlage der strengsten Gesetzestreue diese Mischlinge mit ihren verschwommenen Gottesbegriffen von der Theilnahme am Tempelbau ausschloß. Von da an weiß die Geschichte von nimmer endenden Reibereien zwischen den rechtgläubigen Juden und diesem andersgläubigen Elemente in deren Mitte. Wie

*) Ps. 102.

nämlich Sichem im Centrum des verheißenen Landes, so lag Samaria im Herzen von Palästina. Davon, daß sie den Haß gegen die Römer mit den Juden theilten, datirt der Untergang ihrer Stadt Sichem und die Entstehung von Nablus, eigentlich Neapolis, d. h. Neustadt. Der volle Name war Flavia Neapolis, weil sie unter den Flaviern wieder aufgebaut wurde. Besonders imponirte mir, daß der erste Kirchenvater und Apologet Justin der Märtyrer († 166) hier zu Hause war.

Ein eigenthümliches Verhältniß war es auch, daß das alte Sichem zweimal durch Frauen an den Rand des Verderbens kam. Das erste mal geschah es durch Dina, die Tochter Jakobs, das zweite mal durch die Mutter Abimelechs. In beiden Fällen erfüllte Mord und Todtschlag die Stadt, und der Ebal und Garizim widerhallten vom Brüllen verstümmelter Rinder und dem Schwirren des Henkerbeiles. Simeon und Levi waren das erste mal die Missethäter gewesen. Auf dem Sterbebett im fernen Aegypten hatte der greise Patriarch ihre grausame Gewaltthat noch nicht vergessen. Ihretwegen ergoß sich die Fülle des Segens der Erstgeburt, den Ruben durch Impietät verwirkt hatte, auf Juda, trotzdem dieser der Geburt nach auf Simeon und Levi folgte. „Simeon und Levi," heißt es im Segen Jakobs *), „sind Brüder;" zusammen haben sie ebenso treulos als grausam gegen Sichem gehandelt. „In ihren Rath komme nicht meine Seele, mit ihrer Versammlung eine sich nicht meine Ehre. Verflucht ist ihr Zorn, daß er gewaltig, und ihr Ingrimm, daß er so hartherzig ist. Zertheilen werde ich sie in Jakob, zerstreuen in Israel." Es ziemte sich nicht, daß der „messianische Friedensfürst" aus ihnen hervorgehe. Wegen Sichem beginnt nun das neue Testament mit den Worten: „Buch der Abstammung Jesu Christi, des Sohnes Davids," wegen Sichem heißt es: „Jakob erzeugte den Juda und seine Brüder."

Mit Gedanken über die Unerforschlichkeit der göttlichen Rathschlüsse füllte ich einen Theil der schlaflosen Nacht aus. Zeitweilig lauschte ich auch den Orgien der Ramadhanfeier, bei der das Sonderbarste die hohen, gluckernden Töne jubilirender Weiber waren.

---

*) Gen. 49.

Daß ich es nicht zum heißersehnten Schlafe brachte, kam von der außergewöhnlichen Plage der Insekten. So traf ich sie nirgends mehr in ganz Paläſtina.

Von Nablus nach Dſchenîn.

Montag, den 1. September, galt es einen Ritt von 13 Stun= den. Trotzdem hätte ich den halbſtündigen Umweg über Sebaſtîje, d. i. das alte Samaria, gerne noch dazu gehabt.

Hinſichtlich ſeiner Geſchichte wiſſen wir, daß es eine zweimalige Blüthe erlebte und dabei jedesmal eine bedeutende politiſche Rolle ſpielte. Die Stadt Sichem, von der die Spaltung Israels aus= ging, und Thirza, eine hübſche Bergſtadt zwei Stunden (nördlich) vom Ebal, waren gerade 50 Jahre Reſidenz des Zehnſtämmereiches geweſen, als König Omri von einem gewiſſen Schemer anderthalb Stunden weſtlich von Thirza um 2 Talente Silber einen in frucht= barem Thale gelegenen Berg kaufte, „darauf eine Stadt baute und ihren Namen (nach Schemer) Schomron nannte" *). Im Jahre 925 verlegte Omri ſeine Reſidenz aus dem durch Königs= morde ungemüthlich gewordenen Thirza nach Schomron. Da hauſten deſſen götzendieneriſche Nachfolger, zum Theil von Propheten wie Elias und Eliſäus aus ihrem Sündenleben aufgerüttelt, bis Sal= manaſſar nach 200 Jahren dem ſchismatiſchen Reiche ſamt ſeiner Reſidenz den Untergang brachte. Den unbedeutenden Platz, zu dem ſich Samaria nachmals von ſelbſt wieder erhob, ſchenkte Kai= ſer Auguſtus dem Idumäer Herodes, der eine ebenſo glänzende als unbezwingliche Veſte daraus machte und dieſelbe nach ſeinem großen Gönner Sebaſte oder Auguſta benannte.

Jetzt iſt Sebaſtîje eine Ruinenſtätte, und zwar die großartigſte in Paläſtina. Obenan ſtehen die Ueberreſte der einſtigen Johanniterkirche, die an Größe und Pracht gleich nach der Grabkirche zu Jeruſalem kam. Darin wird das Todtenbett und Grabgewölbe des Täufers gezeigt. Einzig in ihrer Art ſind die aufrechtſtehenden monolithen Säulen=

---

*) 1. Kön. 16.

schäfte, welche ehemals zu einer 50′ breiten und 3000′ langen
Kolonnade gehörten. Herodes hatte diesen heidnischen Prachtbau
aus der Hinterlassenschaft erwürgter Theokraten aufgeführt.

Nicht blos von der Bedeutung, sondern auch von der Existenz
Sebastîjes hatten meine Freunde beim Abschluß des Vertrags keine
Ahnung gehabt. Ich konnte deswegen dem Muker nicht allzu
gram sein, daß er im Hinblick auf seinen schwachen Esel und das
allzuferne Ziel, das für heute gesteckt war, hinsichtlich Sebastîjes
sich auf den Rechtsstandpunkt stellte und den kürzeren Saumpfad
der Handelskarawanen der interessanteren Touristenstraße vorzog.
So kamen wir nicht nach Sebastîje. Unterwegs sah ich gelegentlich
in den grünen Thalkessel, der Blick reichte aber nicht bis zur Akropole auf dem isolirten Bergkegel Schemers.

Gerade diese Nacht war für Ismael Mitfasten. Der Mond,
an welchem die Nothwendigkeit der Verkehrung der Nacht in den
Tag hing, hatte aufgehört zu wachsen. Wir erfreuten uns beim
Aufbruch der Vortheile des Vollmondes. Eine venezianische Mond-
nacht ist unmöglich schöner.

Im Westen der Stadt ging es vorerst bergab. Die reiche
Quelle Râs el Ain aus dem Garizim bewässerte das Thal und
erquickte eine üppige Vegetation. Vorzüglich waren es Quitten,
Granaten, Citronen, Feigen, Oliven. Sichem, hebräisch Schechem,
bedeutet ursprünglich einen Rücken und bildet, eine so tiefe
Bergschlucht es sonst ist, wirklich einen Rücken. Als solcher erscheint es auffällig von den Oelgärten Sebastîje zu gesehen,
weniger aus der Gegend vom Jakobsbrunnen her; doch war offenbar auch dieser östliche Anstieg zur Patriarchenstadt ein mal steiler.
Sichem bildet überdies bis zur Stunde die Wasserscheide, insofern
seine zwei östlichen Quellen ihren Weg nach dem Jordan nehmen,
die einzige westliche nach dem Mittelmeer. Freilich brachten es eben
alle drei nicht bis zur zweiten Ortschaft.

Nur zu früh bogen wir nördlich von der schönen Sebastîje-
Straße aus und wandten uns über chaotisches Geschiebe dem Fuße des
Ebal zu. Gleich geriethen wir in einen langen Zug befrachteter
Kameele, die wir nicht zu überholen vermochten, bis wir auf der
Höhe des Gebirgsstockes angekommen waren. Den steilen Felsen
hinauf war es in solcher Gesellschaft ungemüthlich, weil zu befürch-

ten stand, daß, vom Araber geschreckt oder von seiner Laune ge=
reizt, so ein lebender Güterwagen Reiter und Pferd an die Wand
drückte oder gar in die Luft setzte. Als ich endlich oben vom Berge
aus einen scheidenden Blick über das Nablusthal und die parallelen
Kuppen des Garizim und Ebal warf, konnte ich nur bestätigen,
was ich mir gestern unter dem ersten Eindruck gesagt hatte, nämlich
daß sich mit Nablus an Schönheit keine zweite Stelle in Palästina
messen könne. Im Zauberlichte des silbernen Mondes glich es ge=
radezu einer Stadt aus dem Feenreiche mit marmornen Kuppel=
bauten und alabasternen Minareten, schattigen Boschettos und spru=
delnden Fontänen. Indem es sich in majestätischer Ruhe an den
Garizim anlehnte, bildeten die dunklen Gärten am Ebal hin seiner
Füße Schemel.

Unser nächstes Ziel war Dschenîn, der letzte Ort von Sa=
maria. Weil meine Karte außer dem Weg über Sebastîje nur
noch den über Talûze, das alte Thirza, eingezeichnet enthielt,
glaubte ich, wir würden für den Ausfall von jenem durch dieses
entschädigt werden. Als sich aber nach einstündigem Ritt durch
unheimliche Berggründe endlich das erste Dorf zeigte, war es Bet
Imrîn, mitten zwischen den beiden genannten Ortschaften gelegen.
Hatte sich unterwegs da und dort eine Aussicht nach dem grünen
Thalrand von Sebastîje eröffnet, so war Talûze hinter hohen
Bergen, die sich dem Jordan zu öffneten, verborgen geblieben.
Etwas nördlich vom nächsten großen Dorfe Dschêba, das sich
über den Vorsprung eines hohen Berges verbreitete und wegen sei=
nes Wasserreichthums von den Karawanen oft zur Etape gemacht
wird, mündete die Straße von Sebastîje in den direkten Weg nach
Nazareth. Wir hatten bis dahin gegen 4 Stunden gebraucht und
wären der viel geringeren Schwierigkeiten wegen wohl in derselben
Zeit auch über Sebastîje angelangt. Ostwärts winkten vom Kamme
des Râs el Akra die weißen Häuser von Tûbas, dem alten Thebes:
„Da warf ein Weib ein Stück von einem Mühlstein auf das
Haupt des Abimelech und zertrümmerte seinen Schädel *).“ „So
vergalt ihm Gott das Böse, das er gethan an seinem Vater, indem
er seine 70 Brüder erwürgte **).“

---

*) Richt. 9, 53.   **) l. c. 56.

Nach einer weiteren Stunde passirten wir die schönste Stelle unserer vormittägigen Route. Es war der wunderliebliche Kegel der Bergveste Sanûr, d. i. Katze. Würde dessen Name nur im entferntesten an den berühmten Schauplatz der Heldenthat Judiths anstreifen, so würde gegen die herrschende Zusammenstellung mit dem von Holofernes bedrängten Bethulia kaum mehr etwas eingewendet werden. Die Festigkeit des Platzes beweist die neuere Geschichte. Da hat noch im Jahre 1799 ein Heer von 5000 Mann trotz zweimonatlicher Belagerung das unscheinbare Städtchen mit kaum 2000 Einwohnern nicht zu demüthigen vermocht. Erst 1830 gelang dies einem besseren Führer, aber mit einem Verlust von 6000 Mann. Ebenso unläugbar ist, daß Sanûr jeder feindlichen Macht, welche von den Niederungen Galiläas auf das Bergland Ephraim und Juda Absichten hatte, als höchst unbequemes Bollwerk im Wege lag; denn es bildete von jeher den Schlüssel zu Südpalästina, den keiner der bekannten Weltstürmer gutwillig ausgeliefert erhielt.

Da war einst alles Flachland von Syrien wegen Verweigerung der Heeresfolge in einem assyrisch = medischen Kriege bereits gedemüthigt worden. Von Jesreel bis zum Mittelmeer, von Sidon bis Askalon hatte man sich zaghaft unter die rächende Hand des Assyrers Holofernes gebeugt; nur das tapfere Bergvolk des Reiches Juda stand zu muthiger Abwehr bereit.

· Gibt es etwas Natürlicheres, als daß es am Eingang der Berge, etwa dritthalb Stunden von der Ebene (dies ist die Entfernung Sanûrs), zum ersten und entscheidenden Zusammenstoß kam? Oder sollte das vorab um Jerusalem und den eben wieder geheiligten Tempel besorgte Volk*), dessen Taktik ausgesprochener Maßen in Besetzung seiner Berggipfel bestand (4, 5), einen so wichtigen Posten, daß Holofernes mit aller Macht dagegen anstürmte, bis in das von Myriaden von Feinden**) durchschwärmte Gebiet der Veste Jesreel vorgeschoben haben? Dies wäre aber der Fall gewesen, wenn Bethulia im Gebirge Gilboa lag, was man, gestützt auf erhaltene Namensanklänge, seit neuerer Zeit behaupten zu können glaubt. Dort gibt es nämlich ein Betilfa (Bethulia) und el Dschubêde (Judith), und es läßt sich nicht leugnen, daß die Namen unterge-

---

*) Jud. 4, 2.   **) l. c. 2, 15.

gangener Orte meist noch wie deren Geister über den Gräbern
schweben. Allein Sisir, Dothân und Belâme, die wir in der Nähe
von Bethulia suchen müssen *), sind auch solche Geister; und diese
gehen nicht im Gebirge Gilboa, sondern in Ephraim um.

Zudem war der ausdrückliche Zweck der tapfern Vertheidigung
Bethulias, „die Zugänge des Gebirges besetzt zu halten, weil man
durch sie in Judäa eindringen konnte" (4, 7); die Pässe von Gilboa
führen aber vom Jordan nach der Ebene Jesreel und Akka.
Braucht es nebenbei für die Lage der Stadt Judiths noch Berge, Thal
und Ebene, ganz besonders aber Cisternen und Brunnen, so dürfte
Sanûr kaum hinter Betilfa zurückstehen. Wenigstens trafen wir
9 Minuten vorher eine Quelle mit gutem Wasser, und da Bethulia vollständig cernirt war, steht nichts im Wege, diese und selbst
die Quellen Dschêba in der Gewalt des Holofernes zu denken.
Aber auch nordwärts fand der Feind Wasser; so beim heutigen
Bîr es-Sendschem und weiter bei Ain Hanîne, das freilich schon in
der Nähe des wasserreichen Dschenîn liegt. In Betreff des letzteren
könnte man fragen, ob es überhaupt thunlich erscheint, das Hauptquartier so enormer Scharen, wie sie der assyrische Feldherr theils mitgebracht,
theils an sich gezogen hatte**), südlicher als Dschenîn zu verlegen?

Die gleichen hohen Zahlen machen es zu einer Unge-
reimtheit, nach wochenlangen Zurüstungen zwischen Gaibai
und Skythopolis***), während welcher der gewaltige
Assyrer sein Standquartier vor Esdrelon hatte†), noch von
einem pomphaften Aufbruch gegen Bethulia zu reden, wenn letzteres
sich mit dem dazwischen gelegenen Betilfa deckt; denn so war es
ja von vornherein vom Feinde umringt. Gaibai war irgend ein
„Hügelheim", ähnlich Herodes' „Reiterstadt" Gaba südwestlich vom
Karmel. Es lag so sicher westlich vom Gilboa als Skythopolis
östlich. Darnach tummelten sich die völkerzertretenden Emissäre des
Gewalthabers von Ninive während der Anstalten, die von Esdrelon
aus getroffen wurden, in den fruchtbaren Feldern vom Meer bis
zum Jordan herum. Als es endlich den vereinten Sturm gegen
das nördliche Vorwerk des auf Gott und seine Berge bauenden

---

*) l. c. 4, 6 u. 7, 3.   **) l. c. 7, 2.   ***) l. c. 3, 10.
†) l. c. 3, 9.

Volkes Juda galt, so erscheint nichts natürlicher, als daß beim feierlichen Aufbruch das Hauptquartier von Esdrelon nach Dschenin verlegt wurde. Die stürmenden Horden aber erfüllten jetzt alles Land von Sanûr bis el Fûle und von Dothân bis Belâme, oder nach dem Wortlaut der Schrift: „sie dehnten sich in die Länge von Bethulia bis Kyamon und in die Breite von Dothaim bis Belthem" (7, 3).

Schon thaten auf der Veste Hunger und Durst ihre Wirkung, so daß die Capitulation nach 5 Tagen erfolgen sollte (7, 30), da betete die ebenso reiche und schöne, als gottesfürchtige Wittwe des Manasses (8, 7 und 8): „Herr ist dein Name! Zerschmettere ihre Stärke durch deine Macht; denn beschlossen haben sie, dein Heiligthum zu entweihen, mit dem Schwerte abzuschlagen das Horn deines Altares" (9, 8). Ehe der Termin vorüber war, hing das Haupt des Holofernes an der Stadtmauer, und seine erschreckten Scharen zerstoben nach allen Winden. Wie damals die Weiber Israels zusammenliefen, Judith zu sehen *), so schaute ich jetzt nach ihrer herrlichen Gestalt, ihren „Knechten und Mägden, ihrem Vieh und ihren Feldern" aus, entdeckte aber nichts als einige neugierige Männer und Knaben, die sich durch die Spalten der geborstenen Stadtmauer gezwängt hatten, um uns in der Tiefe vorüberziehen zu sehen.

Nachdem sich uns der runde Berg von drei Seiten gezeigt hatte, (blos gegen Westen hängt er mit einem der südlichen Ausläufer des Karmel zusammen), bogen wir östlich nach der Ebene Merdsch es-Sanûr ab. Sie wird noch häufiger Merdsch el Gharrak, d. i. „Wiese der Ueberschwemmung", genannt, weil sie in den Regenmonaten unter Wasser steht; eben war sie dürr und trocken wie jeder andere Thalgrund. Die guten Felder daselbst gehörten, wie man annimmt, einst dem reichen Manasses. „Da stand er bei einem, welcher Garben band, und Sonnenbrand kam auf sein Haupt, und er fiel auf das Lager und starb zu Bethulia," von Judith Zeit Lebens betrauert. Obwohl es noch nicht 8 Uhr war, als wir hier durchkamen, mahnten die stechenden Sonnenstrahlen bereits zur Vorsicht vor einem ähnlichen Unfall. Die „Wiese" zog sich ¼ Stunde nördlich.

*) l. c. 15, 12.

Als es wieder bergan ging, lag rechts auf der Höhe Sijîr, ein Dorf, das man mit Betomethaim *) und Bethome **) zusammenstellt. Weiterhin führten schlechte Wege über baumreiche Berge und schluchtenartige Thalfurchen. Nach einer guten Stunde von Samûr ließen wir das Dorf Dscherba zur Linken, etwas weiter Missilia zur Rechten und sahen von der freien Höhe dahinter zum ersten mal die Berge von Nazareth, ja den hochbegnadigten Ort des verborgenen Lebens Jesu selber, wenn auch noch in unklaren Umrissen grau in grau gemalt. Herwärts lag die wider alles Erwarten „große Ebene" Jesreel (auch Megiddo und Campus Legionis), jetzt Merdsch Ibn Âmir genannt. Am Fuße der samaritanischen Gebirgskette, sichtlich am Ende eines wichtigen Passes und für das Auge auf vollkommenem Plan — winkte die freundliche Palmenstadt Dschenîn, der einzige nennenswerthe Ort der weiten, breiten Fläche. Der erste Eindruck von diesem großartigen Panorama war der eines frohen, freudigen Staunens, daß das ehemals schief angesehene Galiläa die beiden andern Theile Palästina's so vortheilhaft übertraf. Es schien mir — was hier zu Land etwas heißen will — in Vergleich mit Samaria und Judäa sogar fruchtbar. Je weiter nach Süden, sagte ich mir, desto schlechter das Land, und um Jerusalem am schlechtesten; lauert doch die alles versengende Wüste nur eine halbe Stunde vor seinen Thoren.

Auf einem der nördlichen Ausläufer der samaritanischen Berge zeigte sich Kefr Kusêr, schon jenseits vom Tell Dothân, einer Terebinthengruppe mit wenigen Ruinen. Letzterer ist das berühmte biblische Dothain (auch Dothan), bis zu welchem der ägyptische Joseph gehen mußte, als ihn der Vater nach seinen ältern Brüdern ausschickte. Es war ein Weg von 25 Stunden und noch dazu von einem Ende des Gebirges zum andern. Vergebens schaute ich jetzt nach demselben aus. Nach weiterem Marsche von einer guten Viertelstunde, nämlich Angesichts des übel berüchtigten Dorfes Kabatsje, glaubte ich links am Bergabhang schließlich noch den gesuchten Tell zu sehen, fand aber Niemanden, der meine Vermuthung bestärkte. Ein vorübergehender Araber schien meine Frage nicht zu verstehen, oder auch von einem sichtbaren Dothân nichts zu wissen.

---

*) Judith 4, 6.   **) Flav. Jos. A. 14, 2.

Doch konnte ich nach der Karte blos 22 Minuten entfernt sein. Da die Unthat der Brüder sicherlich nicht in der Stadt, sondern auf dem Felde geschah, war ich dem Schauplatz vielleicht näher als ich ahnte. Zur Zeit „der Ueberschwemmung" vom Merdsch es-Sanûr biegt man hier nach der S t r a ß e von Dothân ab. Diese führt nach Aegypten und wird heute noch durch orientalische Kauf-leute befahren. Auf ihr zogen Joseph und jene syrischen Häscher, welche Elisäus zu Dothân mit Blindheit schlug*).

Das große Dorf Kabatije bekrönte einen kahlen Bergvorsprung. Obwohl der Karawanenweg durch dasselbe führte, stiegen wir fünf Minuten davor auf halsbrecherischem Pfade hinab in eine wilde Schlucht. In dem fruchtbaren Thale, welches sich anschloß, kam eine halbe Stunde vor Dschenîn das für die Belagerung von Be-thulia bedeutsame B e l â m e , nur noch kenntlich durch einen Wartthurm und eine verlassene Moschee links auf der Höhe des den Wanderer begleitenden Randgebirges. Als letzteres endlich zu-rückblieb, lag draußen auf kaum nennenswerther Erhebung das er-sehnte D s ch e n î n. Es war 10 Uhr, als wir vor dem niedern Thore von dessen Chan abstiegen, um samt unsern Thieren ein-zukehren. Da wir seit 3 Uhr auf dem Marsche waren, bedurfte Mensch und Thier in gleichem Grade der stärkenden Ruhe; ja unser armer, abgehetzter Esel hatte so bedenkliche Blutungen, daß es schien, als werde er uns nicht mehr weit begleiten.

Der Chanâti oder städtische Chanhalter erwies sich als gewür-felter Mensch. Der Chan zerfiel in zwei Theile, einen kleineren in der Richtung des Einganges und einen doppelt so großen linker Hand. Beide bildeten e i n e n winkeligen Raum unter e i n e m luftigen Gewölbe, nur durch die Thüre und ein ihr gegenüber-liegendes Fenster erhellt. Vor diesem Fenster und sonst an den Seiten liefen lange Mäuerchen hin, 4, 6 und 8' breit, $2^{1}/_{2}$—3' hoch. Legt der Fremde darüber seine Teppiche, ohne welche er hier zu Lande nie reist, so gestalten sie sich zu leiblichen Divanen, auf denen er bequem trinkt, ißt, raucht und ruht. Mit einer Grazie, welche bei uns zu Lande der gemeine Mann nicht hin-bringt, bot uns der Chanâti diese seine steinernen Sitze an und

---

*) 4. Kön. 6.

belegte sie nach geschehener Wahl mit den reinlichsten Matten. Nachdem wir Platz genommen hatten, drückte er jedem einen Fächer in die Hand, holte den großen Wasserkrug und steckte die Tabakspfeife zusammen, fächelte das Kohlenbecken und machte Kaffee.

Inzwischen hatte der Muker die Pferde im Dunkel nebenan untergebracht und den trauernden Esel, der keinen Appetit zeigte, in die Helle gestellt. Bald war unser Wirth auch hier zur Hand. Er wusch, kühlte, salbte und verband, kurz er machte den erfahrenen Thierarzt. Als wir nach vierthalbstündigem Aufenthalt weiterzogen, war der Esel wieder munter und brauchbar. Auch auf den Hufbeschlag verstand sich der graziöse Mann und brachte trotz einem europäischen Schmied statt wackeliger Eisenplättchen feste unter die Füße unserer Pferde. Schließlich küßte er für einen Beschlik (Frank) Trinkgeld noch jedem die Hand. Leicht hätte ich mich die Nacht über dem wackern Moslim anvertraut; doch die Etape war ferner — nach Nazareth — gesteckt, und dort stand ein besseres Unterkommen in Aussicht.

Blos meine Reisegefährten brachten es zum Schlafe; sie waren abgehärteter als ich. Nach einigen Stunden schlafloser Ruhe ging ich an den Brunnen, dessen kühle Wasser als munteres Bächlein hinter dem Chan vorüberrauschten. Da war Krethi und Plethi beisammen, wie ich es kaum an einer orientalischen Quelle gefunden habe. Man wusch und badete, schöpfte, trank, unterhielt sich und tummelte sich herum; der Markt, den ich nachher in Gesellschaft besuchte, war öde und erstorben dagegen. Das offene Städtchen mit seinen 3000 Einwohnern zog sich östlich vom Chan einen sanften Abhang hinauf. Die Häuser waren, etwa die Bazarstraße ausgenommen, der einfachsten Art. Das geräumige Viereck der Moschee wurde von einem hübschen Minaret überragt. Der üppige Pflanzenwuchs, das murmelnde Wasser und der hohe Genuß desselben gaben dem Gesammtbild einen heiteren Anstrich. Der Gegensatz von erstorbener Natur und frischem Leben, von felsigem Gebirg und steinlosem Ackerland, von schroffer Höhe und endloser Ebene machte Stadt und Weichbild pittoresk, ja schön. Aus weitester Ferne sah ich später noch das große weiße Dorf mit seinen hohen, offenen Palmenschirmen herüberwinken, als sich die grauen Kalksteinmauern anderer Orte längst mit der großen Ebene zu einem verworrenen Ganzen verschmolzen hatten.

Was el Kuds in Judäa oder Nablus in Samaria, das ist Dschenîn in der weiten galiläischen Ebene. Dasselbe war aber nicht auch das samaritanische Ginäa oder das israelitische (noch ältere) Engannim, trotzdem beide Städte ihre Descendentin an Bedeutung übertrafen. Beide Vorgängerinnen Dschenîns zählten im Widerspruch mit ihrer Lage gar nicht zur Ebene; vielmehr gehörten sie zum Gebiete der Herren vom Berge Schomers und bildeten deren nördlichstes Bollwerk, wie Anuath Borkeos *), das heutige Burka südöstlich von el Bire, deren südlichste Festung war.

Da Juden und Samaritaner ein bis zu Thätlichkeiten treibender Haß erfüllte (letztere waren in den Augen der ersteren häretische Bastarden), und nach Josephus Flavius gerade zu Ginäa ein galiläischer Jerusalempilger erschlagen wurde, so erklärt es sich, daß man bis zur Stunde jenen samaritanischen Ort, welcher einst Christus die Aufnahme verweigerte, „weil sein Antlitz nach Jerusalem gewendet war," mit Vorliebe zu Dschenîn sucht. Hier hätten dann auch Jakobus und Johannes gern in jüdischem Geiste gedonnert, Jesus sie aber hingewiesen auf den christlichen Geist der Schonung und Milde **).

Ich gedachte mit bessern Gründen in altherkömmlicher Weise hier des Evangeliums von den zehn Aussätzigen. Nur einer kam zurück, um Gott die Ehre zu geben, trotzdem allen das Zeugniß der Reinheit ausgestellt wurde — und der eine war „ein Samaritan." Bei diesem Vorgang war Christus ebenfalls auf dem Weg nach Jerusalem; nur zog er diesmal nicht durch Samaria, sondern an dessen Nordgrenze hin. Dabei ging er von den Wassern Dschenîns an östlich, um zuletzt aus der Jordanaue zur heiligen Stadt hinaufzusteigen.

Außerhalb des Städtchens führte mir die Phantasie den Erlöser vor — inmitten einer bestaubten Karawane. Die Aussätzigen standen in bescheidener Ferne, d. i. 15 Schritte vom Wege auf einem Kaktushügel. Von dort riefen sie: „Herr Jesu, erbarme dich unser" und erhielten den Bescheid: „Geht, zeiget euch den Priestern." Man fühlte unwillkürlich mit denen, welche auf dem Marsche zur nächsten Levitenstadt plötzlich von der schrecklichen Plage erlöst wurden, sofort

---

*) Flav. Jos. B. III, 3, 5.   **) Luc. 9, 55.

Berg und Thal mit ihren Freudenrufen erfüllten und, statt sich lange zu bedanken, nur darauf dachten, ihr unerhörtes Glück überall= hin zu verkünden.

Den Schauplatz des Evangeliums vom 13. Sonntag nach Pfingsten hatte ich mir schon mehr als einmal vorgestellt, aber in den heimathlichen Kirchen a n d e r s und mit anderer Empfindung. In früherer Zeit stand zu Dschenîn eine K i r c h e zur wunderbaren Heilung der Aussätzigen. Bis heute sucht man deren Stelle. Manche vermuthen sie südöstlich vor der Stadt.

V.

In Galiläa.

Ueber die Ebene Esdrelon nach Nazareth.

Es war ¹/₂2 Uhr, als wir in die flammende Hitze der „großen Ebene" hinausritten, um uns bis zum Sinken der Sonne in derselben abzumühen. Wie man von Dschenîn nach Nazareth bei frischen Kräften 6 Stunden rechnet, so bis zum Fuße des vorher zu erklimmen= den Berges 4¹/₂ Stunde, und zwar auf dem kürzeren Karawanen= wege. Touristen, welche rechtzeitig ihr Interesse wahrnehmen, gehen einen anderen, blos 15 Minuten längeren Weg, nämlich mehr am östlichen Rande der Ebene hin. Er trifft nach 3¹/₂ Stunde mit ersterem zusammen und führt im Gegensatz zu jenem wie durch historisch merkwürdige Dörfer, so zu grünen Stellen und trinkbarem Wasser. Wir waren aus mehr als einem Grunde auf den d i r e k = t e n Weg angewiesen und kamen also nicht durch die wichtigen Dörfer Zerîn und Sûlem, so nahe wir sie auch sahen. Von zwei anderen Wegen entgegengesetzter Richtung, die sich von Dschenîn ab= zweigten, führte der eine links über Chan Ledschûn (Campus Legi= onis) in 13 Stunden nach Chaifa, der andere rechts über Bet Chub und el Fakûa nach Besân; auf letzterem wandelte Jesus, Luc. 17, 11.

Die Ebene Esdrelon (hebräisch Jesreel) hatte für das Auge eine dreieckige Gestalt. Die Spitze lag im Westen, die Grundlinie, gebildet vom Gilboa und Tabor, im Osten. Die beiden anliegenden Seiten waren südlich von der Karmelkette und nördlich von den Ausläufern des galiläischen Gebirgsstockes gezogen. Dschenin, Dabûrie (n.) und Tell el Kefis (f.) lagen (wie sich später aus der Höhe zeigte) gerade in den Ecken. Richtiger bildet die Ebene ein verschobenes Viereck von doppelter, ja dreifacher Ausdehnung, je nachdem sie nämlich im Osten — was naturgemäßer — vom Gebirge Gilboa oder erst vom Jordan begrenzt wird. Für letztere Grenze spricht blos der Umstand, daß sich zwischen dem Tabor und Gilboa eine thalförmige Ausbuchtung bis zur Jordanaue hinabzieht, während die beiden anderen Thaleinschnitte bei Zerîn und Dschenin gleich im Anlaufe von dem Grundstock des Gilboa geschlossen werden. Westwärts sind die vorgeschobenen galiläischen Berge, wenigstens von oben gesehen, so mäßig, daß man ohne Bedenken die Grenze über sie hinweg bis an's Mittelmeer rückt.

Zur Zeit der winterlichen Regengüsse floß offenbar alles Wasser nach der Spitze des engeren Dreiecks. Das bewiesen die vielen trockenen Rinnsale, welche gelegentlich unsern Pfad durchfurchten und sich alle dem erst im fernen Westen anhebenden Kison zuwandten; wir sahen jetzt den berühmten Fluß nur auf der Karte. Das Erdreich, über das wir kamen, gehörte zum fruchtbarsten. Trotzdem war die ganze Ebene eine Wüste. Auch im Frühjahr konnte sie blos als Weideplatz dienen; denn keine Stoppel wies auf Saat und Ernte, wohl aber die förmlichen Schneefelder hoher gebleichter Disteln auf eine unverantwortliche Verwilderung. Es schien, als habe Gottes Straffentenz über Adam besonders in diesem Boden ihr Echo gefunden. Unsere Pferde litten zudem unsäglich durch Stechmücken, und selbst der so in Athem gehaltene Reiter wußte sich des Schadens nicht zu erwehren.

Nach einer guten Stunde blieb das Dorf Dschelâme, das man mit Chelmon im Buche Judith zusammengestellt hat, zur Rechten. Dafür kamen wir durch Mukêbele, den einzigen Ort auf unserm Wege bis zum Fuße des kleinen Hermon. Hier ungefähr war der günstigste Standpunkt, den ganzen Bogen des kahlen Gebirgsstockes Gilboa in einem zu überschauen. Derselbe

heißt arabisch Dschebel Fakûa von einem Dorfe auf seinem
Grate. Unverkennbar ist darin ein Nachhall des Bergstädtchens
Aphek, von dem man*) liest: „Die Philister versammelten alle
ihre Heere bei Aphek, und Israel lagerte sich bei dem Brunnen
zu Jesreel." Der Ausgang der Schlacht, welche sich entspann, ist:
„Und die Philister stritten wider Israel, und die Männer von
Israel flohen und fielen erschlagen auf dem Gebirge Gilboa." Zur
Zeit des Königs Achab zog der Syrer Ben-Hadad nach
„Aphek in den Kampf mit Israel", und dieses mal blieben die
Söhne Israels Sieger; denn „sie erschlugen von den Syrern
100,000 Mann Fußvolk an einem Tage, der Rest floh nach Aphek
in die Stadt," woselbst er gleich auch capitulirte.

Etwas südlich von Fakûa hing am Berge das Dorf Dschelbon,
in dem sich der einzige Nachklang von Gilboa vererbt hat. Vom höchsten Punkte, ziemlich nahe dem Nordende, schimmerten die Häuser des
Dorfes Nebi Mezâr herab. Andere Orte in der Tiefe oder auf verein-
samter Stufe der weißlichen Gebirgswand verfehlten nicht, einen guten
Eindruck zu machen; der wirthliche Libanon rief mir später Gilboa
wieder in's Gedächtniß zurück. Dessen beträchtlichste Erhebung lag
rein östlich von Mukêbele — angeblich 1750' über dem Meere, gegen
1400' über der Ebene. Von Bäumen, wie sie in ältester Zeit
das Gebirge bedeckten, sah man jetzt so wenig eine Spur, als vom
Anbau seiner ausgewaschenen Felsspalten. Angesichts der Glut,
die eben seinen Steinmassen den letzten Wassertropfen zu entziehen
schien, fiel mir die Apostrophe in Davids Trauergesang ein**):
„Ihr Berge Gilboas, kein Thau, kein Regen sei auf euch, kein Feld
der Erstlingsopfer; denn dort ward weggeworfen der Schild der
Helden, der Schild Sauls!"

Nach einer weitern Stunde ritten wir Zerîn gegenüber; wir
waren keine 25 Minuten davon. Hier ungefähr hörte der Dschebel
Fakûa auf, und es begann der nach einem Dorfe seines Nordwest-
abhanges benannte Dschebel Dâhi, im Abendlande bekannter
unter dem Namen „kleiner Hermon". So heißt er bei den
Lateinern seit dem 4. Jahrhundert, vermuthlich in Folge un-
richtiger Deutung der Psalmstelle: „Tabor und Hermon jauchzen

---

*) 1. Sam. 29, 1.   **) 2. Sam. 1, 21.

ob deinem Namen.“ Man dachte sich wegen dieser dichterischen Zusammenstellung beide Berge irrthümlich auch örtlich in unmittelbarer Nähe; der nördlichere Tabor ist nur durch ein schmales Thal vom Dschebel Dâhi getrennt. In der Thalspalte, welche den Dschebel Dâhi von seinem südlichen Nachbar, dem Dschebel Fakûa scheidet — aus der Ebene war sie wegen des Hügels von Zerîn unsichtbar —, sprudeln noch aus zwei Quellen die berühmten Wasser von Jesreel, bei denen Saul bangen Herzens dem Entscheidungskampfe gegen die überlegenen Philister zu Aphek entgegensah und Gideon nach der Weisung Gottes so lang seine Scharen musterte, bis von 32,000 Mann nur noch 300 übrig waren. Wäre der „Brunnen zu Jesreel“ *) verschieden von der dortigen „Quelle Harod“ **), dann deckte sich ersterer wahrscheinlich mit Ain Maïte, d. i. tobte (lange verschüttete), letztere mit Ain Dschalûd, d. i. Goliathsquelle (nach arabischer Sage). Dies sind die Namen der erwähnten zwei Quellen von Zerîn. Man findet sie im Wadi Besân eine Viertelstunde von einander. Nach der großen Ebene zu wird nur noch ein Bîr Suêd, d. i. eine Cisterne und keine Quelle erwähnt.

In Zerîn klingt Jesreel nach, sobald man die Endkonsonanten sich verschieben läßt. Für die Wirklichkeit solcher Verschiebung spricht, abgesehen von anderm, das nahe Sûlem oder Sôlam — ohne Zweifel das alte Sunem. Jesreel im Stamme Issachar ist eine Stadt von der Berühmtheit Sichems, Thirzas und Samarias, d. h. es war eine Residenz der illegitimen Könige Israels und zugleich einer der stärksten Plätze im Norden. Nach dem Vorgang Isbóseths, des Sohnes Sauls, den der Feldherr seines gefallenen Vaters zu Davids Gegenkönig gemacht hatte, gefielen sich die Glieder des Hauses Omri, insbesondere Achab und Joram, hier.

Daß Naboth zum Schlosse Achabs sein väterliches Erbe nicht hergeben wollte, brachte ihm und dem Königshause den Untergang. Den schändlichen Justizmord an Naboth, welchen die Königin Isebel in Scene gesetzt, sollte der durch Elisäus’ Schüler gesalbte König Jehu rächen. Joram, durch Jehus Pfeil in’s Herz getroffen, vergoß sein Blut auf dem Acker Naboths. Isebel, auf Jehus Befehl zum Fenster hinausgeworfen, erfuhr so die Drohung Elias’ des

---

*) 1. Kön. 29, 1.   **) Richt. 7, 1.

Thisbiters: „Auf dem Gefilde Jesreels sollen die Hunde ihr Fleisch fressen*).“ Die übrigen Mitglieder des Hauses Achab fanden ihr gewaltsames Ende zu Samaria. In den Mauern, welche vom Hügel zu uns herüberschauten, sollen Steine von Achabs Palast erhalten sein.

Zerîn ist ein kleines, offenes Dorf mit armseligen Wohnungen. An Alterthümern hat es nichts als einige Sarkophage und Cisternen gerettet. Dagegen scheint die freie Aussicht äußerst lohnend zu sein. Zwar fand ich die isolirte Anhöhe, auf welcher es liegt, wider Erwarten nieder, aber auch nicht minder auffällig in die Ebene vorgeschoben und in diesem Sinne wieder alles beherrschend. Ihre relative Höhe mochte gegen 100′ betragen.

Der einzige grüne Platz am Rande des Gebirges war zu Sunem, jetzt Sôlam, das vom Saum der Ebene allmälig zum kleinen Hermon hinanstieg. Wegen seines guten Wassers und einladenden Baumwuchses wählen es jene Pilger, welche die Höhe von Nain und Endor ersteigen wollen, häufig zur Etape. Von diesem bescheidenen Dorfe war nicht nur die schöne Abisag, welche in den alten Tagen Davids und in der Geschichte seines Sohnes Adonia eine Rolle spielt, sondern auch jene reiche Sunamitin, welche den Propheten Elisäus „nöthigte Brod zu essen“, „so oft er durch ging“, und zum Danke ihren Sohn wieder erhielt, als ein todbringender Sonnenstich ihr denselben entrissen hatte. Später entging sie samt ihrem Hause auf die Warnung des Propheten einer drückenden Hungersnoth. Die Stelle ihres gastlichen Hauses wollen die jetzigen Sunamiten noch kennen.

Bald nach Sôlam kam el Afûle. Der Tag hatte sich geneigt. Doch stiegen wir ab, um aus dem sickernden Wasser eines tischgroßen Rasens den Durst zu stillen und nach $3^1/_2$—4stündigem Ritt wieder einmal auf die Füße zu kommen.

Kaum 15 Minuten (östlich) von el Afûle lag el Fûle — wie es schien* — nur wenige Schritte vom Hermon, und doch noch in vollkommener Ebene. Ob nicht beide Orte einstens ein größeres Ganze bildeten? El Fûle ist so viel als Kyamos, Faba, Fève, d. i. Bohne. So erklärt es sich, daß man Kyamon des Buches

*) 2. Kön. 9, 36.

Judith und Castrum Fabae oder La Fève der Kreuzfahrer an einem und demselben Ort sucht. Angesichts desselben konnte man sich Altes und Neues vergegenwärtigen. Meine Begleiter stellten das Neueste, nämlich die für die französischen Waffen so ruhmvolle Schlacht am Tabor, in den Vordergrund.

So sahen wir im Geiste Abdalla, den Pascha von Damaskus, an der Spitze der großen türkischen Armee zum Entsatz der Festung Akka heranziehen; sahen Jünot, auf dem Rückzug vor der Uebermacht des Feindes, Angesichts des Tabor und Hermon sich mit Kleber vereinigen; sahen Türken und Franzosen einander gegenüber im Feldlager, eines ungleichen Waffenganges gewärtig; sahen Kleber mit seiner Division noch bei Nacht gegen das feindliche el Füle anrücken, aber statt einen sorglosen Feind zu überrumpeln, von wohlbedienten türkischen Feuerschlünden empfangen; sahen am Tage (des 16. April 1799) gerade an der Stelle, auf welcher wir hielten, Klebers Division einer ganzen Armee 6 Stunden lang Stand halten, und zwar durch nichts als durch den zufälligen Wall von gefallenen Kriegern und Pferden gedeckt, bis endlich die Division Bon unter Buonapartes Führung in zwei Colonnen anrückte, die Türken in ein dreifaches Querfeuer brachte und, vom Qualme der Geschütze begünstigt, überall Furcht und Schrecken verbreitete. Als jetzt Kleber mit erneuter Kraft gegen den von 15,000 Feinden besetzten Rain von el Füle anstürmte, war die Schlacht für die Türken verloren.

Templer haben das „Bohnenkastell" (Castrum Fabae) unter den lateinischen Königen angelegt, Johanniter es ihnen behaupten helfen, bis Saladin (1187) die Macht der Kreuzritter brach. Sein Verlust bedeutete den Fall von Akka; denn letzteres entbehrte jetzt seiner unerläßlichen Vorhut. Bisher hatte es im Bunde mit Zerin (Parvum Gerinum) den unwillkommenen Gästen, die aus der Hochebene von Damaskus zur Jakobsbrücke (½ Stunde unter dem See Hûle) herabstiegen, den Zugang zur großen Ebene gewehrt. Fortan drangen sie ungehindert entweder durch das Hauptthor zwischen dem Tabor und kleinen Hermon auch durch eine der Nebenthüren der Nazarether Berge.

Jetzt hat wohl el Füle seine Rolle für immer ausgespielt. Seine Ringmauer ist zerfallen, der frühere Festungsgraben ausgefüllt. Die Höhe des künstlichen Kegels beträgt nur noch gegen 20'. Aus den Hütten auf demselben hatte der Schatten die jetzigen Dorfbewohner hervorgelockt. Die meisten gefielen sich in süßem Nichtsthun, während andere ihre wenigen Melonenbeete begossen oder auf Trinkwasser ausgingen. Zwei Fuß unter dem Boden soll es hier überall Wasser haben — ein Geschenk des kleinen Hermon. Das Gesammtbild war durch den Contrast der sanften Linien des Bohnenhügels, der Rauhheit seiner imposanten Rückwand, sowie durch die Wildheit der Ebene und ihrer Ansaßen in Wahrheit malerisch.

Ich schied nur provisorisch. Meine Absicht war, zum kleinen Hermon zurückzukehren; denn wie Sôlam und el Fûle friedlich seinen Fuß umspielen, so trägt er Endor und Nain auf seinen Schultern. Einstweilen fragte ich nach seinem biblischen Namen: hieß er nur Gilboa oder Gilead, oder führte er den individuelleren Namen More? Letzteres vorausgesetzt, so war einst an seinem Fuße „im Thale"*) das Lager Midians, während Israel sich auf die Quelle Harod bei Jesreel stützte: — und er sah „das Schwert Jehovas und Gideons" über ersteres kommen, sah, wie „sie liefen, schrieen und flohen".

Von el Afûle hätten wir nordöstlich durch die Bergschlucht von Iksal, d. i. des beabsichtigten Herabsturzes (Jesu durch die gereizten Nazarether), zum ersehnten Ziele kommen können. Auf diesem Pfade scheint Jesus, als er den Jüngling von Nain erweckte, gewandelt zu sein; denn er war zuvor zu Kapernaum**) und in andern Orten Galiläas gewesen***), hatte zu Kana den Sohn des Königlichen aus der Ferne geheilt†) und „nachher"††) die Reise zum Purimfeste angetreten. Von Kana in Galiläa aber führte der nächste Weg nach Nain — das Jesus dieses mal berühren sollte — über Nazareth und Iksal (Name eines Berges und Dorfes). Allein es war nicht auch der nächste Weg von el Afûle nach Nazareth. Darum lag er außerhalb unserer Route, selbst wenn er das doppelte und dreifache Interesse bot. Wir hatten auf der Karawanenstraße rein nördlich noch 1½ Stunde bis zum Fuße des Gebirges und von dort 55 Minuten bis Nazareth.

Nach einigen Minuten zeigte sich zum ersten mal der Tabor.

---

*) Richt. 7. **) Luc. 7, 1. ***) Joh. 4, 45.
†) l. c. V. 46. ††) Joh. 5, 1.

Er machte auf mich den Eindruck der Pyramiden, als sie vom Zuge aus das erste mal in der Ferne auftauchten. In dem bezaubernden Lichte, das seine herrliche Gestalt umfloß, hätte man einen Widerschein der Verklärung erblicken mögen. — Eine gute Stunde hatten wir ihn zur Rechten gehabt, als das Dorf Mezrâa kam.

Auf den Feldern dahinter trafen wir berittene Hirten mit langen Feuersteingewehren. Sie saßen auf Eseln und commandirten halbnackte Knaben, welche gehorsamst Schafe und Ziegen anbellten; Schäferhunde scheint es hier zu Lande nicht zu geben. In dieser Gegend überschritten wir auch die letzte trockene Furche des Kison, in den Regenmonaten jedenfalls ein lebendiges Glied desselben. Weil dieses Bachbett die Wasser des Tabor und des Berges des Herabsturzes weiterführt, gilt es für den Schauplatz der patriotischen That Deboras und Baraks, die bekanntlich dem Uebermuth der in ihrer Mitte wohnenden Kanaaniter ein Ziel setzten. Sisera und sein ganzes Lager wurde am Fuße des Tabor mit der Schärfe des Schwertes geschlagen und König Jabin von Hazor, das Haupt der Heiden, gedemüthigt. Dieser Zufluß des Kison nahm damals die Leichen der Erschlagenen auf; denn im Siegeslied der Debora heißt es: „Der Bach Kison schwemmte sie hinweg, der alte Bach, der Bach Kison*)“. Hart am Gebirge hausten unfreundliche Beduinen unter schwarzen Zelten. Während die einen abkochten, hüteten die andern ihre frei umherlaufenden Pferde, Kameele und Ziegen. Angesichts der hereinbrechenden Nacht beschlich uns ihretwegen ein unheimliches Gefühl.

Die Ersteigung des Gebirges kostete Reiter und Pferde, deren Kraft längst erschöpft war, einen letzten schweren Kampf. Ich gedachte dabei der Steige von St. Peter im Schwarzwald. Nur rauschten keine Wasser und säuselte es nicht in den Bäumen. Auch war da keine Fahrstraße, sondern ein buckeliger steiniger Saumpfad. der übrigens den Vorzug hatte, daß er 20—25 Minuten lang die freieste Aussicht bot. Oben ritten wir in einem Hochthal weiter. Nach 5 Minuten machten wir am Brunnen Bîr Abû Jêse zum letzten mal Halt. Von da aus sah man links aus der Höhe die weißen Mauern von Jafa (Sebulons), dem ich zu anderer Tages-

_____

*) Richter 5, 21.

zeit einen besondern Besuch abstattete. Als wir 10 Minuten später wieder einen freien Punkt erstiegen hatten, sahen wir endlich die allgemeinen Umrisse und Lichter von Nazareth. Die letzten 20 Minuten mußten wir es vollständig unsern Pferden überlassen, in der Dunkelheit an den Rändern riesiger Steinplatten einen sichern Tritt zu finden. Um $1/_2$ 8 Uhr hielten wir tief unten in der Stadt der Menschwerdung des Erlösers vor dem Hospiz der Franciskaner.

Zu Nazareth in der Verkündigungskirche.

Das alte Testament kennt Nazareth (heute en-Nâsira) nicht. In diesem Sinne ist es nach des heil. Hieronymus Deutung wirklich eine „Blume", die nur aufgeblüht zu sein scheint, um der Welt „Maria die Jungfrau", und durch diese den „menschgewordenen Erlöser" zu geben. Aus Aegypten zurückgerufen, wohnte hier die heilige Familie. Nach seinem ersten Tempelbesuch war der Gottmensch hier seinen Eltern unterthan und nahm zu wie an Alter, so an Gnade bei Gott und den Menschen. Die höhnische Kreuzesaufschrift beweist, daß der biedere Nathanael nicht allein stand, als er verwundert fragte: „Kann denn von Nazareth etwas Gutes kommen?" Daß die Nazarether, statt zu glauben, Jesum den Felsen hinabstürzen wollten, scheint eine Bestätigung besonderer Kurzsichtigkeit.

Im ganzen Orient gilt Nazareth für die Wiege der Christenheit; Nasâra ist bis zur Stunde der ausschließliche Name für die Bekenner Jesu. So erklärt sich die Thatsache, daß die Juden, welche anfänglich hier wohnten, den Christen möglichst lange den Zutritt wehrten. Erst unter Kaiser Konstantin hörte dieses auf. Fünfzig Jahre nachher beteten die Pilger bereits in zwei Kirchen, von welchen die erste über dem „heiligen Hause" der Jungfrau erbaut worden war. In späteren Jahrhunderten wurde erweitert und verschönert; Zeuge dafür ist Antonin um 600. Doch fanden die Kreuzfahrer nur Ruinen vor. Deren Neubauten sollte Bêbars 1263 wieder von Grund aus zerstören. Von 1300 an bemühten sich die Franciskaner um die Zurückeroberung der alten Sanctuarien. Ihre Annalen verzeichnen die entmuthigendsten Wechselfälle. Gleichwohl harrten sie aus und sahen ihr 500jähriges Ringen endlich mit Erfolg gekrönt.

Wie zu Jerusalem, so ist zu Nazareth das Franciskanerkloster samt der Verkündigungskirche von der Fremden-Herberge getrennt; beide scheidet die Hauptstraße des Städtchens. Gleich den Vormittag des 2. Septembers widmete ich dem Besuche dieser neuerdings verlängerten und im Renaissancestil verschönerten Klosterkirche. Dieselbe kann man ähnlich der Marienkirche zu Bethlehem als eine überirdische und unterirdische ansehen. Jene besteht aus Schiff und Chor. Das Schiff ist durch zwei Pfeilerreihen in drei Theile zerlegt und hat vier einfache Nebenaltäre. Der Chor erhebt sich beträchtlich über den Boden und trägt einen stattlichen Marmoraltar. Diese bildet eine mehrgliederige Krypta unter dem Chor und zerfällt wieder in eine künstliche Kapelle und drei natürliche Grotten Dieselben heißen der Reihe nach: Engelskapelle, Kapelle der Verkündigung, Kapelle des heil. Joseph und Küche der heiligen Jungfrau. Letztere allein dient dem Kulte nicht. Auch ist es mit ihrem Namen nicht ernst gemeint. Vielmehr denkt man an eine ehemalige Cisterne und deutet den s. g. Rauchfang als deren Mundloch.

Dort, wo wir in unsern Kirchen die Chorstufen zu sehen gewohnt sind, führt eine Treppe durch die Vorderwand des würfelförmigen Chores in die Tiefe. Ist man 15 Marmortritte hinabgestiegen, so steht man in einem mäßigen Raum, der doppelt so breit als lang ist. Durch die breite Wand, welche man hier vor sich hat, geht es zu den Grotten. Dabei läßt man rechts von diesem Durchgang den Altar von St. Joachim und Anna, links den Altar des Erzengels Gabriel. Nach letzterem heißt das offene, mit weißem Marmor verkleidete Heiligthum Engelskapelle. Es gilt für den größern Theil der Baustelle, welche noch zur Zeit des heil. Franz von Assisi (1219) und Ludwigs IX. „das heilige Haus" trug. Der Rest dieses wird hinter der linken Schmalseite gedacht und liegt dort etwa 15' unter dem geplatteten Kirchenboden.

Das heilige Haus hat bekanntlich seine Legende. Darnach ist

es den 10. Mai 1291 aus Nazareth verschwunden. Die Engel des Himmels trugen es über das Meer nach Dalmatien und von da weiter nach der Ostküste Italiens in die Niederung und auf eine Anhöhe bei Recanati. Loreto entstand und ein prächtiger Dom wurde gebaut, in dem es durch seine köstliche Marmorverkleidung jetzt noch den alles überstrahlenden Glanzpunkt bildet. Besondere Beachtung verdient, daß gerade am 10. Mai 1291 Akka für die Christen verloren ging. Damit ward „das Reich Gottes" vom Lande der Verheißung „genommen und einem Volke gegeben, das dessen Früchte trug*)." Die zündende Glut des Christenthums hatte im Oriente keinen Herd mehr. Sie loderte fortan nur noch im Westen.

Wichtiger als die Engelskapelle ist die Kapelle der Verkündigung; denn von dort aus brachte der Engel Maria die Botschaft, hier aber vollzog sich nach tausendjährigem Rufen: „Thauet, Himmel, den Gerechten," das gnadenreiche Geheimniß der Menschwerdung. Gleich links vom Eingang hängt von der Decke ein vielgedeutetes Säulenstück. Es ist aus bläulichem Porphyr und gegen 2' dick. Maria soll sich nach den einen bei der Unterredung mit dem Engel daran gelehnt, nach den andern damals blos in dieser Gegend der Grotte befunden haben, während die Franciskaner sie für eine auf Ueberraschung berechnete, architektonische Spielerei halten, deren die Geschichte der Baukunst verschiedene verzeichnet. Zertrümmert wurde sie — von unten herauf — vermuthlich durch die Hammerschläge goldgieriger Araber, die sich den monolithen Säulenschaft hohl und mit Dukaten gefüllt dachten. Ursprünglich gehörte sie wohl zu einer der Nazarether Prachtkirchen der byzantinischen Zeit. Im Volksmunde heißt sie Mariensäule, und wird als solche von den Andächtigen ehrerbietig berührt und geküßt. Nur 1¹/₂' davon steht aus der Scheidewand der Engels= und Verkündigungskapelle die minder verehrte Gabrielssäule heraus. Weil jetzt der gleichnamige Altar den Standort des Engels bezeichnen soll, ist ihre Bedeutung und ihr Name hinfällig geworden.

Läßt man beide Säulen zur Linken und schreitet der Rückwand der Verkündigungskapelle zu, so kommt man zum

---

*) Matth. 21, 43.

einzigen Altar dieses Sanctuariums. Ein modernes Gemälde der Altarwand stellt Mariä Verkündigung vor. Der Altartisch ist aus edlem Material aufgebaut. Silberne Lampen lenken bei Tag und bei Nacht den Blick des Besuchers nach einer Vertiefung unter dem Altare. Daselbst sieht man auf einer zwei Zoll über dem Boden erhabenen Marmorplatte lateinisch die beglückenden Worte des Evangeliums: Hier „ist das Wort Fleisch geworden".

Ich las auf diesem Verkündigungsaltar die heilige Messe und fand nachmals, daß ich hierher freudiger zurückkehrte, als seiner Zeit selbst zum heiligen Grabe. Wohl mochte die luftige Kirche, die glänzende Grotte, die erbauliche Ruhe und würdige Haltung des Volkes einen Theil der Schuld tragen; der eigentliche Grund aber lag im großen Unterschied der heilsgeschichtlichen Atmosphäre, welche über beiden Sanctuarien schwebt. Zu Jerusalem und am heiligen Grabe wehen mitten im Sommer die Schauer der Charwoche. Wie dieselben von Golgatha ausgehen, so finden sie zu Gethsemane und auf dem Oelberg ein verstärkendes Echo und selbst in der Thatsache einige Nahrung, daß jeder Festbesuch Jesu eigentlich ein schwerer Gang war. Das dürre, steinige Judäa aber scheint jetzt noch den strafenden Arm des Allgerechten zu fühlen, welcher der nöthig gewordenen Sühne wegen des eingeborenen Sohnes nicht schonte, sondern dessen blutigen Opfertod verlangte. Ganz anders wird der Gläubige zu Nazareth angemuthet. Da liegt das tröstliche Wort in der Luft und über dem Lande: „So sehr hat Gott die Welt geliebt, daß er seinen eingeborenen Sohn dahingab, damit jeder, der an ihn glaubt, nicht verloren gehe, sondern das ewige Leben habe." Unwillkürlich gedenkt derselbe der vorbereitenden Anstalten von Jahrtausenden und steht so beständig mitten in der erfreulichen Adventszeit. Hier herrscht wohl auch ein Ernst, aber ein anderer als derjenige der Charwoche. Es ist der Ernst sehnsüchtigen Harrens auf unausbleibliche Hülfe, ein siegesgewisses Hoffen, das schon die erfreuliche Kunde vernimmt: „Der Engel des Herrn brachte Maria die Botschaft."

Die Kapelle des heil. Joseph betritt man auf der Epistelseite des Verkündigungsaltares. Während die beiden vorangehenden Sanctuarien sich der Tageshelle erfreuen, ist dieses dunkel und sein Naturfelsen ohne Verkleidung. Der Altar gilt dem heil. Joseph auf der Flucht nach Aegypten; an ein

Wohnzimmer des Nährvaters Jesu ist also nicht gedacht. Vielmehr besteht die Ansicht, daß die Josephskapelle einst das hintere Drittel des Felsgemaches Mariens war, und wirklich ist die Scheidewand eine Mauer neueren Datums. An diese lehnt sich der Josephsaltar von hinten, wie der Verkündigungsaltar von vornen. Am Ende dieses Heiligthums sieht man im Felsen noch einen Theil der halbrunden Altarnische der ursprünglich nicht geschiedenen heiligen Grotte.

Nimmt man zu dieser das Fundament des heiligen Hauses, so gewinnt man leicht die unter den Franciskanern herrschende Ansicht von der Gesammtanlage der Wohnung Mariens. Dieselbe bestand nämlich aus einem einstöckigen Freibau und einer Felshöhle. Jener war aus Ziegeln aufgeführt (wofür sich freilich in Palästina keine Analogie findet), 14' hoch, 13' breit, 29' lang und legte sich westöstlich vor die südnördlich in den Felsen laufende Höhle. Diese, im Verlauf der Jahrhunderte etwas verlängert, hatte 8—9' in der Höhe und Breite und das dreifache Maß in der Länge. Nach Ausweis des heiligen Hauses zu Loreto betrat man den Ziegelbau durch eine Thüre der westlichen Schmalseite. Aus diesem Vorgemach konnte man durch eine zweite und letzte Thüröffnung der nördlichen Längenseite in den inneren Raum der Felsenwohnung gelangen. Durch sie hindurch grüßte der Engel aus bescheidener Ferne die Jungfrau. Sein Standort war im heiligen Haus, und zwar in der Gegend des jetzt nach ihm benannten Altares. „Sieh ich bin eine Dienerin des Herrn" — erklang es aus der heiligen Grotte wieder, und zwar von der Stelle des heutigen Verkündigungsaltars; hier nämlich befand sich Maria im Gebet.

Diese Lokalisirung der Grundzüge des biblischen Berichtes, wie ich sie an Ort und Stelle hörte und las, ist ein der sinnlichen Seite unseres Wesens entwachsendes Bedürfniß. Da es ein für alle mal an der historischen Begründung fehlen wird, genügt ihm am richtigsten ein jeder, wie er will. Es gilt hier der alte Grundsatz: „In unentschiedenen Dingen Freiheit." Irrt er im Einzelnen, so geht er in der allgemeinen Ortsbestimmung sicher: Hierher und in keine andere Stadt Galiläas — wurde der Engel Gabriel von Gott gesandt; hier traf er die reine Jungfrau, die mit Joseph verlobt war; hier trat er bei ihr ein und sprach: „Gegrüßet seist Du, voll der Gnaden*).“ Diese unumstößliche Gewißheit allein gibt schon eine unbeschreibliche Genugthuung.

Ausflug nach Kana.

Einen Ueberblick von Nazareth bekam ich auf dem Wege nach Kefr Kenna, dem traditionellen „Kana in Galiläa“. Der unwiderstehliche historische Reiz dieses Dorfes, der Zauber seiner Nähe und die Erwägung, daß keine unserer geplanten Routen hinführen wollte, drängte zur Ausführung dieser Tour gleich nach Tisch; eine günstigere Tageszeit hiefür wäre nicht mehr gekommen. Weil es nur 1$^1/_2$ Stunde entfernt liegen sollte, miethete ich (um 2$^1/_2$ Franken) einen Esel, mußte dafür aber die schlechtesten Partien des Weges zu Fuß gehen. Aehnliche Schonung des Viehes traf ich später nur noch zu Sachle in Cölesyrien.

Um 1 Uhr brach ich in Gesellschaft meines Mukers auf. Wir schlugen uns vom Hospiz hinweg gleich rechts in die staubigen Gassen des moslimischen Viertels und kamen nach drei Minuten bei einem großen Friedhof in's Freie. Fünf Minuten später arbeiteten wir uns durch das Gedränge der Frauen vor dem öffentlichen Marienbrunnen. War bisher die Richtung, welche wir einhielten, eine östliche gewesen, so bogen wir jetzt nördlich ab und ritten den kurzen Marienkanal und die griechische Gabrielskirche hinauf. Da erst waren wir auf dem eigentlichen Wege nach (dem nordöstlich gelegenen) Kefr Kenna. In 12 Minuten erstiegen wir den Rand des Bergkessels von Nazareth, dabei nicht minder von dem weißen Gesteine als unter dem Drucke der Mittagssonne leidend. Auf der Höhe (1800' über Meer) überraschte mich der plötzliche Anblick des großartigen galiläischen Gebirges.

Wie die Wellen der sturmgepeitschten See jetzt nach dieser, dann nach jener Richtung tosen, sich auch einmal begegnen und

---

*) Luc. 1.

in. schäumender Wuth an einander emporsteigen, so flossen die kräftigen Linien rundlicher Bergrücken rechts nach dem Jordan, links nach dem Mittelmeer ab, um sofort mit verdoppelter Kraft zurückzukehren und bei ihrer Begegnung eine continuirliche Reihe mächtiger Kuppen zu bilden, die als imposantes Mittelgebirge vom s. g. Schaghûr nach dem Belâd Beschâra, d. i. gerade nordwärts wogte. Man hätte sagen mögen, ein furchtbarer Orkan sei hier kaum in „die tosende Masse" des Weltstoffes gefahren gewesen, als plötzlich das beschwichtigende Machtwort des Schöpfers darüber erging — „und das Trockene wurde". Das ganze Gelîl haggoijim, d. i. jener „Kreis der Heiden" lag vor mir, dessen Entstehung die biblische Ueberlieferung also erklärt: „Es geschah, als die Söhne Israels stark wurden, machten sie sich die Kanaaniter zinspflichtig, vertrieben sie aber nicht." Seit der Rückkehr aus dem Exil (536) hieß es Obergaliläa; denn von dieser Zeit an stellte man den Cirkel weiter als zuvor, wenn man sich anschickte, den „Kreis der Heiden," d. i. Galiläa, abzugrenzen. Theils mit Recht, theils mit Unrecht rückte man dessen Peripherie vom Nordrand der Nazarether bis zu dem der samaritanischen Berge; und diese Gebietserweiterung, welche, mit Obergaliläa verglichen, im Ganzen ein Tiefland (Esdrelon) war, hieß naturgemäß Untergaliläa.

Als ich den Muker nach einzelnen Spitzen des Gebirges fragte, war alles Dschebel Dschermâk. Später sollte ich vom Kastell zu Safed aus besseren Bescheid erhalten. Vorerst sagte ich mir: Nicht umsonst führt Nephtali die Hindin im Wappen. In diesen stolzen Höhen weidete einst dieser Stamm, oder vielmehr die hohen Berge waren Nephtali, „die fessellose Hindin", selber *)."

Zu meinen Füßen lag die tiefe Spalte, welche in west-östlicher Richtung die Berggruppe des Schaghûr von den Nazarether Bergen scheidet. Ich verglich sie mit einer riesigen Barke, deren Spitze dem untern Kison und deren Steuer dem obern Theile des Sees Genesareth zugekehrt war. Nur die Mitte schien vollständig leer, Vorder- und Hintertheil dagegen mit secundären Bergen befrachtet. Jene Leere, heute Ebene Battôf genannt, bildete einst die Kornkammer des Stammes Sebulon. An ihrem Ostrande sah

---

*) 1. Mos. 49.

ich Sefûrie, das gegen die christliche Aera hin vielgenannte Sepphoris. Bei unserem Abstieg blieb es zur Linken.

Längs einer grünlichen Bergwand ging es auf schlechtestem Saumpfad 25 Minuten hinunter. Weil ich diesen Weg zwei mal zu Fuß machte, konnte ich mir das buschige, aromatische Kräutchen näher besehen, welches allein dem Berge sein grünliches Ansehen gab. Seine 2' hohen, gräulichen Stengel waren fast spröde wie Glas. Sonst glichen die sporadischen Büsche unserm Mutterkraut. Unten hatten wir das malerisch (am Abhange eines Hügels) gelegene Christendorf er=Rêne zur Linken. Einige europäische Bauten bestätigten die Existenz einer protestantischen Schule sowie einer erst neuerlich gegründeten Missionsstation des lateinischen Patriarchates. Kurz nach er=Rêne quoll gleichfalls zur Linken die schwache Kressenquelle, bei welcher sich das blutige Vorspiel der unglücklichen Schlacht von Hattîn abwickelte (1187).

Auf der nächsten Höhe waren wir Angesichts der Heimath des Propheten Jonas. „Derselbe stammte von Gath=Hepher," einer Stadt im Gebiete Sebulons, die man einstimmig in el=Mesdscheb, einem moslimischen Dorfe links vom Wege, wieder gefunden hat. Die Mohammedaner verehren unter einem weißen Kuppelbau bis zur Stunde das leere Grab des Bußpredigers von Ninive. Noch ¼ Stunde ging es bergab, wobei gegen Osten die berühmten Hörner (Kurûn) von Hattîn, gegen Westen der mächtige Dschebel Kôkab die Aufmerksamkeit auf sich lenkte — dann bogen wir links um die Ecke und sahen Granaten, Feigen, Oliven und Kaktus, die untrüglichen Vorboten der Quelle von Kana. Dieselbe befand sich 5 Minuten vor Kefr Kenna mitten im Bette der staubigen Thalsohle und war trotz der Hitze von den Weibern el Mesdscheds und Kefr Kennas belagert.

In mäßigem Umkreis lagen 3—4 ausgehöhlte Olivenstämmchen auf und neben beigetragenen Steinen. Dies waren die mehr oder weniger beschädigten Tränkrinnen der Schafe und Ziegen. Mein Esel dünkte sich hiefür zu vornehm und stürmte gleich auf den aus einem Sarkophage gemachten Wassertrog zu. Die Weiber stoben vor seinem Ungestüm auseinander: dann tranken er und ich von dem wohlschmeckenden, aber trüben Wasser. „Bis oben" waren bei der Hochzeit zu Kana die steinerne Waschkrüge mit diesem

Waſſer gefüllt worden. Da gebot Jeſus: „Schöpfet und bringet dem Speiſemeiſter *).“ Als aber letzterer das vermeintliche Waſſer koſtete, war es in köſtlichen Wein verwandelt.

Die Glut der Sonne bewirkte, daß man den Weibern am Brunnen nicht zu lange im Wege ſtand. Im nahen Dorfe angekommen, klopfte der Muker an einem Hofthor. Das fünffache Kreuz über demſelben ſagte mir ſofort, daß hier ein Beſitzthum der Franciskaner ſei. Deren europäiſcher Aufſeher nahm den Eſel in den Hof, mich aber und den Muker in ſein ſchattiges Wohnzimmer auf. Hier verwerthete ſeine Tochter das Franzöſiſch, welches ſie bei den Kloſterfrauen zu Nazareth gelernt hatte. Seine Frau wartete arabiſche Brode auf, der jüngſte Knabe kredenzte einen Becher k l a r e n Waſſers aus der Quelle von Kana. Im Verlauf des Geſpräches ergab ſich, daß heute ſchon ein Deutſcher, der vom Jordan kam, hier Station gemacht hatte. Als ich ſpäter den Hof beſichtigte, bewieſen allwärts herumliegende Hauſteine und Säulenreſte, daß einmal eine Kirche hier ſtand. Aus dieſem Material hatte man eben eine beſcheidene Kapelle aufgeführt, die, bis zur inneren Ausſtattung fertig, dieſes Spätjahr noch eingeweiht werden ſollte. Die ehrwürdige Stätte gilt für das H a u s, in welchem J e ſ u s ſ e i n e r ſ t e s W u n d e r w i r k t e. Irrig iſt jedenfalls die Meinung, dieſes habe S i m o n dem K a n a n ä e r gehört; denn „Kananäer“ heißt hier der Eiferer und hat mit Kana nichts gemein.

Dagegen war N a t h a n a e l, der Sohn des Tholmai, d. i. Bartholomäus, nach dem ausdrücklichen Wortlaut der Schrift „von Kana in Galiläa **).“ Deſſen iſt man ſich bis zur Stunde inſofern bewußt geblieben, als eine Ruine am Ende des Dorfes für das Haus dieſes Apoſtels ausgegeben wird; ſie diente zuletzt als Moſchee.

Das Sonderbarſte zu Kefr Kenna ſind die zwei ſteinernen Krüge von der Hochzeit her, welche jenſeits unſerer ſtaubigen Gaſſe in der Kirche der nicht-unirten Griechen gezeigt werden. Es ſind rohe ſteinerne Gefäße von koniſcher Form. Der größere hat nach Frère Liévin 56 cm in der Tiefe und 53 cm im Durchmeſſer. Laut der heiligen Schrift hielt aber jeder der ſechs Waſſerkrüge

---

*) Joh. 2.　　**) Joh. 21.

2—3 griechische Metreten, d. i. etwas unter und über einem Hektoliter.

Wir waren eigentlich im Unterdorf abgestiegen. Die platten Steinhäuser der 125 Familien (600 Seelen) — halb Moslim, halb nicht-unirte Griechen — lagen nämlich nicht eben, sondern zogen sich vom Fuße bis fast zum Gipfel eines hübschen rundlichen Hügels hinauf. Dessen mit Oelbäumen besetzte Kuppe gab nicht nur dem Ganzen ein freundliches Ansehen, sondern versprach auch eine lohnende Aussicht. Unter anderem sieht man von dort das angebliche Aehrenfeld*) — nämlich in der Nähe des Dorfes Tûrân (50 Minuten östlich); sieht auch die durch die Kreuzritter (1187) und Franzosen — Jünot wehrte daselbst mit einer Hand voll Soldaten der ganzen undisciplinirten Streitmacht Abdallas den Vormarsch (1799) — berühmt gewordenen Höhen von Lûbie (1 Stunde weiter). Die Gefahr des Sonnenstiches mißrieth jedoch den Genuß dieses Panorama.

Nicht unerwähnt darf hier bleiben, daß es außer Kefr Kenna noch ein Kânet el Dschelîl gibt. Dieses ist kein Dorf, sondern eine Ruinenstätte, 1½ Stunde nordwestlich von Kefr Kenna, 1 Stunde nördlich von Sefûrie. Daß in diesem Namen am meisten vom biblischen „Kana Galiläas" nachzuklingen scheint, und der untergegangene Flecken in Folge seiner Lage am äußersten Rande des Battôf einst möglicher Weise ein Rohrau war — was gut zum Wortsinn von Kana stimmt — begünstigt die neuere Ansicht europäischer Gelehrten, das Wunder der Verwandlung des Wassers sei zu Chörbet Kânet el Dschelîl zu suchen. Dagegen fehlt diesem Ort nicht nur jede Tradition, sondern auch die Quelle, um die sechs großen Waschtrüge mit Wasser zu füllen.

Ich kehrte auf dem vorigen Wege nach Nazareth zurück. Jetzt galt es über 1200′ zu steigen. Zum Glück milderte ein lauer Wind, der sich seit 3 Uhr erhoben hatte, die gesteigerten Strapazen. Gegen 5 Uhr war ich der Stadt der gebenedeiten Jungfrau wieder ansichtig und benützte die Gelegenheit, um mir ein unverwischliches Gesammtbild zu verschaffen.

Da lag zu meinen Füßen der durch Jesu verborgenes Leben

---

*) Matth. 8.

geheiligte Bergkessel. Dessen Rand hatte ringsum seichte Einschnitte — auch einen tiefen, und zwar nach dem kleinen Hermon zu. Man passirt letzteren in 15—20 Minuten und tritt dann beim Dorfe Iksal in die große Ebene. Dies ist die durchschnittliche Dicke seiner Wandungen. Unter den verschiedenen Kuppen, welche durch jene Einschnitte gebildet waren, überragte der vom Weli Ismaïl (auch Saïn) bekrönte Stadtberg und der gegenüberliegende Berg des Herabsturzes die andern bei weitem. Doch schauten der Tabor und Hermon aus Ost und Süd bis auf des Kessels Boden. Es war, als ob sich der Berg der Verklärung Jesu und der Berg der Auferweckung des Jünglings von Nain von Urbeginn an streckten, um den Zeitpunkt ihres Ruhmes zu erschauen. Licht, weiß und vom Hermon fast absichtlich in die Höhe gehalten strahlte das heutige Nain in den kuppenreichen Felsenkreis herüber. Die Franciskaner haben neuestens auf der Stelle einer ehemaligen Kirche, über welcher inzwischen ein moslimischer Betort zusammengefallen war, zu Ehren der Auferweckung des Sohnes der Wittwe, ein großes plattes Rechteck mit einer Kapelle aufgeführt. Dasselbe erhebt sich auf einer kleinen Terrasse, zugleich dem einzigen grünen Fleck des kahlen, steinigen Hermon, und ist nicht blos von den Kuppen des Nazarether Bergkessels, sondern selbst von der Staffel des tief gelegenen Franciskanerhospizes aus sichtbar. Von da aus zeigte es mir der Fremdenbruder, als ich mich erfolglos mit Gedanken an einem Ausflug dahin trug. Ließ man das Auge weiter in die Ferne schweifen, so sah man Zerin und Dschenin und manchen andern interessanten Punkt am Rande der großen Ebene. Westwärts trug der Blick bis zum Kap Karmel und Chaifa, nordwärts bis zur kreideweißen Citadelle von Safed.

Innerhalb des Bergkessels zog sich die offene Stadt der jungfräulichen Gottesmutter nordwestlich den vom Weli Ismaïl bekrönten Dschebel es-Sich hinauf. Ob sie jemals größer war als jetzt? Frère Liévin zählt nämlich 6000 Einwohner, und zwar 2000 Muselmänner, 2000 nicht-unirte Griechen, 900 Lateiner, 750 unirte Griechen, 250 Maroniten, 35 Protestanten, welche sich zwangslos auf drei nach den Hauptbekenntnissen benannte Quartiere vertheilen. Dabei erinnert keine Stadt Palästinas auf den ersten Blick so sehr an Europa. Wohl überragt das Minaret der kuppelbekrönten Moschee noch die Wiege des Christenthums, und der Mufti nebenan mag darnach die Ueberlegenheit des Islam bemessen; in wesentlicheren Dingen aber ist er längst überholt, und zwar nicht minder kräftig als die Stentorstimme des Muezzin von den metallenen Gebetsrufern der christlichen Kirchen. Was der Russenbau vor Jerusalem ist, das ungefähr ist das große Waisenhaus des Londoner „Vereins für weibliche Erziehung" über Nazareth. Wie ferner die Griechen im mittleren Theile der Stadt außer ihrer Pfarrkirche ein stattliches Kloster mit Hospiz besitzen, so die Lateiner im untern außer dem Männerconvent mit Kirche und Hospiz ein Missionshaus des Patriarchates von Jerusalem und ein Kloster „der Frauen von Nazareth" mit Mädchenschule und Waisenhaus. Von diesen europäischen Instituten, welche große Flächen bedecken, kommt das heimliche occidentalische Aussehen.

So wenig als der mit Häusern besetzte Abhang, machten die benachbarten Wände eben den Eindruck einer blumigen Au; vielmehr schienen sie so dürr und felsig, als könnten sie es selbst in den Regenmonaten zu keinem grünen Gewande bringen. Etwas günstiger sah sich der Boden des Bergkessels an, bis zu welchem die Stadt mit einigen Häusern hinabreicht. Da hatte es bestaubte Gärten und freistehende Baumgruppen. Auch vereinzelte Taboreichen und magere Oliven standen im offenen Felde. Nirgends aber konnte ich eigentliches Ackerland entdecken, trotzdem es Tennen gab, auf welchen Menschen und Thiere den diesjährigen Ernteertrag rein und klein machten.

Rundgang durch Nazareth.

Es mochte halb sechs Uhr sein, als ich zum Hospize zurückkam. Hier traf ich die beiden wälschen Freunde samt dem dienstfertigen Fremdenbruder zu einer schon bei Tisch beschlossenen Runde in der Stadt bereit.

Vom Convent der Franciskaner aus gehen alle Wege zu der Stadt bergan. Wir folgten vorerst der breiten Hauptstraße. Die Richtung derselben hat Aehnlichkeit mit der Via dolorosa, sofern ein erstes Stück geradeaus, ein zweites rechtwinkelig links ab und ein drittes abermals geradeaus dem Mittelpunkt der Stadt zu, ein viertes endlich dem zweiten parallel am Westrande in's Freie führt. Wie am Anfang dieser Straße die lateinischen Institute, so liegen am Ende derselben die beachtenswerthe Maronitenkirche und die Kapelle mit der s. g. Mensa Christi. Die beiden Mittelstücke bilden den Sûk. In dessen unmittelbarer Nähe aber liegt die Kirche der unirten Griechen, (nach Luc. 4.) die Synagoge genannt. Gleichzeitig scheidet die Hauptstraße die Quartiere. Alles, was links liegt, heißt Hâret el Latîn, d. i. lateinisches Viertel, obwohl obenher Maroniten und Griechen wohnen, und in der Mitte die protestantische Kirche mit Pfarrhaus steht, der Franciskanerconvent samt der Verkündigungskirche aber ausgeschlossen ist. Was auf die rechte (nördliche) Seite fällt, heißt am Bergabhang Hâret er-Rûm, d. i. griechisches, weiter unten Hâret el Islâm, d. i. mohammedanisches Viertel. Dort steht das russische Hospiz und die griechische Kathedrale, hier die Moschee, das lateinische Kloster und die s. g. Werkstätte des heil. Joseph.

Zuerst traten wir in den Hof der s. g. Synagoge am Sûk. Sie ist eigentlich ein in eine Kapelle verwandeltes moslimisches Haus, welches die Franciskaner um die Mitte des vorigen Jahrhunderts erwarben, weil es nach der Ueberlieferung an der Stelle der Synagoge steht, in welcher Jesus*) seinen Landsleuten den Propheten Jesaias erklärte. Die unirten Griechen besitzen sie seit 1770. Deren Pfarrer trafen wir später auf dem Tabor. Jetzt öffnete uns eine schmucke Griechin, welche ein Häuflein kräftiger Kinder umtanzte. Das kleine, kühle Gewölbe schien für eine Pfarrgemeinde dürftig ausgestattet. Beim Weggehen hörte man Schulkinder aus dem zweiten Stocke. Schule halten ist sonst nicht die Art der griechischen Pfarrer; hier hatte man sich also den Lateinern anbequemt.

Von der Synagoge gingen wir auf steilem Nebenwege zur Mensa-Christi-Kapelle, gleich der benachbarten Maroniten-Kirche links an der Straße gelegen. Wenn letztere Kirche des beabsichtigten Felsensturzes gedenkt, so hat sie jedenfalls den biblischen Text

---

*) Luc. 4.

eher für sich als der bekanntere Bergabhang el Jkfal; denn die Erbitterten „drängten Jesus zur Stadt hinaus und führten ihn bis
zum Hochrande des Berges, worauf ihre Stadt gebaut war." Das
alte Nazareth lag aber an derselben Bergwand, an welcher das neue
liegt. Zudem litt „der Zorn, von dem alle erfüllt waren," kaum
einen Marsch von einer ganzen Stunde, wenn er sich in einer
halben Viertelstunde kühlen konnte. Der Dschebel es-Sich böte
heute noch mehrere tarpeische Felsen, und zwar gerade hier am
Südwestende der Stadt; allein die wirkliche Höhe eines tarpeischen
Felsens erregte eher Bedenken gegen den historischen Charakter der
fraglichen Stelle, als er denselben begünstigte, da nicht nur kein
Nazarether, sondern überhaupt kein Jude von der terpeischen Todes-
art etwas wußte. Von den beiden gesetzlichen Todesstrafen, Schwert
und Steinigung, war damals offenbar die letztere gemeint, schon weil
es sich vermeintlich um einen falschen Propheten handelte. Zu dieser
sollte der Felsensturz nur den drastischen Eingang bilden, so wie etwa
die Verbrennung Achans*) einst deren gesteigerter Schluß war.

Die Kapelle der Mensa Christi erinnerte mich beim
ersten Blick an den Felsendom auf Moria, dies aber nur, sofern (hier
wie dort) ein riesiger Felsblock den Mittelpunkt des kleinen, viereckigen Gotteshauses bildete. Der rauhe, ebene Stein ist aus dem
Lebendigen gehauen und gleicht einer langen Tafel, auf welcher man
sitzend oder liegend ein Mahl halten könnte. Nach der Legende
hat der Auferstandene seinen Jüngern hier das Brod gebrochen und
dabei der Steinplatte sich als Tisch bedient. Die Stelle war lange
Zeit in der Gewalt der Mohammedaner. Als endlich deren Oratorium, welches aus der christlichen Periode stammte, zusammenfiel,
wurde der Platz feil und ging in den Besitz der Franciskaner
über. In der Kapelle, welche diese darüber bauten, nimmt der Fels
den größten Theil des Raumes ein.

Wir gingen durch das Viertel der Griechen nach dem entgegen-
gesetzten Ende der Stadt zur Quelle der heiligen Jungfrau in
der Kirche zum hl. Erzengel Gabriel. Dies ist ohne Zweifel nach
der Verkündigungskirche die ehrwürdigste Stätte. Da nämlich Nazareth
nur eine Quelle hatte, so mußte die seligste Jungfrau — gleich viel

---

*) Jof. 7, 25.

ob mit oder ohne Christuskind — daraus Wasser schöpfen, sie, die nach Schubert „in Demuth Dienste der Magd that". Unbestreit= bare Thatsache ist, daß es sehr frühe in Erinnerung daran hier eine Kirche zu Unserer Lieben Frau Brunnen gab, nach welcher höchst populäre Kapellen entstanden und in allen Theilen der Christenheit bis zur Stunde benannt sind. Die jetzige griechische Klosteranlage samt der mit Bildwerk überladenen Kirche ist deswegen nach dem Erzengel Gabriel benannt, weil die Sage wissen will, daß Maria hier vom Boten des Himmels ein erstes mal gegrüßt wurde, als sie eben mit vollem Gefäße die Rückkehr antrat. Zu Hause habe sich der englische Gruß wiederholt und dann die Unterredung nach dem Wortlaut der Bibel stattgefunden. In der Kirche zeigt man die Stelle dieser vorläufigen Engelserscheinung, den Standort der auserkorenen Jungfrau und die gesegnete und segenspendende Quelle.

Nicht die Lokalisirung dieser Sage, wohl aber der gedeckte Quell= punkt des erinnerungsreichen Brunnens erregte mein Interesse. Trotz= dem war nicht besonders viel zu sehen, weil das Wasser aus dem Dunkeln gehoben und den Umstehenden in aller Form credenzt wurde. Das köstliche Wasser aber hatte ich bereits auf dem Heimweg von Kefr Kenna würdigen gelernt, wo ich beim öffentlichen Ausfluß der Quelle abgestiegen war. Seit 1867 bildet dort der bescheidene, von einem Aquäduct bediente Wasserbau einen Würfel mit oben abge= stumpften Ecken. Die Vorderseite hat eine Vertiefung in Rund= bogenform. Aus deren Rückwand floß eben das Wasser durch zwei Oeffnungen — zu günstigerer Jahreszeit aus drei. Einen halben Finger tiefe Rinnen von Zoll langer Unterfläche sollten die Brücke zu den großen, schwärzlichen Henkelkrügen bilden, welche man mit vieler Ausdauer darunter hielt. Ich hatte gesucht von der rechten Seite beizukommen, weil hier blos 3—4 Frauen auf den federdicken Wasserstrahl paßten, während sich zum stärkeren links wohl ein Dutzend hinandrängte. Zum Beweis, wie dünn eben das Wasser floß, mag die Thatsache dienen, daß zur Verhinderung des Ablaufens ein Rebblatt in der Rinne lag, an dessen Spitze ich trank, als man mir den Zutritt gestattete. Der Hauptstrahl, den ich nur momen= tan zu Gesicht bekam, mochte die Breite von zwei Fingern haben.

Wie es schien, wurde um diesen ein continuirlicher Weiberkrieg geführt, wobei statt der Kartätschen arabische Kehlen krachten, und die Rolle des Schwertes die schneidige Zunge übernommen hatte. Der Kriegsfälle aber gab es viele und vielerlei. Die eine wollte nach dem ersten Krug noch einen zweiten füllen; die andere hielt durch das Gedränge ihre halbgefüllte Amphora auf einmal in die Luft statt an die Quelle; die dritte wurde aus der ersten unversehens die letzte oder auch nur die zweite; die vierte drückte, und die fünfte wurde gedrückt. Nur wenige lauerten im Hintergrunde scheinbar geduldig bei ihren Gefäßen im Staube.

Einen Moment ließ ich mir es beikommen, aus den Zügen dieser Nazaretherinnen das Original der Madonnen eines Murillo oder Raffael zu reconstruiren. Allein der Gegensatz des Realen und Idealen begann sich so außerordentlich zu gestalten, daß mir das wohlgemeinte Unterfangen bald wie eine sträfliche Herabwürdigung des Ehrwürdigsten vorkam. Ich beruhigte mich bei der Erwägung, daß keine echten Landsmänninnen Marias mehr aus dem Brunnen von Nazareth schöpften. Daraus mag zugleich erhellen, wie viel Wahres an der Meinung ist, daß die Marienquelle besondere weibliche Grazie verleihe. Daß man letztere factisch zu Nazareth finden wollte, erkläre ich mir theilweise aus dem gefälligen Anzug, bei welchem das Mieder entfernt an das der Bernerinnen erinnert.

Von der Gabrielskirche begaben wir uns auf dem kürzesten Wege nach der Zimmerwerkstätte des heil. Joseph (bottega di Giuseppe). Sie stand inmitten armseliger moslimischer Hütten, umgeben von hoher Schutzmauer. Innerhalb dieser traten wir zuerst in einen einfachen viereckigen Raum, an dessen Rückseite sich ein Altar lehnte. Linker Hand führte eine Thüre zu einem halbsogroßen Gemache, das vorerst noch als Sakristei dient. An den Wänden sah man da und dort die Reste einer, wie es scheint, dreischiffigen, orientirten Josephskirche aus der Kreuzfahrerzeit. Erst seit einigen Decennien konnten die Franciskaner die Ruinenstätte wieder erwerben. So erklärt es sich, daß die Ausstattung der Kapelle noch eine nothdürftige ist. Nachmals las ich hier die heilige Messe. Daß der Nährvater Jesu seit frühester Zeit in seiner Stadt eine besondere Kapelle hatte, ist in der Natur der Sache begründet. Die Ueberlieferung aber erzählt, daß gleich die ersten Christen sich in seiner Werkstätte zur Andacht versammelten, weil hier Jesus zur Arbeit half*). Dagegen weiß sie nichts von einer Apostelkirche Jakobus des Jüngern und seines Bruders Judas Thaddäus, trotzdem unstreitig Nazareth die Heimath der vier Söhne des Kleophas war.

Da wir auf Mittwoch den 3. September die Reise nach dem Karmel angesetzt hatten, begaben wir uns bald nach dem Abendessen zur Ruhe.

Ueber die große Ebene nach Chaifa und dem Karmel.

Wer das heilige Land nicht im Westen, sondern wie wir im Osten verläßt, besucht den Karmel am richtigsten gleich von Dschenin aus. Er gewinnt nicht nur an Zeit und Geld, sondern berührt zugleich einige der denkwürdigsten Punkte im ereignißschweren Blachfeld des Kison; allein unser Entschluß war erst zu Nazareth reif geworden. Von der Geburtsstadt des Erlösers nun gibt es zwei Wege, einen weiteren über das interessante Schefâ Amr und einen näheren über das unbedeutende Dorf Dschêba. Die Entfernung beträgt $6\frac{1}{2}$—$7\frac{1}{2}$ Stunde. Schon damit, daß wir durch eigene Schuld erst um 7 Uhr (statt 5 Uhr) aufbrachen, war die Entscheidung für den kürzeren Weg gegeben. Wie der längere (zur Hälfte) durch die Nazarether Berge, so führte der kürzere über die Ebene Esdrelon und war zugleich der sicherere, leichtere — und minder umständliche, wenn es sich letzlich um den Uebergang des Kison handelte.

Zunächst trugen uns unsere Pferde den Stadtberg es-Sîch hinan. Nach 10 Minuten verloren wir Nazareth aus dem Auge; dann dauerte es noch 20 Minuten, bis die Höhe erreicht war. Hatte sich bis jetzt am Abhange eines baumreichen Thales das Dorf Mughbêa und weiter links auf rundlichem Berge das galiläische Jafa gezeigt, so eröffnete sich von hier eine großartige Fernsicht, bei welcher uns indeß nichts mehr anlag als das gesteckte Ziel, der freundlich winkende Karmel, und das blaue Meer. Auf mühseligem

---

*) Marc. 6, 3.

Pfade stiegen wir (in ¼ St.) zur Quelle Ain Saffâfe in engem Thalgrund hinab. In Ma'lûl, das wir (¾ St.) später rechts auf einer Höhe liegen sahen, will man Rahal al Sebulons*) wieder erkannt haben.

Nachdem wir gegen Ende des bisherigen Thalweges noch Mudschêdil mitten in Oelbäumen links auf der Höhe überholt hatten, erschloß sich den Blicken die weite Ebene. Darin lag Dschebâta auf isolirtem Hügel; wir aber bogen gleich bei der Thalmündung rechts ab. So hätten wir gleich den meisten Touristen zunächst nach Ain Semûnie, dem Simonias des Flavius Josephus, kommen sollen. Doch war es näher, wenn man zwischen Dschebâta und Ain Semûnie quer feldein dem fernen Erdhügel des Dorfes Dschêda zusteuerte. Dieses — ehemals eine der 12 Städte Sebulons, nämlich Jidalâ — erwies sich als elendes ruinöses Dorf. Wir streiften nur die äußern Häuser und wurden selber von den Stacheln der Kaktushecken gestreift. Innen bellte das ganze Hundegeschlecht, weil ein Exemplar uns außen bellend begrüßt hatte. Während der Mucker nach dem Wege fragte, musterte uns — zum Theil verstohlen — ein degenerirtes Geschlecht. Die an sich so fruchtbare Ebene Esdrelon ist nämlich jetzt so ungesund, zumal für Europäer, daß von einer kleinen deutschen Colonie zu Semûnie nach Jahresfrist nur noch ein Mann am Leben war. Jenseits Dschêda blieb zunächst der Pfad nach Bethlehem Sebulons und dann (½ St.) der Weg nach Tubah zur Linken. Letzteres liegt bereits in dem waldigen Hügelstriche, welcher das Flußgebiet des Kison in ein östliches und westliches Stück zerlegt.

Bisher hatten wir die schwülste Hitze der Hundstage getragen. Wiederholt gedachte ich dabei des Sohnes der Sunamitin, dem es einst am obern Kison, wie dem Gatten der Judith in der Ebene bei Bethulia, erging: „Mein Kopf, mein Kopf!" rief er plötzlich, als er mit seinem Vater bei den Schnittern stand. „Man brachte ihn seiner Mutter, und er saß auf ihrem Schoße bis zum Mittag, dann starb er**)." Vergebens schaute ich nach den lauen Wassern des Kison aus. Weder aus dessen tributpflichtigen Seitenfurchen, noch aus dem Hauptbette schimmerte ein Tropfen herüber, trotzdem

---

*) Jos. 19, 15.   **) 4. Kön. 4, 19.

sich deren Windungen im dürren, gesprungenen Erdreiche auf= und abwärts verfolgen ließen. Auf der Strecke, welche nach meiner Karte und der Bestätigung des Mukers zu jeder Jahreszeit Wasser hat, waren die Ufer kahl und erstorben wie anderswo. Kein Oleander=, Gras= oder Binsenbusch bezeugte das Vorhandensein von Wasser. Die Stelle, an welcher eben der Kison oder — wie der Araber sagt — el Mukatta anhob, war durch zwei dem Hügel von Dschêda vergleichbare, ruinenbedeckte Erderhebungen, den Tell esch=Schemmâm und Tell eth=Thôra, erkennbar; wir hatten uns ihnen bis auf eine Stunde genähert. Neben die ganze Länge der Ebene Jesreel gehalten, bewässerte der jetzige Kison blos ein Viertel seines Laufes in derselben.

Wenig südlich von Tubah ging es in ostwestlicher Richtung mäßig bergan. Es war eine sanfte wellige Höhe und zugleich die einzige Waldpartie im heiligen Lande. Sonst trafen wir höchstens mannshohes Gebüsch, hier wirkliche Bäume. Die knorrigen, rauhblätterigen Eichen standen so dicht, als etwa die Obstbäume in der Nähe deutscher Landorte. Auch glichen sie unsern Obstbäumen in Bezug auf ihre bescheidene Höhe und die unschöne Breite des Ast=werkes. Wir brauchten die Schirme im Walde, wie im Freien. Doch freute sich das Auge des wohlthuenden Grünes der reichbelaubten Aeste, und die Hand griff gelegentlich nach den großen Klumpen riesiger Eicheln, womit die Bäume beladen waren. Die schönen Blätter hatten zum Theil die Größe einer flachen Hand, waren birnförmig, ohne Einschnitte, am Rande fein gezackt und von dunk=ler Farbe — unterschieden sich also wesentlich vom heitern Laube unserer Eichen. Es waren Taboreichen.

In kaum ³/₄ Stunden war der waldige Hügel überschritten. Etwas südlicher hätten wir nur 30 Minuten gebraucht, weiter nördlich dagegen über 3 Stunden, was eine Vorstellung von jenem ganzen südwestlichen Ausläufer der Nazarether Berge geben mag, der sich wie ein Keil in die vom Jordan nach dem Mittelmeer ziehende „große Ebene" schiebt. Weil hier ungefähr die Hälfte des Weges hinter uns lag, stiegen wir ab, um bis zur Abnahme der Hitze zu rasten. Da fehlte es keineswegs an einem schattigen Plätzchen; aber der Muker brachte wider Erwarten nur brakiges Wasser auf, und die Pferde litten der Art durch die Mücken, daß an eine ausgiebige Ruhe nicht zu denken war. So brachen wir nur zu bald wieder auf, zumal wir die Nähe Chaifas und den dortigen Er= satz für die einmal überstandenen Strapazen gleich sehr überschätzten.

Nach $^1/_4$ Stunde hielten wir am Kison oder, wie der Muker immer sagte, el Mukatta. Um vom rechten nach dem linken Ufer hinüberzusetzen, bot sich zunächst eine ruinöse, geländerlose Steinbrücke, aber daneben auch eine harmlose Furt, welche offenbar von Hirten und Handelskarawanen ausschließlich benützt wird. Das schwärzliche Wasser glitt auffällig sanft und träge dahin. Um es zu kosten, stieg ich jenseits der Brücke ab und lief samt meinem Pferde in den Bach hinein. Voreilig leerte ich meinen Wasser= vorrath aus und füllte meine Feldflasche aus dem von Debora ver= herrlichten Flusse; zu großer Ueberraschung sollte ich aber entdecken, daß das Wasser für mich ungenießbar war, trotzdem mein Pferd es nicht verschmähte. Es lag nichts näher als die Vermuthung, daß das noch $3^1/_2$ Stunde entfernte Meer sich schon in so widerlicher Weise bemerklich mache; dieselbe erwies sich aber am folgenden Tage als irrig. Die eigenthümliche Erscheinung dürfte wohl auf Säuerlinge zurückzuführen sein. Die Tiefe des Kison betrug 2′ und dessen Breite das Vier= bis Fünffache, so daß der bescheidenste deutsche Bach, welcher noch einen Namen führt, entschieden größer ist. Aus seinen kahlen öden Erdufern erglänzte thalabwärts sein Silberfaden wie ein mattes, krankes Auge aus unbehaarten Lidern.

Nach der Ueberschreitung des Kison hatten wir das erste Drusen= dorf Dschelâme in unmittelbarer Nähe; doch blieb es links liegen. Schaute man von hier nach dem Oberlauf des Baches, so wehrte außer der Biegung der Thalenge zunächst der Tell el Hartîje, und dahinter der Tell el Kesîs die Aussicht. Ersterer hat seinen Namen vom südlichsten Dorfe des waldigen Höhenzuges, über den wir eben gezogen; bei unserer kurzen Rast war es uns auf $^1/_4$ Stunde Distanz malerisch gegenüber gelegen. Der Muker be= zeichnete ihn irrthümlich als den Hügel der von Gott verlassenen Baalspriester, gegen welche Elias einst eiferte. Letzterer heißt und ist erst der Priesterhügel (Tell el Kesîs), auf welchem nach alter Ueberlieferung die 450 „Propheten des Baal“, denen Gott auf dem Karmel nicht „mit Feuer“ geantwortet hatte, niedergemacht wurden; „Elias ließ sie“ durch das entrüstete Volk „hinabführen an den

Bach Kison und schlachtete sie daselbst"*). Wirklich liegt der hohe platte Rundhügel wie ein Altar Gottes am Fuße der durch die Künstlerhand der Natur ornamentirten Altarwand des Karmel. Auch spricht die Lage des von Mohammedanern, Juden und Christen umworbenen Moharka oder Mihraka für den Tell el Kesis; beide verbindet nämlich der kürzeste Weg (1 St.). Unter Moharka aber begreift der Volksmund die Stelle, an welcher Elias seinen Altar baute, und auf die „Jehovas Feuer herabfiel, um Brandopfer, Holz, Steine, Erde, ja das Wasser im Graben aufzuzehren". Dieselbe liegt 4 Stunden südöstlich vom Karmeliterkloster und deckt sich mit dem Fuße der höchsten Spitze über dem Plateau des Karmel. Die Mönche haben jüngst bei Moharka ein freistehendes Gebäude aufgeführt, das die große Ebene mindestens ebenso kühn beherrscht, als das Weli ed-Dâhi auf dem Gipfel des kleinen Hermon. Da König Achab zu Elias Zeiten auf der Veste Jesreel Hof hielt, konnte sein ganzes abgöttisches Haus nebst einem großen Theil des verführten Volkes Zeuge des großen Wunders sein, das zur Bekehrung der zehn Stämme geschah.

Auf der linken Seite des Kison kam nach einer guten Stunde das große Drusendorf Jasûr, überragt von einigen Palmen und umgeben von Feigen, Granaten und Oelbäumen. Davor tummelte sich ein kräftiger Nachwuchs der fanatischen Verehrer des Chalifen Hakim († 1020 in Aegypten) herum. Wir ritten eine Ackerlänge davon unseres Weges gegen Chaifa, nicht ohne Gedanken an die Greuelscenen von 1860, wo 14,000 Christen unter den Dolchen der Drusen verbluteten. Unverschleierte Weiber baten um Almosen. Die armen ertrugen für ihre Männer die glühende Hitze des Tages und schienen überhaupt deren Herrschaft schwer zu empfinden. Ziemlich fern gerückt sah man auf der rechten Seite des Baches eines der verschiedenen Medschel der Karte Palästinas. Nahe mündete der wasserlose Wadi Melik (el Bedawîje), der sich die Berge hindurch bis zum Battôf hinter Sefûrie hinaufschlängelt.

Von Jasûr ab standen wir eine fast unerträgliche Hitze aus. Dumpfe Schwüle lag über dem nach drei Seiten geschlossenen Flachlande, und die Sonne prallte sengend von der uns begleitenden Gebirgs-

---

*) 3. Kön. 18.

wand zurück. Nach einer Stunde kam Ain Sâade, ein Quellpunkt trinkbaren Wassers, doch nicht ohne salzigen Beigeschmack. Davor breitete sich ein erster und zweiter Wasserstreifen aus, die schwachen Reste eines Wintersumpfes. Wir setzten darüber hinweg und labten uns an den Quellen, die aus dem Fuße des Karmel trofen. Eine spätere Quelle besseren Wassers, auf welche unser Mufer hinwies, blieb unberücksichtigt zur Rechten liegen, weil Chaifa bereits nahe schien. Doch sollte uns die Zeit noch gehörig lang werden.

Wären wir besser aufgelegt gewesen, so hätten wir die Umgebung der Stadt schöner finden müssen als die von Jafa. Wirklichen Genuß davon hatten wir erst den kommenden Morgen. Am hohen Mittag ritten wir durch die weitschichtigen Gärten mit entblätterten Mandeln, zersetzten Bananen, gelben Feigen und blutrothen Granaten — hinter blaßgrünen, stockwerkhohen Opuntiahecken. Besonders malerisch erhoben sich die Palmen über das dürstende Gelichter zu ihren Füßen; keine Gegend in Palästina ist reicher an stattlichen Dattelbäumen. Heißt die Palme im Griechischen mit Grund eine Phönicierin, so traten wir jetzt wirklich in die Domäne Phöniciens ein.

Ungefähr 35 Minuten südwestlich von der Kisonmündung liegt das heutige Chaifa, im Ganzen eben, nur im Südosten an eine niedere Anhöhe gelehnt, welche von wenigen Bäumen und der von Tankred stammenden Burdsch es-Sawaran bekrönt ist. Dies ist das einzige ältere Bauwerk, ein von der Sonne schwarzgebrannter und vom Winterregen ausgewaschener Thurm. Wir waren heute zu erschöpft, um uns die isolirte Burgruine näher zu besehen. Tags darauf führte uns der Mufer einen andern Weg.

Chaifa selbst betraten wir durch ein Thor, während es später nach dem Karmel zu an einem solchen fehlte. Schon hieraus erhellt, daß die Stadt trotz Mauern und Thürmen ihren Festungscharakter verloren hat. An letzteren erinnerte insbesondere das Kastell rechts unten beim Leuchtthurm, das ursprünglich der Deckung des Hafens galt. Man sah, daß seine Existenz nicht nach Jahrhunderten zählt. Erst 1760 wurde die alte Stadt zerstört, und später mehr ostwärts die jetzige angelegt. Nach anderweitigen Schilderungen hatte ich die bescheidensten Vorstellungen mit hierher gebracht, und sah mich nun in Betreff der Größe, Ausdehnung, Reinlichkeit, regen Thätigkeit und scheinbaren Wohlhabenheit angenehm überrascht. Dadurch, daß vor dem seichten Hafen allwöchentlich ein Dampfer auf der Rhede erscheint, hat die Stadt schon einen europäischen Anstrich bekommen. Auf der Marktstraße, die wir wiederholt passirten, verkaufte man schönes Obst, auch Birnen und Aepfel, Körner, Sesam, Wolle und verschiedenen europäischen Tand. Da wir beschlossen hatten, in Chaifa Mittag zu machen, so hielten wir vor der Expositur der Karmeliter.

Wie in allen orientalischen Städten, so differiren auch hier die Bevölkerungsangaben (4000—6000). Die kleinere Hälfte der Einwohner sind Mohammedaner, die größere je zum dritten Theil unirte, nichtunirte Griechen und Juden. Lateiner sind es blos anderthalb hundert, die von einem Karmeliter mit Bruder pastorirt werden. Der aufgeräumte Pater hielt vorerst unserem (dieses mal) schuldlosen Muker eine arabische Standrede des Inhaltes, daß er aus Scheu vor dem Wege nach dem Kloster immer seine Fremden hier absetze, während er doch wisse, daß denselben nur oben der nöthige Comfort geboten sei. Uns bat er dann, mit seinen bescheidenen Vorräthen vorlieb zu nehmen und nachträglich das Mittagsmahl auf dem Karmel zu bestellen. Was uns im Augenblicke am meisten Noth that, war Ruhe, Schatten, Kühle und Wasser. Der Cyperwein hatte, wie auch sonst, etwas Aezendes, so daß er mir selbst im Wasser widerstand. Beim Aufbruch zeigte sich's, daß der Muker sich wirklich mit der Hoffnung getragen hatte, wir machten den Weg nach dem Karmel zu Fuß.

Einige Minuten hinter der Stadt führte eine fahrbare Straße durch die niedlichen Wohnungen einer deutschen Colonie. Ihre Ziegeldächer, Fenster, Blumentöpfe, Staffeln, Gärtchen, Höfe, Pumpbrunnen, vierräderigen Wagen heimelten mich an; die Hitze aber war noch zu groß, als daß sich jemand im Freien etwas zu schaffen machte. Blos neugierige Kinderköpfchen drückten sich da und dort an den Scheiben ab, und wartende Mütter deuteten uns im dunklen Hintergrund nach. Man nannte diese Ansiedler Preußen; doch waren es Mitglieder der Württembergischen Religionsgenossenschaft des deutschen Tempels. Die Gemeinde zählte gegen vierthalbhundert Seelen. Alles rühmte deren Fleiß und biederes Wesen. Noch vor 10 Jahren sah man hier herum nichts als nackte Felsen, Dornen und Disteln; jetzt bot sich das freundliche Bild eines deutschen Dorfes.

Hinter den letzten Häusern erweiterte sich der schmale Küstenstreifen. Derselbe trug in nächster Nähe wohl einst das Chaifa Tankreds, des nachmaligen Fürsten von Galiläa, und weiterhin auf seiner Westspitze die im ersten Jahrhundert vor Christus wiederholt genannte Stadt Sycaminum (Maulbeerheim). Spuren von letzterer zeigte man mir vom Felsplateau des Klosters aus. Das Versanden der Küste schob den matten Ankerplatz am Fuße des Karmel mit der Zeit gegen Osten. Sonach waren wir hier auf historischem Boden. Auf dem schönsten Wege, der nach dem Bergrande führte, wären wir fast in einen eben ausgebeuteten Steinbruch gerathen; der mißstimmte Führer war ein gutes Stück zurückgeblieben. Der richtige Weg führte in 2 Minuten an den Karmel. Dann ging es 5 Minuten durch ein so dichtes Olivenwäldchen, wie ich es sonst nirgends in Palästina wieder traf. Endlich kam die 25—30 Minuten lange Steige. Dies war ein letzter schwerer Gang für den Mann und noch mehr für das Pferd. Auf schmalem Saumpfad ohne Schatten, ohne Luft, über Staffeln und glatte Felsplatten wurden wir von unsern zähen Thieren in die Höhe getragen und endlich vor der Klosterpforte abgestellt. Bald genossen wir in den hohen, luftigen Räumen die lang ersehnte Erholung.

Bei den Karmelitern.

Das Kap Karmel ist eines der gefährlichsten Vorgebirge der Levante und bei hochgehender See vom Matrosen gefürchtet. Daran erinnerte sogleich das Tosen des Meeres, das von drei Seiten mächtig herauf- und zum offenen Fenster hereinrauschte. Anfangs war es uns liebliche Musik, später aber schlossen wir bereitwilligst die Fenster. Der frühe Abendwind brachte ein solches Donnern der Fluten, daß der Schlaf fast unmöglich und das Reden wesentlich erschwert war.

Nachdem wir einige Stunden für uns allein gehabt hatten, kam Pater Anselm, ein gemüthlicher Steierer, um uns die Sehenswür digkeiten des Klosters zu zeigen; sein Name war mir zu Nazareth angegeben worden. Derselbe führte uns zuerst in die vom Klostergebäude umschlossene Kirche unserer lieben Frau vom Berge Karmel. Das Innere hatte auf den ersten Blick die griechische Kreuzform, erwies sich aber bei genauerer Betrachtung als Rotunde mit vier Ausweitungen. Von diesen diente die westliche als Eingangshalle, die drei übrigen waren mit Altären besetzt. Die Seitenaltäre galten Johannes dem Täufer, d. i. dem neutestamentlichen Elias, und dem Ordensheiligen Simon Stock. Der Hauptaltar wurde auf zwei symmetrischen Staffeln von 10 Tritten erstiegen. Dessen reicher Oberbau hatte eine mit korinthischen Säulchen geschmückte Nische, und darin stand das Kleinod des Klosters, das wunderthätige Gnadenbild unserer lieben Frau vom Berge Karmel. Maria mit dem göttlichen Kinde auf der Linken hat zu ihren Füßen reiches silbernes Gewölke. Beide sind nach italienischem Geschmacke in seidener Kleidung, tragen hochaufgethürmte, achteckige Kronen und theilen mit der Rechten das Skapulier aus. Die ganze Gruppe stammt erst vom Jahre 1820. Da wurde sie auf Bestellung des verdienten Bruders Johann Baptist von einem gewissen Caraventa zu Genua gefertigt. Dieser aber hielt sich an die gerettete Copie eines viel älteren Bildes, das durch die Brutalität der Griechen 1782 zu Grunde ging.

Zwischen den beiden Staffeln des Hochaltars steigt man auf 5 Stufen zu einer Krypta hinab. Dies ist die Grotte des heil. Elias, das ehrwürdigste Sanctuarium des Ordens; denn hier stand viele Jahrhunderte vor Christus bereits dessen ideelle Wiege.

Nach dem Glauben der Karmeliter kam nämlich Elias, der eigentliche Stifter ihres Ordens, vom Horeb, wohin er vor Jsebels Rache geflüchtet war, nach dem Karmel und bewohnte diese Grotte. Bei ihm war zunächst nur Elisäus, den er von zwölf Joch Rindern hinweg durch seinen wunderthätigen Mantel eingefangen hatte*). Bald aber zog der Zauber seines Namens Hunderte von Einsiedlern an. Allen deutete der gotterleuchtete Seher den tieferen, mystischen Sinn jenes Wölkchens, welches nach siebenmaliger Ausschau von

*) 3. Kön. 19.

der südöstlichen Spitze des Karmel endlich „gegen das Meer hin" dem schmachtenden Lande erschien. Darnach brachte es das lange vorausgehörte „Rauschen des Regens" des messianischen Heiles. Genauer erwogen, predigte er aber Maria, ihre Empfängniß, ihren Eintritt in die verderbte Welt, predigte ihre Jungfräulichkeit und insbesondere ihre Ueberschattung vom heiligen Geiste. Maria war ungefähr, was die Wolke der Bundeslade: in beiden irdischen Hüllen wohnte Gott.

Elias verwies nun ähnlich auf Maria, wie der Täufer auf den Messias; daher stehen beider Altäre in der Kirche. Im Sinne eines Marienpredigers „sandte Gott den Propheten Elias, lange bevor der große Tag des Herrn kam." Seine Jünger aber waren an sich schon Marienverehrer, wie es die Karmeliter, deren Nachkommen, bis zur Stunde sind. Anderseits erscheint die Grotte des Thisbiters als die erste Marienkapelle, und die darüber erbaute Karmeliterkirche laut Inschrift rechts vom Eingang als „jenes Gotteshaus, das vor jedem andern auf dem Erdkreis der Gottesgebärerin gewidmet wurde." Weiter heißt es hier, dasselbe sei „auf Bitten der Religiosen — der Kirche des römischen Patriarchates zum heiligen Erlöser" unter= stellt und mit allen Indulgenzen „der Basilika im Lateran" bedacht wor= den*). Dieser großen römischen Basilika gegenüber hat die vom Berg Karmel den officiellen Titel der „kleineren Basilika**)", was eine zweite Inschrift über dem Portale besagt.

Die kleine Eliasgrotte steht nicht blos bei den Religiosen, sondern bei den Christen aller Riten und selbst bei den Mohammedanern in hohen Ehren. Gerade die letzteren führt der Name des großen Propheten Jehovas aus weitester Ferne herbei. Nicht zufrieden in= mitten von Andersgläubigen ihr Herz auszuschütten, opfern sie zum Zeichen ihrer Huldigung Oel und Wachskerzen oder hängen der Eliasstatue ihre Halbmöndchen an. Dieselbe ist von Holz und hat eine Höhe von ungefähr 3'. Ich gestehe, daß mein historisches Gefühl sich lieber der urkräftigen Gestalt eines Moses von Michel An= gelo versehen hätte, wozu freilich einstweilen nichts als die Mittel fehlen.

Erst am folgenden Morgen entdeckte ich die Statue beim Kerzen-

---

*) Beschluß der Chorherren von St. Johann im Lateran, 1841.
**) Breve P. Gregors XVI. 1839.

licht. Sie bildete den Hauptschmuck eines Altares des Thisbiters, auf dem jahraus jahrein eine Votivmesse vom heil. Elias (mit Gloria und Credo) gelesen wird. Der Altar stand an der Ostseite der natürlichen Felsgrotte. Diese aber hatte nur ungefähr Manneshöhe, zwei Ruthen in der Länge und die halbe Breite. Es herrschte in dem Sanctuarium große Dunkelheit.

Zur Seite des Hochaltars befindet sich ein neu ausgestattetes Josephskapellchen. Dessen Altar und die Orgel der Kirche ist aus den Beiträgen des Kölner Vereins gestiftet. In der Sakristei rühmte man uns die Munificenz des hochherzigen Erzherzogs Maximilian; die schönsten Paramente stammen von ihm. Dies verdient wohl Erwähnung, weil sich das Kloster sonst auf Frankreichs Mildthätigkeit und Schutz stützt, sich auch zum größten Theil von dorther recrutirt.

Aus der Kirche kehrten wir zum Kloster zurück und durchstreiften dessen lange Gänge. Dabei traten wir in den Kapitelssaal, die Bibliothek, das Oratorium und einige Zellen ein. Wie Divan und Speisezimmer gegen Westen, so lagen die Mönchszellen gegen Norden und die Gastzimmer mit etwa 30 Betten gegen Süden. Nachdem wir die erstickende Schwüle einer Speicherstiege überstanden hatten, tauchten wir auf dem platten Klosterdache auf. Dasselbe spiegelte die Form des Grundrisses. Das Kloster, von keinem andern des Orientes an Größe und Schönheit erreicht, bildet nämlich ein Rechteck von 200′ nordsüblicher Länge und 105′ westöstlicher Breite. In jener Richtung hat es 15, in dieser 9 Kreuzstöcke. Da es zwei Reihen Fenster sind, kann man den Bau zweistöckig nennen. Zählt man das auf die Defensive angelegte Erdgeschoß dazu, so erscheint er dreistöckig. Letzteres läßt möglichst selten eine Oeffnung und dient ausschließlich ökonomischen Zwecken. Die mit dem Haupteingang versehene Westfaçade ist dem Meere zugekehrt.

Das Dach war in seiner Mitte von einer stattlichen Kuppel überragt — die Kirche im Innern der engen klösterlichen Veste hat vorzugsweise ihr Licht daher. Eine viereckige Laterne mit Kugel und Kreuz bekrönte sie. Die zierliche Renaissance-Fassung der acht Fenster wehrte der ermüdenden Monotonie unfreier Kugelgewölbe. Eine gleichfalls dem Lichte zugängliche Miniaturausgabe dieser Kuppel stand ostwärts über dem Chore. Daneben erhob sich ein viereckiger, und nicht blos nomineller Glockenthurm mit gefälligem Helmdächlein auf umgitterter Platform. Rings um das große Dach lief eine hohe steinerne Brüstung zum Schutz vor dem Falle in die Tiefe.

Der Grundstein zu dem jetzigen Kloster wurde erst 1827 gelegt. Gerade sechs Jahre zuvor hatte Abdalla, Pascha von Akka, die bedeutenden Reste des vorigen Baues in die Luft gesprengt. Dieser konnte jedoch den Neubau, welchen er hintertreiben wollte, nur hinausschieben. Stärker als der Pascha war der schlichte Bruder Johann Baptist, welcher nicht nur die enormen Mittel zu beschaffen wußte, sondern auch die hohe Pforte auf seine Seite brachte. Syrien, Aegypten, Italien, Frankreich, Deutschland, Belgien, Holland durchwanderte er wiederholt. An den Höfen zu Wien, Berlin, München, Dresden, Brüssel, Rom und Konstantinopel fand er huldvolle Aufnahme. Von 72 Lebensjahren galten 30 voll und ganz der Wiederherstellung des altehrwürdigen Heiligthums auf dem Karmel. Er war 1777 zu Frascati geboren und starb 1849 auf dem Berge des heil. Elias. Es dauerte nur noch 4 Jahre, so war sein kühnes Unternehmen glücklich vollendet (1853). Die Klosterannalen rühmen nach Johann Baptist die Verdienste der Brüder Mathieu, Just und Karl, durch deren rastloses Bemühen die Arbeiten vollends zu einem wider alles Vermuthen erfreulichen Abschlusse kamen.

Blättert man etwas in der älteren Geschichte, so begegnet man bereits um das Jahr 1765 einem Bruder Johann Baptist, durch dessen außerordentliche Bemühungen an Stelle einer ehemaligen Kapelle eine neue Kirche erstand, überdies in Spanien und Frankreich das Geld zu einem Klösterchen und nebenanstehendem Hospize gesammelt, zu Konstantinopel ein Schutzbrief des Sultan an den Pascha von Damaskus erwirkt, und zu Kairo für den Fall einer feindlichen Expedition gegen Akka die Gefahr der Plünderung abgewendet wurde. Während sein jüngerer Namensvetter „zum heiligen Sakramente" beibenannt ist, heißt dieser „Johann Baptist vom heil. Alexius". Er war von Turin und starb auch daselbst, jüngeren Kräften die Vollendung seiner fast gelösten Lebensaufgabe überlassend (1775). Dessen Schöpfung wurde im Mai 1799 von den siegestrunkenen Banden Dschezzâr Paschas von Akka verheert. Nicht damit zufrieden, die kranken und verwundeten fränkischen Feinde im Hospize grausam niedergemacht zu haben, mißhandelten und verjagten sie die wenigen Religiosen aus ihrem friedlichen Heim, raubten und plünderten, bis nichts mehr übrig war als die kahlen, unbewohnbaren Mauern; Oede herrschte wieder auf dem heiligen Berge (bis 1827), wie sie früher (von 1291 bis 1762) geherrscht hatte.

Während dieser 5 Jahrhunderte wohnten die Karmeliter über Europa zerstreut und in Folge der durch das große päpstliche Schisma (1378—1418) wohl angezeigten Reformversuche Eugens IV, des Johannes Soreth, der heil. Theresia und Anderer in Conventualen und strenge Observanten, Beschuhte und Barfüßer gespalten. Ihre Niederlassungen waren so zahlreich, daß man um 1369 statt der ursprünglichen 8 Provinzen 19 unterschied. Die rührigeren Barfüßer pflanzten die Fahne des Glaubens in Congo und Guinea, in Amerika und Persien auf. Dieselben beschlossen auch die Gründung einer neuen Ansiedlung auf dem Karmel und erwirkten die Erlaubniß vom Emir von Aleppo (1631) und vom Pascha von Damaskus.

Ihr Mann war dieses mal der in Persien thätige Pater Prosper (1653). Dieser nahm (29. Nov. 1631) auf seiner Reise nach Rom vorläufig Besitz von der Grotte el Chadr, d. i. der heutigen Prophetenschule des Elias am Westabhang des Kap Karmel, und bezog sie 1634 definitiv mit dreien seiner Begleiter — anderen Gefährten gestattete er, als Einsiedler in den benachbarten Höhlen zu wohnen. Doch schon das kommende Jahr wurde der kleine Verein in seinem beschaulichen Leben gestört. Indische Derwische wußten trotz Permesso und Firman des Sultan in den Besitz der Prophetenschule zu kommen. Der fanatisirte Pöbel zerschlug den Marienaltar und richtete einen moslimischen Betort ein, der bis zur Stunde in Ehren steht. Als der Pater Prosper auf Befehl seiner Obern bereits 1536 wieder zum Karmel zurückkam, setzte er sich gegen 300 Schritte über den Derwischen in einem schwer zugänglichen Felsgemache fest, dessen Länge auf 45—50' angegeben wird.

Dasselbe umschloß nachmals die Kapelle, das Refectorium und fünf Zellen. Fremdenzimmer, Küche, Keller und Stall für einen Esel waren in nebenanliegenden natürlichen oder künstlichen Höhlen untergebracht. Doch mußte der so einfache Convent wiederholt den Schutz des Sultan anrufen und wurde endlich 1761

von den Soldaten Dâhir el Omars, des Pascha von Akka, ge=
legentlich der Zerstörung von Chaifa ausgeplündert und verwüstet.
Auf die Kunde davon schickte der Ordensgeneral 1762 den Pater
Philipp in den Orient. Dieser endlich wählte die Stelle des
heutigen Klosters und begann, seit 1765 von dem ältern Bruder
Johann Baptist unterstützt, wieder einen Freibau.

Ein solcher war nämlich die ganze Zeit der Kreuzzüge schon
einmal auf dem Karmel gestanden, doch nicht an der jetzigen
Stelle. Vielmehr sieht man noch dessen beträchtliche Reste ³/₄ Stun=
den südöstlich im Hintergrund eines ostwestlich ziehenden Wadi.
Sie heißen Ruinen des heil. Brocardus, des zweiten Priors der
Karmeliter (1195—1231), angeblich deswegen, weil das Kloster
von ihm erbaut war. In Wirklichkeit jedoch scheint er gleich an=
dern berühmten Ordensmännern nur darin gewohnt zu haben.
Der eigentliche Erbauer war der erste Prior Berthold der Hei=
lige († 1188 im Alter von 115 J.), der urkundlich ein Kloster
„für die Religiosen im Thale der Eliasquelle“, d. i. des ge=
nannten Wadi, aufführte. Da derselbe Berthold auch über dem
Westrande des Kap Karmel ein Mönchsasyl anlegte, dessen Baustelle
noch Bertholdsconvent heißt, so erklärt sich der irreleitende Name
Brocarduskloster, wenn man dazunimmt, daß Brocardus die ältere
Ordensregel beim heil. Albert, Patriarchen von Jerusalem, bestellte
und in ganz Palästina durchführte.

Nachdem dieses Kloster alle Schrecken des untergehenden fränki=
schen Königreichs erlebt hatte, erzählt ein Zeitgenosse dessen Zerstörung
also: „Von St. Jean d'Acre, das im Mai 1291 fiel, stürmte der
Feind nach dem Karmel, steckte das Kloster der Brüder Unserer
Frau in Brand und ermordete alle seine Bewohner, während sie
todesmuthig das Salve Regina sangen. Das Kloster wurde
vollständig zerstört, und der Orden aus Phönicien und Palästina
vertrieben*).“ Seitdem heißt das Thal mit der Eliasquelle
bei den Franken Thal der Märtyrer; die Araber nennen es
Wadi es=Sêa. Die kleine Quelle kommt gegen 200 Schritte
unterhalb der Ruine aus dem Gestein und fließt in ein künstliches

---

*) Cf. Le Sanctuaire du Mont-Carmel, par Julien de-Sainte-
Thérèse p. 115.

Becken. Ihren Namen hat sie nach einer Legende, weil Elias daraus schöpfte, nach der andern, weil er auf Bitten seiner Jünger an den Fels schlug. Die Oliven- und Feigenpflanzungen des freundlichen Wadi gehören dem Kloster.

Vor St. Berthold, dem ersten Prior der Karmeliter, gab es auf dem heiligen Berge nur zerstreute Einsiedler verschiedener Riten und Obfervanzen, die sich allen Ernftes „Söhne des Elias" nannten. Die asketische Nachkommenschaft des großen Propheten hat nämlich im Verlaufe der Jahrhunderte troß vielmaliger gewaltthätiger Zerstreuung doch ihre Continuität nicht eingebüßt. Bertho ld bleibt das Verdienst, Gleichförmigkeit der Sprache und der religiösen Uebungen, sowie das gemeinsame Leben unter demselben Dache eingeführt zu haben (um 1155). Dagegen ist der Prophet Elias der Gründer des Ordens, wie denn auch in der Peterskirche zu Rom die Reihe der Ordensstifter durch den Thisbiter eröffnet wird. In der vorchristlichen Zeit hießen deffen Jünger „Orden der Propheten" und „Effener", in der nachchristlichen „Johannesjünger" — der Täufer war ein anderer Elias — und „Anachoreten" oder „Eremiten des Karmel". Was die Brüder durch alle Jahrhunderte äußerlich periodisch zusammenführte, war die Grotte des heil. Elias. Darüber stand vor Konstantin eine Kapelle, seit Konstantin eine Kirche seiner Mutter Helena, die unter dem Drucke des Islam in Trümmer ging und so vor der Frankenherrschaft nur noch verstohlen besucht wurde. Wie eine Zeit lang Mangel an historischem Sinn, so trug nachmals türkisches Besißrecht die Schuld, daß vor den beiden Brüdern Johann Baptift (18. und 19. Jahrh.) Niemand daran dachte, die Kirche der heil. Helena zu erneuern. Das innere Band des vielnamigen Anachoretenwesens war, abgesehen von einem höheren gottseligen Streben, die Verehrung Mariens, theils der verheißenen, theils der erschienenen Mutter des Erlösers. — Dies ungefähr ist nach mündlichen und schriftlichen Ausführungen die Vorstellung der jeßigen Söhne des Elias von der Sagenzeit ihres Ordens.

Mangel an Zeit, Gesellschaft und an dem Gefühle der Sicherheit hatten das philiftäische und phönicische Küstenland fast ganz aus meinem Reiseplane gestrichen. Um so willkommener war mir der

weittragende Blick vom Kloſterdache nach der nördlichen und ſüdlichen Ebene.

Gegen Norden glaubte der Pater einen Augenblick Sûr,
das heutige Tyrus, zeigen zu können; doch die Luft war für eine Diſtanz von 9 Stunden nicht rein genug. Dafür ſahen wir herwärts
das Promontorium album der Kreuzfahrer, die blendenden
Felswände des gleichbedeutenden Râs el abjad. Noch deutlicher
zeigte ſich der näher gelegene Gebirgsſtock Râs en-Nakûra mit
dem berühmten „Treppenweg“ der tyriſchen Kaufleute. Derſelbe ſchließt die dreiſtündige Ebene hinter Akka ſo plötzlich ab, wie
das Kap Karmel die viel längere Küſtenebene Saron. Ein kleiner
Häuſercomplex hart am Meere (in der Nähe des Râs en-Nakûra)
war das altteſtamentliche Achſîb, die beabſichtigte Nordweſtgrenze
Aſſers und zugleich des heiligen Landes. „Doch Aſſer vertrieb weder die Einwohner von Akko noch die von Sidon, Ahelab und
Achſîb*)“ — und ſollte ſpäter dafür büßen. Deſſen jetziger Name
iſt Zib. Mit bloßem Auge unterſchied man zu Akka nicht nur
die alles überragende Moſchee Dſchezzâr Paſchas, ſondern auch über
ein Dutzend freie offene Bögen eines der öſtlichen Stadtmauer folgenden Gewölbeganges und viele Häuſer im knappen Gürtel der
ſchwarzen Mauerzinnen, ja mit dem Fernrohr ſelbſt die des Sonnenunterganges harrenden Moslim vor dem Stadtthore und auf den
öffentlichen Plätzen. Dieſſeits von Akka beherrſchte man die ganze
palmenreiche Bucht bis Chaifa.

Vier Stunden ſüdwärts am Küſtenſaume lag Athlît,
eine wohlbefeſtigte Pilgerherberge der Templer, die in den letzten
Kämpfen um Akka ein wichtiges Vorwerk gegen ägyptiſche Dränger
abgab. Sie fiel erſt mit dieſem letzten Halte des fränkiſchen Königreichs. Man ſah noch eine beträchtliche Trümmermaſſe, trotzdem die maſſiven Hauſteine von Athlît ſchon ſeit Jahrhunderten
nordwärts verführt werden und beſonders maſſenhaft gegenwärtig
auf den vierräderigen Wagen der Templercolonie nach Chaifa wandern. Ueber dem zerfallenen Mauerwerk ſollen wenige arabiſche
Familien ihre beſcheidenen Wohnungen zurecht gemacht haben.

Bei der vortheilhaften Abendbeleuchtung ſah man in doppelter

---

*) Richter 1, 81.

Entfernung die Landzunge von Chörbet Kaisarîje, d. i. von der einstigen Großstadt Cäsarea Paläſtina. Dieſe hieß auch Cäsarea Stratonis, weil ſie vom feſten Thurme eines Griechen Straton auf dem Weſtende des verhältnißmäßig langen und niedern Felsvorſprungs ihren Ausgang genommen hat. Erſt Herodes der Große, welcher den Stratonsthurm in eine mit Samaria wetteifernde Stadt umwandelte, nannte dieſe ſeine Schöpfung Auguſtus zu Ehren Cäsarea. Im alten Bunde wußte man alſo noch nichts von ihr. Um ſo häufiger wird ſie in der Apoſtelgeſchichte und bei Joſephus Flavius erwähnt.

In der prachtvollen Hafenſtadt reſidirten ſeit der Abſetzung des Königs Archelaus (6 n. Chr.) die römiſchen Procuratoren Coponius, Rufus, Gratus, Pontius Pilatus. Der Diakon Philippus und ſeine vier prophetiſchen Töchter bewohnten ein eigenes Haus, in dem der Völkerapoſtel ſamt ſeinen Begleitern gelegentlich Tage lang Gaſtfreundſchaft genoß *). Paulus kam auf dem Wege nach Tarſus und Jeruſalem wiederholt durch Cäsarea. Zuletzt verbrachte er unter den Procuratoren Felix und Feſtus hier zwei Jahre in militäriſcher Haft. Das „Licht zur Erleuchtung der Heiden“ ging, abgeſehen vom Sterne der Weiſen, zuerſt in Cäsarea auf; denn hier wohnte der römiſche Hauptmann Cornelius, welchen Petrus in Folge übernatürlicher Belehrung vor allen Unbeſchnittenen in die chriſtliche Gemeinſchaft aufnahm **). Hier „ſchlug der Engel des Herrn Herodes Agrippa I. dafür, daß er Gott die Ehre nicht gegeben; Würmer zehrten ihn auf und er ſtarb ***).“

Unter Geſſius Florus begann hier der jüdiſche Krieg (66). Nach der Zerſtörung Jeruſalems war Cäsarea 4 Jahrhunderte die erſte Stadt Paläſtinas. Während dieſer Zeit fand der flüchtige Origenes bei dem hieſigen Biſchof Theoktiſtus freundliche Aufnahme, und der Vater der Kirchengeſchichte Euſebius hatte als Metropolit von Paläſtina prima ſeit 314 ſeinen Sitz hier. Im Jahre 1101 machten die Kreuzfahrer in der eroberten Stadt reiche Beute. Darunter war auch der heilige Gral, die zu San Lorenzo in Genua noch gezeigte ſechseckige Abendmahlsſchüſſel von grünem Glasfluß, deren Wunder das mittelalterliche Kunſt-

---

*) Apoſtelg. 21.   **) Apoſtelg. 10.   ***) Apoſtelg. 12.

epos erzählt. Im Jahre 1187 fiel Cäsarea in die Hände der Araber, seit 1251 besserte Ludwig der Heilige seine Mauern aus, 1265 wurde es vom ägyptischen Sultan Bêbars zerstört. Anfangs dieses Jahrhunderts ließ Dschezzâr Pascha viele Schiffsladungen voll werthvollen Baumaterials von Cäsarea nach Akka kommen. Trotz= dem sollen noch die Säulenschäfte der herodianischen Prachtbauten wie die Bäume eines Waldschlags übereinander liegen.

Blickte man landeinwärts, so schweifte nordöstlich das Auge über das Dreieck der großen Ebene und weiter vom Dschebel Dâhi und Tabor an deren Ende über die sich kühn hin= ter einander aufthürmenden Berge Obergaliläas, bis es in weitester Ferne bei dem ebensogut einer lichten Wolke als einer grauen Fels= masse vergleichbaren Dschebel esch=Schêch oder großen Her= mon anhielt.

Südöstlich zog sich das imposante schwachgewellte Plateau des Karmel sichtlich in die Höhe. Wir standen auf dem Kloster= dach gegen 600′ über dem Meere; vier Stunden im Binnenland beträgt dessen absolute Höhe das Dreifache. Die Breite des hei= ligen Berges wird auf 1—1½ Stunde angegeben, die Länge auf 5—6. Darauf liegen die zwei Drusendörfer Erfia und Da= lije, deren Bewohner ausschließlich von Viehzucht leben. Der schlechte Boden, den ich später zu Gesicht bekam, beweist, daß der Karmel nie ein „Frucht= oder Gartenland“ war — was ei= gentlich sein Name bedeutet — sondern sich blos zum Viehtrieb eignete. Für das hohe Alter nomadischer Einöde und Wildniß spricht die Thatsache, daß von jeher Verfolgte aller Art hier ein sicheres Versteck suchten und fanden *). Soll ferner nach des Jere= mias Verheißung „Israel wieder weiden auf dem Karmel **),“ so scheint das auserwählte Volk nicht gesät und geerntet zu haben. Dazu stimmt die lokale Sage, daß Joachim uud Anna, die Eltern Mariens, eine Hirtenwohnung auf dem Karmel hatten, welche sie von Zeit zu Zeit von Sepphoris aus besuchten; desgleichen die biblische Ueberlieferung ***), daß Nabals reiche „Habe auf dem Kar= mel 3000 Schafe und 1000 Ziegen waren.“

Bessere Kenner des heiligen Berges sprechen von immergrünen

---

*) Amos 9, 3. **) Cp. 50, 19. ***) 1. Kön. 25, 2.

Eichstämmen, Terebinthen, Johannisbrodbäumen, kurz von Hochwald; wir sahen, so weit das Auge reichte, nur dünnes Gebüsch von 1—2 Klafter Höhe. Schon zur Zeit Salomons scheint das Plateau des Karmel nur von Unterholz bestanden gewesen zu sein; wenigstens ist der Vergleich des zarten Haares der Braut im hohen Liede mit der Bewaldung des Karmel *) der Annahme dicker Waldbäume nicht günstig. Seitdem „hat sich", was die Dichtigkeit betrifft, „der Karmel entblättert," gleich wie nach des Propheten Wort „der Libanon und die Ebene Saron der Wüste gleich geworden sind **)." Sollte jemand die sprichwörtliche „Pracht des Karmel" — er wird neben dem schmucken Libanon und der reichen Ebene Saron aufgeführt ***) — in etwas anderem als in seinem majestätischen Aeußern und in seiner romantischen Wildniß suchen, so muß er von dessen steiniger Hochfläche über die vielen Halden in die Thalspalten hinabsteigen, welche sich südwestlich nach dem Meere, nordöstlich nach dem Flußgebiet des Kison hin öffnen. Hier findet er, wie im Märtyrerthal, fruchtbares Ackerland, nachhaltige Winterfeuchte und Quellen. Hier sind auch die Städte des Karmel zu denken, welche nach dem Ausspruch des Propheten Jeremias der Herr „in Schutt verwandelte durch die Glut seines Zornes †)." Man kennt einen Theil ihrer Ruinen am Fuße des Gebirges.

Als sich die Sonne schon zum Untergang neigte, traten wir durch die eiserne Klosterpforte auf der Westfront in's Freie.

Im grünen Garten, welcher sich uns hier in die Quere legte, bezeichnete eine bescheidene Pyramide die irdische Ruhestätte der vor Akka erkrankten und verwundeten, theils eines natürlichen Todes verstorbenen, theils in den Klosterräumen hingemordeten Franzosen der syrischen Expedition Buonapartes. Fünf Jahre lang hatte man den wackeren Kriegern die letzte Ehre versagt, da barg der erste seit 1799 wieder zurückgekehrte Karmeliterpater deren gebleichte Gebeine in mehreren Grotten (1804). Als einige Zeit später ein Bruder diese erbrochen fand, besorgte er das Grab und die Pyramide im Klostergarten. Das 6' hohe eiserne Kreuz auf der Pyramide ist eine ganz neue Stiftung der Levantestation der französischen Flotte.

---

*) Cp. 7, 6.   **) Jes. 33, 9.   ***) Jes. 35, 2.
†) Cp. 4, 26.

Indem wir uns rechts wandten und der Nordseite des Gartens folgten, kamen wir zur s. g. Villa. Dies ist ein ansehnlicher Bau über dem Westabhange des Kap mit einem Leuchtthurm. Ursprünglich diente er Abdalla Pascha als Sommerfrische. Während der großen Hitze wohnte er mit seinem Harem darin. Jetzt bildet er einen Bestandtheil des Klosters, was insofern nur billig und recht ist, als er aus den Trümmern des vorigen Klosters aufgeführt wurde. Die Karmeliter beherbergen hier ihre Levantiner Gäste. Wir trafen eben einige in Syrien ansässige Maltesen. Vom platten Dache des „arabischen Palastes", wie auch die Villa heißt, ließen wir unsere Blicke über das Meer hinschweifen.

Ein qualmender Dampfer, der mit Asiens Erzeugnissen westwärts steuerte, zog auf der langen weißen Spur, welche sein Lauf auf dem rosigen Seespiegel zurückließ, bald alle Geister der Gesellschaft nach sich; wenigstens stockte die italienische Unterhaltung. Nicht ungern hätte ich in diesem Momente zur großen Mehrzahl der Abendländer gehört, welche auf dem Karmel entzückt von den überstandenen Mühen ihrer Pilgerfahrt aufathmen und im Hafen zu Chaifa ihre Heimreise antreten. Zum zweiten mal stand ich jetzt an der Ostküste des Mittelmeeres und sah dessen Wogen Europa zutreiben; das dritte mal versprach ich ohne eine Widerrede dem Zuge des Wassers zu folgen. Wie vom Zaune gebrochen, fiel nach einer Pause die Bemerkung meiner Zakaziker Umgebung, daß sich in ein paar Jahren wohl auch für sie ein gemüthliches Plätzchen im schönen Frankreich finden werde. Die scheinbar heimathlosen Maltesen kamen von den Casals (Dörfern) ihrer gelben Insel zurück, und selbst der Pater Cicerone schien sich einen Augenblick in die lieblichen steierischen Berge verirrt zu haben. Es ist wahrlich kein Kleines, Wald und Wiese, das in herrlichen Obstgärten gelegene Dorf, Freunde und Verwandte, den heimathlichen Boden, das gesittete christliche Europa auf Lebenszeit freiwillig zu missen. Dazu gehört ein lebendiger Glaube an Denjenigen, welcher gesagt hat: „Wer Vater und Mutter mehr liebt als mich, ist meiner nicht werth*)."

Rechts unten am Fuße des Berges ging es in die bekannte Grotte el Chadr. Wir verschoben deren Besuch bis zum nächsten

---

*) Matth. 10, 37.

Morgen und kamen darum nicht hinein; denn nicht blos jetzt, son=
dern auch den kommenden Morgen lag sie ¹/₄ Stunde von unserem
Wege. Der einzige Unterschied war, daß wir von der Villa das
steile Kap hinunter und wieder heraufsteigen mußten, während der
Abstecher gelegentlich unserer Rückkehr nach Chaifa in die Ebene
von Sykaminum fiel; dafür waren wir dann freilich auch be=
schränkter in der Zeit. Nach der Schilderung von Augenzeugen
hätte uns der jähe Felspfad an der (erst neuerdings) Simon Stock
gewidmeten heiligen Grotte vorübergeführt — der gefeierte Prior, dem
am 16. Juli 1251 das Skapulier zu Theil wurde, hatte als Pater
10 Jahre auf dem Karmel verlebt. Unten erreicht man zunächst
einen Friedhof für moslimische Pilger. Dann tritt man durch zer=
fallenes Gemäuer in einen Hof mit verkrüppelter Palme. An dessen
Südseite ist der Eingang in eine von Menschenhand geformte, im
Rechteck aus dem Felsen gehauene Kammer, 13 m lang, 7 m breit
und etwa 6 m hoch*)."

Mohammedaner, Juden und Christen meinen, die Propheten
Elias und Elisäus hätten darin abwechselnd zum Volke und zu ihren
Jüngern gesprochen, wovon die Grotte die Namen „Synagoge" und
„Schule der Prophetensöhne", kürzer „Prophetenschule" erhielt.
Die orientalischen Christen nennen sie am häufigsten „Grotte der
Mutter Gottes", weil die Sage geht, die aus Aegypten zurückge=
rufene heilige Familie habe links vom Eingang in einer seitlichen Ver=
tiefung geruht. Gewöhnlich wird die Pforte von einem indischen San=
ton gehütet, der gegen ein Bachschisch jedem öffnet, welcher sich zum
Ablegen der Schuhe entschließt. Eben war, versicherten die Maltesen,
die Thüre eingeschlagen, und so die Prophetenschule Menschen
und Thieren ohne Weiteres zugänglich. Trotzdem fehlt noch viel, damit
sie als herrenloses Gut angesehen werden könnte. Noch finden periodisch
von Derwischen angeführte Processionen statt, und an solchen Ta=
gen trifft sich's mitunter, daß Steine an die Klostermauern fliegen; die
Führer der Verblendeten sind nämlich nicht blind, sondern verrückt.

Daß letzteres im eigentlichen Sinne zu nehmen sei, habe
ich zu Alexandrien gesehen. Als ich mich daselbst eines Abends
zum gefeiertsten Derwisch führen ließ, traf ich einen vollständig

---

*) Fahrngruber: Nach Jerusalem, S. 446.

Irrsinnigen. Derselbe hatte sich mitten auf der Straße — es war eine Sackgasse — häuslich niedergelassen. Sein Zelt bestand aus einem Sonnendach, das vornen von zwei Stäben, hinten von einer Wand gehalten wurde. Seine Kleidung war einfacher als die Adams nach dem Sündenfalle. Seine Beschäftigung ging darin auf, daß er das Wasser eines Loches, das er im Staube gemacht hatte, in ein zweites schöpfte und umgekehrt. Dazu führte er eschatologische Reden. Von den andächtigen Moslim, die im Halbkreise auf dem Boden saßen, fragte von Zeit zu Zeit einer, ob der Herr (Sidi) etwas zu essen wünsche. Er wollte eben nur Wasser. Eine verschleierte Frau weinte vor Rührung, und selbst mein französischer Begleiter sagte in einem fort: Que voulez-vous, c'est un saint*).

Mehr als nach el Chadr zog es uns links von der Villa an der minder steilen Südwestecke des Kap zur kühlenden Meeresfluth hinunter. Doch der Pater bemerkte, daß es für ein Seebad zu spät sei, und wir uns überdies in der unscheinbaren Entfernung täuschten. Bis zum Tell es-Semak, wohin unser Sinn stand, sei es $^1/_2$ Stunde. Dieser von den Wellen bespülte Hügel trägt die Ruinen einer untergegangenen Stadt, denen das neue Kloster einen guten Theil seines Baumaterials entnahm. Die Bedeutung des Namens (Fischerhügel) läßt an Purpurschnecken-Fischerei denken, was dann an die gleichnamige Küstenstadt Porphyreon am Karmel erinnerte, die im 5. Jahrhundert n. Chr. noch als Bischofssitz der Eparchie Phönicien erscheint. Andere glauben mit mehr Grund auf ein in den ältesten Itinerarien genanntes Kalamon, 12 Millien von Akka und 3 von Sykaminum, verweisen zu sollen. Gegen $^3/_4$ Stunden südöstlich vom Tell es-Semak mündet der bekannte Wadi es-Sêa oder das Märtyrerthal.

Schon war der feuerige Sonnenwagen in seine magisch erleuchteten Westhallen eingefahren, als ich meinen gefälligen Landsmann bat, noch eine Strecke weit das aromatische Buschwerk und die Kräuter mit mir zu durchstreifen, von welchen der berühmte Karmelitengeist kommt. Die Zeit der Einheimsung des Thymian, des Majoran, des Gamander, der Salbei und anderer Heilkräuter war schon so lange vorbei als die schöne Blüthezeit der

---

*) Was wollen sie; es ist ein Heiliger.

Anemonen, Narzissen, Ranunkeln und Orchideen. Dagegen schoben wir uns an breiten Büschen wilden Lorbeers vorüber, der, trotzdem er in Schiffsladungen ausgeführt wird, doch eigentlich das Feld beherrschte. Dazwischen stand weißliches Dorngestrüpp, klein- und großblätteriges Eichengebüsch, mitunter eine niedere Terebinthe und manches Andere, was ich nicht kannte.

Mitunter scheuchten wir ein Häuflein Vögel auf — es waren Lerchen, auch eine Kette Rebhühner. Außer diesen soll es viele Drosseln, Wachteln und Amseln geben. Schakale bellten nach allen Flanken. Gleich den Tigerkatzen, Leoparden und Hyänen, unter welchen sie hausen, kommen ihnen die Grotten und einstigen Eremitagen des höhlenreichen Gebirges sehr zu Statten. Nur vor dem hungerigen Leoparden und ungestümen Eber muß der Mensch etwas auf seiner Hut sein. Auf dem Boden traf man einzelne Exemplare jener losgewordenen Einlagen des weichen Kalk- und Kreidegesteines, welche zu einer bis zur Stunde kräftigen Eliassage Anlaß gegeben haben. Weil dieselben Aehnlichkeit mit versteinerten Kürbissen, Melonen, Aepfeln, Birnen haben und sich 1/2 Stunde vom Kloster, gerade über dem Märtyrerthal, besonders zahlreich finden, verlegt man dorthin einen merkwürdigen Garten, der einst die Wunderkraft des Elias erfuhr. Der Besitzer desselben wies nämlich einst den Propheten, der um eine Melone bat, mit der Lüge ab, was ihm Melonen schienen, seien nur Steine; dafür wurde der ganze reiche Segen sofort versteinert. Viele Pilger nehmen sich aus diesem s. g. Eliasgarten ein Andenken mit; doch sollen die Birnen gesuchter sein als die gewichtigeren Melonen.

Auf dem Rückweg traten wir in die absichtlich möglichst weitläufige Umfriedigung kleinerer Sanctuarien ein. Gleich den Gartenanlagen rechts und links und vor dem Kloster bewiesen sie ausdauernden Fleiß und Verständniß für die Landwirthschaft. Nach der Regenzeit soll auch der magere Boden die Mühe der Urbarmachung einigermaßen lohnen. Doch rechnet man nach Aussage des Paters eigentlich mit anderen Vortheilen. Ist nämlich die Umfriedigung eines neuen Kapellchens unbeschrieen und unbestritten geschehen, so haftet daran ohne Weiteres das Besitzrecht, und dieses erweist sich unter Umständen besonders wirksam, um sich unliebsamer Nachbarschaft zu erwehren. Außerdem herrscht in dem ganzen Bezirke des Klosters das Asylrecht. Die Blutrache der Mohammedaner bringt nicht über dessen Marksteine. Kommt ein Flüchtling glücklich hierher, so ist sein Leben gerettet. Er wird von seinen Angehörigen so lange unterhalten, bis sich ein Abkommen mit dem gekränkten Theile gefunden hat. In der Regel geschieht dies durch Geld. So erstickt bis zur Stunde die racheglühende Brutalität des unchristlichen Arabers in dem mächtigen Nimbus des Dschebel Mar Eliâs.

Wie die Moslim, Christen und Juden den Karmel heute mit Ehrfurcht und heiliger Scheu betreten, so thaten schon die Völker ferner Jahrtausende. Noch bevor jene beiden Herden existirten, welche Christus in einen Schafstall zu vereinigen kam*), sahen die Bewohner Asiens und Afrikas in der Massenhaftigkeit, Ruhe und Würde des herrlichen Berges untrügliche Zeichen der Nähe des Allerhöchsten, gleichviel welchen Ausdruck ihre Sprache dafür hatte. Und wie Jahrhunderte vor der Gründung Roms die Heiden bei verschlossenem Himmel im Namen Baals, die Juden im Namen Jehovas um Regen flehten, so schüttete nach Tacitus noch in der römischen Kaiserzeit alle Welt hier „ohne Tempel und Bild" die geheimsten Anliegen des Herzens aus — und zog getröstet von bannen. Insbesondere heißt es von Vespasian, dem Begründer der Imperatorendynastie der Flavier (69 n. Ch.), daß er sich beim Orakel des Gottes Karmelus Raths erholte und durch dessen Diener Basilides den Bescheid erhielt: „Was du auch vor hast, ein hoher Sitz wird dir zu Theil." So ist der Karmel ein altehrwür= diger, unverwüstlicher Gottesaltar, ein das Vertrauen der Menschen aller Zeiten genießender Berg des Gebetes, dem sich nicht leicht ein zweiter an die Seite stellen läßt.

Es war längst Nacht, als wir wieder zum stillen Kloster zurück= kamen. Hier nahm ich zunächst das übliche Geschenk der Karmeliter, bestehend in Skapulier, messingener Denkmünze und einem mit dem Klostersiegel versehenen Bilde der Mutter Gottes, in Empfang und erwarb noch einiges käuflich, bevor ich im Fremdenzimmer erschien. So war das Nachtessen fast vorüber, als ich nach herzlichem Abschied vom Pater meine Reisegefährten wieder traf. Ihnen leisteten die

*) Joh. 10, 16.

Gäste aus der „Villa“ Gesellschaft. Was mir indeß an der fließen=
den italienischen Unterhaltung minder gefiel, war das Bemühen der
redseligen Maltesen, den ohnedies schwachen Glauben an die Harm=
losigkeit der beschlossenen Tour „Bânias — Damaskus“ zum Wanken
zu bringen; doch mußten die Herren gestehen, daß sie nur vom
Hörensagen sprachen. Zeitig führte die Ermüdung beide Theile zur
Ruhe.

Dem Meer entlang nach Akka.

Nicht zu Pferd, wie wir gekommen waren, sondern zu Fuß zogen
wir Donnerstag, den 4. September, früh 6 Uhr aus dem
heiligen Bezirk des Klosters. Gerne hätte ich zum Abschied dem
guten Steiermärker noch die Hand gedrückt, aber weder Pater noch
Bruder zeigte sich; die Ordensregel gebot jetzt ausnahmslose stren=
ges Schweigen und geistige Sammlung. Das Frühstück hatte uns
ein Laie gerichtet, dem überhaupt die Sorge für die Fremden über=
tragen zu sein schien.

Daß man bergab nicht blos sicherer, sondern auch rascher zu
Fuß ging, zeigte sich bald dadurch, daß der Muker mit seinen zu=
sammengekoppelten Pferden weit hinter uns zurückblieb, trotzdem
wir gelegentlich die Stationen der Steige und die herrliche Gegend
beschauten. In der Ebene von Sykaminum ließen wir uns den
Eingang zur „Prophetenschule“ zeigen. Dann ging es tapfer Chaifa
zu. Es war ³/₄ 7 Uhr, als wir wieder durch die Templercolonie
ritten. So früh am Tage waren die Leute vor ihren freundlichen
Häusern. Die Männer meißelten und gruben, Weiber wuschen auf
den Staffeln, Mädchen trugen Wasser, Kinder spielten in den ge=
raden Gassen. Gerne hätte ich mich als Landsmann zu erkennen
gegeben, aber der voreilige französisch=deutsche Morgengruß meiner
Gefährten machte sie stutzig.

Zu Chaifa passirten wir die lange westöstliche Hauptstraße
und kamen dabei über den Sûk, der jetzt nichts weniger als über=
füllt war. Wer die Ramadhannacht gehörig begangen hatte,

schlief um diese Zeit. Zuletzt ging es durch winkelige Nebengassen unfern vom s. g. Hafen in's Freie. An den verwitterten Mauern des alten Kastells schwankten die dünnen Maste zweier verlotterten Barken. Größere Fahrzeuge, zumal Dampfer, sind genöthigt, des seichten Wassers wegen in weiter Ferne zu halten. Die Passagiere von Chaifa pflegen auf dem Rücken eines Arabers vom Lande in den Nachen getragen und dann zur offenen Rhede hinausgerudert zu werden. Letztere gilt, mit Jafa verglichen, noch für die minder gefährdete, so daß Schiffe, welche im Sturme die Landung vor Jafa nicht wagen konnten, vor Chaifa Anker zu werfen versuchen.

Wären wir nicht an unsere Pferde gebunden gewesen, so hätte sich die Seefahrt nach Akka nicht nur wegen ihrer Annehmlichkeit, sondern auch wegen ihrer Kürze empfohlen. Bei gutem Wind braucht eine Barke 1¹/₂—2 Stunden, Pferd oder Esel und ein vierräderiger Wagen der Templercolonie aber gut das Doppelte. Der Landweg, den wir wählten, war ohne alle menschliche Bemühung in besserem Stande als jede Straße, die wir bisher kennen gelernt hatten. Ohne Steine, Staub und Furchen, ohne zu steigen und sich zu senken folgte er dem Bogen der Meeresbucht. Einige Ruthen breit war der feine Küstensand durch den Wellenschlag der Art eben und festgedrückt, daß Fußgänger und Reiter, aber auch die schwerbeladenen Kameele, welche an uns vorüberzogen, keine Linie im feuchten Boden einsanken. Die einzige sichere Spur, daß früher schon jemand den Küstenpfad befahren hatte, waren die gebleichten Skelette gefallener Lastthiere. Trifft man diese an allen orientalischen Verkehrsstraßen — sie sind unsere Straßenbäume —, so wurde deren Wirkung hier durch den klaffenden Rumpf eines oder des andern gescheiterten Lastschiffes gesteigert. Die Brandung war demnach schon minder sanft gewesen als eben, wo sie kühlend die Füße unserer Pferde umspielte.

Fünfunddreißig Minuten von Chaifa hielten wir an der Mündung des Kison. In der Regenzeit laufen Reiter und Wagen Gefahr, in's Meer hinausgeschwemmt zu werden, und die Lastthiere sind genöthigt einen weiten Umweg zu machen. Jetzt empfand Niemand den Mangel einer Brücke; der Bach hatte die Breite von etwa 12 Schritten und die Tiefe von ¹/₂—1 Spanne. Munter floß sein klares Wasser in den Golf ab; es entnahm also den bittern

Geschmack, der mich gestern bei der Kisonbrücke überrascht hatte, un=
möglich den Meereswellen. Weil die Hitze sich Anfangs bemerklich
machte, stampften die Pferde mit einem gewissen Behagen in das
kühle Naß, und die Reiter ließen sich gerne davon bespritzen. Gleich=
zeitig begann die freudig erregte Phantasie die ruhmbedeckten Helden=
gestalten der Kreuzzüge aus ihren nahen und fernen Gräbern her=
beizuzaubern. War es doch kein Geringerer als Richard Löwenherz,
der sich im August 1191 auf dem Wege nach Chaifa und Askalon
mit glänzender Bravour gegen die Scharen Saladins den Uebergang
über die Kisonmündung erzwang. Zudem lag Akka fast drei Stunden
lang immer gleich nahe vor uns, dessen Sand und Staub einst das
geheiligte Blut von ungezählten Streitern Christi bis zur Ueber=
sättigung einsog. Es kam mir vor, als erfülle die plätschernden
Wellen zur Linken, die säuselnden Palmkronen der Gärten zur Rech=
ten, ja die sandige Küste, über die wir ritten, und das herrliche
Blau des hohen, heitern Himmels nur ein Drang, nämlich
schwachen Epigonen von den Riesenkämpfen ihrer großen Ahnen zu
erzählen.

Zur Abwechslung sprengten meine Gefährten zuweilen in das
seichte Meer hinaus. Ein nackter Fischer mit Seil und Netzwerk
ging auf den Fang; er entbehrte nicht nur jeder menschlichen Bei=
hülfe, sondern verfügte auch über keinerlei Fahrzeug. Schwerbe=
ladene Frauen trugen das Gepäck ihrer vornehmen Männer gegen
Chaifa, wie der Packesel das unserige gegen Akka; nur trabten die
Moslim nicht zu Pferd, sondern zu Fuß nebenher. Aus wandeln=
den Güterwägen wuchs einem der lange Kameelhals mitunter
so unvermuthet entgegen, wie etwa aus der Fleischmasse des zur
Schau ausgestellten Elephanten der Rüssel. Der Meeresstrand
fesselte nämlich den Blick vielfältig an den Boden. Da lagen die
interessantesten Muscheln — theils geschlossen, theils offen. Aus
letzteren schimmerten die zartesten Farben heraus. Einige prangten
im feinsten Roth einer Farbenschachtel und erinnerten unwillkürlich
an die Heimath der tyrischen Purpurschnecke. Sie wurden je näher
bei Akka, desto seltener. Dasselbe könnte man nicht auch von den
munteren Seespinnen sagen, deren Kunststücke im Laufen und
Schwimmen wirklich spaßig waren: von denselben wimmelte der
Küstensaum von Anfang bis zu Ende. Sie waren von der Größe

eines Daumens bis zu der eines Kinderfäustchens, faßten wie die
Kutschen des vorigen Jahrhunderts im hohen Gestell ihrer Beine,
liefen, ohne umzukehren, gleich gewandt vorwärts, rückwärts und nach
beiden Seiten, rollten gleich Wägelchen der Brandung voran und
schlugen troß englischen Clowns noch dazu muthwillig das Rad,
ließen sich das eine mal vom Waffer landwärts oder seewärts tra=
gen, das andere mal, an den Sand angeklammert, von der kommen=
den und gehenden Flut überholen, standen das dritte mal über
den sanften Wellen und dirigirten sie, als wären sie die geborenen
Kutscher eines Meergottes.

Noch 15 Minuten mochte es bis nach Akka sein, da hielten
wir vor einer Curve des Nahr Namân. Dies war der Belus
oder der Baalsfluß der Phönicier und noch früher vormuthlich der
Schihor Libnath, die von Josua gezogene Nordwestgrenze des
Stammes Affer *). Nach dem Berichte des Tacitus **) wurde einst
der Kies seiner Mündung, mit Natron gemischt, zu Glas geschmolzen,
und Plinius will wiffen, daß die Mannschaft einer mit Natron
beladenen Barke hier beim Abkochen zufällig die Entdeckung der
Glasfabrikation machte ***). An den Ufern desselben Fluffes soll
das großartigste Monument „des schönsten der Krieger", des Mem=
non der Odyffee (11, 522) — bekannter ist deffen tönende Statue
im hundertthorigen Theben — gestanden haben; das pyramidale
Mausoleum hatte 100 Ellen in der Länge und Breite.

Aus dem Belus haben seit dem grauen Alterthume nicht nur
die Bewohner, sondern auch die Bedränger der nahen Stadt auf
der nordwestlichen Landzunge des Golfes ihr Trinkwaffer geschöpft,
gleichviel welcher Nationalität die einen oder die andern angehörten,
und welchen Namen die Stadt selber jeweils führte — wir kennen die
Namen Akko, Ptolemais, St. Jean d'Acre und Akka. Hier lagen unter
andern die müden Scharen des glänzenden dritten Kreuzzugs, die
gottbegeisterten Kämpen eines Friedrich von Schwaben, eines Philipp
August, eines Richard Löwenherz. Von hier aus unterhandelte der
stolze Führer des vorletzten Kreuzzuges mit dem ägyptischen Sultan
Melik el Kâmil über die Abtretung Jerusalems, um sich schließlich
in unheiligem Zorne an heiliger Stätte selber die Krone aufzusetzen.

---

*) Cp. 19, 26.　　　**) hist. 5, 7.　　　***) hist. nat. 36, 26.

Auf die Waſſer des Nahr Namân ſtützte ſich 1799 Buonaparte und erſt 1832 wieder Ibrahim Paſcha, der geniale Adoptivſohn Mohammed Alis († 1849). So ſtiegen wir denn von den Pfer= den, um auch aus dem berühmten Fluſſe zu trinken. Eingedenk der bibliſchen Mahnung, dem dreſchenden Ochſen das Maul nicht zu verkörben, entledigten wir jedoch zuvor unſere Thiere der Trenſen.

Letztere ſtellten ſich ſofort mitten in das Waſſer, w i r ſchöpften an deſſen linkem Ufer. Mein erſter Gedanke war, daß der Chriſtengott ſeinem bevorzugten Europa nicht nur hundertmal mehr, ſondern auch um fünfzig Procent beſſeres Waſſer zu geben weiß, als der heidniſche Baal einſt ſeinen Syrern und Aſſyrern gab. Es war matt und fad — und dabei doch nicht von ſäuerlichem Geſchmacke frei. Daß auch der Moslim vom Belus nicht beſonders entzückt iſt, dafür ſpricht die Waſſerleitung Dſchezzâr Paſchas, deren Hunderte von Bogen nicht ſüdöſtlich, ſondern nordöſtlich nach den galiläiſchen Bergen weiſen. Doch mußte ſein Waſſer in Vergleich mit dem bittern Meer und ſelbſt mit dem untern Kiſon als das Geſchenk eines guten Gottes erſcheinen. Es war immerhin trinkbar und floß jeder Zeit reichlich genug, um Stadt und Land, Menſchen, Thiere und Pflanzen zu erquicken. Wir fanden den Belus entſchieden tiefer als den Kiſon. Um die Pferde und insbeſondere den heiklen Eſel wieder herauszuholen, ließ der Muker nicht nur ſeine großen Schuhe am Ufer, ſondern ſchob auch die Schlußbänder ſeiner bauſchigen Hoſenbeine in die Höhe. Die durchſchnittliche Tiefe betrug einen Fuß, die Breite wie beim Kiſon gegen 12 Schritte.

Der Fluß ſchien wegen ſeines d u n k l e n Grundes beträcht= licher als er war. Nicht weil das Meer ſich ihm entgegen= ſtemmt, glitt er ſ ä u m i g und träg dahin, ſondern der kurzen ſüdlichen Biegung wegen, die er vor ſeiner Mündung machte. Von Sümpfen, wie ſie die Karte hier haben wollte, war jetzt nichts zu ſehen. Die n i e d e r e n Ufer entbehrten eine Strecke lang jeder Vegetation. Weiterhin verſchwanden ſie in der Wildniß, welche die bisher bewunderten Palmen umſchloß. Weil der Fluß in der Küſtenebene augenſcheinlich nordöſtlich zog, verlegte ich vor= eilig ſeine Quelle in die Nazarether Berge. Zugleich verleitete auch ſein verhältnißmäßiger Waſſerreichthum ihm einen langen Lauf zu geben. Nachträglich merkte ich, daß wir von Chaifa her ſeinem

Ursprung bis auf ½ Stunde nahe gekommen waren, und daß seine Länge wenig über eine Stunde beträgt. Von den Dächern Akkas aus sieht man den frei in die Küstenebene vorgeschobenen Tell Kurbâni, hinter welchem dessen reiche Quelle (die Alten fabeln von einem See) entspringt. Nimmt man zu der fast wunderbaren Kürze des Belus die einstige Glasbereitung aus seinem Sande und den ehemals äußerst ergiebigen Purpur=schneckenfang — wir sahen keine Spur von dem stacheligen Schalthier — so erklärt es sich, wie das im Süden vollkommen gewürdigte Wasser zum Namen des höchsten Gottes Syriens kommen konnte.

Jenseits des Flusses ging es in tiefem Staub etwas bergan. Bald roch man zu beiden Seiten die Abfälle der Stadt. Magere Hunde benagten zum zehnten oder zwanzigsten mal die gleichen Knochen; keiner nahm sich Zeit uns anzubellen. Weil die Stadt nur ein Thor hat, muß natürlich aller Unrath recht nahe bei diesem angehäuft werden. Zur Zeit der Kreuzfahrer gehörte der heutige wüste Vorplatz Akkas ohne Zweifel zu dessen schönsten Quartieren; denn damals sprach man von St. Jean d'Acre am Belus wie von Köln am Rhein.

Einen hübscheren Anblick bot links der Hafen und die offene See. Unfern der Südostecke der Stadt stand ein isolirtes Festungswerk, wohl der „Fliegenthurm,“ welcher einst den jetzt versandeten Hafen decken half. An seinen schwarzen Mauern stieg die schäumende Salz=fluth mit auffälligem Ungestüm in die Höhe. Ein zerfallener west=östlicher Molo schied den kleinen Hafen von der südlich vorge=lagerten Rhede, auf welcher periodisch ein russischer Dampfer an=legt, um die aus Syrien aufgestapelten Waaren weiter zu führen. Innerhalb des Molo zogen einige Fischernachen an den Seilen, welche sie an das Festland banden, während an der östlichen Stadtmauer große Barken mit Masten und Takelwerk kühn empor=stiegen, um jedesmal mit Donnern wieder herabzufallen. Es gab eine Zeit, wo die Schiffe der Genuesen, Pisaner, Venezianer, Amalfitaner und überhaupt des ganzen seefahrenden Westens so ausnahmlos diesem Hafen zusteuerten, wie sie jetzt ausnahmslos denselben meiden. Diese Periode begann 1104 mit der Erstür=mung der moslimischen Veste, erreichte ihren Höhepunkt um 1191 und war zu Ende im Mai 1291. Während derselben sollte nicht blos die eine oder andere italienische Handelsrepublik, sondern die Seemacht der gesammten Christenheit hier sich wiederholt mit derjenigen des afrikanischen und asiatischen Islam messen, ruhmvoll siegen und dann auf lange erliegen, ja erst im 19. Jahrhundert wieder Proben von nicht geahnten Fortschritten und beunruhigender Ueberlegenheit geben.

Die Stadt war von jeher über die Hälfte vom Meere umflutet, daher auch ihre Eroberung und Behauptung nie ohne eine starke Flotte möglich. Gottfried von Bouillon mußte in Ermangelung einer solchen einfach an Akka vorüberziehen (1099). Balduin I. rückte mit allen Streitkräften des neuen Königreichs 1103 vor die Festung, nahm sie aber 1104 erst durch die Hülfe der Genuesen. Saladin bemächtigte sich fünf Tage nach der Schlacht bei Hattin (1187) ohne Schwertstreich des hochwichtigen Stapelplatzes der Christen und machte ungeheuere Beute; es geschah unter dem ersten Eindruck der gänzlichen Niederlage des Kreuzheeres. Als sich zwei Jahre später (1189) der König Guido von Lusignan davor legte und die berühmte Belagerung begann, zu welcher allmälig der ganze Orient und Occident seine Streitkräfte schickte, war er begleitet von der Flotte der Pisaner. Auch gab nach zweijährigem Riesenkampfe nicht der ständige Zuzug von Landtruppen, sondern die ersehnte Flotte Richards von England den Ausschlag für die christlichen Waffen (1191). Anderseits mußte nach zweimonatlicher Belagerung General Buonaparte (1799) unverrichteter Sache abziehen, trotzdem seine Feuerschlünde die Mauern der Landseite oftmals durchbrachen, und seine Krieger nicht weniger als achtmal in den Breschen standen, ja eine Abtheilung Soldaten bis in's Innere der Stadt vordrang. Seit Abukir (1. August 1798) fehlte ihm die Flotte; Sidney Smith behauptete das Meer und deckte mit englischen Schiffen Akkas Seeseite. Wenn Dschezzâr Pascha in seiner Grabschrift vom Jahre 1804 nachgerühmt wird, er habe Buonaparte besiegt, so belehrt uns letzterer eines Bessern, wenn er von Englands damaligem Flottencommandanten in der Levante sagt, dieser habe ihn um sein Glück gebracht.

Zu unserer Rechten hatten wir einen langgezogenen Erdhügel. Sein Ostende bezeichnete man uns als Hügel Richard Löwenherz, sein Westende als Fort Napoleon. Jener liegt 100' über dem Meer, dieses hat die Höhe der platten Dächer der Stadt und kommt ihr zugleich so nahe, daß es sie, abgesehen von der heutigen Vervollkommnung der Geschütze, bereits mit Napoleonischen Kanonen bestrich. Da dieser Hügel für das feste Akka noch Brach liegt, so erhellt von vornherein, wie es mit dem Festungscharakter des altberühmten Platzes gemeint ist. Uebereinstimmend damit fehlt auch der Stadtgraben, welcher den stürmenden Franzosen einst so hinderlich war. — Vor dem einzigen Ostthore liefen alle Wege aus Norden, Süden und Osten zusammen. Im kühlen Schatten desselben unterhielten sich die würdigen Väter der Stadt, und wir selber begannen neu aufzuathmen. Der Muker erkundigte sich nach dem Dêr latîn, d. i. lateinischen Kloster; denn wir rechneten um so sicherer auf Unterkunft, als wir zu Nazareth bereits einen der hiesigen Söhne des heil. Franziskus kennen gelernt hatten.

Akka, Akko, Ptolemais, St. Jean d'Acre.

Derselbe war am gleichen Morgen, an welchem wir nach dem Karmel gingen, von Nazareth aufgebrochen, um auf seinen Posten in Akka zurückzukehren; nur hatte er zum Unterschied von uns seinen Muker bereits auf ein Uhr bestellt, was uns der doppelten Bedenklichkeit des Weges halber fast vermessen vorkommen wollte. Auf dieser Route, hatte man uns wiederholt gesagt, könne man nämlich nicht nur von Räubern überfallen werden, sondern sich auch das Nervenfieber holen. Das Ordenskleid des heil. Franciskus schützte aber schon der leichten Verwechslung wegen bei Nacht weniger vor der Habsucht eines Wegelagerers als bei Tag. Anderseits war die Malaria oder böse Luft der Niederungen im trockenen Sommer viel giftiger als im nassen Winter und jeweils zur Nachtzeit wieder am gefährlichsten. So einladend, ja verführerisch die Nachtpartien erschienen, und so selbstverständlich sie den Last-thieren zu Liebe bei der arabischen Handelswelt waren, so wür-den sie uns Europäern überall als gesundheitswidrig widerrathen, und der eine oder andere von uns mußte es irgendwie büßen, wenn

wir dem wohlgemeinten Rathe einmal nicht folgten. Blos vor Mitternacht reisten wir ohne Anwandlung von Fieberschauern. Unser
mehr acclimatisirter Klosterbruder hielt gestern früh (um $1/_2$ 8 Uhr)
seinen Einzug zu Akka: er hatte auf dem Wege keine unangenehme
Begegnung gehabt und verspürte heute auch keinerlei schlimme Nach-
wehen von seinem nächtlichen Ritte. In derselben guten Laune,
in welcher er zu Nazareth seine reichen Reiseerlebnisse erzählt hatte,
übernahm er hier unsere Begrüßung und Führung, als wir (um
$1/_2$ 10 Uhr) vor dem Convente abstiegen.

Unsere ersten Fragen betrafen das absonderliche Kloster.
Nachdem wir nämlich einen großen ungepflasterten Hof mit einem
öffentlichen Brunnen — überschritten hatten, ging es auf hoher
Stiege zu einer ungedeckten geländerten Gallerie hinauf, welche ringsum den vier Wänden des Hofes folgte. Aus dem weitläufigen
Quadrate führten überall Thüren heraus, deren bunte Staffage
auf Miethwohnungen schließen ließ. Auch der Eingang zu den
Räumen des Convents hatte dieses Gepräge. Wirklich befanden
wir uns inmitten des großen öffentlichen Chanes. Sein unterer
Stock diente als Waarenlager und Stallung, während der obere
zu kleinen und großen Wohnungen eingerichtet war. Menschen und
Thiere fanden eben kühlen Schatten darin; im Winter dagegen soll
die schlechte Unterhaltung des Gebäudes empfindlich werden, und
der abgesperrte Hof zeitweilig einem See gleichen. Außer den
nöthigen Zimmern für vier Conventualen und einem geräumigen
Divan zur Aufnahme von Fremden verfügten die Mönche noch
über eine Schule, welche die Knaben von 30—35 katholischen und
gleichvielen griechisch-orthodoxen Familien besuchten. In der Nähe
unterrichteten die „Frauen von Nazareth" 125 Mädchen verschiedener Bekenntnisse und unterwiesen sie in allerlei Fertigkeiten.
Sonst war die größte Merkwürdigkeit am Chane der weite Blick
von seinem hohen platten Dache. Um das schöne Panorama vor
der ärgsten Hitze noch zu genießen, stiegen wir nach kurzer Erholung
hinauf.

Akka mit Einschluß des alten Hafens würde ein südwärts laufen-
des Rechteck bilden; ohne denselben fehlt diesem jedoch die Südostecke,
und der Stadtplan ähnelt dem Dreieck. Dessen abgestumpfte Spitze
ist dem Karmel zugekehrt und bildet so das nördliche, wie dieser

das südliche Ende der ganzen halbkreisförmigen Bucht. Sie er=
streckt sich als flache Landzunge und unterseeische Sandbank weit
in das Meer hinein. Als Stadttheil war diese Spitze immer von
Natur am stärksten und darum auch am wenigsten befestigt. In
demselben lag unser Chan, und zwar so nahe am alten Hafen,
daß seine Fluten dessen einen Flügel bespülten. Ein anderes
Gebäude konnte sich hier nicht mit ihm messen. Altehrwürdig erschien
der feste „Fliegenthurm" im Hafen. An den Glanz des Mittelalters
erinnerten die seit der Beschießung von 1840 restaurirten Ring=
mauern und Basteien. Dieselben vermögen in Beduinen, Drusen
und kindlichen Arábern noch das Gefühl unüberwindlicher Stärke
zu erzeugen, trotzdem sie den Zerstörungsmaschinen Krupp'scher
Werkstätten keine Stunde mehr widerständen. Besonders schön
war der Blick auf die endlose See. Jetzt sah man's ihr nicht
an, daß sie am Schreckenstag von St. Jean d'Acre (18. Mai
1291) sich auch gegen die Unglücklichen verschwören und die Hülfe=
suchenden theils fühllos an's Land zurückstoßen, theils in ihrem
Abgrund begraben konnte. Echt orientalisch erschien der von Helden=
blut getränkte Küstensaum der Bucht durch den stattlichen Palmen=
kranz, der ihn umsäumte. In majestätischer Ruhe lag der Berg=
rücken des Karmel da — mit der ganzen Wucht seiner Masse über
Land und Meer hingestreckt und als Dschebel Mar Eliâs zugleich
in ein mysteriöses Duftgewand gehüllt.

Zieht man vom Stadtthor aus eine gerade Linie westwärts
und führt dieselbe bis zur Ringmauer — zur Hälfte ist dies die
Bazarstraße —, so schneidet sie die Stadt in zwei nahezu gleiche
Theile. Im Gegensatz zum bevölkerteren südlichen erscheint der kleine
nördliche nicht spitz, sondern viereckig, ist nicht auf drei Seiten,
sondern auf einer vom Meere begrenzt und stößt dafür auf zwei
andern an's Festland. Hier war von jeher die verwundbare Stelle
der Stadt. Darum standen hier auch zu jeder Zeit deren stärkste
Mauern und Vorwerke, so nordöstlich der bei der Belagerung
von St. Jean d'Acre viel genannte „verwünschte Thurm". und
nordwestlich die Kastelle der Templer und Johanniter. Heute
noch erhebt sich in der Nordwestecke Aklas die von türkischem
Militär besetzte Citadelle, und vier bis fünf schadhafte Thürme
überragen die Nordmauer. Ebenso unverkennbar ist es bei der

durch den alten Hafen verkürzten Oſtmauer der urſprünglichen Anlage nach auf beſondere Feſtigkeit abgeſehen. In dieſem weſt=öſtlich ziehenden (nördlichen) Rechteck liegen gleich der türkiſchen Citadelle und dem Militärlazarethe, das für einen Reſt des ehemaligen Johanniterkloſters gilt, faſt nichts als ſtaatliche und ſtädtiſche Gebäude. Noch auffälliger, als die Peterskirche Rom und die Paulskirche die City von London, überragt die moderne Dſchezzâr=Moſchee, welche die ganze Nordoſtecke der Stadt wegnimmt, Syriens einzige Küſtenfeſtung Akka. Schon daraus erhellt, daß ſich deren Erbauer Achmed Paſcha mit dem entehrenden Beinamen Dſchezzâr, d. h. der Schlächter, nicht mit allzu hohen Ideen trug. Bei dem zweiſtündigen engliſch=öſterreichiſchen Bombardement im Jahre 1840 hat ſelbſtverſtändlich kaum ein Gebäude ähnlich gelitten.

Ein Tyrann vom Kaliber Dſchezzârs — man ſagt ihm unter anderem nach, er habe von zwei ſich ſtreitenden Soldaten den einen geſotten vom anderen aufzehren laſſen — läßt ſich ſelbſt bei einem Moſcheebau nur ein Werk der Selbſtſucht erwarten. Wirklich wollte er ſich durch denſelben nur ein durch die Religion geſchütztes Grabmal errichten, wie auch die fürſtlichen Erbauer jener Moſcheegruppen im Sande öſtlich von Kairo thaten, welche unter dem Namen Chalifen= und Mamlukengräber bekannt ſind. Das Innere zerfällt wie jede Gam'a oder wirkliche Moſchee — Mesdſchid, wovon das deutſche Wort kommt, iſt nur ein Betſaal, in dem der Freitagsgottesdienſt verboten iſt — in einen Hof (Schachn) und das eigentliche Sanctuarium (Livân). Beide Theile der Dſchezzâr=Moſchee betritt man jetzt um ein Bachſchiſch von $^1/_2$ bis 1 Franken, nachdem man ſich der Schuhe entledigt hat. Am Ende des gedeckten Bazars führen halbkreisförmige Staffeln auf die erhabenen Subſtructionen des Gebäudes. Von einer Art Perron tritt man durch das Portal in den glänzenden viereckigen Hof. Ueber deſſen Rändern ſchweben die Rippengewölbe luftiger Arkaden, getragen von den Granit= und Marmorſäulen der Ruinen von Cäſarea, Askalon und Tyrus. Der weite Mittelraum iſt mit weißem Marmor geplattet. Unſymmetriſch gepflanzte Bäume — darunter Palmen — werfen etwas Schatten. Unfern vom Eingang zur Moſchee im engeren Sinn ſteht das Sebîl, d. i. der Brunnen für die Waſchungen, ſeitwärts die Makſchura, d. i. das Marmorgrabmal Dschezzâr Paschas. Der gewaltige Kuppelraum jener ist, wie auf dem Boden, so an den Wänden, (unten) mit Marmor=plättchen belegt und (obenher) mit Koransprüchen und linearen Ver=zierungen überladen.

Außen sieht man zuerst ein großes, weißübertünchtes Quadrat, die hohen Außenwände des allumfassenden Hofes. Aus demselben steigen sodann vier riesige Mauern, die mit Kalk beworfenen Wände der eigentlichen Moschee, in die Höhe. Auf dem platten Dache dieses Würfels erhebt sich zuletzt eine großartige Kuppel. Da zur Gliederung und Belebung solcher Flächen fast gar nichts geschehen ist, so erinnert das colossale Gebäude nicht blos in seiner Anlage, sondern auch in seiner Monotonie und Einförmigkeit an die auseinander hervorkommenden Behälter und Kessel einer Gasfabrik. Auf der Façade ist das geistreiche Bild eines ungeheueren Hofthores abgeprägt. Eine wagrechte Leiste scheidet dessen vertieftes Feld in einen viereckigen und runden Raum. Abgesehen von den drei gewöhnlichen und dem einen Rundfenster unter und über dieser Leiste erhält die Moschee all ihr Licht von oben. Doch kommt solches nicht von der Kuppel selber, sondern von der Trommel, auf welcher diese ruht. Letztere ist von zwölf Fensteröffnungen durchbrochen, und ihre Tragkraft nach je zwei Fenstern durch einen seitlich über das Dach gesprengten Strebebogen unterstützt. Die von einer magern Spitze und dem Halbmonde überragte Kuppel wurde erst im Jahre 1868 neu gebaut; sie drohte seit der Beschießung vom Jahre 1840 den Ein=sturz. Höchst eigenthümlich wiederholt sich — selbst mit Einschluß der Spitze — die verjüngte Gestalt dieser Kuppel über dem schmalen Dache der Arkaden, welche den Wänden des Hofes folgen; ich selber zählte sechszehn solche verkleinerte Kuppeln.

Zur Dschezzâr=Moschee gehört auch das schlankste der 5—6 Mina=rete Akkas. Haben diese alle die stilgerechte Dünne des Orientes, so schießt das Minaret Dschezzârs wie eine Rakete über die andern empor und erinnert dabei an die Composition der Obelisken, wie sie aus einer monolithen Säule und abschließenden Spitze, dem s. g. Pyramidion, bestehen. Innerhalb einer Lukenspirale steigt der Muezzin den zierlichen Schaft dieses Gebetsthurmes empor und tritt in schwindelnder Höhe auf seine freie Gallerie.

Das öffentliche Leben Akkas hat ein so ausgesprochen moslimisches Gepräge, daß ich darauf gewettet hätte, kein Procent von den 8000 Einwohnern sei christlich. Ich war darum höchlich erstaunt, als ich hörte, über ein Viertel bekenne sich nicht zu Mohammed, nämlich 1800 Griechen, 400 Maroniten, 160 Lateiner und eine noch kleinere Anzahl Juden. An den größeren Straßen Akkas fiel mir zum ersten mal ihre echt orientalische Anlage auf. Dieselben hatten zwei breite Fußsteige, aber in der Mitte keinen gewölbten Fahrweg; vielmehr bildeten jene einander zugekehrte schiefe Ebenen, zwischen welchen gerade noch Raum blieb für einen 2—3' breiten Saumpfad. Derselbe war vertieft und mit schrecklichem Pflaster belegt, so daß Pferd und Esel, insbesondere aber das breitbeladene Kameel, zum Vortheil der Fußgänger, ja der Läden und Häuser in ein enges Geleise gebannt schien. Dies fanden wir so lange praktisch, als die Thiere in gleicher Richtung gingen. Galt es hingegen auszuweichen, so sprühte auf dem schiefen Trottoir nicht blos das Feuer aus allen Hufen des Pferdes, sondern es bestand auch die Gefahr, daß es mindestens die Gemüthsruhe eines der gravitätisch einherschreitenden Gottesgelehrten koste, wenn nicht den ausgestreckten Fuß eines öffentlich der Ruhe Beflissenen oder den zerbrechlichen Kram einer vermummten Hökerin oder das von Wasser strotzende Ziegenfell samt dem kreischenden Manne, der es feil trug. Die Möglichkeit des Verkehres europäischer Fuhrwerke war von vornherein ausgeschlossen. Nachmals trafen wir diesen eigenthümlichen Straßenbau wieder zu Damaskus.

Trotz der Nähe des Meeres fanden wir die Sonnenhitze fast unerträglich. Da auch der schwierigste Theil des Tagewerkes unser noch harrte, verzichtete ich gern auf den Besuch der öden Gassen und Wälle, innerhalb und außerhalb welcher die spärlichen Mauerreste vom alten St. Jean d'Acre liegen, sah mir aber wenigstens aus der Höhe die verborgenen Stätten der denkwürdigsten Thore, Thürme, Kastelle, Paläste und Kirchen an. Da hatten wir vom Chane westwärts die ehemalige Kirche des heil. Andreas, ostwärts den alten Fliegenthurm, nördlich mitten in der Stadt den Palast des Großmeisters der Johanniter und von dort in gerader Linie östlich hintereinander ein Nonnenkloster, die Johanneskirche und das Antoniusthor. Wie die Nordostecke Akkas selbst der „verwünschte Thurm," so war ungefähr die Nordwestecke der feste Palast oder „die Burg" der Templer, welche am 19. und 20. Mai 1291 den Schauplatz zum grauenhaftesten Nachspiel der Einnahme St. Jean d'Acre's abgab. An diesen Tagen wehrten sich nämlich noch in allen festen Häusern der brennenden Stadt zersprengte Christen um Freiheit und Leben, von den Zinnen und Thürmen der Templerburg herab aber fünf bis sechs tausend Männer mit ihren Frauen und Kindern. Dafür, daß nach einer ersten Kapitulation die Männer die Schändung der Ihrigen nicht ertrugen, wurde nach einer zweiten Kapitulation der Zusicherung freien Abzugs entgegen der streitbare Theil der Besatzung elend ermordet, der wehrlose als Beute in Knechtschaft abgeführt.

Das heutige Akka ist eine neuere arabische Stadt. Dieselbe begann nach gänzlicher Zerstörung St. Jean d'Acre's mit einer **Militärstation** von 60 bis 80 Söldnern, welche mit den christlichen Pilgern, deren Weg vorüberführte, aßen und tranken, und selbst den verbotenen Wein nicht immer verschmähten. Dafür erwiesen sie sich gefällig und gaben sicheres Geleite. Der äußerst vortheilhaften Lage wegen erbauten die ägyptischen Zerstörer hier bald wieder eine feste Stadt. Im Jahre 1517 kam diese samt der stolzen Mamluken-Residenz Kairo unter die Herrschaft der Osmanen-Sultane von Stambul. Dieselbe sollte jedoch unter den Türken so wenig als unter deren Vorgängern eine Rolle spielen. Erst in der zweiten Hälfte des vorigen Jahrhunderts brachten sie revolutionäre Emporkömmlinge vorübergehend in die Höhe. Es war der Schêch Daher el Omar, der von hier über Samaria und Dschezzâr Pascha, der von hier über Phönicien und halb Cölesyrien herrschte. Jener wurde 1775 enthauptet, dieser starb 1804 eines natürlichen Todes und hatte zum Nachfolger seinen Sohn. Im Jahre 1820 traten die Türken in ihre alten Rechte ein, aber schon im Mai 1832 entriß diesen Ibrahim Pascha nach sechsmonatlicher Belagerung wieder die Festung, und sie blieb ägyptisch bis 1840.

Akka ist nur die arabische Form vom biblischen Akko, dieses aber der älteste bekannte Name des Platzes. Wo er das erste mal in der heiligen Geschichte auftritt*), bildet er den Gegenstand

*) Richt. 1, 31.

eines Vorwurfes für Affer. Dem ausdrücklichen Befehle Gottes entgegen „wohnten die Söhne Affers mitten unter den Kanaanitern, den Eingebornen des Landes." So wenig als die heidnischen Bewohner von Achsib und Sidon, „vertrieben sie die Bevölkerung von Akko," trotzdem diese Stadt zu ihrem Gebiete zählte. Darum blieb sie heidnisch und galt auch bei den griechischen und römischen Schriftstellern nur für eine phönicische Stadt; die Kinder Israels bildeten nie mehr als einen kleinen Bruchtheil der Bevölkerung. Ob sie ihren Namen dem „Küstensand" (Gesenius) oder der „Biegung" (Hitzig) des Golfes verdankt? Ob die Griechen von der „Landspitze," auf welcher sie liegt, oder gar von der „Heilung" des Hercules, nachdem ihn eine Schlange gebissen hatte, die ihnen geläufige Bezeichnung Ake hernahmen?

Nach dem Untergang von Alexanders Weltreich (um 300 v. Chr.) kam der Name Ptolemais auf. Man streitet, ob er vom ersten (Lagi) oder zehnten (Lathyrus) Ptolemäus stammt; die Zeit dieser ägyptischen Könige läge 200 Jahre auseinander. Doch ist alle Wahrscheinlichkeit dafür, daß Ptolemäus Lagi damit gemeint ist, dem mit der Schlacht bei Ipsus (301) der syrische Küstenstrich samt seinem gebirgigen Hinterland, Cölesyrien und Palästina, zufiel. Wie dieser auf seinem Rückzug vor dem überlegenen Antigonus früher die Mauern Akes schleifte, so stellte er sie als glücklicher Besitzer von Phönicien wieder her und knüpfte daran seinen Namen. Dieses Ptolemais steht ein Jahrhundert später unter den Seleuciden. Angesichts der glänzenden Erfolge Judas des Makkabäers (166—161) über Antiochus und Lysias fällt es im Bunde mit Tyrus und Sidon in das jüdische Gebiet ein, muß aber „in vielen Treffen" dafür büßen. Judas' Bruder Simon verfolgt die verbündeten Heiden bis an das Thor von Ptolemais*), und beim nächsten Friedensschluß wird es sogar „als Geschenk für den Tempel zu Jerusalem" abgetreten „zum gebührenden Aufwand für das Heiligthum" **). Doch gewannen die Juden mit der Stadt nicht auch deren Sympathien; denn als der Priesterkönig Jonathan im Jahre 143 mit 1000 Mann „nach Ptolemais kam, schlossen die Bewohner von Ptolemais die Thore,

---

*) 1. Makk. 10.   **) l. c.

nahmen ihn und sein Gefolge gefangen und tödteten sie mit dem Schwerte." „Ganz Israel gerieth darüber in Trauer" — und es hieß: „Sie haben keinen Führer und Helfer mehr*"). Unter Alexander Jannäus (106—178 v. Chr.) gaben die Juden den schwierigen Posten ein für allemal auf. Strabo (um 40 v. Chr.) nennt Ptolemais „eine große Stadt", Plinius eine privilegirte „Colonie des Kaisers Claudius" (41—54 n. Chr.), was die späteren Münzen bestätigen. Als der Völkerapostel im Frühjahr 58**) von seiner dritten großen Reise zurückkehrte, fuhr er mit seinen Begleitern „von Thrus nach Ptolemais" und blieb dort „bei den Brüdern einen Tag"***). Vom Jahre 198 an unterzeichnen die Bischöfe von Ptolemais die Beschlüsse aller wichtigeren orientalischen Synoden. Einen schlimmen Wendepunkt brachte die Eroberung durch Omar (638): vom christlichen Ptolemais hörte man bis auf Gottfried von Bouillon und Balduin I. nichts mehr.

Unter den **Franken** erreichte Ptolemais seinen **Glanzpunkt**. In dieser kurzen Periode (1104—1291) schwang es sich zur Rivalin von Köln, der Fürstin der rheinischen Städte, empor, wurde und hieß allmälig auch St. Johann zu Akko, französisch St. Jean d'Acre. Unter diesem Namen steht es wegen seines Reichthums und Luxus, wegen seiner Stärke und Schwäche, wegen seiner fürchterlichen Belagerungen und heldenmüthigen Wehr, insbesondere aber wegen seines tragischen Endes mit den Riesenlettern Karthagos und Jerusalems in den Annalen der Geschichte. Gleich bei der Eroberung erhielten die Genuesen für geleistete Dienste Zollfreiheit und ein Drittel der Stadt. Zwei Decennien später bekamen die Pisaner von Balduin II. Häuser und Grundstücke, kauften sich eine Werfte und bauten in der Nähe eine Kirche. Vom gleichen König leiteten die Venetianer das Recht her, in jeder Stadt des Reiches Jerusalem eine Kirche und Straße zu besitzen. Zu Ptolemais zogen sie aus den 36 Buden eines Bazars (Fóndaco) jährlich 2600 Byzantiner, und ihr Statthalter zu Thrus bewohnte hier periodisch einen großen Palast. Aehnlich gab es in der Folge ein Quartier der Florentiner, des Fürsten von Tarent, des Herzogs von Oesterreich, des Königs von Sicilien, der fränkischen Herren

---

*) 1. Makk. 12.   **) Cf. Ab. Maier's Einleitung.   ***) Apostelg. 21, 7.

von Joppe, Tripolis und Galiläa. Nicht nur der christliche Occident und Orient, auch die Saracenen aus Asien und Afrika wollten auf diesem Weltmarkt ihren eigenen Stapelplatz haben.

Für die Myriaden bekreuzter Jerusalempilger der nächsten 150 Jahre war, ganz abgesehen von der schwierigen Landung zu Joppe, schon dieses Handelszuges wegen Ptolemais der Hafen. Hier betraten sie zu Tausenden beglückt das heilige Land. Auf den hiesigen Handelsschiffen versuchten sie noch beglückter zu Hunderten oder blos zu zehn endlich die Rückfahrt in die Heimath; denn „Wer von dannen brachte die Haut, der mochte wohl singen überlaut" (Freidanks Bescheidenheit). Im Jahre 1148 erscheint die Handelsstadt bereits als politischer Mittelpunkt. Da fanden sich die Vasallen des Königreiches hier zu ernsten Berathungen ein. Saladins unvermuthete Zurückeroberung (1187) brachte eine vierjährige Unterbrechung in diesen stätigen Aufschwung. Erst als der Kampf um den Wiederbesitz von Ptolemais eine halbe Million Menschen gekostet hatte, nahm jener seinen alten Fortgang, und zwar in Folge des Verlustes von Jerusalem Anfangs mit doppelter Geschwindigkeit.

Wie die Johanniter schon vor der Schlacht bei Hattin (1187) mit höherer Genehmigung für minderjährige und abwesende Könige die Regierung geführt hatten, so erschienen sie nach derselben als die eigentlichen Regenten des Landes. Blos durch ihre Umsicht und Tapferkeit hielt sich das gebrochene Frankenreich noch über ein Jahrhundert. Ihre Uebersiedelung von Markab oder Margat, einer Felsenburg in der Gegend der Jordanquellen, nach Ptolemais war deshalb ein so bedeutsames Ereigniß, daß dadurch in den Augen der christlichen Welt aus der Stadt des Ptolemäus eine Stadt des heil. Johann von Akko wurde. Ob die Form „Acker" in Freidanks Bescheidenheit und „Acre" im französischen Namen vom griechischen Akra, d. i. Citadelle, oder von der Verwechslung Akkos mit Akkaron (hebräisch Ekron, einer der fünf Philisterstädte, jetzt Akir, 1 1/2 Stunde von Ramle), stammt? Die aus Jerusalem vertriebenen Johanniter — nach der Einnahme der heiligen Stadt Anfangs Oktober 1187 durften sie ihre Kranken noch ein Jahr pflegen — können ihren Ordenssitz nur das eine oder andere Jahr zu Markab gehabt haben. Nachdem sie, um ihren Großmeister geschart, die Belagerung von Ptolemais von Anfang bis zu

Ende mitgemacht hatten, hielten sie im Juli 1191 mit den Königen Philipp August und Richard Löwenherz, mit Guido und Gottfried von Lusignan und mit Leopold von Oesterreich ihren Einzug. Von da an datirt der Name St Jean d'Acre.

Gleich den Johannitern verlegten die Templer, Deutschherren und Lazaristen ihren Ordenssitz hierher. Auch die anderen Religiosen des heiligen Landes erwählten St. Jean d'Acre zum Vorort. Neben deren Großmeistern, Hochmeistern und Aebten ließen sich Bischöfe, römische Legaten, vorab der Patriarch von Jerusalem nieder — und nach ihren Residenzen und Kirchen benannten sich die Stadttheile. Die Titularkönige von Jerusalem, die Fürsten, Grafen und Barone von Antiochia, Joppe, Thyrus, Arsuf, Cäsarea, Ibelin bauten sich Paläste mit Mauern und Gräben. Die Kaufleute bewohnten zierliche Häuser, welche innen mit schönen Gemälden, oben mit Blumengärten geschmückt waren. Die Handwerker vertheilten sich auf die bescheidenen Stuben bestimmter Gassen. Nach dem Meere zu war die Stadtmauer so dick, daß zwei Wagen darauf ausweichen konnten. Nach dem Lande hatte es doppelte Mauern und Gräben. Die Eingänge der Thore deckten je zwei Thürme, und rings um die Stadt war ein Thurm vom andern blos einen Steinwurf entfernt. Dazwischen ragten aus den unübersehbaren Häusern gleicher Höhe zahlreiche Kirchen und Kuppeln hervor neben den Zinnen und Thürmen fester Häuser und Paläste; — es war der Anblick einer glänzenden Weltstadt.

Ihre Einwohner erfreuten sich indeß keines guten Rufes. „Alte und Jungen," heißt es in Freidanks Bescheidenheit, „sprechent da heidnische Zungen." „Ihnen ist ein Heide lieber bei, denn zween Christen oder drei." „Stürbent hunderttausend da, man klagte einen Esel mehr anderswa." Daneben waren sie den größten Lastern ergeben, schwelgten, praßten, übervortheilten, übten Verrath. Nicht blos Pisaner und Genuesen oder Venetianer und Genuesen hatten abwechselnd blutige Händel, selbst die Templer schlugen sich mit den Johannitern im offenen Felde. Nachdem letztere mit Hilfe des Prinzen Eduard von England 1270 nochmals die äußerste Gefahr abgewendet hatten — der grausame Mamlukensultan Bêbars war vor der Stadt gelegen — sollte es ihnen im Jahre 1291 nicht mehr gelingen. Den 18. Mai — es war ein nebeliger, windiger Freitag — erstürmte der Chalif Mélik el Aschrâf das hochwichtige christliche Bollwerk. In der schaurigen Schlächterei sollen 70,000 bis 100,000 Christen umgekommen sei. Blos ungefähr 3000 retteten sich über das Meer. Unter den zahlreichen Opfern, welche die stürmische See gelegentlich der Fluchtversuche forderte, befand sich auch Nikolaus, der letzte Patriarch des Königreiches Jerusalem. Jeder Mannesehre und Menschlichkeit zum Hohne ließ der jugendlich übermüthige Mamluk schließlich nicht nur die gewaltsam entwaffneten Kriegsgefangenen, sondern überhaupt alle Männer, auch diejenigeu, welchen er Leben und Freiheit zugesichert hatte, von seinen Schergen erwürgen; die überlebenden Frauen und Kinder aber wurden als Beute weggeführt und verkauft. „Gott gestattete es," meint ein arabischer Schrift- steller, „daß der Sultan Aschrâf den Christen einen Vertrag zu- gestand und sie dennoch mit dem Tode bestrafte" *). Mit den auf- gespießten Köpfen der Franken verherrlichten später die rohen Banden die Siegesfeier ihres würdigen Führers zu Damaskus. Die Johanniter hatten sich von vornherein zum Kampf auf Tod und Leben verschworen und demgemäß auch so lange unter den wilden Heiden gestritten und aufgeräumt, bis sie der Uebermacht er- lagen. Ihr Heldentod war das Ende von St. Jean d'Acre. Echt moslimisch zog Chalil Mélik el Aschrâf, d. h. Abraham, der vor- nehmste Herrscher, erst dann ab, als er sicher war, daß es in sei- nem Reiche ein Stück Wüste mehr gebe und die gehaßte Stadt dem Erdboden gleich sei.

Von der alten Herrlichkeit ist nichts besser erhalten als der frühgothische Kreuzgang der Johanniterwohnung, ein großes Viereck mit übereinander stehenden Bogenreihen; unsere Wirthe lenkten jedoch das Gespräch lieber auf St. Klara. Die Töchter dieser opferfreudigen Nachahmerin des seraphischen Vaters hatten nämlich gleich den Franciskanern einst ein Kloster zu St. Jean d'Acre. Die Annalen der Franciskaner verzeichnen auf den 18. Mai 54 Mär- tyrer, und an demselben Tage wurden alle Klarissinnen niederge- macht. Um ihre Tugend zu retten, hatten sie sich die Nasen ab- geschnitten, wie früher beim Einzuge Saladins (1187) die Nonnen zu St. Anna in Jerusalem. Die jetzigen Mönche haben im Sinn,

---

*) Wilken 7, 2.

diesen Märthrinnen zu Ehren eine Kapelle zu bauen, sind jedoch über die rechte Stelle noch nicht im Reinen.

Nachdem sie mit uns ihr bescheidenes Mahl getheilt hatten, gedachten wir des Rückwegs

Ueber Sepphoris nach Nazareth.

Anders hatte sich unser Mufer die Sache zurechtgelegt. Wohl in Folge einer kühnen Finanzspeculation war er auf den Einfall gerathen, das heutige Tagewerk sei mit Akka zu Ende. Es bedurfte Verheißungen und Drohungen, bis er sich bereit erklärte weiter zu ziehen. Wieder zeigte diese Auseinandersetzung die Wichtigkeit genau stipulirter Reiseverträge.

Wir hatten 6 1/2 Stunde bis Nazareth und waren deshalb nach kurzer Siesta bereits um 1 Uhr zu Pferd. Angestaunt von arabischen Wasserverkäufern, die außer ihrem zugenähten Ziegenfell nichts anderes trugen, als ein Hemd und einen Turban, ritten wir während der größten Hitze zum Hofthor des Chanes hinaus. Auf dem Markte sahen wir reife Datteln von carmoisinrother und quittengelber Farbe; ich hatte sie schon unter den staubigen Tamarisken-Alleen Alexandriens gekostet und nicht besonders gut gefunden. Vom bloßen Boden, unter Schirmdächern und aus Verkaufsgewölben winkten außer den saftigeren Obstsorten von Chaifa auch bunte europäische Baumwollentücher und Damascener Seidenstoffe; den schläfrigen Moslim aber schien kaum etwas feil zu sein. Unmittelbar vor dem Stadtthor hatten wir zur Linken das zweite Wahrzeichen Akkas, den schon vom Karmel aus bewunderten Gewölbegang. Trotzdem er auf dem Hin- und Herweg gleich einer Ruine öde und verlassen dastand, gewann ich nachträglich doch die Ueberzeugung, daß es ein gedeckter Winterbazar sei. Auf dem Karmel hatte man ihn für den Rest eines Johanniterbaues erklärt, zu Akka lenkte ich im Gefühle der Gewißheit das Gespräch nicht mehr darauf.

Außerhalb des Thores zog es den Geist mit magischer Kraft nach dem hochberühmten Küstenstrich der Phönicier. In 8 Stunden konnte man nach Tyrus, in 16 nach Sidon, in 25 nach

Berût kommen. Es brauchte das ganze Gegengewicht der Jordan=
quellen und Cäsarea Philippis, um den Ausfall dieser Tour zu
verschmerzen. Zunächst steuerten wir auf dem Wege von Safed
gerade ostwärts und streiften dabei einen offenen moslimischen
Friedhof. Regellos lagen die meist zerfallenen fußhohen Grab=
mäuerchen umher, die eines Christen Fuß nicht ungefährdet betritt.
Ich dachte mir hier das Todtenfeld des heil. Nikolaus, auf welchem
während der großen Belagerung von St. Jean d'Acre (1189—91)
angeblich über 100,000 Kreuzfahrer zur Erde bestattet wurden. Wenig
nordöstlich müssen entweder in der Ebene oder wahrscheinlicher
auf der Höhe (wohl des Hügels Richard Löwenherz) jene Segel=
tücher der Bremer und Lübecker Kaufleute ausgespannt gewesen
sein, unter welchen in höchster Noth die verwundeten und erkrank=
ten Deutschen ein Obdach und eine liebevolle Pflege fanden.

Aus denselben erwuchs bekanntlich ein zweites „deutsches Haus
Unserer Lieben Frau zu Jerusalem“, nachdem das erste, 1128 am Sion
von schlichten Leuten gegründet und 1143 unter die Aufsicht der Jo=
hanniter gestellt, in dieser Unterordnung den gesteigerten Ansprüchen
nicht mehr entsprach. Herzog Friedrich von Schwaben, Barba=
rossas würdiger Sohn, hatte vor seinem allzufrühen Tode (20. Jan.
1191) der neuen Stiftung noch zum Sieg verholfen: Heinrich von
Walpot, ihren Vorstand, und andere Edelleute hatte er zu Rittern
geschlagen. Dieselben trugen zum Zeichen ihrer Verbrüderung einen
weißen Mantel mit schwarzem Kreuz. Als noch Papst Cölestin III. deren
Lebensregel im Februar 1191 die Bestätigung gegeben hatte, stand
fünfthalb Monate vor Einnahme der Stadt der dritte große Ritter=
orden ebenbürtig neben den Johannitern und Templern im Felde.
Die ursprünglichen Zelte waren einem provisorischen Spital mit
Marienkapelle gewichen. Den Gottesdienst der letzteren besorgte der
seinen Herrn überlebende herzogliche Kaplan.

Beim Hügel Richard Löwenherz — es ist gewiß der bei der
Belagerung viel genannte „Berg Toron“, auf welchem die zehn=
tausend Mann Guidos anfänglich ihre Zelte aufschlugen — zweigte
der Nazarether Weg von den Straßen nach Safed ab. Derselbe
führte in südöstlicher Richtung zum trägen Wasser einer Quelle,
welches sich nach wenigen Schritten in den Belus ergoß, und zwar
gerade an der Stelle, an welcher dieser aus dem Palmenrevier

in den kahlen Küstensaum überging. Kurz nachher kam ein seichteres und ein tieferes Bachbett, beide mit klaffenden Erdsprüngen. Zur Regenzeit bilden dieselben Zuflüsse des Belus. Der größere (heute Wadi Halazôn), welcher sich tief in die Berge des Schaghûr verzweigt, ist identisch mit dem „süßen Fluß von Acre*)".

Eine Stunde von Akka sahen wir den Hügel Tell Kisôn (Kaisan) zur Linken. Bis hierher pflegte der um die Entsetzung Acre's angelegentlichst bemühte Saladin in den Sommermonaten sein Hauptquartier vorzuschieben, das in den Regenmonaten (während welcher der Kampf eingestellt war) weiter rückwärts bei „Charuba" auf den Schefâ Amr'er Bergen lag. Sein linker Flügel stützte sich dann auf den Belus, sein rechter auf den „süßen Fluß", der wohl nur in den ersten Monaten des Feldzuges Wasser hatte; sein Vortrab umschwärmte den „Berg Toron" und das Christenlager, ja er umging kurze Zeit dasselbe und stellte die Verbindung mit der Nordseite der Stadt her. Saladin kam auf diesem Wege nochmals in das Innere von Acre, als Guido's (unzureichende) Truppen schon davor lagen. Gleich beim ersten Zusammenstoß beider Heere (4. Okt. 1189) verloren die ungestümen Kreuzfahrer auf unserm Wege Tausende von tapfern Streitern, und später wogte noch so manche mörderische Schlacht zwischen dem Tell Kisôn und dem „Berge Toron" hin und her. Die gefallenen Christen des ersten Treffens ließ Saladin in den Belus führen, um dessen Wasser untrinkbar zu machen; aber eine nicht beabsichtigte Seuche brach aus, an welcher auch der Sultan erkrankte. In der Folge ließ man von diesem barbarischen Verfahren nichts mehr.

Wir folgten dem Flusse bis zu seinem Anfang, ohne von den schädlichen Sümpfen, durch welche er sich nach mittelalterlichen und neueren Karten hindurcharbeitet, etwas zu merken. Von besagter Quelle bis zur großen Niederung am Fuße des Hügels von Sefûrie trafen wir keinen Tropfen Wasser mehr. Zudem ritten wir vom Belus so fern, daß wir ihn nur an seinem Röhricht erkannten. Als dessen Quelle hinter uns zurückblieb — wir behielten seine südöstliche Richtung bis Nazareth bei — setzten wir über eine trockene Wasserfurche, die aus dem Wadi Abilîn und von der Rückseite des erst

---

*) Siehe Wilken's Karte vom Königreich Jerusalem.

später sichtbaren Dschebel Kôkeb kam. Dies ist vermuthlich der Belus, den man nach anderen Berichten überschreitet, bevor man sich Schefâ Amr oder den Nazarether Bergen zuwendet.

Zwei gute Stunden hatten wir in der ungesunden Ebene die drückendste Hitze getragen, als endlich die westlichen Ausläufer der Nazarether Berge herankamen, und wir bei der vorgerückten Tageszeit im Fächeln eines lauen Luftzuges wieder neu aufathmeten. Der Saumpfad führte in einen bereits dem südlichen Flußgebiet des Kison zugehörenden lieblichen Wadi. Dessen Thalsohle schien äußerst fruchtbar, und die beiderseitigen Abhänge erfreuten das Auge durch das wohlthuende Grün ihres spärlichen Waldgebüsches. Das Hauptinteresse erregte jedoch Schefâ Amr (Omar) rechts oben auf steilem Berge. Es winkte uns schon seit einer Stunde zu, wir mußten aber auf seinen Besuch verzichten, weil er sich mit dem Besuche des historisch wichtigeren Sefûrie nicht vereinigen ließ. Die reiche Oelbaumzucht auf dürrem Felsabhang legte von vornherein den Gedanken an eine christliche Bevölkerung nahe. Wirklich sind drei Viertel der Einwohner unirte Griechen, darunter wenige Lateiner (Priester des Pariarchates) und Protestanten, ein Viertel (echte) Moslim, Drusen und Juden. Wie die Protestanten eine Knabenschule, so haben die Katholiken eine besuchte Mädchenschule, welche durch „Frauen von Nazareth" und einen Aumônier vom Karmel geleitet wird.

Das Städtchen zählt 2500 Seelen, sieht aber inmitten seines Olivenhaines so schön und groß aus, als Nazareth oder Chaifa. Dazu tragen außer den europäischen Bauten auch seine Burgen bei, von denen die eine theilweise zerfallen ist, die andere erst zu zerfallen anfängt. Letztere hat der bekannte Schêch Dâhir el Omar (eigentlich Zâhir el Amr, was im Ortsnamen nachklingen soll) in richtiger Würdigung des Platzes als eines wichtigen Vorpostens Akkas um 1761 auf alten Fundamenten aufgeführt. Zu „Schafaram" (Wilken) oder „Schwamri", wie unser Muter sagte, überlegte sich Saladin die Ausführung der harten Bedingungen der Capitulation St. Jean d'Acre's und marktete daran mit den christlichen Königen (15. Juli 1191). Die ältere Geschichte liegt im Dunkeln. Unrichtig sucht Liévin hier die „Reiterstadt" Gaba, welche erst von Herodes dem Großen ab genannt und im Anfang des großen Aufstandes (66) von den Juden an gegriffen wird. Richtig erblickt man dagegen in der Ruine Hôsche, gegen einen Sabbathweg (¹/₂ Stunde) von Schefâ Amr, das talmudische Uscha, welches nach der Zerstörung Jerusalems vorübergehend Sitz des hohen Rathes war.

Von Schefâ Amr an ging es zwei Stunden lang zwischen bewaldeten Gebirgszügen hin, die nicht nur ihrer Höhe, sondern auch ihrer häufigen Windungen wegen jede freie Aussicht benahmen. Schien die Thalsohle anfänglich noch zum Landbau geeignet, so zog sich das Gebüsch bald bis zu den Rändern des Weges herab und man beeilte sich, dessen Kühlung, wohlthuende Farbe und Geruch zu genießen. Weil ich das beste Pferd hatte, war ich den andern weit voran. So traf ich zuerst einen leeren Esel und dahinter einen ältlichen Mann. Trotzdem ich dessen feuchte Augen sah, ritt ich vorüber, ohne mich um deren Grund zu bekümmern. Da brachte mich das Pfeifen der Gefährten und des Mukers Ruf „Haramîje" (d. i. Räuber) zum Halten. Der Arme hatte letzterem geklagt, daß ihm Räuber eben seine Durra (eine grobkörnige Hirsenart, die zum Brodbacken verwendet wird) abgenommen hätten, die er nach Akka auf den Fruchtmarkt bringen wollte. In Folge dessen schlossen wir uns eng an einander. Wir waren so noch keine zehn Minuten marschirt, als umherliegende Durrakörner die Stelle des Raubes bezeichneten. Gleich nachher sahen wir auch einen der Banditen. Es war ein Mensch von 18 Jahren mit ausgemachtem Verbrechergesicht. Behutsam, wie ein Jäger, welcher dem Wilde auf der Spur ist, ging er links vom Wege thalabwärts und musterte uns aus dem Gebüsche mit eisiger Kaltblütigkeit. Wir ritten zu ihm hin und sprachen von dem Raubanfall. Mit der ruhigsten Miene erklärte er, nichts davon zu wissen; er hüte nur seine Esel. Da wir aber weit und breit solche nicht entdecken konnten, so wies er nach der Höhe des Bergrandes zur Rechten. Dort bissen wirklich einige Esel die Zweige der Büsche ab, und in deren Nähe gingen Männer im Qualme einer Kohlenbrennerei ab und zu. Höchst wahrscheinlich gehörte die Sippschaft zusammen.

Wir setzten unsere Reise durch die unheimliche Klause fort. Als bald wieder ein Holzkohlenbau auf der Höhe rauchte, drückte merklich das Gefühl der Unsicherheit die Gesellschaft. So viel schien erwiesen, daß die Kohlenbrenner der Nazarether Berge minder harmlos sind als ihre Zunftgenossen im Schwarzwald oder Odenwald. Trotz der relativen Sicherheit, die allmälig auf den frequenteren Straßen Palästinas herrscht, wird doch auf abgelegenen Wegen immer noch gelegentlich geplündert und geraubt, und zwar in der Regel ohne Züchtigung und ohne Schadenersatz; denn wo in der Einöde die Zeugen hernehmen, um gegebenen Falles die Identität der Person des Frevlers zu beweisen? Die Schutzmänner, Gensdarmen und anderweitigen Hüter des Gesetzes in policirten Staaten kennt der türkische Orient nicht; der Reisende bleibt im Wesentlichen auf die Selbsthülfe angewiesen. So aber will es die Klugheit, daß er auf weiten Touren statt Gold und Silber Creditbriefe oder Wechsel, auf kürzeren nur das unbedingt nöthige Geld mit sich führe. Daneben wirken Revolver und Flinten am Sattel oder um den Leib wie Vogelscheuchen. Der Franke, welcher in diesem Stücke die orientalische Sitte verschmähte, wäre schlecht auf sein Interesse bedacht. Weil indeß das Recht und die Pflicht der Blutrache besteht, wird derselbe anderseits sich zwei und drei mal besinnen, ehe er von seinen Waffen Gebrauch macht. Unsere Pistolen waren darum nie geladen; und auch das lange Gewehr des Mukers wäre im Falle der Noth höchstens fehl gegangen.

Bis wir aus den beengenden Bergen in die Ebene Sebulon, die weite Fläche des Battöf, eintraten, war es ½6 Uhr geworden. Zur Regenzeit findet sich hier ein großer Sumpf. Jetzt hätte man wetten mögen, daß im Battöf nie ein Tropfen Wasser stand. Einst war die Niederung von Städten umsäumt, deren Namen in Kânet el Dschelîl, Rummâne, Râme, Sefûrie nachklingen. Am nächsten lag uns Kefr Menda, am Fuße des Dschebel Kôkab zwischen dünnen Oelgärten ausgebreitet. Wir hatten 20 Minuten bis in's Dorf, das nach Sepp einen 21 Klafter tiefen Brunnen und statt Tränkrinnen 3 alte Sarkophage besitzt. Hier steigen diejenigen, welche ihren Weg von Akka über Abilîn genommen haben, vom Dschebel Kôkab in's Thal herab. Vom Tell el Bedawîje vor Kefr Menda hat der schon genannte Wadi Melik, welcher die Wasser des Battöf dem Kison zuführt, auch den Namen Wadi el Bedawîje. In einer Stunde konnten wir Kânet el Dschelîl erreichen und von dort in 1¼ Stunde nach Sefûrie zurückkommen. Die Stelle dieses nördlichen Kana war fichtbar; denn unfer Muker deutete darauf. Doch ſcheint nur noch wenig davon den Boden zu überragen, weil wir keine Mauern zu entdeden vermochten. Ich nahm mir vor morgen hierher zurückzukehren.

Was mich zog, war nicht ſowohl Kana als vielmehr der Bergrücken Tell Dſchefât, den man von Kana in ³/₄ Stunden erreicht. Derſelbe lag hinter dem weſtlichen Randgebirge des Battôf in einem Bergkeſſel und trug einſt die Feſtung Jotapata, über welche Joſephus Flavius ſo ausführlich iſt. Von der Höhe Sefûries aus wollte mir der Muker ſpäter ſogar den berühmten Platz zeigen. Seine Ausſage war ſehr verfänglich, weil er angeb=lich ſchon drei mal an dieſem Tell geweſen war, und zwar das erſte mal in jungen Jahren mit de Saulcy. Doch befand er ſich offenbar im Irrthum; denn alles, was er zu zeigen vermochte, waren weißſchimmernde Mauern hoch oben in einer Einſattelung des nordöſtlich ſtreifenden Gebirgsſtockes Kôkab, vermuthlich Be=ſtandtheile eines mohammedaniſchen Heiligengrabes, womit die Berge ſo häufig bekrönt ſind: oder ſollte das Mauerwerk auf dem Kôkab auch den berühmten Namen Dſchefâts führen?

Rummâne iſt heute noch der arabiſche Name für Granatapfel. Als kleines Dorf aber erinnert es an eines der vielen bibliſchen Rim=môn, in welchen unter anderem der Granatapfel gedieh, und liegt Kânet el Dſchelîl ſüdöſtlich gegenüber auf einer Anhöhe. Es hieß Rim=môn Sebulons und war eine der 48 Levitenſtädte, welche von dem prophetiſchen Worte Jakobs*) unter. allen ſeinen Söhnen bis in den fernſten Norden zerſtreut lagen. Tell Rûme näher bei Sefûrie iſt nach Joſephus Flavius der Geburtsort zweier Brüder, die ſich bei der Belagerung von Jotapata beſonders hervorthaten. Die jetzige Ruine hieß urſprünglich Ruma. Von Aſochis, der ſtädtiſchen Vorgängerin des Dorfes Uzûr — wenig nordöſtlich von Rummâne, war einmal der öſtliche Ausläufer des Battôf be=nannt. Joſephus berichtet die Einnahme von Aſochis durch Ptole=mäus Lathyrus.

Das Battôf wird in ſeiner ganzen zweiſtündigen Länge vom Wadi Melik durchfurcht. Jetzt ſah man die glatten Steine des winterlichen Baches. Bevor wir über deſſen trockenes Bett ſetzten,

---

*) 1. Moſ. 49, 7.

stiegen wir — das erste mal seit Akka — von den Pferden. Aus
einem unansehnlichen Mauerwerk träufelte mattes Wasser in einen
Trog. Wir begnügten uns, Hände, Gesicht und Lippen etwas
zu kühlen, während unsere Thiere sich um das trübe Wasser stritten.
Den Namen dieses Brunnens habe ich nicht besonders erhoben;
ich dachte an den Tell Chaladije, welcher auf den Karten
etwas südlich vom Beduinen-Tell verzeichnet ist. Nachträglich fand
ich, daß man jenes Garis hier sucht, bei welchem die aufstän-
dischen Juden unter dem Commando des Josephus einst die Römer
erwarteten, aber ruhmlos gegen Galiläa zerstoben, als Vespasian
wirklich im Anzuge war. Stolz sah der hohe Dschebel Kôkab (Stern)
auf uns herab. Ueber 1800' stieg er vom Plane empor, und sein stattliches Haupt glich eben einem Stern erster Größe. Während sein
intensiver Schatten die dumpfe Schwüle der Ebene Sebulon
mäßigte, erglänzte sein Scheitel im Lichte der abendlichen Sonne,
und der rosige Duft, welcher sein Haupt umfloß, bildete einen bezaubernden Contrast zur dunklen Massenhaftigkeit des kräftigen
Gebirgsstockes.

Als wir wieder in den Sätteln saßen, dauerte es noch $^1/_2$
Stunde, bis das Battôf hinter uns lag. Doch war damit nicht
gleich der Fuß des Stadthügels erreicht, vielmehr ritten wir auf
gutem Wege noch einige Zeit in einem engen Thälchen, das durch
seine Oelbaumzucht und seinen Feldbau das Auge erfreute. Erst
zehn Minuten vor Sefûrie bogen wir nördlich vom Wege nach
Nazareth ab. Dann ging es zunächst über nackte Kalkfelsen zu
einer schmalen Vorstufe des Hügels, endlich mit Anstrengung
aller Kraft zur sanft gerundeten Kuppe, welche die bescheidenen
Steinhäuser Sefûries trägt. Hier standen am westlichen Saume
der Stadt die hohen Mauern eines umfriedigten Feldes, deren
großes Rundbogenthor sich uns willig erschloß. Das fünffache
Kreuz und eine besondere Aufschrift besagte, daß wir auf einem
Besitzthum der Hüter des heiligen Grabes angekommen seien; es
war die angebliche Stätte des Hauses der Eltern Mariens,
die geheiligte Stelle einer ehemaligen Kirche von St. Joachim
und Anna. Wir überließen dem Muker die Pferde und setzten
uns auf die beschatteten Basen frisch ausgegrabener gothischer
Pfeiler.

Der weite Raum zog von Westen nach Osten und hatte am Ende eine theils alte, theils neue Wand von der Breite des ganzen Raumes. An dieser Stelle hallte trotz unserer Abwehr die Stentorstimme des Aufsehers wieder; daselbst lief nämlich in bedeutender Höhe eine gedeckte Gallerie quer hinüber, und darunter ging es in seine Wohnung. Gleich erschien auf derselben seine Frau, um mit Augen und Ohren zu vernehmen, daß Fremde da seien. Ein Knabe brachte den einzigen Gegenstand unseres Sehnens, den großen Wasserkrug mit lauwarmem Wasser aus der Quelle Ain Sefûrie. Bald waren auch drei Gläser Syrup verdünnt, die ein Töchterchen des Hauses unter dem Namen Scherbet*) anbot. Links in der Ecke stieg man zur hohen Wand empor. Der Einladung, von dort die Aussicht zu genießen, konnten wir wegen zu großer Ermüdung nicht folgen. Dagegen interessirte uns alles, was es ebener Erde zu sehen gab. Dies waren allerlei Funde und der theilweise aufgeräumte Boden einer dreischiffigen Kreuzfahrerkirche.

Vor allem zog der Chor die Aufmerksamkeit auf sich. Von dessen drei Apsiden war die nördliche und mittlere ziemlich gut erhalten, an Stelle der südlichen hingegen der Innenraum einer modernen Kapelle getreten, welche noch der Ausschmückung bedurfte. Letzteres war das Sanctuarium, welches die Franciskaner eben an Stelle der Heimath der Eltern Mariens einrichteten, zwar klein, doch bei dem gänzlichen Mangel an eingeborenen Christen mehr als ausreichend. Wenige Arbeiter, welche die Hitze des Tages getragen hatten, verließen kurz vor uns den Hof. Im Langraum der Kirche sah man noch den Standort aller Pfeiler und zum Theil einige fußhohe Schäfte. Eine ganze Säule lag am Boden, und viele große Fragmente lehnten an der Umfassungmauer. Trotzdem die Ruine Jahrhunderte lang als Steinbruch gedient hat, war eine Menge Hausteine in den Ecken aufgehäuft. Der gewaltsame Untergang des prächtig gelegenen Kreuzfahrerbaues datirt jedenfalls vom Ende der Frankenherrschaft. Die Kreuzfahrer aber haben aus den Trümmern einer byzantinischen Kirche gebaut, welche in der Zeit von Konstantin bis auf den Perserkönig Chosroës II. (614) rühmend erwähnt wird.

----

*) Beide Fremdwörter stammen von der gleichen arabischen Wurzel shárib, d. h. „trinken“.

Deren Erbauer war der Judenchrift Josephus um das Jahr 330 ge-
wesen. Nachdem Antonin gegen 600 noch verschiedene Andenken an
Maria in derselben sah, wurde sie von den wilden Banden des
Königs Chosroës zerstört.

Vom Gipfel des Hügels beherrscht man das Battôf und unterscheidet manchen beachtenswerthen Ort gegen Osten. Wir beschränkten
uns jedoch auf den Dschebel Kôkeb und suchten den Weg, welcher
über denselben nach Tschefât führt. Dort oben steht auch das malerische Wahrzeichen Sefûrie's, die einst für die Behauptung des Jordan, sowie für die Deckung der Rückseite Nazareths so wichtige
Kreuzfahrerburg. Einsam und verlassen schaut sie jetzt von
der kahlen Hügelkuppe in's Land hinaus. Es stehen noch anderthalb Stockwerke eines viereckigen Thurmbaues, dessen verschieden-
artiges Material an die glänzenden Zeiten Sefûries erinnert. Die
Thüre und einige Fensteröffnungen sind Nazareth zugekehrt. Von
dem heruntergekommenen Städtchen — es hat noch 900 bis 1000
Einwohner — sollten wir beim Aufbruch eine Vorstellung bekommen.

Wir kehrten nämlich nicht zum früheren Nazarether Wege zurück,
sondern schlugen uns südöstlich durch das schmutzige Gewinkel der
Gassen und Gäßchen. In den Höfen und vor den Hausthüren
warteten Mütter und Kinder auf den holden Abendstern, und gravi-
tätische Familienväter lüfteten von Zeit zu Zeit den Deckel des
Reis- oder Kuskustopfes, dessen Flamme hungrige Knaben mit halb-
grünem Waldreisig und Dorngestrüpp unterhielten. Einzelne Dächer
waren mit künstlich gesetzten Lohkuchen aus Mist garnirt. Nacht-
decken hingen stellenweise darüber herab, als sollten deren vermessene
Insassen durch den unliebsamen Duft in den staubigen Abgrund
gejagt werden. Im Mittelpunkt dieses Moschus-Surrogates rauschten
da und dort die dürren Blätter einer Reisighütte. Nachdem die
Familie einen Theil der Ramadhannacht um dieselbe zugebracht
hatte, schlief der kühne Hort des Hauses darin dem Grauen des
Tages entgegen. Unwillkürlich wurde man an die mosaische Laub-
hüttenfeier erinnert, bei welcher „das Volk hinausging und sich Zweige
von dichtbelaubten Bäumen heimholte, damit es auf seinem Dache oder
in seinem Hofe eine Hütte machte*).“ Diese Laubhütten scheinen

---

*) Nehem. 8.

sich jetzt noch einer großen Beliebtheit zu erfreuen. Wir trafen sie überall, wo die Bergwände das nöthige Material lieferten. Je weiter im Norden, desto häufiger waren sie, während sie im öden Judäa höchst selten vorkamen. Zu er-Richa im Ghôr vertraten Laubdächer auf Erd- oder Steinwänden die Stelle von Häusern.

Sefûrie, die arabische Form des griechischen Namens Sepphoris, tritt so spät in der Geschichte auf, daß man es eine hellenische Pflanzstadt nennen möchte. Allein die Rabbinen versichern, daß es das hebräische Kitron sei *), dessen heidnische Bewohner der Stamm Sebulon nicht zu vertreiben vermochte. Die reiche Quelle im Thale, zusammengehalten mit dem stattlichen Hügel (gegen 800' über dem Meere), verbürgt wirklich das hohe Alter des Ortes. In der römischen Zeit hieß derselbe Diocäsarea. Josephus Flavius ist der älteste historische Zeuge, und er berichtet nichts Früheres als den Eroberungsversuch des zehnten Ptolemäus († 81 v. Chr.) Nachdem die feste Stadt ein halbes Jahrhundert später dem alten Herodes erlegen war, machte sie Antipas, dessen zweiter Sohn und Erbe der nordwestlichen Landestheile, durch Erweiterung und Verschönerung zum bedeutendsten Platze in Galiläa. Im jüdischen Krieg (66—70) nahmen die größtentheils heidnischen Bewohner die Römer mit Freuden auf und genossen dafür Jahrhunderte lang besondere Vortheile, die sich bald auch die flüchtigen Hierarchen Judäas zu Nutze machten. Gegen Ende des zweiten Jahrhunderts war hier der Sitz des Synedriums und um die Zeit der Emancipation der Christen (323) das jüdische Element so überwiegend, daß es zu einer Erhebung gegen den christlichen Kaiser kommen konnte, welche mit dem Untergang der Stadt und ihrer fanatischen Bewohner endete (339).

Als der Ort sich später wieder aus seinen Trümmern erhob, ward er zum Bischofssitz von Palästina secunda erkoren. Marcellinus, ein Kirchenfürst von Diocäsarea, unterschrieb bereits die Beschlüsse des ersten Concils von Konstantinopel (381). Im siebenten Jahrhundert fiel die christliche Stadt rasch hintereinander in die Hände der Perser und Araber (614 und 636). Erst die Kreuzfahrer eroberten sie zurück und erbauten an der traditionellen Wohnstätte der Eltern Mariens nach dem Muster der Annenkirche zu Jerusalem ihre Basilika. Nach der

---

*) Richt. 1, 30.

Schlacht bei Hattin zogen die Mohammedaner wieder zu Sefûrie ein. Liévin bezeichnet diese als fanatisch, und unser Muker nannte sie Diebsgesindel.

Indem wir am östlichen Ende des Städtchens den kahlen Abhang hinunter ritten, kamen wir in $1/4$ Stunde in die weite offene Thalmulde mit der berühmten Quelle Ain Sefûrie. Männer und Weiber füllten drüben ihre Lederschläuche oder Töpfe, und unser Packesel stürmte eigenmächtig auf das Wasser zu, während der Muker am Nordrand meinen Sattel fester schnallte. Weil in lockerem Aufbau alle unsere Tücher und Teppiche auf seinem Rücken lagen, bedeutete dieses Springen ein vielmaliges Bücken und lästiges Auflesen von den Trümmern des Thurmes, dessen Schlußstein der Muker bisher gebildet hatte. Darum erfüllte dieser das schöne Thal mit den unschönsten Tönen seiner schnarrenden Kehle, hatte aber keinen andern Erfolg, als daß er vom Kopftuch bis zum Schießgewehr Stück für Stück in der Ebene auflesen mußte. Weil der Besuch der Quelle einen kleinen Umweg verlangte, kam es nicht dazu, daß wir aus derselben schöpften und tranken. Dagegen erschienen vor dem Geiste die verschiedenen Heerscharen, welche sich im Verlaufe der Jahrtausende hier zur Wehr oder zum Angriff versammelten und das nie versiegende Wasser der Ain Sefûrie schöpften. Insbesondere schaute ich das glänzende Heer, welches in den Junitagen 1187 kampfbereit der Ankunft Saladins harrte.

Es bestand aus „2000 Rittern, unzähligen leichtbewaffneten Bogenschützen und über 18,000 Fußknechten". Die Templer und Hospitaliter hatten alle entbehrliche Mannschaft aus ihren Burgen herbeigeführt. Rainald von Sidon, Balian von Neapolis, Walter von Cäsarea, Raimund, der Sohn des Fürsten Boemund von Antiochien, kurz alle Vasallen des Königreichs Jerusalem waren mit ihrer größten Streitmacht erschienen. Auch der Graf Raimund von Tripolis fehlte nicht, was man mit besonderer Freude begrüßte. Er war, dem neuen Könige grollend, bisher separatistisch auf seinem Schlosse zu Tiberias gesessen, ja er hatte, als ihm König Guido von Lusignan den Meister zeigen wollte, ungescheut mit Saladin ein Bündniß abgeschlossen, und die Vermittlung der versammelten Reichsfürsten war nöthig gewesen, um die Versöhnung zwischen dem Grafen und König herbeizuführen. Wirklich zeigte der Erfolg, daß Raimunb von Tripolis unter allen Rittern am richtigsten urtheilte und am klarsten sah; schade, daß man seinem ersten Rathe nicht folgte. Mit den eigenthümlichsten Gefühlen mochte der tollkühne Fürst Rainald von Chatillon nach überstandener Tageshitze seine Rosse in diesem Thalgrunde tummeln. Er hatte von seiner ostjordanischen Veste Krak aus den Moslim die Straße nach Aegypten verlegt, mitten in einer mühsam erzielten Waffenruhe Damascener Kaufleute aufgehoben, Saladin die geforderte Genugthuung verweigert und so den Kriegsfall unbesonnen vom Zaune gebrochen. Anderseits hatte der Sultan beim Propheten geschworen, den Fürsten mit eigener Hand zu tödten, falls er ihn einmal in seine Gewalt bekomme.

In diesem Thale waren zum letzten mal in der Geschichte die Zelte eines christlichen Heeres um das wahre Zeichen der Erlösung aufgeschlagen. Ter Patriarch Heraklius hatte es auf Verlangen durch die Bischöfe von Akka und Ludd in's Lager geschickt. Trotzdem sollen die Ritter weniger auf die übernatürliche Kraft des heiligen Leidensholzes als auf ihre blinkenden Lanzen, Helme und Schilde gebaut haben. Zwei Nächte vor der Schlacht bei Hattin wurde hier in stürmischer Berathung der vernünftige Beschluß gefaßt, den Feind ruhig zu erwarten und Saladin nicht nach dem belagerten Tiberias entgegenzurücken. Bis auf den leidenschaftlichen Großmeister der Templer war alles einverstanden. Dieses aber genügte, um das Unglück von Hattin herbeizuführen; denn bei seinem großen Einfluß auf den unerfahrenen König wußte er den Beschluß des Kriegsrathes umzustoßen. Guido gab eigenmächtig das Zeichen zum Aufbruch. Unmuthig wappneten sich die Vasallen und folgten dem unseligen Schlachtruf. Graf Raimund, in dessen Gebiet man zog, hatte die Vorhut, die Templer und Balian von Ibelin das Hintertreffen; in der Mitte waren die Scharen des Königs und des heiligen Kreuzes; verschiedene andere Fähnlein deckten die Flanken. Wie die Kinder Israels in den bösen Tagen Elis gegen die Philister, so zogen die Christen jetzt gegen die Mohammedaner; und so wenig jenen die von Silo geholte Bundeslade, so wenig half diesen das Siegeszeichen von Golgatha. Die Heiden stritten wider das Volk Gottes, dieses aber floh — und „die Niederlage war sehr groß*)“.

---

*) 1. Kön. 4, 10.

Von Ain Sefûrie aus wandten wir uns direct südwärts und erklommen Welle um Welle des östlich streichenden Nazarether Gebirges. In den kühlen Thälern, welche uns immer wieder vom nahen Rande des Nazarether Bergkessels entfernten, trafen wir stellenweise Spuren von Kultur; doch begegneten wir nirgends einem Menschen oder zahmen Thiere. Mit Einbruch der Nacht machten die vielen Schakale der Gegend einiges Leben. Unser Muker nannte sie „Waui", und dieser arabische Name kennzeichnete etwas ihr dünnes Bellen. Zwei dieser Heuler bekamen wir deutlich zu Gesicht. Sie drückten sich hinter magerem Dorngestrüpp in den Lücken eingefallener Steinhaufen herum und waren merklich kleiner als unsere Füchse, mit denen sie theilweise auch Farbe, Gestalt und Mimik theilten. Kein Wunder, daß die alttestamentliche Exegese zwischen beiden Thieren schwankt.

Frère Liévin rechnet von Sefûrie nach Nazareth $1\frac{1}{2}$ Stunde. Wir brauchten mehr Zeit blos von der Quelle bis zum Weli Israïn (Saïn) oberhalb Nazareth. Hier angekommen, begnügten wir uns mit der Versicherung des Mukers, daß man bei Tag in weitestem Umkreis das mittelländische Meer und die samaritanischen Berge, das Ostjordanland und den großen Hermon sehe. Es war so dunkel, daß wir es die letzten 20 Minuten den Pferden überlassen mußten, durch die hohen Steine und um die glatten Platten den gangbarsten Pfad zu finden. Die ferne Gestalt des drängenden Mukers gab uns die Richtung an.

Auf der Terrasse des Hospizes begrüßte mich die deutsche Zunge. Es war ein Geistlicher aus Jerusalem, der in Begleitung eines Mukers das ganze Westufer des Sees Genesareth, auch den Karn Hattîn und Tabor, besucht hatte, und diese Nacht noch die Reise nach Nablus antrat. Für mich bedeutete es ein Stündchen herzlichen Gedankenaustausches; dann schieden wir mit der Hoffnung frohen Wiedersehens im schönen Vaterlande.

Nach Jafa statt nach Dschefât.

„Einen Propheten," so sprach Gott zu Moses, „will ich ihnen erwecken aus der Mitte ihrer Brüder wie dich*)." Nichts weist klarer auf diesen zweiten Propheten als die Weissagung von der Zerstörung Jerusalems. Augenzeuge und Berichterstatter der Erfüllung ist aber Josephus Flavius. Fast wunderbar erscheint seine Erhaltung beim Falle Jotapatas, der angeblich 40,000 Menschen das Leben kostete. „Mit göttlichem Beistande" entkam er durch die Linien der Feinde und fand gleich 40 Kampfgenossen, die ihm vorangeeilt waren, in einer Cisterne für den Augenblick Schutz. Als hier das Loos der Reihe nach entschied, wer den andern niederstoße, damit man sowohl den Selbstmord verhüte als der Knechtschaft entgehe, blieb Josephus bis zuletzt verschont und ergab sich den Römern mit der Betheuerung vor Gott, daß er „nicht als Verräther, sondern als Gottes Diener zum Feinde übergehe**)". Er fand Gnade bei Vespasian, um nachmals den großen Propheten des neuen Bundes gerade so unbewußt zu Ehren zu bringen, als in den Tagen Mosis der Seher Bileam den geschauten Glanz „des Sternes aus Jakob" wider Willen verkündigt hatte.

Schon hieraus erhellt, daß es an nichts weniger als am Interesse für Dschefât, oder Jotapata, fehlte; doch sollte der geplante Besuch der ehemaligen Bergveste nicht zur Ausführung kommen. Einmal begründete der Muker seine auffällig hohe Forderung durch die Unsicherheit des Weges. Sodann zeigte außer dem bezahlten Muker Niemand Lust, sich an dem Ausfluge zu betheiligen. Dessen furchtsames Wesen war aber nicht gerade ermuthigend, und nebenbei seine Geschicklichkeit im Fallen fast komisch. So war es ihm mehrmals begegnet, daß plötzlich sein Esel auf der Seite lag, und er mit gekreuzten Beinen in einiger Entfernung im Staube saß. Schaute man bei dem Geräusche rechtzeitig um, so qualmte noch der Tabak aus seinem Munde, und das Gewehr starrte wie vorher in die Höhe. Lautlos arbeitete er sich in der Folge mit verschundenen Fäusten

---

*) 5. Mos. 18, 18.   **) Jos. bell. jud. 3, 8.

wieder vom Boden empor. Endlich sollte an demselben Tage auch die Reise nach dem Tabor ausgeführt werden. Da man von Nazareth nach Dschefât allein 3 1/2 Stunde rechnet, wäre offenbar der Gesundheit zu viel zugemuthet gewesen. So vertauschte ich vor dem Schlafengehen noch das ferne Dschefât mit dem nahen und bequemen Jafa — jedoch um es am Ende zu bereuen.

Freitag, den 5. September, früh 5 Uhr harrte meiner der Sohn des bisherigen Mukers mit seinem Esel, und 1/2 Stunde später ritt ich im Trabe der Ebene Esdrelon zu. Der Weg führte über zwei unbedeutende Höhenzüge und glich einer annehmbaren Fahrstraße, war sonach vom Karawanenpfade, auf den wir neulich kamen, verschieden. In 25 Minuten erreichten wir eine ergiebige Quelle, aus welcher Frauen und Mädchen eifrig schöpften, und deffen überflüssiges Waffer die ummauerten Granaten und Feigen eines oder zweier Gärten tränkte. Hier bogen wir rechts ab und stiegen auf steilem Felsenpfade den Berg hinan. In 1/4 Stunde waren wir bei den 30—40 armseligen Häusern, welche deffen Kuppe bekrönten. Dieselben bilden das heutige Dorf Jafa, nach irriger Ueberlieferung bei den Christen San Giacŏmo genannt.

Hat dieses Jafa — wie wir annehmen — in der heiligen Schrift einen Halt, so ist dieser in keinem Joppe, sondern in einem Japhîe zu suchen, das gelegentlich der Abgrenzung des Stammes Sebulon erwähnt wird. Nach dem Buche Josua (19, 12.) „wendet sich nämlich Sebulons Grenze von Sarîd östlich gegen die Grenze von Kislothtabor hin, läuft nach Dabrath (nordwestlich vom Tabor) aus und zieht sich nach Japhîe hinauf." Man hat behauptet, wie von Sarîd, so wolle auch von Dabrath aus ein öftlicher Lauf der Grenzlinie angedeutet werden, so daß Japhîe öftlich vom Tabor zu suchen wäre. Der Zusammenhang beweist jedoch das Gegentheil. Ging es nämlich von Dabrath nicht westwärts „nach Japhîe hinauf", so lief die Grenze unmöglich „öftlich nach Gath-Hepher (el Meschheb vor Kefr Kenna) weiter" und von da nach Rimmôn in der Ebene Sebulon, um zuletzt „nördlich" (nordwestlich) nach Nathon und in das Thal Jiphtachel (Jotapata des Josephus) zu ziehen.

Um die Zeit des jüdischen Krieges war Japhîe eine fefte Stadt mit doppeltem Mauerlauf, und ihr Name hatte bereits die heutige Form angenommen. Als deren Bewohner den Belagerern Jotapatas gefährlich zu werden drohten, sandte Vespasian seinen Unterfeldherrn Trajan (Vater des Kaisers) mit 3000 Mann gegen sie. Gleich machten dieselben einen Ausfall — denn sie waren fünf bis sechsmal so zahlreich — wurden aber zurückgeschlagen und bis in den Zwischen=raum beider Stadtmauern verfolgt. Hier fanden an 12,000 Juden den Untergang; ihre furchtsamen Mitbürger hielten nämlich die Thore der inneren Mauer sorgfältig verschlossen. In der Ver=zweiflung gaben viele sich selbst den Tod, während andere ihre Kameraden baten, ihnen den Todesstoß zu geben. Bei der großen Menge besorgte diesen ohne Bitten das feindliche Schwert. Behufs der Erstürmung Japhas sandte Vespasian seinen Sohn Titus mit weiteren 1500 Mann. Als die Römer schon in die Stadt ein=gedrungen waren, kam es noch zu einem sechsstündigen Straßenkampf, in dem alle Männer niedergemacht wurden; die überlebenden Frauen und Kinder aber führte man in die Gefangenschaft.*).

Der Junge führte mich in den Hof einer Filiale des lateini=schen Patriarchates. Da der Pfarrer eben Geschäfte halber zu Nazareth war, übernahm es sein Küster, mir das freundliche Kirch=lein zu zeigen. Mein eigentlicher Zweck war jedoch damit nicht er=reicht; denn ich hatte den Schlüssel zu einer Kapelle des heil. Jakobus (San Giacomo) mitgebracht. Weil mein Bursche von deren Existenz keine Ahnung hatte, so führte mich der Küster auf ein dem Dorfe südlich vorgelagertes Horn, dessen jäher Nordab=hang noch theilweise mit Häusern besetzt war, und als wir dasselbe zu Fuß erstiegen hatten, befanden wir uns auf einem künstlichen Plateau, das nach allen Seiten Spuren früherer Ummauerung zeigte. Dies war der heilige Bezirk der einstigen Jakobuskirche. Trotzdem die ehrwürdige Stelle jetzt Eigenthum der Franciskaner ist, trafen wir einige Männer, welche dieselbe als öffentlichen Steinbruch behandelten. Doch nahmen sie es mit ihrer Arbeit nicht zu genau; denn sie begleiteten uns ohne weiteres zum rui=nösen Kapellchen und an den Südrand des luftigen Plateau.

Jenes hatte weder einen Altar noch ein Bild und die Maße der bescheidensten Feldkapelle. Seine kahlen Wände, sagte man

---

*) Jos. Flav. bell. jud. 3, 7.

mir, würden nur ein- bis zwei mal im Jahre mit Draperien be=
hängt, und innerhalb derselben zugleich die nöthigen Vorkehrungen
zur würdigen Feier des Gottesdienstes getroffen. Dieser gelte dann
der Ehre des heiligen Jakobus, auch des heiligen Johannes, selbst
des Zebedäus und der Salome; denn nicht zu Kapernaum oder
Bethsaida, sondern hier auf dem Berge bei Jafa sei das elterliche
Haus der Zebedäiden und Lieblingsjünger Jesu gestanden. Unter
San Giacomo versteht man also Jakobus den Aelteren, trotzdem es
näher läge, an Jakobus den Jüngern zu denken, der unbestreitbar
aus den Nazarether Bergen stammt. Soviel scheint indeß richtig, daß
hier einmal eine Kirche des Zebedäiden stand. Ihre Existenz läßt
sich bis in die Zeit der Kreuzzüge verfolgen. Die Franciskaner
leben der Hoffnung, sie bald wieder aufbauen zu können.

Vom Südrande des alten Tempelbezirkes genoß man die
freieste Aussicht. Die ganze Ebene Esdrelon lag unter mir aus=
gebreitet, und bis tief in ihr Inneres erschlossen sich die Berge
Samarias. Die Palmenstadt Dschenin hob sich vortheilhaft vor jeder
andern Ortschaft ab. Wenig nordwestlich schaute eine Häusergruppe
aus den Vorbergen herüber, die ich am liebsten für Taannûk,
das kanaanitische „Taanach am Wasser Megiddos" im Siegeslied
der Debora, gehalten hätte. Doch konnte ich den Beifall meiner
Umgebung nicht finden, die sich widersprechend auf Sile und Jâ=
môn rieth. Letzteres ist in so fern etwas wichtiger, als man es
schon für Kyamon (Füle) im Buche Judith ausgab. Am meisten
interessirte mich der Chan Ledschûn, in dessen Namen das
ehemalige Legio nachklingt; Legio selbst aber wird mit dem be=
rühmten Megiddo zusammengestellt. Die gemeinsame Grundbe=
deutung des lateinischen und hebräischen Namens soll sich in dem
nahen Tell el Mutesellim erhalten haben. Wie jene auf eine
Militärstation hinweisen, so wird dieser als „Ort, an dem sich
Scharen aufhalten" gedeutet. Der gelbliche Hügel Tell el Mute=
sellim, an welchen sich die uralte Soldatenstadt zu jeder Zeit lehnte,
trat als stumpfer Kegel in die Ebene und bildete so das untrüg=
liche Wahrzeichen des Schauplatzes von der schauerigen Niederlage
Josias, des Königs von Juda, gegen Pharao Necho (609). Dem
nachexilischen Propheten Zacharias diente sie als Schreckbild gegen
die neuen Ausschreitungen des soeben der Zuchtruthe entronnenen

Volkes Gottes: „Wie zu Hadad-Rimmon in der Ebene Megiddo, so wird die Klage zu Jerusalem sein*)." Wirklich schien der im Rücken gedeckte Tell neben dem Chan Ledschûn wie von der Natur dazu geschaffen, die Südwestecke der „großen Ebene" zu behaupten. Im östlichen Theile kam sichtlich dem Hügel Jesreel von jeher die gleiche Bedeutung zu. Ich schied erst von San Giacomo, nachdem ich noch unser heutiges Reiseziel, den Berg der Verklärung, in's Auge gefaßt hatte. Er war eben in bezaubernden Morgenduft gehüllt, und ich freute mich in der Voraussicht, daß ich diesen Abend noch seinen geheimnißvollen Schleier lüften und auf seinen Schultern über neue biblische Orte herrschen sollte.

Als wir auf der Rückreise Nazareths wieder ansichtig wurden, hatte rechts vom Wege gerade das Leben auf den Tennen begonnen. Die Drescher hatten es gestern Abend mit Boas gehalten, „der aß und trank und fröhlichen Herzens hinging am Ende des Getreidehaufens sich schlafen zu legen**)." Weil die Sonne allmälig den reichen Thau aufgesogen hatte, waren sie aufgestanden, um den hohen Strohkegel einzureißen und auf dem festgestampften Boden auszubreiten. Letzterer hatte gleich den Tennen verflossener Jahrtausende die Scheibenform und einen Durchmesser von 40—50', lag aber nicht auf luftiger Höhe, wie die Tenne Aravnas, sondern fast im Grunde des Nazarether Bergkessels. Das Stroh war schon zu Häckerling zermalmt. Trotzdem standen Esel und Rinder bereit, um auf's Neue darüber getrieben zu werden, sobald man mit dem Aufschütteln fertig war. Damit diese regelmäßig neben einander gehen mußten, zog eine Stange quer unter ihren Hälsen hin. Eine zweite Stange, in welcher erstere eingefügt war, lief rückwärts und diente als Deichsel. Im Anfang des Dreschens scheint ein Schlitten oder eine Walze angehängt gewesen zu sein. Jetzt fehlte er, vermuthlich weil nach völligem Zerreißen und Zerbröckeln der Garben und Halme der Fußtritt der Thiere zur weiteren Arbeit genügte. Dreschen, Worfeln, Sieben, Sondern und Sammeln des Weizens in die Scheuern, d. i. in natürliche und künstliche Gruben, sowie das Verbrennen der nicht schon vom Winde entführten Spreu sind so beliebte biblische Bilder, daß ich trotz Hitze und Staub dem alt-

---

*) Zach. 12, 11.   **) Ruth. 3, 7.

herkömmlichen Geschäfte der Drescher gerne zusah. Es erinnerte
mich an das hebräische Verfahren und zugleich an die schreckhaftesten
und tröstlichsten Gottesgerichte, welche das alte und neue Testament
in Aussicht stellte; kennen wir doch die antike Art am besten aus
den großartigen Schilderungen vom Dreschen gottloser Völker.
Diese will der Herr beim Propheten Micha „wie Garben auf die
Tenne sammeln." Dann ruft er: „Auf, Tochter Sions, und
drisch! Eiserne Hörner hast du und Klauen von Erz *)." „Zum
Dreschwagen mache ich dich," heißt es bei Jesaias, „zum Dreschwagen, der Zacken hat, neu und scharf, daß du Berge zermalmen
und Hügel in Spreu verwandeln kannst. Du wirst sie worfeln,
und der Wind wird sie wegtragen, und der Sturmwind sie zer-
stieben **)."

Im Hospize traf ich meine Genossen ganz in Reisegedanken
vertieft. Doch handelte es sich bei ihnen nicht sowohl um die zu
treffenden Anstalten und die Wahl des richtigen Mukers — es
standen nämlich zwei Rivalen im Hofe — als vielmehr um die
Durchführbarkeit der beschlossenen Route. Da ich zufällig wußte,
daß der hiesige Geistliche des lateinischen Patriarchates ein geborc-
ner Damascener sei, suchten wir ihn auf, um vorerst über die
Sicherheit des Weges nachträgliche Erkundigungen einzuziehen. Dieser verscheuchte die letzten Bedenken, indem er in geläufigem Französisch
erklärte, wir würden so ungefährdet über den großen Hermon ziehen,
als auf der Karawanenstraße durch das heilige Land. Er wohnte mit
Mutter und Schwester in trauter Häuslichkeit zusammen. Dieselben
bereiteten sofort einen Kaffee. Da ihr Vater im Jahre 1860 ein Opfer
des Christenhasses der Drusen geworden war, bekamen wir inzwischen
authentische Einzelheiten aus jener Schreckenszeit zu hören.

Auf dem kürzesten Wege über die Jakobsbrücke und durch das
Dscholân (Gaulanitis) getraute sich der eine Muker uns in 2 ½
Tage nach Damaskus zu führen; unsere Etapen waren aber: der
Berg Tabor, Tiberias, Safed, Bânias, Kefr Hawâr und Da-
maskus. Von Tiberias sollte es über Magdala Bethsaida und
Kapernaum, von Safed über Kedes gehen; und diese Reise erfor-
derte 5 Tage. Beide Muker verlangten Anfangs für drei Pferde

---

und einen Esel 210 Beschlik (Franken), und beide erklärten sich schließlich um 200 Beschlik bereit. Da wir gegen den einen schon gewisse
Verbindlichkeiten hatten, auch das rasche Wesen des andern sich
minder empfahl, schien unsere Wahl von vornherein entschieden zu
sein. Trotzdem fielen wir dem neuen Bewerber zu. Dieser war
insofern vom Glücke begünstigt, als er über eigene Pferde verfügte,
während sein Mitbewerber an einen Moslim gebunden war. Weil nun
der Vertrag nicht rechtzeitig zu Stande kam, schickte letzterer voreilig
seine Pferde „in's Holz", und damit fiel die Concurrenz hinweg.
Sofern meine Gefährten auf sofortiger Abreise bestanden, konnte nur
noch der Muker mit den eigenen Pferden in Betracht kommen. Kaum
hatte dieser jedoch sein Aufgeld erhalten, als er erklärte, vor zwei
Uhr am nächsten Morgen schwerlich reisefertig zu sein. Wirklich kam
es so, und wir fügten uns in's Unvermeidliche. Zum Trost stellte
man uns außer den nöthigen Pferden zwei Mann (Sohn und
Knecht) und zwei Esel in Aussicht. Diese Karawane sollte nächsten
Morgen früh 2 Uhr vor der Klosterpforte halten.

Den letzten Abend brachten wir auf dem Dache des Fran-
ciskanerklosters zu. Beim Versinken der Sonne zeigte sich die liebliche Gegend nochmals im vortheilhaftesten Lichte. Dabei verkün-
bigte „der Berg des Herabsturzes" die Größe Gottes so laut,
daß es zu verwundern wäre, wenn er nicht frühe schon dem Culte
gedient hätte. Er trug in alter Zeit außer der „Kirche des Herabsturzes" ein Kloster und eine Kapelle „Mariä Schreck". Noch
versammelt sich dort alljährlich das Volk zu kirchlicher Feier unter
freiem Himmel.

Neben uns läutete man „den englischen Gruß", der die
freudenreichsten Geheimnisse zu einem Strauß bindet und dem
religiösen Gemüthe zum Genusse vorhält; an diese beglückenden
Thatsachen reihen sich natürliche Ergüsse des Dankes und kindliche
Bitten um Gewährung des Heiles. Nach langem Harren der
Völker „brachte der Engel des Herrn Maria die Botschaft, und
sie empfing vom heiligen Geiste." Dafür aus warmem Herzen ein
„Gegrüßet seist Du!" Maria sprach: „Sieh, ich bin eine Dienerin des Herrn, mir gescheh' nach deinem Worte." Abermals:
„Gegrüßet seist du, Maria! Bitte für uns arme Sünder jetzt und
in der Stunde unseres Todes." „Und das Wort ist Fleisch ge-

worden und hat unter uns „gewohnt". Darum zum dritten mal „Ave Maria", und zum Schluß die Bitte zu Gott um ewige Ruhe für die armen Seelen. — Nirgends auf Erden ist das Läuten des englischen Grußes so an seinem Orte; nirgends ist sein Klang so rein und klar; nirgends bringt es so leicht und selbstredend zum menschlichen Herzen; nirgends ergreift es so freudig das fromme Gemüth; nirgends schallt es so lange und kräftig in der Erinnerung nach. Haben sich doch sämmtliche Ereignisse des englischen Grußes in Nazareth zugetragen. Ihr Schauplatz braucht also nicht erst in nebeliger Ferne erfunden zu werden, sondern liegt mit allen Reizen der Wirklichkeit vor.

Gelegentlich erzählte der Fremdenbruder die Geschichte der Glocke. Sie wurde von J. Lachmair zu Erding gegossen und hat die Aufschrift: Gestiftet von der ersten baierischen Karawane (1873). Ihr Gewicht beläuft sich auf 24 Zentner. Nachdem die baierischen Pilger dieselbe bis Chaifa geliefert hatten, wurde sie auf einem Wagen der Templercolonie über die „große Ebene" geführt und zuletzt von kräftigen Burschen die Nazarether Steige hinaufgetragen. Die ganze katholische Gemeinde war damals in freudiger Stimmung und nahm, wenn nicht helfend, so doch jubelnd an dem festlichen Einzuge der ehernen Gebetsruferin aus dem christlichen Westen theil.

Nur zu bald mahnte die Hausordnung und der Gedanke an die fünftägige Reise zur Ruhe. Ein letztes mal schweiften die Blicke über die malerischen Contouren des Bergkessels: das Flimmern der Sterne fesselte das Auge, und die hoffende Seele drang durch den dunkeln Himmel, um nach jener schützenden „Rechten" zu greifen, welche auch „am äußersten Rande des Meeres" — den Hülfsbedürftigen hält.

Auf den Tabor.

Samstag, den 6. September, waren wir schon vor 2 Uhr zum Aufbruche bereit. Um $1/_2$ 3 Uhr kam der Knecht mit den Eseln, um 3 Uhr auch Chalil, des Mukers Sohn, mit den Pferden. Beide trugen lange Gewehre, wir mehrläufige Pistolen ohne Munition. Angesichts der muthigen Reitthiere verlor sich der anfängliche Unmuth. In bester Stimmung steuerten wir in die mondhelle Nacht hinaus.

Der Weg führte nicht, wie ich geglaubt hatte, thalabwärts nach dem „Fels des Herabsturzes" und von da über Bet Ilsâl an den Berg der Verklärung, sondern durch das moslimische Viertel an den bekannten Marienbrunnen und von dort in südöstlicher Richtung auf die östliche Höhe des Thales. Dies ist die übliche Route. Nach 20 Minuten war Nazareth aus dem Gesichtskreis verschwunden, und der Tabor trat zu Gesicht. Derselbe nahm sich anfänglich so unscheinbar aus, daß ich an einen obscuren Ausläufer der Nazarether Bergkette dachte, was bei der geringen Entfernung — man rechnet von Nazareth nur $2^1/_2$ Stunde — von der Höhe unseres Standortes kam. Wir folgten einige Minuten dem freien Gebirgskamme, dann ging es eine kleine Stunde über buschige Halden hin, welche mehr und minder steil nach der großen Ebene abfielen. Im Frühjahr sollte der lichte Boden mit Gras und Kräutern, Anemonen und wilden Tulpen übersät sein; jetzt sah man nichts als loses Steingeröll, welches bergab besondere Schwierigkeiten bot. Kam man hier glücklich an einer knorrigen Eiche vorbei, so trieb es einen dort mitten in einen Terebinthenbusch, falls man nicht zuvor, von Dörnern geritzt, sich plötzlich in dem Geflechte der Waldrebe gefangen sah. Die Muker waren gleich Anfangs vom rechten Wege abgekommen, und jeder suchte fortan selber seinen Pfad. Was die Gesellschaft noch verband, war das Gehör und der breite Fuß des Tabor, unser ebenso untrügliches als gemeinsames Ziel. Hier trafen wir denn auch zusammen, und zwar in dem berühmten Engpaß, durch welchen man von jeher vom See und oberen Jordan aus in die Ebene Esdrelon zog. Jetzt noch führt der Weg nach Chan et-Tudschâr, Medschdel, Chan Minje und der Jakobsbrücke durch die Furche zwischen dem Tabor und den Nazarether Bergen.

Deren Thalsohle liegt, mit der „großen Ebene" verglichen, ziemlich hoch. An der Grenze beider schauten die Häuser von De=bûrie herüber. Wir ritten zuerst darauf zu, bogen aber einige Minuten vor dem Dorfe links von der genannten Karawanenstraße ab. Der Ort hat weder mit dem Namen Tabor, auf dessen nordwestlichem Fuße er liegt, noch mit Debora, die aus dieser Gegend das Volk richtete, etwas gemein, sondern ist die bekannte Levitenstadt Da b=r a t h (Dabereth, im Mittelalter Buria) auf der Grenze Sebulons und Issachars *). Geschichtlich ist von ihr fast nichts bekannt, als daß junge Leute einen Verwalter des Königs Agrippa und der Berenice ausplünderten **). Später erscheint dieser Ort in das Wunder der Verklärung verwoben. Noch zeigt man die Stelle einer „Kirche der neun Apostel". Weil Jesus blos „mit Petrus, Jakobus und Johannes den Berg erstieg, um dort zu be=ten ***)," sollen die übrigen neun Apostel zu Dabrath geblieben sein und auf die Rückkunft ihres Herrn und Meisters gewartet haben. Hier traf sie denn auch Jesus — „von vielem Volke umgeben" †). Darunter befand sich der hülfesuchende Vater eines besessenen Knaben. Nach fruchtlosen Beschwörungsversuchen der Jünger wich der stumme Dämon endlich auf das Machtwort Jesu. Der erlöste Knabe war „wie todt. Jesus aber faßte ihn bei der Hand, richtete ihn auf, und er stand". Dieser biblischen Vorgänge gedachte man lange Zeit in der Apostelkirche zu Debûrie.

Acht bis zehn Minuten von hier begann die Steigung des Tabor. So steil dieser auch aussah, so verlangten die Muker doch nicht, daß wir von den Pferden stiegen. Vielmehr schnallten sie von Neuem die Gurten unserer Sättel und gingen mit ihren Eseln voran. Auf viel befahrenem Pfade zogen wir in kurzen Windungen bergan. Der Mond war über dem Grauen des Tages bereits erblichen und der vereinsamte Morgenstern im raschen Abzuge begriffen; da man ³/₄ Stunden bis oben rechnet, durften wir hoffen, gerade bei Sonnenaufgang den Gipfel des heiligen Berges zu erreichen — was wirklich so kam. An keiner Stelle stießen wir auf unüberwindliche Schwierigkeiten, obwohl es einige

---

*) Jos. 19, 12 u. 21, 28.   **) Jos. Flav. Vita 26.
***) Luc. 9, 28.   †) Marc. 9, 26.

mal über beschwerliche Stufen ging. Einen eigenen Reiz hatte das Gehölz, welches wir bis oben im Zickzack durchstreiften. Es erfreute durch sein mannigfaltiges Grün nicht blos das Auge, sondern wirkte durch seine aromatische Atmosphäre auch angenehm auf den Geruchsinn; nur stand es überall zu dünn, und seine Höhe überbot die von Roß und Reiter nur wenig.

Sechs Minuten unter der Bergkuppe zweigte links (ostwärts) ein Pfad zum Kloster und zur Kirche der Griechen ab. Die Kirche besteht aus drei gleich langen Schiffen, deren Gewölbe von viereckigen Pfeilern getragen werden. Die Schiffe laufen in drei Apsiden aus, von denen zwei aus einer alten Kirchenruine herübergenommen sind. Letzteres gilt auch von einem Stück Mosaik im Boden, der sonst mit geglätteten Kalksteinen vom Tabor gepflastert ist, sowie von einigen antiken Kapitälen und Säulenresten. Diese Trümmer stammen alle von einem griechischen Eliasconvent, der um 1183 durch die Soldaten Saladins verheert wurde und seit 1185 nicht mehr erwähnt wird. Seine Existenz führt man bis in's sechste, ja bis in's fünfte und vierte Jahrhundert zurück. Nach der Ansicht der Griechen wollte schon der heil. Petrus dem Thisbiter hier eine Hütte bauen, ähnlich wie auch den verklärten Stiftern des alten und neuen Bundes*), und der ganze wunderbare Vorgang der Verklärung fand nicht auf dem Gipfel des Tabor, sondern auf der mit Gartenanlagen geschmückten Klosterterrasse am Nordabhang des heiligen Berges statt. Trotzdem haben sie nach sechshundertjährigem Vergessen erst 1867 wieder der verehrungswürdigen Stelle gedacht und das Eliaskloster neu aufgebaut. Dasselbe liegt eine Ackerlänge vom Pfade.

Drei Minuten höher kam das s. g. „Windthor", arabisch Bab el Hawa. Dieses ist ein isolirter saracenischer Spitzbogen, der von einem Thurme aus der Zeit Melik el Âdils (1193—1218) übrig geblieben ist. Der Thurm gehörte zur Ringmauer der Taborveste, welche dieser Ejubide, Bruder und Nachfolger Saladins, um das Jahr 1212 gegen die Christen zu St. Jean d'Acre errichtete, und trotzte im Dezember 1217 mit vielen anderen Thürmen dem Heldenmuthe der Krieger des fünften Kreuzzuges.

*) Luc. 9, 31.

Vor einem derselben fiel damals der Befehlshaber der arabischen Besatzung; alle waren Zeugen der seltenen Bravour, der außergewöhnlichen
Kraft und Ausdauer der beiden Könige Johann von Brienne und
Andreas von Ungarn, der Johanniter und Templer und überhaupt
des ganzen Pilgerheeres. Dennoch sollten die Sturmleitern nicht über
die Mauern helfen, und die Thore der Citadelle sich nicht erschließen. Als die Araber sich ebenso wenig in die Ebene herablocken
ließen, kehrten die Franken nach siebzehntägiger Belagerung des
Tabor unverrichteter Sache nach Ptolemais zurück. Bald darauf schleiften aus strategischen Gründen die Moslim die Mauern
der Festung. Deren Trümmer füllen noch die breiten, in den
Fels gehauenen Gräben, welche einmal um die mit Thürmen und
Basteien gedeckte Citadelle herumliefen.

Wir setzten darüber hinweg und traten durch das Bab el
Hawa in den weiten Bezirk der Franciskaner. Derselbe deckt sich
mit dem Plateau des Berges, das nach Frère Liévin 550 m
lang und 250 m breit ist und die „große Ebene“ um 400 m
überragt. In den Besitz der Franciskaner kam es seit dem Jahre
1300. Vor ihnen gehörte es den Benedictinern, und diesen hatte
es Tankred als Fürst von Galiläa mit vielen Ortschaften der
nächsten Berge und Ebenen (Esdrelon, Sarona) geschenkt. Im
ersten Jahrtausend der christlichen Aera herrschte hier vor der
arabischen Invasion Gütergemeinschaft, nach derselben brutale Rechts-
losigkeit. Diejenigen, welche sich unter günstigen und ungünstigen
Verhältnissen, ja trotz Verheerung und Mord stets um die Hochfläche
des Tabor kümmerten, waren der Welt entsagende Verehrer
des verklärten Erlösers, Anachoreten, Cönobiten und Pilger.

Den künstlichen, durch das Bab el Hawa angedeuteten Rahmen zogen die galiläischen Rebellen im Anfange des jüdischen
Krieges zum ersten mal, als sie nämlich vermutheten, daß die
Römer in Galiläa einfallen würden. Die Anregung gab der Geschichtschreiber Josephus in seiner Eigenschaft als Commissär der Jerusalemer Regierung und als Kriegsoberster von Galiläa. Als solcher
drang er auf schleunige Ummauerung verschiedener theils von Natur
fester, theils sonst wichtiger Plätze, so der Bergorte Jotapata,
Japha, Gamala, und der Städte Tiberias, Tarichäa, Sepphoris,
auch „des Felsens Achabara im oberen Galiläa“, „der Höhlen beim

See Genesareth" und „des Berges Itabyrion", d. i. des Tabor*). Die Befestigung dieses Berges war ein besonders schwieriges Unternehmen; denn das Plateau, welches mit einer Mauer zu umgeben war, hatte einen Umfang von 26 Stadien. Zudem betrug die Höhe des Itabyrion 30 Stadien — und „das Trinkwasser und das andere Material wurde von unten" heraufgeschafft. Die Betheiligung an diesem Werke war indeß so groß, daß es den Freischaren während des ganzen Baues nie an etwas gebrach. So kam die enorme Ringmauer in der kurzen Zeit von 40 Tagen zu Stande.

Gleich der Anlage der Festung ist das Schicksal ihrer Besatzung für die Taborfrage von Bedeutung. Dem alten Glauben, daß Jesus seine Lieblingsjünger zur Verklärung auf den Tabor führte, steht nämlich die moderne Ansicht entgegen, der „hohe Berg", von welchem die Evangelisten reden, sei der „Panius" oder der große „Hermon" oder sonst ein „stiller Berg" bei Cäsarea Philippi gewesen. Wie Vespasian während der Belagerung Jotapatas Japha erobert hatte, so griff er während der Belagerung Gamalas „diejenigen an, welche den Berg Itabyrion besetzt hielten"; der Schrecken vor den römischen Waffen hatte diesen eine Menge Unberufener zugeführt. Gegen dieselben zogen unter dem Commando des Placibus 600 Reiter aus. Diese waren zwar nicht im Stande, den Berg zu ersteigen, mußten jedoch die tollkühnen Juden in die Ebene zu locken und durch scheinbare Flucht vom Tabor zu entfernen. Dann fielen sie über dieselben her, machten die Mehrzahl nieder und trieben den Rest in die Flucht. Da letztere den Rückzug zum Kastelle abgeschnitten fanden, wandten sie sich nach Jerusalem. Diejenigen hingegen, welche auf dem Berge zurückgeblieben waren, capitulirten bald darauf wegen Wassermangels und „ergaben sowohl den Berg als sich selbst an Placibus**)." Dies geschah im Jahre 67.

Da Jesus drei Decennien früher mit Petrus, Jakobus und Johannes — in keine geräuschvolle Stadt, sondern auf „einen hohen Berg abseits" ging, um momentan in seiner himmlischen Glorie zu erscheinen und so eine Idee von jenem Verklärungszustande zu geben, „den er beim Vater hatte, bevor die Welt war***)",

---

*) Jos. Flav. bell. jud. 2, 20, 6.   **) l. c. 4, 1, 8.
***) Joh. 17, 5.

und in welchen er jetzt bald wieder zurückkehren sollte *), so verdienen im Berichte des Josephus zwei Dinge besondere Beachtung, ein mal daß Anfangs des Krieges inmitten von geeigneten Städten und Ortschaften ein Berg Jtabyrion befestigt ward, und dem entsprechend am Ende auch wieder ein Berg mit Besatzung den Römern zufiel. Von einer Stadt Jtabyrion weiß also der jüdische Historiker nichts. Was sodann die Leute auf dem Tabor betrifft, so redet er von Ansassen und Freischaren, unter welchen offenbar nur die ersteren für die friedliche Zeit Christi in Betracht kommen kön=nen. Von jenen Ansassen aber berichtet er nichts als, daß sie „blos Regenwasser hatten". Da es sich jedoch bei der Frage nach dem Verklärungsberge ausschließlich um deren Anzahl handelt, bleibt es der Phantasie überlassen, zwischen blos zwei und zehntausend zu wählen, diese wieder beliebig auf beide Geschlechter und alle vier Lebensalter zu vertheilen, und dem Bauern=, Handwerker=, Handels= oder Kriegerstand zu überweisen. Nur wenn die Ansassen Sol= daten waren, mußte sich ihre Zahl auf Hunderte und Tausende belaufen. Für Handel und Gewerbe war die Taborkuppe zu isolirt, für den Ackerbau der Boden zu schlecht. Letzteres beweist der Augenschein und die Geschichte.

Blos der Karmel kam mir so steinig, trocken und wild vor; wes= wegen die Umwohner eben nur Eicheln und Gehölz an seinen steilen Abhängen suchten. Tankreds Benedictinerkloster aber stützte sich höchstens mit seinen Mauern auf den Tabor; denn seinen Unterhalt entnahm es einer Menge incorporirter Dörfer diesseits und selbst jen= seits des Jordan. Wirklich lag auch der eigentliche Taborort bis über die Zeiten des Josua hinauf urkundlich am Fuße des Berges und war das bekannte, die Damaskusstraße und die Nordostecke der „großen Ebene" beherrschende Dabrath. Zwar wurde es nach= träglich den Leviten zum Wohnplatz angewiesen **), hörte aber damit nicht auf, eine Stadt der Söhne Issachars zu sein, denen es durch das Loos zugefallen war. Die Leviten besaßen nämlich in allen ihren Städten blos eine Anzahl unveräußerlicher Häuser und übten das Weiderecht nur in deren nächster Umgebung. Dabrath konnte also auch nach der Aufnahme dieser Diener des Altares von Silo und Jerusalem der herrschende Sitz der Landbevölkerung am Tabor sein.

*) Matth. 16, 21. Joh. 12, 23.　　**) Jos. 21, 28.

Damit verträgt es sich, ja es scheint in der Natur der Sache begründet, daß einige Familien Sebulons oder Naphtalis — denn der Tabor lag an der Grenze beider Stämme*) — auf dem Berge selber wohnten. Dies gerade waren die Ansaßen (Essäer) des Josephus, welche gleich den heutigen griechischen und lateinischen Mönchen vor dem Kriege „Cisternenwasser" tranken. Nimmt man den beträchtlichen Flächeninhalt des bewaldeten Berges und speciell seines Plateau dazu, so bot der Tabor sicherlich trotz derselben die für die Lokalisirung des Verklärungswunders nöthige Einsamkeit.

Anderseits ist die heilige Schrift mit der Annahme des Tabor mindestens ebenso einverstanden, als mit der irgend eines südlichen Ausläufers des Libanon. Wohl ist Christus sechs bis acht**) Tage vor seiner Verklärung „in der Gegend von Cäsarea Philippi" gewesen***); aber in dieser Zwischenzeit waren seine Gedanken†), wie kurze Zeit nachher „sein Antlitz nach Jerusalem wandernd††)", und bis zum Tabor konnte er, falls es in seiner Absicht lag, in sechs bis acht Tagen mindestens zweimal kommen; denn die Distanz beträgt nur drei mäßige Tagereisen. Daß Jesus gegen das Ende seiner öffentlichen Thätigkeit gerade an der äußersten Grenze der Kinder Israels — dies bedeutet Cäsarea Philippi — und inmitten einer vorwiegend heidnischen Bevölkerung Tage lang stille gestanden wäre, dagegen spricht, abgesehen von seiner Sendung zu den „verlorenen Schafen des Hauses Israel"†††) und der Kürze der hiefür noch übrigen Zeit, die Thatsache, daß er vorher und nachher in Bewegung und also offenbar auf einer galiläischen Rundreise begriffen war. Wenn die beiden ersten Evangelisten blos von einem „hohen Berg" sprechen, so daß man an jede bedeutendere Bergkuppe am Wege der heiligen Karawane denken könnte, sagt der Evangelist Lukas: „Er ging auf den Berg††††)". „Der Berg" Galiläas aber ist der Tabor. „Abgeschieden von allen Nachbarbergen," sagt Schubert, „erhebt er sich wie ein Altar im Felde". Seine Höhe beträgt 2000′ über dem Meere und (nach Liévin) 1300′ über der Ebene. „Wie dem Angesichte eines Menschen, welcher zur That

---

*) Jos. 19, 22.   **) Luc. 9, 28.   ***) Matth. 16, 13.
†) Matth. 16, 21.   ††) Luc. 9, 51 u. 53. †††) Matth. 15, 24.
††††) 9, 28.

der höheren Begeisterung bestimmt war, glaubt man diesem Itabyrion es anzusehen, daß Der, welcher ihm seine Gestalt gab, mit
ihm Gedanken einer künftigen Vorherrlichkeit hatte*)." Bei den
Eingeborenen heißt er Dschebel et=Tôr. Ist es zufällig, daß
er mit den alten Gotzesbergen Garizim und Oelberg denselben Namen theilt? Es gibt keinen Zufall.

Seit Origenes **) und erst recht seit Hieronymus ***) wird der
Tabor von den Vätern als Berg der Verklärung bezeichnet. Daß man in
neuerer Zeit glaubte, ihm diesen Nimbus nehmen zu müssen, kommt
hauptsächlich von einem Berichte des Polybius. Darnach stand nämlich um 218 v. Chr. eine Stadt auf dem Tabor, und diese Stadt
wird schon bei der Verloosung des gelobten Landes genannt †).
Nach den Angaben dieses griechischen Historikers zog nämlich der
siegreiche Antiochus von Sidon nach Philoteria, „welches an dem
See liegt, in welchen der Jordan mündet, und aus welchem er
wieder in die Ebene von Scythopolis ausfließt." „Nach der Ein=
nahme von Philoteria überschritt der König das Gebirg und er=
schien vor Atabyrion, das auf einem mamelonähnlichen Hügel
liegt, dessen Höhe über 15 Stadien beträgt" — und nahm durch die
bekannte Kriegslist des Placidus „die Stadt". Nachdem er noch
„des Atabyrion sich versichert hatte, zog er weiter ††)." Letz=
teres Atabyrion ist offenbar der Berg Tabor, wie ersteres (ohne
Artikel) der Ort. Wer aber will beweisen, daß der zweideutige
Ausdruck für „Stadt" ($\pi\delta\lambda\iota\varsigma$) mehr als eine Burg oder ein Kastell
war, d. h. eine den Paß beherrschende Militärstation, die gerade
so lange bestand, als der Krieg dauerte? In die Wagschale fällt,
daß offenbar Polybius den Tabor nicht aus eigener Anschauung
kennt, weil er ihn sonst unmöglich als einen fünfzehn Stadien
hohen Hügel bezeichnet hätte.

Heißt es anderseits bei der Bestimmung des Erbtheils der
Söhne Sebulons: „Seine Grenze stößt an Tabor," so ist
es schwer, an etwas anderes als an eine der 16 Städte Sebu=
lons zu denken. Doch darf man nicht übersehen, daß damals ein
furchtbarer Krieg am Fuße des Gottesberges hingebraust war,
der eine Tagereise nördlich „am Wasser Merom" mit gänzlicher

---

*) Schubert, III. B. **) In Ps. 84, 13. ***) Epist. 86 ad Eust.
†) Jos. 19, 22. ††) Polyb. V, 70.

Niederlage der Kanaaniter endigte*). Bei diesem Anlasse waren alle Städte, welche in der Ebene lagen, hinweggefegt worden: „nur die Städte auf den Höhen verbrannte Israel (aus guten Gründen) nicht". Als nach der Glanzperiode Josuas die nordischen Stämme zwanzig Jahre das schwere Joch des Jabin von Hazor getragen hatten und endlich durch plötzliche Schilderhebung ihre Freiheit zurückerobern sollten, wies Debora den Barak an mit 10,000 Mann auf „dem Berge Tabor" die feindlichen Truppen zu erwarten. Von einer Stadt Tabor ist da keine Rede mehr; die eigentliche Taborstadt war wieder Dabrath.

Vom Bab el Hawa 3 Minuten ostwärts erreichten wir das einfache, blos von zwei Brüdern überwachte Hospiz der Franciskaner. Hier überließen wir den Mukern die Pferde und traten in eine große einstöckige Halle. Die Divane längs den Wänden stehen den Fremden Tag und Nacht zur Verfügung. An einer langen Tafel werden sie bescheiden, aber gutherzig und uneigennützig bewirthet. Neben dieser Halle stand ein Kapellchen mit flachem Dach und spitzem Thürmchen, das seinen einzigen Altar auffälliger Weise südwärts und rechts davon eine Sakristei hatte. Dort traf ich den unirten Popen aus Nazareth mit den Zurichtungen zur Feier einer arabischen Messe beschäftigt. Der Bruder Sakristan hatte ihm alle Schränke und Schubladen geöffnet, und doch wollte das heilige Geräthe nicht reichen. Das Missale und das gesäuerte Waizenbrod hatte sein Meßner von Nazareth mitgebracht. Auch war blos er im Stande zu ministriren. Die heilige Handlung dauerte ³/₄ Stunden. Das Meßformular war aus Rücksicht für mich nicht das längere vom heil. Athanasius, sondern das kürzere vom heil. Johannnes (Chrysostomus). Es wollte mir kaum gelingen, die wesentlichen Theile der lateinischen Meßfeier herauszufinden. So verschieden waren die Ceremonien, so irreleitend die Gebetseinlagen und Lesungen — und doch war es nicht das erste mal, daß ich einem solchen Gottesdienste beiwohnte.

Als ich später das dünne Meßbuch durchblätterte, standen die Formulare auf einer Seite griechisch, auf der anderen arabisch. Dabei war es dem Belieben des Geistlichen anheimgestellt, sich für die eine

---

*) Jos. 11, 5. 8.   **) l. c. 11, 13.

ober andere Sprache zu entscheiden. Der Pope der Synagoge von Naza=
reth — denn als solchen bekannte er sich — las gewöhnlich arabisch,
weil diese Sprache von allen verstanden würde. Höchst eigenthüm=
lich war die Zurichtung der Patene. Das Consecrationsbrod —
nicht jedesmal eigens für diesen Zweck gebacken — hatte die
Gestalt und Größe eines runden Milchbrodes. Auf diesem waren
große und kleine Dreiecke abgeprägt. Deren Rändern folgte der
Pope mit einem lanzettförmigen Grabstichel so lange, bis sie sich aus=
heben ließen. Dann legte er sie in bestimmter Ordnung auf die Patene.
Das größte Stück kam in die Mitte, rechts schloß sich ein kleineres
zur Ehre Mariens an, links zwölf Dreieckchen vom Gehalte einer Linse
zu Ehren der Apostel; ähnliche Stückchen konnten beliebig zur
Auszeichnung anderer Heiligen hinzugefügt werden.

Auch ich hatte eine Hostie von Nazareth mitgebracht und las
nach dem Popen eine privilegirte Votivmesse von der Verklärung mit
Gloria und Credo. Im Gegentheile zur menschlichen Hinfälligkeit er=
schloß das Evangelium von der Verklärung an solcher Stätte die ganze
Fülle seiner religiösen Ermuthigung und Kraft. Wie Christus durch
den wunderbaren Vorgang einst eine Bürgschaft seiner Glorie im
Stande der Erhöhung geben wollte, so zauberte jetzt der biblische Bericht
den Schwerpunkt alles christlichen Hoffens, die Zuversicht des ewigen
Lebens, herbei und garantirte dazu die Verklärung des Lei=
bes. Mein Wunsch aber stand dahin, daß alle Menschen und
auch ich einmal der Glorie gewürdigt werden, welche hier zum
ersten mal erglänzte und der Bestimmung nach ja die unserige war.

Von der Kapelle aus begab ich mich auf die hohe Mauer,
welche unmittelbar daneben den Südostrand des Berges bekrönte.
Im höchsten Grade überraschte von hier die Landschaft gegen
Sonnenaufgang. Zum ersten mal zeigte sich dort gleich ein ganzes
Drittel des Sees Genesareth. Er schien, trotzdem er noch vier Stun=
den entfernt war, so nahe, daß eine Kanonenkugel, vom Tabor
abgefeuert, in seinen lieblichen Wasserspiegel einschlagen mußte.
Dagegen verbarg sich der Jordan samt dem Ghor und unserm
heutigen Reiseziel, der Stadt Tiberias am Westufer des Sees,
hinter dem welligen Ackerland, das zu meinen Füßen lag und
gerade nach der Jordanaue zu etwas anstieg. Hier stand in
einer Senkung des offenen Feldes der $1\frac{1}{2}$ Stunde entfernte

,Chan et-Tudschâr (Chan der Kaufleute), auch Sûk el Chan (Markt beim Chan) genannt, an welchem der Weg nach Tiberias vorüberführt. Bis auf 1 Stunde vor der Stadt konnte man letzteren mit bloßem Auge verfolgen. Dann kam die 2000' tiefere Furche des Jordanbettes und dahinter die duftige Masse des starren Peräa, so überragt von natürlichen Kuppeln, wie das Dach einer byzantinischen Kirche von künstlichen. Links im fernsten Nordosten sah man den lichten Bergrücken des Antilibanon und näher her den blendend weißen Kalkfelsen „der Stadt auf dem Berge, die nicht verborgen sein kann," d. i. Safeds, das wir morgen zu erreichen hofften. Noch näher lag das durch das Vorgefecht der Schlacht am Tabor berühmte Lûbie und rechts davon der Hörnerberg, bei den Franken „Berg der Seligkeiten" genannt; das auf der abgekehrten Seite desselben erbaute Dorf Hattîn war verborgen. Ebenso entzog sich der Vorberge wegen den suchenden Blicken die Stadt der Jungfrau Maria, obwohl sich durch das Weli Ismaîl (fast im Westen) ihre Lage verrieth. Ueber den „Berg des Herabsturzes" hinweg sah man nicht blos die Ebene des Kison, sondern auch ein Stück Mittelmeer, so daß vom Tabor ähnlich Galiläa, wie von Nebi Samwîl herab Judäa, in seiner ganzen Breite da lag.

Besonders lag mir Nain und Endor und darum die Nordseite des kleinen Hermon an, der die Aussicht gegen Süden wesentlich beschränkte. So kühn sich derselbe neulich von der Ebene aus erhob, so entpuppte er sich vom Tabor aus als ein kurzer, unförmlicher Gebirgszug, der gegen den Jordan zu in mehreren Graten und mit eigenthümlich geschweiften Halden abfiel. Blos an drei Stellen hatte er Häuser. Auf seinem obersten Kamme lag das Weli und Dorf Dâhi, auf grüner Terrasse im Nordwesten wenig tiefer Nain und an unschönem, kahlem Felsabhange (eine Stunde nordöstlich) noch niederer Endor. Dies wollte die Karte und bestätigte in Uebereinstimmung damit auch der Bruder Sakristan. Das durch König Sauls trauriges Ende berühmt gewordene Endor lag bis auf die letzte Hütte ausgebreitet zu meinen Füßen. Es glich einem ausgestorbenen Weiler, wie auch die ehemalige Stadt des Jünglings von Nain in der Ferne.

Am kleinen Hermon vorbei sah man westwärts bis Ledschûn

und zum Karmel, oſtwärts noch den Unterlauf des Wadi el
Bire, der faſt am Tabor anhebt, ſah das Dorf Kôkeb el Hawa
auf deſſen Südrand, ſah insbeſondere aus dem Oſtjordanlande
herüber die ſchaurig öde Schrunde, in deren Tiefe jetzt der
Jarmûk, einſt der Hieromax, ſeinen Weg ins Ghor ſucht und zwei
Stunden unterhalb des Sees Geneſareth auch findet. Das Gebirge
ſüdlich vom Jarmûk war das Adſchlûn, einſt das wegen ſeiner
Weiden und aromatiſchen Kräuter viel gerühmte Gilead; das
Gebirge nördlich vom Jarmûk bis zum großen Hermon hinauf
das Dſchôlân, früher Unter- und Obergaulanitis, in welchem
ein Theil von Manaſſe angeſiedelt war. Rein ſüdlich vom
Tabor ſchauten die höchſten Spitzen des Gilboagebirges hinter dem
Dſchebel Dâhi herüber. Auch die Furche des Goliathfluſſes und
das Dorf Kûmin vor derſelben ſah man, nicht aber Bêſân, das
alte Scythopolis und bibliſche Bethſean, an deren Mündung in's
Jordanthal.

Ich machte ſchließlich die Runde um die engeren Feſtungs-
mauern, um eine Ueberſicht über die Ruinen und eine Idee von
den untergegangenen Bauwerken zu bekommen. Nachdem ſich
Jahrtauſende lang Kanaaniter und Juden dahinter geſchützt hatten,
dienten ſie Jahrhunderte der Vertheidigung wichtiger Sanctuarien,
die ſeit Konſtantin dem Großen auf dem Tabor entſtanden. So
verſichert der Abt Daniel, ein Augenzeuge aus der Kreuzfahrerzeit,
daß der Ort der Verklärung von ſoliden Mauern aus Hauſteinen
umgeben und nur durch ſchwere eiſerne Thore zugänglich war.
In Betreff der Heiligthümer, deren Grundzüge und wichtigſte
Theile in neueſter Zeit wieder bloßgelegt wurden, berichtet derſelbe
ruſſiſche Pilger, daß man innerhalb des heiligen Bezirkes eine
große und zwei kleine Kirchen beſuchte, jene zu Ehren des Verklärten, dieſe Moſes und Elias geweiht. Es war alſo mit der
Zeit der vom heil. Petrus ausgeſprochene Gedanke ausgeführt
worden: „Laßt uns drei Hütten bauen, dir (Jeſu) eine, dem
Moſes eine und dem Elias eine." Dieſer Hüttenbau iſt ſchon um
600 (Antonin) nachweisbar und beſtand vielleicht bereits zu
Hieronymus' Zeit (400). Sultan Bêbars hat die Ehre, nach
ſchweren Stürmen, zumal unter Salabin, um 1263 die heutige
Ruinenſtätte vollendet zu haben. Von der Landbevölkerung unter-

ſtützt, hatten die Benedictiner noch im Jahre 1183 den Schaaren Saladins muthig und erfolgreich getrotzt, während das griechiſche Schweſterkloſter damals den Barbaren erlag.

Die Kirchenruinen innerhalb der Mauern durchmuſterte ich zuerſt allein und dann in Geſellſchaft. Meine Reiſegefährten, die eigentlich nur auf dem Tabor geweſen ſein wollten, ließen ſich zuletzt vom Fremdenbruder beſtimmen, wenigſtens zum ehemaligen Altartiſch der Haupt- oder Salvatorkirche zu gehen, der mit reicher kirchlicher Indulgenz bedacht iſt. Dabei machte man auch Station über den Fundamenten der davor gelegenen Kapelle des Moſes und Elias. Ordnende Hände (eben nur der beiden Brüder und einiger Knechte) haben ſchon manches zur Säuberung der verwüſteten Plätze gethan. Es beſteht der Plan, die drei alten Sanctuarien, ſobald als thunlich, wieder aus ihren Ruinen erſtehen zu laſſen. Beſonders in Ehren hält man ein ſeit Kurzem völlig geſäubertes Viereck, keine Ruthe breit und über eine Ruthe lang. Nach Melchior de Vogué ſtand hier das chriſtliche Urheiligthum des Tabor.

Für die wenigen Jahre, ſeit welchen die Franciskaner ernſtlich aufräumen und neu bauen, iſt wirklich Dankenswerthes geſchehen. Die Pilger finden nicht nur eine Unterkunft und ein Kapellchen, das gegen 100 Leute faßt, ſondern bereits auch ein großes, offenes Feld für archäologiſche Studien. Aber welchen hiſtoriſchen und poetiſchen Reiz, welche religiöſe Erbauung und Erhebung müſſen einmal die aus dem Grabe erſtandenen Hütten des Moſes und Elias, und das neue Gotteshaus des Erlöſers bewirken! Einſtweilen wird nur ausnahmsweiſe von Nazareth aus für Gottesdienſt geſorgt. Insbeſondere ziehen die Gläubigen am 6. Auguſt zahlreich nach dem Tabor. Da kommen die Nazarether Väter in Proceſſion und begehen das Andenken an das hehre Ereigniß der Verklärung in feierlicher Weiſe.

Der Tabor ſieht aus der Ferne einer Halbkugel gleich. Oben erinnert er mehr an einen abgeſtumpften Kegel. Die ziemlich ausgedehnte Hochfläche iſt nicht eben, ſondern in der Mitte etwas vertieft und an der Südoſtecke faſt von einem (vorzugsweiſe künſtlichen) Horne überragt. Auf Photographien erſcheint er zu kahl; denn er hat ringsum dünnes Buſchwerk, und zwar weniger Dornen als edles Waldgehölz.

Im Hospiz servirte ein Diener den Kaffee. Der Pfarrherr der Synagoge zu Nazareth schmauchte bereits an seiner Nargile, d. i. Wasserpfeife. Auf angefeuchtetem Tabake glühte eine große Kohle. Der Rauch wurde zunächst in einem darunter geschraubten Kolben gebadet, sodann durch ein langes Rohr zum Munde geführt. Aus diesem entwich er zuletzt in allerlei Figuren. Auch ich sollte das persische Kraut versuchen und führte den dargebotenen Schlauch gehorsam zum Munde. Statt jedoch an der dicken Spitze rückwärts zu ziehen, blies ich vorwärts, und sofort standen Tabak und Kohle unter Wasser. Der Pope wunderte sich, daß die Fremden, in deren Landen doch die Wasserpfeifen fabricirt werden, nicht damit umzugehen wüßten, also auch den einzigen Genuß der Nargile nicht kännten. Wir rüsteten uns zur Abreise und sagten auch Lebewohl, ehe die Nargile wieder aufgebaut war. Doch konnte es nicht mehr lange dauern, bis sie in Gang kam; denn der Pope hielt bereits eine frische Kohle in der Zange. Als Merkzeichen der Union mit Rom trug er eine cylindrische Kopfbedeckung mit eckigem Boden.

Den Berg hinab gingen wir zu Fuß, weil dies für uns leichter war und zugleich die Pferde schonte. Dagegen nahmen die Muker auf ihre Esel keine Rücksicht. Sie ritten voran, und die Pferde folgten ihnen an langen Seilen. Es war 8 Uhr, als wir so zum Bab el Hawa hinauszogen. Drei Minuten später standen wir am Rande des Plateau. Von da an ließen wir den Troß den Windungen des Saumpfades folgen, wir stiegen auf's Gerathewohl den waldigen Abhang hinab. Das Gebüsch bereitete nirgends ernstliches Hinderniß, dagegen mußten wir einige mal senkrechte Felsstufen von 6—9' Höhe umgehen. Meine Begleiter kamen in kürzester Zeit am Fuß des Berges an. Ich verweilte mich etwas mit Pflanzensammeln. Es blühte ein winziges gelbes Blümchen, das ich in vielen Exemplaren hierher brachte. Neben dem deutschen Brombeerstrauch und Weißdorn stand da ein unheimlicher Sibrbusch, dort eine freundliche Sendiane. Am schönsten nahm sich entschieden die großblätterige Taboreiche aus, obwohl auch sie dem Zwerggeschlechte kaum entwachsen war. Ihre jungen Schoffe hatten Blätter, welche die Folien meines Tagebuches überragten, und ihre prächtigen Eicheln verhielten sich zu denen der gewöhn-

lichen Eiche, wie die Lambertsnüſſe zu den Haſelnüſſen. Stellen-
weiſe ſtand nichts als der ſtruppige, fußhohe Dornſtrauch, mit
welchem die Kalkbrenner Juddäas ihre Oefen heizen. Eine beeren-
reiche Waldrebe umſchlang das Gezweige vieler Büſche. Zum
erſtenmal brach ich hier auch die Zweige des Butm oder der bibliſchen Terebinthe. Vielleicht täuſchte ich mich, wenn ich glaubte,
jenen Abharbuſch herauszufinden, von deſſen braunen Frucht-
kernen die runden Paternoſter der häufigen Olivenkernen-Roſen-
kränze genommen werden. Auffällig war es, daß wir auf unſerm
pfadloſen Abſtieg keiner Spur von Wild begegneten. Man ver-
ſicherte uns, daß außer verirrten Hyänen und ebenſo ſeltenen
Ebern gewöhnlich nur Gazellen, Schakale, Wachteln, Rebhühner
und Finken vorkommen. In den Lüften wiegte ſich ein Geier,
und ein Dutzend Schwalben ſtrich lautlos gegen Oſten.

Neber das Schlachtfeld von Karn Hattin nach Tiberias.

Am Fuße des Berges warteten die beiden Franzoſen, die dank-
bar auch etwas von meiner Sammlung einlegten. Wir
waren gerade damit fertig, als die Muker mit den Pferden daher kamen; wir ſtiegen zu Pferd und folgten zunächſt 10 Minuten
dem Pfad, auf welchem wir gekommen waren. Auf breitäſtigen
Taboreichen mit der Krone eines deutſchen Apfelbaumes ſaßen
Araber und pflückten Eicheln. Hohes Gebüſch bot wohlthuenden
Schatten. Um 9 Uhr traten wir in die Anfangs noch belaubte
E b e n e zwiſchen dem Tabor und dem See Geneſareth. Von hier
bis Tiberias hätten wir vier Stunden aufwenden ſollen, brauchten
aber der Hitze wegen anderthalb Stunden mehr. Das ſanft gewellte Ackerland, welches wir durchzogen, hieß im Alterthum die
kleine Ebene Saron nach einem gleichnamigen Ort (Saron oder
Serûni) und von ſeiner Fruchtbarkeit, welche derjenigen des berühmten Flachlandes zwiſchen Jafa und Cäſarea am Meere gleich
erachtet wurde. Es kam eine erſte und dann eine zweite Senkung
nach dem Wâdi el Bîre zu, eigentlich deſſen Anfänge, in welchen

man zur Regenzeit fließendes Waſſer überſchreitet. Jetzt theilten dieſe Bachbette die Sprünge des dürren Feldes. Selbſt ein Brunnen links und eine überwölbte Ciſterne rechts waren vollſtändig ausgetrocknet.

Um 10 Uhr hielten wir am Sûk el Chan, wie unſere Muker ſagten; den Namen Chan etTudſchâr las ich nur im Buche. So ruinös und verlaſſen hier alles ausſah, ſo belebt ſoll es jeden Montag ſein. Da werden die wichtigſten Erzeugniſſe des Oſt und Weſtjordanlandes umgeſetzt, die Produkte der Beduinen durch Tauſch und Verkauf nach allen Himmelsgegenden verhandelt. Urſprünglich war es insbeſondere auf den Handelsverkehr zwiſchen Kairo und Damaskus abgeſehen. Ihn zu ſchützen hatte 1587 ein Paſcha hier eine kleine Veſte angelegt. Aegyptiſche und ſyriſche Karawanen fanden dabei zugleich die Bequemlichkeiten eines Chanes. Der „Markt bei dem Chane“ entſtand wohl erſt gelegentlich. Wir ritten hier über eine kleine Thalmulde, in welcher ein grüner Fleck das Daſein einer Quelle vorausſetzte; die Beduinen tränken daraus ihre Heerden. Einige Familien hauſten in höchſt einfachen Hütten, erbaut aus den herabgefallenen Hauſteinen zweier feſtungsartigen Nebenbauten des Chanes. Es war uns etwas unheimlich zu Muthe; deswegen ſtießen wir uns nicht lange. Als wir Anfangs den Chan im Rücken hatten, fixirte uns ein großer Geier. Er ſaß beim größten Sonnenbrande im Dufte eines Aaſes und ſchien hoch befriedigt von dem Labſal eines ſolchen ätheriſchen Genuſſes. Wiederholte Verſuche, ihn zu ſchrecken, beantwortete er mit ſouveräner Ruhe und mit Ordnen ſeines Gefieders. Endlich erhob er ſich freiwillig von den ausgehackten Rippen des vermuthlich beim letzten Markte gefallenen Kameeles.

Hinter dem Chan ging es nordöſtlich Kefr Sabt zu, das wir in einer kleinen Stunde erreichten. Auf den Feldern lagen zerſtreute Baſaltſtücke; das Dorf war aus ſolchen gebaut. Dies gab einen ſchwachen Vorgeſchmack vom ſchwarzen Ausſehen von Tiberias. Die Bewohner ſollen Emigranten von Algier ſein, denen die Regierung vor einem Decennium das von den Arabern verlaſſene Dorf als Wohnſitz überwies. Erſt zu Kefr Sabt traten wir aus der Domäne des Tabor, an den mich meine Pflanzen fortwährend erinnerten. Da ſich beim Gepäcke kein Platz mehr für dieſelben finden wollte, mußte ich sie tragen und hegen wie ein Kind. So bildeten sie auf der ganzen Reise eine unbequeme Sache. Dennoch ließ ich nicht los, bis ich 70 Stunden vom Ziele mich der dürren Zweige zu entledigen für gut fand. Dies geschah im elterlichen Hause — zur Freude der kranken Schwester. Als wenige Wochen nachher sie und die kräftige Mutter in ein besseres Jenseits abgerufen wurden, sollte ihnen im Tode nicht vorenthalten sein, was sie zuletzt noch im Leben gefreut hatte. Das schöne Laub der Taboreiche schmückte — innerhalb sechs Wochen zweimal — die stille Brust, welche den „letzten Streit" im Glauben siegreich ausgefochten hatte. Möge es „Saat" bedeuten, „von Gott gesäet," dem Tage der Verklärung entgegen zu reifen.

Je weiter wir in die Sarona — so heißt auch die Taborebene — vorrückten, desto kühner hob sich hinter uns der heilige Berg; und als endlich etwas Neues unsere Aufmerksamkeit fesseln sollte, weckte die majestätische Halbkugel nochmals alle Lebensgeister und nahm sie für sich in Anspruch. Ist der Himmel — sagte ich mir unwillkürlich — Gottes Thron und die Erde seiner Füße Schemel, dann ruhen seine Füße nirgends als auf dem Tabor. Kein Wunder, daß es hier aller Welt zum Zeugniß einst aus der Wolke erscholl: „Dieses ist mein geliebter Sohn, an dem ich mein Wohlgefallen habe; auf ihn höret!" Unter diesem Eindruck ritten wir außerhalb Kefr Sabt in eine flache Thalsenkung hinab, aus welcher ein besserer und ein schlechterer Weg wieder hinausführte. Der letztere war der unserige, der erstere die große Karawanenstraße, auf welche wir nachmals bei Medschdel am See Genesareth wieder kamen. Das breite Thal heißt in seinem Unterlauf Wâdi Faghâs und ist das erste, welches dem Ghor von Westen her ein Bächlein zuführt. Wir durchzogen es unter dem Namen Wâdi Bessûm, ohne einen Tropfen Wasser zu finden. Nach ³/₄ Stunden erschloß sich vor uns die berühmte Hochebene des „Hörnerberges von Hattin," Ard el Hamma genannt, wie alles Land, welches sich ostwärts von dem überschrittenen Wadi bis zum jähen Abfall des Plateau in's Jordanthal hinzieht.

Jetzt war alles dürre Einöde. Einzelne Striche abgestandener Disteln schimmerten weiß wie gebleichter Hanf. In einer Distanz von einer halben Stunde stand vor uns gerade beim Anstieg einer

neuen Schwellung der einzige Baum der weiten Fläche, ein hellgrüner
Sidr. Die Sonne hatten wir faft im Zenith. Kein Steinhaufen
und keine Höhle lud zu kurzer Raft ein. Das Auge konnte
keine 5 Minuten ohne den Schuß dunkler Gläser sein. Kopf,
Genick und Schultern wollten doppelte und dreifache Verhüllung.
Selbft die Kniee ließen ohne besondere Deckung eine Entzündung
befürchten. Trotzdem hielt das hohe Interesse für diese Gegend
den abgespannten Geist wach. Mont-des-Béatitudes (Ort der
Bergpredigt) riefen meine Begleiter, und mir ftand die Kata-
ftrophe vom Karn Hattîn vor der Seele. Dieser lag uns
links und bildete den Nordrand des Plateau. Wir kamen ihm
scheinbar auf eine halbe Stunde, in Wirklichkeit aber auf doppelte
Diftanz nahe. Hätten einft in diesen Gegenden die Giganten
gehauft, so hätte man sagen mögen, die beiden frappanten Hörner
seien anläßlich ihres Stürmens gegen den Himmel entftanden,
indem einer mit seinen Riesenhänden den isolirten Bergkegel
packte, in der Mitte ein Stück ausbrach und es in die Lüfte
emporschleuderte. Seine Richtung war faft die unserige, nämlich
von Weften nach Often. Seine Erhebung über die Ebene betrug
scheinbar nur 180—200′, nach der Angabe meiner Karte aber
gegen 400′, die Gesammtlänge 350′—400′. Das weftliche Horn
schien nur halb so ftark als das öftliche. Eines wie das andere
war gegen 70′ hoch und eher platt als spitzig. Die Scharte dazwischen war sehr tief, ihre Wände (gegen Often und Weften)
steil, ihre Grundfläche knapp und eng.

Bekanntlich ging Jesus nach dem Evangeliften Matthäus
„auf den Berg", setzte sich und lehrte die Scharen, während
er nach Lukas auf dem Berge blos betete und die Apoftel be-
rief, dann „mit ihnen hinabging auf einen ebenen Ort"
und ftehend die Grundgesetze des messianischen Reiches vortrug.
Angenommen, „der Berg" war das öftliche Horn, wie dies jene
Exegeten, welche beide evangelische Berichte vermittelft des Karn
Hattîn zu vereinigen suchen, gern annehmen; so könnte die Vertiefung zwischen diesem und dem andern Horn der gesuchte ebene
Ort gewesen sein, vorausgesetzt, daß sie die Scharen, welche am
Schluffe „über seine Lehre" staunten, faßte; dafür aber war offen-
bar der Raum nicht vorhanden. Darum verlegte man den Ort

der Bergpredigt zutreffender an den südlichen Fuß der zwei Höhen; die Sarona wird nämlich gegen den Hörnerberg hin zu einer schiefen Ebene, die je näher am Berge, desto kühner emporsteigt und am Fuße der Hörner mit einer sanft geneigten Terrasse endigt, und es läßt sich wirklich denken, daß Jesus hier inmitten seiner Jünger Platz nahm, und das Volk sich etwas abwärts niederließ. Nur handelt es sich nicht blos um die Lösung eines mathematischen Problems. Von diesem Gesichtspunkte aus wußte ich mir Tags darauf die Dinge ebenso gut am Bergabhang hinter Tell Hum, d. i. Kapharnaum, zurecht zu legen; und mancher andere Ort unterwegs schien damit zu rivalisiren. Historische Gründe müssen den Ausschlag geben.

Daß ich mich letztlich für Tell Hum entschied, wollte namentlich der Context bei beiden Evangelien, wornach Jesus vom Orte der Bergpredigt hinweg, „nach Kapernaum hineinging“. Dazu kommt die Bezeichnung „der Berg“, welche die Verehrer des Karn Hattin im Sinne von dem „geeignetsten“ oder „imposantesten“ Berge zu nehmen gewohnt sind. Sieht man davon ab, daß ebenso gut der „zunächst gelegene“ und „bekannte“ gemeint sein könnte, so ist der Hörnerberg höchstens von der Ard el Hamma (südlich) und von Kefr Kenna (westlich) aus „der Berg mit Auszeichnung.“ Selbst auf der Ard el Hamma dürfte derjenige, welcher vom Jordan heraufkommt — also den Tabor nicht im Rücken hat — dem Berg der Verklärung den Vorzug geben, trotzdem der Karn Hattin zur Lehrkanzel des Gottes-Sohnes geeigneter scheint.

Noch ungünstiger gestaltet sich die Sache für den heutigen „Berg der Seligpreisungen“, wenn man seinen Standpunkt an den See Genesareth verlegt, wo ihn eigentlich die heilige Schrift haben will. Da ist der Karn Hattin überhaupt blos bei Medschdel (Magdala) sichtbar. Er ist es kaum 2—3 Minuten weit und ist es durch eine tiefe Gebirgsspalte hindurch. Sonst existirt er südlich von Tell Hum auf dem ganzen Westufer des Sees für das Auge nicht, geschweige denn, daß er vor anderen Höhen „der Berg“ wäre. Vom See aus erregen überdies die schwierigen Wege Bedenken. Von Tiberias und Medschdel geht es nämlich äußerst steil empor, und von keinem dieser Orte kommt man in weniger als zwei Stunden auf die Höhe — von Tell Hum sogar erst in vier.

Weil das Ufer des Sees mehr als 600′ unter dem Spiegel des Mittelmeeres liegt, und die Erhebung des Karn Hattîn über das Mittelmeer weitere 300′ beträgt, so steigt er dort auf einmal volle 1900′ Fuß in die Höhe. Daß der Heiland die Scharen, welche nach den Worten des ewigen Lebens dürsteten, erst noch diesen Berg hinanführte, während sich in unmittelbarer Nähe wenigstens ebenso geeignete Punkte boten, schien mir dieselbe vergrößernde Phantasie zu verlangen, welche anderwärts den Ossa auf den Pelion thürmen läßt. Darum dürfte es auch eher gegen als für die jetzt herrschende Ansicht sprechen, daß die älteste urkundliche Beglaubigung einer Combinirung der Bergpredigt mit dem Karn Hattîn viel jünger ist als die gleichnamige Schlacht. Im Einklang mit diesen Bedenken steht die Thatsache, daß von monumentalen Resten, welche für die beliebte Annahme zeugten, keine Spur auf oder bei dem Karn zu finden ist. Erst seit neuester Zeit ist demjenigen, welcher auf dem Berge nicht nur die Gegend anschaut, sondern auch ein Vater unser und ein Ave Maria betet, eine partielle Indulgenz zugesichert. Selbstverständlich will hiemit der wissenschaftlichen Erörterung der Frage nach dem Orte der Bergpredigt nicht im mindesten vorgegriffen werden.

Vor dem genannten Sidrbaum war eine tiefe Furche zu überschreiten, die von Norden nach Süden strich. Da wir mehrere Minuten hinter einander ritten, konnte der Hintermann beobachten, wie immer sein Vorreiter auf einige Minuten in dieser Furche der Ebene versank, um dann beim dünn belaubten Baume wieder aufzutauchen und sich in dessen Schatten zu stellen. Zur Regenzeit führte der Wâdi offenbar Wasser, jetzt war er gleich jedem andern auf unserer Route trocken. Es kam der letzte Theil der ganzen Hochfläche. Dieser war nicht nur höher als die beiden durchmessenen Drittel, sondern auch steiniger und unfruchtbarer. Seine Breite bis zum Rande des Plateau betrug noch gegen 40 Minuten. Auf dieser neuen Erhebung lohnte es sich, eine letzte Umschau zu halten. Im Westen war die Ebene von den Nazarether Bergen und deren majestätischem Vorposten, dem Tabor, begrenzt; gegen Süden verlor sich der Blick in schwach gewelltem Flachlande; im Osten lag über der nahen Jordanfurche das Gebirge von Peräa; im Norden herrschte der frappante Doppelhügel (darum auch Tell genannt) von Hattîn.

Eben die Stelle, auf welcher wir hielten, behauptete Freitag den 4. und Samstag den 5. Juni 1187 S a l a d i n mit seinen Kerntruppen, während seine Reiter und Leichtbewaffneten weithin die Umgegend durchstreiften und zugleich die Burg Tiberias im Rücken beschäftigten. Das K r e u z h e e r hatte gegenüber auf der Nordwestecke der Sarona Stellung genommen. Es stützte sich, wie neuerdings wieder der Republikaner Jünot gethan hat, auf das Dorf L u b i e. Während jedoch die kriegserfahrenen Franzosen sich im Rücken gedeckt wußten, hatte Saladins überlegenes Feldherrngenie den Christen von vornherein den Rückweg nach Sefurie und Nazareth abgeschnitten. So gab es gleich Anfangs für sie nur e i n e n Weg zum Heile.

Sie mußten über die Ebene, welche wir von Kefr Sabt an durchschritten, gegen Saladin vordringen, mit Aufbietung aller Kräfte seine Linien durchbrechen und als Sieger über den berühmtesten Verfechter des Islam nach Tiberias und zu den Ufern des Sees Genesareth hinabsteigen. Weil es ihnen aber am Nöthigsten gebrach, und insbesondere das Trinkwasser fehlte, war überdies die größte E i l e geboten, so daß der Vorschlag des klugen Grafen Raimund von Tripolis, mit dem Angriff des Feindes eine Nacht zu verziehen, von den gleichzeitigen Historikern nicht ohne Grund als Verrath bezeichnet ward. Es ist bekannt, daß die zur Rast ausersehene Nacht vom 4. auf den 5. Juni in Folge des fortwährenden Andranges feindlicher Scharen den Verfechtern der Sache Christi keinerlei Erholung und Kräftigung brachte; daß dafür der Rauch von den dürren Disteln, welche damals wie heute das Feld bedeckten, den brennenden Durst der in schwerer Rüstung nach Wasser lechzenden Krieger bis zum Verschmachten steigerte; daß das in beiden Lagern mit gleicher Ungeduld erwartete Tageslicht nur erschien, um einerseits den Franken ihre verzweifelte Lage zu enthüllen und anderseits den Siegesmuth der überlegenen Saracenen zu erhöhen.

In der Niederung westlich vom Sibrbaum ließ der Sultan die christlichen Kämpen in den ersten Morgenstunden ihren Löwenmuth nutzlos kühlen, indem er sie zu Angriffen reizte und dann seine Truppen wieder zurückzog, bevor es zum entscheidenden Schlage kommen konnte. Als allmälig Ermüdung, Durst und Sonnenbrand leichtere Arbeit versprachen, gab er das Zeichen zur

Schlacht. Die Hospitaliter, Templer, Fürsten, Ritter und Knechte kämpften mit gewohnter Tapferkeit. Sie drangen direct vor bis bei allgemeiner Erschöpfung die Reihen der schwerbewaffneten Fußsoldaten durchbrochen wurden. Von da an schob sich die Schlacht unabwendbar aus der Mitte nach dem Nordwestrande des Plateau, und zwischen Lubie und Karn Hattin wurde der grause Vernichtungskampf ausgefochten. Nicht das Beispiel der beiden Ritterorden, nicht des Königs Befehl vermochte einen neuen Vorstoß in der Richtung von Tiberias zu bewirken. Als vollends Graf Raimund mit dem Rufe Sauve qui peut die Reihen der saracenischen Dränger im Rücken durchbrach und mit seinen Rittern nach dem Meere und Thyrus zu floh, hatten die Christen nur noch die Aussicht eines ehrenvollen Todes. Um das heilige Kreuz geschart, näherten sie sich unwillkürlich mehr und mehr dem Tell Hattin. Auf diesem seitlichen Rückzuge fiel der eine von den hohepriesterlichen Kreuzträgern, nämlich der Bischof von Akka. Am Fuße des Karn ward auch der Bischof Gottfried von Lubd seines ehrenden Amtes enthoben. Hier verschwand nämlich das heilige Kreuz. Nach den einen fiel es in die Hände der Ungläubigen, nach den andern vergruben es die Christen.

Zuletzt standen die Fürsten mit ihren Getreuen auf den Hörnern von Hattin. Drei mörderische Angriffe wiesen sie von dort noch zurück, dann aber war ihre Kraft erschöpft. Die siegestrunkene Ueberzahl erstürmte die beiden Höhen, und wer nicht nordwärts in den Abgrund sprang, fiel in die Gewalt des grimmigen Feindes. Unter den letzteren befand sich der Bischof von Lubd und der Haupturheber des Unglücks, der Großmeister der Templer, ferner Rainald von Chatillon, Honfroy von Toron, Bonifaz von Montferrat und der König Guido. Kaum tausend Mann vom ganzen Frankenheere entkamen.

Saladin ließ sich die fürstlichen Gefangenen vorführen und allen mit Ausnahme Rainalds Erfrischungen reichen. Als der König von Jerusalem auch diesen mit seinem Scherbet bedachte, ließ ihm Saladin eingedenk seines früheren Schwures durch seinen Dolmetscher sagen: „Du gibst ihm zu trinken, nicht ich.“ Der gereichte Trunk bedeutete nach arabischer Sitte die Absicht der Schonung. Später wurden die hohen Gefangenen ein zweites mal in das Zelt des Siegers geführt. Jetzt forderte Saladin den Fürsten Rainald auf, den Islam anzunehmen. Als dieser jedoch standhaft bei seinem christlichen Glauben beharrte, erhob sich der Sultan von seinem Sitze und spaltete ihm mit einem Hiebe die Schulter, worauf seine Trabanten denselben erwürgten. Alles schauderte ob dieser grausen That; aber Saladin erklärte, dies sei nur die Strafe für die verübte Grausamkeit an Muselmännern. Die gefangenen Fürsten wurden nach Damaskus gebracht. Die Templer und Johanniter aber starben alle den Martyrertod. Der Sultan kaufte nach Aussage arabischer Zeugen die Ritter um den Preis von 500 Denaren den Soldaten ab, in deren Gewalt sie sich befanden, und ließ sie hartherzig erdrosseln. Diese, weit entfernt zu verzagen, drängten sich förmlich zum Tode für Christus hin. „Wegen dieser Bereitwilligkeit, für den Heiland ihr Leben zu opfern, sah man während dreier Nächte über den unbegrabenen Leichnamen ein himmlisches Licht schweben*).“

Sonntag, den 6. Juli, capitulirte die Burg von Tiberias. Nachdem Saladin diesen und den folgenden Tag seinen Truppen Ruhe gestattet hatte, brach er Dienstag den 8. Juli auf und führte dieselben an die Quelle Sefûries. Dort „lagerte er sich auf demselben Platze, auf welchem sich die vernichtete Ritterschaft so oft zur Beschirmung des heiligen Landes versammelt hatte**).“ Mittwoch den 9. durchschwärmten seine Scharen die Ebene von Akka, und diese reiche Stadt ergab sich ihm ohne Schwertstreich. Drei Monate später wurden ihm die Schlüssel der heiligen Stadt überbracht: Jerusalem und das lateinische Königreich war gefallen. Dieses alles waren die unmittelbaren Folgen des Schlachttages von Karn Hattîn. Am Schauplatze eines so bedeutsamen Ereignisses zu weilen, hat einen Reiz, gegen welchen Sonnenhitze, Durst und Ermüdung nicht aufkommen. Um eine Million hätte man jetzt keinen Grashalm hier gefunden, und doch hätte ich den Besuch dieser Wüste mit keinem der beliebtesten Lustorte der Welt vertauscht. Wie die Ebene von Akka, so ist das galiläische Saron mit dem Heldenblute unserer großen Ahnen getränkt. Mit ihnen können es ihre Nachgeborenen wohl in menschlichen Schwächen,

---

*) Wilkens: Geschichte der Kreuzzüge III, 2, 291.   **) l. c.

aber nicht in religiösem Schwung, in heiliger Begeisterung und wunderbarer Thatkraft aufnehmen.

Das Dorf Hattin bekamen wir nicht zu Gesicht, weil es nordwärts 400' tiefer als die nach ihm benannten Hörner gelegen ist. Ich glaubte es später wenigstens theilweise von den Bergen Obergaliläas aus zu bemerken. Es ist ein kleiner Ort auf einer Terrasse des schmalen Stufenlandes, welches jäh nach dem See Genesareth abfällt.

Wir erreichten zwischen ein und zwei Uhr den Ostrand der Hochebene und hatten von da an noch 40 Minuten bis Tiberias. Mit einem Blicke überschaute man hier fast zwei Drittel des schönen, mit dem öffentlichen Leben Jesu so enge verwachsenen Sees. Der erste Eindruck des neuen landschaftlichen Bildes konnte nur wegen des blauen Spiegels des unschätzbaren, süßen Wassers bezaubernd genannt werden. Steil wie am Rande eines Bergsees ging es in die Tiefe; allein der ungeheuere vulkanische Kessel frappirte mehr als er befriedigte. Die völlig erstorbenen Ufer, der Mangel an Häusern und Hütten, selbst die palmenreiche, aber baufällige Stadt Tiberias stimmten die Erwartungen fühlbar herunter. Trotz aller sonstigen Verschiedenheit erinnerte gar vieles an die Oede der Jordanaue bei Jericho. Dazu gehörte auch die freie, ebene Lage beider Orte. Nahm sich Tiberias viel größer, ja städtisch aus, so lag es dagegen in einer Wüste, während Jericho vom grünen heitern Dornenwald der Elisäusquellen-Oase umgeben ist.

Die Basaltsteine, welche auf der Ard el Hamma, je näher dem Seebecken, desto zahlreicher geworden waren, machten den jähen Abstieg so beschwerlich, daß wir vom Pferde stiegen und den kurzen Windungen des Pfades zu Fuße folgten. Nach einer Viertelstunde kam die schöne und reiche Quelle Ain Nasr ed-din. Auf derselben schmalen Stufe der Thalwand — die von der Höhe aus kaum bemerklich war — lagen die Ruinen eines ehemaligen Dorfes. Das klare Wasser lief in ein Becken und aus diesem in einen Garten. Wir und unsere Thiere tranken und hätten uns auch den Schatten einiger Bäume (Terebinthen) 10 Minuten gefallen lassen, aber unsere Muker drängten zum heutigen Reiseziele. Es war noch 25 Minuten. Diese legten wir unter glühender Sonne — über die Hälfte zu Fuß — zurück. Dann kam das große Westthor, welches zugleich das einzige der Stadt ist. Wir zogen durch dasselbe ein, wegen des Sabbaths von zahlreicher feiernder Judenschaft bewundert. Das einzige anständige Haus der Stadt war offenbar das Hospiz der Franciskaner, ein ansehnlicher, viereckiger Bau, dessen Mauerwerk alle andere Gebäude überragte. Dahin erfragten unsere Muker den Weg; hier fanden wir — zum letzten mal im heiligen Lande — die gewohnte herzliche Aufnahme.

Tiberias.

Die Besitzung der Franciskaner zu Tiberias machte den Eindruck einer ganz neuen Anlage. Dies war in so fern richtig, als man erst in jüngster Zeit mit nöthig gewordenen Veränderungen und Erweiterungen abgeschlossen hat; ja aus den Mauersteinen, welche in der nördlichen Ecke des Hofes aufgeschichtet lagen, konnte man schließen, daß noch anderes zu bauen im Plane war, falls es sich nicht um die Conservirung altehrwürdigen Materials handelte. Der historisch berühmte Vorposten abendländischer Kultur wurde, nachdem er Jahrhunderte aufgegeben war, im Jahre 1847 zum ersten mal wieder von christlichen Missionären bezogen. Seit dieser Zeit wohnt hier ein Ordenspriester der Franciskaner, der in seiner täglichen Meßfeier der wunderbaren Vorgänge des Schluß= kapitels Johannis gedenkt und anderseits der Fremden sich annimmt, welche der biblische Reiz des Sees in die Gegend führt. Ein Bruder besorgt ihm das Hauswesen. Der gegenwärtige war aus preußisch Polen und sprach außer dem Italienischen und Französischen auch Deutsch. Der italienische Pater, welcher unter der drückenden Hitze sehr zu leiden schien, bestellte zur vorläufigen Kühlung ein Scherbet und dazu, so weit thunlich, auch einen kräftigen Imbiß.

Während wir dieser Erfrischungen harrten, erhob sich plötzlich ein gewaltiger Wind. Derselbe fuhr so ungestüm in den Hof, stieß so unsanft an Thüren und Fenster, daß alles erdröhnte und jedermann meinte, ein fürchterliches Wetter sei im Anzug. Selbst dem Pater, welcher erst seit einigen Monaten zu Tiberias wohnte, kam diese Erscheinung unerwartet und völlig neu vor. Als wir fast besorgt zum Fenster hinaussahen, wirbelten in der heißen Luft die dichtesten Staubmassen; der Himmel aber, welcher mitunter zu Gesicht kam, war so wolkenlos wie zuvor. Diesen Wind beobachteten wir am folgenden Tage um die gleiche Stunde, nämlich um 3 Uhr Nachmittags. Unserm beleibten Wirthe kam er sehr gelegen, denn er erfrischte und erleichterte das Athmen. Mich interessirte besonders seine Wirkung auf den See, der vom östlichen Ende unseres Hausganges aus sichtbar war. Es fiel mir gleich hier und ebenso später in dessen unmittelbarer Nähe auf, wie wenig sich seine Wasser um das Ungestüm dieses Windes kümmerten. Wohl schienen sie etwas bewegt, aber nicht mehr, als ich mir unter gleichen Umständen die schwere Salzflut des todten Meeres bewegt gedacht hätte.

Der Pater sprach gelegentlich von seinem kleinen Wirkungskreise. Zur lateinischen Kirche gehöre eine einzige Familie, nämlich diejenige des Doktors. Viel zahlreicher sei die Gemeinde der unirten Griechen, die aber ihr eigenes, nur zu armseliges Gotteshaus hätten; ihrer seien es vierthalb hundert. Wie schon unter den weströmischen Imperatoren, so sei Tiberias heute noch eine Judenstadt; denn von vierthalb tausend Einwohnern seien blos gegen 1000 keine Kinder Israels. Ungefähr 700 Einwohner bekennen sich zum Islam. Das dominirende Minaret und die zwei Kuppeln der Moscheen, noch mehr aber die historischen Erinnerungen aus der Zeit der Kreuzzüge hatten mir die Idee beigebracht, die Bevölkerung sei vorherrschend mohammedanisch, und ich hatte bei dem Ritte durch die Marktstraße vermuthlich aus arglosen griechischen oder israelitischen Gesichtern moslimischen Fanatismus gelesen. Im Glauben an das Vorherrschen des jüdischen Elementes sollten wir zu allem Ueberflusse noch bei Tische bestärkt werden, so fern der Bruder sein Bedauern aussprach, daß er wegen des Sabbaths kein Fleisch auftreiben konnte. Er brachte Brod, Eier und Kaffee. Dieses genügte wohl für heute, aber wir sollten auch Proviant für den kommenden Tag haben. Der Cyprier, den man uns vorsetzte, war sauer, und der Pater erklärte, daß er bei der jetzigen Hitze kaum den nöthigen Meßwein unversehrt zu erhalten wisse.

Nach kurzer Rast machte ich mich auf den Weg, um die Stadt und ihr Weichbild zu besichtigen. Weil das Hospiz im

Nordosten steht, wandte ich mich der Hauptstraße zu, welche vom Westthor ausgehend, zunächst östlich bis in die Mitte der Stadt läuft und dann nordsüdlich in 7 Minuten zum südlichen Stadtende führt. Beim Westthor ist sie ein unebener Felsenweg, der einerseits (südlich) von baufälligen Hütten, anderseits (nördlich) von einer wüsten Anhöhe begleitet wird, die in einiger Distanz die düsteren Reste des einstigen Kastells zeigt. Weil hier die schwarzen Bausteine nicht übertüncht, scheinbar auch nicht von Mörtel durchsetzt sind, macht Tiberias gerade am Eingang den ungünstigsten Eindruck. In der Mitte der Stadt erweiterte sich diese Hauptstraße zu einem freundlichen Sûk, dessen Weite, Höhe und Reinlichkeit mich in mancher Hinsicht an Nazareth erinnerte. Weil es weder der rechte Tag noch die richtige Tageszeit war, machten sich eben nur wenige Männer den Schatten der gegen die Sonne ausgespannten Zelttücher und Matten zu Nutze.

Wo die Straße aufhörte, Bazar zu sein, wurde sie zu einer langen, engen Gasse, die auf beiden Seiten niedere, mit Kalk beworfene Wohnungen hatte. Die Bevölkerung prangte ausnahmsweise im Festschmuck; denn hier war das eigentliche Quartier der einheimischen und zugewanderten Juden. Rechts und links liefen parallele Querwege nach beiden Längenseiten des Rechtecks der Stadt. Schaute man in diesen westwärts, so sah man regelmäßig ein Stück der schwarzen Stadtmauer. Folgte ihnen dagegen das Auge ostwärts, so hatte es einen Blick auf den See, d. h. der Ostseite der Stadt fehlte es an jeder künstlichen Wehr. Auch war kein Hafen und kein Quai zu entdecken; geschweige denn, daß ein freier Platz oder ein dem Ufer folgender Pfad zu kurzem Aufenthalt am See einlud. Wer gerne dem Ostrande der Stadt nachging, dem stellten sich wie der Säulenbau der alten, beim letzten Erdbeben verschonten Synagoge, so andere vom Wasser bespülte Häuser entgegen. Um diese kam man nur auf dem Umwege winkeliger Seitengäßchen herum. Weitere Unzuträglichkeiten waren, daß sich an den offenen Stellen die Jugend im Wasser vergnügte, Weiber über isolirte Steine im seichten Ufer nach einer entlegenen Badehütte zielten, Männer ihre Wasserschläuche füllten, auch wohl ein Hirte mit seinen Ziegen und Schafen die Tränke für sich allein in Anspruch nahm.

An der Ecke der Süd- und Ostmauer hielten die Fischerbarken, welche gegenwärtig den See befahren; es waren im Ganzen drei. Die müßige Mannschaft der einen nöthigte mich fast einzusteigen; sie wollten mich nach dem östlichen Ufer übersetzen. Da ich jedoch der jenseitigen Uferbewohner und selbst der derben Fischer wegen gegründetes Mißtrauen hegte, auch die Distanz nicht kannte und im Hospiz von einem solchen Plan nichts gesagt hatte, so widerstand ich der Versuchung und verzichtete auf die Fahrt.

Dafür trat ich durch eine der Lücken der südlichen Schmalseite der Stadt in's Freie, um dort von erhöhtem Standpunkte aus eine Uebersicht zu gewinnen und zugleich dem alten Tiberias näher zu kommen; der heutige Ort heißt Tabarije. Das biblische Tiberias zog sich am Südende der jetzigen Stadt längs dem See hin. Dort — $1/4$ Stunde entfernt — gelten einige Säulenreste und Spuren von Grundmauern für Reste der Festung und des Palastes jenes Vierfürsten Herodes Antipas, durch welchen dieser Ort erst in der Geschichte eingeführt wird; denn die Behauptung der Rabbinen, daß einstens Rakkath des Stammes Nephtali *) hier lag, begegnet ernstlichen Bedenken. Andere Granitsäulen am Südende dieses außerstädtischen Feldes ist man geneigt für Ueberbleibsel eines großartigen öffentlichen Bades von Kaiser Hadrian — darum Hadrianeum genannt — zu halten. Von ihm wissen wir, daß es unter Kaiser Konstantin durch einen jüdischen Convertiten Josephus in die erste christliche Kirche verwandelt wurde. Auf einer niederen Stufe des Anfangs sanft, dann steil ansteigenden Feldes lagen stockwerkhohe Mauern. Dieselben gelten für die Westgrenze der Residenz des Vierfürsten Herodes. Ist diese Annahme richtig, so lehnte sich das ehemalige Tiberias ebenso an den Südrand, wie das heutige Tabarije an den Nordrand einer westöstlichen Fläche.

Ich begab mich dahin und erstieg das Gemäuer. Von demselben aus glich das natürliche Stadtgebiet von Tiberias einer schiefen Ebene von 35—40 Minuten Breite und 20—25 Minuten Höhe. Dieselbe war im Norden und Süden von einem seewärts abfallenden Gebirgsvorsprung abgegrenzt und überdies als terrassirter Einschnitt in das Westjordanland geschoben. Jenseits des

---

*) Jos. 19, 35.

füdlichen Vorsprunges quollen die im Alterthum viel erwähnten Thermen von Tiberias. Die eckigen und runden Kuppeln von zwei Badehäusern, die monotonen Wände einer Rotunde, sowie des weiß übertünchten Rechtecks einer Villa, auch ein niederer Thurm mit vierseitigem Spitzdache zeigten nicht nur den interessanten Quellpunkt des heißen Wassers, sondern ließen ihn so nahe erscheinen, daß ich denselben in 10 Minuten erreichen zu können glaubte. Doch blieb ich auf dem Posten.

Einmal lagen moslimische Gräber im Weg, über welche man nicht gut ohne Führer geht; sodann wußte ich nicht, wie es mit der öffentlichen Sicherheit bestellt sei — drei Berittene, welche aus jener Gegend kamen, waren vom Fuß bis zum Kopf bewaffnet —; schließlich hatte ich genugsam erfahren, wie in diesen Landen der Schein trügt. Es waren in Wirklichkeit noch fünfundzwanzig Minuten. Die Entfernung des Bades von der Stadt beträgt nach Frère Liévin am Ufer hin 45 Minuten, im Schritte unseres Paters, der dort war, sogar eine Stunde — was zu hoch gegriffen ist, selbst wenn man für die Entfernung vom Hospiz bis zur Südmauer 10 Minuten rechnet. Das Wasser, sagte der Pater, sei heißer, als daß man eine Hand darein halten könne; es habe 64° C. und lasse trotz seiner Klarheit einen gelblichen Satz zurück. Das Bad befreie von Rheumatismus. Wegen des schweflichen Beigeschmackes werde das Wasser nicht getrunken. Weil Ibrahim Pascha in den dreißiger Jahren dort einen Kurort zu schaffen gedachte, sei das größere Badhaus nach ihm benannt. In dessen großen Marmorbecken baden Morgens die Männer, Nachmittags die Frauen. Die Taxe bewege sich zwischen einem und zwei Piaster.

Südlich von Hammam Tabarije, wie die Thermen arabisch heißen, schob sich ein brauner Gebirgsstock an den See vor und versperrte die Aussicht. Um dessen Fuß herum führte ein Pfad nach Kerak, dem alten Tarichäa, das im Leben des Flavius Josephus bedeutsam ist und im jüdischen Kriege als Festung vorübergehend eine Rolle spielt. Alle, die sich ihrem Schutze anvertraut hatten, sollten es bereuen. Nachdem die streitbare Mannschaft in den Kämpfen zu Wasser und zu Land gefallen war, wurden 1200 Wehrlose im Amphitheater zu Tiberias niedergemacht. Ruinen bezeichnen noch die Lage des Städtchens am Ausfluß des Sees. Es war von der heißen Quelle eine Stunde, von Tiberias eine und eine halbe Stunde entfernt.

Abgesehen von diesem Winkel, lag der ganze See vor mir ausgebreitet, und zwar gerade in den Theilen, welche mit dem öffentlichen Leben Jesu auf das innigste verwachsen sind. Vom flachen Saume der schmalen schiefen Ebene, die sich vor mir zum See hinabzog, waren am Abende der Vermehrung der „fünf Gerstenbrode und zwei Fische.*)“ die Fahrzeuge von Tiberias ausgelaufen, welche am folgenden Morgen von einem Theil der wunderbar Gespeisten zur Fahrt nach Kapharnaum benützt wurden. Die Fischer von Tiberias hatten drüben am östlichen Ufer die vielen Leute und doch für dieselben nur e i n Fahrzeug bemerkt. Auch dieses war abgefahren, als sie am Orte des Wunders landeten. Das Volk hatte gesehen, daß dasselbe die Apostel ohne Jesus entführte. Darum harrte es in der Hoffnung auf die Wieder-holung des Wunders einmüthig bis zum nächsten Tage. Als es jetzt inne wurde, daß unbegreiflicher Weise auch Jesus verschwun-den sei, schloß es aus der Richtung, welche das Schiffchen der Jünger eingeschlagen hatte, daß es zu Kapharnaum mit Jesus zusammentreffen könnte. Dies war der Grund, warum die Leute sich theils zu Fuß, theils auf den Schiffen von Tiberias nach dem Nordende des Sees begaben. Dort löste sich denn auch das Räthsel.

Es war dunkel geworden, und die Apostel 25 bis 30 Stadien vom Lande entfernt, da hatten sie Jesum auf dem sturmgepeitschten See daher wandeln sehen — „und ihre Furcht war groß.“ Er aber beruhigte sie und sprach: „Ich bin es, fürchtet euch nicht!“ Bald darauf waren Jesus und die Apostel zusammen am Ziele. — Jetzt verfolgte ich im Geiste die Silberspuren, welche einst das eine der vielen Boote zurückließ, sowie den gefährlichen Wasserpfad, welchen gleichzeitig der Erlöser wandelte. Als ich die wirklichen Distanzen in's Auge faßte, kam mir alles viel näher vor, als ich es mir sonst gedacht hatte. Das steile ostjordanische Gebirge schien kaum genug Raum für einen Pfad am See hin übrig zu lassen, und eine Kanonenkugel, dies-seits abgeschossen, mußte einen Wanderer jenseits am Felsen zer-schmettern.

---

*) Joh. 6, 9.

Mir gerade gegenüber lagen die **Ruinen** von **Kerſa**, das dem Klange nach der (noch im 4. Jahrhundert bezeugte) Ort Gergeſa verſchiedener biblischer Handschriften sein könnte, während wichtigere griechiſche Codices und insbesondere die Vulgata die Formen Gadara und Geraſa aufweisen. Hätten diese — wie man annimmt — Recht, ſo wäre kaum an eine Zuſammenſtellung mit Kerſa zu denken, da man Gadara zu Mkês und Geraſa zu Dſcherâſch wieder gefunden haben will; beide arabiſche Orte liegen aber jenſeits des Jarmûk im Abſchlûn. Indeß iſt Mkês nicht ſo entfernt, daß Kerſa nicht wenigſtens noch zu ſeinem Gebiete gehört haben könnte. Dſcherâſch dagegen schließt dieſe Möglichkeit aus. Kerſa ſah ich an der linken Seite des wilden Wâdi Semak auf einem unſcheinbaren Hügel. Sein altes Mauerwerk fiel in die Augen, wie auch der ſteile Felsabhang, welcher nach der Lokalſage als Schweinefels bezeichnet wird. Von demſelben ſollen ſich die 2000 vom Dämon „Legion" beſeſſenen Schweine in den See geſtürzt haben. Von der ehemaligen Stadt lag er eine Viertelſtunde ſüdlich. Dort irgendwo ſah ich auch bei nächtlichem Dunkel ein Feuer, ſonſt hätte ich den ganzen Strich für unbewohnbar und unbewohnt gehalten.

Fern im Süden war das einzige Dorf am öſtlichen Ufer bemerkbar. Nach meiner Karte hätte es Kefr Harîb ſein müſſen. Der Pater, den ich ſpäter fragte, bezeichnete es aber als Tell esSemak, das man mit dem ehemaligen Hippos zuſammengeſtellt. Sofern dieſes als ein Dorf auf einer rundlichen Anhöhe geſchildert wird, paßte das Ausſehen dazu; doch hätte ich mir das Südende des Sees — denn Tell es =Semak liegt an deſſen Südoſtecke — viel ferner gedacht.

Zwiſchen Kerſa und Tell es =Semak klaffte als weiteſte Bergſpalte der Wâdi ef =Fîk. Ich glaubte darin den handbreiten Waſſerſtreifen glänzen zu ſehen, den einzigen Zufluß des Sees aus Oſten. Er entſpringt auf halbem Wege nach Fîk, einem der verſchiedenen Aphek der Bibel. An der linken Seite des Wâdi lag Kalaat el Huſn (Roßburg), das nicht mit Hippos, wie man meinen ſollte, ſondern mit **Gamala** (Kameelrücken) identiſch iſt. Der ſteile Hügel wird von Oſten her betreten. Schiffe, welche um hohes Geld die Runde um den See machen, legen davor an. Für die Heilsgeſchichte war Gamala nie von Bedeutung; blos die Thatſache verdient Erwähnung, daß Herodes Antipas vor deſſen Thoren für ſeinen aus der Geſchichte des Täufers bekannten Ehebruch ge= züchtigt ward. Hier nämlich vernichtete Aretas, der Vater von Antipas' rechtmäßiger Frau, das Heer des unwürdigen Schützlings der Römer. Das Waffenglück begleitete den arabiſchen Fürſten ſo weit, daß er ſich vorübergehend ſogar der Stadt Damaskus be= mächtigte. Im jüdiſchen Kriege verfolgte Gamala eine ſchwankende Politik; dafür wurde es von Veſpaſian belagert und zerſtört.

Gegen Norden wurde der öſtliche Küſtenrand breiter und bildete gegen das Nordende des Sees die Ebene Batſcha d. i. Sumpfland. Dieſelbe zieht noch ein Stück den oberen Jordan hinauf und wird im Hintergrunde von den Ruinen von Bethſaida Julias beherrſcht. Gegen Nordweſten lag, ſeit die Nazarether den Spruch von der Unbeliebtheit der Propheten in ihrem Vaterlande an Jeſu zur Wahrheit gemacht hatten, „ſeine Stadt*)." Dort verkün= deten Blinde, Stumme, Lahme, Ausſätzige, Beſeſſene, Fieberkranke, von den Todten Erweckte, Kinder und Eltern, Knechte und Herren die Großthaten und den ewigen Ruhm ihres Heilandes. Es kam mir vor, als ſei in den zerriſſenen Bergwänden das Echo des himmliſchen Heroldes „der frohen Kunde vom Reiche**)" noch nicht verklungen.

Herwärts ſah ich die Jünger auf gebrechlicher Barke und Jeſus unter ihnen in tiefem Schlafe. Ein gewaltiger Sturm ent= ſtand und drohte das Schifflein umzuwerfen. Da riefen ſie: „Herr, hilf uns, wir gehen zu Grunde!" „Und er gebot den Winden und dem Meere, und es wurde eine große Stille." Von dieſem Sturme hatten wir bekanntlich bei unſerer Ankunft eine ſchwache Vorſtellung bekommen. Inzwiſchen hatte er ſich jedoch gelegt. Die Waſſerfläche war glatt und blendete in den nicht beſchatteten Theilen das Auge durch den Reflex der ſinkenden Sonne. Ueber derſelben flatterten muntere Schwalben.

Nach der Stadt zu jodelte das Geſchlecht der Spatzen. Zehn Palmbäume überragten die Weſtmauer. Darauf ſpielten ſie, wie ſich gleich zeigte, Fangens und nahmen im Sturme Krone um Krone — ich verließ nämlich meinen Poſten und begab mich nach

---

*) Matth. 9, 1.   **) Matth. 9, 35.

dem Kastell. Der Weg folgte der ganzen Länge der Westmauer. Indem ich statt auf dem Saumpfade über die wirren Basaltsteine des früheren Stadtgrabens ging, sah ich die unverwischlichen Spuren des Erdbebens von 1837. Durch dasselbe haben Hunderte von Menschen ihr Leben verloren; ja einzelne verschwanden in den Erdrissen, welche sich bildeten. Mauern und Thürme hatten damals das Aussehen einer Veste, welche ein Bombardement überstanden hat, und dieses haben sie bis zur Stunde bewahrt. Die Geschichte verzeichnet fünf solche Erdbeben, woraus allein schon ein Schluß auf den vulkanischen Ursprung des ganzen Seebeckens erlaubt scheint.

Beim Thore trieb man langohrige Ziegen und Schafe mit Fettschwänzen ein, wie es scheint, nur um sie am See zu tränken. Rechts innerhalb desselben stand die Moschee. Sie war in so baufälligem Zustande, daß ich mich wunderte, wie man noch darin zum Gebet zusammen kommen mochte. Ich wandte mich links über den erhöhten felsigen Vorplatz dem Kastell zu — auch der Weg nach Medschdel (Magdala) geht darüber. Ein Pfad abwärts endete bei einer Tränke. Gruppen von feiernden Juden bildeten die Staffage; denn auf der freien Anhöhe athmete man eine reine Luft, und von derselben herab genoß man eine interessante Aussicht. Nur nach Norden war sie durch die hohe Burgruine versperrt. Ich erstieg einen der beiden baufälligen Thürme, um wenigstens eine Idee von unserem morgigen Marsche (nordwärts) zu bekommen. Die jetzt verlassene Burg hat im Mittelalter eine große Rolle gespielt. Frau und Kinder Rainalds von Tripolis harrten darin des Ausganges der Schlacht bei Karn Hattin. Am Tage nach derselben fielen sie in die Hände Saladins, der dieses mal ritterlich handelte und die Gefangenen reich beschenkt ihrer Wege ziehen ließ.

Gern hätte ich mich von einem der Juden zu den Gräbern ihrer großen Gesetzesgelehrten führen lassen. Aber dies erforderte 20 Minuten in westlicher Richtung, und dafür reichte schon die Zeit nicht mehr. Auf die Dämmerungsstunde war bei meinem Weggang — als einziger Genuß hier zu Lande — ein kühlendes Seebad verabredet worden, und dabei wollte ich schon der Merkwürdigkeit wegen nicht fehlen. Darum begab ich mich vom Kastell unmittelbar in's Hospiz.

Wie dieses gegen Westen einen gepflasterten Hof hat, nach welchem sich Haus und Kirchlein öffnen, so hat es gegen Osten einen grünen Garten. Wir stiegen auf einer Staffel in denselben hinab. Er zeichnete sich namentlich durch seine Fülle von Granaten aus. Deren Blätter waren bestaubt, die Früchte überreif. Viele Granatäpfel lagen ausgehöhlt am Boden, andere hingen halb verzehrt am Baum, von einem Heere von Mücken und Insekten umschwärmt. Sie hatten die dunkelrothe Farbe überreifer Himbeeren und waren nicht nur wegen ihres Aussehens, sondern auch wegen ihres Geruches und saftigen Inhaltes eine vortreffliche Frucht. Trotzdem gab man im Hause nicht viel darauf, während man sie zu Nazareth als wohlschmeckendes Dessert auftrug. Dort wurden ihre fleischigen Körner ausgenommen, den Erdbeeren ähnlich mit süßem Weine übergossen, in Schüsselchen aufgetragen und mit Löffeln gegessen. Dieses Gericht galt für sehr gesund und insbesondere für blutreinigend. Nach unserer Rückkehr vom Bade aß ich einen solchen Granatapfel. Er floß über von Saft und dieser pichtete, als er durch die Finger lief, gleich dem süßen Most guter Jahrgänge. Granaten von ähnlichem Wohlgeschmack hatte ich nur zu Ain Musa auf der sinaitischen Halbinsel und zu Jericho getroffen. Außer diesen Rummanen (arabischer Name) sah man eben kein Obst. Die Zeit der Feigen, deren Zwergbäume reichlich vertreten waren, war vorbei. Die Trauben schienen die Spatzen geholt zu haben. Auf dem Boden lagen Melonen, und in feuchten Beeten grünte junger Salat. Dieser Segen kam von den geheiligten Wassern des Sees. In der Südostecke des Gartens stand nämlich ein Sakije, d. i. ein den unteren Nilländern eigenthümliches Wasserrad, das auf Hebung des Parallelwassers großer viereckiger Gruben berechnet ist. Um diesen offenen Brunnen stand eine Anzahl Blumentöpfe, deren Gewächse man gelegentlich zur Ausschmückung der Kirche benützte. Hinter dem Kirchenchor stiegen kräftige Cypressen in die Höhe.

Nachdem wir uns im Garten mit der nöthigen Badewäsche versehen hatten, traten wir durch die verschließbare Hinterthüre in's Freie. Da lag der liebliche See, inmitten der erstorbenen Natur allein belebt und zugleich Leben spendend, falls der Mensch es nicht verabsäumt, aus seinem Elemente zu schöpfen. Daß die wenigen Anwohner sich thatsächlich kaum auf dem schmalen Uferstreifen dazu ermannen, kommt von dem gänzlichen Mangel an Feldpolizei. Dadurch ist alles, was jemand nicht durch hohe Mauern zu schützen vermag, Gemeingut.

Der See gab eben den schönsten Reflex der zur Ruhe gegangenen Abendsonne zurück, und an allen Ecken verkündete munteres Plätschern und momentaner Silberschein das Wohlsein seiner stummen Bewohner. Wir badeten kaum drei Minuten vom Garten, theils diesseits, theils jenseits des nahezu flach in den See auslaufenden Burghügels. In der Nähe verrichteten einzelne Mohammedaner ihr Gebet. Andere stillten, auf den Boden hingestreckt, ihren Durst oder badeten neben uns. Die Abkühlung im Wasser ist hier ein Bestandtheil der abendlichen Stärkung, und nach überstandener Tageshitze für viele ein Ersatz des mangelnden Brodes. Wenn es in den Sprüchen heißt: „Falls dein Hasser hungert, speise ihn mit Brot, und so er dürstet, tränke ihn mit Wasser," (25, 21) so steht das Wasser in vielsagender Parallele mit dem Brod. Ich kostete das Seewasser und fand es vorzüglich. Es hatte die Temperatur und Weichheit des Jordanwassers bei Jericho.

Nach dem Bad verweilten wir kurze Zeit im Garten. Darauf ging es zum Nachtessen, bei welchem wir F i s c h e und Salat vorgesetzt bekamen. Erstere stammten selbstverständlich aus dem See und hatten in so fern einen a f f e c t i o n e l l e n Werth. An sich aber waren sie von geringer Qualität. Sie hatten die Größe einer halben Hand und die Eigenschaften unserer Weißfische. Man zählt im See Genesareth 9 Sorten Fische, von denen die größte den Namen Petersfisch führt.

Nach Tisch verbrachten wir den Rest der freien Zeit auf dem D a c h e. Meine Reisegefährten entschieden die brennenden Fragen der europäischen Politik und besetzten auf die einfachste Weise die erledigten und nicht erledigten Throne Frankreichs und Spaniens mit legitimen Regenten. Dagegen waren meine Gedanken auf dem See, an dem Christus bei Tag und bei Nacht wandelte, und aus dessen klarem Spiegel seinen Augen dieselbe Sonne und derselbe Sternenhimmel entgegenstrahlte. Die schönen Bilder der Jugend traten vor die Seele, und die Fittiche der Nacht verhüllten die heutigen Schäden. In der Dunkelheit schien der mäßige See wieder

„das Meer", wie es zuerst bei Moses erwähnt wird *) und später bei den Evangelisten vorkommt, ja heute noch in der Sprache der Araber heißt. Nach den ältesten Verheißungen soll die Grenze des gelobten Landes „gegen Osten die Ufer des ¦Meeres Kinnereth streifen, dann am Jordan herabgehen und im Salzmeer endigen." Bei den Arabern aber heißt der See Bahr Tabarije, d. i. Meer von Tiberias, trotzdem die Entfernung von dieser Stadt bis zum Nordende nur $3^1/_2$, bis zum Südende noch $1^1/_2$, also die Gesammtlänge des Sees 5 Stunden beträgt. Die größte Breite hätte ich auf eine Stunde taxirt. Erst aus Büchern ersah ich, daß sie 3 Stunden beträgt. Auch hatte die mondlose Nacht nichts gegen die Illusion, als strotzten, wie zur Zeit des Josephus Flavius, noch die Ufer von Fruchtbarkeit und ständen auf den Höhen dahinter die Abkömmlinge jener Eichen, aus welchen einst Juden und Römer sich Fahrzeuge zimmerten, um ihre Kräfte wie zu Land so zur See zu messen. Heute war wohl mein einziger Abend am galiläischen Meer; da wäre es zu verwundern gewesen, wenn die Phantasie nicht ihre ganze Productivität aufgeboten hätte, um Heiliges und Profanes, Altes und Neues, Gewesenes und Nichtgewesenes herbeizuzaubern.

Sonderbar muß es erscheinen, daß Tiberias, welchem zur Zeit Christi eine viel größere Bedeutung zukam, als in der Gegenwart, im neuen Testament nur drei mal erwähnt wird, und zwar das eine mal bei der Bezeichnung des Sees als „Meer von Tiberias **)", die beiden andern male zur Erklärung der Möglichkeit, daß die Augenzeugen der Brodvermehrung nach Kapharnaum fahren konnten, trotzdem das Schifflein der Apostel das einzige genannt worden war. Die jüdische Profangeschichte deutet an, warum die Evangelisten nichts Wichtigeres zu erzählen wußten: Christus hat die Residenz des Herodes wegen ihres heidnischen Anstriches offenbar gemieden. Ein heidnisches Gepräge hatte sie wohl schon durch ihren Namen, welcher von Kaiser Tiberius stammt; noch mehr aber lag dieses in den römischen Kunstbauten und verbotenen Bildern, mit welchen Herodes die Stadt geschmückt hatte; endlich besaß sie eine überwiegend heidnische Bevölkerung, die sich aus dem Umstand erklärt, daß man bei Grundlegung der Stadt auf ein Todtenfeld stieß. Die Juden,

---

*) 4. Mos. 34, 11.   **) Joh. 21.

welche auf levitische Reinheit hielten, konnten sich trotz aller materiellen
Reize auf solchem Boden nicht niederlassen. Bevor dieses möglich
wurde, bedurfte es eigener Reinigungsceremonien, welche der Rabbi
Ben Jochai später vornahm. Inzwischen hatten sich in der neuen
Stadt allerlei Abenteuerer, insbesondere Griechen, zusammengefunden;
und die erste Generation dieses leichten Volkes war noch am Leben, als
Jesus in der Nähe erschien und die heilsbegierigen Kinder Israels
nach sich zog. Erst seit dem Jahre 22 n. Chr. hatte Herodes die
Anlage der Stadt vollendet und seine Schöpfung feierlichst dem
eben regierenden Kaiser gewidmet.

Zu Tiberias als seiner Residenz verstieß Herodes seine recht-
mäßige Gattin und verband sich mit seines Bruders Weibe. Daselbst sann die ränkesüchtige Herodias auf den Untergang des strengen
Sittenpredigers Johannes. Hier ertanzte deren Tochter des Täufers
unbeugsames Haupt. Bald nachher erhielt Herodes hier die Kunde
von einem neuen Lehrer und Wunderthäter, den manche für den
auferstandenen Johannes hielten; darum „suchte er ihn zu sehen *)“.
Jesus aber zog sich mit den Seinigen in die Einöde bei Bethsaida
Julias zurück, das im Gebiete des Vierfürsten Philippus lag. Um
diese Zeit gefiel sich vermuthlich auch noch jener Menahem am
Hofe, der im 13. Kapitel der Apostelgeschichte als hervorragender
Bekenner Christi erscheint; dieser war nach dem Zeugniß der heiligen Schrift mit Herodes Antipas aufgewachsen.

Im Anfang des jüdischen Krieges herrschte Agrippa II., ein
Urenkel des Kindermörders Herodes, über das bewohnte Ostjordanland vom großen Hermon bis zum Hieromax (Jarmük). So naturgemäß das Ostufer des Sees Genesareth einen Theil seines
Gebietes ausmachte, so naturgemäß war das Westufer mit Tiberias davon ausgeschlossen; dennoch hatte es Nero in guter Stunde
an Agrippa II. verschenkt. Weil die Aufständigen ebensowenig
königlich als kaiserlich gesinnt waren — Agrippa II. konnte weder
seiner Geburt noch seiner Gesinnung nach als Israelite gelten —
wohl aber in der Befreiung des verheißenen Landes ganze Sache
machen wollten, so galt die Schilderhebung zu Tiberias, wie sie
anfänglich Johann von Gischala mit Hülfe der jüdischen Partei

---

*) Luc. 9, 9.

zu Stande brachte und später Josephus Flavius leitete, als verdienst=
volle patriotische That. Bei dieser Gelegenheit wurde auch der mit
heidnischer Bildhauerarbeit geschmückte Palast des Antipas zerstört.
Erst als die Erfolge der Römer die Gemüther etwas herabgestimmt
hatten, bekam die besonnenere heidnische Partei die Oberhand und
bot Vespasian, der schon mit feindlicher Macht daher zog, die
Unterwerfung an.

Dies trug der Stadt nicht blos Schonung, sondern auch solche
Privilegien ein, daß sie nach der Zerstörung Jerusalems durch Titus
und während des Gräuels der Verwüstung an heiliger Stätte seit
Hadrian zur zweiten Heimath der aus Judäa verjagten Theokraten
wurde. Als noch das Synedrium von Sepphoris hierher gewan=
dert war, entstand neben demselben die berühmte Hochschule
rabbinischer Gelehrsamkeit, aus welcher vom dritten bis fünften Jahr=
hundert der Talmud (von Jerusalem), und in den zwei folgenden
die Masora hervorging. Verhält sich jener zum Gesetz wie die
Erblehre zum Evangelium, so zählt diese die Worte, ja die Buchstaben
der Schrift und überliefert durch ein scharfsinniges System von Punk=
ten und Strichen die Aussprache. Die Schüler einiger Rabbinen
sollen sich in die Tausende belaufen haben. Man zeigt auf
dem Friedhof der Juden jetzt noch die einfachen Gräber des Jocha=
nan ben Sakkai, des Maimonides und insbesondere jenes Rabbi
Akiba, der in falschen Messiashoffnungen sich dem Demagogen Bar
Kochba anschloß, durch sein Ansehen demselben das Volk zuführte,
aber gleich ihm auch der Wuth der Römer erlag. Er wurde zu
Bether gefangen genommen und im Kerker lebendig geschunden.

Ende des zweiten Jahrhunderts war Tiberias eine ebenso
gesuchte Judenstadt, als es vorher eine gemiedene Heidenstadt ge=
wesen war. Es wurde gleich Nazareth und Sepphoris allmälig
sogar ausschließlich von Juden bewohnt, und galt mit der Zeit für eine
der vier heiligen Städte, in welchen man besonders erfolgreich zu Gott
betet und im Grabe einem gnädigeren Richter entgegensieht, d. h.
man stellte es mit Hebron, Jerusalem und Safed zusammen. Dieser
Glaube führt heute noch die ärmere Klasse der Kinder Israels aus
fernen Ländern herbei.

Das Christenthum konnte zu Tiberias vor Kaiser Konstantin keine
Aufnahme finden. Einige Jahrhunderte gab es oströmische Bischöfe

von Tiberias. Die Bischöfe der Kreuzfahrerzeit waren den Erz-
bischöfen von Nazareth unterstellt. Die Araber nahmen Tiberias den
Griechen ab. Für die Lateiner ging es bekanntlich mit der Schlacht
bei Karn Hattin verloren.

Ungern schied ich von meinem Sitze in der Südostecke der
Brüstung des platten Daches, als der Bruder zum Aufbruch
mahnte. Hatte ich gewisser hüpfender Kobolde wegen — Tiberias
ist als deren Vorort verrufen — der Nacht mit Bangen entgegen-
gesehen, so erwies sich meine Furcht zum Glücke als völlig grundlos. Ich traf in dieser Hinsicht nirgends in Palästina größere
Reinlichkeit. Dafür wehrte die schwüle Zimmerhitze, wie seiner
Zeit zu Jericho, trotz offenem Fenster dem ersehnten Sorgenlöser
seinen Liebesdienst. Früh zwei Uhr fuhr ich aus schwerem Traume
empor. Es war mir gewesen, als stehe ringsum alles in Flam-
men. Der Mond schien, und in Folge dessen war es fast hell
wie am Tage. Dazu hallte die Stadt von einem eigenthümlichen
dünnen Trommeln wieder; zum Glück war es aber kein Feuer-
signal. Auch erwies es sich nicht als die musikalische Begleitung eines
Ramadhanaufzuges, wie ich Anfangs glaubte. Der Trommler
passirte bald mein Fenster — und machte die Runde allein. Sein
schetterndes Instrument war die Darbûka, bei welcher das schwir-
rende Fell über einen thönernen Cylinder gespannt ist und nicht
mit Stäben, sondern mit der Hand bearbeitet wird.

Vor Tagesanbruch erschien die Frau unseres westlichen
Nachbars auf dem Dache ihres einstöckigen Hauses mit zwei größeren Kindern und einem Säugling, um sie und sich für das lange
Fasten zu stärken. Zu diesem Zwecke legte sie eine Art Zeichenbrett auf
das Estrich, stellte ein Pfännchen mit Reis darauf und fütterte die
Kleinen ab; sie selbst begnügte sich mit dem bescheidenen Rest. Das Haus
des Nachbars gegen Osten war zweistöckig und ließ auf einen gewissen
Wohlstand schließen. Derselbe rollte auf einer mit Teppichen belegten Erhöhung seiner Wohnstube hin und her, streckte oftmals
die Füße in die Höhe, nie aber den Kopf und war auf seinem Lager
in vollem Ornate. In der Ecke kauerten zwei angekleidete
Knaben; diese reichten ihm mitunter den großen Wasserkrug. Die
quadratischen Fensteröffnungen des Hauses hatten statt Scheiben
rothangestrichene Lattengitter. Diese hingen nicht in Kloben, sondern

liefen in einer Latte über und unter dem Fenster und waren nur der Art nach rechts oder links verschiebbar. Der Hitze wegen standen die Fenster offen, und damit man alles sehe, brannte die ganze Nacht ein Licht.

Ueber Magdala und Bethsaida nach Tell Hum.

Sonntag, den 7. September, sollten wir vor 7 Uhr nicht fortkommen, trotzdem unsere Muker schon von 4 Uhr an drängten. Es handelte sich vorerst um Erfüllung der Sonntagspflicht, sodann um die Beschaffung des nöthigsten Reisebedarfs.

Das Evangelium der Votivmesse hatte die dritte Erscheinung des Auferstandenen *) zum Gegenstande, die in Beisein aller Apostel am „Meer von Tiberias" stattfand. Die Jünger hatten die ganze Nacht gearbeitet und nichts gefangen. Als sie endlich nach Jesu Weisung das Netz auswarfen, bekamen sie 153 Fische. Angesichts dieses Wunders that Petrus für seine dreimalige Verleugnung Genugthuung, und der Heiland schenkte ihm sein früheres Vertrauen. Zugleich deutete Jesus Johannis natürlichen und Petri Martyrertod an. Dies trug sich nach jüngerer Annahme nördlich von dem ehemaligen Tiberias — an der Stelle zu, auf welcher heute die Kirche des Hospizes steht. Tankred baute nachweisbar hier ein Gotteshaus, als er Fürst von Galiläa geworden war (1100), und dieser Kreuzfahrerbau ist nie völlig zu Grunde gegangen. Was stets bestand, war ein Tonnengewölbe, das bis in die vierziger Jahre von den Pilgern als Lagerstätte benutzt wurde und nun zur Kapelle hergerichtet ist. Diese hat einen einzigen Altar und Fenster von der Größe der Schießscharten. Darin gedenkt man jedoch weniger der Erscheinung des Verklärten, als der obersten Hirtengewalt Petri. Auf diese läßt sich das dreimalige „weide" aus dem Munde Jesu beziehen, falls anderswoher die „Schlüsselgewalt" und das Recht „der Bestärkung der Brüder" erwiesen ist. Kirch-

---

*) Johannes Cp. 21.

lich ist das Gebet in diesem Sanctuarium mit einem Ablasse bedacht.

Die beiden Franciskaner feierten vor ihrem fränkischen Doktor und einigen Griechen eben den Sonntagsgottesdienst, als wir uns vor dem Hofthor zur Abreise anschickten und dem gastlichen Hause Lebwohl sagten.

Der Weg führte, wie schon bemerkt, am alten Kastell vorüber. Jenseits der breschenreichen Mauer, welche von dessen Nordende zum See hinablief und uns ohne Schwierigkeiten den Durchgang gestattete, verengte sich derselbe zu einem schmalen Bergpfade, der 30—41' über dem Strande am Abhang hinlief und einen freien Blick über den größten Theil des Sees bot. Es zeigte sich eben keine Spur von Leben darauf, während man zu anderer Zeit die Segel einer Barke oder europäische Vögel zu sehen bekommt. Die Stadt war gleich hinter dem Kastell aus den Augen verschwunden. Nach 7 Minuten lagen rechts unten die Ruinen eines Brunnens, von welchem aus früher die sog. Juden- und Christengärten, d. i. zerstreute Feigenbüsche dem Strande entlang, berieselt wurden. Die kurze Distanz vom Pfad bis zum See sollte mir hier durch einen unliebsamen Zufall besonders genau zum Bewußtsein kommen. Wir hatten hartgesottene Eier mitgenommen. Wegen Mangels an gemeinsamem Raum trug jeder sein Theil. Keine zehn Minuten von Tiberias zeigte sich's, daß sie weich waren. Wie die gelben Eierdotter meines Vorreiters an dessen Pferde herabrannen, so schloß ich, könnte es auch hinter mir aussehen, und der Schluß erwies sich als richtig; ich hatte die Bescheerung theilweise auf dem Sattel. Ueblen Humors durchmaß ich jetzt die Entfernung des Wassers. Wir kamen ihm stellenweise sehr nahe, und das Betreten des seichten Seeufers bot keinerlei Schwierigkeiten. Dennoch sollten wir vor Medschdel nicht absteigen. Die mißstimmten Muker ritten ohne sich umzuschauen voran, und unsere Pferde hielten, wie es schien, eher zu ihnen als zu uns.

Indeß bot der Weg dahin sonst nirgends erlebte Freuden. Das Gestade prangte aufwärts mit den blauen Blumen eines hohen blaßgrünen Krautes und war abwärts von den üppigsten Oleanderbüschen besäumt. Diese hatten blos ein- bis zweijährige Schosse mit außergewöhnlich breiten, dunkelgrünen Blättern. Deren

Gipfel bildeten faſt ausnahmslos dichte ſpannenlange Blüthen-
bündel, welche durch ihr heiteres, helles Roth die Augen und durch
ihren feinen, lieblichen Wohlgeruch die Naſe entzückten. Hinſichtlich ihres auffälligen Geruches fand ich die größte Aehnlichkeit
mit den weiß=rothen Wicken unſerer Gartenbeete. Während die
Oleanderbüſche jenſeits Medſchdel weit über uns hinausragten,
mußten wir uns hier nach deren blühenden Gipfeln bücken. Offenbar werden die Stengel, noch ehe ſie recht holzig ſind, von den
Anwohnern des Sees als Brennmaterial benutzt. Hatte der Oleander zu Jericho am eſch =Scheria und an der Eliſäusquelle gefehlt,
ſo war er fortan unſer treuer Gefährte und begleitete uns nicht
blos bis zum Ende des Sees, ſondern bis zu den fernen Quellen
des Jordan.

Eine halbe Stunde von Tiberias öffnete ſich linker Hand ein
kurzes Thälchen, deſſen Geſtalt faſt ein gleichſeitiges Dreieck abgab.
Wir überſchritten es an ſeinem breiteſten Theile und ließen dabei
einen üppigen Quellpunkt zur Rechten. Das Waſſer iſt hier
von verſchiedener Qualität. Die beſte der ſprudelnden Quellen
heißt Ain Bâride, ein Name, der ſie als kalte und zugleich als
erfriſchende bezeichnet. Drei andere Quellen, die wenige Schritte
nördlich entſpringen, ſind lauwarm und haben einen ſalzigen Bei-
geſchmack. Früher wurde dieſes Waſſer in runden Thürmen zu
einiger Höhe emporgetrieben, um dann zum Zweck der Berieſelung
das Thälchen hinaufgeleitet zu werden. Jetzt ſtehen von dieſem
alten Waſſerwerk nur noch zwei Reſte von 10—12′ Höhe im
Feigengebüſch. Mich verleiteten dieſelben Anfangs zum Glauben, wir ſeien bei den Ruinen von Medſchdel angekommen. Die
Muker wieſen jedoch eine halbe Stunde weiter, und meine Begleiter laſen aus ihrem franzöſiſchen Guide den Namen Wâdi
Hammêſe, in welchem offenbar die Wärme der Sauerlinge
durchſchlägt.

Rein weſtlich von Wâdi Hammêſe mußten der Karte nach die
Hörner von Hattîn in die Luft ragen, doch entzogen ſie ſich der
Vorberge wegen den Blicken. Die factiſche Nähe des Karn Hattîn
mag es übrigens erklären, warum man ſchon die eine oder die andere
der wunderbaren Speiſungen an dieſe Stelle verlegt hat und mitunter
noch hierher verlegt. Aus gleichem Grunde haftet an einigen Baſaltblöcken

oben auf dem Oftrande der Hochebene von Hattin etwas beftimmter die Speifung der Viertaufend*). Wir hielten hier nicht a n, fondern folgten dem Pfad am Oftabhang des höhlenreichen Berges Irbid — wohl eine Corruption aus Irbil, d. i. Arbela. Nach 25 Minu=ten lief diefer in die halbmondförmige Ebene von M e d f ch d e l aus.

Letzteres ift unzweifelhaft das biblifche M a g d a l a, die Hei=math der hochbegnadigten Büßerin „Maria, welche die Magda=lenerin heißt, und aus welcher fieben Teufel ausfuhren **).“ Sie folgte nach ihrer Bekehrung dem Erlöfer und diente ihm aus Dankbarkeit mit ihren Mitteln ***). Wie fie demgemäß mit den heilsbegierigen Scharen, welche Jefu nachgingen, durch die Städte und Dörfer Galiläas kam, fo war fie auch bei deffen letztem Zuge nach Jerufalem. Dort ftand fie, während der Gottes=Sohn zwifchen Mördern hing, als muthige Bekennerin unter dem Kreuze. Auch war fie Zeugin der Grablegung und erwarb mit andern Frauen die koftbaren Specereien zu würdiger Beftattung. Als fie zu großem Schmerze das Grab leer fand, erfchienen ihr zwei Boten des Himmels und der Auferftandene felber. Jefus redete Maria an und fandte fie mit tröftlichen Aufträgen zu feinen Jüngern. Die Diöcefe Aix will heute noch in Befitz ihrer Reliquien fein. Wie ich diefes fchon zu Tarascon von einem Abbé erfahren hatte, fo beftätigten es hier meine franzöfifchen Begleiter.

Ich dachte vor allem an den unermeßlichen Troft, welchen der Name Maria Magdalena fchon in Millionen wunder Herzen ergoffen hat und, fo lange es Menfchen gibt, für reuige Seelen haben wird. Das biblifche Gegenftück des verlorenen Sohnes ift trotz aller fonftigen Vorzüge doch nur eine parabolifche Figur. Maria Magdalena dagegen die factifche Beftätigung der himmlifchen Wahrheit, daß der Herr feinerfeits das geknickte Rohr aufrichten und die erlofchene Flamme des glimmenden Dochts wieder an=fachen will. Ich geftehe, daß ich mich Angefichts des offenen Dorfes Medfchdel fo religiös gehoben fühlte, als in irgend einer der vielen Krypten und Kirchen Paläftinas.

Mit unerfättlicher Luft fog ich daneben die Züge des land=fchaftlichen Bildes ein, das fich mir Zeit Lebens wohl nur einmal,

---

und zwar blos für einige Augenblicke darbieten sollte. Hatte doch
deffen Licht und Schatten nicht blos das Leben Maria Magdalenas
verschönert, sondern gelegentlich auch den Erlöser beglückt. Aus=
drücklich berichtet das Evangelium, daß Jesus nach der Speisung
der Viertausend „in das Fahrzeug trat und zur Grenze von
Magdala kam"*). Da näherten sich ihm die Pharisäer und
Saducäer: sie wünschten ein Zeichen vom Himmel. Er aber
erklärte, kein anderes solle ihnen werden, als das Zeichen des
Propheten Jonas — „und verließ sie und ging fort." Nachher
landeten sie in Peräa**).

Auch sollte es dem freundlichen Bilde nicht an der belebenden
Staffage fehlen. Am See standen nämlich die heutigen Lands=
männinen der heil. Magdalena. Sie schlugen oder rieben zerfetzte
Tücher und schwenkten blaue Linnenkleider im See. Wir hielten
keine fünf Schritte davon. Während meine Gefährten zu Pferde
blieben, sprang ich herunter und setzte nebenan über die dürre
Hecke. Die Weiber waren ob solcher Zudringlichkeit verblüfft; doch
ich hatte dringendere Wäsche als sie und brauchte obendrein ein
genetztes Tuch, um damit das Knie und den rechten Fuß vor Ent=
zündung zu schützen. Verursachte nämlich die bisherige Morgensonne
schon einen stechenden Schmerz, so mußte dieser bei steigender Hitze
noch wachsen. Die Wäscherinnen waren nach Beduinenart unver=
schleiert. Sie hatten eine dunkle Hautfarbe, eckige Gesichtszüge,
einen klaffenden Mund, kurze Stirn und Nase — von weiblicher
Anmuth keine Spur. Zu meiner historischen und ideellen Vorstellung
von Maria Magdalena wollten diese Typen von Magdalenerinnen
nicht passen. Doch beruhigte ich mich bei dem Gedanken,
daß es sich nicht blos um ein entartetes Geschlecht, sondern auch
um eine andere Rasse handle. Zu Medschdel wohnen jetzt nur
Kinder Ismaels, „des Sohnes der Magd." Auf dem Rückweg
zur Karawane pflückte ich mir einen Oleander=Strauß. Sein
Wohlgeruch labte mich den ganzen Tag. Einzelne Stengel, die
ich einlegte, brachte ich als Andenken in die Heimath.

Unser Pfad führte nicht durch das Dorf Medschdel; dieses
blieb 15 bis 20 Schritte links liegen. Doch ließ es sich vom

---

*) Matth. 15.   **) Matth. 16.

Pferde aus überschauen. Es bestand aus 8 bis 10 Steinhütten, unregelmäßig um die Kuppel eines Weli und einen Palmbaum gruppirt, von einander durch Rasen und Buschwerk geschieden. Der grüne Platz heimelte mich an; hätten nur seine Bewohner einen günstigeren Eindruck gemacht. Die Reste eines alten Thurms brachten die ursprüngliche Bedeutung des Ortsnamens in Erin= nerung; Migdal, wovon er kommt, bedeutet nämlich Thurm.

Vermuthlich hieß dieses Migdal ursprünglich Migdal=el und war eine der 19 Städte des Stammes Rephtali. Doch auch was der Talmud von einem Migdal Zebaija oder Färberthurm behauptet, könnte der Umstände wegen auf dieses Medschdel passen, falls dessen Ruinen nicht aus triftigeren Gründen bei Bet Dschibrin in der Ebene Juda zu suchen sind. Dessen Bewohner lieferten nämlich die Tauben zu den Opfern in Jerusalem und verkauften Akazienholz zu Tragstangen der heiligen Geräthe. An wilden Tauben ist aber die Gegend überreich, und eine Zwergakazie findet sich das ganze Jordanthal hinauf. Waren so etwa die Tauben= händler, welche Christus zum Tempel hinausjagte, Landsleute der Maria von Magdala? Diese Ansicht ist schon alles Ernstes ausge= sprochen worden. Von Migdal Zebaija heißt es überdies, daß es seiner Ehebrüche wegen zerstört wurde. War sonach das sündige Leben der späteren Büßerin mehr nur die Folge herrschenden Verderb= nisses und der Macht des bösen Beispiels? Das Wort Ehebruch ist im alten Testamente oft genug eine bildliche Bezeichnung des Abfalls von Jehova. Wurde, wie andere vermuthen, dieses Mig= dal wegen seines Uebertrittes zum Christenthum vom Erdboden vertilgt?, Dieses könnte wohl in einem jüdischen Aufstande, sei es unter Nero, sei es unter Hadrian, geschehen sein. Thatsache ist nur, daß in späterer Zeit ein christliches Gotteshaus hier stand. Wäh= rend dieses jetzt spurlos verschwunden zu sein scheint, haben sich von einer viel jüngeren Veste deutliche Merkzeichen erhalten.

Einer der Eselssättel verlangte eine Reparatur. Nachdem diese geschehen war, zogen wir weiter. Der malerische Hintergrund des Dorfes übte eine solche Anziehungskraft, daß ich einige Zeit seit= wärts, ja nahezu rückwärts ritt. Liegt nämlich Medschdel noch vollständig eben, so thürmen sich schon 1 bis 2 Minuten südwest= lich die unwirthlichsten Kalksteinmassen bis zur Höhe von 1200' und 1400' empor. Dazwischen klafft die wilde Spalte des Wâdi Hamâm, d. i. des Taubenthales, durch welches der Weg zur Terrasse des Dorfes Hattîn und zum Plateau des Hörnerbergs, weiter nach Lûbie und dem Chan et=Tudschâr führt. Aus diesem Taubenthal schaute eben der Karn Hattîn auf den See herab. Er war hier wirklich ein majestätischer Berg (von 1800' Höhe). Wir sahen ihn am See Genesareth nicht mehr. Rein westlich von Medsch=del, rechts vor dem Eingang des Taubenthales, lag auf rundlicher Höhe das alte Schloß Kalaat Hamâm, so benannt, weil die Tauben gern in seinem Gemäuer nisten. Von der gleichen Vor=liebe der Wild= und Turteltauben für die Löcher und Höhlen des anstoßenden Sackthales kommt der Name Wâdi Hamâm.

Dessen rechte (nordwestliche) Thalwand heißt Kalaat Jbn Maân, d. i. Burg der Maoniter. Diese Burg ist kein Frei=, sondern ein Grottenbau. Derselbe besteht aus natürlichen und künstlichen Höhlen, Vorrathskammern und Cisternen, inneren Ver=bindungsgängen und äußeren Schutzmauern und kann gegen 600 Personen Zuflucht gewähren. Aehnliche, durch den jähen Absturz des Kalkgebirges uneinnehmbare Höhlen ziehen um den gegen=überliegenden Berg von Jrbîd herum, dessen nordwestlicher Abfall sich mit der südöstlichen Wand des Taubenthales deckt. Als seiner Zeit des Demetrius Feldherr Bacchides zum zweiten mal gegen Judas den Makkabäer und seine muthigen Verfechter des Gesetzes zog, mußte er diese Felsenhöhle nehmen, bevor er nach Judäa vordringen und an die Belagerung Jerusalems denken konnte. Der Syrer aber wurde Herr derselben und „vernichtete viele Menschenleben*)". Der biblische Bericht bezeichnet die Gegend mit dem Namen Maisaloth bei Arbela, was auf die beiden höhlen=reichen Pässe rechts und links vom Gebirge Jrbîd, nämlich auf den Wâdi Hamâm und den Wâdi Hammêse deutet. Zur Zeit des Jdumäers Herodes hausten Räuber in dieser Felsenburg, die das Land weithin unsicher machten. Darum zog dieser mit seiner ganzen Streitmacht gegen sie aus. Es kam zu einem förmlichen Treffen, aus welchem Herodes nur mit Mühe als Sieger hervorging. Erst als er das Land beherrschte, konnte er auch an die Erstürmung

---

*) 1 Makk. 9, 2.

der Felsenlöcher denken. Zu diesem Zwecke wurden an Ketten hängende Kasten vom Berge herabgelassen und von diesen aus die gefährlichen Höhlenbewohner mit Feuer nnd Schwert angegriffen, zuletzt mit Haken aus ihrem Versteck geholt und in den Abgrund gestürzt. Im jüdischen Krieg befestigte Flavius Josephus Kalaat Maiân gegen die Römer. Später bewohnten der Welt abgestorbene Einsiedler die Höhlen.

Von Irbîd selbst, der Ruinenstätte von Arbela, wollte sich nichts zeigen. Arbela war einst eine feste Stadt auf steiler Höhe, welche die Schicksale der umliegenden Höhlenveste theilte und regelmäßig vor derselben erlag. So hatte Herodes dieselbe viele Tage vor seinem Aufbruch gegen die Höhlenburg mit einer Truppenabtheilung einnehmen lassen. Schon nach Hosea (10, 14) ward sie „zerstört am Tage des Krieges, und die Mutter zerschmettert samt den Kindern." Doch trifft dies erst zu, wenn Arbela und das biblische Beth Arbeel dasselbe ist. Jetzt ist seine Stelle durch „Ruinenhaufen gewöhnlicher Häuser" und „ein Gebäude im altjüdischen Synagogenstil" bezeichnet. Letzteres hielt Sepp „für eines der interessantesten Denkmäler des christlichen Alterthums. Nach Andeutungen des Evangeliums*) wäre „der Heiland wohl mehr als einmal darin aufgetreten."

Vor uns hatten wir jetzt die Ebene von Medschdel. Der vielen Tauben wegen heißt sie gleich der berühmten Schlucht auch Wâdi Hamâm. Daneben finden sich die Namen „das kleine Ghor", arabisch el Ghuwêr, und „Land von Magdala," im Munde der Eingeborenen „Ard Medschdel." Bei den Alten gehörte sie zum „Lande Genesareth." Letzteres wird von vornherein mit gutem Recht längs der nördlichen Hälfte des Sees gesucht; denn die Uferstreifen an der Südhälfte sind für diesen Namen zu schmal. Erst von Kersa im Osten und von Medschdel im Westen beginnt das steile Randgebirge nordwärts langsam Platz zu machen, und bei der Jordanmündung hält es sich sogar in anständiger Ferne. Hätte der Augenschein zu entscheiden, so läge das „Land Genesareth" an beiden Flußufern und an der eigentlichen Nordspitze des Sees. Doch glaubte man aus historischen Gründen schon

---

*) Marc. 1, 38.

den Namen auf die Ebene von Medschdel beschränken zu müssen. Ernst gemeint kann jedoch von diesen Gründen nur die bei Josephus geschilderte Fruchtbarkeit sein. Gegenüber der reich bewässerten, schwärzlichen Gartenerde des s. g. „Taubenlandes" erscheint der Boden um Tell Hum im Norden wirklich dürr, mager und steinig. Jedenfalls gehörte dieses nicht blos zu dem gepriesenen „Lande" am See, sondern bildete dessen schönsten Bestandtheil. Unstreitig reiften hier „Nüsse, Feigen, Oliven, Trauben und Datteln, die an sich eine verschiedene Temperatur wollen, neben einander. Es kam fast jedes Gewächs fort, und das ganze Jahr war Saat und Ernte." Jetzt noch macht die Ebene von Medschdel den Eindruck des ge= segnetsten Landstriches von Galiläa, aber auch den der größten Verwahrlosung.

Wir folgten, wenn man so will, der Karawanenstraße zwischen Aegypten und Damaskus. Es war ein sanfter, vielbefahrener Pfad, auf dem jedoch keine zwei Pferde neben einander gehen konnten. Zu beiden Seiten war er besäumt mit allerlei Gestrüpp, meist ungeschlachten Dornen und wohlriechenden Oleandern. Zwölf Minuten von Medschdel hielten wir vor einem tiefen Graben, der zur Regenzeit einen ungestümen Gießbach bildet; denn er bringt die Wasser von Hattîn und aus dem Taubenthal; von letzterem hat darum der Graben auch den Namen. Die Bezeichnung Wâdi Hamâm wird sonach vom Flußbett, wie vom Thal und der Ebene gebraucht. In dieser Gegend war der Hörnerberg, nachdem ich fleißigst ausschaute, schon nicht mehr sichtbar, aber auch der nasse Verband des rechten Fußes unvermerkt von den Dornen abgestreift. Dieser Verlust war an sich klein; und doch schien es unmöglich, ohne denselben drei weitere Tage sich der Sonne zu erwehren. Erst allmälig gönnte ich das unersetzliche Tuch der ersten besten Finderin von Medschdel. Dabei setzte ich mein Vertrauen auf die wirksame Intercession ihrer heiligen Landsmännin, die einst dem Sohne Gottes so nahe gestanden ist. Auch schied ich nicht von dem denkwürdigen Taubenlande, ohne mir von seiner hochbegnadigten Patronin ein gutes Theil ihrer übernatürlichen Liebesreue als Führer zum Leben auszubitten.

Wir setzten über den Graben Wâdi Hamâm, indem die Muker unsere Thiere ermuthigten und führten. Auf dem Grunde hatte es

Schlamm. Rechts und links gingen uns die Oleander, verschiedenes Waldgebüsch, Akazie und Sidr, von der Waldrebe und Brombeere durchflochten, über die Köpfe; und so blieb es eine ziemliche Strecke. Bis zum Nordende der Ebene von Medschdel — dasselbe ist durch den Chan Minsje bezeichnet — war es von dem eben überschrittenen Flußbette noch eine Stunde.

Nach 12 Minuten ritten wir über das klare Wasser des Sprudels Ain Mudáwwire. Dieser Name bedeutet eine „runde Quelle." Dieselbe entspringt am Westrande der Ebene aus dem Fuße der Hügel, welche sich von Osten her in die natürliche Senkung zwischen Ober- und Untergaliläa hineinzwängen und bis zum Battôf hinüberlaufen. Das runde Becken, in welchem sie emporquillt, soll 100' im Durchmesser haben und von verschiedenartigen Fischen wimmeln. Darunter wollte man als größte Merkwürdigkeit den Nilfisch Coracinus wieder erkennen, der nach Flavius Josephus einst die Quelle Kapharnaum belebte. Mit den Coracinen aber hoffte man nicht blos die Wiederauffindung der (ausschließlich) durch den jüdischen Geschichtschreiber überlieferten Quelle, sondern — was mehr sagen will — auch die zweifelhafte Ortslage der gleichnamigen „Stadt des Heilandes" nachweisen zu können, sofern offenbar die eine nach der anderen benannt sein mußte. Allein alle Forschungen nach einer in der Nähe gelegenen Stadt blieben erfolglos, und damit wurde die ganze Kette von Schlüssen samt den Coracinen wieder fraglich. Hing doch schon im Alterthum an diesen Fische eine Sage, welche an die griechische Fabel von der syrakusanischen Arethusa erinnert. Wie diese Quelle vom nordwestlichen Peloponnes, so sollten die Coracinen mit ihrem Süßwasser vom Nildelta kommen. Gab es je eine Quelle Kapharnaum, so könnte dieses nach der Schilderung des Josephus wohl die Ain Mudawwire gewesen sein; aber mit der gleichnamigen Stadt hatte dann dieselbe nichts zu schaffen.

Wir konnten sie selber nicht bemerken; denn die Karawanenstraße hielt sich ziemlich im Osten, das „Land Genesareth" aber war gerade hier am breitesten und der Umweg von 10 Minuten (wenn man gleich vom Wâdi Hamâm abging) nicht in den Vertrag aufgenommen. Ihr klares, trinkbares Wasser soll innerhalb seiner runden Fassung die Tiefe von 2 bis 3' Fuß erreichen. Das Bächlein, welches daraus abfloß, mochte die Länge von 25 Minuten haben. Eben hatte es die Breite von $3^1/_2$ bis 4 Schritten und die Tiefe einer flachen Hand. Im Frühjahr soll das Wasser den Pferden bis an den Leib gehen.

Nach abermals 12 Minuten kam ein stärkerer Bach, der unter dem Namen Wâdi er-Robodîje bekannt ist. Wir stiegen dieses mal ab, tränkten und tranken, weil sich bis Tell Hum keine Gelegenheit mehr bieten sollte. Der eine unserer Muker schoß unterdessen nach Wildtauben und bekam eine. Es war ein hübsches blaugraues Thierchen. Dasselbe zeigte er nur vor, um es sofort seiner Federn zu berauben. Ich hatte fast Angst, er verspeise es wie einen Häring; doch steckte er es zu seinem Proviante. Der Bach hat seinen Namen von einem aus Nordwesten kommenden Thalgrunde, durch welchen die Straße von Medschdel nach Safed und zu den Jordanquellen führt. In demselben liegt nämlich eine Ruinenstätte Robodîje. Des Wassers bediente man sich eben zur Berieselung einer großen Maispflanzung. Ueber den hohen, fetten Stengeln herrschten da und dort sonnenverbrannte Araber, d. h. sie saßen auf leichten Stangengerüsten, die gegen die Sonne etwas durch dürres Laub und Reisig gedeckt waren, und hatten es bei Tag mit den Vögeln, bei Nacht mit ihren wandernden Stammesgenossen zu thun. In Medschdel wohnten nämlich die letzten Fellahîn oder ansäßigen Bauern; weiter aufwärts hausten die zeltenden Bedawîn oder Wüstenaraber. Diejenigen, welche sich hier im kleinen Ghôr herumtrieben, hießen Ghawârine (von Ghuwêr). Ihretwegen versieht sich der (einzelne) Reisende von Tiberias aus gern mit militärischem Schutze.

Zehn Minuten vom Wâdi er-Robodîje überschritten wir den trockenen Winterbach Wâdi el Amûd, d. i. der Säule, die wir eben hatten am Boden liegen sehen. Das gleichnamige Thal kommt von Norden und bildet mit dem Wâdi Robodîje und Hamâm die drei bedeutendsten Durchbrüche des sichelförmigen Höhenrandes des Ghuwêr. Von da an ließ die Vegetation nach, der Boden wurde trockener, der Weg entfernte sich vom See, die Ebene hob sich, und in demselben Maße erweiterte sich die Aussicht gegen Süden. Von der früher und neuerdings gepriesenen Agrikultur konnte ich nichts verzeichnen als das berührte Stück Wälschkorn. Auch waren außer den Feigen und Granaten um Medschdel keine

Obſtbäume zu ſehen. Fünfundzwanzig Minuten nach dem Wâdi el Amûd hielten wir vor dem Chan Minîje. Den Weg von Medſchdel bis hierher legt man in 1 bis 1¹/₄ Stunde zurück. am Hügelſaume hin mag es 20 bis 25 Minuten länger gehen.

Der Chan Minîje iſt gleich dem Chan et=Tudſchâr (öſtlich vom Tabor), Chan Dſchubb Jûſef (1¹/₂ Stunde nördlicher) und Chan Kanêtra (im Oſtjordanland) eine der feſten Herbergen an der ägyptiſch=ſyriſchen Handelsſtraße, welche Männer wie Saladin und Bêbars angelegt, der kräftige Mohammed Ali und ſein Adoptivſohn Jbrahim Paſcha wiederhergeſtellt haben, der träge Türke dagegen in Verfall gerathen ließ. Es war einmal ein ſtatt=licher viereckiger Bau, meiſt aus ſchon gebrauchtem Material auf=geführt. Drei bis vier Minuten davon liegen die Ruinen einer ehemaligen Stadt, die eine beſondere Berühmtheit in der bibliſchen Topographie haben. Chan Minîje bedeutet nämlich ſowohl nach den Ergebniſſen der nüchternen Wiſſenſchaft als nach der herrſchenden Meinung nichts Geringeres als entweder das galiläiſche Fiſcherdorf Bethſaida oder Kapharnaum, die eigentliche Stadt der öffentlichen Wirkſamkeit Jeſu — im einen wie im andern Falle einen durch das göttliche Walten und die oftmalige Anweſenheit des Gott=menſchen geheiligten Ort.

Trotzdem die angeſehenſten Autoritäten der neueren Zeit Kapharnaum nach dem Chan Minîje verlegen zu müſſen glauben, war ich Angeſichts der nahen Ruinen dem Geiſte nach im weſtjordaniſchen Bethſaida. Die üblichen bibliſchen und außerbibliſchen (Joſephus) Combinationen, welche für erſteres ſprechen ſollen, laſſen ſich durch andere ebenbürtige neutraliſiren; das Stück Kapharnaum aber, welches noch an dem Worte Minîje hängen ſoll, iſt im beſten Falle ſehr abgeblaßt, ja es zerbröckelt, falls eine andere etymo=logiſche Ableitung als die zweckdienliche nicht geradezu verwerflich erſcheint, vollends zu nichts. Von „Minîje“ bis „Kapharnaum“ braucht nämlich der Etymologe folgenden umſtändlichen Weg: Chan Minîje bedeutet Chan bei Minîje, d. i. dem Sitze der Minäer. Die Minäer aber ſind jüdiſche Renegaten, weil der Name Minäer von dem hebräiſchen Zeitwort maen „negiren“ (genauer „ſich weigern“) kommt. Dieſe Abgefallenen waren Judenchriſten, und dieſe Juden=chriſten konnten ihren Hauptſitz nur zu Kapharnaum haben, trotz=

dem Christus der Glaubenswilligkeit „seiner Stadt“ kein günstigeres Prognostikon stellte als dem verstockten Chorazin und Bethsaida*). Dagegen scheint mir folgender Weg als der kürzere zugleich auch der empfehlenswerthere: El mîna ist wie el mersa im Arabischen die übliche Bezeichnung einer Landungsstelle, und davon kommt der Name Chan Minîje; denn eine Landungsstelle ist der Chan Minîje, seit die untergegangene Stadt dahinter aufgehört hat es zu sein.

Wer immer von der Nordostecke des Sees, aus dem Batiha und dem anstoßenden Küstenstreifen, nach der immergrünen Ebene Medschdels strebte, stieg beim Chan Minîje an's Land, wenn er anders wegen Mangels an Fahrzeugen nicht (wie heute) zum Gehen gezwungen war; diese Nöthigung bestand aber in der ersten Zeit der arabischen Herrschaft, in welcher der Name des Chan entstand, noch nicht. Die Ebene hat nämlich beim Chan Minîje in so entschiedenem Sinne ein Ende, daß sie gegen das nördlichere „Land Genesareth“ durch einen jähen Felsvorsprung abgesperrt erscheint. Gesetzt, es landet heute jemand hier, so hat er zu seiner Rechten den grünen Quellpunkt Ain et-Tîn, gerade vor sich die Straße, welche nach Medschdel zieht, über derselben den Chan und einige Minuten westlich von diesem die Ruinen der Stadt. Letztere wird nun nach dem Zeugniß der Franciskaner zu Nazareth und Tiberias von der lokalen Tradition für das galiläische Bethsaida gehalten. Da ich keine Gründe kannte, die stark genug gewesen wären, diesen herkömmlichen Glauben umzustoßen, so stand ich am Chan Minîje geistig vor der Stadt**) der Apostel Petrus, Andreas und Philippus, welche im Gegensatz zu einem gleichnamigen Orte in Gaulanitis als „Bethsaida Galiläas“ bezeichnet wird***).

Die genannten Jünger waren offenbar hier geboren, die beiden ersteren schon zu Kapharnaum ansässig, als an sie der Ruf zum Apostolate erging. Christus selbst weilte öfters hier, lehrte und verrichtete Wunder und Zeichen. Die beabsichtigte Sinnesänderung griff jedoch nicht besonders um sich. Darum rief Jesus,

---

*) Luc. 10, 13. 15.

**) So Joh. 1, 45; nach Marc. 8, 22 dagegen ein Dorf, falls nicht Bethsaida Julias gemeint ist.

***) Marc. 12, 21.

als er einst „anhub über die Städte zu schelten, in welchen seine meisten Machterweise erfolglos geschahen," wie über Chorazin so über Bethsaida sein bedeutsames „Wehe" aus; „Tyrus und Sidon soll es am Gerichtstage erträglicher ergehen, als diesen beiden *)."

Der Berg, welcher sich uns beim Chan Minîje in den Weg schob, bildete nach dem See hin einen schroffen Steinkloß, westwärts einen sanften Sattel, dem es nicht an tragbarem Erdreich fehlte. Ueber letztern führte die große Karawanenstraße, um erstern die Sackgasse von Tell Hum. Am Südrande jenes zogen sich auch die Ruinen von Bethsaida hinan, jetzt samt dem Chan in der Ebene von dem massigen Felsen im Osten wohlthuend beschattet. Die Ortslage war so günstig, daß Bethsaida, dessen im alten Testamente noch keine Erwähnung geschieht, ohne Zweifel eine Vorgängerin andern Namens hatte. Vielleicht war es das schon bei Moses erwähnte Kinnereth **), eine der 19 Städte Naphtalis ***). Von keiner Stelle aus beherrschte es so die Gegend, in welcher es zu suchen ist. Frère Liévin wollte die Reste einer altchristlichen Kirche entdeckt haben. Die Spuren derselben sollten nicht fern von der Straße sichtbar sein. Doch scheute jedermann die Sonne und den Weg von 2—3 Minuten, zumal das antike Material der Art verschleppt zu sein schien, daß jede ohne Nachgrabungen gewonnene Vorstellung nur Phantasiegebilde sein konnte.

Als wir weiter zogen, mochte es nicht mehr weit von 10 Uhr sein. Der Weg führte sofort an den steilen Kalksteinvorsprung am Ende der Ebene von Medschdel. Da war derselbe gegen 2 Stockwerke über dem See in den lebendigen Fels gehauen, war so schmal, daß kaum zwei Pferde einander ausweichen konnten, und abwechselnd so uneben und glatt, daß unser Marsch große Vorsicht verlangte. Das Nächste, was von hier aus in die Augen fiel, war die Quelle Ain et-Tîn. Alle diejenigen, welche am Chan Minîje Kapharnaum suchen, sind geneigt in ihr den von Flavius Josephus geschilderten Sprudel zu erblicken, welcher „außer der milden Luft zur Fruchtbarkeit dieses Landstriches" so wesentlich beitrug. Wer jedoch diese Quelle im Hochsommer gesehen hat und den Bericht des jüdischen Historikers daneben hält, dem wird es ergehen wie

---

*) Matth. 11, 21. 22.   **) 5. Mos. 3, 17.   ***) Jos. 19, 35.

Robinson, der für sein Chan-Minsje-Kapharnaum alles nur Mögliche, auch die Quelle Ain et-Tin in's Feld führt, am Ende aber
gesteht: „Dieser letztere Punkt ist vielleicht der einzige, gegen welchen sich vernünftiger Weise Zweifel erheben ließen*)." Nach Josephus erwartet man von vornherein eine „sehr starke Quelle", deren
Wasser an sich schon zur Erhöhung der Fruchtbarkeit geeignet
erscheint, und deren Lage überdies der Berieselung der Ebene günstig
ist. Alle drei Punkte sind aber bei der „Feigenquelle" so gut wie
nicht vorhanden. Sie hat vorerst zu wenig Wasser, dieses gilt
sodann für säuerlich, endlich quillt es zu nahe am See und das
Rückland ist sehr hoch. Eben war sie so unbedeutend, daß keiner
auch nur im Traume auf die reiche Quelle Kapharnaum gerathen
hätte. Mehrere Klafter unter uns nahm sie ihren Ursprung aus
dem Felsen und füllte mit ihrem dunklen, stagnirenden Wasser einen
schmalen, von Sumpfgräsern besäumten Graben. Dieser Graben
mündete schon nach einigen Schritten in den See. Eine nahe Stelle
von der Größe eines Zimmers hatte frischen Rasen. Dort mochte, abgesehen von der Hauptquelle, noch anderes Wasser heraussickern.
Wie aber der umliegenden Landschaft daher je besonderer Segen
erwuchs, läßt sich kaum denken. Es ist schon gar nicht leicht
hinabzusteigen; daher wird auch das Wasser meistens von den Reisenden nicht gekostet. Um so weniger scheint es glaublich, daß man
es einst in die Höhe trieb und über einen größeren Landstrich leitete. Der große Feigenbaum, von dem die Stelle ihren Namen hat, und den man vor einem halben Jahrhundert noch sah,
ist verschwunden. Dafür stehen jetzt einige fette Feigenschosse in den
Spalten des feuchten Felsens.

An der Südwand des Berges, den wir passirten, hing
ein ellenlanger, grauer Schwanz herunter; das Thier, welches dazu
gehörte, sahen wir jedoch nicht. Der jüngere Muker schrie „Nimr".
Das wäre ein Leopard gewesen; ich glaube jedoch, daß es eine
große Wildkatze war. Er stürmte herbei und wollte sich daran
hängen. Das Thier zog jedoch noch rechtzeitig sein Glied an sich,
und die Höhe seiner Höhle schützte es vor Verfolgung. Großartig war der Blick über den See hin, und im Süden auffällig
deutlich die Ansicht der Palmenstadt Tiberias, einschließlich der

*) Pal. 3, 2.

heißen Bäder Hammâm Tabarîje. Weiterhin aber schoben sich hohe Berge vor. In einer Viertelstunde hatten wir den steilen Hügel umritten. Waren wir auf dem Felsenweg drei Klafter über dem Seespiegel gewesen, so kamen wir jetzt demselben wieder nahe.

Es ging zugleich über ein enges Thälchen. Rechts hatten wir reichlich bewässertes Land und daneben den See, links eine oberschlächtige Wassermühle, die nicht ging. Ein hoher Kanal führte von dieser gegen 100 Schritte aufwärts zur Quelle in= mitten eines zehneckigen Baues. In der Nähe sah man einige Ruinen. Dâhir el Amr soll im vorigen Jahrhundert die Wasser= kraft dieses überreichen Sprudels verwerthet haben. Die meuch= lerische Erbin des gefürchteten Schêchs, die türkische Regierung, ließ natürlich dessen Anlagen zerfallen, nachdem sie dieselben fast ein Jahrhundert um anständigen Pachtzins aus= und abgenützt hatte. Der Name der Quelle ist Ain et=Tâbigha und darum beson= ders bemerkenswerth, weil man sie richtiger als Ain et=Tin schon für die Quelle Kapharnaum erklärt hat. Ihr Wasser fördert unstreitig den Pflanzenwuchs; wenigstens sehe ich jetzt noch die hohen Brom= beerhecken, welche die Furchen desselben zur Linken, und das üppige Gras, welches dessen Rinnsale zur Rechten — bis an den See hinab begleitete. Trotzdem zeigte weder Pferd noch Reiter große Lust da= von zu trinken. Es war wohl ungemein rein und einladend, aber nicht recht kühl und nicht frei von salzigem Geschmacke. Mir fiel vor allem das ungestüme Treiben des kaum der Erde entsprungenen Baches auf, der in mehreren Armen dem See zueilte. Allerlei Gestein lag umher und erschwerte unsern Marsch. Es gab einmal eine Zeit, zu welcher er um den Berg herum nach der Ebene Medschdel geleitet war — es sind noch Spuren des Aquäductes sichtbar —: ob nothwendig auch zum Zwecke der Bewässerung?

Wenige Schritte nördlich sammelte sich links vom Wege ein bitteres Wasser in einer Steinfassung. Es trieb ehemals gleichfalls eine Mühle und wird Birket oder Tannûr Eijûb genannt. Gleich darauf kam eine andere laue Quelle rechts. Dieses Quellgebiet mit seinen Ruinen, nur 18 Minuten vom Chan Minîje entfernt, haben jene kritischen Gelehrten, welche die Spuren „des galiläischen Beth= saida" noch suchen, schon für die Ortslage der Heimath Petri er= klärt, so daß die hochbegnadigte und doch verworfene „Stadt" nur einen Vorort zum nahen Chan-Minsje-Kapharnaum gebildet hätte. Dagegen meinte schon Robinson, daß man Bethsaida mit gleichviel Recht an jeder Uferstelle der Ebene Medschdel ansetzen dürfe.

Weiterhin legte sich uns noch ein sanfter Hügelzug in den Weg. Wir umgingen ihn längs des Seeufers. Von dort brauchten wir noch eine kleine halbe Stunde bis Tell Hum, das im Ganzen 50 Minuten von Chan Minsje liegt. Dieser Rest des Weges folgte fortwährend der Küste. Das Land war offen, steinig und unbebaut, aber deßwegen doch nicht unfruchtbar. Links oben weideten zwei starke Heerden; es wäre mir unmöglich zu sagen, was sie dem dürren Boden abgewannen.

Am Nordende des Sees Genesareth.

Tell Hum war mir das ehemalige Kapernaum oder Kapharnaum. Einmal hält es der ganze christliche und mohammedanische Orient dafür: „Mehr als dreißigmal,“ schreibt Frère Liévin, „durchstreifte ich die Westküste des schönen Sees Genesareth. Jedes mal benützte ich die zufällige Begegnung mit den Eingeborenen, um mich bei ihnen nach der Lage von Kapharnaum zu erkundigen, und immer wurde mir Tell Hum als die Stelle angegeben.“ „Nur die Barkenführer zu Tiberias, welche von allerlei Leuten die berühmten Orte am See discutiren hören, wissen bald nicht mehr recht, woran sie sind.“ Sodann ist es keine leere Einbildung, wenn jemand in Tell Hum den Namen Kapharnaum nachklingen hört. Letzteres ist anerkannter Maßen eine Zusammenziehung aus Kaphar (Kefr) Nahum, d. h. Dorf des (bekannten Propheten) Nahum, das sich zur Zeit Christi zu einer regen Handelsstadt emporgeschwungen hatte, aber wenige Decennien nachher schon wieder zu einem Dorf herabgesunken zu sein scheint. Als derselbe Frère Liévin einst einen gebildeten Muselmann von Safed fragte, ob Kapharnaum nicht bei Chan Minsje gelegen sein könne, entgegnete er: „Ihr Europäer könnt nicht einsehen, daß sich nicht einmal der Name dieses Ortes verändert hat. Statt Kaphar Nahum sagen wir, seit ebensowenig ein Dorf

als eine Stadt übrig ist, Tell Nahum und abgekürzt Tell Hum.“
Tell aber bedeutet Hügel und Ruine; und selbst die Bezeichnung
Hügel trifft zu, wenn man sich die Erhebung proportionell nicht
beträchtlicher vorstellt als die einer flachen Hand auf plattem Tische.

Zu diesem Nachhall des Namens kommt die heilige Schrift.
Darnach lag Kapharnaum nicht blos „am galiläischen Meer*),
sondern mit den beiden Stämmen Sebulon und Naphtali auch
an dessen Westseite. Näherhin bildete es hier deren Grenze;
denn es lag dort, wo beide Gebiete aneinander stießen, und zwar
Sebulon von Süden, Naphtali von Norden her**). Stünden die
Marksteine beider Stammlose noch, so wäre die Frage der verschwundenen Stadt Kapharnaum mit mathematischer Gewißheit bestimmbar.
Nun aber wissen wir blos, daß Naphtalis Gau dem hohen Norden
angehörte, ostwärts an den obern Jordan stieß und am Westufer des Sees unmöglich einen großen Antheil hatte, weil der See
bei der Bestimmung der Ostgrenze Naphtalis neben dem Jordan
nicht erwähnt wird***). Darnach ist Kapharnaum unbedingt
an der Nordostecke des Sees, und ebendeswegen eher zu Tell Hum
als am Chan Mintje zu suchen — ganz abgesehen davon, daß es in
der Natur der Sache lag, daß mit den Bergen Naphtalis auch
sein Gebiet endete, d. h. die Nordspitze des Sees seine südöstliche
Grenze war.

Für Tell Hum geben noch auffälligere Dinge den Ausschlag. Da zeigt vorerst der Augenschein, daß Tell Hum eine
uralte Ortslage ist. Diese Ruinenstätte liegt nämlich mitten zwischen
dem Felsen von Chan Mintje und der Jordanmündung, d. h.
inmitten der beiden natürlichen Grenzen dieses Uferstreifens, und
beherrscht ihn nicht blos wegen ihrer Erhebung (zumal den Mar-
chen im Nordosten gegenüber), sondern auch wegen ihres Vortre-
tens in den See als kurze Landzunge. Schon damals, als un-
sichere Verhältnisse die Menschen noch auf die Felsen bannten und die
Stadt der nordwestlichen Uferbewohner noch am Hügel des Chan
Mintje hing, muß ein Dorf oder ein Weiler oder (wie heutzutage)
wenigstens eine Hirtenstation hier gewesen sein; dies will die relative

----

*) Matth. 4, 13; Luc. 4, 31.   **) Matth. 4, 13.
***) Jos. 19, 32 ff.

Fruchtbarkeit des umliegenden Landes. Der Ort existirte vielleicht und existirte gleichzeitig auch nicht, sofern die Leute damals wie jetzt, nicht über die Ernte hier aushielten. Die Bibel aber gibt bei der Beschreibung der einzelnen Stammgebiete über Dörfer keinen Aufschluß; darum kann auch aus ihrem Schweigen über ein Dorf kein Schluß gegen dessen Existenz gezogen werden.

Als die Siege Alexanders und später der Römer den hochasiatischen Freibeutern die Lust zu militärischen Ausflügen gegen Westen benommen hatten, die Leute anfingen, sich in der Ebene sicher zu fühlen, und der Bauer, welcher säete, auch an eine Ernte glauben konnte, als in Folge dessen die Bevölkerung am See allmälig dicht und immer dichter wurde — gegen das Ende der römischen Republik war sie nachweisbar am dichtesten —: mußte unabweislich hier eine größere Niederlassung entstehen, ja aus natürlichen und politischen Gründen eine Stadt aus dem Boden wachsen, die vielleicht richtiger ohne Mauern als mit solchen gedacht wird. Daß der Keim dazu im Boden stack und nicht erst absichtlich gelegt werden mußte, könnte man daraus schließen, daß sie auf der Grenze zweier Stämme erwuchs — Bäume auf der Grenze zweier Aecker pflegen aus naheliegenden Gründen nicht mit der Absicht beider Nachbarn aufzukommen —; indeß hatten seit der Rückkehr aus dem Exil, und erst recht zur Zeit der Römer, die jüdischen Stammesgrenzen keinen politischen Werth mehr. Da bildete der Jordan die Landesgrenze, und die Stadt vom heutigen Tell Hum eine Ausgangsstation gegen Osten. Die heilige Schrift deutet an, daß sie eine Zollstätte hatte*), und die Profangeschichte berichtet, daß es aus dem Gebiete des Vierfürsten Herodes Antipas in das des Vierfürsten Philippus ging. Gerade dieser Umstand muß wesentlich zur Hebung des Dorfes beigetragen haben, sowie er auch die kurze Dauer der daraus erwachsenen Stadt erklärt.

Daß diese wirklich Kapharnaum hieß, erhellt zur Genüge aus Matthäus (Cp. 14) oder Markus (Cp. 6) und aus der Biographie des Flavius Josephus. In den Evangelien wird erzählt, daß Jesus für sich und seine Jünger die Einsamkeit suchte, die Scharen es jedoch verhinderten. Umsonst stieg er in ein Fahrzeug und

*) Matth. 9, 9.

ließ sich mit den Seinigen nach Peräa hinüberführen; denn die Leute, welche dies sahen, merkten die Absicht, gingen zu Fuß nach dem vermuthlichen Landungsplatze und kamen noch vor dem Schiffe an *). Deffen **Ausgangspunkt** war aber Jesu gewöhnlicher Aufenthaltsort **Kapharnaum** gewesen, während das **Ziel** der Fahrt irgend eine Stelle am **Ufer** des heutigen **Batiha** war. Hier irgendwo „erbarmte ihn des Volkes" — und er speiste fünf tausend. Diese konnten sich unmöglich gleich beim Aussteigen um Jesus gruppirt haben **), wenn Kapharnaum, von welchem das Wettrennen (zu Wasser und zu Land) ausging, nicht an der Stelle des heutigen Tell Hum lag. Dagegen war dieses von hier aus sehr leicht auszuführen, weil See- und Landweg ziemlich gleiche Länge hatten, und der feste, sichere Tritt die kleine Krümmung des Landweges reichlich aufwog. Wie die Fußgänger über den im Wege liegenden Jordan kamen, ist dabei ohne Bedeutung.

Josephus Flavius aber war jenseits des Jordan vom Pferde gefallen, als es bei Bethsaida Julias ein hitziges Treffen galt ***). Er hatte am Handgelenk solchen Schaden genommen, daß er chirurgische Hülfe brauchte. Da ließ er sich vorerst nach **Kepharnome** (dem biblischen Kapharnaum) bringen, und blieb hier einen Tag. Die kommende Nacht transportirte man ihn nach Tarichäa am Südende des Sees, bekanntlich 5 Stunden von Tell Hum. Es ist nun geradezu unglaublich, daß der verletzte Führer der jüdischen Frei=scharen an dem Städtchen von Tell Hum vorbeizog und erst bei Chan Minje sich verbinden ließ. Hielt er aber zu Tell Hum an, so war dieses offenbar auch Kapharnaum. Dafür hielten es denn auch die abenbländischen Zeugen vor den Kreuzzügen. Besonders klar ist in dieser Hinsicht der fränkische Bischof Arkulf, der gegen das Ende des 7. Jahrhunderts Paläftina bereiste. Seit der Zeit des lateinischen Königreichs fehlte es auf Jahrhunderte an sichern Angaben. Erst Quaresmius um das Jahr 1628 suchte Kapharnaum unzweifel=haft an der Stelle des Chan Minje, und nach ihm die bedeuten=deren Paläftinareisenden unseres Jahrhunderts, jedoch nicht ohne auf lebhaften Widerspruch zu stoßen.

Kapharnaum hat in der biblischen Topographie die Bedeutung

---

*) Marc. 6, 33.   **) Marc. 6, 33.   ***) Vita 71.

von Bethlehem, Nazareth und Jerusalem; kein Wunder, daß der Pilger es angelegentlich sucht. Der Evangelist Matthäus erzählt, wie Jesus, von seinen Landsleuten verkannt *), „Nazareth aufgab“ und hinabzog nach „Kapharnaum am Meer“. Hier war er während seiner öffentlichen Thätigkeit zu Haus, von hier verbreitete sich das Licht über Sebulon und Naphtali, über das Ostjordanland und Obergaliläa **), ja über Samaria und Judäa, über das Judenland und die weite Völkerwelt. Kapharnaum auf der Grenze von Sebulon und Naphtali war der im göttlichen Heilsplane vorhergesehene Ort, von welchem aus zur Wahrheit werden sollte, was Gott durch den Propheten Jesaias ausgesprochen hatte: „Das Land Sebulon und das Land Naphtali, beide nach dem (galiläischen) Meere zu, das Land jenseits des Jordan, Galiläa der Heiden — Volk, welches im Finstern saß — sah ein großes Licht (nämlich Jesus), und Licht ging denen auf, die im Schattenreiche des Todes saßen ***).“ Von hier ging der Weltheiland lehrend und wohlthuend aus, hierher kehrte er (seit dem Mordversuch der Nazarether) von seinen Reisen immer wieder zurück. In diesem Sinne heißt Kapharnaum „seine Stadt“ †).

In derselben erscholl unter anderem zum ersten mal das beseligende Verheißungsevangelium vom letzten Abendmahle, wie es bei theophorischen Processionen in unsern Straßen noch seinen Nachhall hat. In der dortigen Synagoge erklärte er: „Ich bin das lebendige Brod, das vom Himmel herabgekommen ist; wer von diesem Brod ißt, wird leben in Ewigkeit. Das Brod, welches ich geben werde, ist mein Fleisch, welches ich hingeben werde für das Leben der Welt ††).“ Daselbst wurden auch zum ersten mal die innigen Worte der Demuth gesprochen, welche die Millionen, die sich dem Tische des Herrn nähern, seither wiederholen: „O Herr, ich bin nicht würdig, daß du eingehst unter mein Dach, sondern sprich nur ein Wort, und mein Knecht wird gesund †††).“ Jesus heilte nicht blos den gelähmten Knecht des Hauptmanns und die fieberkranke Schwiegermutter des Petrus, sondern so viele Kranke und Besessene von allen Seiten ††††), daß

---

*) Luc. 4, 29.   **) Matth. 4, 13.   ***) l. c. 4, 15. 16.
†) Matth. 9, 1.   ††) Joh. 6, 51.   †††) Matth. 8, 8.
††††) Marc. 2, 1; Luc. 4, 33.

sich zu Kapharnaum das Wort des Propheten erfüllte: „Er nahm unsere Schwächen hin und trug unsere Krankheiten*)." Hier erscheint er auf der Höhe göttlicher Wunder, wenn er zur verschiedenen Tochter des Jaïrus sagt: „Mädchen, stehe auf!" — und dieses sofort sich erhebt. Nicht umsonst waren ihre Eltern vor Staunen außer sich**), während Jesus ihnen verbot, das Ereigniß weiter zu erzählen.

Was das Auge auf der Ruinenstätte Tell Hum gern aus dem Boden schaute — denn über demselben ist wenig zu sehen — wäre schon das Haus des Synagogenvorstehers Jaïrus, beziehungsweise der Boden des einzigen Zimmers, in welchem auf das Machtwort Jesu „der Geist des verstorbenen Mädchens zurückkehrte"***). Ebenso gerne beträte der Fuß die Synagoge, in welcher der Erlöser „sie am Sabbath lehrte, und alles über seine Lehre staunte, weil in seinem Worte Macht lag," — in deren Mitte es einst den unglücklichen Besessenen hinwarf, bevor der unreine Geist auf das Schelten Jesu ausfuhr, was ihm „Ruhm in jedem Orte der Umgegend brachte" †). Auch das Haus des merkwürdigen Zöllners möchte der Pilger besuchen, welcher in seiner Art unwürdig ††) wie der eiserne Saul — aus einem Levi ein Matthäus, d. i. Gott Zurückgegebener, ja ein Apostel und der erste Evangelist wurde. In der Freude, daß er der Jüngerschaft des Messias gewürdigt wurde, hat er in seiner Wohnung das große Mahl veranstaltet, bei welchem es unter andern auch nicht an Zöllnern fehlte, und Jesus seine Theilnahme mit dem tröstlichen Ausspruche rechtfertigte: „Nicht die Gerechten zu berufen, bin ich gekommen, sondern die Sünder." Den abziehenden Pharisäern aber empfahl er zur Beherzigung die Stelle bei Hoseas: „Erbarmen will ich und (ohne jenes) nicht Opfer†††)." Matthäus ist im Apostelcollegium der einzige erweisbare Repräsentant der wohlhabenden Stände, wie Paulus der einzige der gelehrten Welt. Sein Vermögen hatte er von der Zollbank, und das Zollhaus stand südöstlich vor der Stadt, vermuthlich da, wo sich Land- und Seeweg von Peräa schnitten.

---

*) Matth. 8, 17.   **) Luc. 8, 56.   ***) Luc. 8, 55.
†) Luc. 4, 37.   ††) Matth. 9, 12.
†††) Luc. 5, 29 u. Matth. 9, 13.

Wenigstens construirte mir dort die Phantasie eine vielleicht etwas zu türkisch beworfene Dogana und zeigte mir im Schatten derselben den Zollaufseher Levi, mit unterschlagenen Beinen auf bunten Teppichen sitzend.

Kapharnaum ist überdies der Wohnort des Zebedäus und der Salome; deren Söhne aber waren bekanntlich der vierte Evangelist und Apokalyptiker, sowie der Apostel Jakobus der Aeltere. Das Haus, in welchem diese ein und ausgingen, stand einmal an Stelle eines der Schutthaufen Tell Hums, und es wäre fürwahr beglückend, den Standort dieses und der anderen biblischen Häuser zu kennen. Doch ließe das Haus der Schwiegermutter Petri an Bedeutung alles weit hinter sich zurück; denn dasselbe beherbergte nicht nur den nachmaligen Apostelfürsten samt seinem Bruder Andreas, seit sie von Bethsaida herübergezogen waren, sondern immer auch den Erlöser, wann er nicht als Herold des neuen Reiches „lehrend und wohlthuend" das Land durchzog. Er wohnte nach der Rückkehr nicht blos zu Kapharnaum, sondern lehrte, speiste, schlief in einem Hause, und doch hat er einst in Peräa einem irdisch gesinnten Schriftgelehrten, welcher zur Nachfolge bereit schien, erklärt: „Die Füchse haben ihre Höhlen und die Vögel des Himmels ihre Nester, der Menschensohn aber hat nicht, wohin er sein Haupt lege*). Darum nahm man von jeher an, daß Jesus die Gastfreundschaft seines bevorzugtesten Jüngers genoß, zu dem er sich gleich Anfangs mit den Zebedäiden begab **). Dessen Schwiegermutter sollte von vornherein seine göttliche Kraft an sich erfahren; kein Wunder, daß die plötzlich vom Fieber Geheilte fortan ihnen diente" ***). Das Haus, auch Haus des Simon und Andreas genannt, hatte außer einem Wohnraume ebener Erde noch ein Obergemach mit flachem Dache. Hier saß Jesus, „als er einst zu Hause war" †), und lehrte. Glaubenswillige und Neugierige füllten sein Zimmer, die Stiege, den Gang und den Vorplatz, so daß die Träger eines Paralytischen auf dem gewöhnlichen Wege nicht beizukommen wußten. Da erstiegen sie auf einer Staffel, welche von außen auf das Haus führte, dessen Dach, brachen vom dortigen Estrich aus und ließen ihren Kranken

---

*) Matth. 8, 20. **) Marc. 1, 29. ***) Marc. 1, 31.
†) Marc. 2, 1.

auf der Sänfte zu Jesus hinab. Er sprach: „Deine Sünden seien dir vergeben" — und darauf: „Steh auf, nimm dein Bett und geh in dein Haus!" Damit widerlegte er die argwöhnischen Gedanken der Schriftgelehrten, durch deren ferneres Treiben sich Kaphar= naum schließlich den strafenden Weheruf des Erlösers zugezogen zu haben scheint. Dieselben veranlaßten bei einer andern Gelegenheit auch seinen Ausspruch über die Sünde gegen den heiligen Geist *).

Wie Jesus sich in diesen Fällen „zu Hause" den Andrang der Leute gefallen ließ, so zog er sich in andern wieder vor ihnen mit seinen Jüngern in das Obergemach zurück und deutete nur diesen die Geheimnisse vom Reiche Gottes **). Aehnlich traten, als er von Jaïrus zurückkam, auch blos zwei Blinde bei ihm ein, deren Augen auf die Versicherung ihres Glaubens hin aufgethan wurden. Sie löste ein Stummer ab, der besessen war: „Der Teufel wurde ausge= trieben, und der Stumme redete ***)."

Fast so interessant als die Häuser müßte man die Straßen der Stadt nennen; denn nicht nur die Gesetzeslehrer brachen hier jeden Anlaß zu Streitreden vom Zaune, sondern auch Jesus ließ keine Gelegenheit vorübergehen, den Bessergesinnten das Verständ= niß der Wahrheit zu erschließen. Wunder und Wohlthaten bezeich= neten zudem seine Schritte, wie dies die Heilung des blutflüssigen Weibes auf dem Wege zum Synagogenvorsteher Jaïrus beweist †). Auf den nahen Höhen durchwachte er ganze Nächte im Gebet. Auf dem See trug er die schönsten Gleichnißreden vor und offenbarte sich als Gebieter und Herrn der Elemente. War diese „seine Stadt" nicht erhoben bis in den Himmel ††)?"

„Herabgestürzt ist sie bis zur Hölle." Tell Hum ist eine große Ruinenstätte; Chan Minje steht an Ausdehnung bedeutend dahinter zurück. Wir kamen um 11 Uhr daselbst an und sahen uns nothgedrungen vorerst nur nach Schatten um. Diesen bot uns ein schmales, gegen Nordwesten ziehendes Mauerviereck, dem sich nicht absehen ließ, welchem Zwecke es einmal gedient haben könnte. Sein schwarzes, massives Gestein erhob sich zu doppelter Mannes=

---

*) Marc. 3, 29.   **) Matth. 13, 36.   ***) Matth. 9, 33.
†) Matth. 9, 22.   ††) Luc. 10, 15.

höhe und lag ohne Mörtelverbindung tadellos im Winkel, während
die behauenen und nicht behauenen Basaltsteine 20 bis 25 Minuten im Umkreis ein scheinbar unentwirrbares Chaos bildeten. In
dem schmalen Schattenstreifen, welchen es der Sonne abtrotzte,
drängten wir uns zusammen, um unsere bescheidenen Vorräthe zu
verzehren, und, was mehr Bedürfniß war, einiger Ruhe uns
hinzugeben. Dann stieg ich auf dieses Gemäuer, weil es allein
die Höhe hatte, welche eine Uebersicht der weiten Ruinenstätte ermöglichte.

Es war ein höchst interessanter Anblick. Wie von einer in-
fernalen Macht unter einander gerüttelt, und von höllischem Feuer geschwärzt, ja so zu sagen davon noch heiß — lagen die Materialien riesiger
Grundmauern vor- und rückwärts, der Küste entlang und beträchtlich landeinwärts. Ich taxirte die Breite der untergegangenen Stadt
auf 10 Minuten und ihre Länge auf das Doppelte. Da letztere
Dimension dem Ufer folgte, ja mit ihren wirren Steinen nach unter
den Seespiegel hinabglitt, so war Kapharnaum gleich Cäsarea Stratonis im eigentlichen Sinne des Wortes eine Seestadt*), während
man die einstige Stadt von Chan Minije ebenso richtig eine Bergstadt mit einer Landungsstelle nennen könnte. Nordöstlich lagen zu
meinen Füßen 6—7 elende Hütten. Sie waren aus den umliegenden Steinen nothdürftig zu momentanem Gebrauche aufgeführt. Nachher beschaute ich dieselben in der Nähe und fand sie
offen, finster und leer. In der nassen Jahreszeit hausen einige
Familien der Zeltaraber des Ghuwêr darin. Von ihren flachen
Dächern aus genießt der Fremde ungefähr dieselbe Aussicht, wie von
dem doppelt so hohen thurmartigen Bau, auf dem ich eben stand.

Nordwestlich von letzterem und gegen 100 Schritte landeinwärts wollen einige die Stelle des Hauses Petri wiedergefunden
haben, während andere an die Synagoge denken, welche der römische
Hauptmann, über dessen Lippen zum ersten mal das „Domine, non
sum dignus" kam, den Juden Kapharnaums baute**), und wieder
andere einen späteren heidnischen Tempel wittern. Zu ersterer Annahme neigt die fromme Meinung in Palästina. Durch Nachgrabungen würde sich vielleicht etwas Sicheres feststellen lassen,

---

*) Matth. 4, 13.   **) Luc. 7. 15.

weil früher das „heilige Haus von Karpharnaum" ähnlich dem zu Loreto von einer größeren Kirche überbaut war, deren Umrisse wohl noch im Boden stecken. Antonin der Martyrer kam wenigstens um 600 n. Chr. dort „in das Haus des seligen Petrus, welches in einer Basilika war." Ich betrat später die Stelle, konnte aber aus dem Gewirre nichts ersehen, als daß hier ein ansehnlicher Kunstbau zusammengefallen sein müsse. Robinson ging dessen Dimensionen nach. Er maß 105′ längs der nördlichen Mauer und 80′ längs der westlichen, so daß also das Gebäude wohl einer Kirche ähnlich gegen Osten zog.

Noch jedem Reisenden ist die Größe, Wahl und Ornamentik der Steine aufgefallen. Auch ich bewunderte die linearen Sculpturen oder Blattverzierungen auf abgeschlagenen Gesimsen, Friesen, Kapitälen, Säulenstücken, Trümmern von Pilastern und Wandverkleidungen. Die Steine waren zum Theil von außergewöhnlichem Umfang oder stachen durch ihre weiße Farbe von ihrer dunklen Umgebung ab. Im letzteren Falle waren es marmorähnliche Kalksteine. Dieses gewählte Material verweist auf die Zeit der höchsten Blüthe Kapharnaums, welche sich ungefähr mit dem öffentlichen Wirken Jesu deckt. Könnten diese Steine reden, so würden sie nimmer aufhören von ihrem Schöpfer zu erzählen. Meinen Standort hätte ich am ehesten für den Rest eines Kastells gehalten, welches einmal die Zoll- und Handelsstadt auf der Seeseite deckte, wäre nur dessen Existenz anderweitig verbürgt. Weil vor 150 Jahren ein Reisender zu Tell Hum „ein Kirchlein von weißem Marmor" antraf, so hat man öfters auch an dieses gedacht. Nach meiner Ansicht sprach alles dagegen; doch erwies sich die scheinbar massive Ruine bei näherer Untersuchung als hohl.

Der See kühlte kaum 15 Schritte von ihr die heißen Steine. Ihm überließ ich zu ähnlichem Liebesdienste mit der Zeit auch meine Stiefel und Füße. Zum Baden hatte ich unter der stechenden Sonne des Mittags den Muth nicht, während der Sprecher unter meinen beiden Begleitern meinte, es könne jetzt nichts Heilsameres geben, ja der ganze Reisezweck gipfle zu Tell Hum in einem Seebad. Wirklich war er auch gleich in der geeigneten Position und schien letztlich fast etwas ungehalten, daß seine Beredsamkeit und sein Vorgang nicht wirkte; denn zu zweit setzten wir uns auf die durch stärkeren Wellenschlag als den jetzigen geglätteten und abgerundeten Bruch= oder Hausteine und überließen uns dem lieblichen Spiele des Wassers. Dessen laue Lippe (im Hebräischen Bezeichnung des Randes) glitt zutraulich an den Stiefeln auf und ab und verirrte sich zuweilen fast oder ganz in deren Rohre, während unser Freund den steinigen Grund des Ufers hinabwankte und durch baldiges Untertauchen dem bösen Wege und Sonnenbrande zugleich auswich; der See nahm wie bei Tiberias ziemlich rasch an Tiefe zu. In sein Wasser tauchten wir unser Brod. Auch tranken wir daraus mit unbe= schreiblichem Behagen.

Weit höher aber war der geistige Genuß; denn wo wir eben saßen, ging im Beginn seines öffentlichen Wirkens der Erlöser vorüber, trug sich mit den zweckdienlichen Anstalten zur Garantie des neuerschienenen Himmelreiches für die spätesten Generationen und machte sich sofort an die Gründung des Institutes der Kirche. „Kommt, seid meine Jünger!" rief er in den See hinaus; und die überwältigende Erscheinung Jesu, seine frühere Er= muthigung *), die Erinnerung an den Fingerzeig des Täufers **) streifte die letzte Spur sinnlicher Erdhaftigkeit ab. Die beiden Fischer Petrus und Andreas, welche eben ihre Netze nach den stummen Bewohnern des Wassers ausgeworfen hatten, eilten herbei und gaben ein für alle mal dieses Gewerbe auf, um statt der Fische die Gemüther der Menschenkinder aus der verderbten Welt in's messia= nische Reich hinüber zu führen und im edelsten Sinne des Wortes Menschenfischer zu werden. Nur „weniges" schritt er voran, da stand das Fahrzeug des Zebedäus. Dieser, seine Söhne und eine Anzahl Taglöhner ***) richteten eben die Netze zum Fange her. Da wiederholte Jesus seine Einladung. Johannes und Jakobus verließen gleich das Schiff und den Vater. Von hier aus machten kurze Zeit darauf die Zwölf ihren Erstlingsversuch in der Predigt des Evangeliums †).

An einem andern Tage saß Jesus hier irgendwo am See ††); die Scharen aber drängten sich so zahlreich an ihn heran, daß er in ein angebundenes Schifflein stieg und darin Platz nahm. Indem das Volk einige Schritte davon an der Küste

---

*) Joh. 1, 44.   **) l. c. 36.   ***) Marc. 1, 19. 20.
†) Matth., 11, 1.   ††) Matth. 13, 1.

harrte, that er seinen Mund auf und redete in Gleichnissen. So schilderte er das Wesen, die Zukunft und den Werth „des Reiches der Himmel" auf Erden, d. i. seiner Kirche. Jeder Israelite, der über zwanzig Jahre alt war, hatte jährlich eine attische Doppeldrachme Tempelsteuer zu entrichten, die im Monat Adar über das ganze Land hin erhoben wurde; nur Priester und Leviten waren frei. Als Jesus bei diesem Anlaß hörte, die Steuereinnehmer von Kapharnaum wollten wissen, ob er sich von dieser Verpflichtung ausnehme, schickte er Petrus an den See. Hier sollte dieser die Angel auswerfen — das einzige biblische Beispiel vom Angeln — den ersten Fisch, welcher anbiß, herausheben und ihm den Mund aufthun. So fand dieser einen Silberstater, d. i. den Betrag für zwei Personen, und damit entrichtete er die Steuer für Christus und sich selber *). Am gleichen Ufer luden die Jünger die zwei Schiffe aus, welche in Folge des reichen Fischfanges **) fast versanken — für Fischer der eklatanteste Beweis der Nähe des Göttlichen — weshalb sie auch ferner nicht mehr von Jesus ließen. Auf dem nördlichen See ging und kam der Erlöser ungezählte male in der Fischerbarke, ging bei Sturm und Windstille, in der Nacht wie bei Tage. Hier erwies er sich als Beherrscher der Elemente gleichwie zu Kapharnaum als Gebieter der Geister und Herrn über Tod und Leben.

Aus solchen biblischen Erinnerungen wurde ich durch einen komischen Vorfall herausgerissen. Von den beiden Herden, welche bei unserer Ankunft am Abhang oberhalb der Ruinen geweidet hatten, war die eine inzwischen östlich von Tell Hum zum See herabgekommen. Die hügelige Erhebung des alten Stadtplanes hatte verhindert, daß wir es bemerkten. So wimmelt es auf ein mal vor unseren Augen wie in der Nähe eines Ameisenhaufens. Es waren kleine schwarze Ziegen mit langen Schlappohren, wie sie unsere Jagdhunde haben. Denselben schien mehr an den Gräschen längs des Sees als an dessen Wasser gelegen zu sein; und weil erstere nichts weniger als dicht standen, kamen sie sehr rasch daher. Doch sollten sie den badenden Freund vor uns in Alarm setzen; denn auf ihrem Wege lagen seine Kleider. Zuerst wehrte er ihnen mit ausgestreckten Armen, aber er hatte so wenig Erfolg, als in

---

*) Matth. 17.　　**) Luc. 5, 7.

Ovids Verwandlungen die aus dem Wasser aufgetauchte Cyane dem Entführer der Persephone gegenüber. Dann warf er kräftig Steine, weil „das dumme Vieh" glaubte, der rechte Weg führe nur über seinen fränkischen Anzug. Zuletzt stürmte er — unter manch einem schmerzlichen Fehltritt — donnernd herbei; denn die Geißen waren an seinem Hemde, nicht um es anzuziehen, sondern — was noch „dümmer" war — es alles Ernstes zu fressen.

Zur selben Zeit hielten auch wir es gerathen unsere Plätze aufzugeben, weil die zweite Herde Kleinvieh uns von Westen her in's Gedränge brachte. Darunter waren viele hübsche Schafe mit Fettschwänzen und von äußerst zarter Wolle. Außer diesen beiden Herden und einer Truppe schwarzer Rinder in der Nähe der Maispflanzung vor Chan Minje, kam uns von Tiberias bis zur Jordanmündung kein zahmes Thier zu Gesicht.

Ich begab mich zur östlichsten Steinhütte, um von deren Dach aus ein besseres Bild von der Nordspitze des Sees zu gewinnen, entdeckte jedoch kaum mehr, als ich schon vom Thurm beim See herab gesehen hatte. Die Jordanmündung fiel durch die Spiegelung ihres Wassers und durch einen lieblichen Rasenstreifen inmitten ihrer öden Umgebung auf. Letzterer lag als eine Art Delta vor zwei kurzen Armen, in welchen der curvenreiche Strom in den See fließt. Seine Windungen ließen sich nordwärts bis zu den hohen Bergen verfolgen, zwischen welchen er nach einer Reihe von Katarakten in die Ebene hervorbricht. An der Nordostecke der letzteren war auf meiner Karte „et Tell" eingezeichnet, hier sowohl im Sinne „der Hügel" als im Sinne „die Ruinenstätte" genommen. Dieses gilt für das biblische Bethsaida in Gaulanitis, welches der Vierfürst Philippus, Sohn des alten Herodes, kurz nach seinem Regierungsantritt zum Rang einer Stadt erhoben und zu Ehren der Tochter des Kaisers Augustus „Julias" benannt hatte. Trotz der minder glücklichen Wahl der Patronin — der eigene Vater wollte nichts von der entarteten Tochter wissen — wird der Name dieses „Julias" über dem Jordan noch um 400 n. Chr. erwähnt. Daraus daß der Tetrarch Philippus hier starb und ein glänzendes Grabmal erhielt, schließt man, daß dieses Bethsaida ein Lieblingsaufenthalt von ihm, ja seine zweite Residenz, war. Die heilige Schrift nennt es bei der Speisung der Fünftausend. Das Wunder geschah

in der Einöde, nach welcher sich Jesus mit seinen Jüngern zurück=
gezogen hatte, um nach überstandenen Mühen diesen und sich einige
Ruhe zu gönnen. Dieselbe lag aber bei der Stadt Bethsaida (wie
der Context zeigt) jenseits des Jordan. Hier geschah auch die
stufenweise Heilung des Blinden, der auf die erste Händeauflegung
„die Menschen wie Bäume einhergehen sah“ und erst bei der zweiten
„alles gehörig sah“ *). Merkwürdig ist, wie bald und gründlich diese
Stadt aus der Geschichte verschwindet. Ich erkannte deutlich den
Hügel, der sie einmal trug, und glaubte auch welche von den Rui=
nen zu erkennen. Das Gebiet, auf welchem die meist unbehauenen
Mauersteine herumliegen, soll sehr groß, aber aus dem vulkanischen
Material nichts Bestimmtes mehr erkennbar sein.

Der ebene Streifen von „et Tell“ bis zur Jordanmündung
nebst dem doppelt so langen Flachland am See hin (zusammen
3 Stunden) ist bekannt unter dem Namen el Baticha. Er soll an
Güte des Bodens „das Land Genesareth“ übertreffen und, wie schon
der Name es andeutet, auch reichlich bewässert sein. Zu jetziger
Zeit schien das Gegentheil wahr. Nur in einem Stücke unterschied
sich das s. g. Sumpfland von der weiten dürren Oede: etwas süd=
östlich vom Einflusse des Jordan stand vor einer Baumgruppe ein
blendend weißes Haus mit Kuppel. War es ein Bad oder eine
Fabrik oder sonst ein Haus des Großsultan, der das Recht hat, all
dieses Land wüste liegen zu lassen? Ich fragte nachher einen
Beduinen, habe aber unterlassen seine Antwort zu verzeichnen.
Die Entfernung der Jordanmündung von Tell Hum schätzte ich
auf eine halbe Stunde, und dasselbe Wegmaß erhob ich durch Fragen,
während abendländische Reisende bis dahin schon die doppelte Zeit auf=
wandten. Einen Weg über Tell Hum hinaus konnte ich nicht
bemerken, vielmehr schien hier die unbestrittene Domäne der ara=
bischen Zeltbewohner zu beginnen. Einige ihrer Rohrhütten schim=
merten aus weiter Ferne. Gern hätte ich dahinter den Weg nach
Cäsarea Philippi gesucht, welchen einst Jesus mit seinen Jüngern
nahm; allein hierfür fehlte in unserer Karawane jeglicher Sinn.
Es wäre durch „die Dörfer Cäsareas“ gegangen **), die selten je=
mand zu seinem Reiseziel macht, laut Vertrag sollten wir aber

---

*) Marc. 8, 24, 25.   **) Marc. 8, 27.

heute zu S a f e d übernachten, der freien, luftigen Kreishaupt-
stadt Obergaliläas.

Auch das war unbekanntes Land von hohem Interesse. Darum folgte ich gehorsam, als man mir vom Thurme her rief. Es war
zwischen 12 und 1 Uhr, wo auch der Fremde das Wehe zu kosten
bekommt, welches der Erlöser über „seine Stadt“ aussprach. Nicht
blos keine Straße, kein Haus, kein Gewölbe, kein Dach, auch kein
Baum, kein Strauch, ja kein Nesselbusch wehrte der heißen Sonne
oder erfreute in dem düstern Einerlei das Auge. Der immergrüne
Ufersaum, täglich von den tränkenden Hirten überfahren, entzog
sich den Blicken. Mit deren Ziegen hatte unser Freund sich inzwischen versöhnt. Ohne zu bedenken, daß er keine türkischen Piaster
hatte (eine allgemeine Calamität in Palästina), ließ er sie tapfer
melken. Beduinen gegenüber war dies ein gewagtes Experiment,
das nur deswegen minder kostspielig wurde, weil andere zufällig
ausgleichen konnten. Diese Wüstensöhne sind nämlich in Bezug
auf das Geld höchst wählerisch, und während sonst alles „weiße Geld“
geht, nehmen sie nur bestimmtes, und selbst dieses nur in gutem
Stande und bei deutlichem Gepräge. Man geht darum am sichersten,
wenn man ihnen vorher das disponible Münzstück zeigt. Als ich in
Aegypten einst einem der bettelnden Beduinen von Gize ein Viertel-
piasterstück gab, lief er mir auf dem ganzen Pyramidenfeld nach
und bat mich um Austausch, weil es einen kleinen Sprung hatte. Ein
anderer wollte einen halben Napoleond’or gewechselt haben, weil er
etwas verschliffen war, und zeigte eine kindliche Freude, als ich mich
dazu verstand.

Unsere Hirten schienen gutmüthige Leute; nur einem Burschen
von 18—20 Jahren hätte ich das Haupt nicht in den Schoß
legen mögen. Dessen zudringlichem Wesen, sowie dem lästigen Gewimmel der Ziegen und Schafe entzogen wir uns durch baldigen
Aufbruch. Unsern Mukern kam dies erwünscht, weil sie des
Weges nicht sicher waren. Von Tell Hum aus waren sie nämlich
noch nie nach Safed hinaufgestiegen.

Nach Safed.

Um ¹/₂ 2 Uhr ritten wir von dannen und waren genau um ¹/₂ 5 Uhr am Ziele. Unsere Muker meinten wohl, sie kännten sich aus, und versicherten darum, wir würden vor 7 oder ¹/₂ 8 Uhr nicht nach Safed kommen. Indeß ließen sie sich nicht nur Anfangs den Weg erklären, sondern denselben auch in beträchtlicher Ferne noch von unten zeigen. Wir mußten bis zur Höhe Jerusalems empor-steigen; trotzdem unterschied sich das Vorland der Safeder Berge wesentlich von den sonstigen Küsten des Sees. Hinter Tell Hum erhob sich nämlich das Ufer nicht wie anderwärts plötzlich und in steilen Felswänden, sondern in sanften und ertragsfähigen Stufen. Weil nebenbei verschiedene Bergspalten aus dem Hinter-grund ihren Weg zum See oder obern Jordan durch das Vorland von Tell Hum fortsetzten, so zerfiel dessen weiter Bogen in eine Anzahl platter, schief dem Gebirge zu eilender Wellen. Auf einer derselben stiegen wir, ohne einen Pfad zu haben, nordwestlich hinauf.

Ungefähr ¹/₄ Stunde von Tell Hum legte ich mir die Oert-lichkeit der Bergpredigt zurecht; der Hörnerberg von Hattin mahnte dazu. Da fanden sich, wie es die harmonistische Deutung der zwei evangelischen Berichte *) will, wirklich Berg und Thal zusam-men. Auf einer höheren, schon mehr dem Geräusche der Welt entrückten Stufe sah ich Jesus, wie er eine ganze Nacht „im Gebete zu Gott" zubrachte; er war zu diesem Zwecke allein zur Stadt „hinaus-gegangen auf den Berg". Daselbst fanden sich, „als es Tag ge-worden war," auch die Jünger ein, und „er wählte zwölf aus ihnen, welche er Apostel nannte." Auf einer tieferen Stufe oder „ebenen Stelle" warteten die Schären aus Galiläa, aus dem Ost-jordanland und den Küsten des Mittelmeeres, aus Jerusalem und Judäa, „um Heilung zu finden von ihren Krankheiten und ihn zu hören." Zu diesen stieg er herab und „heilte alle". Dann that er seinen Mund auf und verkündete in Form von Seligpreisungen die Bedingungen zur Aufnahme in sein Reich. „Nachdem er alles

*) Matth. 5, 1. u. Luc. 6, 2. 17.

gesagt hatte, hielt er seinen Einzug zu Kapernaum*)." Wie vor der Stadt **) der Aussätzige gerufen hat: „Herr, wenn du willst, kannst du mich rein machen," so fand sich innerhalb derselben der königliche Hauptmann ein und bat für seinen gelähmten Knecht.

So stattlich auch die Hörner von Hattin herüberwinkten, kam ich doch mit der Lokalisirung dieser biblischen Vorgänge nicht von der hohen Rücklehne Tell Hums weg. Es schien nichts natürlicher zu sein, als daß Jesus die Einsamkeit, welche er in „seiner Stadt" vermißte, in deren Nähe suchte und fand; daß er, der gestern mit dem Volke an den See gegangen war, heute mit ihm den nächsten Berg erstieg; daß er, der gestern vom Schiffe aus in Gleichnissen geredet hatte, heute auf einer „ebenen Stelle" der nordwestlichen Höhen die Bergpredigt vortrug. Zudem waren die Leute des fernen Thrus oder Sidon, der Dekapole und Judäas, welche der Bergpredigt zuhörten, gewiß nicht auf's Gerathewohl von Hause weggegangen, sondern mit dem ausgesprochenen Reiseziel der bekannten Stadt des wunderthätigen Lehrers. Jesus traf diese zu Kapharnaum, als er eben von einer Rundreise durch Galiläa***) zurückkam.

Zu unserer Rechten lief die tiefe Furche eines Winterbaches zum See hinab. Mit einem kleinen Umweg hätten wir von Tell Hum aus auch auf dessen trockener Thalsohle zu unserm nächsten Ziele, dem Chan Dschubb Jûsef, hinaufsteigen können. Derselbe war deswegen von besonderem Interesse, weil man die Ruinen von Chorazin darin gefunden haben will. Allein unser Vertrag hatte diesen Umweg nicht bedacht. Auch gestattete unser Höhenzug keinen Blick in die Tiefe. Wir waren hiefür anfänglich dem Ostabhange zu fern, und als endlich der Karte nach der Bezirk der biblischen Stadt anfing, bogen wir nordwestlich ab, um auf den Weg von Chan Minije zu kommen. Der weitere Marsch durch das trockene Feld — bei einer Hitze von 29° R. — erwies sich nämlich als sehr beschwerlich. Hirten mit äußerst zahlreichem, verkümmertem Hornvieh wiesen uns schließlich zurecht, und so gelangten wir auf einem Pfade in 1 St. 25 M. zum Chan Dschubb Jûsef.

---

*) Luc. 7, 1.   **) Matth. 8, 1.   ***) Matth. 4, 23.

Chorazin wird in der heiligen Schrift nur einmal genannt *). „Machterweise" waren jedenfalls darin geschehen, wie sie zu Tyrus und Sidon nicht geschehen waren; aber es fehlen die genauen Berichte. Blos die geringen Erfolge deutet Christus an, wenn er ruft: „Wehe dir, Chorazin!" Am Gerichtstage soll es Tyrus und Sidon noch erträglicher gehen; denn wenn diese zu sehen bekommen hätten, was Chorazin, so hätten sie „in Sack und Asche Buße gethan." Den handgreiflichsten Zeugnissen zum Trotz hatte dieses sich der Erkenntniß verschlossen, daß Jesus der Eingeborene vom Vater war. Dafür sollte es von der Erde vertilgt werden.

Weil wir aus den erfüllten Weissagungen Jesu auf die noch zu erfüllenden schließen, so geht man an einem Orte, welchen das von ihm angedrohte Strafgericht bereits ereilt hat, nicht leichterdings vorüber. Darum schaute ich selbst vom Chan aus nochmals über die Furche hinab, in welcher das Bîr und Chörbet Keraze liegt; doch war es umsonst. Die Cisterne Keraze samt den sie einschließenden Ruinen lag von hier ³/₄ Stunden abwärts und war durch die Windungen des Thales dem Auge entzogen. Die ganze Ruinenstätte soll die Ausdehnung Tell Hums haben. Das Trümmerwerk früherer Größe liegt theils in einer Schlucht, theils auf einem Felsvorsprung, von dem man einen Blick auf den See hat, ohne jedoch Tell Hum zu sehen. Daß so Chorazin von Kapharnaum ³/₄ Stunden entfernt war, stimmt ziemlich genau zu einer Angabe des heil. Hieronymus, nach welcher die Distanz beider Städte zwei Millien betrug. Dagegen besteht ein unvereinbarer Widerspruch, wenn derselbe Kirchenvater behauptet, daß Chorazin am Ufer des Sees lag.

Der Chan Dschubb Jûsef, d. h. der Chan an der Grube Josephs, war früher bekanntlich eine befestigte Reisestation. Jetzt ist sein stattliches Mauerwerk in Verfall. Es umschließt eine Cisterne von beträchtlicher Tiefe. Eine grüne Stelle vor dem Chan bewies, daß im Boden noch einige Feuchtigkeit stack. Wasser fanden wir nicht. An den Brunnen knüpft sich die Sage, der Patriarch Joseph sei darin gefangen gewesen, bis ihn midianitische Kaufleute um Geld erwarben und nach Aegypten führten. Bei Juden, Mohammeda-

---

*) Matth. 11, 21. und Parallelstelle.

nern und Christen steht diese Josephsgrube bis zur Stunde in Ver=
ehrung. Nur eine Consequenz davon ist die Meinung, welche sich
bis in die Zeit der Kreuzfahrer verfolgen läßt, daß hier Dothaim
lag, während dieses schon Eusebius und Hieronymus im Nor=
den Samariens suchten. Der ganze Irrthum scheint durch die
im Mittelalter herrschende Ansicht verursacht worden zu sein, daß
Safed das ehemalige Bethulia war.

Der Chan liegt auf einer rückwärts etwas eingesunkenen Terrasse.
Wir kreuzten diese und die nordsüdlich laufende syrisch=ägyptische
Straße, um in einstündigem Marsche auf schlechtestem Wege den
Gebirgsstock von Safed zu erklimmen. Anfangs hatten wir noch
kulturfähigen Boden; aber er war dürr und öde, wie in der
Wüste. Später kam eine schaurige Schlucht, in welcher es keiner
300 Spartaner bedurft hätte, um einem Perserheere den Durch=
gang zu wehren. Daß diese Schlucht nicht als Mordthal gefürch=
tet ist, kommt wohl nur von der Seltenheit der Passanten. Sie
war auf drei bis vier Schritte eingeengt, rechts und links über=
ragt von zerklüftetem Kalkgestein, das zum Theil nur einen Stoß
zu erwarten schien, um unten Roß und Reiter zu zerschmettern.
Man fühlte sich so unbehaglich, wie kaum in einem Passe des
heiligen Landes. Als wir endlich dieses Felsenthal hinter uns hatten
und auf freier Höhe die abendliche Brise athmeten, glaubte man sich
aus mehr als einem Grunde von einem drückenden Alpe befreit.

Einen unvergleichlichen Hochgenuß bot der Rückblick nach Tell
Hum, und zwar nicht blos von hier, sondern fast von jeder Stelle
der Route. Dort lag nämlich der ganze schöne See blauer als der
Himmel in seinem gewaltigen Becken. Der ewig denkwürdige
Thalkessel schien nur seinetwegen in's Gebirge hinabgesenkt zu sein:
als einst das Machtwort desjenigen, welcher Berge versetzt, über dieses
Hochland erging und die Felsen gehorsam wichen, brach die Erd=
rinde gleich 2000' tief ein. Es ist für den Christen von Bedeu=
tung, daß schon nach der Auffassung der Rabbinen Gott der Herr
diesen See für sich ganz absichtlich schuf. „Sieben Meere," so lassen
sie ihn sprechen, „habe ich im Lande Kanaan geschaffen, aber nur
eines, nämlich das Meer Genesareth, mir erwählt." Dieses war
jetzt mit jedem Winkel, mit Kerak und Tell Semak am Südende,
mit Tabarije und Kersa in der Mitte, mit Tell Hum und dem

Batîcha am Nordende, mit dem Ein- und Ausfluß des Jordan sichtbar, ja man sah noch ein Stück vom Silberfaden des heiligen Flusses oberhalb und unterhalb des Sees. Weit entfernt, daß sich eine Stelle der majestätischen Wasserfläche hinter den Bergen zu verstecken bemühte, sah man außer ihr noch die ganze zweideutige Goldrahme des Spiegels. Am goldigsten schien sie dem Fuße des Dscholân entlang, weil der Boden dort am trockensten und ödesten war; und doch hat Jesus nachweisbar am gaulanitischen Ostufer länger verweilt, lieber gebetet, öfters gelehrt und Wunder gewirkt als auf der freundlicheren Seite von Tiberias. Daß das Ostufer trotzdem so selten besucht wird, kommt von der dort herrschenden Unsicherheit. Eines leuchtete mir jetzt vor allem ein, nämlich warum man den Namen „Genesareth" von der Leier herleitet. Die Gestalt des Sees Genesareth gleicht nämlich wirklich einer Leier, hebräisch Kinnor genannt. Die Natur dürfte kaum im Stande sein, nach gegebener Vorlage treffender zu arbeiten. So findet sich denn schon im Buche Numeri die Bezeichnung „Meer Kinnereth" im Sinne von Meer mit der Leiergestalt; und von diesem Meer ging der Name Kinnereth wahrscheinlicher erst auf Stadt und Land über als umgekehrt.

Wir waren schon auf der höchsten Höhe des Gebirgsstockes angelangt, und schauten immer noch vergebens nach Safed aus. So auffällig es sonst liegt, sollten wir es dennoch erst in unmittelbarer Nähe zu Gesicht bekommen. Vorerst galt es noch einen bedenklichen Abstieg in einen von der Nachmittagssonne zu flammender Wärme erhitzten, steinigen Wadi. Wir ermuthigten uns förmlich, bevor wir in dieses Gluthmeer hinuntertauchten. Der Weg war zudem so steil, daß wir absteigen und unsere Pferde führen mußten. So ging es eine gute Viertelstunde. Dann erschloß sich das tiefe, enge Thal, in welchem die von der Ebene Medschdel kommende Straße rein nördlich vollends nach Safed hinaufläuft. Hier erfreuten zum ersten mal wieder Baumanlagen das Auge. Dieser wohlthuende Anblick kam von der s. g. rothen Quelle (Ain hamra) an der oberen Westecke eines grünen Gartens. Wir trafen sie förmlich belagert und hatten einige Mühe uns durch das blökende Kleinvieh und die Menschen hindurch zu arbeiten. Die Hirten füllten statt Tränkrinnen Grübchen, die in den Felsen gehauen waren. Da keiner derselben besondere Lust zeigte, unsern Mutern seine lederne Schöpftasche etwas abzutreten, so trieben sie die Thiere ohne weiteres zur Quelle selber. Diese kam reichlich aus dem Fuße der westlichen Thalwand, floß zunächst über eine breite Platte und sammelte sich dann in einem Becken, das gerade für zwei Pferde zu gleicher Zeit Raum hatte. Da die Weiber vor den Pferden gewichen waren, so beherrschten wir einen Augenblick den Brunnen. Der Sprudel selbst hatte eine klafterhohe, steinerne Fassung. Von der Höhe dieser stieg man zunächst auf eine Art Marktstein in der Ecke und schöpfte dann leicht das köstliche Wasser.

Seit dem Chan Dschubb Jûsef waren allmälig die Spuren schwarzen Gesteins verschwunden. Jetzt bedeckte ein unerträglich weißer Staub den Thalkessel und entlockte dem Auge Thränen, sobald es sich entwaffnete. Weiterhin hielt sich der gute Weg auf der östlichen Seite des malerischen Bergthales. Die vereinzelten Oelbäume halfen nichts gegen die Sonne. Da zeigten sich links auf der Höhe einige Häuser. Ich dachte, wir seien erst halbwegs, erfuhr aber mit Befriedigung, daß diese Safed selber bedeuteten. Derselbe Berg, aus welchem die „rothe Quelle" floß, trug nämlich auf seinem Nordende das berühmte Kastell und an seinem Ostabhang die moslimische, an seinem Westabhang die christlich-jüdische Stadthälfte. Wir kamen nach 10 Minuten in den mohammedanischen Theil. Dort erkundigten wir uns nach dem griechischen Pfarrhaus und wurden westwärts über den Berg gewiesen. Wir ritten zunächst zwischen elenden Hütten steil empor, dann rein westlich über den schmalen, von Häusern und Gärten besetzten Bergrücken hinüber, zuletzt noch etwas thalabwärts und hielten vor dem bescheidenen Pfarrhof. Hier fanden wir die gesuchte Aufnahme.

Pfarrhaus und Kirche bildeten ein einziges Gebäude. Vor diesem lief eine baufällige Hofmauer hin, deren verschließbare Holzthüre bis auf wenige Splitter, die Pfosten und Kloben verschwunden war. Nach hinten lehnte sich das Erdgeschoß an den Felsen, während der zweite Stock frei stand. Zu diesem führte außen an der linken Schmalseite eine hohe Staffel empor, die mit einem schiefen Mäuerchen bewehrt war und sich auf der obersten Stufe zu einem kleinen Vorplatz erweiterte. Hier unter freiem Himmel war den Sommer über die Schlafstelle des Pfarrherrn. Trat man durch die Thüre in den oberen Stock, so stand man in dem einzigen

Zimmer des Pfarrhauses. Es hatte nach zwei Seiten Fensteröffnungen, aber keine Glasscheiben, sondern Holzläden. Nach drei
Seiten lief ein breiter Tritt hin. Breitete man eine Strohmatte
darüber, so war für gewöhnlich der Divan fertig. Der Churi —
dies war der Titel unseres freundlichen Wirthes — that jedoch
seinen Gästen zu Ehren ein Uebriges. Er holte nicht nur seinen
geblümten Staatsteppich aus der Ecke, sondern gab auch der
versammelten Bubenschaft geheime Aufträge, deren Sinn uns bald
klar wurde. Diese gingen nämlich nach Haus und brachten bald
die schönsten Teppiche und weichsten Kissen ihrer Mütter. Wir
sollten trotz aller Einsprache sanft und zugleich bis zum Ersticken
warm gebettet sein. Inzwischen machte der Wasserkrug von Mund
zu Mund die Runde. Für den Hunger hatte der gute Mann
nichts zu bieten, weil er nach einer auch im Occidente nicht uner-
hörten Art umgeäzt wurde, d. h. heute in dieser, morgen in jener
Familie aß. Dagegen liefen bereitwilligst zwei Knaben mit unseren
Bestellungen auf den Markt. Sie kamen auch bald wieder zurück,
hatten aber nur weniges aufgetrieben, so daß wir selbst später
noch einen Gang machten. Die Familie, welche heute den Geistlichen
zu Tisch hatte, bereitete auch für uns das bescheidene Abendessen.

Vorerst aber machten wir uns auf den Weg, um die Sehenswürdigkeiten Safeds zu besichtigen. Die höchst bescheidene
Kirche hatten wir unmittelbar unter uns. Das einzige Zimmer
im ersten Stock war dazu hergerichtet. Für eine Gemeinde von 60
Köpfen reichte es. Es waren lauter unirte Griechen, denen sich an
Sonn- und Feiertagen auch der einzige Lateiner anschloß. Letzterer
sollte den Ehrenposten eines deutschen Consuls bekleiden. Diese
Würde und der Umstand, daß heute Vorabend von Mariä Geburt
war, bestimmte uns seine Bekanntschaft zu suchen. Als wir nämlich für den nächsten Morgen ein lateinisches Meßbuch haben wollten,
erinnerte sich der Pfarrer, der nur über ein arabisches verfügte,
daß vor einiger Zeit ein Missionär bei seinem Freunde über Nacht
gewesen sei und beim Weggehen ein Missale zurückgelassen habe.
So begleitete er uns zum Consul.

Dieser wohnte außer der Stadt an der Südwestecke des
Schloßberges. Der Weg dahin führte durch das Judenquartier und
außerhalb desselben über einen hohen schattigen Abhang, der mit

den größten Oelbäumen besetzt war, die ich jemals sah. Hier
trafen wir einen unirten Griechen, der absteinte und das Material
in Haufen setzte. Dies that er im Auftrage unseres Churi, der diesen
Raum erst neuerlich als Begräbnißstätte für seine Gemeinde
erworben hatte. Die Steine kamen von früheren, nicht=christlichen
Gräbern. Wie der frühere, so sollte der neue Gottesacker nicht
aufhören ein öffentlicher Platz Safeds zu sein, kein Zaun und keine
Mauer ihn umschließen, kein großes und kein kleines Kreuz ihm
ein religiöses Gepräge geben. Niemand hätte sich's träumen lassen,
daß dieses oder jenes Erd= und Steinhäufchen ein christliches Grab
bedeutete. Diese allereinfachste Art der Bestattung trafen wir später
auch zu Damaskus. Das Haus des Consul lag luftig und frei
auf seiner Terrasse, war einstöckig und blendend weiß übertüncht.
Gleich beim Eintritt in das Empfangszimmer sah man, daß der
Hausherr ein emigrirter Pole sein müsse; denn auf allen Wänden
waren die Erfolge und Mißerfolge des letzten Polenaufstandes dar=
gestellt. Auch sagte einem der große Doppeladler über der Thür,
daß er die Stelle eines österreichischen Consuls bekleide. Das Wort
„Nimsa," welches ursprünglich Deutschland bedeutet, gilt nämlich
jetzt von Oesterreich, und das neue deutsche Reich wird durch Ale=
manja bezeichnet. Unser Churi schien von der Existenz des letzteren
noch nichts zu wissen.

Der Consul war ein Mann in mittleren Jahren. Er ging
wohl allein zu Safed in fränkischen Kleidern. Das deutsche Con=
sulat, sagte er, sei einige Zeit einem eingewanderten Israeliten
übertragen gewesen. Später habe man wegen Mangels an geeig=
neten Persönlichkeiten auf einen besonderen Vertreter verzichtet. Seit
neuester Zeit sei jedoch wieder ein deutscher Agent bestellt. Das
lateinische Buch besitze er, doch wisse er nicht, ob es ein Missale
sei. Als er es herbeibrachte, war es ein Gebetbüchlein in Duodez
und von der Dicke eines kleinen Fingers. Er hatte es unter dem
Kopfkissen seines zahnenden Kindes hervorgeholt. Unter dasselbe
hatte es seine Frau, ein Safeder Christenmädchen, in gutem Glau=
ben als wirksames Mittel gegen Zahnschmerzen gelegt. Weil also
einerseits an eine lateinische Meßfeier nicht zu denken war, ander=
seits der Churi seinen arabischen Gottesdienst erst nach acht Uhr be=
gann und überdies des Festes wegen nach seinem längsten Meß=

formular gehen mußte, so glaubten wir wohl vom Besuche des fest-
tägigen Gottesdienstes entbunden zu sein, zumal unser Vertrag keinen
Rasttag gewährte und die morgige Tour eine volle Tagereise verlangte.
Nachdem die junge Frau Consul uns noch ein Scherbet angeboten
hatte, schickte sich ihr Gemahl an, mit uns auf die Citadelle zu
gehen. Der Churi begab sich Geschäfte halber nach dem Pfarrhause.

Auf dem Wege erzählte der Consul von der Stadt und seinen
Erlebnissen in den zwei Decennien seines hiesigen Aufenthaltes,
insbesondere aber zur Zeit der Drusengefahr im Jahre 1860. Dieser
fanatisirten Mordbrenner aus dem Libanon mußten die alles
militärischen Schutzes beraubten Bürger von Safed und der Umgegend sich selber erwehren. Durch kräftiges Zusammenstehen der
Mohammedaner, Juden und Christen blieb die Gegend wirklich von
den würgenden und plündernden Verehrern Hakims verschont.
Der kampfgeübte Pole war damals an der Spitze der Bürgerwehr
gestanden. Ein Vierteljahrhundert früher (1833) hatten die Drusen
die Stadt Safed 33 Tage lang verwüstet.

Weil ein großer Theil der Kinder Israels dem Schutze des
Consuls anvertraut ist, so wußte er über deren Verhältnisse ge-
naueren Bescheid. Sie bilden, wie er sagte, die Hälfte aller Einwohner Safeds, die man auf 10,000 Köpfe taxirt, und zerfallen
in die zwei Klassen der Aschkenazim und Sephardim. Jene
stammen aus germanisch-slavischen Staaten, diese aus Spanien und
Portugal, und zwar sind unter den ersteren die Polen, unter den
letzteren die spanischen Emigranten am stärksten vertreten. Sie unterscheiden sich nicht blos durch ihre Tracht und Sprache, sondern es
herrscht unter den Spaniern auch noch die alttestamentliche Auffassung von der Ehe, während die Polen sich an die europäisch-
christliche Uebung halten. So ist es eigentlich selbstverständlich, daß
sie in besondere Synagogen gehen. Die Rabbinen, denen die hiesige Talmudschule im 16. und 17. Jahrhundert ihren Ruhm verdankte, waren lauter Sephardim (Spanier). Längst ist bei beiden
Parteien außer der Bevölkerungsziffer alles in Abnahme. Wie in
Tiberias, Jerusalem und Hebron, lebt auch zu Safed die Mehrzahl
der Juden am liebsten von den Geldspenden der reichen Glaubensgenossen Europas. Ihre Wohnungen sind schlecht; Ordnung und

Reinlichkeit fehlt. Selbst die früheren Synagogen sind auf ein Drittel herabgesunken. Theils mohammedanischer Druck, theils die Ungunst der Elemente soll diesen Rückgang verschuldet haben.

Wir mußten zunächst einen steilen Abhang ersteigen, dann standen wir auf einer freien, kreideweißen Terrasse, welche um den ganzen Schloßberg herumlief. Hinter dieser überschritten wir den ausgefüllten Wallgraben und suchten nun zur unförmlichen Schloßruine empor zu klettern. Weil das Kastell schon seit einigen Decennien als Steinbruch dient, auch den Safedern seit dem Erdbeben vom Jahre 1837 die Baulust nicht fehlte, bereiteten uns die einstigen Ringmauern keine zu großen Hindernisse; vielmehr fanden wir ein Pfädchen, auf dem wir uns bis zur Höhe emporarbeiten konnten. Je trockener überall der kreideweiße Boden war, desto mehr fielen die von Saft strotzenden Sedumblätter, die wilden Gurken mit gelber Blüthe und grüner Frucht, vor allem aber die üppigen Kappernbüsche auf. Letztere quollen mit 10 bis 20 frischen Stengeln aus den Mauerspalten hervor und breiteten sich wie die Brombeeren über den Schutt aus. Sie hingen voll Blüthenknospen, frischen, reifenden und reifen Samenkapseln und prangten in schönen, nelkenähnlichen Blüthen. Abgesehen von ihrer Bedeutung als ge= würzhafte Zukost, die wir in Palästina zu würdigen Gelegenheit hatten, schienen sie mir eine hübsche Zierpflanze abzugeben. Darum sammelte ich die zeitigen Körner der aufgesprungenen Kapseln und brachte sie als Samen in die Heimath, ohne jedoch etwas damit zu erzielen. Auf der höchsten Spitze im Südwesten des Schloß= berges faßten wir Posten.

Auf dem Kastell.

Safed ist „eine Stadt auf dem Berge gelegen", wie keine andere in Galiläa. „Gleichwie nun eine solche nicht verborgen sein kann," sondern sich von allen Seiten zeigt, ebenso sieht man von einer solchen auch nach allen Seiten. Von der Höhe des Kastells herab lag halb Galiläa und Peräa zu unseren Füßen ausgebreitet.

Am interessantesten war mir der Blick gegen Osten, wo erst das ferne Haurân-Gebirge (noch östlich von Damaskus) die Aussicht versperrte, und der längst erloschene Krater des Dschebel el Kêb (d. i. Hündchen) an dessen Südrand sich in deutlichen Umrissen von seiner vulkanischen Nachbarschaft abhob. Um so offener mußte sich in blos halber Entfernung das Dschôlân erschließen und auf seinem Felsenplateau die frappante Reihe isolirter Bergkuppen sich entfalten. Indem das Auge diesen nordwärts folgte, ward es schließlich vom großen Hermon aufgehalten. Von letzterem aus sollten wir zwei Tage später das gleiche Gebiet in südlicher Richtung überschauen. Die hohen, gebräunten Bergwellen des Jarmûkgebietes, des Kefârât und Dschebel Adschlûn bildeten die Südgrenze des Panoramas im Ostjordanland. Näher her haftete das Auge an dem allmälig dunkler gewordenen Blau fast des ganzen Bahr Tabarîje. Nachdem sich der liebliche Seespiegel im Verlaufe des Tages mehrmals verabschiedet zu haben schien, präsentirte er sich ein letztes mal in seiner vollen Pracht und lenkte die Aufmerksam= keit noch auf sich, als das Interesse für alles andere schon erstorben war. Die Furchen des Jordan gingen zu tief, als daß man den Fluß bemerken konnte, dafür sah man das Ostufer des Sees mit seinen Wadis und ruinenreichen Felsen wie aus der Vogelperspective. Umgekehrt war Safed für das Westufer vom Genesareth nie die Stadt auf dem Berge, „welche nicht verborgen sein kann."

Ein Blick nach der Abendseite genügte, um sich zu über= zeugen, daß man sich inmitten der Berglandschaft Naphtalis befand. Ein gewaltiger Gebirgszug strich nur zwei Stunden westlich von Mitternacht gegen Mittag, wohl 1400' höher als unser Stand= punkt. Seine beträchtlichste Erhebung im Norden wurde vom Consul als Dschebel Dschermâk bezeichnet. Wie die Höhe von Safed auf 2600', so wird die des Dschermâk, des höchsten ober= galiläischen Berges, auf 4060' veranschlagt. Etwa vier Stunden südwärts hieß eine zweite Erhebung desselben Berggrates Dschebel Zebûd. Er verschloß uns vorzugsweise die Fernsicht nach den Niederungen von Akka; seine Höhe betrug 3700'. Wenig südlich von uns bog der schwach bewaldete Bergzug gegen Westen um, fortan die Nordgrenze des Schaghûr bildend, letztlich mit dem vierten Theil der Höhe des Dschermâk unweit Akka als Karn

Hanawe endend. Dem Mittelmeer sendet er ein immerfließendes Waſſer zu, das bei Zîb unter dem Namen Nahr Herdawil mündet. Hinter dem Dſchermâk zeigte ſich ohne Zweifel auch die dritte Erhebung deſſelben Bergrückens, der Dſchebel Abâthir; dem Conſul war aber der Name unbekannt. Er ſchien dem Dſchermâk näher gerückt und zugleich niederer als der Zebûd. Gerade vor dem Abâthir lag das Dorf Sa'ſa' im fernſten Nordweſten, mit Siſſaf auf dem Wege nach Dſchîſch nicht zu verwechſeln.

Letzterer Ort intereſſirte mich vor allen; denn es iſt das alte Giskala oder Giſchala, die Heimath des Aufrührers Johannes Levi, der vor Veſpaſian ſein Unweſen in Galiläa trieb und nach ihm die heilige Stadt terroriſirte, bis Titus aller Schwärmerei ein Ende machte. Ueber deſſen Lage ſchwankte der Conſul nicht einen Augenblick. So hat ſich auch das landwirthſchaftliche Bild von Dſchîſch unverwüſtlich in meinem Innern eingeprägt. Noch ſehe ich die weiße Häuſergruppe öſtlich vom Dſchermâk und den Weg dorthin. Es ſchien, als ſei ſie am Verſinken in einer Schwellung des nördlichen Hochlandes. Dieſes war offenbar gleich hinter dem Schloßberg von Safed am tiefſten. Hier lag in wohlbebautem Keſſel das öl- und waſſerreiche Ain Zêtûn, ein Lieblingsausflug der Bewohner von Safed. Von hier ging es zwei Stunden nordweſtlich über ſanft durchfurchtes Weideland, und man ſtand am Rande der Hochfläche, an welchem einſt die kleine Veſte ſich erhob, welche Johannes Levi ſchuf und treulos ihrem Schickſal überließ, als er ſich von Veſpaſians Reiterei ernſtlich bedroht ſah. Wie dieſer Ort ehemals ſeines Oelbaues wegen berühmt war, ſo ſchmückt der Oelbaum noch ſeine Umgebung. Dſchîſch ſelbſt liegt nach Augenzeugen auf einem Hügel, der oſtwärts abfällt und zugleich den Weſtrand eines quellenreichen Thälchens bildet. Von beſonderem Intereſſe wäre dieſer Ort noch, wenn die Ueberlieferung, daß die Eltern des Apoſtels Paulus von Giſchala ſtammten und erſt ſpäter nach Tarſus überſiedelten, durch ältere Zeugen als Hieronymus verbürgt würde. Heute noch zeigt man zu Dſchîſch die Gräber der berühmten Geſetzeslehrer Schemaja und Abtalion, der Vorgänger Hillels und Schammais. Eine ſolche Schule könnte unter Umſtänden für das Verſtändniß des jungen Phariſäers und Chriſtenverfolgers Saul von Bedeutung ſein.

Anderthalb Stunden westlich von Safed lag Merôn, einer der verehrtesten Wallfahrtsorte der Juden, trotzdem er nicht von den Söhnen Israels bewohnt ist. Dort zeigt man die Ruinen einer großen Synagoge, die zu Anfang des zweiten Jahrhunderts christlicher Aera gebaut sein soll. Als sich um das Jahr 70 die Juden in die Berge Galiläas zurückzogen, sollen sie auch die Gebeine der größten Gesetzeslehrer mitgenommen haben. Und wie damals in Dschisch Schemaja und Abtalion beigesetzt wurden, so zu Merôn die Zeitgenossen Christi, Hillel und Schammai, jener sogar mit 36 und dieser mit 20 Schülern. Die im Talmud erhaltenen Aussprüche dieser zwei Rabbinen haben bis zur Stunde das größte Ansehen. Doch ist Hillels „Felsengemach mit 7 Gewölben" in einer Bergwand Merôns weniger verehrt als das Rabbi Simon ben Jochais, welcher das kabbalistische Buch Sohar geschrieben hat. Sein Sterbetag wird mit frommer Lesung, Gebet, Gesang, auch mit nächtlichen Reigen begangen. In besonderen Becken verbrennt man Oel an Dochten aus den Kleidern der Reichen. Nimmt man noch dazu, daß das von Maroniten bewohnte Kefr Birîm, keine Stunde hinter Dschisch, als Begräbnißstätte des Richters Barak und des Propheten Obadja gilt, so erklärt es sich, wie das neue, feste Safed mit der Zeit zu einer der ehrwürdigsten Gebetsstätten des zerstreuten Judenthums werden konnte. War da nicht ringsum heiliger Boden?

Südwärts überschaute man das Schaghûr mit dem $1^1/_2$ Stunde entfernten Dorf es-Semûi und den steil abfallenden Bergrücken um Tell Hazûr. Letztere verhinderten den Anblick der „Ruinenstätte Hazor" selber, trotzdem dieses nur drei Stunden abwärts lag. Daselbst construirte ich mir das heidnische Enclave, welches sich zur Richterzeit eines starken Königs und eines gefürchteten Feldherrn rühmte; „denn er hatte 900 eiserne Wagen und drückte die Söhne Israels*)," bis ihn Debora an den Bach Kison zog und mit Heer und Wagen in die Hände Baraks gab." Darnach ward „die Hand der Söhne Israels immer schwerer auf Jabin, den König der Kanaaniter, bis sie ihn ausrotteten." Mit besonderer Absicht suchte ich das Dorf Hattîn; doch war der Blick

*) Richter 4, 3.

etwas behindert. Ob die Häuser, welche auf der gleichnamigen Terrasse lagen, wirklich das Dorf selber waren? Ich hielt sie dafür. Der Hörnerberg dahinter nahm sich stattlich aus, war aber dem Tabor gegenüber doch nur ein auffälliger Hügel (Tell). Jener entfaltete zum letzten mal seine ganze Majestät und Würde — und war von hier aus wie kein anderer in Galiläa „der Berg." Westlich erschien hinter den Nazarether Bergen ein Strich der Ebene Jesreel und weiter rückwärts der Dschebel Mâr Eliâs (Karmel). Rein nördlich stellte sich (jenseits des Thalkessels von Ain Zêtûn) der Aussicht die fünfthalbhundert Fuß hohe Doppelkuppe des Berges von Benît Firân in den Weg. Dieses Dorf mit seiner berühmten Fernsicht, das wir am andern Morgen passiren sollten, liegt nur ³/₄ Stunden von Safed.

Die Burg, auf deren Ruinen wir standen, wurde bis in die neuere Zeit als imposanter Bau geschildert. In den dreißiger Jahren diente sie noch als Amtswohnung. Das Erdbeben von 1837 verwandelte sie in einen wirren Schutthaufen; ein Beweis, wie furchtbar die meist an Felswänden klebende Stadt mitgenommen werden mußte. Auf die zwei Rundthürme, welche einst ihre Hauptwehr ausmachten, wäre ich nicht gekommen, wenn ich nicht davon gelesen hätte. Man unterschied nur noch eine unebene Masse alten Baumaterials, welche gegen Südosten am höchsten war, ferner an deren Fuß den einstigen Graben und davor den Festungswall. Auf dessen Terrasse standen vor wenigen Jahren noch Kanonen; ich selbst sah nur einen Kanonenlauf ohne Lafette. Das Werk, mit dem die Elemente so aufgeräumt haben, datirt theilweise von dem Mamlukensultan Bêbars (1260 bis 1277), der in den Jahren 1265 bis 1268 die Reste des fränkischen Königreichs bekriegte. Sobald er Herr der Festung geworden war, erhob er sie zum ersten Waffenplatze Syriens, verschönerte durch Moscheen die Stadt und vermehrte durch Damascener Kolonisten ihre Einwohner. Die Erbauer des Kastells aber waren Kreuzfahrer. Seit dem Falle Edessas (1144) sollte Safed das Hauptbollwerk gegen den Andrang der Saracenen bilden. Im Jahre 1157 wird es das erste mal genannt. Damals flüchteten sich die am Hûle-See von den Arabern überraschten Franken hierher. Dreißig Jahre später fiel es in die Hände Saladins (1187), um über fünfzig

Jahre (bis 1240) in der Gewalt der Moslim zu bleiben. Da kam es durch einen Vergleich nochmals in den Besitz der Christen (1240 bis 1266), und die Templer machten mit französischen Spenden eine unbezwingliche Burg daraus. Im Juni 1266 legte sich Bêbars davor und begann eine denkwürdige Belagerung.

Das Geschütz dazu wurde auf Kameelen von Damascus herbeigeschafft, die Tollkühnheit der Soldaten durch große Versprechungen herausgefordert, Nachlässigkeit oder Feigheit an Emiren wie an Soldaten durch Rüge geahndet und mit dem Tode bestraft. Nach fünfwöchentlicher Belagerung waren die Templer durch Hunger und Durst genöthigt, Friedensunterhandlungen anzuknüpfen, welchen der Sultan bereitwillig, aber mit unredlicher Absicht entgegenkam. Den Rittern und der Bürgerschaft sollte gegen die Uebergabe der Festung freier Abzug gestattet sein, doch nur unter der Bedingung, daß sie weder Waffen noch Geld mitnähmen. Beim Abzug der Christen ließ der Sultan vor dem Thore eine Untersuchung vornehmen. Als erwiesen war, daß manche das Verbot übertreten hatten, wurden die Ritter samt allen Bürgern — gegen 2000 — auf den nahen Hügel geführt, um am kommenden Morgen in Beisein des Sultan der Reihe nach enthauptet zu werden. Blos zweien schenkte der Barbar das Leben, dem einen — es war der Burgvogt und Friedensunterhändler Leo —, weil er zum Islam übergetreten war, dem andern, damit dieser die Schreckenskunde in die Christenstädte trage. Keiner der vielen Christen verläugnete seinen Glauben, standhaft erlitten sie den Martyrertod, der Prior der Templer und zwei Minoriten zur Strafe für ihre Ermuthigung der andern — zuletzt und unter ausgesuchten Qualen. Wie beim Hörnerberg (1187), so waren zu Safed die Leiber der Blutzeugen bei Nacht von hellen Strahlen umleuchtet. Ueber diesen Martyrerhügel scheint keine Tradition zu bestehen. Ich dachte mir denselben auf der südlichsten Erhebung der Bergterrasse, an welcher Safed hängt, weil jede andere Höhe, auf die man rathen mochte, durch ein tiefes Thal geschieden war und darum dem ehemaligen Stadtthor, vor welchem Bêbars hielt, zu fern lag.

Fortan spielte das Kastell keine Rolle mehr. Als die Ritterschaft von Akka im Jahre 1267 hier den Frieden suchte, beantwortete Bêbars die Bitte mit einem raffinirten Angriff. Er sandte seine Mordbrenner mit den erbeuteten Fahnen der Templer gegen Ptolemaïs, und diese kamen, ohne Widerstand zu finden, bis in dessen Nähe. Da erschlugen sie eine Anzahl argloser Christen auf dem Felde und schleppten noch 500 nach Safed in die Gefangenschaft. Im Jahre 1799 bildete das Kastell kurze Zeit den Rückhalt des französischen Vorpostens, welcher bei der Jakobsbrücke (¹/₂ Stunde unterhalb des Hûle-Sees) stand.

Gleich vielen andern Pilgern hätte ich die Stadt Safed gerne für die Stadt auf dem Berge gehalten, welche der Heiland bei der Bergpredigt im Auge hatte. Allein es ist schon gar nicht nachweisbar, daß es eine bestimmte, d. h. diese oder jene, war. Sodann ist die Existenz einer Stadt Safed vor der Existenz des gleichnamigen Kastells in hohem Grade unwahrscheinlich; das Kastell ist aber nach allgemeiner Annahme eine mittelalterliche Ritterburg. Zudem wäre eine etwaige Vorgängerin Safeds blos unter der Voraussetzung sichtbar gewesen, daß die Bergpredigt auf einem der Hörner des Karn Hattîn gehalten wurde. Daß eine feste Stadt, deren Entstehung so neu ist, zu einer der heiligen Städte der Juden werden konnte, erklärt sich aus der Unsicherheit in jenen offenen Orten der Umgegend, deren Ruf gleichwohl die Kinder Israels aus fernen Landen anzog.

Jetzt spiegelt sich die ganze Kluft zwischen Islam und Judenthum in dem nach drei Seiten frei stehenden Berggrat, welchen die Elemente der Länge nach mitten in der Stadt in die Höhe getrieben haben. Derselbe hat keine rein südliche Richtung, sondern streicht gleich allen Bergen der Nachbarschaft am Ende etwas westlich. Der Wadi mit der Quelle Ain hamra, in welchen der Stadtberg im Süden abfällt, weist über Kalaat Schâni und die Ruinen von Robobije nach der Tiefe der Ebene Medschdels, von welcher auch der direkte Weg vom See Genesareth ausgeht.

Als die Sonne bereits hinter dem Dschermâk hinabgesunken war, führte uns die Nothwendigkeit weiterer Einkäufe noch durch das Judenviertel auf den Sûk. Obwohl dies im Ganzen ein Fehlgang war — einen Araber mit einer Platte warmer Brode kauften wir aus —, so war er doch in dem Sinne lohnend, als er uns echte Charaktergestalten romanischer und slavischer Israeliten in die Quere führte. Ueberdies lief der Sûk gerade durch den nordwestlichen Stadttheil, welcher beim Erdbeben von 1837 die ärgsten Verheerungen erlitt. Nach englischen Berichten büßten hier allein 5000 Juden ihr Leben ein, während die Moslim am Nord= ostabhang des Kastells nur den vierten Theil von Todten zu be= klagen hatten. Dieser Unterschied kam hauptsächlich von der un= geschickten Anlage der Häuserreihen bei den Juden. Diese erhoben sich so steil und knapp über einander, daß immer der Sturz der einen nothwendig den Ruin einer andern nach sich ziehen mußte. Trotzdem ist man durch den Schaden nicht kluger geworden; denn die neuen Häuser — wir sahen keine Ruinen mehr — stehen alle auf den Fundamenten der eingestürzten.

Der Consul hatte bei uns ausgeharrt, bis wir wieder vor unserer Herberge standen. Selbstverständlich wollte er nicht blos Aufschlüsse geben, sondern auch Aufschlüsse erhalten, und zwar über Europa und über Oesterreich, über Polen und mehr noch über Baiern. So lange er auch schon zu Safed lebt, so hofft er doch noch seine Tage irgendwo in Europa zu beschließen. Nachdem wir uns verabschiedet hatten, kam der Muker Chalil, um uns die wohlgemeinte Mittheilung zu machen, daß der Weg über das Gebirg durch Räuber unsicher sei. Wir waren durchaus nicht ge= sonnen, uns unnöthiger Weise Gefahren auszusetzen, hatten aber gerade vom Consul die Versicherung erhalten, daß selbst einzelne Reisende sicher durch Obergaliläa zögen; denn das Bergland sei ziemlich dicht und zugleich von besseren Elementen bevölkert. Es lag auf der Hand, daß die Gefahr nur ein Vorgeben war, um einen Führer zu erschwindeln. Darum erklärten wir, daß die ver= langte militärische Begleitung am Trinkgeld abgehen würde. Zu= gleich setzten wir die Abreise auf den nächsten Morgen früh 4 Uhr fest und suchten mit dem Einbruch der Nacht die besonders nöthige Erquickung des Schlafes. Der gute Churi brachte es weder diesen Abend noch am kommenden Morgen zu einem Lichte. Es schien, als ob er über ein solches Geräthe nicht verfüge.

Zum See Hûle und über die Jordanquellen.

Montag, den 8. September, war unser Reiseziel Bânias. Dieses wollte, eine kurze mittägige Rast abgerechnet, 10 volle Stunden. Wäre es uns gelungen, die Höhe Galiläas zu behaupten, so wäre unser Marsch nicht nur eine Stunde kürzer ausgefallen, wir hätten auch weniger unter der Hitze gelitten.

Chalil eröffnete dieses unser Tagewerk mit dem gestrigen Manöver und erklärte, als er keinen Erfolg sah, nicht vor dem hellen Tag aufzubrechen. So war es denn auch bereits 5 Uhr, als wir endlich dem Pfarrherrn Lebewohl sagten. Trotzdem der Mond schien, irrten wir von vorn herein ziellos in den jähen Gassen des moslimischen (östlichen) Safed herum, bis uns ein Mann im Turban vom Dach herunter den nordöstlichen Ausweg zeigte. Außerhalb der Stadt zehrten wir von den gestrigen Andeutungen des Consul. Auf breitem Felsenpfade überstiegen wir den Sattel des hohen Berges nordwärts von Safed und waren beim Grauen des Tages zu Benît Firân. Von hier überschauten wir in allgemeinen Umrissen unsere ganze heutige Aufgabe, nämlich das obere Jordanthal bis zum hohen Kastell hinter Bânias. Dann ging es an den Rändern kühner Bergkuppen hin, die nur den Blick in tiefe, öde Thalkessel gestatteten.

Als sich eine halbe Stunde später die Muker bei uns Raths erholen wollten, war der Weg nach Kedes bereits verloren; denn das Dorf el-Mughâr, welches nach 'der Karte links vom Weg bleiben mußte, hatten wir eben zur Rechten gesehen, und der Pfad, dem wir folgten, war auf keiner Karte verzeichnet. Es dauerte auch kaum eine halbe Stunde, so hielten wir rathlos im Wadi Amûka, der oberhalb der Jordankatarakte nach der Ard el Hûle geht. Ein Hirte auf der Höhe hieß uns nördlich steuern. Als wir gehorsam unsere Reitkunst am steilen Nordrand des Wadi Amûka versuchten, zog südlich unten ein Kameeltreiber vom Jordan herauf. Er kam von Dschisr Benât Jakûb oder der Jakobsbrücke und wollte über Safed nach Akka reisen. Dieser zeigte uns thalabwärts wieder einen Pfad — der unsrige war völlig ausgegangen —, auf welchem wir zuerst in das Dorf el Waktâs und dann in den Wâdi Hendâdsch kommen sollten. Beides traf ein, und zwar

nach 25 und 45 Minuten, aber wir kamen gleichzeitig dem Jordan=
thal so nahe, daß uns die Lust, zu dem über 1000' höheren
Plateau von Kedes emporzusteigen, vergehen mußte, selbst wenn
wir zuverlässigere Führer als die Muker gehabt hätten.

Der Wâdi Hendâdsch ist der einzige, welcher zwischen den
beiden Süßwasserseen dem Jordan beständig Wasser zuführt; doch
überschritten wir ihn zu weit oben, als daß wir etwas davon merkten.
Nur Ruinen, wie die von Marûs und Kasiûn auf den Höhen
vor dem Wâdi, belebten charakteristisch die Einöde el Chait. Letzteres
ist der Name des Distriktes vom Chan Jûsef bis zum Nordende
des Hûle=Sees. Er begreift die östlichen Vorberge von Safed
und das Westufer des eigentlichen Sees in sich, der selbst noch im
Volksmunde unter der Bezeichnung Bahr Chait gehen soll. Vom
Wâdi Hendâdsch bis zur Ain el Mellâha brauchten wir eine
gute Stunde, die jedoch durch die interessante Landschaft angenehm
gekürzt wurde; denn wir ritten in nordöstlicher Richtung über ein
schwach gewelltes Tafelland hinab in das tiefe Thalbecken el=Hûle,
streiften darin den gleichnamigen See, wo er am breitesten ist,
d. i. an seiner Westspitze, und tränkten unsere Pferde in der
reichen Quelle el Mellâha, die auf kürzerem Wege ihr Wasser dem
Nordende des Sees Hûle zuschickt.

Das ganze merkwürdige Gebirgsbecken, gleichviel ob See (auch
Sumpf) oder Trift, ob östlich oder westlich vom Jordan gelegen,
ob schon vom vereinigten Scherîa durchflossen oder noch von seinen
drei bis vier Quellbächen bewässert, hat den Gesammtnamen Hûle.
Da im Völkerkatalog*) ein aramäischer Stammvater Chul vor=
kommt, in später Zeit nicht fern vom Merom=See ein Ort Chula
und zwischen Galiläa und Trachanitis — das wäre an unserer
Stelle — ein Ulatha erwähnt wird, so glaubte man schon den
modernen Namen des obern Ghôr aus so entferntem Ursprung
herleiten zu sollen. Thatsache ist nur, daß Flavius Josephus den
Namen „Ulatha" von demselben Distrikt gebraucht, auf welchen
jetzt el Hûle angewendet wird. Er bildete damals einen Bestand=
theil der Tetrarchie des Zenodotus und wurde nach dessen Tod
von Kaiser Augustus zum Gebiete des Königs Herodes geschlagen.

---

*) Gen. 10.

In früherer Zeit ist kein Gesammtname erweisbar. Nur einmal nennt die heilige Schrift „das Wasser Merom*), welches zu Josephus' Zeit „Samachonitis," jetzt See Merom und Bahr Hûle heißt. Josua schlug nämlich an diesem Wasser die verbündeten kanaanitischen Könige des Nordens, wie er kurz vorher bei Gibeon an den Königen des Südens das göttliche Strafgericht vollzogen hatte. An ihrer Spitze stand damals ein Jabin von Hazor, wie in der Richterperiode wieder ein solcher das Haupt der galiläischen Kanaaniter war. Merkwürdiger Weise hat „das Wasser Merom" für die Heilsgeschichte blos diese Bedeutung. In den Kreuzzügen scheint man vorübergehend an die Möglichkeit der Besiedelung seiner Ufer geglaubt zu haben; denn noch bevor wir an den See kamen, sahen wir rechts einen niedern Hügel mit dem Namen Tell el Almanîje, was die Ruinen einer deutschen Niederlassung bedeutet. König Balduin III. wurde, wie bereits angedeutet, auf einem Zuge nach Bânias hier von den Scharen Nureddîns überfallen und zur Flucht nach Safed genöthigt. Später wird der Hûle-See in der Geschichte kaum mehr genannt.

Am nordwestlichen Ufer glaubten wir ein altes Kastell zu bemerken, konnten aber über dessen Namen und Bedeutung nichts Sicheres erfahren. Durch den günstigen Stand der Sonne war die ganze Wasserfläche eben ein glänzender Spiegel, dessen Reflex uns beim Abstieg ihre Ausdehnung bis in die fernsten Ecken zeigte. Dieselbe hätte ein regelmäßiges Dreieck gebildet, wenn sie sich ebenso weit nach Osten als nach Westen erstreckt hätte; dessen Basis lag im Norden, die Spitze im Süden. Das Wasser kam mir wie ein kleiner Bergsee vor, der nach jeder Seite, zumeist aber am hügeligen Westufer hin, etwa eine Stunde lang war. Seine Tiefe wird auf 20 bis 30' angegeben. Ohne diese auf Messungen gestützte Angabe war man versucht, nach dem Grundsatz von „den stillen Wassern" einen Fehlschluß zu ziehen. Weder Thier noch Mensch gab dem See etwas Leben, während andere Passanten verschiedene Wasservögel daran und darauf sahen. Selbst an der weitausgreifenden Westecke kamen wir dem Wasser nicht so nahe, daß wir davon

---

*) Jos. 11.

trinken oder uns und unsere Tücher damit netzen konnten. Sümpfe verhinderten hier den Zugang und Röhricht obendrein den Anblick. Vergebens suchte ich am Nordrande auch die Papyrusstaude, die mir vom Anâpo (in Sicilien) her wohl bekannt ist. Indeß bin ich weit entfernt, deswegen ihre sonst hinreichend bezeugte Existenz bezweifeln zu wollen.

Die grasreiche Wildniß, welche hinter dem See anhob, ist die Niederung der Ard el Hûle, im Gegensatz zum gleichnamigen Bahr kein See mehr, aber auch kein Land — was Ard bedeutet — sondern ein Sumpf von der doppelten Ausdehnung des Sees. Er bildet ein Rechteck, das mitten vom Jordan durchströmt ist, westlich einen breiten Landstreifen übrig läßt, östlich an das Randgebirge des Dschôlân streift; das im Sommer das Auge durch seine üppige Vegetation erfreut, im Winter den Wasserspiegel des Bahr verdoppelt und verdreifacht. Den blendenden Silberfaden des jugendlichen Flusses, seine kühnen Windungen, seine Spaltungen, seine Umarmungen winziger Inseln, seine Erweiterungen zu seeartigen Wasserflächen und seinen Anlauf zur Deltabildung am untern Ende der Ard el Hûle konnten wir theils im Süden, theils im Norden von den erhöhten Punkten unseres Saumpfades aus verfolgen. Es gehört wahrlich die ganze unheilvolle Wirthschaft der Türken dazu, daß trotz dem Zusammentreffen der denkbar günstigsten Umstände das ganze weite Hûle nur Sumpf oder dürre Wüste ist; denn staubige Wüste war und blieb der erhöhte Landstreifen am östlichen Fuße der galiläischen Berge hin, als wir von Ain Mellâha aus unsern Weg weiter verfolgten.

Der heiße, trockene Pfad ward von versumpften Quellorten mitunter bis an den Westrand der Ard el Hûle hinübergetrieben. Als wir ungefähr die Hälfte unserer heutigen Tour hinter uns hatten, luden zwei große Terebinthen rechter Hand zur Rast ein. Wie alle Karawanen, welche des Weges kommen, unter diesen Bäumen Halt machen, so thaten wir auch. Jene standen nur wenig diesseits des Breitegrades von Kedes. Später trafen wir nordwärts eine letzte Terebinthe, die uns besonders wegen ihrer Schändung durch die Beduinen auffiel. Ein Drittel der Aeste war für einen momentanen Zweck ungefähr 5′ vom Stamme mitten aus der Krone herausgehauen. Unsere zwei Bäume aber schien irgend ein moslimischer Hei-

liger zu schützen; doch erinnerte nichts an sein Grab. Ihren köstlichen Schatten ließen uns indeß die Muler nicht allzulang genießen. Weil sie kein Futter mit sich führten und nebenbei das
Reiseziel sich eher zu entfernt als zu nahe dachten, drängten sie
zum Aufbruch, noch ehe man dazu kam, einige Stärkung im Schlafe
zu suchen. Alles Bemühen, zu ruhen, blieb erfolglos; darum
fügte man sich allmälig und setzte langsam die Reise fort. Sie
sollte endlos und erschöpfend werden, wie nur irgendwo im untern
Ghor. Wir hatten die glühenden Sonnenstrahlen fast senkrecht
über dem Scheitel — schon vor ein Uhr verließen wir unser natür-
liches Schutzdach — und an den Felswänden zur Linken reflectirte
sich die Hitze und umflimmerte uns mit einer Temperatur von 29° R.
El Hûle selbst ist ein Bergkessel, dessen Boden nur 300' über
dem Meeresspiegel liegt.

Auf unserem ferneren Wege gegen Norden setzten wir über
drei kleine Quellbäche, die westlich am Fuße des Belâd Beschâra
entsprangen und träge ostwärts flossen, bis sie ein vernach-
lässigter Kanal aufnahm, der in vortürkischer Zeit einmal von dem
westlichen Zufluß des Jordan abgeleitet und gerade nach der Westecke des Sees geführt wurde, nicht blos um Mühlen zu treiben,
sondern auch den dürren Landstreifen, auf welchem wir zogen, zu
berieseln. Als wir vor der zweiten dieser Quellen hielten, war
das Ende des Sumpflandes erreicht. Büffel wälzten sich drüben
im Schlamme, Kameelhälse und laute Hühner verriethen die Nähe
von Beduinenzelten — und bald zeigten sich die braunen Ghawârine selber. Rein östlich über dem Jordan lag fast dominirend
auf dem Geschiebe vom Hermon und aus dem Gaulon das starke
Dorf es-Salihîje, gleich den ägyptischen Ortschaften im Delta
aus aschgrauen Lehmhütten bestehend. Kurz vor der dritten Quelle
ließen wir die ansehnliche Ruinenstätte Tell en-Nâlme zur
Rechten. Dies war ohne Zweifel eine sehr günstige Ortslage, als
die Ard el Hûle noch kanalisirt und angebaut war. Die Quelle selbst
hieß Ain edh-Dheheb und hatte mehr Wasser als die zwei vorigen.

Oestlich davon war die Stelle, an welcher sich die drei oder
vier Gießbäche des südlichen Libanon vereinigten, aus welchen der
Jordan entsteht; wir sahen sie jedoch erst später und zwar aus
einer Höhe von einigen hundert Fuß. Nordwärts nahm die sog.

Merdsch el Aijûn*) oder Quellenwiese — wie das Land vom westlichen Zuflusse des Jordan bis zum offenen Thale des Litâni oder der Belâa genannt wird — ihren Anfang. Eigentlich war dieses noch das Land Hûle; aber dessen westlicher Streifen geht auch unter den Namen el Chait (im Süden) und Merdsch el Aijûn (im Norden). Während ich bei der Ain ebh-Dheheb von einem Kameeltreiber vergebens einige Antworten zu erpressen suchte, fielen die Muler und meine beiden Begleiter in eine benachbarte Kürbißpflanzung ein. Erstere verproviantirten sich darin auf zwei Tage für den Hunger und für den Durst; auch letztere kauften eine köstliche Melone. Der Araber, welcher hier waltete, glich einem Neger, der, in Europa aufgewachsen, mehr von seiner Farbe als von seinen anderen Eigenthümlichkeiten eingebüßt hat. Später trafen wir die Leute bedeutend heller, mit glatterem Haar und minder schwulstigen Lippen, so daß ich von der Ansicht, als ob afrikanisches Blut in ihren Adern fließe, zurückkam.

Das Land begann hinter Ain ebh-Dheheb zusehends zu steigen und sich zur schiefen Ebene des Quellgebietes des Jordan zu gestalten. An dieser hing die Mehrzahl der Wohnungen el Châlisas, eines Beduinendorfes zwischen dem Abhange des Belâd Beschâra und dem ersten Jordanzufluß, dem Nahr Derbâra. Es glich einem Markt, der auf den Wiesen aufgebaut ist; nur standen die schwärzlichen Buden dünner und regelloser. Die Bewohner nährten sich offenbar von der Jagd und von der Viehzucht. Auf dem Plan unten an dem Dorfe weideten Schafe und Ziegen, die einer meiner Begleiter melken ließ; ich besah mir unterdessen das nebenanstehende Nomadenzelt. Es war nicht, wie unsere Soldatenzelte rund, sondern bildete eher ein Rechteck, dessen Schmalseiten abgerundet waren. Die südliche Längenseite war gegen die Sonne sorgfältig geschlossen, dagegen das Zelttuch der nördlichen fast drei Viertel zurückgeschlagen. Der Innenraum zerfiel in zwei Theile, einen größeren für die Familie und einen kleineren für die Hühner. Letztere waren auf die westliche Schmalseite beschränkt

---

*) Andere denken an Jjon (3. Kön. 15, 20), das bei dem Kriegszug des Königs Benhabad gegen Baësa erwähnt wird, und schreiben Merdsch Jjûn.

und nur durch einen Vorhang geschieden. Weil dieser eben lässig mit dem Winde spielte, gingen sie frei ein und aus, um sich Futter zu suchen; es war eine auffallend kleine Sorte. Mutter, Tochter und nackte Kinder saßen in und vor dem Zelte. Letztere geberdeten sich wie scheue Kätzchen, während erstere sich ohne Bedenken sehen ließen. Bei ihnen entdeckte ich einen eigenen Luxus. Die eine Nasenwand war nämlich durchbrochen und statt des Ringes, der eigentlich hineingehörte, mit einem farbigen Steinchen oder Glasguß geziert. Am imposantesten stand die blaue Pyramide der Mutter aus ihrem rechten Nasenlappen heraus. Auffälliger Weise wurden wir von den Beduinen nirgends angebettelt.

Zu el Châlisa ging unser Weg von der nördlichen in die nordöstliche Richtung über und behielt dieselbe bis Bânias bei. Wir kamen beim Nahr Derbâra an, als eben ein Hirte sein Kleinvieh tränkte. Da nirgends eine Brücke vorhanden, das Flußbett über ein Klafter tief und das Ufer, von der Furt abgesehen, überall nahezu senkrecht war, mußten wir uns gedulden, bis es den Schafen (mit Fettschwänzen) beliebte, uns einen Durchgang zu gestatten. Kaum waren wir auf dem östlichen Ufer angekommen, so war uns gleich auch der Rückblick auf dessen Oberlauf benommen; denn er drängte sich an die Westseite eines Hügels, der von Nordwest kam, einige Schritte ober der Furt endete und die Orientirung erschwerte, weil er auf keiner Karte verzeichnet war. Ich kannte mich nur durch das verschiedenerseits bezeugte Dorf el Châlisa aus. Das Wasser hatte einen starken Fall, war jedoch nur drei Schritte breit und einen Fuß tief, das beiderseitige Ufer kahl. Der Derbâra nahm scheinbar keine zehn Minuten nordwärts seinen Anfang, während die Karte dessen Ursprung gegen drei Stunden den Abhang hinaufschob und hinter dem Drusendorf Mutelle ansetzte. Eine halbe Stunde abwärts vereinigte er sich mit dem Hasbânifluß. Wie er eben an Wasserreichthum jeder anderen Jordanquelle nachstand, so war er im Alterthum nicht gekannt und wird auch heute kaum erwähnt.

Es war gegen vier Uhr, als wir von dem Derbâra hinweg dem Hasbânifluß zusteuerten. Ich hatte geglaubt, wir müßten ihn vor Augen haben, sobald wir um die erste Ecke bogen. Da lag jedoch flachgewelltes Land, das den Blick in einer trockenen Furche

27*

bis zum Nordende des Derdârahügels aufwärts führte. Ein do-
minirendes Dorf dort oben konnte nach der Karte „Abil el Kamh",
das biblische Abel Beth Maacha (Grenzstadt) oder Abelmaim, sein —
jetzt von Maroniten bewohnt; in unserer Gesellschaft wußte jedoch
Niemand Bescheid. Nach ¹/₂ Stunde überschritten wir einen starken
Bach, der mit Oleandern bewachsen war. Weil dieser Strauch ein
charakteristisches Merkmal des Jordan ist, rieth man voreilig auf
einen bekannten oder unbekannten Zufluß desselben, um sich bald
zu überzeugen, daß es ein Kanal war, der irgendwo vom Nahr
Hasbâni abzweigte. Es dauerte eine volle Stunde, bis wir wirklich
den Hasbâni erreichten, und zwar auf der Höhe des ärmlichen
Dorfes Serrâta. Nach der Karte ist er der eigentliche Jordan; er hat einen doppelt so langen Lauf als die anderen Zuflüsse und bildet mit dem aus deren Vereinigung entstandenen
Hauptstrom eine gerade Linie. Um so mehr waren wir überrascht,
als wir das niedere enge Bett und das seichte Wasser desselben sahen.

Es war nur ein Graben, zwei Fuß tief und drei bis vier
Schritte breit. Das Wasser sah, mit dem Derdâra verglichen, ungemein klar aus und glitt hier geschäftig über blanken Kies, während es sich einige Minuten aufwärts ziemlich unwillig durch rück-
sichtslose Steinblöcke seinen Weg suchte. Beide Ufer waren mit
niederen Oleandern besetzt, die weiter abwärts die doppelte Höhe
und Dichtigkeit hatten und in Folge dessen den Silberpfad des
Gießbaches unseren Blicken entzogen. Rechts und links von dem
Bette kamen wilde Furchen mit rinnenden Wassern aus der Höhe,
und seitwärts war weithin alles zerrissen und verschoben. Es sah
im Kleinen aus wie am Rheine. Schon die weidenähnlichen
Oleander begünstigten diesen Eindruck, aber auch die weite Ausdehnung des Geschiebes ließ den Vergleich zu; denn das ganze
breite Quellgebiet des Jordan bot dieses Bild der Verwilderung.
Bis kurz vor Bânias hat der Mensch der Wildniß keinen Schritt
Landes abgerungen und für Saat und Ernte ausersehen. Obwohl
der Hasbâni im Winter vorübergehend eine große Wassermenge
aus dem Libanon herabführen muß, ist er doch noch lange nicht
der stärkste Jordanzufluß. So erklärt es sich, daß er dem Alterthume unbekannt war, und auch die heutigen Araber ihn nicht für
den ursprünglichen Jordan halten. Nahr Hasbâni heißt er von

der Stadt Hasbêja am Südrande Cölesyriens, und zwar nicht, weil er dort entspringt, sondern weil er kurz nach seinem Ursprung im Antilibanon an ihr vorüberfließt. Bis er über den Südabhang des Gebirges zu unserer Furt herabgekommen war, hatte er einige Stunden gebraucht; und doch lag sein Bett gegen 2500' tiefer. Ein Stück von der wilden Furche seines Oberlaufes sahen wir später aus der Höhe; ³/₄ Stunden aufwärts führte die Brücke Ghabschâr darüber.

Vom Hasbâni ging es fast östlich zum Nahr el-Lebbân, d. i. zur dritten und stärksten Jordanquelle. Wir folgten dabei auf kurze Zeit einem äußerst wasserreichen Kanal. Die Oleander-büsche, welche ihn umsäumten, berechtigten zu einem Schluß auf sein hohes Alter. Da wir, ohne es besonders zu merken, gestiegen und jetzt 600' über dem Meere waren, so beherrschten wir von 300' hohem Standpunkte aus gleichzeitig die Wildniß, den Sumpf und den See, kurz das ganze Becken el Hûle. Das günstigste Licht war darüber ausgegossen, und das Gesammtbild bot trotz aller Ermüdung einen landschaftlichen Genuß, dem ich kaum einen zweiten an die Seite zu stellen wüßte. Nach 25 Minuten war auch das Bett der dritten Jordanquelle erreicht. Ohne Brücke wäre es unmöglich gewesen, hinüberzusetzen; darum zogen wir eine Strecke den Fluß hinauf. Es war ein Felsenstrom, den ich nur in den Alpen gesucht hätte. Aus der Thalsohle rauschte das Wasser her-auf. Das dichte Buschwerk war zu hohen Stangen emporgeschossen, ja das Ostufer einem förmlichen Waldstreifen gleich. Am West-ufer dagegen wandte sich unser Saumpfad auf halber Höhe an dürren Felsen hin. Als wir diesen einige Minuten verfolgt hatten, hielten wir vor einer Brücke. Ihre massive Anlage und der Bau-stil hätte den Römern alle Ehre gemacht; jedenfalls war sie ihrer Beschaffenheit nach ein Alterthum. Die Geländer waren längst in den Abgrund gefallen und die Passage nicht blos uneben, sondern durch aus-gebrochene Steine wenigstens am Rand hin bedenklich. Weil das Wasser wild in der Tiefe brauste und zugleich stellenweise durch die Brücke hin-durch sichtbar war, so hatten wir Noth unsere Pferde hinüberzubringen.

Hat der Augenschein anders ein Recht, bei der Frage nach der eigentlichen Jordanquelle mitzusprechen, so ist unbedingt der Nahr el-Lebbân der ursprüngliche Jordan. Wie dieser nach dritthalbstündigem Lauf — er kommt nämlich aus der Quelle Neb'a Lebbân rein nördlich am Fuße eines Ausläufers des Antilibanon — den Nahr Bânias in sich aufnimmt, so mündet nur wenig abwärts auch der durch den Derdâra verstärkte Hasbâni in denselben. Bei Flavius Josephus heißt er „der kleine Jordan", unmöglich weil er kleiner, sondern weil er kürzer als der „große", d. i. der Zufluß von Bânias, war. Dieser „kleine Jordan" mußte den Alten um so kürzer vorkommen, als sie von der Quelle Neb'a Lebbân im Norden nichts wußten. Sie leiteten denselben aus zwei Quellen beim alten Dân, heute Tell el Kadi, in unserer nächsten Nähe her. Die Reisenden sprechen jetzt noch entzückt von deren Wasserreichthum und malerischer Umgebung. Wir fanden leider keine Zeit, denselben nach zu gehen.

Als wir am östlichen Ufer des Nahr el-Lebbân vollends zur weiten Ebene emporgestiegen waren, hatten wir den Tell el Kadi etwa 30 Schritte zur Linken (nördlich). Er hatte eine sanfte, rundliche Form und eine relative Höhe von 30 bis 40'. Der Länge nach soll er 1100, der Breite nach nur 100 Schritte messen. Die Lage der untergegangenen Stadt muß wundervoll gewesen sein. War auch der berüchtigte Moloch, welcher fast immer hier hauste, nicht Herr der Heerschaaren, so herrschte er doch von seinem Feuerherde aus über das ganze schöne Hûle und die anstoßenden Berglande. Diese sahen sich nord- und südwärts nur hügelig an, während sich das grünschimmernde Dcholân schon in kühnen Terrassen ostwärts schob, das westliche Randgebirg aber eine starre Felswand bildete und der Blick nach der Nordostecke (dem Hermon zu) vollständig an die Alpen erinnerte. Seine Domäne in Hûle allein erstreckte sich fünf bis sechs Stunden in die Länge und zwei Stunden in die Breite. An der Identität von Tell (Ruine) el Kadi und dem biblischen Dan kann nicht gezweifelt werden. Abgesehen von anderem ist der neue Name nur eine Uebersetzung des alten. Ursprünglich lag hier ein kanaanitischer Ort Namens Lais oder Lesem.

Schon Abraham zog*) bis zu diesem Lais, ja noch weiter dem Elamiterkönig nach, welcher auf einem Rachezug gegen seine abtrünnigen Vasallen im Westen unter andern auch seinen Neffen

---

*) 1. Mos. 14.

Lot weggeführt hatte. Ueber Lais erstatteten Jahrhunderte später die Kundschafter des Stammes Dan Bericht, als es sich der Be= völkerung wegen um die Anlage einer danitischen Kolonie bei den Jordanquellen handelte. Diese glaubten bei ihrer Zurückkunft die Versicherung geben zu können, daß der sidonische Ort leicht zu er= obern sei. So machten sich denn 600 Familien gegen denselben auf den Weg, nahmen ihn ein und benannten ihn nach ihrem gemeinsamen Stammvater Dan. Fortan werden die Städte Dan und Beërséba in der heiligen Schrift metonymisch für die Nord= und Südgrenze des verheißenen Landes gebraucht. Mit dem Ab= fall der zehn Stämme (vom Reiche Juda) ist Dan gleich Bethél ein Hauptsitz ihres kanaanitischen Götzendienstes. Die durch die Rückkehr des sidonischen Moloch geschändete Stadt wird später durch Ben Hadad von Damaskus gezüchtigt *). Ihre Existenz unter syri= schem, west= und oströmischem Scepter läßt sich bis in das 4. Jahr= hundert n. Chr. verfolgen. Der letzte Rest wie von Dan so von aller Kultur scheint erst durch die Araber vernichtet worden zu sein. Nimmt man die Eiche aus, welche durch ein moslimisches Heiligengrab vor Unbilden geschützt ist, so bildet der ehemalige Stadthügel jetzt eine kahle, mit Steinen übersäte Kuppe, die in ihrem Streben nach der Höhe scheinbar nur die Erdrinde durchbrach, um dann stecken zu bleiben.

Bis zum Anfang der Ecke, in deren Hintergrund Bânias liegt, hatten wir vom Nahr el=Lebbân noch ³/₄ Stunden. Auf dem Wege dahin überschritten wir manchen trockenen Graben, welchen der Hermon zu anderer Jahreszeit mit Wasser füllt, d. h. der bisherige Wasserreichthum ließ sichtlich nach. Doch trafen wir auch volle Kanäle, die ich wohl irrthümlich vom Nahr Bânias ab= leitete. Kurz vor dem Ende des ganzen nordsüdlichen Quellgebietes des Jordan schimmerte aus dem freundlichen Thale, welches sich zwischen den großen Hermon und das Dscholân schob, höchst auf= fällig der blaue Spiegel eines kleinen runden Sees heraus. Da er nicht über zwei Stunden von Bânias entfernt ist und augen= scheinlich die Gestalt einer Schale hatte, hielt ich ihn für das schon im Alterthum bekannte Becken des Phiala=Sees, heute Birket er=Ram

---

*) 3. Kön. 15, 20.

genannt. Nach Flavius Josephus lag nämlich der Phiala-See 120 Stadien von Panias, und zwar rechts vom Wege, welcher nach der Landschaft Trachonitis hinauf führe, d. i. gerade in dieser Gegend. Der Mangel eines Ablaufes und die auffällige Tiefe hatte in Manchen die Meinung aufgebracht, es sei das Reservoir der Quelle von Panias. Darum ließ der Tetrarch Philippus Spreu in den See werfen, und diese soll zu Panias wieder zum Vorschein gekommen sein.

Das Thal mit dem Phiala-See ist von der Ebene Bänias durch einen lang gestreckten waldigen Hügel geschieden, der wohl von seinem Buschwerk den Namen Tschebel Hêsch, d. i. Berg des Waldes hat. An dessen westlichem Fuß fand ich das äußerst üppige Gehölz, und wir sahen zwischen hohen Stangen eine wundervolle Quelle. Sie bildete einen gewaltigen Sprudel von der Größe eines Zimmers. Das Wasser sauste und wogte wie in einem siedenden Kessel. Weil der Nahr Bänias anerkannter Maßen seinen Ursprung noch $1\frac{1}{2}$ Stunde weiter nordöstlich bei der gleichnamigen Stadt hatte, so wußte ich Anfangs nicht, was mit diesem herrlichen Wasser beginnen. Auf der Weiterreise zeigte sich, daß factisch die vierte Jordanquelle in jetziger Jahreszeit nicht vom fernen Bänias, sondern von hier ausging; das Wasser der Quelle zu Bänias kam nämlich eben nicht über das durstige Vorland dieser Stadt hinaus. Verglich ich jetzt die vier Jordanzuflüsse nach ihrer Wassermenge, so stand der Nahr el-Leddân weitaus obenan. Nur die Hälfte Wasser hatte der Nahr Bänias, ein Drittel der Hasbâni und der Derdâra noch weniger.

Wir zogen, ohne bei der reichen Quelle abgestiegen zu sein, weiter und betraten die baumreiche Ard Bänias. Das vermeintliche Gartenland erwies sich in der Nähe als eine Wildniß, wie die Umgebung der Elisäusquelle bei Jericho: nur stand neben den baumhohen Dornen auch edleres Gehölz. Der Pfad innerhalb desselben war schmal und anfänglich wenig betreten, so daß es einiger Achtsamkeit bedurfte, damit man mit seinem müden Pferde nicht von der Karawane abkam. Dieses schien insofern gefährlich, als sich da und dort jagende Beduinen blicken ließen, die in nicht großer Ferne ihre Zelte hatten. Als ein Drittel dieses Weges hinter uns lag, überschritten wir ein mit Sidrbäumen, Eichen und Terebinthen bewachsenes Bachbett, in dem etwas Wasser floß; der größere Theil eilte in einer künstlichen Furche nebenher. Die ersten Tropfen von diesem hatten wir kurz vorher freudig begrüßt. Jetzt machten wir der schwülen Hitze wegen Halt, um zu trinken, obwohl wir auf den Rath Chalîls' unsern Durst eigentlich bis zur Quelle von Bânias verspart hatten. Dieses schattige Bachbett war ohne Zweifel der Oberlauf des Nahr Bânias. Als wir es überschritten hatten, erweiterte sich der Pfad gleich zu einem ordentlichen Fahrweg. Es kamen Granaten, Feigen und Hagedornbäume in Feldern und Gärten, welche durch Zäune und Grenzfurchen geschieden waren. Darin wässerte oder goß man eben Melonen, Kürbisse und Welschkorn. In unmittelbarer Nähe der Stadt hatte es die üppigsten Gärten, von lebendigen Hecken umfriedigt. Doch erhob sich dort zur Linken auch ein kahler Erdhügel, der offenbar einst zur Festung gehörte. Rechts winkte einer der Thürme der früheren Burgmauer. Diesen bestieg ich nach unserer Ankunft; vorerst führte unser Weg nur daran vorüber, unmittelbar nachdem wir auf einem niederen Brückchen den rauschenden Bach Bânias überschritten hatten. Hinter demselben ging es noch eine Minute zwischen Gärten und Mauern weiter, dann waren wir — es mochte ½ 7 Uhr sein — im Gewirr der niedern Häuser des Ortes

Bânias.

Weil zu Bânias keine Christen wohnen, wandten wir uns nach dem Vorgange anderer Pilger an den moslimischen Schêch um ein Obdach. Er wohnte an dem einzigen freien Platze des Ortes und war Besitzer einer alten, riesigen Terebinthe. Der Boden unter derselben war gepflastert, und der schattige Platz von vier Mauern eingefaßt, die sich auf der Rückseite gegen ein Klafter über die staubige Nachbarschaft erhoben, 4—5' dick, von innen 2—3' hoch waren und gewöhnlich die Stelle von Divanen vertraten. Sechs Herren und einige Diener genossen eben des wohlthuenden Schattens, rauchten und leerten gelegentlich das kühle Wasser des Nahr Bânias aus poröser Amphora über Hände und

Schläfe. Ein Neger in weißem Kleide kam uns mit bunten Teppichen entgegen und breitete sie, sobald wir das Square betreten hatten, nach unserer Wahl über die Nordwestecke der Mauer hin. Weiteres konnte er ohne seinen Herrn nicht bieten. Dieser aber war abwesend und es schien, als ob er diesen Abend kaum zurückerwartet werde. So machten wir uns von vornherein mit dem Gedanken vertraut, unter der Terebinthe zu übernachten.

Die Muselmänner sendeten uns den Trinkkrug, den sie selber den Tag über nur zu Waschungen benützen durften, und er ging bei uns von Mund zu Mund. Als sie sich entfernt hatten, schickten wir unsere Muker auf Einkäufe. Diese entledigten sich ihrer Aufträge in den Häusern, in welchen sie nach Gerste für ihre Pferde fragten; denn ein Sûk schien nicht zu bestehen. Sie brachten vorerst nichts als Eier und eine Art Quittenäpfel auf. Daneben beklagten sie sich über den außerordentlichen Preis der Gerste. Weil wir wenigstens noch Brod haben mußten, veranlaßten meine Begleiter sie später zu einem zweiten und dritten Gang, der jeweils mit einigem Erfolg gekrönt war. Zuletzt verfügten wir unter anderm über eine Anzahl Brode, wie wir sie noch nirgends getroffen hatten. Sie hatten die Gestalt der Mazen der Juden, waren aber zum Unterschied von diesen schwarz wie Kleienbrod und zäh wie Leder. Doch fanden wir sie kräftig und schmackhaft. Den Rest legten wir wie Papier zusammen und hoben ihn auf für spätere Fälle. Ich brachte meinen Theil bis in die Nähe von Triest, wo er, durch die Hitze spröde und durch die Reibung meist zu Pulver geworden, eine willkommene Speise der Fische wurde.

Weil meine Freunde mit der ausgesprochenen Absicht nach Bânias gekommen waren, nichts zu sehen, sondern blos auszuruhen, begab ich mich, noch bevor unsere Muker von ihren Requisitionen zurück waren, zu der kaum drei Minuten entfernten Bergwand und Quelle des Pan. Bânias hat seinen Namen daher. Weil im Arabischen das „p“ fehlt, ist Panêas, d. i. die Stadt des Gottes Pan, fast unverändert in der modernen Bezeichnung erhalten. Der griechische Hirtengott, welcher offenbar erst nach Alexander dem Großen hier seinen Einzug hielt, hatte aber schon einen syrischen Vorgänger, als welcher gern Baal Gad, d. i. der Gott des Glückes, bezeichnet wird. Unter diesem Namen

scheint die Stadt selbst in der heiligen Schrift vorzukommen, wenigstens war ein Baal Gad „im Thale des Libanon unter dem Berge
Hermon" der nördlichste Punkt der Eroberungen Josuas*). Zu
dem Namen Cäsarea kam sie erst durch die Schmeicheleien der
Idumäer. Schon als Kaiser Augustus den Herodes in Syrien
mit einem Besuche beehrte, baute dieser seinem göttlichen Gönner
zu Ehren einen kostbaren Tempel. Die neue und absonderliche
Hoheit des Tiberius aber bestimmte des Herodes Sohn und Nachfolger in diesen Landen, den Vierfürsten Philippus, den Namen
Panéas abzuschaffen. Er benannte die von ihm neuangelegte und
erweiterte Stadt Cäsarea. Weil sie in der Folge Jahre lang zugleich seine Residenz war, wurde sie im Gegensatz zu Cäsarea am
Meer von selbst zu Cäsarea Philippi. Unter diesem Namen erscheint
sie im neuen Testamente**). Daß ihr dem Kaiser Nero zu Liebe
vorübergehend der Name Neronias aufgenöthigt werden konnte,
charakterisirt die Gesinnung des letzten Königs der Juden Agrippa II.

Ich stand vor einer mehr als 100′ hohen Kalksteinwand,
die man am liebsten auf frühere Sprengarbeiten zurückgeführt hätte.
Erschien sie wirklich durch Menschenhand oder durch die Gewalt der
Elemente so abgebrochen? In Betreff des Ursprungs der Quelle
war ich ziemlich enttäuscht. Da sah man keinen Sprudel, wie ich gedacht hatte, sondern nur stilles, fünf Zoll tiefes Wasser. Es war
geräuschlos wie aus dem Kies hervorgezaubert und schien auch an denselben gebannt. Deswegen rauschte es doch am Rande des Quellortes
munter abwärts und ging keine drei Schritte vom Abfluß in einen
starken Bach (westlich) und einen minder starken Kanal (östlich) auseinander. Zwischen beiden lagen reich bewässerte Gärten, während
die Bäume in den Anlagen links vom Kanal vor Durst fast ver-
schmachteten. Die Vegetation war, so weit das Wasser Zugang fand,
äußerst üppig, und hohe Bäume und Sträucher boten wohlthuenden
Schatten. Später kam den Kanal wie den Bach noch Groß- und
Kleinvieh herauf, so daß zu dem hübschen landschaftlichen Bild
auch die Staffage nicht fehlte.

In der steilen Rückwand der Quelle befand sich einst die
Grotte des Pan. Jetzt war es eine von enormen Steinen verram-

---

*) Kap. 11, 17.   **) Matth. 16, 13.

melte, trockene Höhle wenige Schritte hinter der Quelle über einem
gegen 6' hohen Stein= und Schuttraine. Diese Scheidewand
zwischen Quelle und Grotte soll vom Erdbeben des Jahres 1837
stammen. Eine zweite Höhle lag seitwärts ebener Erde und diente
jetzt als Schaf= oder Ziegenhürde. Eine dritte in beträchtlicher
Höhe war in ein moslimisches Heiligthum verwandelt. Dasselbe
wurde auf steilem Felspfad erstiegen, hieß Weli Schêch Chidr oder
St. Georg und bot eine schöne Aussicht. Da und dort konnte
man sich auch bei mehr oder minder schadhaften Botivnischen auf=
halten. Sie waren über= und nebeneinander angelegt, der Gestalt
nach rechteckig mit Rundbogenschluß oder muschelartig. Eine hatte
noch die griechische Weihinschrift „Priester des Pan." Diese Dinge
bestätigten, was man anderswoher wußte, nämlich daß man sich
an einem Brennpunkte altheidnischen Lebens befinde. Der Gott,
welcher hier waltete, war von Geburt an gehörnt, geschwänzt,
bocksfüßig, geißbärtig, krummnasig. Doch wallfahrteten die Völker
zu ihm und weihten ihm Exvotos. Der „Fürst der Finsterniß"
scheint mit besonderer Absicht hart an der Grenze der jüdischen
Oase wahrer Gottesverehrung gesessen zu sein, und der Moloch=
kult im nahen Dan beweist die Erfolge seiner Bemühungen.

Nach den evangelischen Berichten (des Markus und Matthäus)
könnte Jesus auf seinem Zuge durch Gaulanitis*) in dem Sinn „die
Gegend von Cäsarea" besucht haben**), daß „das Licht" des
göttlichen Wortes den Pan in seiner dunklen Grotte schreckte; ob
er dies wirklich that, da wir doch nichts von seinem „Schelten auf
ihn" lesen? Zu Jerusalem trieb er im heiligen Eifer die Käufer
und Verkäufer zum Vorhof hinaus. Trotzdem ging er dann wieder
„durch Sidon***)", ohne daß wir etwas von seinem vernichten=
den Zorne hören. Seine Wege waren nicht unsere Wege; darum
nöthigt auch das Schweigen über sein Verhalten in der Nähe des
Pan nicht, von „der Gegend Cäsareas" die Stadt selbst auszu=
schließen. Kritische Palästinareisende nahmen denn auch keinen
Anstand, „den Menschensohn zu Bânias Angesichts der Schönheit
der Jordanquelle seine Seele betend zum himmlischen Vater erheben"
zu lassen. Daneben besteht blos die Thatsache, daß der Pan wie

---

*) Marc. 8, 27.   **) Matth. 16, 13.   ***) Marc. 7, 31.

sein Priester, dessen Name noch am Fels steht, nicht plötzlich und durch keinen strafenden Machtspruch, sondern durch „das Licht", „welches in die Finsterniß schien", allmälig verschwand. Die Ziegen, Schafe und Kühe, welche eben getränkt wurden, erinnerten an seine Lieblingsthiere. Die Eichen, welche umherstanden, waren möglicher Weise Abkömmlinge seiner heiligen Bäume. Die Cedern hingegen, welche jedenfalls seinen Hain schmückten, sucht man jetzt bis tief in den Hermon vergebens. Auch die göttliche Hoheit des Kaisers Augustus ist zu Paneas längst vergessen. Die Stelle, auf welcher sein Tempel stand, nehmen größtentheils Gärten ein. Spärliche Reste von Säulen, Friesen und anderweitigen Ornamenten schauten da und dort aus den Mauern heraus.

Von der Bergwand des Pan bis zur Brücke, welche wir bei unserm Einzug überschritten hatten, mochten es 200 Schritte sein. Diese legte ich auf der rechten Seite des Baches zurück und erstieg jenseits desselben den bekannten Festungsthurm. Ich konnte hoffen, von hier eine Uebersicht zu gewinnen. Westwärts sah man nur die Wände und Kuppen des Beläd Beschâra; die Ard el Hûle entzog sich den Blicken, und man merkte wohl, daß man in einer Gebirgsspalte stand. Südöstlich begrenzte das Dscholân, nordöstlich der Gebirgsstock des Hermon den Horizont. Bânias selbst lag sichtlich am Südwestrande eines Ausläufers des Hermon, welcher rückwärts auf schwindelnder Höhe die Burgruine Kalaat Subêbe trug. Die Südwestseite dieses Ausläufers war vom Nahr Bânias bespült, die Südostseite durch den Wadi Zaûre von hügeligem Ackerland, die Nordostseite durch den Wadi Chaschâbe vom Hermon geschieden. Die beiden letztgenannten Schluchten schnitten aufwärts tief in das Gebirge ein und liefen abwärts in den Nahr Bânias aus — die Chaschâbe-Schlucht bei dessen Quelle, die Zaûre-Schlucht wenige Schritte unterhalb des Ortes. Beide waren jetzt vollkommen trocken, führten aber unverkennbar dem Nahr Bânias aus dem Hermon und Dscholân schon solche Wassermassen zu, daß er die Ard Bânias weithin überschwemmte. Gleich dem Berge war natürlich auch die einstige Veste Bânias auf drei Seiten von Schluchten und insofern von natürlichen Gräben umgeben. Gegen Osten hing sie mit dem Lande zusammen, war aber gerade auf dieser Seite am wirksamsten durch die Burg Kalaat Subêbe geschützt.

Im heutigen Orte unterschied ich nur 50 bis 60 Häuser, so daß Bânias kaum den Namen eines Dorfes verdient. Die bescheidenen Häuser lagen einmal auf der niedersten Terrasse des Schloßbergs, und dann hier wieder in dem Rahmen einer untergegangenen Burg, welche im Gegensatz zu Kalaat Subêbe die untere Burg war und ungeheuere Dimensionen gehabt haben muß. Der Thurm, auf welchem ich stand, war einer von den drei noch vorhandenen Eckthürmen. Besser als diese Thürme ist das alte Südthor erhalten, welches ursprünglich über den Wadi Zaûre nach einer Vorstadt führte, deren Existenz noch durch untrügliche Zeichen nachweisbar ist. Die Reisighütten auf den Häusern sagten einem, daß man sich im Gebirgslande befinde. Nur das Haus des Schêchs und zweier oder dreier anderer Muselmänner hatte solide Obergemächer. Der freie Platz des Dorfes lief von Norden nach Süden. Die unebenen, staubigen und drückend engen Gassen führten nach allen Richtungen in's Freie. Trotzdem standen die von Höfen umgebenen Häuser an sich weit auseinander.

Bânias oder richtiger Panêas hat seine Rolle kurz vor und nach dem Tode Christi gespielt. Da war es die Residenz des Vierfürsten Philippus und des Königs Agrippa II. Letzterer hat den nachmaligen Kaiser Vespasian mit seinem ganzen Heere hier bewirthet. Nach der Zerstörung Jerusalems kämpften gefangene Juden im hiesigen Amphitheater mit wilden Thieren und Gladiatoren. Zur Zeit des Concils von Nicäa (325) erscheint es als Bischofssitz, welcher dem Patriarchat von Antiochia untergeordnet war. Auf dem Concil zu Chalcedon (451) fand sich noch ein Bischof Olympius von Panêas ein. Damit aber kam die Stadt in Vergessenheit und tauchte erst in den Kreuzzügen wieder auf. Damals (Jahr 1129 oder 1130) bildete sie einen der festen Plätze der fanatischen Sekte der Affassinen, heute Ismaïlier genannt, und wurde gegen eine Geldsumme den Christen, welche von einem erfolglosen Angriff auf Damaskus zurückkamen, übergeben. Der Ritter Rainer Brus erhielt sie zum Lehen, verlor sie aber bereits 1132 wieder an den Sultan von Damaskus. Es dauerte sieben Jahre, bis Rainer mit Hilfe christlicher Kämpfer sein Lehen zurückerobern konnte. Durch Erbschaft kam Bânias an den Connetable Honfroy, der bald mit dem gefürchteten Nureddîn schwere

Kämpfe zu bestehen hatte. Im Jahr 1157 verbrannte dieser Sultan die Stadt, ohne jedoch die obere Burg nehmen zu können. Dieses sollte ihm erst 1165 vollends gelingen. Eine spätere Belagerung durch König Amalrich im Jahre 1172 erwies sich als erfolglos, so daß von 1165 das Ende der kurzen Herrschaft der Franken datirt. Die Ruinen der Burg Subêbe stammen vom Sultan Melik el Moaddem Isa, der sie mit andern Burgen Palästinas schleifen ließ, weil er fürchtete, die Christen möchten sie zurückerobern. Ein letzter erfolgloser Zug gegen Bânias wird unter Ludwig dem Heiligen erwähnt. Fortan scheint bis zu Anfang unseres Jahrhunderts kaum mehr ein abendländischer Reisender hier vorübergekommen zu sein.

Vom Thurme begab ich mich zu unserer Terebinthe zurück. Da ich dieses mal die Freunde ernstlicher als sonst um die Beschaffung von Proviant besorgt fand, so konnte ich den Rest des sinkenden Tages zu einem letzten Gange benützen. Ich folgte einer engen Gasse, die an den Südrand der Terrasse des Dorfes führte. Halbwegs dahin lag eine moslimische Kapelle, nach Art der Welis mit weißer Kuppel geschmückt, in einem geräumigen ummauerten Hof. Was mir hier auffiel, war eine halb gewachsene Terebinthe, die zum heiligen Bezirk gehörte, und deren Krone voll bunter Lappen, Fetzen und Fäden hing. Es war einer der heiligen Bäume des Islam, welche allerlei Güter vermitteln und Krankheiten, Wehen und Schmerzen fernhalten oder vertreiben sollen. Dieser Aberglaube sichert ihr ohne Zweifel eine Zukunft, und entfernte Generationen mögen sie einmal als Riesenbaum anstaunen. Weiterhin diente das Wasser des Kanals, welcher gleich hinter der Quelle des Pan abzweigte, zu industriellen Zwecken; ich schwankte zwischen Mühle und Gerberei. Die Burgmauer längs dem Wadi Zaûre war in der Mitte von dem bewußten Thorbau durchbrochen. Als ich die wenigen Pflastersteine des Thorbaues überschritten hatte, stand ich auf der geländerlosen Steinbrücke, die über den Wadi führt. Fast zagend ging ich über das alte Gemäuer. Es schien baufällig, und die Schlucht war tief; stellenweise sah man durch dasselbe die glatten Steine des trockenen Bachbettes. Um so muthiger benahmen sich die von drüben kommenden Eingebornen, die wohl meist keine bessere Brücke gesehen hatten. Uebrigens trug sie auch einen Zug schwerbepackter Kameele, die von Damaskus kamen. Als ich auf der andern Seite des Zaûre angekommen war, erkannte ich, daß noch viele Generationen hindurch Menschen und Thiere ohne Schaden über die Brücke gehen werden. Sie ist offenbar vorarabischen Ursprungs.

Die Sonne sank eben im Westen hinunter, als ich auf einer Höhe südlich von Bânias einen freien Standpunkt gewonnen hatte. Es war in nächster Nähe eines moslimischen Friedhofes, vielleicht selbst auf unkenntlichen Gräbern, was mir des möglichen Fanatismus wegen einige Bedenken machte. Doch traten diese Angesichts des Hermon und des Schlosses Subêbe rasch in den Hintergrund. Von beiden erregte der wundervoll beleuchtete Hermon mein größtes Interesse. Das war endlich der echte Berg, welcher im Verein mit dem Tabor „jauchzte ob Jehovas Namen" *); denn „sein ist der Himmel, sein ist die Erde. Den Erdkreis, und was ihn füllet, hat er gegründet; Mitternacht und Mittag hat er geschaffen." Wie der König Sihon von Hesbon, so war auch der König Og von Basan im Waffengang mit Israel erlegen; da nahm Israel das Land der beiden Amoriterkönige, „die jenseits des Jordan wohnten am Bach Arnon bis zum Gebirge Hermon" **). Dieser sah also zu seinen Füßen jubelnd die Herrschaft der Verehrer des wahren Gottes, der seine „Cedern springen läßt wie Kälber, den Libanon und Schirjon wie junge Büffel ***);" „die Sidonier nannten nämlich den Hermon Schirjon †)." Auch nach einer andern Stelle ††) bildete die Nordgrenze des Ostjordanlandes. — „der Berg Sion, das ist der Hermon." Ich hatte mir ihn ungefähr wie den Vesuv neben den Höhen von Sorento oder wie den Aetna unter den Bergen Siciliens gedacht. Weit entfernt aber irgend einen isolirten Bergkegel zu treffen, war es ein Gebirgszug wie der Schwarzwald oder die Vogesen, nur beträchtlich kürzer und dazu kahl gleich den Gebirgen Spaniens oder Italiens.

Schon jetzt begann er das täuschende Spiel eines Irrlichtes, das er den ganzen andern Tag fortsetzte, indem er nämlich seinen höchsten Gipfel scheinbar dem suchenden Auge darbot, um ihn gerade in dem

---

*) Pf. 89, 8.   **) 5. Mof. 3, 8.   ***) Pf. 29, 6.
†) 5. Mof. 3. 9.   ††) 5. Mof. 4, 48.

Momente, in welchem es sich in sicherem Besitz desselben glaubte, wieder in weite Fernen zu rücken. Er stand so hoch und mächtig da, daß mir beim Gedanken an unsere morgige Reise über diese Felsenmassen bange wurde. Entsprechend seinem Namen — dieser stammt von der semitischen Wurzel »haram«, welche auch dem bekannteren Worte „Harem" zu Grunde liegt — schien er der „Unnahbare", „Heilige", was er für die Diener Baals einst wirklich war. Als Beweis hiefür kann die biblische Bezeichnung B a a l H e r m o n dienen*), die wenigstens von einem Theil des Gebirges gegolten hat. Der Psalmist**) rühmt „den Thau auf dem Hermon" und stellt ihn mit dem „kostbaren Salböl auf dem Haupte" zusammen. So segensreich jener Thau und so angenehm dieses Salböl, so segenbringend und schön soll es sein, „wenn Brüder (einträchtig) zusammen wohnen***)". Von diesem T h a u fanden wir am kommenden Morgen das Gebirge förmlich gebadet. Dagegen sah ich die Spitzen des sprichwörtlichen Wolkensammlers weder heute noch an einem der kommenden Tage in N e b e l gehüllt.

Das Schloß Subêbe heißt, seit die untere Burg verschwunden ist, schlechthin Kalaat Bânias oder die B u r g v o n B â n i a s. Trotzdem liegt sie so fern, daß es einen kräftigen Entschluß kostet, um sich von Bânias auf die Burg zu bemühen. Vorerst sind es 10 Minuten bis zum Fuß des Berges; sodann erfordert es noch einen beschwerlichen Marsch von einer Stunde. Kein Wunder, daß der Fremde, welcher überdies in Betreff der Sicherheit Bedenken trägt, die Burg nur selten besucht. Mit Ausnahme der Nordseite bekamen wir am folgenden Morgen jede Seite zu Gesicht und sahen zuletzt die ganze Burg wie aus der Vogelperspective. Nur gegen Nordosten unterhielt der Berg Fühlung mit dem Hermon. Abgesehen von diesem S a t t e l erschien er überall frei. Die U m f a n g s m a u e r des Schlosses folgte genau den Umrissen des ostwärts streifenden Kammes, der auffälliger Weise kein horizontales Plateau bildete. Die Längenseiten sollen 600 und 1000', die Breitenseiten 300' messen. Nach den Angaben Burckhardts hat die Burg „25 Minuten im Umfange, ist mit einer 10' dicken Mauer umgeben, von vielen Rundthürmen

---

*) Richt. 3, 3.   **) 13, 3.   ***) Pf. 13. 3.

geſchützt und von gleich großen Steinen, deren jeder etwa 2′ ins Gevierte hat, erbaut. Die eigentliche Citadelle ſcheint an der öſtlichen Seite auf dem höchſten Gipfel geweſen zu ſein, wo die Mauern ſtärker ſind als an der untern und weſtlichen Seite.″ Dieſen Eindruck machte die Burg auch aus der Ferne. Innen ſollen viele Bautrümmer herum liegen — einige ärmliche Hütten wurden damit aufgeführt. Ueberdies ſtößt man auf alte Kammern und Verließe, ſowie auf eine große und drei kleine Ciſternen.

Der Spitzbogen verräth von weitem die fränkiſch=arabiſchen Baumeiſter, während die fugenränderigen Quader der Unterbauten nicht nur auf die Zeit der griechiſchen Stadt Panêas, ſondern ſelbſt ihrer kanaanitiſchen Vorgängerin zurückweiſen. Die thurmreichſte Seite war offenbar auch die Façade, und dieſes war die ſüdliche Längenſeite. Hier befand ſich das einzige Thor, zu dem ein jäher Felſenweg hinaufführte. Von meinem Standpunkte aus — die mir zugekehrte Südweſtecke war am ſteilſten — ſchwebte die Rieſenburg ſo frei in den Lüften, daß ſie mir momentan wie der Zauber einer Fata Morgana vorkommen wollte. Nach meinem militäriſchen Laienverſtande hätte ich ſie am liebſten für ein Unding erklärt, weil es doch wohl keinem Feinde einfallen konnte, ſie berennen zu wollen, Bânias aber trotz derſelben ſich nehmen (wenn auch nicht für die Dauer behaupten) ließ. War damit die Beſatzung auf ihrem trockenen Felſen der Zufuhr beraubt, ſo mußte ſie auch capituliren. Doch Rainer Brus, der Connetable Honfroy, die Ritter vom heil. Johannes und Tempel, deren Name mit der Kalaat Subêbe verwachſen ſind, dachten anders, und auch mich hätte wohl die Nähe eines Nureddin zu ihrer Anſicht bekehrt. Für den Wegfall der großartigen Ausſicht von der luftigen Veſte Subêbe leiſtete der Weg über den Hermon nach Damaskus mehr als Erſatz. Aus der Höhe und aus der Tiefe gewann ich den Eindruck, daß Kalaat es=Subêbe die großartigſte Schloßruine Paläſtinas ſei.

Wir hatten die große Terebinthe längſt zu unſerm Betthimmel auserſehen und dem zudringlichen Südweſtwind zu Leide uns auf der der Ard Bânias abgekehrten Seite des Baumſtammes hingeſtreckt, als unſere Muker kamen und uns aufſtöberten: ein Diener des Schêch ſei da, um uns zu ihm einzuladen; der alte Herr ſei endlich nach Hauſe gekommen. Weil wir uns ſo behaglich als unter irgend einem Obdach fühlten und zudem bereits um zwei Uhr aufbrechen und die Reise fortsetzen wollten, hätten wir am liebsten für die Freundlichkeit gedankt. Doch unsere Muker redeten von Gefahr, und schließlich gaben wir ihrem Drängen nach, um es die Nacht hindurch zu bereuen.

Der Schêch empfing uns unter einer Art Veranda oder einem gedeckten Vorplatz, der auf drei Seiten vom Haus und seinen Annexen umgeben, auf der vierten, d. i. nach dem freien Platze von Bânias zu, offen war. Reich beladene Reben rankten sich an allen Wänden empor. Durch ihr dünnes Laub auf der Front flimmerte das liebliche Sternenheer. In der Ecke hing an einem Eisendrahte die alterthümliche Oellampe, mehr Rauch als Licht versendend. In ihrem Schimmer regten sich sechs bis sieben Männergestalten, keine ehrwürdiger als die unseres Wirthes. Dieser mochte 65—68 Jahre zählen, war schmächtig und schon etwas gebückt. Aus seinem dünnen weißen Bart traten die Züge eines edlen Mannes hervor. Gleich kam der officielle Süßtrank, und während wir ihn schlürften, mußten wir von der Heimath und dem nächsten Reiseziel erzählen. Dann geleitete uns der Schêch selbst in einen leeren viereckigen Raum neben der Veranda. Hier hängte er die Lampe so an die Wand, daß sie frei schwebte, dann verabschiedete er sich mit el lêle sa'ide, d. i. gute Nacht. Auf dem Boden war eine große Strohmatte hingebreitet und darüber einiger Luxus mit bunten Wolldecken entfaltet. Ein Diener bemühte sich uns zuzudecken und entfernte sich, als er seine Sache gut gemacht zu haben glaubte.

Nun begannen die erfolglosen Versuche einzuschlafen. Vorerst hinderten es die sangreichen Schnaken. Im Oriente „brennt man kein Licht an und stellt es unter den Scheffel, sondern auf den Leuchter, damit es allen leuchte, die im Hause sind." Wir dachten jedoch es leuchte nur den Mosquitos, und löschten die Lampe. Dies war übereilt, denn von den Schnaken waren wir dadurch nicht erlöst; fidele Mäuse aber glaubten, der Moment sei gekommen, um im Verein mit den Grillen ihre lustigsten Weisen zum Besten zu geben, die denn auch von kräftigen Ratten und sonstigem Gewimmel sauber zusammengetanzt wurden. Bald hielt mir die Phantasie noch allerlei giftiges Gekreuch, als Storpionen und Schlangen, vor, woran es in Bânias nicht fehlen soll. Um diesem zu entgehen

und zugleich eine bessere Luft zu athmen, retirirte ich mich in eine
Fensternische und kampirte hier bis zum Morgen.

Ueber den großen Hermon.

Dienstag, den 9. September, früh um 2 Uhr öffneten wir die
Läden — von Glas scheint man in Bânias nichts zu wißen.
Lieblicher Mondschein und die Kühle der Nacht luden zum sofortigen
Aufbruch ein. Auch die Zwecklosigkeit unseres Nachtlagers und die
weite Reise ließen dies am gerathensten erscheinen. Allein unsere
Muter wollten einen Führer haben und wurden deswegen vor 4 Uhr
mit ihren Zurüstungen nicht fertig. Um diese zu beschleunigen, war
einer von uns zum Schlag hinausgestiegen, die zwei andern kehrten
den Weg zurück, auf welchen uns der Schêch in das Zimmer geführt
hatte. „Wer nicht zur Thüre in den Schafstall eingeht, sondern
anderswoher hineinsteigt, der ist ein Dieb *).“ So hätte jemand
denken mögen, wenn keiner zur Thüre hinausgegangen, sondern
jeder anderswo hinausgestiegen wäre. Trotzdem thaten wir es un=
gern, weil der Schêch und seine Leute in der Veranda schliefen und
wir förmlich zwischen hindurch und zum Theil über sie hinüber unsern
Weg suchen mußten. Einer der Diener stand auf, begleitete uns
zu den Pferden und letztlich noch ein gutes Stück über Bânias
hinaus. Derselbe bestellte hoffentlich auch unser „Chatter Cheraf“, d. i.
den Ausdruck unseres Dankes, an seinen wackern Herrn.

Beim Ausritt wurde man an den Ramadhan erinnert; denn
da und dort regte sich's im Hof und auf dem Dache, damit man
mit dem Frühmahle zu Ende sei, sobald der Genuß verboten war.
Schon gestern Abend hatten derbe Ramadhanspäße zu einer Prügelei
auf dem öffentlichen Platze geführt.

Wir gingen durch das antike Südthor und über die Zaûre=
brücke, ließen den bekannten Friedhof zur Linken und zogen dann
über stark geneigtes Ackerland empor. Die Nacht deckte huldreich

---

*) Joh. 10, 1.

die Schäden. Darum lag jetzt Bânias mit seinen Terebinthen und Eichen, mit seinen Olivenhainen und Feigenanlagen, aber mehr noch die Burg Kalaat Subêbe mit ihren Riesenmauern und ragenden Thürmen fast feenhaft schön hinter und neben uns. Nachdem der Diener des Schêch hier noch die Richtung beschrieben hatte, welche wir einhalten sollten, zogen wir ohne Führer weiter und erreichten die Anhöhe. Da lag zu unsern Füßen ein gebüschreiches Thal, das sich jetzt und später recht eigentlich als die Grenzscheide zwischen dem Dschôlan und Hermon ausnahm. Dasselbe mußten wir überschreiten. Der Pfad führte nicht blos in dieses Thal, sondern in das trockene Bett des Winterbaches hinab, welches dessen Thalsohle durchfurchte. Er folgte einige Zeit seinem halsbrecherischen Laufe und ging dann aus, ohne daß sich ein Ausweg zeigte. So kletterten wir, den Pferden voran, am Steinmeer in der Tiefe hin und verstiegen uns abwechselnd auf der einen und auf der anderen Seite, bis uns ein Fellache aus dieser unerquicklichen Lage half.

Es war bereits Tag, als wir hinter der Kalaat Subêbe den Berg emporklommen. Der Weg war so steil und steinig, daß wir größere Strecken zu Fuße machen mußten. Hoch oben auf dem Bergkamme lag das Dorf Ain er-Rihân, nach Art aller Dörfer des Libanon für Feind und Freund gleich schwer zugänglich. In der Nähe befand sich das Weli des Schêch Othmân el Hazûri und über demselben eine Quelle, die wohl schon bei Josua (19, 37.) unter dem Namen Ain-Hazor vorkommt. Wir hatten bis hierher fünf Viertelstunden gebraucht. Als einer der Franzosen durch Fragen aus den Leuten herausbringen wollte, ob sie Drusen oder Maroniten seien, wurde er vom Muker Chalîl derb angefahren. Er hielt dies nicht mit Unrecht für einen gefährlichen Stachel des Fanatismus. Es waren lauter Drusen; doch zeigten sie sich gefällig. Einer derselben war opferwillig genug, uns unterhalb des kleinen Häusercomplexes um den Berg herumzuführen und auf den rechten Weg nach Damaskus zu weisen.

Die nächste Station nach Ain er-Rihân hieß Medschel esch-Schems und verlangte einen Marsch von anderthalb Stunden. Die größere Hälfte dieses Marsches ging es noch mühsam bergan, aber der Weg bot äußerst schöne Blicke über das Hûle und das Belâd Beschâra. Wiederholt meinten wir, jetzt das heilige Land zum letzten mal zu sehen,

und boten ihm jedes mal unsere Abschiedsgrüße. Endlich war es
wirklich das letzte mal. In Erwägung des unermeßlichen Werthes all
der Heilsanstalten, welche Gott auf so wenig und so unscheinbarem
Boden getroffen hat, war es mir zu Muthe wie dem begeisterten
Sänger, als er seinem Volke zurief: „Preiset Jehova, denn er
ist gütig, und ewig währet seine Gnade. Preisen soll man Jehova
für seine Gnade und seine Wunder an den Menschenkindern, daß
er den Lechzenden sättigte und die Hungernden füllte mit Gutem,
die tröstete, welche in Finsterniß und Todesschatten saßen, gebunden
in Elend und Eisen" *). In christlichen Worten waren es die
Gefühle des ambrosianischen Lobgesanges und die Bitte:
„Stehe doch bei deinen Dienern, welche Du durch dein kostbares Blut
erlöset hast. Gib, daß sie einmal zu deinen Heiligen zählen in
unvergänglicher Glorie." Wie früher von Judäa, so schied ich jetzt
von Galiläa und dem ganzen heiligen Lande mit der wiederholten
Versicherung: „Es klebe meine Zunge an meinem Gaumen, wenn
ich jemals Dein vergesse, wenn ich dich nicht setze über die höchste
meiner Freuden **)."

Die kleinere Hälfte des Weges von Ain er-Rihân nach Medschdel esch-Schems ging es durch ein hohes Gebirgsthal, das mich an
die Alpenübergänge erinnerte, aber nur das Unangenehme, nicht
das Angenehme derselben bot. Es fehlten die Felder und Matten,
die Bäume und tosenden Wasser. An einer Stelle kam eine Mühle
und dabei einige Pappeln, die, so charakteristisch sind für die Ebene
von Damaskus. Stellenweise ging es durch ziemlich dichtes Waldgebüsch. Da und dort erschloß auch irgend eine Bergspalte eine
verkümmerte Aussicht nach dem Dscholân. Medschdel esch-
Schems selbst lag auf einem hohen Plateau, das nach vorn und
hinten jäh abfiel, rechts und links aber von steilen Bergen überragt
wurde. Besonders mächtig thürmten sich die Felsmassen an der
Nordseite empor. Ich hielt sie für den eigentlichen Gipfel des
großen Hermon und sagte mir mit besonderer Befriedigung, ich sei
nur eine halbe Stunde unterhalb desselben vorübergekommen. Der
Augenschein brachte jedoch diesen Glauben bald zum Wanken. Das
Dorf war vorherrschend von Drusen, theilweise auch von Christen be-

---

*) Pf. 107.   **) Pf. 187.

wohnt. Einige Mädchen, die mit dem Rufe „Engländer“ auf uns zusprangen, gehörten Maroniten. Die flachen Steinhäuser längs der nördlichen Bergwand erinnerten an die Ortschaften in den Alpen. Wäre dieses Medschdel das biblische **Bethschémesch**, wofür es schon erklärt wurde, so bedeutete es nicht nur eine uralte Ortslage, sondern auch die äußerste Nordgrenze des vorexilischen Verheißungslandes; denn dieses Bethschémesch — zur Zeit Josuas dem Stamme Naphtali überwiesen — war unter dessen neunzehn Städten die neunzehnte*). Ob wohl später Christus bei seiner Wanderung durch „die Dörfer Cäsarea Philippis“ bis nach Bethschémesch hinanstieg**)?

Als wir das Dorf links gelassen hatten und schon anfingen bergab zu reiten, kam ein Bursche nachgerannt und bot uns eine Handvoll antiker Münzen an. Aus Mangel an Zeit und gutem Willen ließen wir uns nicht in Unterhandlungen ein, was ich bis zur Stunde bereue. Mit uns zogen von Medschdel an zwei starke Rinderherden. Die Hirten waren zu Fuß und blos mit knorrigen Stöcken bewaffnet, Knaben bellten wie auch sonst auf den Flanken statt der Hunde. Die magern schwärzlichen Thiere benagten die Büsche und rupften die dürren Halme aus dem Boden. Bald schieden wir aus dieser Gesellschaft; wir wandten uns nämlich wieder der Höhe zu, während die Hirten ihre Rinder nach einer grünlichen Thalfurche hinabtrieben. Drei Viertel Stunden von Medschdel fing die große Wiese von **Habr, Merdsch el Habr,** an. Diese ausgedehnte Hochebene war stellenweise angebaut. Als wir ein Drittel derselben, d. i. 30 Minuten, hinter uns hatten, bezeichneten Basalttrümmer die Lage einer alten Ortschaft. Nach einstündigem Marsche über diese Ebene ließen wir einige moderne Häuser, wohl das auf meiner Karte eingezeichnete **el Habr,** zur Rechten. Auch versanken jetzt sozusagen die Höhen, welche uns bisher die Aussicht nach Süden benommen hatten. und eröffneten ein ganz einziges Panorama.

Wie aus der Vogelperspective überschaute man das **Ostjordan-land** vom Ursprung bis zur Mündung des heiligen Stromes, ja noch ein Stück weit dessen bitterem Grabe, dem Bahr Lût, entlang. Wenigstens schien es mir so, und ich bedauerte nirgends lebhafter

---

*) Joh. 19, 37.   **) Marc. 8, 27.

als hier, daß es mir an einem lokalkundigen Cicerone gebrach. Zu Damaskus suchte ich noch Aufschluß über die imposanteste Felswand im Süden, die zugleich die syrische Ebene beherrschte, brachte es aber nicht über Vermuthungen hinaus. Das Dschôlân lag unter mir wie ein aufgeschlagenes Buch. In jede Spalte der Hochebene drang der Blick. Kein Mensch und keine Gazelle, hätte man sagen mögen, könne dort verborgen bleiben. Doch sah man darin keine Spur von Ansiedlung oder Leben. Wie unser Standort, so war auch die nördliche Hälfte des Dschôlân in anmuthiges Grün gekleidet; ja, wenn von irgend einem Landstrich Palästinas, so konnte man von diesem sagen, er sei bewaldet — nicht mit Nadelholz, sondern mit Eichen. Je weiter vom Hermon, desto dünner wurde indeß das Buschwerk; unfern im Süden schien alles Pflanzenleben erstorben zu sein. Entzückt verweilten die Augen meiner Begleiter bei den sanft gerundeten Mamelons, die sich in zwei parallelen Reihen nord-südlich über das Jordanland hinzogen. Wir begannen sie zu zählen, kamen aber an kein Ende: die Karte setzte auf die westliche Seite elf, auf die östliche sechs. Diese warzenförmigen Hügel sind erloschene Krater, die sich auf dem gaulanitischen Plateau so merkwürdig ausnehmen, wie der Kraterkranz bei Nicolosi auf dem Aetna. Sie erhoben sich scheinbar nur 200′ über die Hochebene, dafür aber 4000′ über das Meer.

Dies war in den Tagen Christi die Domäne des Tetrarchen Philippus, welche der Erlöser kurz vor dem Wunder auf dem Tabor, ausgehend von dem ostjordanischen Bethsaida, durchzog. Die Zeit schien gekommen, daß die Jünger endlich über die göttliche Person Jesu schlüssig würden. In solcher Gebirgseinsamkeit mußte ein vom himmlischen Vater verliehenes Licht von größter Wirkung sein. So geschah es denn, daß es hier irgendwo „auf den Weg“ nach Cäsarea Philippi aufleuchtete und von Petrus freudig begrüßt wurde. Vor den andern Aposteln sprach er laut die messianische Würde Jesu aus und wurde dafür mit dem Primat der Kirche betraut. Im Dschôlân, dem alten Gaulanitis, wurde er zum „Fels“ gemacht, auf welchem Jesus seine Kirche erbauen wollte, und erhielt dazu die „Schlüsselgewalt“*), eine Auszeich-

---

*) Matth. 16, 18, 19.

nung, zu welcher ein protestantischer Exeget (H. Meyer) bemerkt: „Ohne Zweifel ist hier dem Petrus der Primat unter den Aposteln zuerkannt", und „dieser Primat ist unparteiisch zuzugeben, aber ohne die römischen Consequenzen."

In etwas mehr als $1\frac{1}{2}$ Stunde war der Ostrand der Merdsch el Habr erreicht. Da lag die große Ebene von Damaskus auf einmal wie ein blaues Meer zu unsern Füßen. Im fernsten Osten barg sie sich in Dunst. Im Süden schied der bescheidene Dschebel el Aswad dieselbe vom Haurân, welches als hohe Gebirgslinie dahinter gegen Osten strich. Im Westen thürmte sich der Dschebel esch-Schêch (große Hermon) auf. Letzterer und seine Ausläufer sollten uns bis Damaskus begleiten. Unser Pfad lief beständig eine Stunde östlich von seinem Fuße hin, und erst die Straße nach Berût bedeutet sein Ende, sowie anderseits den Anfang des Dschebel esch-Scherki. Hier zeigten sich auch erst recht seine drei höchsten Spitzen, die man am leichtesten von Cölesyrien (Hasbêja) aus besteigt. Seine ganze Länge beträgt sonach gegen 7 Stunden, seine Höhe über 9000′. Die Araber nennen ihn den „Alten" (Schêch), „Ergrauten" im Sinne von Dschebel et-Teldsch oder „Schneeberg." Den größten Theil des Jahres mag er letzteres sein; eben war er aber jedenfalls ohne Schnee. Gegen die Annahme ewigen Schnees spricht ohnedies seine mäßige Höhe für ein südliches Land.

Wie hoch die Ebene von Damaskus liege (3000—2000′), sagte uns der kurze Abstieg. Während wir von Bânias stundenlang bergan gezogen waren, hielten wir in zwanzig Minuten in der Tiefe. Hier am östlichen Fuße des Hermon lag das große Dorf Bet Dschenne. Es beherrschte den Zugang einer nordwestlich führenden Bergschlucht. Grabhöhlen in deren westlicher Kreidewand, sprachen für sein hohes Alter. Suchte man sich jetzt etwas zu orientiren — denn alles hatte auf einmal ein anderes Aussehen bekommen — so sah man von Palästina nur noch die Rückseite des Ostjordanlandes; seine natürliche Grenze war überschritten. Wir befanden uns augenscheinlich in einem andern Lande, und zwar

VI.

In Syrien.

Ueber Kátana nach Damaskus.

Hatten wir über den Hermon 5 Stunden gebraucht, so waren es nach Kátana, unserer heutigen Station, noch 6. Unter dem Drucke großer Hitze steuerten wir fast entmuthigt in die Ebene hinaus. Gleich hinter Bet Dschenne überschritten wir den Nahr Dschennâni, welcher anderthalb Stunden abwärts Sabirâni und vor seinem Ausfluß in den Sumpf Bahret el Hidschâni (südöstlich von Damaskus) Nahr el Awadsch heißt. Dieser Nahr el Awadsch wird vielfältig für den biblischen Fluß Parpar (Pharphar) gehalten. Als der Syrer Naëman sich einst siebenmal im Jordan waschen sollte, damit „sein Fleisch wieder hergestellt, und er vom Aussatze rein werde," so meinte er, der „Abana und Parpar, die Flüsse zu Damaskus," seien bessere Wasser. Mit Roß und Wagen — so war er bei Elisäus angefahren — „kehrte er deswegen um und ging im Zorne weg*)." Es ist bekannt, daß Naëman sich schließlich doch noch bereden ließ, das vom Propheten angerathene Mittel zu gebrauchen.

Jenseits dieses fast trockenen Baches ließen wir zunächst eine Pappeloase mit der Quelle Ain Bet Dschenne und einigen Mühlen zur Rechten. Dann sahen wir erst nach 1½ Stunde wieder ein Dorf links in schwach gewelltem Lande; es war Kefr Hîne. Unsere Kraft schien nahezu erschöpft, als wir nach dreistündigem Ritte (von Bet Dschenne) endlich auch die Pappeln von Kefr Hawâr vor uns hatten. Das Dorf hat seinen Namen (Pappeln) daher. Doch sehnten wir uns weniger nach diesen als nach den großen schattigen Nußbäumen links vom Wege. Als wir dahin ablenken wollten, kam es zu einem heftigen Streit. Chalîl meinte, wir beabsichtigten — wie dies bei der Reise von Bânias nach Damaskus die Regel ist — hier zu übernachten und noch den ganzen andern Tag auf die Reise zu verwenden. Dazu hatten wir das

---

*) 4. Kön. 5.

techt, aber der Muker hatte diesen Tag bereits in den Plan seiner Rückreise aufgenommen. Er verlangte 20 Franken Entschädigung, wenn wir hier abstiegen. Die Erbitterung dauerte bis Damaskus und brachte ihn um das übliche Bachschisch; wir bedachten damit nur seinen Knecht. Kefr Hawâr lag auf einer luftigen Anhöhe, welche zugleich die rechte Wand des wasserreichen Wadi Arni bildete, unsere Nußbäume aber standen auf dem höchsten Punkte derselben. Von einem Steinhaufen, welcher das Grab Nimrods bergen soll, heißt er Tell Nimrod. Zu Burckhardts Zeit (1810) war das Riesengrab noch gegen 20′ lang, 2′ hoch und 3′ breit. Längs dem Wadi Arni lief ein laues Wässerchen über den Rücken des Hügels hin. Es berührte den Schatten der Nußbäume und tränkte schließlich den lebendigen Haag und die Bäume eines Gartens. An demselben holten wir den letzten Fleischvorrath aus der Tasche, tunkten die sandigen Brodfladen von Bânias in's Wasser und pflückten zum Nachtisch Brombeeren am Haag. Als sich das Wasser auf einmal zu trüben begann, waren wir geneigt es für Bosheit zu halten, weil sich etwas aufwärts einige Moslim zu schaffen machten. Es stellte sich jedoch heraus, daß es der Wind war, welcher das zu Häcksel geschrotene Stroh einer Tenne ostwärts trieb und das Bächlein gelegentlich damit zudeckte.

Kurz nach ein Uhr waren wir wieder auf dem Marsche. Gleich ging es in den grünen Wadi Arni hinab. Dessen schattige Thalsohle war die anmuthigste Stelle auf der ganzen heutigen Route. Das frische Wässerchen in der Tiefe bildete zu anderer Zeit jedenfalls einen starken Nebenfluß des Nahr Sabirâni. In 20 Minuten waren wir drüben wieder auf der Höhe. Der Weg hatte im Zickzack durch das Dorf Bêtîma geführt, das armselig am sonnverbrannten Abhang klebte. Als Brennmaterial waren runde Düngerkuchen auf den flachen Dächern aufgeschichtet, hinter und auf welchen die bescheidensten Bettdecken und Teppiche gelüftet wurden. Der Nahr Barbar, halbwegs zwischen Bêtîma und Kâtana, war vertrocknet. Deutlicher als in einem andern Namen klingt darin der biblische Parpar nach; ob aber dieser kurzlebige Winterbach jemals neben dem „kalten Flusse" von Damaskus genannt zu werden verdiente? Manche glauben es bis zur Stunde.

Auf dieser Strecke nahm sich der kuppenreiche Gebirgsstock des

Hermon am stattlichsten aus. Ein Gipfel, der sich auffällig über die andern erhoben hätte, war jedoch nicht zu bemerken. Früher im Jahre wäre der höchste Punkt wohl an seinem Schneegewande erkennbar gewesen. An der Ebene fiel mir der fruchtbare Boden auf. In jenen fernen Jahrhunderten, in welchen das waldige Gebirg noch aus jeder Spalte einen perennirenden Bach entsandte und unter günstigeren Verhältnissen auch fleißigere Hände sich rührten, müssen hier einmal die üppigsten Saaten gestanden sein. Um ¹/₂5 Uhr traten wir aus dem sanft gewellten Vorlande des Hermon in die eigentliche Ebene von Damaskus; sie liegt 1000′ niederer als die Ebene unmittelbar unter der Ebene Merdsch el Hadr. Gerade am Anfange dieser breitete sich der freundliche Ort Kátana aus, und in blauer Ferne sah man die paradiesische Oase el Ghûta — heutiger Name der immergrünen Baumgärten im Weichbild von Damaskus. Vor den ersten Häusern Kátanas überschritten wir einen kleinen Bach. Dann ging es noch etwas an den monotonen Mauern üppiger Obstgärten hin. Im Dorfe selbst ließen wir uns zum syrischen Pfarrer führen.

Wohnhaus und Oekonomiegebäude waren umschlossen von einem kleinen viereckigen Hof, den man durch ein Thor und ein Thürchen betrat. Innerhalb desselben ging es in Scheuer und Stall, rechts in das einzige Zimmer des Pfarrhauses. Hier empfing uns eine Frau im Alter von 45—48 Jahren und ihre Tochter, ein hübsches Mädchen von 17—18 Jahren. Diese rollten gleich eine Binsenmatte über das Estrich und breiteten ihre buntesten Teppiche aus. Dann brachten sie eine Art Schlummerrolle als Kopfkissen und luden uns ein, die müden Glieder am Boden auszustrecken. Nachdem vorerst der große Wasserkrug die Runde gemacht hatte, ging die Tochter auf Trauben aus und brachte mehr, als wir essen konnten. Schließlich setzte ich mich auf eine Strohmatte im Hof, während meine Gefährten lieber im Zimmer ruhten. Gleich darauf öffnete sich das Hofthor, und ein mit Welschkornstauden beladener Esel kam herein. Ihm folgte als Treiber ein Mann in Maronitentracht — nur mit dunklem Turban statt mit Barett. Nachdem er abgeladen und den Esel zu einem Rinde in den Stall geführt hatte, stellte er sich uns als Churi der etwa 150 unirten syrischen Christen vor.

Bis das Nationalgericht des Kuskus fertig wurde, nahm uns

der Churi mit in seinen Garten. Auf dem Wege erzählte er von der Stellung der Christen zu den herrschenden Moslim, auch von der seinigen zu seiner kleinen Gemeinde. Diese steuerte zu seinem Auskommen jährlich 100 Franken bei. Im Uebrigen verdiente er sich in apostolischer Weise seinen Unterhalt durch Händearbeit. Aus einem Nußgarten erzielte er so weitere 100 Franken; die Nüsse waren bereits nach Damaskus verkauft. Vierhundert Franken trug ihm ein großer Aprikosengarten in der Nähe dieses Nußfeldes.

In letzteren führte er uns. Schon die Beete und Anlagen sprachen für besonderen Fleiß, am meisten aber fand die Obstbaumzucht unsere Bewunderung. Die Aprikosen standen in langen, regelmäßigen Reihen, waren von der Größe unserer Apfelbäume und obwohl längst ohne Früchte, immer noch in saftigem Grün; der Churi hatte sie selbst gesetzt. Alle 14 Tage bekam er das Wasser, und da von der sorgfältigen Benützung desselben das ganze Gedeihen und die Ergiebigkeit des Gartens abhing, so übte er es mit dem Aufwande von allen Opfern. Das ganze Feldstück war zum Zwecke der Wässerung durchfurcht und überdies um jeden Baum eine längliche Vertiefung angelegt. Trotzdem fand sich gegenwärtig nichts, was der Churi uns anbieten konnte, als eine Art länglicher Zwerggurken, die ich schon in Aegypten wie Aepfel hatte essen sehen. Alles war eingeheimst, auch die Trauben. Welch reizenden Anblick mußte der Garten zur Zeit der Aprikosen darbieten! Damals schlief der Churi jede Nacht im Garten. Gleichwohl konnten einige Moslim der Versuchung nicht widerstehen. Dieselben stiegen bei Nacht über die Mauern, schlugen den Pfarrer, als er sich zeigte, blutig und füllten ihre Körbe. Die Zahnlücke in seinem Gebiß, sagte der Churi, datire von jener unseligen Nacht. Doch wurden die Frevler der Unthat überführt und verurtheilt. Außer einer vierwöchentlichen Haft mußten sie 400 Beschlik Schadenersatz leisten; an den Pfarrer kamen aber davon nur 100, die übrigen blieben in den Händen der Beamten. Auf dem Rückweg kamen wir durch das Christenquartier. Da zeigte sich's, daß der alte Mann in großem Ansehen stand; denn die Kinder drängten sich an ihn heran, und ihre Mütter küßten ihm die Hand.

Es war bald Nacht, als wir wieder im Pfarrhof eintrafen, und es sollte gleich angerichtet werden. Die Tochter rollte eine

große Strohmatte vor der Thüre auf, setzte einen hölzernen Aufsatz in die Mitte und stellte den schwarzen Reistopf darauf. Dann
bat uns der Pfarrer Platz zu nehmen. Unser Besteck reducirte sich
auf kleine hölzerne Löffel. Das Gericht war etwas zu ölig, als
daß man viel davon essen konnte, doch mundete es gut. Als man
schlafen ging, sollte der Pfarrer, wie auch sonst, auf dem luftigen
Dache des Oekonomiegebäudes, seine Familie ausnahmsweise im Hof,
die fränkischen Gäste aber in der Wohnstube Platz nehmen. Dabei
blieb es trotz aller Gegenvorstellungen von unserer Seite. Nachdem
wir uns schlafen gelegt hatten, kamen noch etliche Männer aus dem Dorfe.
Mit denselben unterhielt sich der Churi und seine Familie bis spät
in die Nacht, ja sie scheinen vor unserer Abreise gar nicht zur Ruhe
gekommen zu sein. Diese aber war auf zwei Uhr Morgens angesetzt.

Mittwoch, den 10. September, drängten unsere Muker wie
noch nie. Wir gaben nach und erhoben uns schon eine halbe
Stunde vor dem Termine. Ein Licht schien der Churi nicht zu
brennen; um so willkommener war der Mond, in dessen lichtem
Scheine wir uns zur Abreise anschickten. Weil wir nicht vor Tag
zu Damaskus einziehen wollten, ließen wir Anfangs die Pferde
das Tempo bestimmen. So brauchten wir alle Zeit von $1/2$ 2 Uhr
bis 6 Uhr, während der Weg sonst in vierthalb Stunden ($2\,^1/_4$
durch die dürre Ebene, $1\,^1/_4$ durch die Baumgärten der Damascener Oase) zu machen ist. Auf der ganzen Strecke kamen wir
blos durch das Dorf Kefr Sûse, das 20 Minuten vor dem
Thore der Stadt liegt. Bei Tag hätten wir noch im trockenen
Lande das Dorf Moaddamîje, am westlichsten Nebenfluß des
Bârada aber (links) el Mezze und (rechts) Dârêja sehen müssen.

Letzteres, ein Städtchen von 4000 Einwohnern nicht ganz anderthalb Stunden von Damaskus, hat historische Bedeutung. Bis hierher
streiften die Scharen Gottfrieds von Bouillon, als der Emir von
Schâm — das ist der heutige Name von Damaskus — sich eines
mehrfachen Gesandtenmordes schuldig gemacht hatte, und Tankred
verrichtete hier manche seiner ritterlichen Großthaten. Auch das Heer
des zweiten Kreuzzuges hatte sich in den Gärten Dârêjas gelagert.
Wir sahen im Dämmerlichte nur dessen allgemeine Umrisse und dahinter den Dschebel Aswad (Schwarzberg) mit Kôkab, dem Geburtsort jenes Barkochba, welcher das Judenvolk zum Aufstand vom

Jahre 132 n. Chr. verleitete. Bezüglich Dârêjas erfuhr ich zu Damaskus von unserem Lazaristenpater, daß der Superior des Hauses in neuester Zeit nach den Fundamenten einer byzantinischen Kirche graben ließ; der arabische Name der Stadt läßt nämlich eine auf Pauli Bekehrung bezügliche Deutung zu. Die Entdeckung der gesuchten Kirche würde einen sicheren Fingerzeig geben; zumal der Weg von Jerusalem nach Damaskus ehemals wie heute über die Jakobsbrücke nach Sa'sa' und Dârêja führte. Die Bemühungen des Superiors führten jedoch zu keinem gewünschten Ergebniß.

So ist man bis jetzt ohne jeden Anhaltspunkt über den wirklichen Schauplatz des bedeutsamen Wunders; denn die Stelle, welche man den Fremden zeigt, liegt nicht vor Damaskus, sondern 10 Minuten hinter demselben. Es geschah aber „auf dem Zuge dahin," daß der Verwüster der Christen „Damaskus sich näherte und ihn plötzlich ein Licht vom Himmel umleuchtete." „Er stürzte zu Boden und hörte die Stimme: Saul, Saul, warum verfolgst Du mich?" Auf die Frage, was er thun solle, lautete die Ant= wort: „Steh auf und geh in die Stadt, da wird man Dir sagen, was du zu thun hast." Weil er nicht mehr sehen konnte, „nahmen ihn seine Begleiter bei der Hand und führten ihn in die Stadt*)." Denselben Weg, welchen damals der zitternde Saul um Mittag**) geführt wurde, machten wir heute früh zwischen 5 und 6 Uhr. Das große Ereigniß, worauf der Völkerapostel so oft zurückkam, erfüllte auch uns, und die Erwägung der Bekehrung Pauli erwies sich hier so ausgiebig als eine Betrachtung über das Leiden Jesu in der Grabkirche.

Doch gaben wir uns nicht so unter „die himmlische Er= scheinung" gefangen, daß wir nicht auch ein offenes Auge für die einzigartige Umgebung der Stadt gehabt hätten. Der Ueber= gang von der Einöde in das lachende Gartenrevier der Ghuta war plötzlich. Indeß präsentirten sich die herrlichen Nuß= und Maulbeerbäume, die Pappeln, Aprikosen, Pfirsiche, Mandeln, Birnen, Zwetschgen, Pistazien und Rebschosse, die je nach ihrer Natur inmitten der umfriedigten Gärten kühn in die Höhe strebten oder in geschlossenen Reihen aus den Mauern hervor=

---

*) Apostelg. 9.   **) Apostelg. 22.

quollen, so staubig und zerfetzt, wie die heutigen Araber, welche mit großen Augen an uns vorüberkamen.

Wir überschritten je 18 Minuten nach einander drei ungestüme Bäche. Vermittelst eines alten Kanalisationssystems rauschte das Wasser in allen Gärten. Unten an den Mauern drängte es sich so ungeduldig durch die ausgesparten Löcher, daß man meinen konnte, es gelte eine Ueberschwemmung. Die Mauern selbst bestanden aus großen zugeschnittenen Erdschollen, die, auf der Schmalseite neben- und übereinander gestellt, klaffende Risse zeigten und, wie hiedurch, so durch ihre schwärzliche Farbe — sogar den Gärten den orientalischen Anstrich des Ruinösen gaben. Um ja die ohnedies für einen Süddeutschen schwer faßlichen Paradiesesfreuden des arabischen Edens gleich im Keime zu ersticken, sollten auch auf unserer fünftägigen Reise nirgends so viele gebleichte oder erst halb entfleischte Skelette von Kameelen, Pferden und Eseln liegen, als zwischen den unerquicklichen Gartenwänden der gepriesenen Ghûta. Höchst eigenthümlich war der Häuserbau, wie wir ihn von Kefr Sûse an zu beobachten Gelegenheit hatten. Die Eigenthümlichkeit kam von der massenhaft gezogenen Weißpappel als dem wichtigsten Baumaterial. Zum Unterschiede von unserer Holzarchitektur setzte man das Gebälk nicht aus behauenen Stämmen, sondern aus unbeschneidbaren Stangen zusammen. Die Oeffnungen des aufgeschlagenen Stangengerüstes wurden mit Lehm oder getrockneten Ziegeln ausgefüllt. Wo dies unterblieb, waren gleich auch die Fenster und offenen Gallerien fertig. Bei der geringen Haltbarkeit dieser Füllungen wurden die beabsichtigten Oeffnungen bald noch durch unfreiwillige vermehrt. Bei zweistöckigen Häusern ragten die runden Deckbalken des ersten Stockes regelmäßig 2—3' in's Freie und trugen herausgerückte Riegelwände oder Gänge. Die Dächer waren meistens spitzig. Dasselbe Gepräge hatten auch die Häuser der Stadt; nur daß hier solideres Material hinter den Blendsteinen und nachgeahmten Quaderfugen stack.

Als wir endlich vor dem Stadtthor hielten, lag der vielgepriesene paradiesische Bestandtheil von Damaskus bereits hinter uns; esch-Scham selbst kann sich mit moslimischen Städten wie Kairo und Stambul nicht messen. Die Umgebung der Stadt ist schön. Um sie aber so schön zu finden wie die arabischen Dichter, müßte man schon mit den Pilgern von Mekka oder mit den Handelskarawanen von Baghdâd kommen. Die überstandene Hitze und Wassernoth der Wüste, der wochenlange Wechsel zwischen fahlen Sandwellen und sonnenverbrannten Berggipfeln, ja die Eintönigkeit des Himmels wie der Erde konnte auch der minder ausgiebigen Einbildungskraft eines Occidentalen die überschwänglichen Lobpreisungen der Orientalen begreiflich machen. „Das Paradies duftende“ würde er aber auch dann kaum einem Dichter nachsagen. Eher dürfte er in der Ghûta noch „den farbigen Kragen der Ringeltaube“ oder „das Gefieder des Paradiesespfauen“ oder „das Halsband der Schönheit“ erblicken, obwohl das Innere der Gärten, die sämmtlich nur nach Utilitätsrücksichten angelegt sind, uns eben das Bild chaotischer Wildniß bot. „Das Auge des Ostens,“ „die Perle im Orient“ mag derjenige sagen, welcher vom Libanon und Antilibanon her zum ersten mal die Ebene überschaut; machte doch auf uns die Menge der Minarete hinter dem grünen Walle der Gärten schon von der Hochfläche vor Katana einen überraschenden Eindruck.

Im Innern der Stadt hatten wir den bekannten beschwerlichen Ritt über das spitze orientalische Pflaster. So zogen wir vom Westende bis zum Ostende von Damaskus, woselbst links von der „geraden Straße“ die Lazaristen wohnten. Vor deren stattlichem Hause verabschiedeten wir unsere Muker. Bei den freundlichen Vätern fanden wir die gehoffte gastliche Aufnahme.

Damaskus.

Dimeschk esch-Schâm, wie die Stadt vollständig in der Landessprache heißt, hat aufgehört sich gegen den christlichen Occident zu verschließen. Eine Straße, die sich mit jeder europäischen messen könnte, verbindet es mit Berût. Auf dieser kommt jeden Morgen um $\frac{1}{2}$9 Uhr und jeden Abend um $\frac{1}{2}$6 Uhr die französische Post und bringt das Interessanteste, was das Meer dort an's Land geschwemmt hat. Waren es Männer ohne Tarbûsch — diese rothen Käppchen mit schwarzer Dolde bedeuten geriebene Levantiner — so brauchen sie nach Oeffnung des Wagenschlags sich nur fallen lassen, und sie liegen gewiß in Dimitris oder seiner Kellner Armen. Dieser Grieche hat neben dem Halteplatz des Omnibus in gemiethetem Hause das vornehmste europäische Hôtel. Wer gern den architektonischen Sinn des damascenischen Hauseigenthümers bewundert und zum Vortheil des Pächters Haare läßt, kehrt unabweislich hier ein. Wir hatten nach fünftägigen Strapazen auf anderes zu denken. Ich wenigstens wäre am liebsten in ein Spital gegangen; denn die Entkräftung äußerte sich Anfangs durch auffälliges Bluten. Da konnte am ehesten die lange vermißte Nachtruhe helfen, und diese war nicht im Schmutze einer orientalischen Wirthschaft, sondern in der Stille eines reinlichen Klosters zu finden.

Was im heiligen Lande die Franciskaner sind, werden nächstens in Syrien die Jesuiten sein; nur in Damaskus dürfte sich auf lange hinaus kein Orden mit den Lazaristen messen wollen. Hier bilden sie in mehrfachem Sinne die Burg der Christen. Ihr festungsartiges Kloster war im Schreckensmonat des Jahres 1860 den fanatischen Drusen, der beutelustigen Soldateska, dem raubgierigen Damascener Pöbel, ja den Elementen zu stark, um mehr als ausgeräumt und theilweise demolirt zu werden — man zeigte uns noch Gangplatten, deren Sprünge von den Axthieben der wüthenden Plünderer stammten. Wie lange vor dieser Verheerung, so ist es heute wieder die Zuflucht der arbeitsunfähigen und unbeschäftigten Bevölkerung des Christenviertels, insbesondere der mittellosen Wittwen und Waisen, was wir während der zwei Tage unseres Aufenthaltes hinlänglich Gelegenheit hatten zu beobachten. Den Vorsteher des Hauses bekamen wir nicht zu sehen; er befand sich in einem Sommerhause des Bâradathales. Unser nahm sich so ein ordinirter Araber an, der geläufig französisch sprach und mir gelegentlich auch Winke über seine Muttersprache gab.

Bis das Frühstück gerichtet war, sahen wir uns die Kirche und den vom Kloster eingeschlossenen Garten an. Die Kirche ist aus den Ruinen vom Jahre 1860 in neuer Schönheit erstanden. Die Knaben der Ferienschule wohnten eben dem Gottesdienste bei. Im Garten fiel mir das Bananenbeet auf; die schönsten Exemplare dieser herrlichen Blattpflanze lagen zerhackt am Boden. Als Grund gab man an, daß diese getragen hätten, und auch die stärkste

Banane kein zweites mal trage. Die Bäumchen waren in engen Reihen gesetzt, in deren vertieften Zwischenräumen Wasser stand. Die größten mögen ein Stockwerk hoch gewesen sein, die kleinsten nur einige Fuß. Die ganze Anlage erinnerte an die Verjüngung unserer Tannenwälder. Beim Frühstück bediente uns ein aus den Rheinlanden stammender Bruder. Indeß fehlte mir der Appetit. Weil nachher auch der Schlaf sich nicht einstellen wollte, welcher vermuthlich Abhilfe gebracht hätte, schloß ich mich denselben Vormittag noch meinen Reisegefährten an, als sie sich in's Pfarrhaus der unirten Griechen begaben.

Zu Damaskus hat es nämlich über hundert tausend Muselmänner und Juden, daneben aber auch fünfzehn bis sechzehn tausend Christen verschiedener Riten. Unter den letzteren bilden die Franken, Syrer, Maroniten und Armenier neben den Griechen nur verschwindende Bruchtheile. Die Griechen zerfallen wieder in unirte und nicht-unirte. Beide halten sich der Zahl nach so ziemlich das Gleichgewicht; doch ist die Zunahme der ersteren die größere. Dieselbe geschieht zum Theil auf Kosten der Gegner, denen die Vernachläſſigung der Schule vor allem schadet. Die Kinder nicht-unirter Familien besuchen großentheils die Schulen der Lazaristen und Franciskaner, insbesondere auch der abendländischen Schwestern. Wie im östlichen London der ärmste, so wohnt im östlichen Damaskus der gedrückteste Theil der Bevölkerung, nämlich nördlich von der „geraden Straße“ die Christen, südlich die Juden; diese sind halb so zahlreich als jene. Genannte Straße durchschneidet nämlich die Stadt in westöstlicher Richtung und zerlegt sie in eine größere (nördliche) und kleinere (südliche) Hälfte. Im Judenviertel nun standen unfern von einander die Kirchen der unirten Syrer, Armenier und Griechen und dicht daneben die beziehungsweisen Kuratiehäuser. Hier traten wir in das der unirten Griechen.

Vom offenen Vorplatz ging es unmittelbar in den großen Wohn- und Empfangssaal. Der vertiefte Fußboden war mit schönen Teppichen belegt. Rings an den Wänden liefen die Divane hin. Der Pfarrer saß der luftigen Thüre gegenüber und erledigte mit seinem Vikare die Geschäfte. Dieser las jenem vor und verzeichnete auf dem Knie seines Herrn Verfügung — arabisch schreibt man nämlich nur auf dem Knie, und zwar mit der Unterlage der linken

Hand. Die Begrüßung hätte bei einem Bischofe nicht feierlicher
sein können. Der Vikar machte unseren Dolmetscher; denn der
alte Pfarrherr verstand blos die Landessprache. Ein jugendlicher
Laie kam auf Besuch und erzählte von seinen Reiseerlebnissen. In
den Pausen, die es für mich gab, hingen meine Augen an der
Zimmerdecke. Da lag Pappel an Pappel — so beschlagen, daß
sie zusammen eine glatte Fläche bildeten — und jede war mit
besonderer Absicht gemalt. Das Ganze schien eine Mosaik aus
lauter frischen Farbenstreifen. Gar lieblich flammten diese farbigen
Deckenstreifen in der nahen Kirche, die wir betraten, sobald der
Meßner den Schlüssel gebracht hatte und das Scherbet getrunken war.

Die große Kirche bildete ein freistehendes Quadrat. Die beiden
Seitenwände und die Rückwand waren oben durchbrochen und sorgfältig vergittert; man bezeichnete diese Gallerien als die Frauen-
abtheilung. Von innen gab es zu dieser keinen Zugang. Weit weg
von den Kirchenthüren führte eine gedeckte Treppe hinauf. Hölzerne
Stöcke und die vier Wände trugen außerhalb die Gallerien. Man hätte
an den altgriechischen Säulenbau denken mögen, wenn die Stützen
nicht zu dünn und selten gewesen wären. Einer so strengen Scheidung
der Geschlechter bin ich nur hier begegnet. Die Frauen schienen zudem
auch das Wort des Apostels fast buchstäblich zu nehmen: „Jedes Weib,
das betet und dabei unverhüllten Hauptes ist, schändet sein Haupt,"
d. i. seinen Mann*). Sie waren zwar nicht verschleiert, aber
ihre Haare so unsichtbar wie die der Jüdinnen. Die Trennung
des Altars und Volkes durch eine mit Bildern überladene Prunk-
wand hatte die erst neuerlich aus ihrer Asche erstandene Kirche
mit denen aller Griechen gemein.

Wir begaben uns in das Christenviertel zurück, um der
kleinen Expositur der Väter vom heiligen Lande einen Besuch abzustatten. Da trafen wir drei aufgeräumte Spanier, die bedauerten, daß wir nicht bei ihnen abgestiegen seien. Weil „das
Haus des Ananias" nicht weit von ihnen stand, begleitete uns
ein Pater dahin. Es ging in die Nordostecke der Stadt. Dasselbe
ist in eine bescheidene Kapelle verwandelt, unter der sich eine feuchte
Krypta befindet. Das wichtigere Haus der Bekehrung Pauli

---

*) 1. Kor. 11, 5 u. 4.

lag nach den klaren Worten der Schrift „an der geraden Straße*)“
und gehörte einem nicht weiter bekannten „Judas“. In dasselbe
brachten die Begleiter den vor Damaskus durch das himmlische
Licht geblendeten Saul. Darin verharrte er drei Tage ohne Speise
und Trank und betete um die Gnade der Erleuchtung. Dahin
schickte Jesus den Judenchristen Ananias, damit der künftige Völker=
apostel „sehe und voll des heiligen Geistes werde.“ Ananias legte
ihm die Hände auf, „und sogleich fiel es von seinen Augen wie
Schuppen, und er sah wieder, stand auf und ließ sich taufen.“
Im Haus dieses Judas wohnte er wieder, als man ihn drei Jahre
später in religiösem Fanatismus aus Damaskus vertrieb. Man
zeigt dasselbe am Anfang des Christenviertels; wir kamen jedoch
nicht hinein. Für jetzt lag es zu entfernt an der „geraden Straße“.

Als wir aus dem Hause des Ananias gingen, präsentirte
uns ein Künstler einen Bogen voll Zeichnungen — Halbmonde,
Kreuze, Kronen, geometrische Figuren und allerlei Gewinde und
Verschlingungen. Er meinte, wir sollten uns tätowiren lassen.
Wir bedauerten, daß wir keine Zeit hiefür hätten. Es hieß, eine der
ehrwürdigsten Stätten der orientalischen Christen sei vor Kurzem
in den Besitz der Väter der Gesellschaft Jesu übergegangen.
Diese haben zu Damaskus nur eine unbedeutende Ansiedelung. Uns
empfing ein einziger Pater. Bei demselben trafen wir zwei Damas=
cener Jünglinge, welche früher die Schule des Ordens zu Berût
besucht hatten. Der französische Pater machte für uns alle Cigaretten
aus Baghdâder Tabak und sprach nebenbei von den lokalen Ver=
hältnissen. Schon aus Rücksicht auf die Lazaristen beabsichtigen sie
in Damaskus keine höhere Schule zu gründen. Sie bauen blos
eine Kirche neben ihre kleine Expositur. Wie die Ueberlieferung
den ausersehenen Bauplatz als die Geburtsstätte des heil. Johannes
Damascenus bezeichne, so finde diese Angabe in dem Umstande
eine Bestätigung, daß das Nachbarhaus, welches die Gesellschaft
zu diesem Zwecke erwarb, sich offenbar als eine frühere Kirche aus=
weise. Man sei in Folge dessen von dem ursprünglichen Plane
eines gänzlichen Neubaues abgestanden und begnüge sich damit,
das alte Sanctuarium möglichst treu wiederherzustellen. Wir be=

---

*) Apostelg. 9, 11.

sichtigten das angekaufte moslimische Haus und bemerkten die un=
verkennbaren Spuren eines ehemaligen Gotteshauses. Im Innern
herrschte übrigens noch der Greuel der Verwüstung.

Johannes Damascenus ist der letzte Kirchenvater, und das ganze
orthodoxe Griechenthum ruht auf seinen Schultern. Darum hatte ich
schon zu Mar Saba die Kapelle des heil. Johannes von Damaskus
mit besonderer Ehrfurcht betreten. Hier fiel mir ein besonderer Zug
aus seiner Legende auf. Zur Zeit des Bilderstürmers Leo des Isauriers
(717—741) bekleidete er, wie schon sein Vater Sergius, die Stelle
eines einflußreichen Rathes des Chalifen und bekämpfte in dieser
Eigenschaft besonders wirksam zugleich die Bilderstürmer. Schließlich
suchte ihn der Kaiser durch einen hochverrätherischen Brief in Ungnade
zu bringen. Einer seiner feilen Schreiber mußte dessen Handschrift
nachmachen. Johannes lud in einem fingirten Schriftstücke die
Byzantiner zur Eroberung von Damaskus ein. Der getäuschte
Chalife ließ ihm dafür die rechte Hand abhacken. Doch setzte er ihn
wieder in seine Stelle ein, als durch die Fürbitte Mariens die
Hand des Heiligen wunderbar angeheilt war. Die Bilder, welche ich
sah, hielten sich mit Vorliebe an diese Legende vom trügerischen
Brief und der Rechten des Damasceners.

Meine Begleiter waren jetzt mit den Sehenswürdigkeiten von
Damaskus zu Ende und gedachten nur noch der Weiterreise nach
Baalbek. Sie sollte wo möglich heute noch geschehen und zwar zu
Pferd oder im Omnibus. Mein Reiseplan war hingegen gleich
von Anfang, daß ich vor morgen Abend die berühmte Stadt nicht
verlasse. Wollte es doch schon einige Ruhe, um den wunderbaren
Ausgangspunkt der paulinischen Thätigkeit in seiner großen
Bedeutung zu fassen; dazu kam noch die Rolle, welche Dam=
méschek im alten Bunde spielte.

Der Sage nach wäre schon Uz, der Enkel Sems, dessen
Gründer gewesen. Die Bibel erwähnt es zuerst in den Tagen
Abrahams. Da verfolgte der Patriarch die vier Könige des
Ostens bis Choba jenseits Damaskus. Auch Elieser, der Rebekka
für Isaak freite, war ein geborener Damascener. Als tausend
Jahre später die Syrer von Damaskus für die Syrer von Zoba
gegen David zu Felde zogen, wurden ihrer 22,000 erschlagen: „da=
rauf legte der König Besatzungen in ihr Land, und die Syrer

wurden Davids Knechte und brachten Geschenke." Die Stadt ging jedoch bereits unter Salomon wieder für Israel verloren. Reson, ein flüchtiger Anführer syrischer Truppen aus der Zeit Davids, „sammelte nämlich Männer gegen Salomon. Diese zogen nach Damaskus und wohnten darin und beherrschten Damaskus" *). Das Glück war mit ihnen; — denn sie gründeten ein neues syrisches Reich, das fortan in den Zwistigkeiten des Zehn= und Zweistämme= reichs die Zorngerichte Gottes vollzog.

Schaut man zu Damaskus gegen Westen, so erscheint die große Ebene mit Ausschluß des nördlichen Ostjordanlandes wie ein Lager, dem auf der Rückseite der Wall fehlt. Kein Wunder also, daß die Herren von Damaskus beständig um dasselbe stritten. Dies ging aber auf Kosten des israelitischen Zehnstämmereichs. Die bib= lische Geschichte erzählt so von einem ersten Ben Habad, der um 950 v. Chr. den israelitischen König Baësa besiegte, wie auch von einem zweiten, der einige Decennien später bei Afek im Ge= birge Gilboa von Achab geschlagen, die Eroberung jenes ersten nothgedrungen wieder herausgab. Der israelitische Usurpator Jehu mußte indeß wenige Jahre nachher schon wieder einen bedeutenden Theil seines nördlichen Reiches an die Damascener abtreten; denn der kriegsgeübte König Hasael hatte selbst das südliche Judenland schwer bedroht und von Jerusalem einen Tribut erpreßt **). Dessen Sohn Ben Habad III. hingegen wurde von König Joas drei mal auf's Haupt geschlagen und zog sich wieder auf seine Hochebene zurück. Jerobeam II., des Königs Joas Sohn, eroberte um 800 vorüber= gehend sogar die Hauptstadt der Syrer und stellte im Osten die ferne Grenze des davidischen Reiches wieder her. Kaum vierzig Jahre später haben indeß die Damascener wieder ihre Könige, und diese stehen sogar mit dem Reiche Israel im Bunde; die Furcht vor den Assyrern führte sie zusammen. Statt sich noch durch ein Bündniß mit Juda zu verstärken, zogen Rezin von Damaskus und Pekach von Israel gegen den König Ahas (742—728) von Jerusalem. Da rief dieser im Gedränge die Assyrer zu Hülfe. Sie kamen und eroberten Damaskus (732) und halbirten überdies das Reich Israel; aber auch Ahas mußte zu Damaskus Tiglat

---

*) 3 Kön. 11, 14.   **) 4. Kön. 12.

Pileſar huldigen. Das Jahr 732 bedeutete für 1¹/₂ Jahrtauſend das Ende der Selbſtändigkeit. Fortan wurde Damaskus als Provin-zialſtadt von Hand zu Hand gegeben, bis es um 661 n. Chr. dem Chalifengeſchlechte der Omajaden gefiel, Damaskus zu ſeiner Reſidenz zu erwählen. Merkwürdig iſt das Alter der Eroberungs-verſuche von Arabien aus. Ein König Antiochus Dionyſius wurde bereits im Jahre 84 v. Chr. von einem Araberkönig Aretas ge-ſchlagen, verjagt und erſetzt. Als Damaskus noch der Mittelpunkt der pauliniſchen Predigt war (34—37), ließ es ein zweiter Araber-könig, Namens Aretas, durch einen Statthalter regieren; deſſen Nachſtellungen entging der Apoſtel nachmals nur mit Noth (37).

Nachmittags begab ich mich in Begleitung eines Lazariſten-zöglings auf die „gerade Straße", in demſelben Sinne heute noch „Derb el Muſtakim" genannt. Sie iſt nicht blos die Haupt-verkehrsader, ſondern auch der ſchönſte Bazar der Stadt. Gerade dort, wo wir von den Lazariſten her in dieſelbe einbogen, ſtand auf der Südſeite eine neue Kaſerne. Darin ſoll am 9. Juli 1860 der pflichtvergeſſene Stadtpräfect Achmed Paſcha, ſtatt der Wuth der fanatiſirten Druſen zu wehren, ſelbſt das Signal zur Chriſtenſchlächterei gegeben haben. Ausgemachte Sache iſt, daß die Soldaten dieſer Kaſerne mit den Mördern fraterniſirten und neben dem Damascener Pöbel plünderten. Sechs tauſend Menſchen wurden dabei hingemordet und das Chriſtenviertel niedergebrannt. Achmed Paſcha blieb völlig unthätig und wurde mit andern Truppen-commandanten gerade zwei Monate nach Beginn der Greuelſcenen (9. September) erſchoſſen. Schuldige und (ſoweit dieſe nicht er-mittelt werden konnten) Unſchuldige ſtanden für den angerichteten Schaden ein. Wie man mir wiederholt ſagte, wurden hiedurch viele moslimiſche und jüdiſche Häuſer, die ſich comprommittirt hatten, ruinirt. Deren Stimmung gegen die Chriſten dürfte alſo ſchon deshalb nicht beſonders roſig ſein.

In der verhältnißmäßig leeren Straße ſaßen die Kaufleute mit unterſchlagenen Beinen entweder auf dem Boden oder auf dem Geſimſe ihrer Läden, meiſt mit lauter Koranlektüre beſchäftigt. Letztere ſchien an ſich das Vernünftigſte, was der Moslim eben treiben konnte, weil der Ramadhan den Tabak und Kaffee verbot; doch kam ſie mir bei dem Ton, welcher im Koran herrſcht, und bei der

finstern Miene, welche die Andacht beglcitete, fast unheimlich vor.
Das Geplapper und ständige Kopfnicken, welches neben her ging, war
geradezu komisch. Solchen Koraneifer hatte ich noch nirgends ange-
troffen. In den Victualienbuden hing eine eigene Art Damascener
Ramadhangebädes an Fäden. Es waren große buckelige Butter-
teigfladen, nicht dicker als ein Kartenblatt, verführerisch braungelb und
verzuckert, von der christlichen und moslimischen Jugend gleich
eifrig gesucht; den Namen habe ich vergessen. Die Straße war
zu vier Fünfteln Trottoir. Ein Fünftel bildete den von Akka her
bekannten vertieften Saumpfad, auf dem das beladene Kameel
Pferd und Esel gegenüber stets das Feld behauptet. Wäre das
schwanke Schiff der Wüste nicht in diesen gebannt, so säße der
Moslim mit dem Koran nur halb so gemüthlich auf seiner Má-
staba, d. i. auf seinem Ladenbrett. Die schweren Waarenballen aus
den Euphratländern und dem Haurân würden seine Lenden gerade so
unsanft behandeln als die jedes Reiters, der nicht zeitig weit genug auswich. Gedeckt war „die gerade Straße" mit Zelttüchern und Holzdächern.
Letztere, von luftigen arabischen Kielbögen in die Höhe gehalten,
mußten sich gegen Sonnenschein und Regen gleich praktisch erweisen.
Obwohl die Straße schnurgerade bis zum Westthor und noch darüber hinauslief, also an sich dieselbe blieb, änderte sie ihren Namen
mit den Bazarartikeln. Der schönste Theil, ungefähr das mittlere
Drittel, hieß Sûk el Dschakmâk, der westlichste Theil Sûk el
Attarín.

Zwischen beiden Bazaren bogen wir rechts (nördlich) in den
berühmten Chan Assad Pascha ab, mit dem sich kein zweiter
an Größe und Pracht messen kann. Das hohe Eingangsthor hatte
den zierlichen Stalaktitenbogen, der so specifisch arabisch ist und
die berühmtesten Kunstbauten Kairos und Damaskus' auszeichnet.
Die Außenwand, in welcher dessen eigenthümliche Consölchen über
einander vorkragten und tropfsteinartig sich abtreppten, war durch
den Wechsel von durchgehenden schwarzen und gelblichen Steinschichten belebt. Der große geplattete Hof bildete ein Viereck, dessen
Mittelpunkt ein rundes Wasserbecken einnahm. Ueber letzterem erhob sich eine große, mit Arabesken verzierte Kuppel auf vier starken,
(horizontal) gestreiften, übereck gestellten Pfeilern, die durch hohe
Spitzbogen unter sich verbunden waren. Die gleichen Bögen

zweigten von den zwei auswärts gekehrten Seiten eines jeden
der viereckigen Pfeiler ab und liefen nach den gegenüberliegenden
Quadermauern des Hofes. Da es acht im Ganzen waren (zwei
nach jeder Wand), so entstanden ebenso viele Felder, und diese
wurden von je einer Kuppel überragt. Der ganze neunfache
Kuppelbau war von Holz. Darunter lud der müde Karawanen-
führer ab, aß dann seine trockenen Feigen, stillte seinen Durst und
schwelgte im Genusse des kühlen Schattens. Die Waaren wurden
rechts oder links und im Hintergrunde durch Kielbogengänge in
vermiethete Verkaufslokale geschleppt, in denen meist nur im Großen
gehandelt wird. Der Häusercomplex, welcher sich unter dem Namen
Chan Assad an diesen Kuppelhof herandrängte, sollte auf der abgekehrten Seite Tausenden von Kameelen und Menschen Obdach
bieten. Ich sah vom Hofe aus nichts als sorgfältig verschlossene
Magazine ohne die Möglichkeit von Auslagen. In einem derselben
breitete man mir Tags darauf die Stoffe auf den erhöhten Theil
des Bodens. Zur Besichtigung legte man sich daneben.

Nördlich vom Chan Assad lag „die große Moschee". Absicht und Zufall führte mich mehrmals dahin. Ich sah sie von
unten und oben, doch nur von außen, weil der Eintritt die Vermittlung des Konsulates, einen Kawassen und eine Ausgabe von
20 Franken nothwendig machte. Bis vor Kurzem war sie gar
nicht zugänglich. Nach ihren Erbauern heißt sie Omajadenmoschee,
wegen ihrer Großartigkeit Gam'a el Kebir. Ihr Grundriß ist ein
Rechteck, dessen Breite zwei Drittel der Länge beträgt. Letztere
wird auf 131 m angegeben und folgt gleich „der geraden Straße"
der Richtung von Westen nach Osten. Stände auf der Ostseite
vor dem spitzigen großen Portal ein Altar und blieben nach den
drei andern Himmelsgegenden die Thore, so hätte man die Grundform einer byzantinischen Kirche mit Vorhalle. Dieser Rahmen und
die Reste einer Umfassungsmauer sind, von der Bedachung abgesehen, fast alles, was von der alten Johanneskirche geblieben ist.

Eine solche stand nämlich von Theodosius dem Großen († 395)
oder seinem Sohne Arkadius († 408) bis auf den Chalifen Omar
(† 644), beziehungsweise bis zur welthistorischen Niederlage der
Byzantiner am Jarmûk (634), an dieser Stätte und verwahrte in
kostbarem Schreine das abgeschlagene Haupt Johannes des Täufers.

Omars Feldherr Chalid sah die allverehrte Reliquie in einer Krypta. Jetzt soll innerhalb der Moschee ein dickvergoldetes Kuppelgebäude über dem Haupte des Täufers stehen. Thatsache ist, daß der Moslim bei dem Propheten „Jahja" (Johannes) unverbrüchliche Eide schwört. Theodosius der Große hatte auf gleicher Stelle schon einen heidnischen Tempel ausgeräumt, dessen Kult einer romanisirten Gottheit der Syrer galt, und zwar eher der unsittlichen Astarte als einer der verschiedenen Formen des vergötterten Tageslichtes (Baal). Vielleicht stammen von dem baulustigen Kaiser Hadrian († 138) die römischen Reste auf der Westseite der Moschee, welche dem Fremden von einem benachbarten Dache aus gezeigt werden. Es sind drei starke Säulen mit schönen korinthischen Kapitälen und reich verziertem Architrav. In einer Linie standen einst sechs solche sich correspondirende Säulen. Von der dritten und vierten ging der Triumphbogen aus, von dessen nördlichen Ansatz noch einige Fuß erhalten sind. Sein Scheitel muß 70' hoch gewesen sein. Der Bogen selbst trug nicht die übliche Attika, sondern stack in einem Giebelfeld, das gleichfalls noch fragmentarisch erhalten ist. Hinter diesem monumentalen Thor führte erst eine prächtige Säulenreihe zum Göttertempel.

Weil Mekka südlich liegt, ist auch die südliche Längenseite der Moschee die Gebetswand. Jede der vier orthodoxen Sekten hat darin eine Kibla. Am wichtigsten ist die der Hanefiten. Ein Gebet hier ist mehr werth als dreißig tausend andere. In Folge dieses Glaubens ist die „große Moschee" ein Wallfahrtsort. Mit der langen Gebetswand läuft eine erste, zweite und dritte Säulenreihe parallel — die dritte in gemauerte Pilaster gehüllt. Diese drei Reihen und die Südmauer tragen drei mit Holz und Blei gedeckte Giebeldächer und werden so nach christlicher Anschauung zu drei westöstlichen Langschiffen, nach mohammedanischer zu drei Säulengängen. In nordsüdlicher Richtung werden diese von einem viel höheren Quergang durchschnitten, auf dessen vier massiven Mittelpfeilern die Hauptzierde des Gebäudes, die Kubbet en-Nisr oder Geierkuppel, ruht. So heißt dieselbe, weil sie das hohe Querschiff und die drei westöstlichen Arkaden wie ein Geier unter ihren Fittigen hat.

Als ich am nächsten Morgen vom Bazar der Goldschmiede aus ein erstes und zweites Dach erstiegen hatte und dann unmittelbar vor der stolzen, architektonisch berühmten Südhälfte der Moschee stand — die größere Nordhälfte bildet einen Hofraum — so glaubte ich Anfangs einen frühromanischen Dom zu erblicken, in dem der gewaltthätige Islam erst gestern seinen Einzug gehalten hat; und doch ist der großartige Bau moslimischen Ursprungs. Nur für die innere Ausschmückung kamen seiner Zeit 1200 Künstler von Konstantinopel. Die vom Halbmond bekrönte Geierkuppel ruhte auf einem achteckigen Untersatz, nach allen Seiten durchbrochen von je zwei Rundbogenfenstern. Solche waren auch in den spitzen Giebeln der Schiffe. Doppelreihig belebten sie die Schmalseite des nordsüdlichen Querschiffes, einreihig die lange Flucht der Gebets=wand. In der Südostecke der Moschee stieg das Jsâ=Minaret in die Höhe. Dieses hat seinen Namen von dem Glauben, daß Jesus (Jsâ) bei seiner Wiederkunft zum Gerichte sich zuerst auf diesem Minarete zeigt. Bis zu beträchtlicher Höhe ist es ein vierseitiger Kirchthurm. Auf dessen Plattform baut sich in drei Verjüngungen erst das eigentliche Minaret auf, welches mit einem spitzen Pyramidchen abschließt. Diesem höchsten Minaret der Stadt entspricht ein zweites mit drei Gallerien und einem abschließenden Knopf in der Süd=westecke der Moschee. Ein drittes Minaret in der Nordostecke — 159 Stufen führen hinauf — darf von den Fremden bestiegen werden, aber nur in Verbindung mit dem Besuche der Moschee. Die Aussicht von dessen Gallerie ist im höchsten Grade lohnend; denn man überschaut nicht blos das Prachtwerk der Moschee, sondern sieht, wie die Stadt im grünen Laubkranz der Ghûta und im Gold=rahmen der dürren Wüste mit dem scharf markirten Gebirge rings=um am blauen Horizonte zu einem wundersamen Bilde verschmilzt.

In das Innere der Moschee sah ich durch das prächtige Ostthor Bâb Dscherûn. Vor demselben zogen beständig zehn bis zwölf finster blickende Männer ihre Schuhe an. Die Straße, welche von der Citadelle (am Ende der Stadt) westöstlich läuft, wird näm=lich von der Moschee unterbrochen, beziehungsweise die Moschee von den Moslim als Durchgang benützt. Drinnen sprudelte es unter der s. g. „Kuppel des Springbrunnens“, und die Leute gingen der religiösen Waschungen wegen ab und zu. Dieselbe ruhte auf übereinandergestellten Marmorsäulen und bildete den Mittelpunkt des geplatteten, von Säulenhallen und hohen Um=

faſſungsmauern umgebenen Hofes; nur war die Südſeite mehr (als die Nordſeite des von der Geierkuppel beherrſchten Arkadenbaus) eine durch Pilaſter, Hufeiſen und Rundbogen gegliederte Wand. Der dichte Säulenwald unter, die drei Kuppeln (dieſſeits der erwähnten die Schatz-, jenſeits die Stundenkuppel) über, die Dimenſionen des ungedeckten Rechteckes vor dem Moſcheebau, die Höhe und der blendendweiße Verputz der kühnen Minarete in den Ecken machte einen höchſt eigenthümlichen, ſchwer zu ſchildernden Eindruck. Es ſpiegelte ſich der Glanz der Periode der Omajaden (661—750), aber auch das Seltſame und Wunderliche des Mohammedanismus. Die Erbauer waren Welid I. (705—715) und ſein Nachfolger Sulemân (715—717). Der Vater jenes Abd el Melik (685—705), hatte ſich durch großartige Bauten zu Mekka und Jeruſalem verewigt, der Sohn Welid I. wollte hinter ihm nicht zurückbleiben und ſchuf nach Sepp „die Peterskirche des Islam". Aus ſeinen eigenen Mitteln wendete er 400 Kiſten Goldes auf. Die Rechnungen mußten auf 18 Maulthieren vorgeführt werden, als die Beſcheidenheit ihm gebot, die Dokumente ſeiner Munificenz zu vernichten. Erſt nachdem alles edle Material des griechiſch-römiſchen Syrien zuſammengeſucht war, wurden die antiken Säulen aufgeſtellt, Fußboden und Wände mit dem ſeltenſten Marmor verkleidet, die Niſchen und Kuppeln mit den koſtbarſten Moſaiken geſchmückt. Einige Jahre hingen 600 goldene Lampen von der vergoldeten Holzdecke herab. Im Verlauf der Jahre hat der Bau durch allerlei Mißgeſchicke gelitten, am meiſten um 1400 durch die Horden Timurlenks, ſeit dem Anfang des 16. Jahrhundert auch durch die Unterlaſſungsſünden der Türken.

Die Chriſten haben nicht vergeſſen, daß ihnen die Johanneskirche entriſſen worden iſt, und leben der Hoffnung, ſie bald wieder zurückzuerobern. Sagen ſie auch mit Unrecht, daß die Moslim noch in ihrem Gotteshauſe beten, ſo liegt ihrer Behauptung doch das Richtige zu Grunde, daß ſie durch beſondere Gewaltacte derſelben um das hehre Sanctuarium kamen. Indeß klingt der Bericht darüber etwas ſagenhaft. Nach der Niederlage des byzantiniſchen Heeres am Jarmûk waren Omars Feldherrn Abu Ubêda und Châlid vor Damaskus gerückt. Siebzig Tage trotzte hier der tapfere Grieche Thomas ihren vereinigten Angriffen. Endlich überſtieg der ver-

wegene Châlid in einer Festnacht die Ostmauer und öffnete das Thor;
die wilden Araber drangen sengend und brennend ein. Angesichts
dessen capitulirte man am Westthor mit Abu Ubêda, bevor dieser
von Châlids Erfolg etwas wußte. So rückten die Araber auch hier
unaufgehalten ein und kamen bis gegen die Mitte der Stadt, wo sie
auf ihre siegreichen Kameraden stießen. In Folge dessen erfuhr
Damaskus eine doppelte Behandlung. Die Osthälfte galt als er=
stürmt, die Westhälfte als freiwillig übergeben. Dort gab es keinen
Pardon, hier trug man dem Begehren der Christen einige Rech=
nung. So behielten sie 15 Kirchen und die eine Hälfte der Basilika
des heil. Johannes; in der andern Hälfte hatte Châlid bereits gebetet.
Christen und Mohammedaner hielten nun über siebzig Jahre unter
gleichem Dache Gottesdienst. Da wollten letztere die heilige Stätte
allein haben, und Welîd I. gab dem Drängen ihrer Wortführer nach.
Man streitet sich, ob die Wegnahme mit oder ohne Entschädigung geschah;
die Damascener Christen glauben, daß keinerlei Ersatz geleistet wurde.

Die Sorge für die Heimfahrt führte mich auf das österreichische
Konsulat. Nachdem ich die gewünschten Aufschlüsse erhalten hatte,
zeigte mir einer der gefälligen Beamten den Weg zum Grabe
Saladins. Nach arabischen Zeugnissen fand der große Kurde
seine irdische Ruhestätte in der Nähe des Postthors (Bâb el Berîd)
neben einem der akademischen Annexe der Omajadenmoschee. Wirk=
lich mußten wir über den Buchhändlerbazar — mit aufgeschlagenen
Koranen, die jedoch nur für Moslim feil sind — zum westlichen
Hauptthor der Moschee zurückkehren. Auf einem freien Platze dahinter
stand, an eine der höheren Koranschulen (Dar el Hadit) gelehnt, das
einfache Mausoleum des Chalifen. Ich war in Bezug auf seine
Dimensionen enttäuscht. Die unwürdigen Mamlukensultane zu
Kairo ruhen in prächtigen Moscheen; der größte Mann des Islam
dagegen blos in einer Kapelle. Doch war es offenbar die Kapelle
eines moslimischen Heiligen — ein außergewöhnliches Weli. Wie
bei jedem Heiligengrab, so schloß auch hier ein quadratisches Vier=
eck mit einem Gewölbe ab; das Außergewöhnliche aber lag in
den zwei Stockwerken und in der Art, wie sich das Gewölbe ohne
Absatz aus den vier Wänden entwickelte. An ein Betreten des
Weli war nicht zu denken. Doch wehrte Niemand, daß ich ab=
wechselnd mit den tief vermummten Verehrerinnen des Salah=ed=

dîn, d. i. „Heil der Religion“, hineinschaute. Das Grabmonument hatte nämlich eine schalterähnliche Oeffnung, die gegen unliebsame Zudringlichkeit wieder durch ein eisernes Gitter geschützt war. An deſſen Querstangen hingen Fäden, Fetzen und Amulete. Im Innern des Weli standen zwei Sarkophage ähnlich dem Sarge Davids auf Sion, d. h. ihr Querschnitt glich der Breitenseite eines schmalen Giebelhauſes. Sie hatten die Höhe von 6 und 7′ und ruhten ſamt ihrer niedern, leiſtenartig hervortretenden Unterlage auf dem 3—4′ hohen Boden. Die Hauptzierde waren Decken und Teppiche. Vom Gewölbe hingen Lampen herab. Die Wände prangten von alten muſiviſchen Arabesken auf Goldgrund. Der Fußboden war mit viel= farbigen Marmorstücken belegt. Die zwei Särge enthalten Vater und Sohn. Letzteres soll von den sieben Söhnen Saladins der älteste, Melik el Afdal, sein, der auch das Mauſoleum erbauen ließ.

Ein eigenes Verhängniß wollte, daß weder dieser noch einer seiner Brüder dauernd zur Regierung kam, und daß schon nach 50 Jahren das ganze Geschlecht der Ejubiden den ägyptischen Mamluken weichen mußte. Damaskus war lange die Lieblingsstadt Saladins gewesen. So zog er sich denn auch im November 1192 hierher zurück. Am 20. Februar erkrankte er, nachdem er noch der Karawane von Mekka entgegengeritten war, und erlag, erst 56 Jahre alt, am 3. März 1193 dem Fieber. Seine Wiege war zu Tekrit am Tigris gestanden, sein eigentlicher Name Jûſef ibn Ejub gewesen. Seine Kinder= jahre hatte er zu Baalbek verlebt und das Kriegshandwerk zu Damas= kus erlernt (ſeit 1148). Um 1171 war er Herrscher am Nil und von 1174 an auch über Syrien. Für das Frankenreich, jetzt ſein Enclave, kam fortan alles Unheil von Damaskus.

Das Aufſuchen von zwei anderen Monumenten sollte mir für heute nicht gelingen. Es war das Mauſoleum von Nureddîn, dem um Damaskus hochverdienten Sohne Zenghis (vom zweiten Kreuzzuge her bekannt), und die Medreſe des Melik ed=Dâhir Bêbars, des schrecklichen Mamlukenſultans von Aegypten. Beide half mir am folgenden Tage ein eingeborner Geiſtlicher erfragen.

Der Name „Bêbars“ war durchaus unbekannt. Die Leute wußten nur auf „Melik ed=Dâhir“ Bescheid. Aus einem ganz mit abergläubi= ſchen Fetzen behängten Eisengitter wurde mir klar, daß ich wiederholt an dem schönen Bau der Medreſe vorübergekommen war; auch be=

sagten diese Zeichen deutlich, daß der Sultan noch für einen Heiligen gilt. Die Medrese lag in der Nähe der großen Moschee. Das Schönste daran schien ihre röthliche Sandsteinfaçade. Der Uebergang von der quadratischen Wand zum Kielbogen des Portals war durch die Nachahmung einer Stalaktitengrotte vermittelt, welche sich über die ganze Façade des Gebäudes verbreitete und an Großartigkeit kaum von einem andern Stalaktitenportal der moslimischen Welt erreicht werden dürfte. Das Innere öffnete uns ein Lehrer des Koran. So kennzeichnete ihn schon das Wort Medrese, d. i. Schule. Es verriethen dies aber auch die wilden Buben, welche sich halbwegs zur Hinterthüre herein drangten. Wir konnten die Grabkapelle in Strohschuhen betreten. Dieselbe muß einmal glänzend ausgestattet gewesen sein. In der Ecke lagen bunte Steine und goldene Glaswürfelchen von den musivischen Stiftbildern der gewölbten Decke. Der Custode schenkte mir einige davon. Die Wände waren unten her mit schwarzem und weißem Marmor bekleidet. Den Boden hatte man an einer Stelle mit Teppichen belegt. Dies und eine Nische in der Südwand waren die einzigen Merkmale einer heiligen Stätte. Von zwei niedern, viereckigen Steinsärgen wurde der ansehnlichere als das Grab Melik ed-Dâhirs bezeichnet.

Der ägyptische Mamluk hätte es sich nicht träumen lassen, daß er einmal zu Damaskus von seinen Kriegsmühen ausruhen werde. Er hatte im April 1177 die Mongolen zurückgeworfen und darauf das befreundete Armenien verwüstet. Da trieb ihn der Mangel an Lebensmitteln wider Erwarten aus Nordsyrien nach Damaskus. Hier starb er im Juni 1177 nach zweitägiger Krankheit auf der Citadelle, wie viele behaupten, an Gift. Der Tod des Tyrannen wurde geheim gehalten, bis zu Kairo dessen ältester Sohn Melik es-Said als Sultan ausgerufen war. Bêbars hatte es vom Sklaven zum Mamlukenführer gebracht, sich durch doppelten Sultansmord zum Regenten emporgeschwungen und nachmals in vier Verheerungszügen unsägliches Elend über die Christen gebracht. Die Damascener scheinen seinen Namen nur deswegen so hoch zu halten; denn sonst hat Syrien außer der Verminderung der Mongolengefahr nur Brandschatzungen von Bêbars erfahren.

Anders verhält es sich mit dem streitbaren Nur-ed-dîn. Nachdem dieser groß geworden war, verlegte er seine Residenz von

Aleppo nach Damaskus und nahm alles Ernstes auf die Verschönerung und Befestigung der Stadt Bedacht. Viele Moscheen.
Schulen, Brunnen und milde Stiftungen stammen von ihm.
Sein Mausoleum am Ende des Tuchbazars sah ich nur von
außen. Nur-ed-dîn bedeutet „Leuchte der Religion."

Gegen Abend paßten wir alle verabredeter Maßen bei der
Haltstelle der französischen Messageries — an der Nordostecke der Stadt zwischen der großen Moschee und Citadelle — das
freudige Ereigniß der Ankunft der europäischen Post ab. Darauf
gingen wir über die Brücke des Bârada und traten in ein arabisches Kaffee. Es lag zwischen dem Fluß und der Straße der
Messageries. Letztere bot eben besonderes Interesse; denn sie diente
als Corso zu Pferd und zu Wagen. Es zeigte sich die hohe fränkische und türkische Aristokratie, darunter auch der Statthalter des
„Wilajet" Damaskus. Der „Wâli" fuhr in offener Kutsche, Reiter
sprengten voran, und Reiter folgten nach. Wir zogen gleich andern
Europäern den Hut. Er berührte zum Gegengruß Mund und
Stirne mit der Hand. Jedermann rühmte die Gerechtigkeit des
Statthalters, und dazu stimmte sein edles Aussehen.

Der Stadttheil, in welchem wir uns befanden, war die
Vorstadt Amâra. Wie diese sich an die Nordwestecke der Altstadt
anlehnt, so die Vorstadt el-Medân an die Südwestecke. Letztere
besteht aus einer 20 Minuten langen Straße, deren Ende das
berühmte Bab Allah oder Gottesthor bildet; durch dasselbe
zieht nämlich die große Mekka-Karawane aus und ein. Hätten
wir nur noch vier Tage Zeit gehabt, so hätten wir die diesjährigen
Pilger sehen können. Schon wurden die üblichen Vorbereitungen
zum Auszug getroffen, der nach Schluß des Ramadhan (15. September) stattfand. Wie zu einem Besuch des fernen Medân die
Zeit nicht reichen wollte, so sahen wir auch die nahe Citadelle
nur geschieden durch den Bârada. Beim Christenmord 1860 bot
sie 10,000 Menschen Obdach. Sie schien ein großes Viereck mit
zinnenbekrönten Mauern und Thürmen. An den plumpen Thürmen
hing ein eigenthümlicher Kranz schwerfälliger Erker. Dem Haupt-
zugang im Westen lag die Residenz des türkischen Statthalters, das
Serâi, gegenüber. — Es war dunkel, als wir nach Hause kamen.
Da fand ich im Empfangssaal, was mir allein seit langem Noth

that, ein neu aufgebautes Bett in einer eisernen Bettstatt. Wirklich fühlte ich mich Donnerstag, den 11. September, durch einen gesunden Schlaf gekräftigt.

Soweit es sich noch um Sehenswürdigkeiten handelte, stand die südöstliche Stadtmauer obenan. Ein Kaufmann, dessen Bruder bei den Lazaristen als Lehrer wirkte, bot sich uns als Führer an. Wie die „gerade Straße“ im Westen mit dem Bab el Jahja, d. i. Johannesthor, abschließt, so im Osten mit dem Bab esch=Scherki, d. h. Ostthor. Wir traten durch das letztere in's Freie. Hier war historischer und zugleich sagenreicher Boden. Ich gedachte vorab der Mißgeschicke des Kreuzzuges, welchen Bernard von Clairvaux gepredigt hat. Zur übel empfundenen Treulosigkeit der schismatischen Griechen (1147) gesellte sich hier die schändlichste Tücke der Pullanen, d. i. der einheimischen Glaubensgenossen. Aus Eifersucht riethen diese zur Verlegung des Lagers aus den wasserreichen Obstgärten nach der trockenen Südostecke der Stadt. Die abendländischen Pilger folgten ihnen, weil sie hofften, dort völlig ungedeckte Mauern aus ungebrannten Erdziegeln vorzufinden, sahen sich aber getäuscht und gleich in der ersten Nacht zu ruhmloser Aufhebung der Belagerung genöthigt. Noch vor Anbruch des Tages jagten ihnen die Damascener nach, und der ungeordnete Rückzug gestaltete sich theilweise zu verderblicher Flucht (August 1148). Konrad III. und Ludwig VII., auch vor Askalon hintergangen, verließen in bitterem Unmuth das heilige Land (1148 u. 1149).

Wir wandten uns vom Ostthor zuerst nordwärts. Auf diesem sehr breiten, staubigen Wege ritten viele Leute auf Maulthieren und Eseln. Links lag das Christenviertel, rechts eine Reihe von Gärten. Etwa 200 Schritte vom Ostthor traten wir in den Garten mit dem Hause Namâns des Syrers. „Der Mann war ein starker Held, aber aussätzig*).“ Noch ist dessen Haus ein Asyl für Aussätzige. Im Hof lagen die Ruinen einer ehemaligen Kirche. Daraus konnte man schließen, daß die fromme Meinung schon älteren Datums ist. Da aber „der Heerführer des Königs von Syrien groß war vor seinem Herrn — denn durch ihn gab Jehova Syrien Heil,“ so haben gewiß die dünnen Wände des unscheinbaren

*) 2. Kön. 5, 1.

Gebäudes mit dem biblischen Naëman nie etwas gemein gehabt. Das Wasser dieser Gärten kam vom Kanal Akrabâni. Dies ist eine Abzweigung des eigentlichen Bârada, der nach sechsfachem Aderlaß der ganzen Nordseite der Stadt folgt.

Der Weg zum s. g. **Paulsthurm** führte zuerst zum Ost-thor zurück und dann südlich weiter bis zur Ecke der Stadt-mauer. Kurz nachdem deren westlicher Lauf begonnen hatte, stan-den wir vor dem traditionellen Schauplatz des mißlichen Erlebnisses Pauli*): „Zu Damascus bewachte der Statthalter des Königs Aretas die Stadt der Damascener; er hatte die Absicht mich zu ergreifen. Da wurde ich in einem geflochtenen Korbe vermittelst eines Thürchens, das durch die Mauer ging, hinab gelassen. So entkam ich seinen Händen." Die Apostelgeschichte trägt nach, daß die Juden dabei die Schildwache hatten und die Christen dem Apostel nächtlicher Weile forthalfen. — Ich besah mir den jetzigen Mauerlauf. Er wird von vielen Thürmen unterbrochen, welche aus der Fläche hervortreten und zugleich deren obern Rand um einige Fuß überragen. Die Steinlagen des Ganzen gehören drei Perioden an. Die untersten scheinen römisch zu sein, darauf kom-men arabische, zuletzt türkische. In diesen jüngsten Schichten eines hohlen, viereckigen Thurmes zeigte man uns eine bekreuzte Stein-platte als Verschluß der denkwürdigen Maueröffnung, durch welche der Apostel entkam. Letztere hatte etwa die halbe Höhe und das steinerne Gesims eines Fensters. War es auch ein anderer Mauer-durchbruch, durch welchen man damals das Geflechte schob, so befand derselbe sich doch irgendwo in der Südmauer des Judenviertels, in welchem unter Pauli Feinden auch dessen Freunde wohnten, und er befand sich eher in einem Thurme als in der flachen Mauer, weil sich so das Wagniß leichter erklärt. Wie schon das Haus der Rahab „auf der Stadtmauer" von Jericho, so stehen jetzt noch Judenhäuser auf den Mauern von Damaskus. Ob wohl dem Apostel solche **Mauerbewohner** forthalfen?

Die griechische Legende zeigt fünfzig Schritte südwärts vom Paulsthurm den Ort der Enthauptung und das unscheinbare Grab des heil. Georg; und während der gefeierte kappadocische

---

*) 2. Kor. 11, 32 u. 33.

Kaiser erst unter Licinian (313). Für Christus sein Leben ließ, soll er hier drittehalb Jahrhunderte früher schon dem Apostel Paulus zur Flucht behilflich gewesen sein. Die Moslim verehren zwei hundert Schritte westwärts vom „Mar Dschirdschis," d. i. St. Georg, in einem kleinen Kuppelbau Sidi Bilál, Mohammeds Gebetrufer aus Aethiopien. Einige Minuten südöstlich vom Paulsthore gilt eine natürliche Kiesbrücke als Rest einer Höhle, in welche sich der von Christus geblendete Saul im ersten Augenblicke flüchtete. Auch ein Schauplatz der himmlischen Vision wird in der Nähe besucht. Es findet dort alljährlich an Pauli Bekehrung eine kirchliche Feier im Freien statt.

Ebendaselbst breiten sich die christlichen Friedhöfe aus, und zwar in einem Zustande der Verwahrlosung, daß man am wenigsten todt zu Damaskus sein möchte. Nach mohammedanischer Art fehlt jede Umfriedigung. Hier liegt ein griechisches, dort ein armenisches und daneben ein syrisches Grab. Kein Kreuz muthet den Lebenden an, kein Monument hält den profanen Fuß zurück. Reicheren spendet eine liegende Steinplatte auf ein Decennium Lob. Die Gräber der Armen sind keine sechs Wochen kenntlich. Die lateinischen Katholiken kaufen sich bei den Franciskanern an, deren Friedhof von einer hohen Mauer umgeben ist. Eine Kuppel, die ihn überragt, war mit einem neuen Kreuze geziert. Mein Begleiter erzählte, daß das frühere Kreuz in jüngerer Zeit so lange schief geworfen wurde, bis ein Pater aufpaßte und den Missethäter entdeckte. Es war ein moslimischer Schäfer, der oft vorübertrieb. Derselbe büßte seinen Vandalismus mit dem Verluste von zwei Schafen. Weil ein Gang um die Stadt über zwei Stunden erheischte, lenkten wir zum Bâb esch-Scherki um. Dieses ist römischen Ursprungs und besteht aus einem Haupt- und zwei Nebenthoren. Letztere haben die halbe Höhe und Breite des ersteren, dessen Scheitel gegen 40' hoch ist. Alles geht durch das nördliche Nebenthor ein und aus, weil das Haupt- und das südliche Nebenthor vermauert ist. Meine Freunde kehrten durch das Christenviertel vorläufig zu den Lazaristen zurück.

Die Juden von Damaskus sind reicher als in irgend einer anderen Stadt des Orientes. Ihre Häuser können zum Theil als Typen morgenländischen Geschmackes gelten. Ich wollte wenigstens eines derselben sehen. Der Name entschied, daß ich dem Hause Schammais den Vorzug gab. Doch erkannte ich bald, daß „Bet Schammai" nicht einmal der Sage nach mit dem berühmten Stifter der rigorosen Partei der Schammäaner etwas zu schaffen habe.

Das Haus unterschied sich äußerlich nur durch seine Länge von der Einfachheit anderer Wohnungen. Ein Thürhüter führte uns durch den engen Vorhof und öffnete die Thüre zu einem glänzenden Hofraum. Es war ein förmliches Prunkgemach unter freiem Himmel mit kostbarem Gesteine im Boden und architektonischem Schmuck an den Wänden, mit kühlendem Springbrunnen in der Mitte, Pflanzen- und Arbeitsterrassen auf den Seiten. Von hier kamen uns zwei unverschleierte Mädchen entgegen — die hölzernen Brückchen, welche sie unter ihre bloßen Füße gebunden hatten, machten einen absonderlichen Lärm. Sie geleiteten uns in den Saal, welcher den Westflügel des Hauses einnimmt und die Berühmtheit des „Bet Schammai" ausmacht. Recht charakteristisch war dessen Fußboden. Weil der Orientale sich auf dem Stuhle nicht zurecht findet, gibt er einer schmäleren Terrasse (Divan) oder gar der ganzen hintern Hälfte des Zimmerbodens die Höhe unserer Stühle. Letzteres war hier der Fall. Einige marmorne Tritte führten hinauf. Droben lagen die werthvollsten Teppiche. Unten sprudelte es aus einem feinen Marmorbrunnen und kühlte recht merklich den hohen Raum. Von den eigentlichen Wänden und von der Decke hätte man nirgends eine Spur entdecken können. In bizarrer Weise war alles mit Perlmutter- und Holzsculpturen, Spiegelwerk und Marmorplättchen überzogen, diese Verkleidung durch Säulchen und Lisenen in Felder geschieden und die Felder durch arabische Bogen oder lineare Schnörkel wieder zu kleineren Ganzen verbunden. Die überreiche Perlmutter-Ornamentik schien mir das Unerhörteste und Frappanteste von Allem.

Vom Hause Schammais ließ ich mich zum Seidenbazar führen. Mich interessirten die äußerst feinen Keffije, welche, von Dragomanen und Mukern, Beduinen und reisenden Stadtarabern getragen, Kopf und Nacken gegen die Allgewalt der Sonne schützen. Entweder ein gewöhnliches oder ein aus Gold- und Silberfäden geflochtenes Stück Seil legt sich wie ein Reif um den damit verhüllten Kopf und fällt mit seinen Enden seitwärts herunter. Der Beduine liebt diesen Kopfputz mit grellen Farben und Goldstreifen.

Mit weißem Grunde eignet er sich als Halstuch für Europäerinnen. Daneben hat das Keffije eine historische Bedeutung. Es gilt näm= lich für „das Schweißtuch", das Christus und die Apostel auf ihren Reisen durch das heilige Land trugen und Veronika nach der Legende dem kreuztragenden Heilande reichte. Ich brachte einige Exemplare mit in die Heimath.

Auf dem Sûk el Attarîn hatte es eine erstaunliche Menge von Gewürzen, Droguen, Parfümerien, Rosenwassern und Rosen= ölen. Letztere waren im Besitze der reichsten Araber, die sich im Gegensatz zu der angeblichen Damascener Mode keinen Para handeln ließen. Der Verkauf geschah in Tropfen und nach dem Gewichte; der Werth des Rosenöls wird dem Golde gleich erachtet. Bei der allgemeinen Vorliebe des Morgenlandes für Wohlgerüche waren der jetzigen Festzeit wegen diese Läden förmlich belagert.

Der Orient ist heut zu Tage gewiß nicht wegen seiner Pretiosen berühmt. Um so mehr wunderte ich mich über den Reichthum der goldenen und silbernen Ringe, der Spangen und Gehänge, als ich gelegentlich der Besichtigung des Moscheedaches auch den Bazar und die Werkstätten der Juweliere durchstreifte. Da war all „der Schim= mer der Fußkettchen, der kleinen Sonnen und Monde, der Ohrgehänge und Armbänder, der Finger= und Nasenringe, der Amulete und Riechfläschchen," welchen der Herr einst an den eitlen Töchtern Sions tadelte und in schwerem Gerichte von denselben wegzunehmen drohte*).

Unter den eigenthümlichen Produkten der hiesigen Industriellen fielen mir die vergoldeten Dschozen auf. Dies sind Wasserpfeifen aus Kokosnüssen (Dschoz=Nuß), in welche von der Seite ein langes Rohr gesteckt wird, braun polirt und mit Gold= oder Silberblech beschlagen. Beim Rauchen befindet sich das Wasser darin. Der eigentliche Kopf mit dem angefeuchteten persischen Tabak (Tumbak) wird erst noch aufgesetzt. Sie vertreten hier zu Lande die sonst so beliebte Nargile. Die berühmten Damascener Klingen dagegen werden schon seit 1400 nicht mehr zu Damaskus gemacht. Der Tatarenführer Timurlenk verpflanzte die Schwertfegerkunst nach seiner Residenz Samarkand, wo sie bis zur Stunde blüht. Die ganze Zunft der Schwertfeger wurde damals nach der Tatarei abgeführt.

*) Jes. 3.

Bei den Ellenwaarenhändlern sah man viele europäische Stoffe schlechter Qualität und dreimal so theuer als im Occidente; bei den Sattlern, Schustern und Schneidern ausnehmend kunstreiche Stickereien und Näharbeiten. Hören und Sehen berging einem im Bazar der Kupferschmiede. Ueberall sind nämlich die Verkaufslokale auch offene Werkstätten, und gerade dieser Umstand gibt dem Bazar einen eigenen historischen Reiz. Bei der Stagnation des Orientes sieht hier der Europäer alle Gewerbe seiner Heimath in dem primitiven Stande etwa des fünfzehnten Jahrhunderts oder gar noch des Anfangs der Kreuzzüge. Daneben hat er eine lebendige Musterkarte aller menschlichen Rassen und Charaktere, vom weißen Engländer bis zum schwarzen Eunuchen aus dem Sudan, von der plastischen Gravität und Ruhe des adeligen Scherif bis zu den Gaukeleien und dem wahnwitzigen Turnen des bettelnden Derwisch, und wird überdies in seinen Betrachtungen sicherlich nicht durch die Zudringlichkeit eines der stabilen Verkäufer oder wandelnden Straßenausrufer gestört.

Meine französischen Freunde hatten besonderes Interesse, Abd el Kader zu sehen, was ohne weitere Umstände möglich ist, und ich schloß mich ihnen an. Auf dem Hinwege erfuhren wir jedoch, daß der alte Revolutionär im Ramadhan der Hauptstadt ferne zu sein beliebe. Er steht bei den Christen im besten Andenken. Hätten diese zu entscheiden, so müßte der Chedive ihr Landesherr und Abd el Kader dessen Statthalter werden. Das Ideal des letzteren ist jedoch die Wiederherstellung der Unabhängigkeit Algeriens. Sein Hauptverdienst um die Christen datirt von den Schreckenstagen des Juli 1860. Als damals Achmed Pascha unter nichtigem Vorwande die Citadelle ihrer Mannschaft entblößen und so den Drusen deren Einnahme und den Mord der 10,000 Flüchtlinge erleichtern wollte, erklärte Abd el Kader, er werde in diesem Falle mit seinen getreuen Algeriern in die Stadt rücken und ganz Damaskus in Brand stecken. Wegen dieser Drohung blieben die Christen in der Citadelle verschont.

Eine kleine halbe Stunde vor dem Thomasthor — nördlicher Ausgang des Christenviertels — liegt die starke Ortschaft Dschôbar, in deren Synagoge man die Stelle zeigt, an welcher Elias den Elisäus zum Propheten, und letzterer den jungen Hasael zum

König von Syrien salbte. Geschichtlich steht nur fest, daß „Elisäus nach Damaskus kam," Hasael anschaute und weinte, „da er wußte, was Böses dieser den Söhnen Israels thun würde." Jehova wollte dem Propheten Hasael „als König über Syrien zeigen." Anderseits wird der Bárada-Arm von Dschôbar — Nahr Tôra genannt — für den Bach Kerith mit den Raben des Elias ausgegeben. Nimmt man die moslimischen Sagen dazu, welche am nahen Dschebel Kasiûn hängen, so begreift man die heilige Scheu, mit welcher der gläubige Araber in die Ebene von Damaskus eintritt. Bis zum Kasiûn kam nämlich Mohammed; auf demselben ging Abraham die Erkenntniß des einen Gottes auf; daselbst wohnte Adam, und die dortige röthliche Erde stammt vom Blute des erschlagenen Abel.

Der Kasiûn ist eine der imposantesten Höhen des Antilibanon, welche zugleich die Stadt gegen Norden wie ein Thurm überragt. Die s. g. Siegeskuppel (Kubbet en-Nasr) auf seinem versengten Gipfel sieht man von jeder ungedeckten Stelle der Stadt. Dieselbe liegt 4000′ über dem Meer und gegen 1900′ über der Ebene. Am Fuße des Berges breitet sich die Stadt Salahîje aus, die gegen 7000 Einwohner zählt und der Hauptausflug der Damascener ist.

Es war noch vieles zu sehen; aber den nächsten Montag ging mein Schiff, und Baalbek verdiente den Vorzug. Um dahin zu kommen, löste ich (um 21 ½ Fr.) diesen Abend noch ein Billet bis Schtôra, der sechsten Station auf dem Wege nach Berût — im Ganzen sind es elf, je eine Fahrstunde von einander. Der Pater, einige Zöglinge und meine bisherigen Reisegefährten begleiteten mich zum Compagniehof. Mit letzteren hoffte ich morgen noch ein Stündchen in Baalbek zusammen sein zu können; sie hatten ausreichende Zeit, um mit dem beliebteren und billigeren Tagwagen fahren zu können. Jetzt mußte ich dessen Ankunft von Berût abwarten. Als er, innen und oben übersetzt, angekommen war, wurde ich, der einzige Passagier, in den viersitzigen Langraum des Nachtwagens geschlossen, und ein Maltese bestieg den Bock:

Zu Schtôra, Mekſe und Sachle.

Punkt ſechs Uhr fuhr dieſer über die Bârababrücke und von da in weſtlicher Richtung auf beſtaubter Straße er-Rabwe zu. Anfangs hatten wir links über dem Fluſſe die Citadelle, das Serai und eine Kaſerne, dann den Vergnügungsplaß der Damascener „Wieſe" (el Merdſch) und darin die Tektije, d. i. ein großes, mit Kuppeln und Minareten geziertes Spital, welches der türkiſche Eroberer von Damaskus um 1520 ſtiftete, rechts die Vorſtadt Amâra und ihre bewäſſerten Gärten, umſäumt von hohen Pappeln und Nußbäumen. Als allmälig die Häuſer zurückblieben, verwilderten die Gärten, der kulturfähige Landſtreifen wurde ſchmäler, und die Wüſte kam näher. Er-Rabwe erwies ſich als ein unanſehnliches Dorf auf der rechten Seite des Bârada, eine gute halbe Stunde von Damaskus, gerade vor dem Eingang des Gebirgsthales. Daſelbſt wird eine Höhle verehrt, in welcher die Wiege Jeſu geſtanden haben ſoll. Wichtiger iſt, daß hier die Könige und Ritter des zweiten Kreuzzuges einen harten Strauß mit den Heiden beſtanden haben. Die anrückenden Chriſten hatten anfänglich nur die Gärten inne; die Araber behaupteten die beiden Ufer des Bârada. Da trieb erſtere der Durſt zu einem Kampfe, in welchem der deutſche König Konrad den Ausſchlag gab. Er war im Nachtrabe geſtanden und dann unmuthig über die Stockung in die vorderſten Reihen geſprengt. Hier ſtieg er ſamt ſeiner ritterlichen Begleitung vom Pferde und drang zu Fuß vor. Er erſchlug jeden, der ihm entgegentrat, und führte gerade vor er-Rabwe ſeinen gewaltigſten Streich. In einem Hiebe ſpaltete er einem gepanzerten Feinde den Kopf, den Hals, die linke Schulter und den linken Arm. Die Kreuzfahrer drangen ſiegreich über den Fluß und jagten die erſchreckten Moslim in wilder Flucht gegen Damaskus. Dort fiel unfern vom Stadtthore Schahinſchah der älteſte Bruder Saladins. Dieſer, erſt elf Jahre alt, war Zeuge der Niederlage. Sein Vater Ejub hatte tapfer mitgekämpft.

Der Omnibus hielt zu er-Rabwe nicht. Ehe man ſich's verſah, fuhr er in der tiefen Bâradaſchlucht. Außer der Straße hatten darin nur der Bârada (links), der Nahr Tôra und der Nahr Jezîd (rechts) Platz, jener abwärts an Tschöbar, dieser an Salahije vorübereilend, beide nur wenig aufwärts vom Hauptstrome abgeleitet. Der Jezîd war ein bis zwei Stockwerke die Bergwand hinaufgetrieben und bewies, wie kaum etwas anderes, die Allgewalt des Wassers. So weit er den Boden durchnäßte, herrschte paradiesische Fruchtbarkeit, nur einige Zoll oberhalb begann schon die Wüste. Anfangs hieß diese rechts Dschebel Kasiûn, links Kalabât Mezze, hinter diesen nordwestlichen Randgebirgen der Ebene aber zutreffender es-Sáhara. Auch fehlte jetzt die magische Beleuchtung nicht, welche man zu Kairo an der Sáhara zu bewundern Gelegenheit hat.

Im Grunde des Bâradathales kamen zwei Dörfer, zuerst Dûmmar mit schönen Villen, dann Hâme mit der schon berührten Filiale der Lazaristen. Bis hierher waren wir gerade eine Stunde gefahren. Da wurden die Pferde an der Waage fortgetrieben und sogleich für das Gebirge geeignetere Maulthiere angehängt. Ich hatte versprochen, bei dem hier weilenden Prior vorzusprechen, war aber zu bestaubt, als daß ich mich sehen lassen konnte. Kurz hinter Hâme verließ die Poststraße den Bârada. Chrysorrhoas, d. h. Goldfluß, hatten ihn die Griechen genannt, um seinen überreichen Segen anzudeuten; Abana oder Amana heißt er in der Bibel*). Ich schied von ihm fast als ein Anhänger Naëmans, der bekanntlich meinte, der Abana sei „besser als alle Wasser in Israel.“

Ein Fußgänger, welcher dem Flußbette folgte, würde von Hâme in drei Stunden den Sûk Wâdi Bârada mit Nebi Abil links auf der Höhe erreichen. Letzteres ist das biblische Abila**), die Residenz der Tetrarchie Abilene, über welche beim Auftreten des Täufers Lysanias herrschte. War diese Tetrarchie auch noch so klein, so fuhren wir in der Gegend von Hâme doch im Abilenischen. Die Bergpartie verschlief ich. Als ich erwachte, sagte mir die Uhr, daß wir in Schtôra sein müßten; denn ich hatte 1 Uhr 55 Minuten. Wirklich schloß der Maltese sofort die Wagenthüre auf.

Freitag, der 12. September, sollte minder gut beginnen. Kaum war der Omnibus fortgerollt, so erschien Hawâga Andréa auf der Stelle, an welcher ich ausgesetzt worden war. Hawâga bedeutet nämlich Herr, aber nur für Abendländer — der Moslim

---

*) 4. Kön. 5, 12.   **) Luc. 3, 1.

redet seines Gleichen mit „ja Sîdi" an. Andréa hieß der italienische
Wirth von Schtôra. Ich war an ihn empfohlen und folgte ihm
getrost in's Wirthszimmer. Mein Plan war, sofort nach Baalbek
aufzubrechen, diesem Ausflug samt Erholung gerade 24 Stunden
zu widmen und dann nach Berût weiter zu fahren. Als ich dies
dem Hawâga vortrug, meinte er, diese Tour lasse sich reichlich am
hellen Tage ausführen. Einstweilen möge ich mir nur die Nachtruhe gönnen; er selbst werde mich heute noch nach Baalbek und
zurück bringen. Dagegen war an sich wenig einzuwenden; doch
wollte ich vorerst über seine Forderungen im Klaren sein, da ich
in diesem Stücke wenig Rühmliches von ihm wußte. Er hatte
nach meinem Handbuche schon 20 Franken verlangt, und um Leute
mit Durchbillet aufzuhalten, sich auch mit 5 Franken begnügt:
von mir verlangte er 70 Franken. Ich fragte, ob er nicht 70
Piaster sagen wolle — dies wäre der fünfte Theil gewesen —
aber er meinte wirklich 70 Franken. Da griff ich nach meinem
Gepäcke und ging zum Wirthszimmer hinaus: es war mir zu viel
italienischen Schwindels.

Gerade gegenüber lag eine arabische Wirthschaft. Dieselbe
wurde von zwei oder drei jungen Maroniten geführt und hatte insofern schon etwas Europäisches angenommen, als man auf niedern,
geländerlosen Strohstühlchen an Tischen saß, aus größeren stehenden
Tassen seinen Mokka trank, auch nicht auf dem Boden, sondern
auf einer Britsche schlief, die von zwei hölzernen Böcken getragen
wurde. Hier quartierte ich mich ein und erwartete den Tag. Ich
glaubte, daß der Hawâga Andréa, nur durch die Nacht ermuthigt,
seine kühne Forderung gestellt habe. Der helle Morgen lockte außer
mir auch einen zu Baalbek erkrankten Dragoman (von Damaskus)
auf die Straße zum Kaffee. Dieser meinte anfänglich, die Tour
sei wohl 20 Franken werth. Als ich große Lust zeigte, wollte er
mir um 25 bis 30 Franken Pferd und Muker verschaffen. Nach
vertraulicher Rücksprache mit Andréa fand er jedoch, daß unter
60 Franken nichts zu machen sei. Ich merkte, daß der saubere
Hawâga mein Begleiter werden sollte, und erklärte, eher auf Baalbek zu verzichten, als mich zu solcher Summe zu verstehen.

Die Maroniten hatten mir gleich Anfangs gesagt, daß zu Schtôra
keinerlei Reitthiere zu haben seien, da die Compagnie, welche allein

solche hatte, die ihrigen nicht vermiethe; daß es dagegen zwei Stunden aufwärts in dem großen Ort Sachle Pferde genug gebe, mittelst welcher man die Tour um 5 bis 7 Franken mache. Weil es allen Anschein hatte, daß die Zeit schon zu kurz sei, aber mehr noch weil mir die Gegend der Drusen wegen nicht ganz sicher vorkam, so beschloß ich vor einer endgültigen Entscheidung den Tagwagen von Damaskus abzuwarten, der voraussichtlich meine früheren Reisegefährten bringen mußte.

Inzwischen wußte ich mich ausreichend zu beschäftigen. Die großartige Gegend, in welche ich mich plötzlich versetzt sah, war ebenso überraschend als neu, Sachle für mich eine völlig unbekannte Größe und selbst Baalbek seiner Lage nach nur nothdürftig bekannt. Die zwei großen Ereignisse, welche diesen Vormittag von Mund zu Mund gingen, waren Mord und Todtschlag; doch war der Hergang minder grausiger Art, als es klingt. Es hatte nämlich jemand über Nacht sein Schaf an des Hawâga Gartenzaun gebunden. Am Morgen hingen nur noch zwei Drittel davon am Seile; ein Wolf hatte, wie meine Wirthe meinten, sich im Vorübergehen das andere Drittel zugeeignet. Anderseits hatte man kurz nach meiner Ankunft in der Stallung der Compagnie ein stattliches Maulthier erstochen. Dasselbe wurde am Morgen von seinem langohrigen Nachbar zu Grabe geschleift. Die Beine des todten Thieres waren dabei zu einem Knäuel zusammengebunden und das lebendige Thier davor gespannt. So stampfte dieses muthig im Staube eines Feldweges dahin, von einigen gleich wenig Leid tragenden Knechten begleitet.

Schtôra erwies sich als ein lieblicher Platz mit Baumgärten und Wiesen, von welchen die Compagnie eben den zweiten Schnitt einheimste. Doch war es weder ein Städtchen noch ein Dorf, sondern bestand nur aus den genannten zwei Wirthschaften, aus der Postexpedition, den Ställen und Remisen der Messageries. Etwas ostwärts lag rechts von der Straße ein großes Haus in den Gärten. Dies war, wie ich zu spät erfuhr, eine Sommerfrische der Jesuiten von Sachle und Berût. Unter den Patres, welche sich eben darin aufhielten, war ein Freiburger, Namens Thoma, der meine Pläne ohne Zweifel anders gefördert hätte, als der Damascener Dragoman.

Das Thal schien keine zwei Stunden breit und erinnerte

mich am meisten an den untern Ohio, nur fehlte der große gelbe Strom. Schtôra lag schon fast an dessen Westrand, aber noch vollkommen eben. Hundert Schritte westlicher begann die Steigung des Dschebel Libnân (Libanon). Eine kleine Stunde ostwärts führte eine erste Brücke über den alten Leontes, jetzt Nahr el-Litâni, noch $^1/_2$ Stunde östlicher eine zweite über den Bach von Chalcis, jetzt Nahr Andschâr genannt, der durch die Vereinigung der Bächlein Nahr Bêdha, Nahr Schemsîn und Nahr Andschâr nördlich von der französischen Straße bei Dêr Zenûn entsteht. Südlich von diesen Bächlein und zugleich parallel damit mündet der trockene Wâdi Harîri, an dessen Eingang die Station „Cisterne" liegt. Die Poststraße führt darin bis zur Wasser=scheide des Antilibanon empor. Das Auge konnte ihr folgen bis zum Kamm des kahlen Gebirgszuges, d. i. bis Ain Dschebêde, der vorletzten Station von Schtôra. Der Nahr Andschâr ergießt sich eine Stunde südlich von der Straße in den Litâni und ist dessen letzter ständiger Zufluß von Osten; die beiden andern — näher bei Baalbek — heißen Wâdi Jasûfe und Sebât.

Nebst diesem Bach und einer seiner drei Quellen gibt es noch eine Ruine und ein Dorf Andschâr. Jene liegt $^1/_4$ Stunde nördlich, dieses ungefähr eben so weit südlich von der Poststraße. Die Ruinenstätte Andschâr mit ihren Thürmen, Mauern und Säu=len aber hat gewissermaßen biblisches Interesse, weil gleich dem bekannten Abila Lysaniä*) auch diese Veste dem letzten Judenkönig Agrippa II. zugehörte, bis er (52 n. Chr.) Herr von Gaulanitis wurde, in welcher Eigenschaft er bekanntlich (um 100 n. Chr.) starb. Sie hieß Chalcis und hatte bis zum Jahre 48 unter einem Bruder von Agrippa I. gestanden.

Der Antilibanon, heute nördlich von der Straße Dschebel esch=Scherki, südlich Dschebel esch=Schêch genannt, hat nicht ganz die Höhe des Libanon. Doch nahm er sich von meinem Standorte mächtiger, wilder und öder aus; zumal wenn ihm das Auge von der Straße ab südwärts folgte. In dieser Richtung stieg er rasch von 4000 auf 9000' empor. Obwohl die Thalsohle auch 3000' über dem Meere liegt, also die relative Höhe an sich nicht

---

*) Luc. 3, 1.

außergewöhnlich ist, so war für mich der erste Eindruck doch ungefähr der von Schubert geschilderte gewesen: „Wo anders fände sich eine solche majestätische Umgebung der Gebirge," wo anders „ein solch' majestätisch schönes Thal"! Sein Name ist el Beka, Spalte, Thal, Ebene, d. i. dasselbe, was die hebräische Bezeichnung Bik-ath hal-Lebanôn*) für die Thalsenkung mit den Jordanquellen zwischen Libanon und Hermon. Es ist das eigentliche Cölesyrien, obwohl die Alten diesem geographischen Begriffe sonst viel weitere Grenzen überwiesen. Das Erdreich in der Beka gleicht dem der Damascener Ebene. Als es noch besser bewässert war, muß seine Fruchtbarkeit unübertroffen gewesen sein. Noch jetzt bildet es im Frühjahr eine grüne Fläche, im Hochsommer aber eine staubige Oede.

Aufwärts verloren sich beide kahle Randgebirge in endlose Ferne, abwärts bildete die Beka ein höchstens fünf Stunden langes Sackthal. Wie der bescheidene Litâni von dessen Süd-grenze ab mit dem Gebirge fertig werde, erschien mir noch wunderbarer als der gloriose Sieg des minder zaghaften Vater Rhein über die Hindernisse bei Bingen; und doch ist es Thatsache, daß er sich noch gegen zehn Stunden gerade fortarbeitet, bis er sich nothgedrungen zu rein westlichem Laufe entschließt und zuletzt unter dem falschen Namen Nahr Kasimije zum Mittelmeer gelangt. Ein ganzes Drittel dieses seines südlichen Weges wird der heidnische Leontes von dem heiligen Wasser der längsten Jordanquelle begleitet.

Mein Auge haftete am Quellpunkt des Nahr Hasbâni, am Hauptstock des Dschebel esch-Schêch, und der Geist eilte mit dem jugendlichen Flusse über die Merdsch Ajûn hinab. Da lag gleich das wildromantische Sackthal el Hûle. Darauf kam der vulkanische Kessel des Sees Genesareth, dann das endlose Ghor. Vielleicht wäre ich noch weiter vom Thema abgekommen, hätte sich nicht wider Vermuthen schnell der Omnibus in der Ferne gezeigt. Präcis elf Uhr hielt derselbe vor der französischen Postablage — ich hatte ihn erst auf 12 Uhr erwartet. Der Wagen war über und über besetzt und die Reisenden bis zur Unkenntlichkeit bestaubt. Augen-lider und Augenbrauen schienen wie von winterlichem Dufte umstarrt. Erst allmälig entpuppten sich die erwarteten Freunde. Trotz der be-

*) Jos. 11, 17.

stehenden Schwierigkeiten wurde gleich die Ausführung der geplanten Reise nach Baalbek beschlossen.

Zunächst gingen wir eine ½ Stunde westwärts nach dem Maronitendorfe Mekse am Fuße des Libanon. Vergebens fragten wir bei den ersten Häusern, ob nicht wenigstens bis Sachle Pferde oder Esel zu haben seien. Letztlich schien es das Beste, den Rath des Chûri anzurufen. Wir begaben uns zum Pfarrhause, mußten aber den Herrn erst holen lassen. Er saß weit oben am Berge im Gespräche mit einigen seiner Pfarrkinder. Vier bis fünf Männer begleiteten ihn, und diese bestätigten, was wir bisher gehört hatten. Der Rath des Chûri war, unter seinem Dache die ärgste Hitze abzuwarten und gegen Abend zu Fuß nach dem dritthalb Stunden entfernten Sachle zu gehen, wo es weder an Pferden noch an Eseln fehle. Dies war das Vernünftigste, ja einzig Mögliche, was wir thun konnten; darum ließen wir uns nicht lange bitten einzutreten.

Gleich war eine geschäftige Frau zur Hand, welche zuerst Strohmatten auf dem festgepritschten Boden aufrollte und dann Teppiche darüber hinbreitete. Der poröse Wasserkrug machte die Runde, Eier, Brod und Trauben mußten herbei — und für all das wurde nichts angenommen. Ein urkräftiger Bauer, der inzwischen eintrat, bekam uns gegenüber einen Platz angewiesen. Der Pfarrer flüsterte uns „Darsi," d. i. ein Druse, in's Ohr. Es war ein ausdrucksvolles, biederes Gesicht von ungemeinem Ernst. Jene Spannung, welche im Juli 1860 zu dem bekannten blutigen Ausbruch kam — es fielen damals mehr christliche Libanesen als Damascener — hatte sich also gelegt. Zu Mekse wenigstens wohnten die Drusen friedlich mit den Maroniten zusammen; die letzteren bildeten eine Gemeinde von hundert Seelen. · Im Ganzen soll es im Libanon 300 Maronitenpfarreien geben. Dieselben stehen unter 11 Bischöfen, und diese wieder unter dem Patriarchen zu Kannobîn. Außerdem zählt man 80 Männer- und 15 Frauenklöster. Die Gesammtzahl der Maroniten wird auf ¼ Million geschätzt.

Seit 1860 stehen sie unter dem Schutze eines christlichen Pascha. Sie rühmen sich, wie seiner Zeit die Böhmen, ihrer unverbrüchlichen Anhänglichkeit an den römischen Stuhl. Trotzdem steht fest, daß noch auf dem Florentiner Concil (im Lateran fortgesetzt) ein gewisser Isaak, Gesandter des maronitischen Bischofs

Elias, ein orthodoxes Bekenntniß ablegte, auf welches hin der Papst erst verbot, daß die Maroniten ferner Häretiker genannt würden (1145); die Mehrzahl war freilich schon während der Kreuzzüge zur allgemeinen Kirche zurückgeführt worden. Diese Nachkommen der uralten Bergbewohner heißen Maroniten nach dem Patriarchen Johannes Maro (Marûn), der mit anderen Häretikern des siebenten Jahrhunderts Christo den menschlichen Willen absprach und den maßgebenden Theil seiner Landsleute für seinen Irrglauben gewann. Die heutigen Maroniten bestreiten diese Ableitung ihres Namens und verehren als ihren Apostel den Klostervorsteher Maro aus dem fünften Jahrhundert, der am Orontes Wunder und Zeichen that und allgemein als wunderthätiger Heiliger gilt. Sie bedienen sich der altsyrischen Kirchensprache, verstehen aber nur die arabische Landessprache. Mit anderen unirten Orientalen halten sie an der Priesterehe fest. Auf meinem nachmaligen Ritte über den Libanon hatte ich Gelegenheit, die Erfolge ihres außerordentlichen Fleißes zu bewundern.

Der Chûri hielt es für seine Pflicht, uns einige Zeit zur Siesta zu gönnen, und zog deshalb mit seinen Männern ab. Während meine Begleiter sich diese Pause reichlich zu Nutze machten, wollte mir der Schlaf nicht kommen. Zur Kurzweile copirte ich das Pfarrhaus. Dasselbe bestand aus einem einzigen Zimmer, falls die dunkle Oeffnung an dessen Rückseite in kein Nebenzimmer führte; ich hielt sie für eine Art Kellerthüre. Wir ruhten recht eigentlich unter dessen Dache. Zwei größere Pappelstangen liefen von hinten nach vornen, verschiedene Stängchen und Scheiter nach beiden Schmalseiten. Als Deckwerk dieses Gerippes schaute Reisig, Sumpfgras und Dorngestrüpp herab. Ueber der Ecke links vom Eingang schwebte ein Leintuch. Dasselbe war mit den vier Zipfeln an den Gerten der Decke angemacht und schützte den schlafenden Pfarrherrn vor unberufenem Bröckelholz; denn gerade unter diesem Tuche stand sein Bett. Dieses war ein Brettergerüst auf zwei Holzböcken. Auf demselben lag ein Strohsack und zwei bunte Teppiche, überdies nach der Vorderwand des Zimmers zu ein Kopfkissen. An dieser hing mit vier Nägeln ein ungerahmtes Bild. Es war Christus am Kreuze; und unter ihm stand ein französisches Gebet. Unter dem Bette hatte das wenige Küchengeräthe seine Stelle.

Vor demselben war ein winterlicher Feuerplatz, deſſen Rauch ſicht=
lich zwiſchen den Köpfen der Deckbalken in's Freie entwich. Ein
Schaft, welcher über dem Bette der Breite der Wand folgte, trug
außer wenigen Lebensmitteln und Kleidern auch die aus acht Büchern
beſtehende Bibliothek. Wie die Fenſterniſchen unſerer Landhäuſer
hin und wieder ein Vogelbauer, ſo bildeten die Felder der Rück=
wand des Zimmers den Hühnerſtall. Von den vier runden Zu=
gängen am Boden waren drei verſtopft, der vierte aber mit Gerſte
beſtreut. Während unſerer Ruhe kam die gackernde Herde, ſam=
melte die Körner und zeigte gelegentlich, wie man ein= und aus=
geht. Nur der muthige Hahn witterte nichts Gutes und blieb
darum an der Thürſchwelle. Wirklich dauerte es nicht lange, ſo
kam der Chûri und lehrte die Sippſchaft Anſtand. Der ganze
Raum, welcher vom Schlafe meiner Freunde widerhallte, zerfiel
durch drei Deckenſtützen in zwei Abtheilungen. All ſein Licht er=
hielt er durch die Thüre.

Es war drei Uhr, als wir uns zum Aufbruch anſchickten.
Der gute Chûri fragte in ſeiner Freude über den ſeltenen Beſuch,
ob er mich ſchlagen dürfe. Dann begleitete er uns bis auf den
Weg nach Sachle. Wir verabſchiedeten uns mit recht dankbarem
„Gott vermehre dein Gut." Nachdem wir zur Poſtſtraße zurück=
gekehrt waren, mußten wir einem Feldwege hart am Gebirgsrande
folgen. Es ging ſtellenweiſe durch hübſche Rebanlagen voll rieſiger,
goldgelber Trauben. Die Eigenthümer wohnten jetzt darin und
gaben uns gerne von dem reichen Segen des Weinſtockes. Zuerſt
kam das Dorf Thalabâja und darauf das Dorf Saabanâil.
Bis hierher hatten wir bereits dritthalb Stunden aufgewendet,
und meine Begleiter meinten endlich am Ziele zu ſein, da belehrte
ſie einer der dreſchenden Bauern auf den Fruchttennen. Dieſer
wies übereinſtimmend mit der Karte ³/₄ Stunden bergauf nach
einer Schlucht des Libanon. Dort liege Sachle im engen Thale.

Auch auf dieſem Wege hatten wir rechts und links prächtiges Reb=
gelände, deſſen maleriſche Wachtthürme jetzt langſam bezogen
wurden; denn die letzten Strahlen der ſcheidenden Sonne vergol=
deten den Gipfel des Dſchebel Sannín, als wir 10 Minuten
vor dem Ziele endlich der Stadt Sachle aus der Höhe anſichtig
wurden. Es war ein überraſchend ſchöner Anblick. Sachle zählt

gegen 10,000 fleißige chriſtliche Einwohner. Deren ſäuberliche orientaliſche und europäiſche Häuſer zogen ſich amphitheatraliſch die Abhänge der Bergſchlucht hinab. In der Tiefe floß der Bach Berdûni, ein Geſchenk des 9000' hohen Sannîn. Derſelbe war begleitet von ſchlanken Bäumen und von lieblichem Grün. Er bildet den einzigen weſtlichen Zufluß der Litâni. Mit Winzern und Hirten zogen wir ein. Dieſe wieſen uns den Weg zur Schule der Jeſuiten, dem größten und ſchönſten europäiſchen Inſtitute zu Sachle. Dort fanden wir freundliche Aufnahme und auch willige Unterſtützung, nachdem ſich heute faſt alles mit dem Hawâga Andréa gegen uns verſchworen zu haben ſchien. Der Bruder Winzer des Hauſes — die Patres beſitzen nämlich ſchöne Wein= berge — war ein Elſäſſer und that ſchon als Landsmann gern die nöthigen Schritte, damit wir morgen nach Baalbek kämen. Da keine ausgeruhten Pferde zu haben waren, miethete er uns ſtarke Eſel. Wir bezahlten für jedes Thier ſechs Franken und überdies die nöthige Gerſte. Die Abreiſe wurde auf früh 2 Uhr angeſetzt.

Nach Tiſch leiſteten uns zwei der Väter Geſellſchaft. Ein dritter, der ſich dazugeſellte, kam eben von Baalbek; er hatte mit einigen Zöglingen aus Damaskus einen Ferienausflug dahin ge= macht. Dieſer erklärte — was wir ſchon lange gern gehört hätten — daß der Weg dahin nicht nur ſehr gut, ſondern auch unbedingt ſicher ſei. Die anderen ſprachen von Altem und Neuem. In den Schreckenstagen von 1860 habe Sachle mehr gelitten als jeder andere Ort des Libanon. Von ſechs= bis achtfacher Uebermacht umringt, hätten die Sachlioten vorerſt einen dreimaligen Sturm zurückgewieſen, dann ſich mit großen Opfern bis auf ein paar hundert Menſchen durchgeſchlagen, die alle von dem fanatiſchen Geſindel hingemordet wurden. Die Druſen hauſten fortan zu Sachle, bis ihnen die europäiſche Intervention das Handwerk ſteckte. Eben war das Chriſtenthum wieder in kräftigſtem Auf= blühen. Man zählte uns allein 45 Geiſtliche der verſchiedenen Riten auf. Obenan ſtehen numeriſch die unirten Griechen. Nach ihnen kommen die Melchiten und Maroniten. Die Jeſuitenſchule hat einige hundert Zöglinge von Nah und Fern; Ferien halber waren jedoch nicht blos die Studenten, ſondern auch die Profeſ= ſoren faſt alle abweſend.

Um nicht zu verschlafen, oder richtiger um keine Störung zu machen, erwarteten wir auf dem Divan des Sprechzimmers die Stunde des Aufbruchs

Nach Baalbek.

Samstag, den 13. September, von früh 2 Uhr an schauten wir nach den Eseln aus, bis sie mit einiger Verspätung kamen. Dieselben trugen uns auf jähen Wegen zum Berdûni hinab und dann in zwanzig Minuten längs der linken Felswand zur Mündung des romantischen Bergthales. Gerade am Rande des Litânithales lag das vorzugsweise christliche Dorf Muállaka. Von hier bis Baalbek hatten wir eine breite, gut gebaute Straße. Der Eigensinn meines Esels sorgte dafür, daß auch der Straßengraben zu Ehren kam, wobei mir ein lebendiger Hag Schirm, Hut, Rock, Hände und Gesicht nicht wenig zerzauste. Je lauter ich dabei wurde, desto rascher ging es. Mir fuhr das Feuer ähnlich aus den Augen, wie sonst einem galoppirenden Pferde aus den Hufen. Als ich schließlich Justiz an dem Thiere üben wollte, kostete mich der üble Spaß auch noch den Schirm, so daß ich mich kaum mehr der Tageshitze zu erwehren wußte. Vorerst hatten wir jedoch mit nicht geahnter Kälte zu kämpfen. Dieselbe konnte einem zum Bewußtsein bringen, daß die Bekâa trotz ihrer steilen Randgebirge selbst noch ein hohes Gebirgsthal sei. Wir befanden uns bei Muállaka wenig mehr als 3000′ über dem Meer, bei Baalbek wenig unter 4000′. Kurz nach Sonnenaufgang erinnerte die plötzlich eintretende Hitze an die wenig ermuthigende Versicherung unserer Sachlioten, daß in diesen Tagen ein Europäer nicht leicht ohne Fieber von Baalbek zurückkehre. In Folge des Temperaturunterschiedes zeigte die gebräunte Hand noch nie beobachtete weiße Striche und durch alle Glieder ging eine außergewöhnliche Schlaffheit. Einer der Franzosen kam wirklich krank zu Baalbek an und sah die Ruinen nicht. Zehn Minuten von Muállaka passirten wir das Dorf Kerak Nûch. Die Moslim daselbst hüten das Grab des Propheten Noach. Reisende, welche es der Mühe werth hielten abzusteigen, schildern es als ein Riesengrab von 130′ Länge. Der Holzsarkophag soll mit

Seidenzeug überzogen sein. Ueber demselben steht eine Art gedeck=
ter Kegelbahn.

Bis Temnin et=Tachta, eine Stunde oberhalb Kerak,
folgten wir dem Ostrande des Libanon. Von da an wandten wir
uns dem Westrande des Antilibanon zu; denn Baalbek liegt am
Fuße des Tschebel esch=Scherki. Indem wir einer diagonalen
Linie folgten, kamen wir in anderthalb Stunden zum Uebergang
des Litâni; daselbst stand ein großes Mühlwerk. Wir überschritten
zuerst das seichte Flußbett, welches seiner Breite wegen zu anderer
Jahreszeit einen ansehnlichen Bach vorstellen mochte, jetzt aber nur
auf vier bis fünf Schritte handtiefes Wasser hatte. Einige Schritte
jenseits kam das Wasser des Mühlkanals, welches ungefähr die
vorige Breite und Tiefe hatte. Ueber dasselbe führte ein niederer
Steg, den der erste starke Regenguß mitnehmen mußte. Diese
Litânifurt hieß Tell esch=Scherîf. Einst begleiteten den Fluß
lachende Auen, jetzt stehen nur in seinem Bette noch Gras= und
Weidenbüsche; selbst die Ufer sind kahl wie die Umgegend. An so
viel trinkbarem Wasser geht man im Oriente nicht ohne Weiteres
vorüber. Wir machten auf dem Hin= und Herwege bei demselben
Rast. Dem linken Ufer des Litâni entlang wollte weiterhin der
Weg nicht mehr enden. Bei der seltenen Schonung der Thiere
wurde es fast elf Uhr, bis wir nach Kubbet Dûris kamen,
$^1/_2$ Stunde vor Baalbek. Mit Pferden macht man den Weg von
Sachle in sechs, von Schtôra in acht Stunden; wir brauchten (von
Sachle) bis zum Ziele über acht. Dûris war ein Dorf rechts
von der schnurgeraden Straße, Kubbet Dûris ein einzeln stehen=
des Weli links. Letzteres verdiente wegen seines antiken Materials,
insbesondere wegen acht herrlicher Granitsäulen und bedeutender
Bruchstücke eines Architravs schon alle Beachtung. Ein Sarkophag, auf
die Schmalseite gestellt, diente als Kibla.

Eine Viertelstunde vor Baalbek kamen wir an den enormen
Steinbrüchen vorüber, welchen einst das Material für dessen Akro=
pole entnommen wurde. Darin zeigt man den s. g. Hâdscher el
Kebîr, d. i. einen Steinblock von 70′ Länge und 13′ Breite, wel=
cher auf drei Seiten bearbeitet, aber auf der vierten nie vom Bo=
den gelöst wurde. Nachdem wir seit Langem das eigentliche
Wahrzeichen von Baalbek — die sechs Prachtcolonnen des Haupt-

tempels — geſehen hatten, lag in den letzten 10 Minuten die ganze künſtliche Akropole mit allen ihren Theilen vor uns. Ange= ſichts derſelben konnten wir vorerſt nur ſtaunen und ſchweigen. Der Geiſt ſuchte nach Worten, die Erinnerungskraft nach Verglei= chen. Solche Großartigkeit war noch keinem von uns vorgekommen. Man wurde einerſeits durch die Technik an das Wunderwerk der Flavier zu Rom, an das 80,000 Menſchen faſſende Coloſſeum erinnert, andererſeits durch die ungeheuere Maſſenhaftigkeit wieder an die Pyramiden von Gize. Eine, ja zwei Generationen hindurch ſcheint ſich die geſammte Menſchenkraft der Bekâa auf dieſes Werk con= centrirt zu haben: ob aus freier, religiöſer Begeiſterung oder wie beim Pyramidenbau in Folge tyranniſchen Zwanges? „Allah kebîr,“ d. h. „Gott iſt groß,“ rief man eben, als wir im Dorfe einzogen. „Allah kebîr“ hallte es bedeutſam von den mächtigen Wänden der Akropole wieder. Wir hielten, nur durch einen Baumgarten ge= ſchieden, den Ruinen gegenüber, ſtiegen vor dem Hofthürchen des Chûri der wenigen Maroniten ab und fanden unter deſſen Dache den lang erſehnten Schatten.

Kirche und Pfarrhaus waren nur ein Gebäude. Der un= tere Stock glich einem Schoppen, der ſehr verſchiedenen Zwecken diente; eine Abtheilung davon war die Kirche. Am hinteren Ende deſſelben führte eine geländerloſe Staffel auf das platte Dach. Nachdem wir auf demſelben gegen zwei Drittel der Länge rückwärts gegangen waren, traten wir in ein großes luftiges Dachzimmer. Dieſer nur das erſte Drittel des Daches einnehmende Oberbau war die Wohnung des Chûri. Derſelbe hatte ringsum Fenſteröffnungen ohne Scheiben, aber verſchließbar durch Läden, an zwei Seiten Divane und in der Ecke einen Tiſch. Unſer jugendlicher Wirth öffnete nur die Läden der Nordwand. Wir bekamen dadurch außer Luft und Licht zugleich auch eine überraſchende Ausſicht auf die nahe Süd= wand des kleinen Tempels der Akropole. Während der Chûri für Eierkuchen und dünne arabiſche Brode ſorgte und meine Reiſege= fährten ſchliefen, wußte ich mich vom Fenſter aus mit Hilfe meiner Karte vollkommen zu orientiren. Dann ging ich allein durch das heutige Dorf.

Daſſelbe iſt nicht unſchön um die reiche Quelle Râs el Ain gruppirt. Letztere tritt gleich als benutzter Mühlbach aus dem

Boden. Sie galt von jeher als Beweis des gnädigen Waltens der Gottheit. Neben dem Becken, in welchem der Strudel emporquillt, haben sich noch Melik ed-Dâhir Bêbars und sein Sohn durch Moscheen verewigen wollen. Ihre Schöpfungen erlagen aber dem Zahne der Zeit und dem Erdbeben. Die alten Syrer verehrten ungefähr auf den Fundamenten der Moschee die gebärende Naturkraft und nannten sie Baaltis, auch Mylitta (hebr. Molédet), Astarte und Aschera. Wir kennen sie besser unter den Namen Aphrodite und Venus. Um die Quelle stehen jetzt noch die besseren Häuser des Ortes. Sie liegt eigentlich im Grunde einer westlichen Furche des Antilibanon. Beim maronitischen Pfarrhaus hört deren linker Hügel auf, während der höhere rechte bis hinüber zum Libanon läuft und die Wasserscheide zwischen dem Leontes und Orontes, den heutigen Flüssen Litâni und Âsi, auch die natürliche Grenze zwischen der Bekâa und Sâchlet Baalbek, d. i. den südwärts und nordwärts ziehenden Flußthälern bildet. Dieser interessante rechte Hügel erhebt sich nur drei bis vier hundert Fuß über die Ebene und versinkt scheinbar um so mehr im Boden, je näher er dem drohenden Libanon kommt. Ganz nahe an seinem Süd- und Nordabhang liegen die Quellpunkte der beiden berühmten cölesyrischen Flüsse. Zu anderer Jahreszeit mag das Wasser der Quelle Râs el Ain bis zum Litâni kommen und dann der Bach von Baalbek ähnlich dem von Bânias zugleich als Litâniquelle erscheinen. Eben war jede Täuschung unmöglich. Von ihr stammten wohl die Obstgärten vor der Akropole und etwas abwärts auch einige grüne Beete, dann aber war der letzte Tropfen Wasser versickert, und erst 3/4 Stunden weiter westlich durch eine runde Rasenplatte deutlich der eigentliche Ursprung des Litâni bezeichnet. In 20 Minuten hätte ich auch die Quelle des Âsi aus der Höhe sehen können, aber Hitze und Müdigkeit standen hindernd im Wege.

Die Landschaft hatte ein röthliches Ansehen, was auf einen besonderen Reichthum von Eisenoxyd zurückgeführt wird. Trotzdem gelten die Felder für fruchtbar und werden von Griechen, Maroniten und Moslim fleißig bestellt. Da Baalbek einst zwischen dem Leontes und dem Orontes eine Rolle spielte, wie heute noch Damaskus zwischen dem Antilibanon und Haurân, so fragt man unwillkürlich

nach seinen damaligen Grenzen. Reisende, welche den einstigen
Stadtmauern nachgingen, kamen dabei weit über die Abhänge des
Thales Râs el Ain hinauf. Ich begnügte mich mit dem auffällig=
sten Zeugniß der alten Größe innerhalb des Dorfes, einem
schönen Rundtempelchen östlich von der Akropolis. Die halbrunde
Götternische war von einem Peristyl aus acht korinthischen Mono=
lithsäulen umgeben. Darüber lief ein kunstreicher Architrav und
ein äußerst zierliches Gesims hin. Das Innere zeigte zwei
Säulenordnungen übereinander. Weil unmittelbar hinter dem
alten Heiligthum der Quellbach vorübereilt, scheint die Vermuthung,
daß dasselbe ein griechisches Nymphäon war, am meisten für sich
zu haben. Als ich mich auf dem Heimweg nicht mehr auskannte
und nach der Kenîse (Kirche) der Maroniten fragte, wurde ich zum
zweiten mal zu diesem Nymphentempelchen geführt. Kenîse heißt
das Monument im Volksmunde, weil es bis in die Neuzeit die
Kirche der Griechen war. Diesem Umstand verdankt es wohl auch
seine Erhaltung.

Bei der Besichtigung der Akropole machte der maronitische
Geistliche den Führer. So wenig Verständniß dieser vom Ganzen
hatte, so genau kannte er jeden Winkel und außergewöhnlichen
Stein. Die Akropole liegt etwas über hundert Schritte westlich
von den letzten Häusern Baalbeks in anmuthigem Grün. Ihre
beiden Langseiten sind dem Norden und Süden, ihre Schmalseiten
dem Westen und Osten zugekehrt. Am gewaltigsten erscheint sie im
Westen. Hier gibt es bis zur Stunde noch keine Bresche, welche
den Zugang verstattete, während man im Osten, Nordosten und
Süden durch Breschen eindringen kann. Der ursprüngliche Trep=
penaufgang und das Hauptportal — gleich den beiden Tempel=
pforten dem vom Antilibanon kommenden Tagesgestirn zugekehrt
— ist bis zur Stunde saracenischen Festungsbauten gewichen.
Wie zu Athen, so bedeutet zu Baalbek das Wort Akropole den
Tempelberg. Doch besteht der Unterschied, daß der Berg hier
kein Fels, sondern ein Riesenwerk der Kunst ist. Wir drangen
zuerst in diesen ein, beziehungsweise wir folgten einem der beiden
parallelen Gewölbegänge, welche den colossalen Unterbau von Osten
nach Westen durchziehen, und deren Länge auf 480', deren Breite
auf 15' angegeben wird. Ein nordsüdlicher Quergang mißt

20/330′. Auf diesem Wege konnte man ohne Führer in tiefe Schachte gerathen. Sie gelten für Cisternen aus der Zeit, in welcher der Tempelberg eine arabische Festung war. Eine Anzahl Nebenkammern wurde durch das Mittelalter hindurch zu Stallungen und Magazinen benützt. Reste lateinischer Inschriften führen selbst diese riesigen Substructionen am richtigsten auf die Römer zurück.

Den Aufgang zu den Tempeln suchten wir gegen das Herkommen im Süden. Die zwei Tempel liegen nicht auf gleicher Höhe, sondern die Terrasse des kleineren südlichen ist gegen ein Stockwerk niederer als die des größeren nördlichen. Auch hat das Areal des kleineren Tempels nur ein Drittel der Breite und die Hälfte der Länge des Areals des größeren. Da beide Tempelflächen zusammen im Westen beginnen, läuft die größere nothwendig doppelt so weit ostwärts, als die kleinere. Stimmen ferner beide Flächen darin zusammen, daß sie vom Ostrande her als Bauplätze verwerthet erscheinen, so besteht anderseits der Unterschied, daß gerade die kleinere Terrasse auf ihrer westlichen Hälfte unbenützt blieb, während die größere vom Anfang an bis zum Ende zur Unterlage eines einzigen Riesenbaues genommen wurde. Der kleinere Tempel war nichts als ein Tempel, zu dessen Portal man von Osten durch eine Staffel emporstieg. Anders verhielt es sich mit der größeren Tempelanlage. Dieselbe war aus drei und vier Abtheilungen zusammengesetzt. Ging man nämlich im fernsten Osten der großen Terrasse die Staffel hinauf, so stand man zunächst in einem Säulengang, der quer von Norden nach Süden lief und 20′ über den Gärten lag. Hier liest man an zwei Säulenbasen noch die Namen „Antoninus Pius und Julia Domna.“ Die beiden Enden dieser Particus sind jetzt durch je einen arabischen Thurm verunziert, von denen der nördliche noch am besten erhalten ist. Durch die Rückwand dieser majestätischen Säulenhalle trat man vermittelst eines dreifachen Thores erst noch in einen sechseckigen Vorhof, von dem leider nur noch die Grundmauern erhalten sind. Er war kaum halb so lang als der daranstoßende viereckige Hof und hatte doch 200′ in der Länge; die Wände, mit Ausnahme der Rückwand, hatten viereckige Seitengemächer oder Exedren. Nochmals passirte man ein dreifaches Thor und kam dann in den großen viereckigen Hof, der 450′ lang und 376′ breit war. Zur Zeit

der Byzantiner stand eine Basilika in der Mitte. Deren Reste er=
leichtern jetzt die Orientirung vom Hofe aus. Dessen Westseite ist völlig
zerstört, die drei anderen Wände dagegen samt ihren Exedren sind gut
erhalten. Das Innere der letzteren ist noch mit halbrunden und
muschelförmigen Nischen (zwei Reihen übereinander), mit Pilastern
und korinthischen Kapitälen, mit Wulsten, Leisten, Balken und ge=
kröpften Giebeln verziert. Nach der schon etwas barocken Geschmacks=
richtung zu schließen, war der viereckige Hof der jüngste Theil der
Tempelanlage. An demselben wurde, wie es scheint, noch im
dritten Jahrhundert gebaut.

Erst nachdem man durch die Porticus, den Vorhof und Hof
über zwei Drittel der großen Terrasse hinweg geschritten war, stand
man vor dem Portale des eigentlichen Tempels. Dieser lief fast
bis zur hohen Westseite der Umfassungsmauer, in welcher
noch sein antiker Name „Trilithon", d. i. der Dreisteinige, mit
unauslöschlichen Zügen eingeschrieben steht. Dort ruhen nämlich
auf 20' hoher Unterlage die drei größten Bausteine der Welt
neben einander. Ihre Länge beträgt 64 und 65', ihre Höhe
und Dicke 14 und 15'. Nur auf der Rückseite der Akropole kann
man ihre Dimensionen anstaunen. Vom „Trilithon" selbst ist
verhältnißmäßig am wenigsten erhalten, und die Barbarei der Araber
hat auffälliger Weise daran den geringern Theil der Schuld, trotzdem
sie die Eisenklammern herausmeißelte, Säulen anschnitt oder
unterminirte und so ihren Sturz vorbereitete. Den größten Scha=
den richteten die Erdbeben an. Im Gegensatz zu seinen Vorhöfen
stand der eigentliche Tempel auf einem massiven Untersatz, Stylobat
genannt, dessen Nordwand noch aus dem Trümmerwerke sichtbar
ist. Wie er seinen Zugang offenbar von Osten hatte, so bekam er Licht
und Luft wahrscheinlich vom offenen Dachfirst, d. h. es war ein
Hypäthraltempel. Außen um die vier Seiten liefen Säulen, in
der Kunstsprache Peristyl genannt. Dieses Peristyl bestand an je=
der Schmalseite aus 10, an jeder Langseite aus 19 Säulen und
trug ein die vier Wände überschattendes Dachgesims. Von dieser
ganzen Herrlichkeit stehen jetzt noch 6 Säulen von dreitheiligem
Aufbau, die einst die Mitte der langen Südwand zierten. Weil sie
zugleich westlicher als der wohlerhaltene kleinere Tempel stehen, beherr=
schen sie das Litânithal und bilden in weite Ferne das Wahrzeichen

von Baalbek. Sie messen 7/64', bestehen aus gelblichen Steinen ohne Cannelüren und bauen sich aus je drei Trommeln auf, zu denen die früheren Eisenklammern fehlen. Die Schäfte stehen auf einfacher Basis und tragen großartige, aber minder fein ausgeführte Akanthuskapitäle. Bruchstücke von einem dreitheiligen Architrav, Consolenfries, Zahnschnitt und weitschattigen Gesimse bilden einen Aufsatz von 17 bis 18'. Beim nächsten Erdbeben in der Bekâa gehen auch diese letzten Reste des „Trilithon" unabwendbar in die Brüche. Die ganze ruinöse Tempelanlage macht den Eindruck „der frohen Stadt" bei Zephanias *), die voll Selbstgefühl sprach: „Ich bin's, und außer mir keine mehr! Und doch, wie ist sie zur Wüste geworden, zur Lagerstätte für die Thiere! Auf den Schwellen herrscht Verheerung, in den Fenstern hört man Geheul, auf den zerbrochenen Säulen weilen Herden, der Igel und der Pelikan." Wie Niemand auf den Namen des hohen Erbauers schwören könnte — man räth auf Antoninus Pius —, so ist auch die Bestimmung dieses Riesentempels wenig mehr als eine Vermuthung. Darnach wäre es der Tempel aller Götter Baalbeks oder, was dasselbe ist, das Pantheon der Syrer gewesen.

Den Eindruck übermenschlicher Größe macht allein schon der kleinere s. g. Sonnentempel — wohl richtiger Tempel des Baal genannt — der zugleich eines der besterhaltenen Baudenkmale des Alterthums ist. Die Araber haben der Façade gegenüber einen kleinen Fortificationsbau mit Stalaktitenportal aufgeführt. Wir waren anfänglich durch ein Loch desselben in ein gewölbtes Zimmer eingedrungen und aus diesem wieder durch ein Loch auf die kleinere Terrasse gelangt. Daselbst standen wir gleich vor dem schönsten Theile des Sonnentempels, nämlich vor seinem Portale. Die beiden Thürpfosten sind Monolithe, der Thürsturz drei Steine, von denen der mittlere aus dem Blei gegangen ist. Das Merkwürdigste daran sind die Verzierungen. Wie das Thor selbst rechtwinkelig angelegt ist, so wiederholt sich der rechte Winkel sechs- bis achtmal an dessen beiden Ecken und bildet so die Felder zu überreicher Ornamentik, bei welcher Perlenschnüre, Eierstäbe, Zahnschnitte, Laubkränze, Blumengewinde und lineare Figuren mit einander abwechseln.

*) Cp. 2, 15.

Doch gewinnt man nebenbei vor diesem Prachtportale zumeist den Eindruck des antiken Rococo und damit des Niederganges der römischen Kunst. Als wir in das Innere traten, kamen maronitische Burschen und Mädchen die Wendeltreppe in einem der großen Pfeiler der schmalen Ostwand herab. Jede Langseite war durch acht Halbsäulen in Felder getheilt, und in jedem Felde sah man eine untere rundbogige und obere achteckige Nische mit vorkragendem Giebel, cannelirten Halbsäulen und einem hohen Aufbau von Architrav, Fries und Gesims. Die Länge des Innenraums beträgt 90', die Breite 73'. Zerlegt man denselben in vier Breitenstreifen, so diente der westlichste ursprünglich als Standort des Götterbildes und in späterer Zeit als Kirchenchor. Eine Mauer, die noch erhalten ist, bildete die Scheidewand. In der schmalen Westwand haben sich drei der einstigen fünf Nischen gut erhalten.

Die Decke ragte nach allen Seiten horizontal über die Wände hinaus und wurde an ihren Enden von Säulenreihen gestützt. An der Ostseite standen sogar zwei Reihen, was eine imposante Vorhalle zum Heiligthume abgab. Der Länge nach zählte man außerhalb der Nord- und Südseite je 15 Säulen, der Breite nach hatten auf der Ost- und Westseite 8 Säulen Platz. Blos auf der Nordseite sind alle vollständig erhalten, auf der Südseite vier, auf der Westseite drei. Alle anderen sind ganz oder theilweise vom Stylobat gestürzt. Eine fiel nicht auswärts, sondern einwärts gegen die (südliche) Tempelwand. Umgeknickt lehnt sie daran, trotzdem ihre Trommeln blos durch wenige Eisenklammern zusammengehalten sind. Die Höhe einer Säule wird, Basis und korinthisches Kapitäl miteingerechnet, auf 50' angegeben. Zahlen vermitteln übrigens von diesen Riesenständern nur eine mangelhafte Vorstellung. Sie waren mir das Staunenswertheste, was die Tempelburg zu Baalbek bietet. Zu zwei und drei umklafterten wir und kamen damit an kein Ende. Das Auge folgte ihnen himmelwärts und kehrte schleunig wieder zurück, damit es nicht von Schwindel umnachtet wurde. Das Dachgesims, welches sie trugen, war in Felder eingetheilt und diese einst mit edlen Haut-Reliefs ausgefüllt, von welchen große Bruchstücke am Boden lagen. Längs der geschonteren Nordseite haben sich gleich den Säulen auch die dreizehn Felder der Gesims-Unterfläche mit ihren Reliefbüsten am besten erhalten. Dieser und der Westseite des Sonnentempels folgten wir auf dem Rückweg. Dabei sahen wir auch den hohen Untersatz, auf welchem der Sonnentempel mit seinem Peristyl ruht. Durch eine zweite Bresche der Südmauer gelangten wir in die untenliegenden Gärten, bewunderten das „Trilithon“ der Westmauer, die neun Riesenquader (33′ lang) der Nordmauer, auch die Geschmacklosigkeit der arabischen Thürme im Osten und kehrten dann auf dem Wege, den wir gekommen waren, zum Söller des Chûri zurück.

Vertragsmäßig konnten wir vor Abends zehn Uhr den Aufbruch nicht verlangen. Diese Bedingung hatten unsere Muker mit Rücksicht auf die Esel gestellt. Bis zur Dämmerung, hätte man meinen sollen, wolle auch das Interesse für Baalbek unseren Aufenthalt. Anders dachten meine Begleiter. Sie drängten, bis die Muker nachgaben. So ritten wir um 3 Uhr bereits zum Dorfe hinaus. Lange hafteten meine Augen noch an der herrlichen Ruine. Als deren Detail allmälig verschwand, kamen auch die allgemeineren Fragen an die Reihe, insbesondere die nach dem Erbauer und der Verwendung. Auf erstere Frage hatte schon der Chûri geantwortet. Er meinte, der gigantische Bau sei ein Werk Salomons. Der Augenschein aber lehrte, daß er aus der römischen Kaiserzeit stamme. Die späte (7. Jahrhundert) Nachricht, Antoninus Pius habe zu Heliopolis dem Jupiter (Baal) ein Weltwunder aufgeführt, stimmt in vielfacher Hinsicht. Ursprünglich diente so der Hochbau dem römischen Jupitercult, Gewölbe und Parkanlagen aber vermuthlich der Verehrung der Venus. Der Grieche blieb gleichzeitig bei seinen Göttern Helios und Aphrodite, und der Syrer wallfahrtete nach wie vor zu Baal und Astarte. Ehe noch das „Trilithon“ ganz fertig war, begann der Vernichtungskampf durch das Christenthum. Kaiser Konstantin vertrieb zuerst die Venus und erbaute dem wahren Gotte eine Basilika. Julian der Abtrünnige räumte momentan mit dem Christenthum wieder auf und betrachtete Baalbek als religiösen Kurort, an dem sich die Christen entweder zum Heidenthum bekehren lassen oder im Weigerungsfalle in die Bergwerke gehen sollten. Theodosius der Große († 395) verbot voreilig jeden Götzendienst und verwandelte den Jupitertempel in eine christliche Kirche. Unter seinen Nachfolgern lebte der Bilderdienst wieder auf, und noch Ende des 6. Jahrhunderts wurden die Heiden Baalbeks gezüchtigt, weil sie über den Messias gespottet hatten. Kein ganzes Jahrhundert scheint das Christenthum die unbestrittene Herrschaft behauptet zu haben, da kamen die Generale Omars von Damaskus und eroberten Stadt und Tempel für den Islam. Die Araber benutzten die Akropole als Festung. Im Jahre 1260 wurde diese von Holagu, um 1400 von Timurlenk genommen. Im 16. Jahrhundert mußte die Akropole für Europa förmlich von Neuem entdeckt werden. Seitdem geht sie stetig den Weg alles Endlichen. Das bedeutete wohl die nun bald 3000 Jahre nachhallende Donnerstimme aus Jerusalem, deren Herold der Hirte und Prophet Amôs war: „So spricht Jehova: Ich will Feuer schleudern in Hasaels Haus," d. i. über Syrien, „und will zerbrechen die Riegel von Damaskus," d. i. seiner Resibenz, „und will ausrotten die Bewohner von Bikath Âven," d. i. von Baalbek, wie denn auch die griechische Ueberseßung statt Âven die Verkürzung Ôn hat, welche sich mit dem syrischen Heliopolis oder Baalbek deckt. An sich bedeutet das hebräische Bikath Âven „Gößenthal", das syrische Baalbek aber von heidnischem Standpunkte aus „Gottes (Baals) Thal".

Wenn irgend eine Stelle auf Erden die vom Apostel Paulus*) geschilderte Entwickelung vom Monotheismus zum Polytheismus, den rapiden Fortgang der ersten Vertauschung des „unvergänglichen Gottes" mit seiner Kreatur bis zu den scheußlichen Verirrungen eines Moloch- und Mylittadienstes mit ansah, so war es die Bekâa. Im syrischen Ôn war vor aller Geschichte die personificirte Sonne der von der Menschenbrust unabläffig gesuchte Herr des Himmels und der Erde (Baal). Lange vor Amôs waltete zwischen dem Libanon und Antilibanon statt des Gottes der Göße, und das herrliche Thal blieb fast bis in die arabische Zeit „das Feld des Gößen"**).

Schließlich lieferte es noch einen unumstößlichen Beleg, daß es vom Polytheismus zum Monotheismus keine stetige Entwickelung gibt, und weder griechische Logik noch römische Energie, sondern allein die übernatürliche Offenbarung über den Abgrund hinweghilft. Aber auch die positivere Lehre predigte die alte heidnische Kultstätte, daß Religion kein leerer Wahn und selbst der in die Brüche ge-

---

*) Röm. 1, 24. **) Campus idoli, Vul. Am. 1, 5.

gangene göttliche Name noch unbeschreiblich groß ist. „Allah ist groß“ — rief es vom Minaret, „und der festeste Thurm ist der Name des Herrn“*) — hallte es von den Riesencolonnen wieder, bis das Quellgebiet des Litâni, der Dschebel Libnân und der Dschebel esch-Scherti, beider Gipfel, Spalten, Vorberge, Dorfschaften und das sporadische Grün inmitten so vieler Oede und Kahlheit die Aufmerksamkeit nach anderen Seiten lenkte.

Die eine Hälfte des Rückweges machten wir bei Tag, die andere wie diesen Morgen bei Nacht, nur ohne Mondschein, auch ohne die empfindliche Kälte. Ueberraschend waren die vielen Freudenfeuer auf den Bergen und im Thale. Dieselben brannten, wie man uns sagte, zur Ehre von Mariä Geburt. Ich war erstaunt, wie bevölkert die Bekâa, und wie vorherrschend christlich die Gegend ist. Sie heimelte mich an, und ich schwelgte schon im Vorgenusse der Segnungen Europas. Nach 11 Uhr ritten wir in Sachle ein, klommen die Rückwand des mit Häusern ausgefüllten Thalkessels empor und stiegen vor unserem Collegium ab.

Ueber den Libanon nach Bêrût.

Sonntag, den 14. September, drängte die Reise nach Bêrût; denn Montag den 15. ging tarifmäßig mein Schiff ab. Zugleich schien es gerathen, zu Pferd über den Libanon zu gehen, weil der Omnibus zu Schtôra nur so viele Passagiere aufnimmt, als zufällig Platz haben. Der Bruder Winzer besorgte mir bereitwilligst Pferd und Treiber. Für ersteres hatte ich sofort 8 Franken zu bezahlen, letzterer sollte zu Bêrût noch einen Beschlik erhalten. Dafür lief er volle 10 Stunden neben mir her und brachte letztlich das Pferd wieder nach Sachle zurück. Wie sich bald herausstellte, war es ein Knabe von 13 Jahren, doch viel reifer als unsere Knaben von gleichem Alter. Kurz bevor ich schied, traf ich noch Pater Thoma von Freiburg, der mir Grüße in die Heimath und eine Empfehlung an sein Muttercollegium zu Bêrût mitgab.

---

*) Spr. 18, 10.

Um 8 Uhr stieg ich in den hohen Sattel meines altersgrauen Pferdes und ritt, von vielen neugierigen Kirchgängern angestaunt, frisch und munter aus Sachle hinaus. Vergebens winkte der hohe Sannîn und sein interessantes Hinterland, das vom Hundsfluß (im Alterthum Wolfsfluß) durchfurchte Kesruân. Dieses und noch viel Interessanteres auf dem Wege nach Tarâbulus mußte ich dieses mal missen; ob es mir in den nächsten Jahren gelingen soll, das noch so wenig gekannte Syrien zu durchstreifen? Der Weg führte wie vorgestern durch üppige Rebanlagen. Da und dort hatte man gestern gelesen und die Stützen der geleerten Stöcke bei Seite geworfen. Heute trieb bereits der Schäfer darüber und weidete das letzte grüne Blatt ab. Gegen 10 Uhr hielt ich zu Schtôra, um mein in der Postablage eingestelltes Gepäck zu mir zu nehmen. Der Expeditor wußte telegraphisch, daß der Omnibus noch aus= reichend Platz habe, aber ich hätte um keinen Preis meinen fried= lichen Ritt mit der ungestümen, staubigen Fahrt vertauschen mögen. Als ich nach kurzer Zeit wieder zu Pferde saß, kam ich nicht mehr aus dem Sattel bis Abends 6 Uhr. Mein Schimmel wurde den ganzen Tag weder gefüttert noch getränkt, und doch trabte er meist munterer dahin, als mir lieb war. Erst zu Bêrût kaufte der Knabe ihm Gerste und Häcksel.

Die Straße wand sich den Dschebel Libnân hinauf und bot abwechselnd schöne Blicke nach der obern und untern Bekâa, sowie nach dem Dschebel esch=Schêch und nach dem Dschebel esch=Scherki. Der kahle Gebirgsstock rechts von der Straße bis zum Sannîn heißt Dschebel Kenêse. Aus seinen westlichen Spalten sammeln sich die Wasser des Nahr Bêrût — so heißt die Vereinigung der beiden Bäche Nahr Hammâna und Nahr Sulîma am Westabhang des Libanon. Nach 2 1/2 Stunde kam der große Chan Murâd und noch eine Stunde später — beim Chân Mizhîr — der höchste Punkt der Straße, der sich mehr als 5000' über das Meer erhebt. Von da an schlossen der gegen 7000' hohe Dschebel Kenêse und (in südlicher Fortsetzung) der Dschebel Bârûk ein für alle mal mit dem Osten ab. Dafür zeigte sich gleich das dunstige Meer, und eine Lücke des Gebirges gab einen kurzen Vorgeschmack von der herrlichen Lage der Stadt Bêrût. Sie schien wie aus dem Meere hervorgezaubert und auf einen lieblichen Hügel gestellt, um die

Huldigung der frohen Natur entgegengebrochen, die als reiche
Ehre ringern im Feldgewande trugen.

Einst hatte der Libanon einen herrlichen Baldbestand. Da
gab es Cypressen, Eichen, Platanen und den Banz der Bäume,
die Ceder des Libanon *), das bevorzugte Material jener kanaanitischen Künstler, die Menschenbilder brannten, hobelten, glätteten,
mit Röthel bemalten, und dann zum Werke ihrer Hände sprachen:
„Rette mich, denn du bist mein Gott" **). Jetzt gibt es in manchen
Hausgärten Englands mehr Cedern als auf dem ganzen Libanon.
Selbst der Sinn für die Schönheit des Baumes scheint den heutigen
Libanesen zu fehlen; wenigstens sieht man in Gärten und öffentlichen Anlagen an Nadelhölzern nur die dünne Cypresse und die
schrundige Pinie. Da verräth der Psalmist einen tieferen Natursinn,
wenn er zugleich mit Himmel und Erde, Sonne, Mond und Sternen,
Meerthieren und Tiefen, Bergen, Hügeln und Fruchtbäumen,
auch die Cedern des Libanon zum Lobe Jehovas auffordert ***).
Im Ganzen herrscht auf dem Gebirge der Dornstrauch, und
nur der Maronite liegt mit diesem im Kampfe. An aroma-
tischen Kräutern ist der Libanon so reich, daß sein Duft noch
„dem Dufte der Braut" †) zu gleichen scheint.

Trotzdem mein Weg· meist dem Kamme der sich unter mancherlei
Winkeln begegnenden Gebirgsstöcke folgte, durchschnitt er doch mitunter
reich beladenes Rebgelände. In Sonntagskleidern war eben das
christliche Volk an der Weinlese. Die Trauben wurden in Körbe gelegt,
und die gefüllten Körbe Eseln angehängt. Wie „der Wein des
Libanon" schon zur Zeit des Propheten Hosea (14, 8) rühmlich erwähnt
wird, so gilt der hier wachsende Vino d'oro jetzt noch für ausgezeichnet;
doch kommt der größere Theil der Trauben frisch oder getrocknet in
den Handel. Der seit Justinian († 565) eingeführten Seidenzucht
zu Liebe wird der Maulbeerbaum mit großem Fleiße gepflanzt.
Während dieser mehr die feuchteren Gründe beherrscht, steht die
zähe Olive vorzugsweise auf trockenen Abhängen und bildet fast
ausschließlich den grünen Rahmen der Maronitendörfer. Diese
aber hängen in der Regel auf dem höchsten Grate der Bergrücken

---

*) 3. Kön. 4, 33; Esr. 3, 7.　　**) Jes. 44, 17.　　***) Pf. 148.
†) Hohes Lied 4, 11.

und lassen sich, den Klumpen eines Bienenschwarmes vergleichbar, malerisch zu beiden Seiten herab. Unterhalb desselben setzt sich die Kultur in Terrassen bis in die fruchtbaren Thalgründe fort. Der Esel ist das einzige Thier, welches geeignet scheint, den Albanesen in seiner schweren Arbeit zu unterstützen.

Weil mein Treiber jede Krümmung der Straße abkürzte, ritt ich meist allein. Wiederholt zogen vor mir lange Kameelzüge über den Weg. Sie folgten dem uralten Saumpfad und kamen auf diese Weise nicht nur billiger, sondern auch rascher zum Ziele. Während nämlich leichte Cavaliere, wie ich, die Straße ohne Billet benützen, entrichten befrachtete Wagen und Lastthiere ein Weggeld. Mehr Leben herrschte an den Chanen der Compagnie. Man sah jeweils nicht nur die Leute des Posthalters, sondern auch feiernde Maroniten und müde Passanten, welche heute ein übriges Täßchen Kaffee schlürften, plauderten und rauchten. Die interessanteste Partie oben auf dem Gebirge war der Wâdi Hammâna. Die Straße war in den Fels seiner Südwand eingehauen. In schwindelnder Tiefe breitete sich der fruchtbare Thalgrund aus. Das nördliche Randgebirge hob eine Anzahl Dörfer bis zum Himmel empor. Man hatte hier ein frappantes Gesammtbild von dem eigenthümlichen Leben im Libanon. Hinter diesem Wadi begann der grüne Gebirgsdistrict el Gharb, das pinienreiche Gebiet der Sommerfrischen von Bêrût. Bald öffnete sich rechts von der Straße auch die tiefe Schlucht des Nahr Bêrût (einst Magoras), dessen Wasser die Bêrûter Ebene es-Sâhil ihre Fruchtbarkeit verdankt. Schwach genug sucht er am Nordrand der Gärten seinen Weg in's Meer. Darüber hinweg erhält die Stadt ihr Trinkwasser aus dem Hundsfluß.

Der Abstieg über die hohen, wohl angepflanzten Stufen des Libanon gehört zum Angenehmsten, was ich je auf Reisen erlebte. Aus weitester Ferne winkte der grenzenlose Meeresspiegel. Sein bezauberndes Blau hatte dieses mal den eigenthümlichen Reiz, daß es den Heimweg bedeutete. Herwärts lag der mit imposanten europäischen Bauten bekrönte Stadthügel. Je weiter unten ich nach ihm ausschaute, desto niedriger schien er, und zu Bêrût mußte ich ihn förmlich aus der Erinnerung reconstruiren. Erst im Hafen zeigte sich wieder die auf dem Libanon bewunderte Form. Das Sâhil glich der Umgebung von Hyères. Es war ein förmlicher Wald von Zier- und

Obstbäumen. Dabei herrschte den Gebirgsabhang hinunter die blaßgrüne Olive, auf den Vorhügeln des Libanon die langnadelige Pinie, im Weichbild der Stadt der hellgrüne Maulbeerbaum vor. Auf den platten Dächern der vielen Landhäuser flatterten die Nationalfarben fast der ganzen alten und neuen Welt. Nebenher verweilte das Auge bei den wilden Schluchten und fruchtbaren Ausläufern des Gebirges, folgte dem Küstensaum vom Vorgebirge Râs Bêrût bis zur Mündung des Nahr el Kelb (einst Lykos), beschäftigte sich mit dem Contraste paradisischer Anlagen und steriler Wüste — liegt doch ein gelber Sandhügel zwischen die Stadt und das Vorgebirge Bêrût eingezwängt — musterte die Cylinder, Tarbusche und Turbane der Begegnenden. Um $1/_2$ 4 Uhr hatte ich Chan Dschemhûr, die letzte Poststation, erreicht. Bald nachher kam rechts vom Wege die Sommerfrische Arêja. Schon glaubte ich, jetzt sei die Ebene erreicht, als die Straße nach einem nimmer enden wollenden Hügelrücken umbog. Derselbe war trefflich angebaut und trug außer vielen Landhäusern noch die Dörfer Schiâh und Hazmîn. Aus einer der Villen kam der Kutscher mit einem eigensinnigen Pferd heraus und hielt mich in Athem bis vor die Stadt. Er konnte nur in allerlei Situationen um mich herumreiten.

Eine kleine Stunde vor Bêrût begannen wir unser Manöver in der Ebene. Die Aufgabe war hier doppelt schwierig, weil die schöne, beiderseits von Baumanlagen begleitete Straße eben den Corso der vornehmen Welt bildete. Doch brachten wir es glücklich bis zur Pineta, einem auf den Drusenfürsten Fachr = ed = dîn zurückzuführenden Pinienpark zur Linken; von hier war es noch $1/_4$ Stunde bis in die Stadt. Daselbst holte uns der vierspännige Tagwagen der Compagnie ein und erlöste mich zugleich von meinem Trabanten. Fortan war die zwischen hohen Böschungen sich hinziehende Straße von arabischen und europäischen Café's beherrscht, aus deren Gärten sich die Bêrûter die Passanten ansahen. Da bekam ich zum ersten mal wieder den Eindruck gewohnter christlicher Sonntagsfeier. Derselbe steigerte sich, in dem Maße ich in das Innere der Stadt kam. Da herrschte eine Sabbathstille, daß es schien, als wohne kein einziger Moslim darin, und die wenigen Turbane, welche sich zeigten, gehören orientalischen Christen. Mein Knabe erfragte den Weg zum Jesuitencollegium und setzte mich vor dessen Thoren ab.

Dann kletterte er auf den Schimmel, nahm sein Bachschisch und trabte munter von dannen.

Ich bekam ein treffliches Zimmer und verbrachte den Abend in deutscher Converfation, trotzdem sonst das Haus auch in der Umgangssprache seinen französischen Ursprung nicht verläugnet. Ich traf nämlich einen baierischen Missionsgeistlichen, der vorübergehend hier weilte, und wurde nebenbei der besonderen Aufmerksamkeit eines österreichischen Paters, Namens Hübner, empfohlen. Dieser war erst aus Europa gekommen und sollte nächstens die Lehrkanzel der Dogmatik übernehmen. Das Collegium hörte mit dem Herbste 1879 auf seine Scholaftiker zum Theologiestudium nach Frankreich zu schicken; und die syrische Provinz mit dem Vorort Bêrût besorgt fortan alle ihre Bedürfnisse selber.

Montag, den 15. September, war der Besuch der schönen Kirche mein Erstes. Der Moment schien gekommen, daß ich der göttlichen Vorsehung für ihre Führungen dankte. Sie hatte meinen „Eingang und meinen Ausgang bewahrt" und mich nicht „fallen laffen unter die Räuber." „Den Tag über hatte mich die Sonne nicht getroffen, auch der Mond nicht in der Nacht." „Der nicht schlummert und nicht schläft, hatte meinen Fuß nicht wanken laffen. Er hatte alles Böse abgewendet, hatte bewahrt mein Leben *)." Noch stand mir eine elftägige Seereise bevor, aber sie erschien schon mehr als eine Zeit der Erholung. Einmal war man auf österreichischem Boden, sodann schien „die Fahrt wegen vorgerückter Zeit noch nicht unsicher geworden" **). Der für heute fällige Lloyddampfer stand wirklich bereit und sollte um 4 Uhr des Nachmittags den Hafen verlaffen. Ich löfte ein Billet bis Trieft. Damit war auch mein zweites und letztes Geschäft abgethan.

Bei demselben ließ ich mich gelegentlich über den Bazar führen, vermochte ihm aber auf den Sûk von Damaskus kein Intereffe mehr abzugewinnen. Die echt syrischen Produkte waren hier theurer als dort, das orientalische Leben und Treiben in offenbarem Rückzug vor dem Occidente. Neu war mir blos der außerordentliche Reichthum an Zuckerrohr. Die üppigen Stengel strotzten förmlich von köstlichem Safte. Sie schienen erst heute vom Felde geholt

*) Pf. 121.   **) Apostelg. 27, 9.

worden zu sein. Offenbar war eben die Ernte. Die Haupt=
moschee am Bazar gilt für eine fränkische Kirche aus der Zeit
Balduins I. Der Zutritt für Christen ist umständlich. Bei einem
längeren Aufenthalt hätte ich lieber die Tour um die Stadt gemacht.
Abgesehen von der seltenen Vegetation bietet sie die schönsten Blicke
auf das Gebirge und über die See. Auch viele Institute verdienten
einen Besuch. Ich begnügte mich jedoch, außer Kirche, Garten und
Hörsälen noch die berühmte arabische Druckerei der Jesuiten besichtigt
zu haben. Als die Zeit zur Abreise gekommen schien, begleiteten
mich die beiden deutschen Väter zum Hafen. Kurz nach drei Uhr
war ich auf dem Schiff, aber erst um 7 Uhr erfolgte die Abfahrt.

Anfänglich beschäftigte mich das Gewimmel auf dem Schiffe.
Eine Compagnie türkischer Soldaten war eingeladen worden, um
nach Cypern transportirt zu werden. Ihre Genügsamkeit erregte
mein Staunen. Bald wendete sich indeß die Aufmerksamkeit wieder
Bêrût zu. Seinen Namen leitet man gern von Beërôth
(Brunnen) ab. Da jedoch der Platz nicht wegen seines Brunnenreich=
thums berühmt ist, räth man mit gleich wenig Wahrscheinlichkeit
auf das biblische Berothai: „David nahm von Betach und Bero=
thai sehr viel Erz*).“ Die Zusammenstellung Berothais mit Ha=
math (am Orontes)**) weist nach Cölesyrien. Auf unserer Reise
nach Baalbek waren wir zwei mal an Berothai vorüber gekommen.
Es heißt jetzt Britên und liegt am Fuße des Antilibanon. Bêrût
scheint im hohen Alterthum ohne alle Bedeutung gewesen zu sein.

Es wird kurz vor der Römerherrschaft das erste mal erwähnt und
sollte erst unter den Römern seine Rolle spielen. Diese bauten
das zerstörte Berytos der Seleuciden wieder auf und nannten es
Augusta Felix. Im hiesigen Amphitheater verbluteten mehrere
Tausende der im Jahre 70 gefangenen Juden. Vom 3. Jahr=
hundert an war zu Bêrût die erste Rechtsschule des römischen
Reiches. Nach dem großen Erdbeben von 529 scheint die Stadt
nur als unbedeutender Ort fortgedauert zu haben. So erklärt es sich,
daß die Scharen Omars hier keinen Widerstand fanden. Dagegen
hielt es Gottfried von Bouillon gerathen, die erneuerte arabische
Festung zu umgehen. Balduin II. nahm sie erst nach hartem

---

*) 2. Kön. 8, 8.   **) Ezech. 47, 16.

Kampfe. Saladin eroberte sie 1187 auf 10 Jahre zurück. Als sie von neuem in den Besitz der Christen übergegangen war, blieb sie bis zum Falle St. Jean d'Acres (1291) ein Bollwerk der Franken. Melik el Aschráf ließ die betrogenen Einwohner treulos ermorden und die Stadtmauern schleifen. In der Folge stritten zeitweise drusische Emire mit dem Sultan um den Besitz des wichtigen Emporiums. So herrschte hier Fachr ed-din (1595—1634). Im Jahre 1840 halfen die Westmächte der Türkei die Aegypter vertreiben. In Folge der Christenverfolgung von 1860 wurde Bêrût als der Zufluchtsort vieler tausend Christen zur heutigen über 80,000 Seelen zählenden Stadt.

Dieselbe bot jetzt einen herrlichen Anblick. Die untergehende Sonne spiegelte sich tausendfältig in den Fenstern der großartigen Institute, Klöster und Villen, vergoldete die städtische Burgruine und durchglühte die salzige Flut, welche an dem malerischen Fort im Hafen brausend emporstieg. Dieses war einst mit dem Lande durch eine Brücke verbunden, von der noch vier Joche stehen. Sein flaches Dach, das jetzt eine kleine Seeleuchte trägt, war von Zinnen bekrönt, und die vier Seiten des isolirten Baues hingen voll von Damascener Erkern. Nur auf der Rhede zu Alexandrien herrschte ein ebenso reges Leben, wie hier. Südwärts trug das Auge bis zum Râs esch-Schamîje, nordwärts den flachen Saum der St. Georgs-Bai entlang bis zum Hundsfluß, bei welchem sich Sanherib auf dem Rückzuge nach Niniveh*) durch assyrische Sculpturen verewigte.

VII.

Heimkehr.

Als der Lloyddampfer endlich in die hohe See hinaussteuerte, wehrte die rasch hereinbrechende Nacht, daß ihm die Libanonkette noch lange ihre Aufmerksamkeit schenkte. Auch waren die Gedanken der Passagiere längst Cypern zugekehrt, das sich tarifmäßig am nächsten Morgen zeigen mußte. Wirklich sah man den

----

*) Jes. 37.

16. September früh 6 Uhr bereits deffen Vorgebirge und bald auch den Golf des alten Salamis. Um 8 Uhr lagen wir vor La Scala, dem isolirten Seeviertel des einzigen cyprischen Emporiums Larnaka. Die türkischen Soldaten wurden ausgeschifft und die nagelneuen englischen Unterthanen heraufgelassen. Letztere boten Trauben, Melonen und allerlei Holzschnitzereien feil und gaben gegen Franken bereits pennyähnliche Kupferpiaster heraus.

Larnaka ist ein offenes Städtchen in ödem Flachlande. Das Trinkwasser führt ein Aquäduct aus dem Westen herbei. In der Luft liegt angeblich das Fieber. Die Bevölkerung schätzte ich auf 2000, erfuhr aber nachträglich, daß sie sich auf das Sechsfache belaufe. Die Lazaruskirche der Griechen gedenkt der Ueberlieferung, daß Lazarus nach seiner Auferweckung nach Cypern floh und das zweite mal als Bischof von Citium starb. Die Katholiken haben eine erst seit 1848 vollendete Kirche und werden durch Franciskaner pastorirt. Die Türken versammeln sich in zwei Moscheen, sind aber wie auf der ganzen Insel, so auch hier in stetiger Abnahme begriffen; sie sollen jetzt noch ein Fünftel der Bevölkerung aus= machen. Sehenswerthes bietet blos die griechische Kirche der Theo= tokos (Mutter Gottes) mit gothischen Annexen aus der Kreuz= fahrerzeit.

Die rundliche Bucht, in welcher wir den Tag über lagen, gehörte einst zur berühmten Stadt Citium. Die Bibel bezeichnet die ganze Insel mit diesem Namen*), ja die Kittim sind ihr ein über die östlichen Inseln des Mittelmeeres bis Macedonien verbreitetes Volk**). Aus der griechischen Geschichte wissen wir, daß der greise Cimon über der Belagerung von Citium starb, und sein Tod 30 Tage vor dem Heere verborgen gehalten wurde. Auf göttlichen Befehl ehrten ihn die Citier später als Heros, während seine Gebeine in der Hauptstadt Attikas ruhten. Andert= halb hundert Jahre nachher (um 300 v. Chr.) ging aus Citium der Stoiker Zenon, einer der würdigsten Vertreter der griechischen Philosophie, hervor. Für die erhabene Weisheit, welche er vortrug, ehrten ihn die Athener mit dem goldenen Kranze, und die Cyprier zeichneten ihn durch die Errichtung von Standbildern aus.

---

*) Jes. 23, 1, 12. **) 1. Mos. 10, 4; 2. Makk. 1, 1.

Das Christenthum verdankt der Insel den heil. Barnabas. Dessen Ortskenntniß war vermuthlich auch schuld, daß der Völkerapostel seine erste große Reise (44—45) über Cypern nahm. Beide durchzogen die Insel von Salamis bis Paphos und fuhren dann hinüber nach Pamphylien *). Einige Stunden von Famagosta und den Ruinen von Salamis trägt ein griechisches Kloster noch seinen Namen. Dasselbe hütet als vielbesuchtes Heiligthum eine Grotte, in welcher dessen heiliger Leib mit dem echten Manuscripte des Evangelisten Matthäus gefunden wurde. Dieser Glaube, welcher aus dem 5. Jahrhundert datirt, trug der Kirche von Cypern große Privilegien ein. Sie heißt bis zur Stunde autokephaläos, d. i. „selbständige". Famagosta (Famagusa) aber ist der berühmte Platz, den der Venetianer Marco Bragadino im Jahre 1571 gegen die gesammte Macht Selims II. vertheidigte und erst in der äußersten Noth übergab. Dafür wurde er von den wortbrüchigen Barbaren lebendig geschunden und dazu 20,000 Christen grausam ermordert. Die Türken hatte die Belagerung über 50,000 Mann gekostet.

Gegen Abend lichtete man die Anker. Gerade als wir die Bucht verließen, lagen uns das Dorf und das Vorgebirg Kiti — der letzte Rest des Namens Citium — zur Rechten. Halbwegs nach Paphos zeigte sich der gesegnete Küstenrich von Limisso, aus welchem namentlich der Cyprier ausgeführt wird. Die Engländer prophezeien dem alten Limassol eine bedeutende Zukunft. Hinter demselben stieg der Berg Troodos, die kühnste Erhebung des cyprischen Olympus, über 7000' in die Höhe und stand wie eine blauschwarze Wolke vor Cilicien, der Heimath des Apostels Paulus. Die Nacht brach herein, als das Schiff an der Küste von Kuklia, dem alten Paphos, hinstrich; Neupaphos liegt 3 Stunden westlicher. Die Ruinen zweier Tempel erinnern an den Kult der aus dem Meere aufgetauchten Aphrodite. Seit die Ptolemäer unter der Vormundschaft Roms standen, war der District Paphia der Sitz eines römischen Proconsuls (57 v. Chr.). Um das Jahr 45 n. Chr. hieß der römische Statthalter Sergius Paulus. Dieser „beschied den Barnabas und Saulus zu sich und suchte das Wort Gottes zu hören." Er „staunte über die Lehre des Herrn" und „wurde gläubig",

---

*) Apostelg. 13, 5, 13.

als er noch das Strafwunder am Zauberer Elymas „gesehen hatte" *). Nach diesem außerordentlichen Erfolge zu Paphos heißt Saulus das erste mal Paulus.

Von Kübris — wie die Insel bei den Türken heißt — war es 36 Stunden bis Rhodus. Die Phantasie eines Hesiod hätte nicht den nöthigen Schaum aufgebracht, um eine Aphrodite daraus zu bilden — so glatt war der Meeresspiegel, so ruhig die Luft. Auch den folgenden Tag und die zweite Nacht hatten wir die günstigste Fahrt. Mittwoch, den 17. September, sahen wir bis zu den Abendstunden nichts als Himmel und Wasser. Dann aber näherten wir uns den lykischen Bergen, und das Auge suchte die Ruinen von Myra und Patara. Alles, was man sehen konnte, waren die glatten Felswände des malerischen Hintergrundes dieser antiken Städte.

Die Insel Rhodus, welche am 18. September mit dem Grauen des Tages in Sicht kam, hatte von ferne das Aussehen eines mächtigen nordwärts streichenden Gebirgsstockes. Als jedoch gegen 6 Uhr der Dampfer vor der gleichnamigen Stadt anlegte, war man überrascht von dem sanften, amphitheatralisch ansteigenden Hügelland, auf dessen unteren Stufen sich die berühmte Johanniter-veste ausbreitete. Wie in der Conca d'oro bei Palermo zog sich hier der dünne, aus Orangen, Oliven, Johannisbrod bestehende Baumwuchs bis zum Berggipfel empor, und dazwischen standen kleine freundliche Villen. Rhodus ist die östlichste Insel des ägäischen Meeres. Es machte als solche zum ersten mal wieder den Eindruck des gesegneten Europa; nur eine Palmengruppe links (östlich) von den mittelalterlichen Stadtmauern erinnerte an die große Nähe des kleinasiatischen Karien. Als wäre der gealterte Welt-theil eifersüchtig, sandte er gerade bei unserer Ankunft seinen heftigsten Morgenwind. Dieser blies so ungestüm gegen die Nordküste der Insel, daß die kleinen und großen Rhodiser Barken alle Noth hatten, sich unserem Schiffe zu nähern, und die zürnende Salzflut sich weit hinauf an den riesigen Hausteinen der nördlichen Stadt-mauer verstieg. Dies und der kurze Aufenthalt — angeblich zwei Stunden — hielt alle Passagiere an Bord des Espéro (Name des

*) Apostelg. 13, 7. 12.

Dampfers) zurück. Desto nachhaltiger prägte sich das Gesammt-bild der Stadt ein.

Die zinnenbekrönte Mauer hatte im Osten ihren festesten Thurm. Derselbe spielte als Johannisthurm bei der großen Belagerung durch die Türken (Ende des Jahres 1522) eine hervorragende Rolle. Eine Strecke weit westlich von diesem Eckthurme hingen der Mauer entlang am seichten Meeresgrunde die kleineren Fahrzeuge. Hinter derselben sah man die schmalen, aber vielstöckigen Häuser der Ritterstraße. Diese sollen noch die Wappen der angesehensten europäischen Familien und Staaten aufweisen. Für ihren soliden Bau spricht die Thatsache, daß sie die Pulverexplosion und das Erdbeben der fünziger Jahre überdauert haben. Erst bei diesen Unglücksschlägen ging der Palast des Großmeisters und die Kirche zum heil. Johannes, welche bisher als Moschee gedient hatte, zu Grunde. Dagegen blieb das Große Spital der Ritter erhalten; es wurde neu verputzt und zur ersten Kaserne eingerichtet. Acht Minarete überragten die halbkreisförmige Stadt. Dies kann als Beweis gelten, daß das türkische Element viel stärker vertreten war, als es sonst den Anschein hatte. Die neuen Passagiere, Barkenführer und Höker von Rhodus waren nämlich ausschließlich Griechen.

An seiner Nordwestecke hatte der Stadtplan einen tiefen Einschnitt, welcher einen äußeren (nördlichen) und inneren (südlichen) Hafen und zugleich die einzige Wasserstraße zwischen der Rhede und der alten Festung bildete. Der innere Hafen ist vor allen Winden sicher, aber in Folge der Unterlassungssünden der Türken versandet. An seinem schmalen Eingang stand nach der Sage eines der sieben Weltwunder, die eherne Colossalstatue des Schutzgottes Helios. Ein Erdbeben warf sie nach 56jährigem Bestande (222 v. Chr.) um. Der Sonnengott sollte die Hauptstadt vor ihrem Bedränger Demetrius Poliorketes (304) gerettet haben. Eben rauchte im kleineren Binnenhafen ein leichter Küstendampfer und eine Anzahl Frachtschiffe barg sich vor dem Nordostwind. Letzterer macht zeitweise den sonst untadeligen größeren Vorhafen unbrauchbar. Vor ihm flüchten dann die schweren Schiffe theils nach der Rhodiser Bai Trianda, theils nach dem Porto Cavaliére an der karischen Küste. Ein im Osten aufgeworfener Molo müßte dem Uebelstande für immer abhelfen. Westlich von beiden Häfen heißt ein flacher Landstreifen der Windmühlenplatz. Auf demselben arbeitete wenigstens die Hälfte der 14 Windmühlen, welche ich im Weichbilde der Stadt zählte. Ueberdies trug diese Landzunge den Hauptleuchtthurm und die schönsten festlich beflaggten Villen. Ueber ein Drittel (10,000) der Bevölkerung der Insel (27,000) wohnt in der Hauptstadt, und doch hat diese nur noch den vierten Theil ihres früheren Umfanges. Denselben Rückgang würde ein Blick in die engen schmutzigen Gassen, sowie auf die Dürftigkeit der niederen Volksklassen bestätigt haben. Unsterblicher Ruhm hängt an der kurzen Periode der Johanniter-Herrschaft (1310—1522); aber nichts schienen mir die alten Stadtmauern lauter zu verkünden, als die Großthaten Jsle Adams und seiner 600 Ritter und 5000 Reisigen, welche sich von Johanni bis Weihnachten (1522) Soliman dem Prächtigen und der ganzen mohammedanischen Welt heldenmüthig entgegenstemmten.

Um 10 Uhr fuhren wir weiter, ließen zunächst die asiatische Insel Syme zur Rechten, darauf das kleine Eiland Telos und weiter eine Inselgruppe mit dem vulkanischen Bergkegel Nisyros (gegen 2300' hoch) zur Linken. Dann schob sich uns eine lange, vollständig von einem Gebirgszug ausgefüllte Landzunge in den Weg. Es war das von Asien kommende Kap Krio mit den Ruinen des im Alterthum so berühmten Knidos. Man sah ziemlich genau den Rahmen der Stadt. Dieselbe stieg einst in Stufen nicht blos bis zum Meere herab, offenbar gehörte zu ihr auch ein in der Flut gelegenes Felsenplateau. Oben auf dem Vorgebirge wurde damals der triopische Apollo gefeiert und von den Festbesuchern gelegentlich des Praxiteles „knidische Venus" bewundert. Berühmte Historiker und Aerzte erblickten zu Knidos das Licht der Welt. Der Athener Konon besiegte in der Nähe mit persischen Mitteln den Admiral Pisander (394) und brach so für immer die Seemacht der Spartaner.

Es war 5 Uhr geworden, als wir die Südostecke der langen Insel Kos streiften. Wir hatten von Rhodus bis hierher 7 Stunden gebraucht, der Völkerapostel auf der Heimkehr von seiner dritten Reise für die gleiche Distanz einen Tag. Obwohl die Bevölkerung sich auf 8000 belaufen sollte, sahen die steilen Südost wände so öde und von der Sonnenhitze gebräunt aus, als sei die Insel völlig unbewohnbar. Um so größer war die Ueberraschung, als wir die nordöstliche Schmalseite zu Gesicht bekamen. Diese bildete eine große, vollständig flache und baumreiche Bucht mit malerischer Rückwand. Hier lagen die überaus freundlichen Häuser der Stadt, welche in alter und neuer Zeit den Namen der Insel trug. Heute heißt sie Stanchio (Stanco), wie ehemals Kos. Ihr Gedeihen hing von jeher an der 1½ Stunde westwärts gelegenen Quelle Burinna, deren Wasser in einem antiken Aquäduct zur Stadt fließt. Die Alten rühmten die koër Salbe und Seide, die Vasen und den Wein, am meisten aber den reichen Asklepiostempel und seine schönen Weihegeschenke. Von Kos stammte Hippokrates, der Vater der Arzneikunde, und Apelles, der Rafael der Griechen.

So nahe wir auch an Stanchio vorüberkamen, so fand doch keinerlei Austausch mit dem Espëro statt. Dieser mußte sich gleich dahinter ein zweites mal mit Vorsicht um ein von Kleinasien kommendes Vorgebirge herumarbeiten. Dies war die Landzunge Budrûm mit den Ruinen der karischen Hauptstadt Halikarnassus und einem alten Schlosse der Rhodiser Ritter. Hier wurden die Historiker Herodot und Dionysius geboren. Von hier schaute einst das pyramidale Mausoleum, bekrönt von kolossaler Marmorquadriga und dem Standbilde des Königs Mausolus († 354), in's Meer hinaus. Die wesentlichen Bestandtheile dieses wundervollen Grabmales sieht man jetzt im britischen Museum; C. T. Newton förderte sie im Jahre 1857—58 durch Nachgrabungen wieder zu Tage. Nach dem Kap Budrûm zeigten mir die Matrosen noch Kalymnos und Leros, dann wurde es finstere Nacht. In dieser vollendete der Espëro seine Fahrt durch die Sporaden. Die Inseln, welche ich gerne noch bei Tag gesehen hätte, waren Patmos und Samos. Auf jener zeigt man als vielbesuchtes Heiligthum die Grotte, in welcher Johannes die Apokalypse schrieb, auf dieser wurden berühmte Künstler, Dichter und Historiker, insbesondere der Philosoph Pythagoras geboren. Freitag, den 19. September, hielten wir mit Tagesanbruch zu Chios.

Die Hauptstadt Kastro liegt auf der östlichen Langseite der gebirgigen Insel. Dieselbe begann im Süden mit türkischen Friedhöfen und Baumgärten. Der daranstoßende Stadttheil zeigte zwei Minarete. Weiter nördlich wohnten offenbar die Christen. Den Schluß bildete im Norden die aus dem Griechenaufstande (1822) be= kannte Citadelle. Westwärts hinter den netten weißen Häusern mit grünen Läden hatte es zunächst dichte Baumgruppen. Auf den freieren Punkten zählte man neun den Morgenwind ausnützende Windmühlen. Mehr bergan lagen zwei isolirte Dörfer. Dann sah man nichts als ödes Gestein. Südwärts von der Stadt beschrieb der kleine, durch zwei Molo geschützte Hafen seine Ellipse. Inner= halb desselben lag ein türkischer Küstendampfer und eine Anzahl Barken. Der Espèro ließ die Thier zu sich herüber kommen. Während hier Pakete und Kisten umgeladen wurden, boten behä= bige Obsthändler frische Trauben und eingemachte Früchte feil. Um 8 Uhr verließen wir die neuerdings wieder durch Erdbeben heimgesuchte Insel. Nachträglich erfuhr ich, daß die Hauptquelle ihres Wohlstandes nicht der bekannte Thier noch die Orangen= und Citronenzucht, sondern ein geläutertes Gummi des Mastix= baumes ausmache, welches für die tändelnden türkischen Frauen ähnlich dem Tabak bei den Männern als Kaumittel gesucht sei.

Smyrna, unser nächstes Ziel, lag von Kastro östlich; den directen Zugang versperrte jedoch die jonische Halbinsel. Darum fuhren wir zwischen hohen Bergen vorerst 2 Stunden nördlich und fast ebenso lange wieder südlich, dann erst waren wir am Anfang der Bucht von Smyrna und steuerten in derselben noch 2 Stun= den östlich. Sie glich einem langen Binnensee, der auf allen Seiten von Bergen überragt ist. Ihre Anmuth und Lieblichkeit erinnerte mich unwillkürlich an den Gardasee. Die mit Damaskus an Größe und Bedeutung rivalisirende Stadt tauchte auffälliger Weise erst gegen das Ende der Fahrt deutlich aus dem Hintergrunde empor. Der Grund davon war, daß zwei Drittel derselben vollstän= dig eben liegen und nur ein Drittel sich eine Strecke weit den Berg hinaufzieht. Acht Minarete kennzeichneten letzteres schon von ferne als das Türkenquartier, sowie auch die Kirchthürme und byzantinischen Kuppeln die Unterstadt von vornherein zur Christenstadt stempelten. Weil der Espèro eigentlich die Route Alexandrien=Kon= stantinopel verfolgte, mußte zu Smyrna alles, was nach dem Occidente adressirt war, umgeladen werden. Bei unserer Ankunft

stand denn auch der kleine Dampfer Tibisco, welcher eben die
Verbindung mit der Linie Konstantinopel-Triest unterhielt, bereit.
Gleichwohl dauerte es einen ganzen Tag, bis er uns endlich der
drückenden Schwüle der Smyrnäer Bucht entführte.

Gleich am ersten Abend besichtigte ich die Stadt. Der un-
redliche Barkenführer und der umständliche Zollbeamte benahmen
mir die Lust, den Tibisco ein zweites mal zu verlassen. Auf dem
neuen 60′ breiten und fast 2 englische Meilen langen Quai
herrschte das rege Leben einer 175,000 Einwohner zählenden
Großstadt. Hier standen auch die ersten europäischen Hôtels und
Café's. Unter luftigen Hallen hörte man orientalische und occidentalische Musik, trank arabischen Kaffee und schmauchte die Nargile. In der langen Frankenstraße saßen durchgängig zwei
und drei Griechen in der gleichen Bude, einer verschlagener als
der andere. Für die schlechtesten Waaren europäischer Märkte verlangten sie den doppelten und dreifachen Preis. In den türkischen,
persischen und armenischen Läden des Bazars sah man dagegen
die feinsten Teppiche der türkischen Diwane. Auch wälzte man aus
den Lagerhäusern der Großhändler Ballen und Kisten voll werth-
voller Producte Hochasiens. Während keine der Moscheen etwas
Bemerkenswerthes bietet, verdient die griechische Kathedrale zum
heil. Photinus und die lateinische Kirche zum heil. Polykarp besondere Beachtung. Außerordentlich zahlreich sind die
Spitäler. Im Osten der Stadt kreuzen sich die zwei Eisen-
bahnen: die eine läuft südwärts und endet bei Aidin, dem alten
Tralles, die andere dringt nordöstlich bis Sart und Allah Schéher,
den einstigen Städten Sardes und Philadelphia in Kleinasien, vor.
Im Osten sucht auch der aus dem Alterthum bekannte Bach
Meles seinen Weg in das Meer.

Das vorhistorische Smyrna soll an dessen Ufern gelegen
sein. Bis zur Stunde zeigt man in seinem romantischen Thälchen
die Behausung des berühmtesten Mannes jener Stadt, die Grotte
des unsterblichen Dichters Homer. Das historisch berühmte
Smyrna legte erst der Diadoche Antigonus 20 Stadien davon auf
dem heutigen Stadtberge Pagus an und schmückte es mit einem
schönen Stadium, mit einem Tempel des Zeus Akräus, mit dem
größten Theater Asiens und mit einem stattlichen Säulenbau zu

Ehren Homers. Dasselbe ging unter Kaiser Marc Aurel durch ein Erdbeben fast gänzlich zu Grunde, um jedoch in Folge seiner günstigen Lage nach diesem und ähnlichen Mißgeschicken immer wieder aus dem Grabe zu erstehen. Ich gedachte Angesichts des jetzt kahlen Berges Pagus der christlichen Urzeit. Da schrieb der Apokalyptiker an den hiesigen Bischof: „Sei getreu bis in den Tod, so will ich dir die Krone des Lebens geben*).“ Der heil. Polykarp hat diese Worte im Jahre 168 durch seinen Martyrertod illustrirt. Der Pagus erhebt sich 500′ über die Ebene und trägt auf dem Ostende seines Rückens eine Citadelle, deren Mauern hauptsächlich aus der byzantinischen, aber auch aus der römischen und griechischen Zeit stammen. Innerhalb derselben liegen die Ruinen der Kirche, in welcher der heil. Polykarp gepredigt haben soll. Etwas westlich bezeichnet eine Cypresse sein Grab. Wenig abwärts sieht man noch die Stelle des Stadiums, in welchem der Heilige, nach 86jährigem „Christusdienste“ lebendig verbrannt wurde.

Nachdem der von Passagieren überfüllte Tibisco am 20. September Nachmittags 4 Uhr die Anker gelichtet hatte, ging es auf bekannter Straße nach Chios zurück, woselbst in der Tiefe der Nacht mit vielem Geräusche umgeladen wurde. Sonntag, den 21. brachte der Morgen einen heftigen Wind. Das Schiff schaukelte wie eine Wiege, und die Mehrzahl der Reisenden wurde seekrank. Die Matrosen prophezeiten Sturm; es war Tag- und Nachtgleiche. Hatte man früh 6′ Uhr noch Chios gesehen, so bogen wir gegen 11 Uhr um die Südspitze der Insel Tinos. Hoch oben am Bergrand hingen vier weiße Orte, ein fünfter lag unten am Gestade. Links vom Schiffe hatten wir die magere Insel Mykonos und das unbewohnte Delos, vor uns stieg die kahle Felsmasse der Insel Syra mit ihrer ansehnlichen Stadt Hermopolis (6000 Einwohner) in die Höhe. Um 12 Uhr lagen wir hier im Hafen zwischen einem Walde von schwankenden Masten.

Unser drittes und letztes Lloydschiff hieß Galatéa. Auf diesem merkte man gleich an der Gesellschaft, daß es wirklich nach Triest und der Heimath zugehe. Die Cykladen, in deren Mittel-

---

*) Apoc. 2, 10.

punkt wir gegen 5 Stunden lagen, waren mit alleiniger Ausnahme
von Delos lauter hohe Gebirgsstöcke. Dieselben reihten sich nordwärts so massenhaft an einander, daß sie der griechische Kontinent
zu sein schienen. Ich gedachte Angesichts dessen der Zweideutigkeit
des hebräischen Ausdrucks »ijîm«, welcher, abgesehen von anderen
fernen Ländern, besonders für Griechenland gilt; er bezeichnet nämlich
„Festland“ und „Inseln“. Jahrtausende mögen verflossen sein, bis
die Kulturvölker Asiens sich in Betreff Griechenlands auskannten.

Bei unserer Ausfahrt bekamen wir die südliche Hälfte von Syra
zu Gesicht; die Insel hatte hier nicht nur ein größeres, sondern auch
ein wirthlicheres Aussehen. Paros zeigte sich in weiter Ferne.
Ganz nahe kamen wir an Seriphos (Serpho) und Siphnos
(Siphanto) vorüber. Während wir zwischen diesen beiden Inseln
durchfuhren, lag draußen in offener See bereits der imposante
Felsblock der Insel Melos (Milo). Mit dieser war das Ende
der Cykladen, aber auch des heutigen Tages gekommen. In den
ersten Morgenstunden des 22. September konnte man gerade noch
das Kap Matapan im Osten sehen. Um 12 Uhr fuhren wir
bei Navarin. Gegen 5 Uhr kam die Insel Zante. Die gleichnamige Stadt mit ihrer malerischen Umgebung, mit ihrer grünen
Ebene und ihren waldigen Bergen bot den schönsten Anblick seit
Smyrna.

Kurz nach 6 Uhr versank die Sonne in den Wolken, mit denen
sich der europäische Himmel unvermerkt überzogen hatte, und
es wehte ein starker Südwestwind. Schon eine Stunde später sah
man es in der Gegend von Kephalonia und Ithaka wetter-
leuchten; wir fuhren gerade in das prophezeite Wetter hinein. Als
die Galatéa nach 8 Uhr sich zwischen beiden Inseln hindurchzuar-
beiten begann, wurde sie mit einem förmlichen electrischen Kreuz-
feuer begrüßt. Gleich darauf brach ein Sturmwind und Platzregen
in die enge Fahrstraße herein, wie solchen der vielverschlagene Odys-
seus kaum ein mal ärger erlebt hat. Ich stand auf dem Deck des
ächzenden Schiffes, auf alles gefaßt; denn der gewaltige Wellen-
gang ließ ohne Zeus' zündenden Blitz zwischen diesen hohen Bergen
dasselbe befürchten, was der Held von Ithaka vor seiner Ankunft
bei der Nymphe Kalypso erfuhr. Erst gegen Morgen war die Gefahr vorüber. Der Sturm hatte sich gelegt, aber der Nachregen

dauerte fort; ja der 23. September war für mich seit Monaten wieder der erste Regentag.

Von 8—12 Uhr lagen wir vor Korfu. Die Insel gehört zu den schönsten, welche ich auf der ganzen Fahrt sah. Eine alte und neue Citadelle deckte den trefflichen Hafen. Die feste Stadt (24,000 Einwohner) aber stack innerhalb ihrer schwerfälligen Mauern wie im Käfig, und es schien, als suchten die schmalen, 5—6 Stockwerke hohen Häuser ihrer Gefangenschaft im Fluge zu entgehen. Unter dem vielen, was hier eingeladen wurde, waren die riesigen Fässer voll Olivenöl das Auffälligste. Ein dünner Wald von Oelbäumen zog sich im Hintergrunde der Stadt bis zum Gebirgskamme empor.

Wir hatten nun noch 2 Tage bis Triest. Den ersten wehte ein ungestümer Wind. Wie die Alten schon vom stürmischen Hadria zu erzählen wußten, so lag auch unser schwerer Dampfer im Kampfe mit den Wellen. Nachdem das Auge lange nach keiner Seite einen Halt gefunden hatte, trat am 24. September gegen Mittag ein Stück Italien in Sicht; es war die Gegend von Viesti. Etwas später glaubte ich auch die Strafinseln Tremiti zu sehen; der herrliche Fels mit seinem Leuchtthurm wurde jedoch für die Insel Pelagosa erklärt. Als wir gegen Sonnenuntergang die dalmatinische Insel Lissa passirten, erwachte das nationale Gefühl der Matrosen, und es fiel manches energische Wort gegen den künstlichen Schwindel der Irredentisten. In der Frühe des 25. September fuhren wir bei den Inseln, welche die Bucht von Fiume ausfüllten; die Stadt war vom offenen Meere aus nicht sichtbar. Gegen 11 Uhr hatten wir die Südspitze von Istrien erreicht und sahen in der Folge Pola, Rovigno, Parenzo, Citta nuova — lauter pittoreske Städte am flachen Strande. Dieselben grünen Ebenen, sanften Hügel und schmucken Orte, überragt von zierlichen Kirchthürmen, hatte ich nur an den lieblichen Küsten von England getroffen.

Um 4 Uhr öffnete sich der paradiesische Golf von Triest, dessen weiße Rückwand schon seit einer Stunde bemerkbar war, und zwei Stunden später haftete der schwere Anker keine 10 Schritte vom Quai im schwarzen Grunde des Hafens. Das Hochgefühl, mit welchem ich, sobald die Barriere aufging, der schönen Stadt zueilte, geht über jede Schilderung. Da gab es alles, was ich so lange entbehrt hatte, und nebenbei fühlte ich mich schon zu Hause. Unter den Merkwürdigkeiten, die mir der Zufall in die Quere führte, sei nur der Orang-Outang genannt. Ich hatte seiner Zeit zu Hamburg die seltene Gelegenheit, diesen Affen zu sehen, verabsäumt. Seit ich ihn zu Triest gesehen habe, lebe ich der Ueberzeugung, das beste Heilmittel für solche, welche an der Affentheorie kränkeln, dürfte der Anblick der wüsten Bestie sein. Ein häßlicherer Stammvater des Menschengeschlechtes ist kaum denkbar.

Nachts zwischen 10 und 11 Uhr überschaute ich Stadt und Hafen aus den Wägen der österreichischen Südbahn. Triest, durch Tausende von Gasflammen feenhaft beleuchtet, zeigte sich erst von hier in seiner wahren Größe. Seine Bevölkerung beläuft sich nämlich auf 119,000. Ich hatte ein Durchbillet bis München, und dieses führte mich Freitag, den 26. September, in weitem Umweg durch Krain, durch ein großes Stück von Steiermark und durch ganz Kärnthen. Welche Freude Angesichts des ersten Kohlblattes und Angesichts der ersten Ente — sie bedeuteten Wasser, das im Oriente fehlt! Lieblichere Thäler, grünere Wiesen und nettere Dörfer, malerischere Kapellen, Kirchthürme und Burgruinen, sagte ich mir, gibt es nirgends in der Welt. Im obern Drauthal fing es an zu regnen. Als es am 27. September auf dem Brenner tagte, waren die Bergspitzen mit frischem Schnee bedeckt. Nachmittags 2 Uhr fuhr der Zug in den neuen Bahnhof von München ein.

Von Franzensfeste an war mir ein Livorneser Kaufmann gegenüber gesessen. Einige Stationen vor München bat er mich um Aufschluß über den kürzesten Weg nach Würzburg — und schließlich machten wir die Fahrt zusammen, trotzdem meinerseits längst die Weiterreise über Lindau beschlossen war; es stellte sich nämlich heraus, daß auf der Linie Würzburg-Heidelberg sich noch einige Stunden für das elterliche Haus erübrigen ließen. Das nenne ich göttliche Fügung; denn bei diesem Anlaß sollte ich zu gegenseitiger Freude Mutter und Schwester hienieden zum letzten mal begrüßen. In der Nacht vom 28. auf den 29. September fuhr ich von Beckstein nach Freiburg.

Register.

Aarons Grab 66.
Abana (Amana, Bârada) 474.
Abel Beth Maacha 420.
Abil el Kamh 420.
Abila (Abilene) 474.
Abischuas Grab 215.
Abners Grab 67.
Abrahams Eiche 68.
Absaloms Grab 87.
Abu Dis 131.
Abu Gôsch 25.
Abukirsee 12.
Abu Serge 15.
Abusir (Pyramiden v.) 13.
Achsib 276.
Acker des Boas 77.
Acre (Akko) 301.
Adamskapelle 44.
Adschlûn, Gebirg 337.
Aehrenfeld 254.
Aelia Capitolina 31.
Afûle el 241.
Ain (Quelle) Asker 218.
— el Bâribe 367.
— el Belâta 219.
— Bet Dschenne 442.
— Defna 219.
— ebb-Dhebeb 417.
— Dirwe 63.
— Dschâlûd 240.
— Dûch (Dôch) 140.
— Fâra 135.
— el Habis 125.
— Hadschla 142.
— el Hamra 400.
— Hanine 231.

Ain el Haramije 208. 211.
— Harod 243.
— Hazor 437.
— el Hod 131.
— Jebrûd 208. 209.
— Kârim 26. 121. 126.
— Kefr Kenna 252.
— Maîle 240.
— Mar Saba 154.
— Mellâha 414.
— Mudawwire 374.
— Musa 17.
— Nasr ed-din 349.
— Neb'a Lebbân 422.
— er-Rihân 437.
— Rogél 84.
— Sâade 266.
— Saffâfe 262.
— Sâlih 62.
— Schémesch 131.
— esch-Schifâ 95.
— Sefûrie 315. 348.
— Semûnie 262.
— Sitti Marjam (Marienbrunnen) 191.
— es-Sultân 136.
— et-Tâbigha 380.
— et-Tîn 377. 378.
— Zêtûn 407.
Alexandrien 9.
Akir (Ekron) 301.
Akka 276. 292. 298.
Akko 292. 298.
Akkaron 301.
Akra 31.
Akrabâni, Nahr 467.
Amana (Abana) 474.

Amwâs 194. 196.
Anâta 177.
Anathôt 174. 177.
Andromedafels 22.
Andschâr (Chalcis) 477.
Annakirche, St. 96.
Antilibanon(os) 477.
Antonia, Burg 89. 106.
Aphek 239.
Apostelhöhle 81.
Apostelquelle 131.
Arbéla (Irbid) 368. 371.
Ard Bânias 424.
— el Hammâ 342.
— el Hûle 416.
— Medschdel 372.
Arêja 498.
Arimathäa 24. 199.
Arles 6.
Âsi (Orontes) 486.
Aschenhügel 186.
Asker 218.
Asochis 310.
Asylrecht 284.
Atabyrion (Tabor) 333.
Ataka 17. 19.
Athlit 276.
Auffahrtskapelle 115.
Aussatz 79. 203. 466.
Avignon 4.
Ave Maria 324.
Awerta 215.
Azarije (Bethanien) 129.
Azmût 351.

Baal Gad 426.
Baalbek 475. 483. 484.

Bab (Thor) el Amûd 34.
— el Azbât 33.
— el Hâwa 328. 334.
— el Kattanin 95.
— en-Nebi Daûd 167.
— eš-Sâhire 176.
— eš-Silsele 94.
— el Wâd (Wâdi Ali) 25.
Badestelle der Lateiner 143.
Bahr (Meer, See, größerer Fluß) Hûle 415.
— Lût 135.
— Mulz 16.
— Sân 16.
— Tabarîje 406.
Bahurim 131.
Balachsee 20.
Balâte 219.
Bânias 425. 430.
Bârada 443. 446. 450. 474.
Bârabathal 473.
Barnabas, St. 503.
Basilika, konstantinische 52. 70.
Batîcha, el 357.
Battôf 309.
Baumwollengrotte 174. 175.
Bäume, hl. 15. 210. 416. 431.
Bebuinen 148. 418.
Beëroth 207. 500.
Beërséba 65. 423.
Bekâa 478. 483.
Belâd (Gegend) Beschâra 417. 437.
Belâme 231. 232. 234.
Belbes 15.
Belthem 232.
Belus 288. 306.
Benît Fir'ân 409. 413.
Benha el Asel 12.
Berg des Aergernisses 85.
— des bösen Rathes 56.
— des Herabsturzes 257.
— der Seligkeiten 336. 343.
Bergpredigt, Ort der 343. 396.

Berothai 500.
Bêrût 449. 495. 499.
Berytos (Bêrût) 500.
Bet (Haus) Debschân 23.
— Dschâla 58.
— Dschêber 135.
— Dschenne 441.
— Hanîna 180.
— Iksa 27.
— Imrîn 229.
— Sahûr 77.
— Sufâfa 57.
— Sûr 62.
— Surîk 194.
— Ur el Fôka 180.
— Zakâria 62.
Betâwi el 215.
Beth (Haus) abara 145.
Bethanien 127. 129.
Beth Arbeel 372.
Bethél 207. 208.
Bethesda 89. 96. 108. 159.
Beth Hagla 142.
Bethhorôn 180.
Bethlehem (in Gal.) 262.
Bethlehem (in Jud.) 58. 69.
Bethome 233.
Bethphage 118. 129.
Bethsaida (in Gal.) 376. 380.
Bethsaida Julias 393.
Bethsean 337.
Bethsémes 14.
Bethulia 230.
Beth Zacharia 62.
Bethzur 63.
Betilfa 230.
Betima 443.
Betin 208.
Bezethahügel 174. 175.
Bibbu 194. 197.
Bir (Brunnen) Abu Jêse 244.
— el Arab 152.
— Ejûb (Hiobs) 83.
— Jakûb 218.
— Keráze 398.
— Nebâla 180.
— eš-Sendschem 231.

Bir Suêb 240.
Bire el 207.
Birket (Teich) Ejûb 380.
— Hammam el Batrâk 121.
— Israin 89. 96. 160. 175.
— Mamilla 121.
— er-Râm 423.
— eš-Sultân 31. 80.
— Umm el Fûs 152.
Bitterseen 17. 19.
Blêa el 152.
Blutacker 82.
Blutschwitzungsgrotte 112.
Bohnenhügel 174. 179. 184.
Bohnenkastell 242.
Bonaventura 3.
Britên (Berothai) 500.
Brücke (s. Dschisr) Ghadschar 421.
Brunnen (s. Bir, Ain) el Kâs 104.
— des Nehemia 84.
— versiegelter 62.
Bubastis 16.
Budrûm 507.
Bulâk 14.
Burdsch (Burg) el Maûn 208.
Buria 327.
Butm (Terebinthe) 68.

Câsaréa Palästina (Stratonis) 277.
— Philippi 332. 394. 427.
Campus Legionis 233. 237. 321.
Cana (Kana) 250.
Capréra 8.
Casa nuova 28.
Castellum Abrahâ 66.
Chaifa 261. 266. 285.
Chait el 414. 418.
Chalcis (Anbschâr) 477.
Chalifengräber 14.
Chalîl el (Hebron) 64.
Châlisa el 418.

Chân (Herberge) Ahad Pascha 457.
— Dschubb Jusef 397. 398.
— Habrûr 133.
— Kanétra 376.
— Lebschán 237. 321.
— Lubban 211.
— Minije 376. 382. 384.
— es-Sâwije 213.
— et-Tudschâr 336. 341.
Chanle 51.
Charalamboskloster 52. 92.
Chariton, der hl. 135.
Charûba 306.
Chedive, der neue 18. 20.
Chelmon 238.
Chidr, Dorf u. Weli 62. 428.
Chios 507. 510.
Chörbet (Chirbet, Ruine) Atâra 206.
— Hôsche 308.
— el Rabûn 135.
— Kaisarije 277.
— Keráze 398.
Charazin (Keráze) 398.
Christengärten 366.
Christoph 143.
Chula 414.
Citadelle 162. 465. 471.
Citium 502.
Citta nuova 512.
Côlesyrien 477. 478.
Cönaculum 169.
Corsika 8.
Credo, Stelle des 119.
Cüloz 2.
Cykladen 510.
Cypern 501.

Dabéreth (Dabrath) 319. 327. 331.
Dabûrie 327.
Dâhi, Dorf u. Weli 336.
Daltje 278.
Damaskus 449.
Damaskusthor (Jerus.) 88. 185.

Dan. 422. 423.
Darêja 446. 447.
Davidsburg 30. 162.
Davidsgrab 31. 171.
Davidsstraße 35.
Davidsteich (Hebron) 67.
Delos 510.
Dimeschk esch-Schâm (Damaskus) 449.
Diocäsarea 314.
Dôch, Kastell 140.
Dominus Flevit 119.
Dothaim, Dothân 232. 233.
Dreschen 322.
Dschéba 229.
Dschebâta 262.
Dschebel (Berg) Adâthir 407.
— Adschlûn 406.
— Ali 123.
— Âswad 441. 446.
— Atala 17.
— Dâhi 239. 337.
— ed-Dik 210.
— Dschermâk 251. 406.
— Fakûa 239.
— Ferbis (Frankenbg.) 27. 138.
— Geneffe 17. 19.
— Hêsch 424.
— Karantel 139. 179.
— Kasiûn 472. 474.
— Kenêse 495.
— el Klêb 406.
— Kôkab 311.
— Libnân 477. 495.
— Mar Eliâs (Karmel) 269.
— Nebu 151.
— Sannin 481.
— esch-Schêch 441. 477.
— esch-Scherki 441. 477.
— es-Sich 255. 261.
— Sulemije (Ebal) 214.
— et-Teldsch 441.
— et-Tôr 114. 214. 333.
— Zebûd 406.
Dschéba 262.
Dschebêbe 230.
Dschefât 310. 318.

Dschelâme 238. 264.
Dschelbon 239.
Dschenin 227. 234.
Dscherâsch 356.
Dscherba 233.
Dschib el 182. 200.
Dschifna 182. 210.
Dschisch 407.
Dschisr (Brücke) Benât Jakûb 413.
— Nahr el-Lebbân 421.
Dschôbar 471.
Dscholân 323. 440.
Delos 510.
Derbâra 424.
Deutsch-Orden 305.
Dummar 474.
Dûris 484.

Ebal, Berg 214. 221.
Ebene von Damaskus 441. 444.
— Jesreel (Esdrelon) 233. 237. 261.
— Saron 23. 340 (kleine).
— Sebulon (Battôf) 309. 319.
Ecce-Homo 37. 192.
Ebkâsee 12.
Ekron 301.
Elisäusbrunnen 136.
Emmaus 193. 194. 197.
Endor 243. 336.
Engannim 236.
Engelskapelle 47. 246.
Ephrata (Bethlehem) 58.
Erbsenfeld 57.
Erfia 278.
Erscheinungskapelle 48.
Eschkol (Thal) 65.
Esdrelon (Jesreel, Zerin) 240.
Etam 61.
Eunostos, Hafen 9.

Faba (Fûle) 242.
Fakûa 239.
Famagosta (Famgusa) 503.

Favignana 8.
Felsendom 96. 99.
Ferdan el 20.
Ferdis Dschebel 27. 138.
Feuerthal 152. 157.
Fil el 356.
Fische 360. 374.
Fiume 512.
Flavia Neapolis 226.
Fliegenthurm 290.
Fluß, der süße von Acre 306.
Franciskaner Hospize 17. 22. 28. 124. 194. 246. 298. 329. 350. 452.
Frankenberg 27. 138.
Freudenberg 198.
Friedhöfe, christl., zu Jerus. 172.
Fûle el 282. 241.
Fußtapfe Jesu 106. 109. 115.
Fußwaschung, Saal der 171.

Gaba 231. 307.
Gabaa 179.
Gabrielsäule 247.
Gaibai 231.
Galiläa 237. 251.
Gamala 330. 356.
Garéb 186. 175.
Garten, der verschlossene 61.
Garis 311.
Garizim 214. 220.
Gath-Hepher 252. 319.
Gaulanitis (Gaulon, Dschlolân) 337. 394. 440.
Geba 179. 181.
Geburtsgrotte Jesu 71; des Täufers 124.
Geénna 83.
Geißelungskapelle 90. 174.
Geißelungsäulen 48. 49. 170. 174.
Genesareth 335. 400.
Gennath, Thor 173.
Georgskirche 24. 62. 467.
Gerasa 356.

Gerber Simon 22.
Gergesa 356.
Gerichtsthor 92.
Gerinum parvum 242.
Gethsemane 112.
Gharb el 497.
Ghôr 135. 149.
Ghûta el 444. 447.
Ghuwêr (kleines Ghôr) 372. 375.
Gibea (Benjamin) 183.
Gibeon 182.
Gihon 31. 122.
Gilboa 238. 243.
Gileab 243.
Gilgal (Jerichos) 142.
Ginäa 236.
Gischala (Giskala) 407.
Gisr el 20.
Gize 13.
Goath 175.
Goldenes Thor 107.
Golgatha 175.
Goliathsburg 34.
Goliathsquelle 240.
Gophna 182. 210.
Gosen 16.
Grab Bêbars' 468.
— der Hulda 117.
— des Patriarchen Joseph 215.
— des hl. Makarius 165.
— Nureddins 464.
— der Rachel 58.
— Saladins 462.
Gräber der hl. Familie 111.
— des Hieronymus ꝛc. 73.
— der Könige 186. 187.
Grabkirche, hl. 40.
Grabstein Christi 67. 168.
Grenzen, enge des hl. L. 200. 336.
Grotte el Chabr 269. 273.
— des 40tägigen Fastens 139. 141.
— des Pan 427.
— der Reue Petri 172.

Habis, Ain el 125.
Habs el Messiach 174.
Habr el 439.
Haifa (Chaifa) 261.
Hahnenschrei, Kirche zum 172.
Hain Mamre's 67.
Hakeldama 82.
Halhûl 63.
Halikarnassus 507.
Halle Salomons 98.
Hâme 474.
Hammâm Tabarîje 354.
Harâm Râmeth el Chalil 63.
Harâm esch-Scherif 93.
Harob, Quelle 240. 243.
Hasbâni, Nahr 419.
Hattin (Hittin), Dorf 349. 408.
Haurân 406. 441.
Haus (Casa santa) 246. 249. 168. 311.
— des Ananias 452.
— des Annas 166.
— des Johannes Damascenus 453.
— des Judas 453.
— des Kaiphas 168.
— des Kleophas 196.
— Mariä Marci 173.
— Naëmans 466.
— Nathanaels 253.
— Simons 22. 130. 387. 389.
— der Sunamitin 241.
— der Veronika 91.
Hawâr, Kefr 442.
Hazor 244. 384. 408. 415.
Hebron 55. 64.
Helena-Monument 188.
Heliopolis (Baalbek) 490.
— (On) 14.
Herodesthor 84.
Herodium 138.
Hermopolis (Syra) 511.
Hermon, der große 278. 436. 441. 444.
—, der kleine 239. 386.
Hieromax 362.
Hinnomthal 31. 79.

Hiobsbrunnen 83.
Hippos 356.
Hirtenfeld 77.
Hörnerberg v. Hattin 336. 342. 396.
Hôr 66.
Hospital der Johanniter 54.
Hotta el 175.
Hügel Richards 291. 305.
Hüttenbau auf Tabor 337.
Huldapforte 106.
Hûle 414. 422.
Hundsfluß 497.
Hyères 6. 497.

Ifsal 243. 258.
Irbid 368. 372.
Irenäus, Kirche des hl. 3.
Isawije 177.
Ismailije 19.
Istrien 512.
Itabyrion 330.
Ithaka 511.

Jafa (in Jud.) 21.
Jafa (in Galil.) 244. 319.
Jafathor 28. 34.
Jakob, St. 164. 319.
Jakobiten 173.
Jakobsbrücke 242. 326.
Jakobsbrunnen 215.217.
Jakobshöhle 86.
Jakobskapelle 320.
Jamôn 321.
Japha (Japhia) 319. 329.
Jarmûk 337. 362. 458.
Jasûr 28. 265.
Jata 125.
Jebrûd 210.
Jebusiterveste 30.
Jeremiasgrotte 174.176.
Jeremiaskirche 177.
Jericho 128. 137.
Jerusalem 28. 30.
Jesaias 84.
Jesreël (Esdrelon) 238. 240.
Jesuiten 453. 476. 499.

Jiphtach-el (Jotapata) 319.
Johann, St. im Gebirge 121.
Johann, St. in der Wüste 125.
Johannes Damascenus 154. 453.
Johannes Eleémon 53. 55.
Johanneskirchen 24.227. 458.
Johanniter 52.
Jonas 22.
Joppe 21.
Jordan 142. 144. 146.
Jordanquellen 418. 421. 422.
Josaphat, Thal 110.
Josaphats Grab 87.
Joseph, der ägyptische 14.
— von Arimathäa 24.
Josephsbrunnen (Kairo) 13.
Josephs Grab 218.
Josephskapelle 248.
Josephs Werkstätte 260.
Jotapata 310. 318. 329.
Judäa 21.
Judengärten, s. g. 366.
Julias, Bethsaida 393.
Juta 125.

Kabatije 233. 234.
Kaber Jusuf 218.
Käsemacherthal 31. 83.
Kairo 12.
Kaisan (Kison), Tell 306.
Kalaa, el (Davidsburg) 162.
Kalaat (Burg) Hamâm 371.
— el Husn 356.
— ibn Maân 371.
— el Mirbe 152.
— Mezze 474.
— Subêbe 429. 433.
Kaljub 15.
Kalvarienberg 43.
Kalymnos 507.
Kana 243. 250. 309.
Kanet el Dschelil 254.309.

Kántara el 20.
Kap Karmel 268.
— Kiti 503.
Kapelle der hl. Elisabeth 125.
— der hl. Helena. 50.
— der sieben Schmerzen 42.
— der Verspottungssäule 49.
Kapernaum (Kapharnaum, Kepharnome), Stadt und Quelle 374. 376. 379. 380. 381. 384. 397.
Karem 124.
Karien 504.
Kârim, Ain 121.
Karmel 268. 278.
Karmeliter 267. 268.
Karn Hanawe 406.
Karn Hattin 340. 344. 367.
Kâs, Brunnen el 104.
Kasr Berbull 210.
— Jehûd 146.
Kastell zu Safed 405. 409.
Kastro 507.
Kastul 25.
Kâtana 442. 444.
Katharina, hl. 11.
Kathedrale, neue 39.
Katholikon 45.
Kebes 413. 416.
Kefr Birim 408.
— Harib 356.
— Hawâr 442. 443.
— Hîme 442.
— Kenna 250.
— Menda 309.
— Sabt 341. 346.
— Silwân 129.
— Sûse 446. 448.
— et-Tôr 117. 129.
— ez-Zaijât 12.
Kephalonia 511.
Kerâk 354. 399. 483.
Keraze 398.
Kerith, Bach 134.
Kerker Christi 49. 168. 174.

Kerker Petri 173.
Kersa 356. 399.
Kettenkuppel 100.
Kettenthor 35. 95.
Kibron (Cebron) 109.
Kibronbrücken 87. 110.
Kibronthal 33. 109.
Kinnéreth 361. 378. 400.
Kirche, Gründung 391.
Kiriet Enab 25.
Kislothtabor 319.
Kison, Fluß 238. 244. 264.
Kison, Tell 306.
Kisonmündung 286.
Kitron 314.
Kittim 502.
Klagemauer 189. 192.
Klarissinnen zu Akka 303.
Knidos 506.
Kressenquelle 252.
Kreuzkloster 122.
Kreuzweg, der hl. 88.
Krippenkapelle 59. 71.
Krokodilsee 16. 19.
Königsgärten 85. 185.
Kolab, Dorf 446.
Koranlektüre 456.
Korfu 512.
Kos 506.
Kubâb 25.
Kubbet Rahil 58.
— es-Sachra 96.
Kubêbe el 193.
Kuds el (Jerusalem) 28. 30.
Kuklia (Paphos) 503.
Kulon 197.
Kulônie 26. 193. 197.
Kyamon (-os) 232. 241. 321.

Lais (Dan) 422. 423.
Lárnaka 502.
Latrûn 25.
Laubhütten 313.
Laura, große 156.
Lavaletta 8.
Lazaristen 449. 450.
Lazarus' Grab 129.
Ledschûn (Legio) Chan 321.

Leidensweg 88.
Leontes 477. 478. 486.
Leprosenhaus 203. 466.
Leros 507.
Libanon 496.
Libna (Lubban) 213.
Lifta 27. 194.
Limassol (Limisso) 503.
Lissa 512.
Litâni 476. 478. 486.
Longinuskapelle 49.
Lubban 213.
Lûbie 254. 346.
Lydda (Lubb) 24.
Lykien 504.
Lyon 2.

Machna, Ebene 214. 218.
Machpéla 66.
Mabdalena, Insel 8.
Märtyrerthal 274. 282.
Magdala 368.
Magdalenenkapelle 48.
Magnificat 126.
Magoras 497.
Maktaa el Chennu 145.
Mâliha 57.
Malta 8.
Mamillateich 121.
Mamlukengräber 14.
Maoniter 371.
Mar Elias, Kloster 57.
Mar Saba 142. 153.
Maria latina 53.
Marienbaum 15.
Marienbrunnen 15. 77. 85. 126. 191. 250. 259.
Mariengruft 110.
Mariä Ohnmacht 91.
— Schreck 324.
Marienteich 33.
Maritimo 8.
Mariutsee 12.
Maroniten 479. 480.
Marseille 6.
Martha, hl. 4. 131.
Matarije 14.
Mauern Jerusalems 30. 41.
Medschbel (am See) 326. 344.
— esch-Schems 337. 338.

Meer, rothes 16. 17.
Megibbo 233. 321.
Mekse 478. 479.
Meles, Bach 509.
Melos (Milo) 511.
Mensa Christi 257. 258.
Menzalesee 16. 20.
Merdsch Ajûn (Ijûn) 418.
— ibn Amir 233.
— el Gharrak (es-Sanur) 232.
— el Habr 439.
Meromsee 388. 414.
Merôn 408.
Meschheb 319.
Meßbschid el Aksa 104.
Mezrâa 244.
Mezze el 446.
Michmâs (sch) 179.
Migdal Eber Ophel 189.
Migdal-el 370.
Milchgrotte 78.
Minije, Chan 376.
Missilia 233.
Mistthor (Jerus.) 32. 193.
Mizpa 181. 182. 199.
Mkês 356.
Mokattam 13.
More, Berg 243.
More, Terebinthe 215.
Mordthal 133.
Mosesquellen 17.
Mosesteich 136.
Muabbamije 446.
Muállaka 483.
München 513.
Mughâr el 413.
Mughbêa 261.
Mukatta el (Kison) 264.
Mukêbele 238.
Muristân 54.
Musa, Ain 17.
Mutelle 419.
Mutesellim, Tell 321.
Mykonos 510.
Myra 504.

Nablus 220.
Nahr (Fluß) Anbschâr 477.

Nahr el Kuwādsch 442.
— Bāniās 424. 425.
— Barbar 443.
— Bēscha 477.
— Berdāni 482.
— Bērūt 495.
— Derdāra 418. 419.
— Hasbāni 420. 424. 478.
— Jesch 418. 419.
— Kasimije 478.
— el Kelb 498.
— el-Lebbān 421. 424.
— Lītāni 477.
— Ramān (Belus) 288.
— Sabirāni 442.
Nain (m) 243. 336.
Naphtali (Nephtali) 251. 385.
Nathon 319.
Navarin 511.
Nazareth 237. 245.
Nebi Abil 374.
— Daūd 31.
— Musa 151.
— Samwil 180. 197.
Nebo 151.
Nephtōa 27.
Neronias 427.
Nikodemus 24.
Nikopolis bei Alex. 10.
— Emmaus 194.
Nil 12. 13.
Nilmesser 14.
Nimes 5.
Nob, Nobe 177. 182.
Nôtre-Dame de Four-vières 8.
— de la Garde 6.
Nusthal (Dschōz) 176. 185.

Obelisk 9. 14.
Obersaal (Coenaculum) 169.
Oelbaumkloster 166.
Oelberg 109. 118.
Oleander 366.
Olympus 508.
Omajadenmoschee 461. 462.
Omarmoschee 103. 106.

On 14. 493.
Ophel 31. 189.
Orontes 486.
Ostjordanland (Peräa) 439.

Pan 428.
Paneas 424. 426. 430.
Paphos 503.
Parenzo 512.
Paros 511.
Parpar 442. 443.
Patara 504.
Paternosterkirche 117.
Patmos 507.
Patriarchat, lat. 39. 58.
— armenisches 164.
Patriarchenmoschee (Hebron) 66.
Patriarchenteich 121.
Paulsthurm (Damask.) 467.
Pelagia, hl. 116.
Pelagosa, Insel 512.
Peräa 145. 439.
Pharos, Insel 10.
Phialasee 423.
Bibéseth 16.
Pilgerhaus, österr. 91.
Pithom 16.
Pola 512.
Porphyreon 282.
Port Ibrahim 18.
— Said 20.
Pothinus, b. hl. 3.
Primat 440.
Promontorium album 276.
Prophetengräber 114.
Prophetenschule 273. 281.
Psephinusthurm 34. 208.
Ptolemais 299.
Pyramiden 13.

Rabwe er- 478.
Rachel, Grab der 58.
Rakka (Tiberias) 353.
Rām er- 179. 205.
Rama Benjamin (Rām) 179.
Rāmállah 195. 206.

Ramatha Zophim 198. 199.
Rāmet el Chalil 63.
Ramle (b. Alex.) 10.
Ramle (b. Jafa) 24.
Ramses 16.
Remmon (Rimmon) 185.
Ras el Abjad 276.
— el Ain (bei Baalbek) 485.
— — — (bei Rablus) 222. 228.
— en-Nakūra 276.
Rêne er- 252.
Rephaiten 57.
Richa er- (Jericho) 141.
Richtergräber 202.
Rimmon 185. 319.
Robinsonsbogen 95.
Roda, Insel 14.
Rhodus 504.
Robodije (Wadi) 411.
Rovigno 512.
Rūme Tell (Ruma) 310.
Russenbau (z. Jerus.) 202.

Saadanāil 481.
Sachle 473. 481.
Sachra es- 101.
Säule Mariens 167. 247.
Safed 255. 336. 396.
Sāhara es- (Antilibanon) 474.
Sāhil es- 497.
Sāhire es- (Stätte) 176.
Sākia, Dorf 23.
Salamis 502. 503.
Salem 215.
Salihije 417.
Sālim 215. 218.
Salomonische Ställe 107.
— Wasserleitung 60. 172.
Samachonitis 415.
Samaria (Land) 207. 210.
— Stadt 227.
Samaritaner 223. 224.
Samuels Grab 198.
San Giacomo 319. 320.
Sanūr 230.

Sardes 509.
Saris 25.
Saron, Ebenen 23. 340.
Sa'ſa' 407.
Sawije eſ- 213.
Schaghûr 251. 406.
Schafât 181. 182.
Schâm eſch- 449.
Scheſâ Amr 306. 307.
Scherafât 57.
Scheria eſch- (Jordan) 143.
Schlangenteich 122.
Schöne Pforte 32. 95.
Schomron 227.
Schtôra 473. 474.
Schulbrüder (Jeruf.) 34.
Sebafte (Sebaftije) 227.
Sebulon 319. 385.
See (Bahr) Hûle 413.
— Geneſareth 359. 399.
— Merom 415.
Seelenbrunnen 102.
Sefûrie 311. 313.
Sepharbim (Juden) 404.
Sepphoris 314. 329.
Sergiuskirche 15.
Seriphos (Inſel) 511.
Sichar 218.
Sichem (Nablus) 220. 228.
Sicilien 8.
Sibbim, Thal 150.
Sidon 304.
Sile 321.
Silo (Schilo, Silûn) 211.
Siloa 82. 189.
Siloateiche 84. 85. 190.
Simonias 262.
Sinaitiſche Halbinfel 17. 19.
Siphnos, Inſel 511.
Sion 31. 157. 432.
Sionsthor 167.
Skopus 180. 204.
Skythopolis 387.
Smyrna 508.
Sôba 25.
Sôlam (Sunem) 241.
Sôma, Dſchebel 174. 183.
St. Jean d'Acre 302.
St. Peter, Inftitut 122.

Standchio 507.
Stein der 3 Marien 45.
— der Raft 131.
— der Salbung 45.
— des Todesurtheils 38.
Stephanus 33. 110. 188.
Stephansthor 33.
Stiege, hl. 90.
Storchenburg 33.
Straße, „gerade" 456.
Suez 17.
Suezkanal 19.
Sûf el Chan 336. 341.
— Wadi Bârada 474.
Sunem (Sôlam) 241.
Sûr 276.
Syklaminum 268. 285.
Syme 506.
Syra 510.
Syrien 442.

Taanach (Taanuk) 321.
Tabarije (Tiberias) 353. 399.
Tabor, Berg 326. 338. 342.
— Stadt 333.
Taborfrage 330.
Taborvefte 328.
Tâjibe et- 209.
Tallûze 229.
Tankredhöhe 186.
Tanta 12. 16.
Tantûr 57.
Tarascon 4.
Tarichäa 354.
Taubenland 371. 373.
Tauros, Feftung 135.
Teich, rother 85.
Teiche Salomons 60.
Tekrit 463.
Tell et- 393.
— Abu Sulemân 16.
— el Almanije 415.
— Bafta 16.
— el Bedawije 309.
— Chalabije 311.
— Dothân 233.
— Dſchefât 310.
— Dſchelbſchul (Gilgal) 142. 143.
— el Hartije 264.

Tell Hattin 345. 409.
— Hazûr (Hazor) 408.
— Hûm 344. 381. 399.
— Jehudije 15.
— el Kâdi 422.
— el Kafis 264.
— el Kebir 16.
— Kifon (Kaifan) 306.
— el Maſchûta 16.
— el Mutefellim 321.
— en- Nâime 417.
— Nimrod 443.
— eſch-Schemmâm 263.
— eſch-Scherif 484.
— es-Semak 282. 356.
— eth-Thôra 263.
Telos 506.
Temnin et-Tachta 484.
Tempel 15. 100. 105.
Tempelberg 36. 93.
Templerkolonien 23. 267.
Terebinthe Mamres und More 68. 215.
Terebinthenthal 26.
Thal Josaphat 33. 83.
— der Rephaim 56.
Thalabâja 481.
Thebes 229.
Thiaki 511.
Thirza (Tallûze) 229.
Thrax, Feftung 135.
Thurm Davids 162.
— Hippikus 30.
— Mariamne und Phafael 163.
— verwünfchter 294.
Tiberias 340. 348. 350. 358.
Tinos 510.
Timfahfee 16.
Todesangftgrotte 112.
Todtes Meer 142. 147.
Tophet 79. 83.
Toron 25. 305.
Tralles 509.
Trianda (Rhodus) 505.
Trieft 512.
Troodos (Olymp) 503.
Tûbâs (Thebes) 229.
Tûch 12.
Tûlêl el Fûl 174. 180.
Tûran 254.

*

Turmus Aja 211.
Thyropöon 36. 172. 193.
Thrus 304.

Ulatha 414.
Unschuldige Kinder 73.
Unterägypten (Delta) 12.
Urtâs (Artâs) 61.
Uscha (Dscha) 308.
Uzér 310.

Verkündigungskirche 246.
Verspottungssäule 49.
Via dolorosa 88.
Viri Galiläi 114. 116.
Vorhöfe des Tempels 99.

Wadi (Thal) Abilin 306.
— Ain Fâra 185.
— el Amûd 375. 376.
— Amûfa 413.
— Arni 443.
— el Bedawije 123.
— el Bire 337. 341.

Wadi el Chalil 64.
— el Charrûbe 76.
— Chaschâbe 429.
— eb-Dabr 151.
— Diâb 123.
— el-Dschôz 116. 176. 185.
— ef-Fif 356.
— Halazôn 306.
— Hamâm 371. 373.
— Hammâna 495.
— Hammêse 367. 371.
— Hanîna 180. 194.
— Harîri 477.
— Henbâdsch 413. 414.
— Jetma 214.
— Kelt 134. 136. 143. 179.
— Kulônie 26.
— el Lubban 213.
— el Medîna 123.
— Melif el Bedawije 265. 309.
— en-Nâr 152.
— er-Rabâbi 31.

Wadi er-Rahib 157.
— er-Robobije 375.
— es-Sêa 274. 282.
— Selâm 179. 180.
— Sibte 64.
— Sibr 132.
— Sitti Marjam 110.
— Sûlem 177.
— Tumilât 16.
— Zaûre 429. 431.
Waffâs el 413.
Walkers Monument 175.
Wiege Jesu 107.
Wilsonsbogen 95.
Windmühlenhügel 27. 122.
Windthor 328.
Würzburg 513.

Zacharias Pyramide 86.
Zakazif 16. 22.
Zante 511.
Zerin 239. 242.
Zib 407.
Zoan 16.

Ueberſichtliches Inhalts-Verzeichniß.

		Seite
I.	**Nach dem Oriente**	1
	Freiburg, Marſeille, Alexandrien	1
II.	**Durch Unterägypten**	12
	Káiro, Suez, Port Said	12
III.	**In Judäa**	21
	Fahrt über die Ebene Saron und das Gebirge Juda	21
	Ankunft zu Jeruſalem und in der Caſa nuova. Allgemeines Bild der Stadt in engerem und weiterem Rahmen. Quartiere. Bevölkerung	28
	Ecce-Homo und die neue Kathedrale	37
	Die heilige Grabkirche	40
	Nächſte Umgebung der Grabkirche	51
	Ueber Bethlehem nach Hebron	55
	Bethlehem	69
	Das Hinnomthal	79
	Der Leidensweg	88
	Das Harâm eſch-Scherîf	93
	Ueber den Bach Kidron nach dem Oelberg	109
	Nach Ain Kârim oder St. Johann im Gebirge	121
	Ueber Bethanien nach Jericho	127
	Jordan, todtes Meer und Mar Saba	142
	Zu St. Anna und auf dem Sion	157
	Ueber den Bezethahügel nach Anathôth und dem Skopusgipfel Sôma	174
	Tankredhöhe, Aſchenhügel und die Gräber der Könige	186
	Ueber das Ophel zum Siloabächlein und der Klagemauer	189
	Nach el Kubêbe und Nebi Samwil. Richtergräber, Ruſſenbau, Leproſenhaus, Pſephinusthurm	193
	Abſchied von Judäa	204
IV.	**Durch Samaria**	207
	Von Râmállah über Bethêl nach Sichem	207
	Zu Nablus	220
	Von Nablus nach Dſchenin	227

		Seite
V.	**In Galiläa**	237
	Ueber die Ebene Esdrelon nach Nazareth	237
	Zu Nazareth in der Verkündigungskirche	245
	Ausflug nach Kana	250
	Rundgang durch Nazareth	256
	Ueber die große Ebene nach Chaifa und dem Karmel	261
	Bei den Karmelitern	268
	Dem Meer entlang nach Akka	285
	Akka, Akko, Ptolemais, St. Jean d'Acre	292
	Ueber Sepphoris nach Nazareth	304
	Nach Jafa in Galiläa	318
	Auf dem Tabor	326
	Ueber das Schlachtfeld von Karn Hattin nach Tiberias	340
	Zu Tiberias	350
	Ueber Magdala und Bethsaida nach Tell Hum	365
	Am Nordende des Sees Genesareth	381
	Nach Safed	396
	Auf dem Kastell zu Safed	405
	Zum See Hûle und über die Jordanquellen	413
	Bânias	425
	Ueber den großen Hermon	436
VI.	**In Syrien**	442
	Ueber Kâtana nach Damaskus	442
	Damaskus	449
	Zu Schtôra, Mekse und Sachle	473
	Nach Baalbek	483
	Ueber den Libanon nach Bêrût	494
VII.	**Heimkehr**	501

Verzeichniß der Karten.

1. Karte von Judäa zwischen S. 20 u. 21.
2. Uebersichtsplan von Jerusalem zwischen S. 28 u. 29.
3. Nähere Umgebung von Jerusalem zwischen S. 78 u. 79.
4. Karte von Samaria zwischen S. 206 u. 207.
5. Karte von Galiläa zwischen S. 236 u. 237.
6. Karte vom südlichen Libanon zwischen S. 442 u. 443.